Stuttgart, 29.07.2017

Alle suchen nach Werten – dabei sind sie längst da! In zwanzig spannenden Entdeckungsreisen entführt uns Bestseller-Autor Peter Prange in den Wertekosmos der europäischen Geistesgeschichte – quer durch die Epochen und Nationen, durch Mythologie und Philosophie, Literatur und Theologie, Folklore und Popkultur.

Peter Prange ist als Autor international erfolgreich. Er studierte Romanistik, Germanistik und Philosophie in Göttingen, Perugia und Paris. Nach der Promotion gewann er besonders mit seinen historischen Romanen eine große Leserschaft. Seine Werke haben eine internationale Gesamtauflage von über zweieinhalb Millionen verkaufter Exemplare erreicht und wurden in 24 Sprachen übersetzt. Mehrere Bücher wurden verfilmt bzw. werden zur Verfilmung vorbereitet. Der Autor lebt mit seiner Frau in Tübingen.

www.peterprange.de

Frank Baasner, geboren 1957, ist Direktor des Deutsch-Französichen Instituts, Ludwigsburg. Seit 1955 ist er Professor für Romanische Philologie an der Universität Mannheim. Gastprofessuren in Österreich, Spanien und Schweden.

Johannes Thiele, geboren 1954, ist seit 1981 freier Autor und Publizist; darüber hinaus hat er als Programm-Macher verschiedene deutsche Verlage geprägt. Er ist Herausgeber von »Das Buch der Deutschen«. Johannes Thiele lebt und arbeitet in München.

Weitere Informationen, auch zu E-Book-Ausgaben, finden Sie bei
www.fischerverlage.de

PETER PRANGE

Mit Frank Baasner
und Johannes Thiele

WERTE

Von Plato bis Pop –
Alles, was uns verbindet

FISCHER Taschenbuch

Erschienen bei FISCHER Taschenbuch
Frankfurt am Main, März 2016

Das Buch ist erstmals 2006 im Droemer Verlag erschienen.
Ein Projekt der AVA international GmbH, Frankfurt am Main

Druck und Bindung: CPI books GmbH, Leck
Printed in Germany
ISBN 978-3-596-03641-7

Für Stephan Triller,

weil er die Werte, die wir meinen,
nahezu in Reinkultur verkörpert,

sowie für Kasimir M. Magyar,

den Europäer ungarischer Herkunft,
auf polnischen Namen getauft,
wiedergeboren in der Schweiz,
in Liebe »gegen« eine Deutsche verheiratet,
in Frankreich zu professoralen Würden gelangt,
in zweiter Ehe kontinentale Grenzen überschreitend

»Gesamt-Anblick des zukünftigen Europäers:
derselbe als das intelligenteste Sklaventier, sehr arbeitsam,
im Grunde sehr bescheiden, bis zum Exzess neugierig, vielfach,
verzärtelt, willensschwach – ein kosmopolitisches Affekt-
und Intelligenzen-Chaos.«

Friedrich Nietzsche

Inhalt

Werte 2.0: Das europäische Haus – Palast, Trutzburg oder Bruchbude?

Vorwort zur Neuausgabe

Haben wir noch alle Tassen im Schrank? Da haben wir in jahrzehntelanger Arbeit an einem gemeinsamen europäischen Haus gebaut, um Frieden, Wohlstand und Freiheit auf Dauer in Europa zu sichern – und was tun wir, kaum dass die ersten Stürme aufziehen? Statt das Haus wetterfest zu machen, verlassen wir es in Scharen, um Zuflucht in unseren alten Höhlen zu suchen, und während es vor unseren Augen auseinander fliegt, schieben wir uns gegenseitig die Schuld daran zu, warum es nicht gehalten hat.

Geboren im Jahr 1955, bin ich von Kindes Beinen an im europäischen Haus aufgewachsen, gleichsam während darin und daran ständig gebaut wurde. Anfangs eher eine Art Notunterkunft, entwickelte es sich im Laufe meiner Jahre zu einem prächtigen Palast, den ich mit keiner anderen Behausung auf der Welt hätte tauschen wollen. Während ich in seinem Innern wohlbehütet die Freiheiten genoss, die er seinen Bewohnern wie selbstverständlich ermöglichte, war er mir nach außen eine Trutzburg des Friedens und des Wohlstands.

Doch die Tage dieses Palastes scheinen gezählt. Einige wenige Krisen in jüngster Zeit haben genügt, und schon droht das europäische Haus, keine sechzig Jahre nach Abschluss der Römischen Verträge, mit denen sein Grundstein gelegt wurde, zu einer Bruchbude zu verkommen, in dem es immer ungemütlicher wird, weil seine Bewohner wie zerstrittene Eigentümerparteien sich nicht über die nötigen Maßnahmen zu seiner Instandhaltung einigen können, obwohl der scharfe Wind, der Frieden, Wohlstand und Freiheit gefährdet, bereits durch sämtliche Ritzen und Fugen pfeift.

Ob Ukraine- oder Syrien-Krise, ob IS-Terror oder Klimaschutz, ob Bankenaufsicht, Regulierung der Finanzmärkte oder Freihandelsabkommen mit den Vereinigten Staaten: Fast überall, wo europäische

Einheit gefragt ist, zeigt Europa sich uneins. Ja, schlimmer noch, in vielen Fällen scheitert Europa nicht nur an seinen Problemen, sondern mehr noch an sich selbst.
Zum Beleg brauchen wir uns nur ein paar Ereignisse des vergangenen Jahres zu vergegenwärtigen, zusammen mit ihren paradoxen Folgen:

- **Charlie Hebdo**. Selbst ein Sturmgeschütz der Toleranz, hat das Attentat auf das französische Satiremagazin in ganz Europa für eine spürbare Reduzierung der Toleranz gesorgt, um weitere Angriffe auf unsere Lebensart zu verhindern.
- **Pegida**. Angetreten mit dem Anspruch, Europa vor einer vermeintlichen Islamisierung zu schützen, haben die Aufmärsche tatsächlich Europa in Deutschland und Deutschland in Europa diskreditiert.
- **Wahlen**. Je lauter und schärfer Europa-Kritiker Europa kritisieren, desto größer ist ihr Erfolg bei Europawahlen und ihr Einfluss im Europaparlament.
- **Schuldenkrise**. Je mehr Solidarität die Eurostaaten mit schwächelnden Mitgliedsländern zeigen, desto mehr schwindet die Solidarität zwischen den Völkern und vergeht den Bürgern die Lust auf Europa.
- **Migration**. Während Menschen aus aller Welt nach Europa strömen, um wie wir in Frieden, Wohlstand und Freiheit zu leben, stellen wir zunehmend unsere Werte in Frage, denen wir unsere privilegierte Lebensform verdanken.

Angesichts dieser Krisen und Paradoxien steht die europäische Idee plötzlich zur Disposition. War Europa etwa nur eine Schimäre?
Keine Frage, die Europa-Skeptiker haben Konjunktur, und die intellektuelle Schickeria gefällt sich zunehmend darin, die Idee der Union als eine Fiktion, das europäische Haus als ein phantastisches Wolkenkuckucksheim zu denunzieren. Europa sei ein Mythos, unken sie, vor Urzeiten von einem Märchenerzähler namens Heredot erfunden, um die Griechen gegen die Perser zu mobilisieren. Tatsächlich aber sei Europa nur eine Anhäufung von Nationen und Gesellschaften unterschiedlichster Traditionen, von armen und reichen, von protestantischen und katholischen, von erzkapitalistischen und postkommunistischen Staatsgebilden, denen das Verbindende fehle, um mehr als nur ein loser Verbund, um eine wirkliche Einheit zu sein.

»Alles, was uns verbindet, sind unsere Gegensätze«, schrieb ich im Jahr 2006 voller Optimismus im Vorwort zur Erstausgabe dieses Buchs. »Aber das ist nicht unsere Schwäche«, behauptete ich weiter, »sondern unsere Stärke. Denn alles, was wir Europäer je zustande gebracht haben, verdanken wir unserer inneren Widersprüchlichkeit, dem ewigen Zwiespalt in uns selbst, dem ständigen Hin und Her von Meinung und Gegenmeinung, von Idee und Gegenidee, von These und Antithese.«
In diesen Optimismus fiel sogar Bundeskanzlerin Angela Merkel ein, als sie zu Beginn der deutschen Ratspräsidentschaft 2007 vor dem europäischen Parlament in Straßburg ihre Europavision skizzierte. Doch in der Tat, von der produktiven Widersprüchlichkeit, die ich damals beschwor, scheint nicht mehr viel übrig zu sein. Das Ringen um die Synthese, die Meinung und Gegenmeinung verbindet, um gemeinsam etwas Besseres zu schaffen, als jeder Einzelne auf sich allein gestellt vermöchte, weicht im politischen Alltag wie in der gesellschaftlichen Debatte immer öfter dem parteiisch geführten Streit der Egoismen, in dem sich Ideologen aller Länder und Couleurs die Beleidigungen nur so um die Ohren hauen und sich einander wahlweise der Ignoranz oder Unfähigkeit bezichtigen, ohne sich um den kontinentalen Schaden zu scheren, den sie damit anrichten.
Aber sollen wir darum die europäische Idee aufgeben?
Mag sein, dass Europa es in den letzten Jahren mit sich selbst zu eilig hatte, weshalb die Vertiefung mit der Erweiterung der Union nicht Schritt halten konnte. Mag sein, dass wir die Adaptions- und Entwicklungsfähigkeit der europäischen Institutionen überschätzt haben. Mag sein, dass die politische und gesellschaftliche Wirklichkeit noch längst nicht den Werten entspricht, die den in Jahrtausenden gewachsenen europäischen Wertekosmos auszeichnen. Doch darum auf den normativen Wert der Werte zu verzichten, nur weil die Wirklichkeit hinter der Idee zurückbleibt, wäre ein fataler Kurzschluss.
Die globale Abstimmung mit den Füßen zeigt, was auf dem Spiel steht: Europa ist der attraktivste Lebensraum der Welt, und Freizügigkeit ist seine Seele. Diese ist kein Luxus, den wir uns leisten können, weil es uns gut geht – vielmehr geht es uns gut, weil Freizügigkeit unser Zusammenleben bestimmt: politisch, gesellschaftlich, wirtschaftlich.

Diesen Lebensraum gilt es zu bewahren und fortzuentwickeln. Nicht, indem wir unsere Werte preisgeben, sondern indem wir sie ernst nehmen. Werte sind innere Nötigung und äußere Orientierung zugleich. Sie beschreiben nicht nur unsere Herkunft, sondern auch unsere Zukunft: Sind Verträge und Institutionen die Bausteine des europäischen Hauses, sind unsere Werte der geistig-emotionale Mörtel, der es zusammenhält. Denn Freizügigkeit, wie wir sie meinen, bedeutet keineswegs Beliebigkeit – im Gegenteil. Toleranz *und* Prinzipientreue, Idealismus *und* Realismus, Freiheit *und* Verantwortung, Mensch *und* Recht, Glaube *und* Vernunft: Im Spannungsfeld solcher Gegensätze hat Europa seine Identität bewahrt, indem es sich immer wieder neu erfunden hat, nach Maßgabe sich wandelnder Anforderungen, seit über zweitausend Jahren.

Gerade die Pariser Anschläge vom 13. November, die nichts anderes waren als ein Anschlag auf unsere Lebensart, haben, gegen den Willen der Attentäter, bewiesen, dass Europa weit mehr ist als nur eine Interessengemeinschaft: eine freie, offene Gesellschaft, in der jeder nach seiner Vorstellung glücklich oder unglücklich werden kann. Sie zu erhalten und zu verteidigen wird die große Herausforderung der kommenden Jahre sein, mit allen uns zu Gebote stehenden Mitteln – auch auf die Gefahr hin, dass der Palast Europa mitunter zur Trotzburg wird, damit er nicht zur Bruchbude verkommt.

Wenn uns das gelingt, bedeutet der 13. November vielleicht nicht das Ende Europas, wie heute manchmal zu hören ist, sondern den Beginn seiner Wiederentdeckung. Des lebenswertesten Lebensraums, den Menschen je geschaffen haben. Ohne Furcht vor Intoleranz und Hass, ohne Aufgabe unseres Lebensstils, ohne Einschränkung der für alle hier lebenden und hier leben wollenden Menschen gültigen Rechte. Sondern im Zeichen jener Werte, die vor über zweihundert Jahren in Paris geboren wurden, um von dort aus den ganzen Kontinent zu erobern: Freiheit, Gleichheit, Brüderlichkeit.

Peter Prange, im November 2015

»Ubi Europa, ibi patria« oder ein Kontinent in unserer Seele

Es gibt auf dem Erdball eine Gegend, die,
vom Menschen her gesehen, sich zutiefst
von allen anderen unterscheidet. In der Ordnung der Macht
und in der Ordnung der exakten Erkenntnis
wiegt Europa viel schwerer als der übrige Erdball,
oder besser gesagt: Es ist nicht Europa, das den Sieg davonträgt,
sondern der europäische Geist, zu dessen Furcht erregenden
Schöpfungen Amerika gehört.«
Paul Valéry

Wir Europäer

Haben wir noch alle Tassen im Schrank? Da bellt ein amerikanischer Minister wüste Beleidigungen über den Atlantik – und was tun wir? Anstatt ihn daran zu erinnern, dass sein großes Amerika nur ein Ableger eben jenes alten Europas ist, das er so übel beschimpft, knallen wir die Hacken zusammen und fragen, womit wir zu Diensten sein dürfen.

Haben wir noch alle Tassen im Schrank? Da sagen uns fundamentalistische Fanatiker den Kampf an, weil wir in ihren Augen »Ungläubige« sind – und was tun wir? Anstatt sie zur Rede zu stellen, entschuldigen wir uns für unsere Aufklärung, weil diese sie angeblich zu ihren Verbrechen provoziert.

Haben wir noch alle Tassen im Schrank? Da raunen selbsternannte Gurus dunkle Worte vor sich hin oder malen rätselhafte Zeichen auf Seidenpapier – und was tun wir? Anstatt mal wieder in die »Zauberflöte« oder in »Macbeth« zu gehen, üben wir in Volkshochschulkursen das heilige »Om« und richten unsere Wohnungen nach Feng-Shui-Prinzipien ein.

KONTINENTALE WIDERSPRÜCHE

Was sind wir Europäer für Menschen? Während andere Kulturen ihre Identität bis aufs Blut verteidigen, manche sogar versuchen, der ganzen Welt ihren Stempel aufzudrücken, zeigen wir so wenig Profil, dass man nicht mal Witze über uns machen kann. Schließlich setzt jede Karikatur ein Mindestmaß an Kontur voraus.

Dabei haben wir nicht den geringsten Grund, uns vor anderen Kulturen zu verstecken. Immerhin haben wir Himmel und Erde entdeckt, das Universum und die Kontinente der Welt. Wir haben die Demokratie und den Rechtsstaat erfunden, den Humanismus und die Menschenrechte, die Gleichheit von Mann und Frau, die Evolution und die Entropie, den Leistungssport und die soziale Marktwirtschaft, die perspektivische Malerei und den Goldenen Schnitt, die Polyphonie und die Popmusik, das Absolute und die Relativitätstheorie. Ja, wir haben es sogar geschafft, das Papsttum und die Reformation, die Mystik und die Aufklärung, den wissenschaftlichen Gottesbeweis und den wissenschaftlichen Atheismus hervor- und unter einen Hut zu bringen.

Bräuchte die Welt also eine europäische Leitkultur? Natürlich nicht, so wenig wie eine amerikanische oder arabische oder chinesische oder australische. Wenn jemand eine europäische Leitkultur braucht, dann höchstens wir Europäer. Denn was immer wir vollbracht haben – wir haben fast immer zugleich auch das Gegenteil vollbracht. Mit der fixen Idee, uns die Erde untertan zu machen, haben wir Weltreiche erbaut und Weltreiche zerstört. Unser Machbarkeitswahn hat Wunderwerke der Technik ermöglicht und zugleich die Natur ruiniert. Unser Glaube an den Heiligen Geist hat zu den herrlichsten Abstraktionen von Philosophie und Mathematik geführt, doch in unserer Sucht, die Welt rational zu durchdringen, haben wir uns von den idealistischsten Ideen zu den idiotischsten Ideologien verstiegen: Nahezu alle »Ismen« dieser Welt entstammen dem europäischen Geist, und die haben bekanntlich mehr Schaden als Nutzen angerichtet.

Nein, wir halten uns nicht für vollkommener als andere Kulturen. Im Gegenteil. Wir sind problematisch, wir sind schwierig, wir sind kompliziert – vor allem sind wir widersprüchlich. Aber das ist nicht unsere Schwäche, sondern unsere Stärke. Denn alles, was wir Europäer je zustande gebracht haben, verdanken wir unserer inneren Widersprüchlichkeit, dem ewigen Zwiespalt in uns selbst, dem ständigen Hin und Her von Meinung und Gegenmeinung, von Idee und Gegenidee, von These und Antithese.

Piazza Europa

Alle suchen nach Werten, dabei sind sie längst da. Sie werden in Europa buchstäblich zu Markte getragen – seit über zweitausend Jahren.

Den Anfang machte Sokrates. Wenn er nicht mehr weiterwusste, setzte er sich auf den Marktplatz seiner Heimatstadt Athen und sprach Passanten an, um sie in ein Gespräch zu verwickeln. Was ist Wahrheit? Was ist Gerechtigkeit? Was ist das Gute?, wollte er wissen, um im Dialog mit oft wildfremden Menschen Antworten auf seine Fragen zu finden. In diesem Wechselspiel von Gedanken entstand eine Denkform, die wir Dialektik nennen, das Prinzip von Rede und Gegenrede, auf dem nicht nur die europäische Philosophie beruht, sondern in der zugleich die ganze europäische Lebensart ihren besonderen Ausdruck findet.

Diese dialektische Kultur hat in Europa ihren natürlichen Ort. Verglichen mit anderen Kontinenten ist unser Erdteil ja nichts anderes als ein etwas groß geratener Marktplatz. Nirgendwo sonst auf der Welt drängen sich so viele Völker und Kulturen auf einem so eng begrenzten Raum. Seit Jahrhunderten und Jahrtausenden begegnen sich auf dieser Piazza die unterschiedlichsten Menschen mit den unterschiedlichsten Meinungen, stets voller Neugier darauf, in der Kontroverse die allzu engen Grenzen ihrer geografischen und gedanklichen Provinzen zu überschreiten. Zusammen haben sie eine Kultur der Gegensätze geschaffen, eine Kultur der produktiven Spannungen, die bis heute unsere Eigenart bestimmt.

EIN KONTINENT IN UNSERER SEELE

Europa bedeutet größte Vielfalt auf engstem Raum. Diese Erfahrung bestätigt uns nicht nur jede Urlaubsreise, sondern auch ein Blick in unsere Seelen: Alles, was uns verbindet, sind unsere Gegensätze. Sie machen unsere Einmaligkeit aus, die uns von anderen Kulturen unterscheidet.

Wir Europäer sind immer zweierlei zugleich: Wir verkörpern eine Position und zur gleichen Zeit auch deren Gegenteil. Wir sind Gottessucher und Agnostiker, Hedonisten und Asketen, Selbstverwirklicher und Selbstverleugner – und finden das auch noch normal. Wir preisen den Gleichheitsgrundsatz und verlangen nach Eliten. Wir bauen auf den Fortschritt und trauen ihm keinen Schritt über den Weg. Wir sind sexbesessen und triefen vor Nächstenliebe. Wir sind offen für das Fremde und provinziell bis zum Faschismus. Wir sind wirklichkeitsfremde Phantasten und knallharte Realisten. Und vor allem sind wir unendlich neugierig und zutiefst skeptisch in ein und derselben Person.

Dieses widerspruchsvolle Wesen begegnet uns auf Schritt und Tritt: in Deutschland und Luxemburg genauso wie in England und Frankreich, in Italien oder Dänemark, Rumänien oder Portugal. Vor allem aber begegnet es uns in der eigenen Wohnung: im eigenen Spiegel, am eigenen Arbeitsplatz, im eigenen Bett.

Wenn wir uns in Europa zu Hause fühlen, dann aus einem einfachen Grund: weil wir Europa in uns tragen, in unseren Herzen und Seelen und DNA-Ketten. In den trivialsten Lebensvollzügen – beim Frühstück, beim Fußball, beim Streit mit dem Lebenspartner – überall können wir dieses Europa in uns entdecken, und mit ihm den Europäer: in Gestalt des streitbaren Friedensapostels oder des intellektuellen Erotomanen, des arbeitswütigen Müßiggängers oder des toleranten Prinzipienreiters, je nach Tagesform. Denn was immer wir denken oder tun, was immer wir hoffen oder wünschen – überall ist der europäische Geist längst in uns am Werke. Seine Werte prägen uns und unser Verhalten wie die Gene unseres biologischen Erbguts.

Terra incognita

Warum verzweifeln wir so lustvoll am Rätsel der Liebe? Warum können wir nicht aufhören, nach dem Sinn des Lebens zu fragen? Warum müssen wir uns immer wieder quälen, um glücklich zu sein? Warum empfinden wir das Recht so oft als ungerecht? Warum suchen wir sogar noch als Atheisten nach Gott?

Warum wir wurden, wie wir sind, erfahren wir in der Geschichte des europäischen Geistes: bei Plato und Stephen Hawking, bei Augustinus und Giacomo Casanova, bei Goethe und bei den Beatles. Ihren Zeugnissen gelten die Entdeckungsreisen dieses Buches: quer durch die Epochen und Nationen, quer durch Mythologie und Philosophie, Literatur und Theologie, Folklore und Popkultur. Eine Expedition durch den abendländischen Wertekosmos und zweieinhalb Jahrtausende Ideengeschichte mit dem Ziel, uns mit jeder Etappe ein Stückchen weiter auf die eigene Pelle zu rücken.

Dabei haben wir natürlich alles falsch gemacht. Statt zwanzig Kapitel hätten es vielleicht auch fünfzehn oder fünfundzwanzig sein können. Auch die Gegensatzpaare selbst, mit denen wir die Kapitel strukturieren, hätten andere vermutlich anders gebildet. Und schließlich ist die Auswahl der Autoren und Texte, mit denen wir jedes Kapitel illustrieren, hoffnungslos subjektiv – von einzelnen Thesen und Interpretationen ganz zu schweigen.

Aber gehört Subjektivität nicht auch zu den genuin europäischen Werten? Zumindest dann, wenn sie sich, in Gestalt von These und Antithese, um größtmögliche Objektivität bemüht?

Raus aus der Uneigentlichkeit!

Dieses Buch ist Reiseführer und Lesebuch zugleich, eine Sammlung von Essays und eine Anthologie, die herausragende Zeugnisse der europäischen Geistesgeschichte in sich vereint. Sie geben uns die Möglichkeit, unsere Werte und deren Bedeutung für unser Leben zu überprüfen.

Was sind unsere besonderen Werte? Was und wie viel sind diese Werte uns wert? Sind wir bereit, für ihren Bestand und Erhalt Steuern zu bezahlen? Unsere Freizeit zu opfern? Unsere Partner zu wechseln? Hohn und Spott zu ertragen? Auf materielle Vorteile zu verzichten? In den Krieg zu ziehen? Unser Leben einzusetzen?

Ein Wesensmerkmal der europäischen Kultur ist ihre Offenheit für andere Kulturen. Wenn wir diese Offenheit verlieren, verlieren wir zugleich ein Stück unserer Identität. Doch müssen wir uns darum selbst verleugnen? Bei allen Vorzügen, die unsere Offenheit bietet, hat sie, in einer Art sprachlicher Subkultur, zu einem fragwürdigen Jargon der Uneigentlichkeit geführt. Zu »eigentlichen« Bekenntnissen ringen wir uns höchstens noch durch, wenn es um Antisemitismus oder Kinderpornografie geht – andere Bekenntnisse empfinden wir als lächerlich oder peinlich. Aber verdient nicht auch unsere Kultur ein Bekenntnis?

Europa ist mehr als eine Vereinigung von Ländern und Organisationen. Europa ist ein Wertekosmos, eine bestimmte, in Jahrtausenden erprobte Art und Weise, die Welt zu begreifen und zu verändern – in Richtung auf ein Leben, das den Menschen als Alpha und Omega begreift, als Ausgang und Ziel allen Denkens und Handelns. Ein System von Werten, die das Leben nach unserem Empfinden erst wirklich lebenswert machen.

Dieser Kultur können wir vielleicht nur treu bleiben, indem wir gelegentlich über ihren Schatten springen. Ja, wir bekennen uns zum Menschenrecht auf Freiheit – aber müssen wir darum wild gewordenen Cowboys die Steigbügel halten, wenn sie zu transatlantischen Kreuzzeugen in den Orient aufbrechen, anstatt auf die Überzeugungskraft des Wortes zu setzen? Ja, wir bekennen uns zur Toleranz – aber dürfen wir darum Intoleranz tolerieren, wenn Vertreter anderer Kulturen sie in unsere Kultur hineintragen wollen? Ja, wir bekennen uns zum Reichtum spiritueller Erfahrungen – aber müssen wir darum jeden esoterischen Unsinn mitmachen, der irgendwo auf Gottes weiter Welt gepredigt wird?

Darum raus aus der Uneigentlichkeit! Haben wir den Mut, uns zu unseren eigenen Werten zu bekennen! Nicht, um eine europäische

Leitkultur zu etablieren, sondern um unsere eigene Kultur im Zeichen der Globalisierung einem globalen Wettbewerb auszusetzen: einem Wettbewerb von Ideen und Lebensformen, der den Vergleich mit anderen Kulturen nicht scheut, sondern fördert, einem Wettbewerb, der Vielfalt und Identität gleichermaßen ermöglicht und erlaubt.

»Um die Wette leben«, so lautet die Empfehlung eines berühmten europäischen Dichters an die Kulturen dieser Welt. – Wer dieser Dichter war? Wer ihn sucht, wird ihn in diesem Buch finden.

Peter Prange
Tübingen, Ostern 2006

Leben und Sinn

Ich erinnere mich noch genau. Ich war etwa fünfzehn Jahre alt, mitten in der Pubertät, und hatte einen fürchterlichen Streit mit meinen Eltern. Statt zu argumentieren, schrien wir uns nur noch an. »Ihr habt mich ja nicht gefragt, als ihr mich in diese Scheißwelt gesetzt habt!«, schleuderte ich meinen Erzeugern irgendwann entgegen. Es entstand tödliches Schweigen. »Du … du weißt ja gar nicht, was du da sagst«, stammelte schließlich meine Mutter. Und mein Vater fügte hinzu: »Du versündigst dich am Leben.«

Ich lebe – doch warum und wozu? Diese Frage stellt sich vermutlich niemand, der gerade glücklich oder zumindest im Reinen ist mit sich und seinem Dasein. Ja, vielleicht ist sie grundsätzlich Ausdruck von Unreife und Schwäche, wie sie eher einem Fünfzehnjährigen ansteht als einem erwachsenen Menschen. Doch können wir die Frage nach dem Leben und seinem Sinn darum als schlichte Pubertätsfrage abtun?

Schön wär's, denn die Aussicht auf eine allseits befriedigende Antwort ist ungefähr so groß wie die Aussicht auf einen Sechser im Lotto – Douglas Adams bricht bekanntlich »Per Anhalter in die Galaxis« auf, weil selbst der leistungsstärkste Computer sich in Millionen Jahren als unfähig erweist, den Sinn des Lebens zu ermitteln. Und trotzdem können wir Europäer nicht aufhören, uns immer wieder dieser Frage auszusetzen. Das aus mindestens doppeltem Grund. Einerseits gilt uns das Leben als höchstes Gut schlechthin: Kein Wert nimmt einen höheren Rang in unserem Wertesystem ein als dieser, weshalb der Schutz menschlichen Lebens in allen europäischen Verfassungen verankert ist. Andererseits aber, und das macht die Sache problematisch, empfinden wir selber ein Leben ohne Sinn als wertlos. Sinn ist, was sich den Sinnen entzieht – doch er allein gibt uns Orientierung. Wo er fehlt, irren wir ziel- und richtungslos durch das Leben, verloren wie eine Ameise ohne Instinkte in der Wüste. *»There must be more to life than this«,* singt darum Freddie Mercury, den eigenen Aids-Tod bereits vor Augen, *»there must be more than meet the eyes.«*

Was kann dieses unbekannte Etwas sein? Genau darüber streiten sich die abendländischen Gelehrten von allem Anfang an. »Das Leben«, schreibt Seneca, »ist lang genug und völlig ausreichend zur Vollführung auch der herrlichsten Taten, wenn es nur vom Anfang bis zum Ende gut verwendet würde.« Doch wonach sollen wir uns dabei richten? Wer oder was gibt uns Aufschluss über den sinnvollen Gebrauch und Vollzug unserer Existenz? Der heilige Augustinus glaubt die Antwort zu ahnen, doch um sich zu ihr durchzuringen, muss er einen schmerzlichen Prozess erleiden: »Noch zauderte ich zwischen Tod und Leben«, berichtet er über seine Bekehrung zum christlichen Glauben, »und mehr vermochte in mir noch das gewohnte Schlechtere als das ungewohnte Bessere, und je näher mir der Zeitpunkt trat, wo ich ein anderer werden sollte, desto größerer Schauder erfüllte mich …« Betrachtet Seneca es als Aufgabe des Menschen, seine Existenz selbst mit Sinn zu füllen, so begreift Augustinus das Dasein als göttlichen Auftrag: Der Sinn des Lebens ist jedem von uns vorgegeben, denn das irdische Leben ist – als ein Geschenk Gottes – ja nichts anderes als Bewährung für das ewige Leben im Jenseits. Sinnvolles Leben kann deshalb nur ein gottgefälliges Leben sein, nach Maßgabe der offenbarten Wahrheit.

Doch ach, nicht jeder ist wie Augustinus zum Heiligen geboren, und je tiefer wir uns in das irdische Leben verstricken, desto schneller schwindet solche metaphysische Sinn- und Seinsgewissheit. Davon wissen die zwei größten Figuren des europäischen Dramas ein Lied zu singen. »Sein oder Nichtsein«, hadert Hamlet angesichts der Allgegenwart des Todes mit seinem Schicksal, dessen Ziel und Zweck sich ihm verschließen. Für den Dänenprinzen ist der Tod nicht mehr die Schwelle, hinter der eine höhere Instanz zuverlässig und gerecht die Summe aus dem Leben des Einzelnen zieht. Vielmehr lähmt das Bewusstsein der Ungewissheit jeden Entschluss mit so starken Zweifeln, dass Hamlets Erfahrung ganze Generationen nachfolgender Helden mit dem Gefühl der Ausweglosigkeit infiziert. »Hier steh ich nun, ich armer Tor, und bin so klug als wie zuvor«, konstatiert sein deutscher Neffe Faust ebenso lapidar wie verzweifelt sein Scheitern in dem Bemühen, »zu erkennen, was die Welt, im Innersten zusammenhält«.

Mit der Aufklärung holt die abendländische Philosophie den Sinn des Lebens vom prinzipiell unerkennbaren Jenseits ins vermeintlich begreifbare Diesseits. Das Leben ist nicht mehr Mittel zu einem späteren Zweck, der sich hinter dem Schleier der Metaphysik verbirgt, sondern trägt seinen Sinn in sich selbst, ist Selbstzweck: Seine Unverletztlichkeit wird in den Kanon der Menschenrechte aufgenommen. Diese innerweltliche Aufwertung des Lebens erfährt wenig später durch die Naturwissenschaft eine verblüffende Rechtfertigung. Alles Leben, so interpretiert Charles Darwin die »Entstehung der Arten«, hat zum einzigen Ziel, sich selbst zu erhalten, im großen und ewigen Kampf ums Dasein. Doch ist nicht auch dieser Kampf vergebens? Schließlich ist jedem Leben, vom Augenblick seiner Zeugung an, Alter und Tod eingeprägt. Wozu, fragt darum Schopenhauer, »die mit unablässiger Mühe und steter Sorge, im Kampf mit der Not täglich errungene, kärgliche Erhaltung dieses Daseins«? Wenn jenseits des Todes keine Belohnung für das Leiden an und in der Existenz mehr wartet, fällt die Natur ja selbst ihr Verdammungsurteil über den Willen zum Leben. So dass sich dieses am Ende als nichts anderes entpuppt als ein »fortgesetzter Betrug, im Kleinen wie im Großen«.
Von diesem Vorschlaghammer der Philosophie getroffen, zerfällt der Sinn des Lebens europaweit in kaum noch wahrzunehmende Atome. Während Rilke in seinen »Duineser Elegien« einen Lobpreis auf das Leben anstimmt, der nur noch im Reich der Dichtung Sinn machen kann, zieht Don Fabrizio, Lampedusas »Leopard«, auf seinem Sterbebett erschütternde Bilanz: wie »Goldkörnchen im Sand« erscheinen ihm die wenigen Augenblicke, die es in siebzig langen Jahren wert gewesen waren, gelebt zu werden.
»Unser Leben währet siebzig Jahre, und was daran köstlich erscheint, ist doch nur Mühe.« Schopenhauer, Lampedusa, die Propheten des Alte Testaments – sie haben beschrieben, wie ich als Fünfzehnjähriger meine Existenz zu empfinden glaubte: als absurd. Wladimir und Estragon, Becketts traurig-komische Figuren, erschienen mir wie Brüder beim »Warten auf Godot«. Mein absoluter Lieblingslesebuchheld der damaligen Zeit aber war Sisyphos, der tragischste Held der Antike, und zwar in der Gestalt, die Albert Camus ihm verliehen hatte. Keiner

verkörperte mein eigenes Lebensgefühl so großartig wie er. Von den Göttern dazu verurteilt, immer wieder einen Felsbrocken den Berg des Lebens hinaufzuwälzen, ohne je ans Ende dieser sinnlosen Plackerei zu gelangen, erschien Sisyphos nun als Inbegriff des modernen Menschen – und ich durfte mich in ihm wiedererkennen! Welch schaurig-dramatische Größe wuchs mir auf diese Weise zu ... Dabei sah ich geflissentlich über die entscheidende Wende hinweg, mit der Camus am Ende seines Essays gegen sein eigenes Fazit aufbegehrt – dass wir uns Sisyphos nämlich »als einen glücklichen Menschen« vorstellen müssen.

Wie soll ein solches Kunststück gelingen? Mit der Beantwortung dieser Frage hat der Wiener Psychologe Viktor Frankl sein ganzes Leben verbracht. Als eine der größten Krankheiten der Moderne diagnostiziert er das Gefühl der Sinnlosigkeit, von dem er auch und gerade solche Menschen befallen sieht, die in objektiv beneidenswerten Umständen leben (wie zum Beispiel ich mit fünfzehn Jahren). Ihnen hält er entgegen, dass jeder Mensch die Chance hat, sich von diesem existenziellen Vakuum selbst zu kurieren. Nicht, indem er nach einem wie auch immer gearteten metaphysischen Sinn sucht, einem Sinn »an sich«, der für immer und ewig und jeden Menschen gleichermaßen gilt. Sondern, indem er seinen ganz eigenen, nur ihm gehörigen Sinn aufspürt, den das Leben für ihn persönlich bereithält: »Sinn ist jeweils der konkrete Sinn in einer konkreten Situation. Jeder Tag, jede Stunde wartet mit einem neuen Sinn auf, und auf jeden Menschen wartet ein anderer Sinn.«

Was für ein Bekenntnis zum Leben, was für ein Bekenntnis zum Sinn! Ausgesprochen von einem Mann, der selber das größte Leid durchlitten hat, das Menschen in der Geschichte Europas je erfuhren: im Konzentrationslager von Auschwitz.

Lucius Annaeus Seneca
VON DER KÜRZE DES LEBENS

Lucius Annaeus Seneca *(4 v. Chr.–65 n. Chr.) ist einer der großen Vertreter der klassischen römischen Zeit. Als Philosoph und Dichter genoss er hohes Ansehen, weshalb er 48 zum Erzieher von Kaiser Nero ernannt wurde. Die Grundsätze seines Denkens sind Gelassenheit, Pflichterfüllung und Freiheit.* Von der Kürze des Lebens *handelt von der Maxime, hier und heute zu leben, anstatt auf dauernde Arbeit zu setzen. Nachdem ihn Nero der Konspiration verdächtigt hatte, wurde er ohne Gerichtsurteil zum Selbstmord gezwungen. In Anwesenheit seiner Freunde öffnete sich der Philosoph die Pulsadern. Außerdem trank er Gift aus dem Schierlingsbecher, mit dem sich schon Sokrates getötet hatte.*

1. Die meisten Menschen, meint Paulinus, klagen über die Bosheit der Natur: unsere Lebenszeit, heißt es, sei uns zu kurz bemessen, zu rasch, zu reißend verfliege die uns vergönnte Spanne der Zeit, so schnell, daß mit Ausnahme einiger weniger den anderen das Leben noch immer unter den Zurüstungen zum Leben entweiche. Und es ist nicht etwa bloß der große Haufe und die unverständige Menge, die über dies angeblich allgemeine Übel jammert, nein, auch hoch angesehene Männer haben, von dieser Stimmung angesteckt, sich in Klagen ergangen. Daher jener Ausruf des größten der Ärzte: »Kurz ist das Leben, lang die Kunst.« Daher der einem Weisen wenig ziemende Hader des Aristoteles mit der Natur: »Die Natur habe es mit den Tieren so gut gemeint, daß sie ihnen fünf, ja zehn Jahrhunderte Lebenszeit vergönne, während dem Menschen, der für so vieles und für so Großes geboren sei, ein so viel früheres Ende beschieden sei.« Nein, nicht gering ist die Zeit, die uns zu Gebote steht; wir lassen nur viel davon verloren gehen. Das Leben, das uns gegeben ist, ist lang genug und völlig ausreichend zur Vollführung auch der herrlichsten Taten, wenn es nur von Anfang bis zum Ende gut verwendet würde; aber wenn es sich in üppigem Schlendrian verflüchtigt, wenn es keinem edlen Streben geweiht wird, dann merken wir erst unter dem Drucke der letzten Not, daß es vorüber ist, ohne daß wir auf sein Vorwärtsrücken achtgegeben haben. So ist es: nicht das Leben, das wir

empfangen, ist kurz, nein, wir machen es dazu; wir sind nicht zu kurz gekommen; wir sind vielmehr zu verschwenderisch. Wie großer fürstlicher Reichtum in der Hand eines nichtsnutzigen Besitzers, an den er gelangt ist, sich im Augenblick in alle Winde zerstreut, während ein, wenn auch nur mäßiges Vermögen in der Hand eines guten Hüters durch die Art, wie er damit verfährt, sich mehrt, so bietet unser Leben dem, der richtig damit umzugehen weiß, einen weiten Spielraum.

2. Was klagen wir über die Natur? Sie hat sich gütig erwiesen: das Leben ist lang, wenn man es recht zu brauchen weiß. Aber den einen hält unersättliche Habsucht in ihren Banden gefangen, den anderen eine mühevolle Geschäftigkeit, die an nutzlose Aufgaben verschwendet wird; der eine geht ganz in den Freuden des Bacchus auf, der andere dämmert in trägem Stumpfsinn dahin; den einen plagt der Ehrgeiz, der immer von dem Urteil anderer abhängt, den anderen treibt der gewinnsuchende, rastlose Handelsgeist durch alle Länder, durch alle Meere; manche hält der Kriegsdienst in seinem Bann; sie denken an nichts anderes, als wie sie anderen Gefahren bereiten oder ihnen selbst drohende Gefahren abwehren können; manche läßt der undankbare Herrendienst sich in freiwilliger Knechtschaft aufreiben; viele kommen nicht los von dem Glücke anderer oder von der Klage über ihre eigene Lage; die meisten jagt mangels jeden festen Ziels ihre unstete, schwankende, auch sich selbst mißfällige Leichtfertigkeit zu immer neuen Entwürfen. Manche wollen von einer sicher gerichteten Lebensbahn überhaupt nichts wissen, sondern lassen sich vom Schicksal in einem Zustand der Schwäche und Schlaffheit überraschen, so daß ich nicht zweifle an der Wahrheit des Wortes jenes erhabenen Dichters, das wie ein Orakelspruch klingt:

»Ein kleiner Teil des Lebens nur ist wahres Leben«;

der ganze übrige Teil ist nicht Leben, ist bloße Zeit. Von allen Seiten drängt und stürmt das Unheil an und läßt nicht zu, daß man den Blick erhebe zur Betrachtung der Wahrheit, drückt die Menschen vielmehr in die Tiefe und fesselt sie an die Begierden. Niemals wird es ihnen möglich, zu sich selbst zu kommen, und tritt zufällig etwa einmal eine Pause ein, dann schwanken sie hin und her wie das tiefe Meer, das auch nach dem Sturm noch in Bewegung ist; kurz, niemals lassen ihre Begierden sie in Ruhe. Und meinst du etwa, ich spräche nur von denen, über deren beklagenswerte Lage alle einig sind? Blicke hin auf jene, die allgemein als Glückskinder angestaunt werden: sie ersticken an ihrem eigenen Glücke. Wie vielen wird der Reichtum zur Last! Wie vielen raubt das Rednergeschäft und das tägliche Verlangen, ihr Talent leuchten zu lassen, die wahre Lebenskraft! Wie viele bieten infolge des unaufhörlichen Sinnengenusses den Anblick von wandelnden Leichen! Wie vielen läßt die sich drängende Klientenschar keinen freien Augenblick! Kurz, gehe sie alle durch vom Niedrigsten bis zum Höchsten: Der eine sucht einen Anwalt, der andere stellt sich ihm zur Verfügung; der eine ist in Gefahr, der andere übernimmt die Verteidigung; wieder ein anderer fällt das Urteil; keiner sichert sich sein Recht über sich selbst; der eine verzehrt sich im Dienst für den anderen. Frage nach jenen Stützen der Gesellschaft, deren Namen auswendig gelernt werden, du wirst sehen, man unterscheidet sie nach folgenden Merkmalen: der eine dient diesem, der andere jenem, keiner sich selbst. Ganz sinnlos ist demnach die Entrüstung so mancher: sie klagen über den Hochmut der Höherstehenden, weil diese für den zudringlichen Besucher keine Zeit gehabt haben! Darf sich irgend jemand herausnehmen, über den Stolz eines anderen zu klagen, der für sich selbst niemals Zeit hat? Jener hat dir unbedeutendem Gesellen doch irgendeinmal einen Blick gegönnt, wenn auch einen noch so hochfahrenden, er hat sein Ohr zu deinem Anliegen herabgelassen; du aber hast dich nie für wert gehalten, einen Blick in dich zu tun, auf dich selbst zu hören. Diese deine Dienstbeflissenheit gibt dir also keinen Anspruch auf Beachtung von seiten irgend jemandes; denn als du sie ausübtest, lag dem nicht die Absicht einer Verbindung mit dem anderen zu Grunde, sondern nur das Unvermögen, dir selber anzugehören.

3. Mögen auch die glänzenden Geister aller Zeiten über diese Tatsache in Übereinstimmung sein, so werden sie sich doch niemals genug wundern können über diese geistige Finsternis der Menschen. Ihre Landgüter lassen sie von niemand in Beschlag nehmen, und beim geringsten Streit über die Feldmark rennen sie nach Waffen; was aber ihr eigenes Leben betrifft, so lassen sie andere in dasselbe eingreifen; ja nicht genug

damit, sie bemühen sich sogar darum, andere zu Herren und Besitzern ihres Lebens zu machen. Es findet sich keiner, der sein Geld austeilen möchte; sein Leben dagegen, unter wie viele verteilt es ein jeder! Ihr Vermögen zusammenzuhalten, sind sie immer eifrig beflissen; handelt es sich aber um Zeitverlust, so zeigen sie sich als die größten Verschwender da, wo der Geiz die einzige Gelegenheit hat, in ehrbarer Gestalt aufzutreten. Greifen wir also aus der Masse der Höherbetagten irgendeinen heraus: »Wir sehen, du bist an der äußersten Grenze menschlichen Lebens angelangt; hundert Jahre oder mehr noch lasten auf dir. Wohlan, überschlage dein Leben und gib Rechenschaft davon. Berechne, wieviel dir davon der Gläubiger, wieviel die Geliebte, wieviel der Angeklagte, wieviel der Klient entzogen hat, wieviel der eheliche Hader, wieviel die Sklavenzucht, wieviel das dienstbeflissene Umherrennen in den Straßen der Stadt; nimm dazu die selbstverschuldeten Krankheiten und was unbenutzt lieben blieb, so wirst du sehen: die Zahl deiner Jahre ist geringer, als du annimmst. Frage dein Gedächtnis, wenn du einmal deiner Sache wirklich sicher gewesen bist, wie wenige Tage deiner Absicht gemäß verlaufen sind, wie selten du mit dir selbst Umgang gepflogen, wie selten du dein wahres Gesicht gezeigt, wie oft dein Gemüt verzagt hat; frage dich, was du in dieser langen Lebenszeit tatsächlich geleistet, wieviel dir von deinem Leben durch andere weggenommen worden, ohne daß du den Verlust gewahr wurdest, wieviel dir vergebliche Trauer, törichte Freude, unersättliche Begierde, der Reiz der Geselligkeit Zeit geraubt, wie wenig dir von dem Deinigen geblieben – und du wirst einsehen, daß du stirbst, ehe du reif bist.«

Wie steht's also damit? Ihr lebt, als würdet ihr immer leben; niemals werdet ihr eurer Gebrechlichkeit euch bewußt; ihr habt nicht acht darauf, wieviel Zeit bereits vorüber ist; ihr verschwendet sie, als wäre sie unerschöpflich, während inzwischen gerade der Tag, der irgendeinem Menschen oder einer Sache zuliebe hingegeben wird, vielleicht der letzte ist. Ihr fürchtet alles, als wäret ihr nur sterblich; ihr begehrt alles, als wäret ihr auch unsterblich. Wie oft vernimmt man die Äußerung: »Mit dem fünfzigsten Jahr begebe ich mich in den Ruhestand, mit dem sechzigsten mach' ich mich frei von aller amtlichen Tätigkeit.« Und wer leistet dir Bürgschaft für ein längeres Leben? Wer soll den

Dingen gerade den Lauf geben, den du ihnen bestimmst? Schämst du dich nicht, nur den Rest deines Lebens für dich zu behalten und dir für dein geistiges Wohl nur diejenige Zeit vorzubehalten, die sich zu nichts mehr verwenden läßt? Welche Verspätung, mit dem Leben anzufangen, wenn man aufhören muß?

Aurelius Augustinus
DIE LEBENSWENDE

Aurelius Augustinus *(354–430) ist der einflussreichste Philosoph und Theologe der Spätantike. Sein Werk hat in Europa bis heute tiefe Spuren hinterlassen. Zunächst lehrte er die von der Antike übernommene Philosophie, wobei er sich bereits um eine Verbindung mit den christlichen Schriften bemühte. 387 erfolgte die Bekehrung zum Christentum, die er in den* Confessiones *als eine Stimme, die ihn zum Lesen aufforderte, schildert: Den Briefen des Apostels entnimmt er die Regel, zukünftig in Keuschheit und Gottesliebe zu leben.*

So war ich krank und quälte mich, indem ich mich selbst härter anklagte als je, und ich wand und wälzte mich in meiner Fessel, bis sie ganz von mir fiele; wiewohl sie schon schwach geworden war, hielt sie mich dennoch fest. Und du, o Herr, setztest mir zu in meinem Innern mit strengem Erbarmen, mit der Geißel, die Furcht und Scham verdoppelte, auf daß ich nicht wieder wiche und dir diene und schwach gewordene Bande, die noch geblieben waren, vollends zerrisse, auf daß sie nicht wiederum erstarkten und mich fester umschlängen. Da sprach ich in meines Herzens Grunde zu mir: Bald, bald wird es geschehen! Und mit dem Worte ging ich schon ein auf den Entschluß. Fast tat ich's und tat's doch nicht; aber doch fiel ich nicht in das frühere zurück, sondern stand ganz nahe und verschnaufte. Und dann versuchte ich es zum zweiten Male und war beinahe am Ziele und erreichte es beinahe und hielt es fest; und doch war ich nicht am Ziele und erreichte es weder, noch hielt ich es fest, noch zauderte ich zwischen Tod und Leben, und mehr vermochte noch in mir das gewohnte Schlechtere als das ungewohnte Bessere, und je näher mir der Zeitpunkt trat, wo ich ein anderer werden sollte, desto größerer Schauder erfüllte mich; doch warf er mich weder zurück, noch lenkte er mich ab, ich blieb in Hangen und Bangen.

Zurück hielten mich die Nichtigkeiten und Eitelkeit, meine alten Freundinnen, zerrten mich am Mantel meines Fleisches und flüsterten mir zu: Was, du willst uns verlassen? Von dem Augenblick werden wir nicht mehr bei dir sein in Ewigkeit. Von dem Augenblick an wird dir dies und jenes nicht erlaubt sein in Ewigkeit. Welche Bilder brachten sie mir vor die Seele in dem »dies und jenes«! Welche Bilder, o mein Gott! Deine Barmherzigkeit wende es ab von der Seele deines Dieners. Welche Schmach reichten sie mir dar, welche Schande! Schon hörte ich sie nicht einmal mehr zur Hälfte an, schon sprachen sie weniger frei, nur hinter meinem Rücken murmelnd und mich verstohlen zupfend, auf daß ich zurückschauen möchte. Dennoch hielten sie mich auf, und ich zögerte, sie von mir abzuschütteln und loszureißen und hinüberzugehen, wohin ich gerufen ward, indem die mächtige Gewohnheit zu mir sprach: Glaubst du es ohne jene Dinge aushalten zu können?

Aber kaum hörbar sprach sie dies mit lässiger Stimme; denn es enthüllte sich mir von der Seite, wohin ich mein Antlitz wandte und wohin ich zu gehen doch noch schauderte, die keusche Bürde der Enthaltsamkeit, heiter, doch nicht zügellos lustig, nicht ehrbar ladend, daß ich käme und nicht mehr Zweifel hegte, nach mir ausstreckend, um mich aufzunehmen und zu umfassen, die segnenden Hände mit einer Fülle guter Vorbilder. Dort sah ich so viele Knaben und Mädchen, Jünglinge und Jungfrauen in großer Zahl, jedes Alter, gebeugte Witwen, Alte im Kranze der Jungfrauenschaft. Und bei allen fand ich dieselbe Keuschheit, die gesegnete Mutter der heiligsten Freuden, gezeugt in deiner Umarmung, o Herr. Und sie spottete meiner in ermahnendem Spotte: Wirst du, so sagte sie, wirst du denn nicht das vermögen, was diese Knaben, was diese Weiber vermochten? Vermögen diese es denn aus eigener Kraft und nicht in dem Herrn, ihrem Gotte? Der Herr, ihr Gott, hat mich ihnen verliehen. Was stehst du auf dich fußend, und stehst nicht fest? Wirf dich auf ihn, fürchte dich nicht, er wird dich verlassen, so daß du fielest; wirf dich auf ihn ohne Sorgen, er wird dich aufnehmen und dich heilen.

Und wie errötete ich, denn noch hörte ich das Geflüster jener Nichtigkeiten, und zweifelnd war ich wiederum ohne Entschluß. Und wiederum sagte sie mir: Sei taub gegen deine unreinen Glieder auf Erden, auf daß sie ersterben. Sie verheißen dir Freuden, die nicht sind nach dem Gesetz des Herrn, deines Gottes. So stritten in meinem Herzen die Gedanken gegeneinander. Alypius aber saß an meiner Seite und erwartete schweigend den Ausgang meiner ungewöhnlichen Bewegung.

Als aber eine tiefe Betrachtung aus geheimem Grunde all mein Elend hervorzog und vor dem Angesichte meines Herzens sammelte, da brach ein gewaltiger Gewittersturm, den Tränen in Strömen begleiteten, in mir los. Ihm freien Lauf zu lassen, erhob ich mich und ging hinweg von Alypius; denn die Einsamkeit erschien mir geeigneter, um mich ausweinen zu können; ich ging hinweg, so weit, daß mich seine Gegenwart nicht mehr zu stören vermochte. So war ich damals, und jener fühlte mit mir. Ich glaube auch, daß ich schon etwas gesagt hatte, wobei der tränenschwere Ton meiner Stimme stockte, und so erhob ich mich denn. Er blieb, wo wir uns niedergesetzt hatten, zurück, von Staunen erfüllt. Ich aber warf mich am Stamme eines Feigenbaumes nieder und ließ meinen Tränen freien Lauf, und der Quell des Auges strömte hervor, ein Opfer, das du gern empfingst, und ich sprach, zwar nicht mit denselben Worten, aber doch in dem Sinne, vieles zu dir: Du, o Herr, wie so lange? Wie lange, Herr, wirst du zürnen? Sei nicht eingedenk unserer vorigen Missetat. Denn von ihr fühlte ich mich gefesselt und stöhnte laut in kläglichem Jammer. Wie lange? Wie lange? Morgen und immer wieder morgen? Warum nicht jetzt, weshalb setzt nicht diese Stunde meiner Schande ihr Ziel?

So sprach ich und weinte bitterlich in der Zerknirschung meines Herzens. Und siehe, da hörte ich eine Stimme aus einem benachbarten Hause in singendem Tone sagen, ein Knabe oder ein Mädchen war es: Nimm und lies! Nimm und lies! Ich entfärbte mich und sann nach, ob vielleicht Kinder in irgendeinem Spiele dergleichen Worte zu singen pflegen, konnte mich aber nicht erinnern, jemals davon gehört zu haben. Da drängte ich meine Tränen zurück, stand auf und legte die gehörten Worte nicht anders aus, als daß ein göttlicher Befehl mir die Heilige Schrift zu öffnen heiße und daß ich das erste Kapitel, auf welches mein Auge fallen würde, lesen sollte. Denn ich hatte von Antonius gehört, daß er beim Vorlesen des Evangeliums in der Kirche, zu dem er zufällig gekommen war, das Wort, das da vorgelesen wurde, als eine Ermahnung auf sich bezog: Gehe hin und verkaufe alles, was du hast, und gib es den Armen, so wirst du einen Schatz im Himmel haben, und komm und folge mir nach. Durch solche Gottesstimme sei er sogleich bekehrt worden. Und so kehrte ich eiligst zu dem Orte zurück, wo Alypius saß und wo ich bei meinem Weggehen die Schriften des Apostels Paulus zurückgelassen hatte. Ich begriff das Buch, öffnete es und las still für mich den Abschnitt, der mir zuerst in die Augen fiel: Nicht in Fressen und Saufen, nicht in Kammern und Unzucht, nicht in Hader und Neid, sondern zieht an den Herrn Jesum Christum und wartet des Leibes, doch also, daß er nicht geil werde. Ich las nicht weiter, es war wahrlich nicht nötig, denn alsbald am Ende dieser Worte kam das Licht des Friedens über mein Herz und die Macht des Zweifels entfloh.

Alsdann legte ich den Finger oder ein anderes Zeichen hinein, schloß das Buch und erzählte mit ruhiger Miene dem Alypius, was mir geschehen war. Er aber erzählte mir auch, was in ihm vorging und wovon ich nichts wußte. Er wünschte die Stelle zu lesen, ich zeigte sie ihm, und er las auch das Weitere. Ich wußte aber nicht, was folgte. Es folgte aber: Den Schwachen im Glauben nehmet auf. Dies bezog er auf sich und eröffnete es mir. Durch solche Ermahnung fühlte er sich gestärkt; ohne Zaudern und Unruhe trat er meinem Entschlusse und guten Vorsatze bei, der seiner Sinnesart völlig entsprach, war er ja darin viel besser als ich und unterschied sich gewaltig von mir. Wir gingen sogleich zur Mutter und erzählten ihr, wie es geschehen war, und sie freute sich. Wir erzählten ihr, wie es geschehen war; sie jubelte und triumphierte, und sie pries dich, der überschwenglich mehr tun kann, über alles, das wir bitten oder verstehen, da sie sah, daß ihr von dir weit mehr gewährt worden war, als sie in ihrem Jammer und ihren Tränen zu bitten pflegte. Du bekehrtest mich zu dir, so daß ich weder ein Weib begehrte, noch irgendeine Hoffnung dieser Welt; jetzt stand ich auf jenem Richtscheit des Glaubens, auf welchem du mich ihr vor so viel Jahren gezeigt hattest. Du wandeltest ihre Trauer in Freude viel reichlicher, als sie gewollt, viel herrlicher und reiner, als sie von den Enkeln meines Fleisches suchte.

William Shakespeare
HAMLET

William Shakespeare *(1564–1616) begann seine Karriere als Schauspieler, bevor er selbst erfolgreicher Geschäftsmann im Theaterwesen seiner Zeit wurde. So berühmt seine Werke wurden, so wenig wissen wir über den Autor. Seine Tragödien gehören zum Kanon europäischen Theaters. Zu den berühmtesten Stücken gehört* Hamlet.
Hamlet stellt sich wahnsinnig, um die Wahrheit über den Tod seines Vaters, des Königs von Dänemark, zu erfahren und den Mord an seinem Vater durch dessen Bruder rächen zu können. Für Hamlet stellt sich die Frage nach dem Sinn seiner Existenz: Rache scheint ihm der einzig mögliche Sinn für sein Leben zu sein.

3. Aufzug, 1. Szene
(Hamlet tritt auf.)

H a m l e t. Sein oder Nichtsein, das ist hier die Frage:
Ob's edler im Gemüt, die Pfeil' und Schleudern
Des wütenden Geschicks erdulden, oder,
Sich waffnend gegen eine See von Plagen.
Durch Widerstand sie enden. Sterben – schlafen –
Nichts weiter! – und zu wissen, daß ein Schlaf
Das Herzweh und die tausend Stöße endet,
Die unsers Fleisches Erbteil – 's ist ein Ziel
Aufs innigste zu wünschen. Sterben – schlafen –
Schlafen! Vielleicht auch träumen! – Ja, da liegt's:
Was in dem Schlaf für Träume kommen mögen,
Wenn wir den Drang des Ird'schen abgeschüttelt,
Das zwingt uns stillzustehn. Das ist die Rücksicht,
Die Elend läßt zu hohen Jahren kommen.
Denn wer ertrüg' der Zeiten Spott und Geißel,
Des Mächt'gen Druck, des Stolzen Mißhandlungen,
Verschmähter Liebe Pein, des Rechtes Aufschub,
Den Übermut der Ämter und die Schmach.
Die Unwert schweigendem Verdienst erweist,

Wenn er sich selbst in Ruhstand setzen könnte
Mit einer Nadel bloß? Wer trüge Lasten
Und stöhnt' und schwitzte unter Lebensmüh'?
Nur daß die Furcht vor etwas nach dem Tod –
Das unentdeckte Land, von des Bezirk
Kein Wandrer wiederkehrt – den Willen irrt,
Daß wir die Übel, die wir haben, lieber
Ertragen, als zu unbekannten fliehn.
So macht Gewissen Feige auf uns allen;
Der angebornen Farbe der Entschließung
Wird des Gedankens Blässe angekränkelt;
Und Unternehmungen voll Mark und Nachdruck,
Durch diese Rücksicht aus der Bahn gelenkt,
Verlieren so der Handlung Namen.

(…)

4. Aufzug, 4. Szene

Hamlet.

Wie jeder Anlaß mich verklagt und spornt
Die träge Rache an! Was ist der Mensch,
Wenn seiner Zeit Gewinn, sein höchstes Gut
Nur Schlaf und Essen ist? Ein Vieh, nichts weiter.
Gewiß, der uns mit solcher Drehkraft schuf
Vorauszuschaun und rückwärts, gab uns nicht
Die Fähigkeit und göttliche Vernunft,
Um ungebraucht in uns zu schimmeln. Nun,
Sei's viehisches Vergessen oder sei's
Ein banger Zweifel, welcher zu genau
Bedenkt den Ausgang – ein Gedanke, der,
Zerlegt man ihn, ein Viertel Weisheit nur
Und stets drei Viertel Feigheit hat – ich weiß nicht,
Weswegen ich noch lebe, um zu sagen:
»Dies muß geschehn«, da ich doch Grund und Willen
Und Kraft und Mittel hab, um es zu tun.
Beispiele, die zu greifen, mahnen mich.
So dieses Heer von solcher Zahl und Stärke,

Von einem zarten Prinzen angeführt,
Des Mut von hoher Ehrbegier geschwellt,
Die Stirn dem unsichtbaren Ausgang beut,
Und gibt sein sterblich und verletzbar Teil
Dem Glück, dem Tode, den Gefahren preis,
Für eine Nußschal'. Wahrhaft groß sein heißt,
Nicht ohne großen Gegenstand sich regen;
Doch einen Strohhalm selber groß verfechten,
Wenn Ehre auf dem Spiel. Wie steh denn ich,
Den seines Vaters Mord, der Mutter Schande,
Antriebe der Vernunft und des Geblüts,
Den nichts erweckt? Ich seh indes beschämt
Den nahen Tod von zwanzigtausend Mann,
Die für 'ne Grille, ein Phantom des Ruhms,
Zum Grab gehn wie ins Bett: es gilt ein Fleckchen,
Worauf die Zahl den Streit nicht führen kann;
Nicht Gruft genug und Raum, um die Erschlagnen
Nur zu verbergen. O von Stund' an trachtet
Nach Blut, Gedanken, oder seid verachtet!

Jean de La Fontaine

FABELN

Der Greis und die drei jungen Leute

Jean de La Fontaine *(1621–1695) ist durch seine 1668 zuerst erschienenen Fabeln zu Weltruhm gelangt. Mitglied und Kritiker der Gesellschaft am absolutistischen Hof, versteckt er seine teils harte Satire der doppelbödigen Moral in spitzzüngigen Versgeschichten. Diese Geschichte weist den Hochmut junger Karrieristen in die Schranken.*

Es pflanzt' ein achtzigjähriger Greis.
»Das Bauen geht noch an, doch Pflanzen in den Jahren!«
Von dreien Jünglingen, die Nachbarskinder waren,

Erscholl dies Wort. »Welch dummer Fleiß.
Ich bitt Euch, welche Frucht wollt Ihr
Von dieser Arbeit wohl genießen noch auf Erden?
Alt wie ein Patriarch ja müßtet Ihr dann werden.
Was quält Ihr Euch mit Sorgen für
Die Zukunft, die doch nicht mehr lang wird Euer sein.
Der Irrtümer, die Ihr begangen, nur gedenkt,
Da Euch die Hoffnungen und Aussichten beschränkt,
Die kommen zu nur uns allein.« –
»Euch selber kommen sie nicht zu«,
Erwiderte der Greis. »Mühsam und ohn Bestand
Ist jedes Menschenwerk. Es spielt mit unsrer Ruh
Und unsrem Leben nur der dunklen Parze Hand.
Durch kurze Dauer ist gleich unser aller Lauf.
Wer von uns wird zuletzt wohl schauen noch hinauf
Zum blauen Himmelszelt? Verbürget einen zweiten
Uns je ein Augenblick wohl im Vorübergleiten?
Einst meiner Enkel Schar wird dieser Schatten laben.
Soll nun nicht recht der Weise haben,
Der sorget und sich müht, um andre zu vergnügen?
Das ist schon eine Frucht, die heut mir kann genügen.
Auch morgen kann ich mich dran freun und manchen Tag:
Ja manches Morgenrot noch mag
Ich sehn auf eure Gräber scheinen.«
Recht hatte dieser Greis. Der jungen Männer einen
Verschlang das Meer, als er Amerika genaht;
Der andre, im Begriff nach Ruhm und Rang zu streben,
Indem in Kriegsdienst er fürs Wohl des Staates trat,
Verlor durch einen Schuß ganz plötzlich auch sein Leben;
Der dritte fiel vom Baum herab,
Den er zum Pfropfen sich erwählt.
Der Greis beweinte sie und schrieb dann auf ihr Grab
Was ich soeben hier erzählt.

Johann Wolfgang von Goethe
FAUST: DER TRAGÖDIE ERSTER TEIL
NACHT

Johann Wolfgang von Goethe *(1759–1832) ist derjenige Dichter und Universalgelehrte, dessen Name weltweit mit Deutschland assoziiert wird. Sein komplexestes Werk ist der* Faust, *der in zwei Teilen von 1773 (Teil 1 veröffentlicht 1808) bis kurz vor seinem Tod (Teil 2) entstand. Die hier wiedergegebene Szene zeigt den Beginn des Pakts zwischen dem alternden Faust und dem Teufel.*

In einem hochgewölbten, engen gotischen Zimmer
Faust unruhig auf seinem Sessel am Pulte.

FAUST. Habe nun, ach! Philosophie,
Juristerei und Medizin,
Und leider auch Theologie
Durchaus studiert, mit heißem Bemühn.
Da steh' ich nun, ich armer Tor,
Und bin so klug als wie zuvor!
Heiße Magister, heiße Doktor gar,
Und ziehe schon an die zehen Jahr'
Herauf, herab und quer und krumm
Meine Schüler an der Nase herum –
Und sehe, daß wir nichts wissen können!
Das will mir schier das Herz verbrennen.
Zwar bin ich gescheiter als alle die Laffen,
Doktoren, Magister, Schreiber und Pfaffen;
Mich plagen keine Skrupel noch Zweifel,
Fürchte mich weder vor Hölle noch Teufel –
Dafür ist mir auch alle Freud' entrissen,
Bilde mir nicht ein, was Rechts zu wissen,
Bilde mir nicht ein, ich könnte was lehren,
Die Menschen zu bessern und zu bekehren.
Auch hab' ich weder Gut noch Geld;

Noch Ehr' und Herrlichkeit der Welt;
Es möchte kein Hund so länger leben!
Drum hab' ich mich der Magie ergeben,
Ob mir durch Geistes Kraft und Mund
Nicht manch Geheimnis würde kund;
Daß ich nicht mehr mit sauerm Schweiß
Zu sagen brauche, was ich nicht weiß;
Daß ich erkenne, was die Welt
Im Innersten zusammenhält,
Schau' alle Wirkenskraft und Samen,
Und tu' nicht mehr in Worten kramen.

O sähst du, voller Mondenschein,
Zum letztenmal auf meine Pein,
Den ich so manche Mitternacht
An diesem Pult herangewacht:
Dann über Büchern und Papier,
Trübsel'ger Freund, erschienst du mir!
Ach! könnt' ich doch auf Bergeshöhn
In deinem lieben Lichte gehn,
Um Bergeshöhle mit Geistern schweben,
Auf Wiesen in deinem Dämmer weben,
Von allem Wissensqualm entladen,
In deinem Tau gesund mich baden!

Weh! steck' ich in dem Kerker noch?
Verfluchtes dumpfes Mauerloch,
Wo selbst das liebe Himmelslicht
Trüb durch gemalte Scheiben bricht!
Beschränkt von diesem Bücherhauf,
Den Würme nagen, Staub bedeckt,
Den, bis ans hohe Gewölb' hinauf,
Ein angeraucht Papier umsteckt;
Mit Gläsern, Büchsen rings umstellt,
Mit Instrumenten vollgepfropft,

Urväter-Hausrat drein gestopft –
Das ist deine Welt! das heißt eine Welt!

Und fragst du noch, warum dein Herz
Sich bang in deinem Busen klemmt?
Warum ein unerklärter Schmerz
Dir alle Lebensregung hemmt?
Statt der lebendigen Natur,
Da Gott die Menschen schuf hinein,
Umgibt in Rauch und Moder nur
Dich Tiergeripp' und Totenbein.

Flieh! auf! hinaus ins weite Land!
Und dies geheimnisvolle Buch,
Von Nostradamus' eigner Hand,
Ist dir es nicht Geleit genug?
Erkennest dann der Sterne Lauf,
Und wenn Natur dich unterweist,
Dann geht die Seelenkraft dir auf,
Wie spricht ein Geist zur andern Geist.
Umsonst, daß trocknes Sinnen hier
Die heil'gen Zeichen dir erklärt:
Ihr schwebt, ihr Geister, neben mir;
Antwortet mir, wenn ihr mich hört!
Er schlägt das Buch auf und erblickt das Zeichen des Makrokosmos.
Ha! welche Wonne fließt in diesem Blick
Auf einmal mir durch all meine Sinnen!
Ich fühle junges, heil'ges Lebensglück
Neuglühend mir durch Nerv' und Adern rinnen.
War es ein Gott, der diese Zeichen schrieb,
Die mir das innre Toben stillen,
Das arme Herz mit Freude füllen
Und mit geheimnisvollem Trieb
Die Kräfte der Natur rings um mich her enthüllen?
Bin ich ein Gott? Mir wird so licht!

Ich schau' in diesen reinen Zügen
Die wirkende Natur vor meiner Seele liegen.
Jetzt erst erkenn' ich, was der Weise spricht:
»Die Geisterwelt ist nicht verschlossen;
Dein Sinn ist zu, dein Herz ist tot!
Auf, bade, Schüler, unverdrossen
Die ird'sche Brust im Morgenrot!«
Er beschaut das Zeichen.
Wie alles sich zum Ganzen webt,
Eins in dem andern wirkt und lebt!
Wie Himmelskräfte auf und nieder steigen
Und sich die goldnen Eimer reichen!
Mit segenduftenden Schwingen
Vom Himmel durch die Erde dringen,
Harmonisch all das All durchklingen!

Welch Schauspiel! Aber ach! ein Schauspiel nur!
Wo fass' ich dich, unendliche Natur?
Euch Brüste, wo? Ihr Quellen alles Lebens,
An denen Himmel und Erde hängt,
Dahin die welke Brust sich drängt –
Ihr quellt, ihr tränkt, und schmacht' ich so vergebens?
Er schlägt unwillig das Buch um und erblickt das Zeichen des Erdgeistes.
Wie anders wirkt dies Zeichen auf mich ein!
Du, Geist der Erde, bist mir näher;
Schon fühl' ich meine Kräfte höher,
Schon glüh' ich wie von neuem Wein,
Ich fühle Mut, mich in die Welt zu wagen,
Der Erde Weh, der Erde Glück zu tragen,
Mit Stürmen mich herumzuschlagen
Und in des Schiffbruchs Knirschen nicht zu zagen.
Es wölkt sich über mir –
Der Mond verbirgt sein Licht –
Die Lampe schwindet!

Es dampft – Es zucken rote Strahlen
Mir um das Haupt – Es weht
Ein Schauer vom Gewölb' herab
Und faßt mich an!
Ich fühl's, du schwebst um mich, erflehter Geist.
Enthülle dich!
Ha! wie's in meinem Herzen reißt!
Zu neuen Gefühlen
All' meine Sinnen sich erwühlen!
Ich fühle ganz mein Herz dir hingegeben!
Du mußt! du mußt! und kostet' es mein Leben!

Arthur Schopenhauer

Von der Nichtigkeit und dem Leiden des Lebens

Arthur Schopenhauer *(1788–1860) gilt als Dichter des Pessimismus schlechthin. Die Welt ist für ihn Ausdruck eines blinden und vernunftlosen Willens. Leben heißt Leiden, da man den Menschen ebenso wenig wie der abstrakten Vernunft vertrauen kann. Seine Ethik begründet sich im Mitleiden, nicht im moralischen Gesetz.*

Aus der Nacht der Bewußtlosigkeit zum Leben erwacht, findet der Wille sich als Individuum in einer end- und grenzenlosen Welt, unter zahllosen Individuen, alle strebend, leidend, irrend, und wie durch einen bangen Traum eilt er zurück zur alten Bewußtlosigkeit – Bis dahin jedoch sind seine Wünsche grenzenlos, seine Ansprüche unerschöpflich und jeder befriedigte Wunsch gebiert einen neuen. Keine auf der Welt mögliche Befriedigung könnte hinreichen, sein Verlangen zu stillen, seinem Begehren ein endliches Ziel zu setzen und den bodenlosen Abgrund seines Herzens auszufüllen. Daneben nun betrachte man, was dem Menschen an Befriedigungen jeder Art, in der Regel, wird: Es ist meistens nicht mehr als die mit unablässiger Mühe und steter Sorge, im Kampf mit der Not täglich errungene, kärgliche Erhaltung dieses

Daseins selbst, den Tod im Prospekt. – Alles im Leben gibt kund, daß das irdische Glück bestimmt ist, vereitelt oder als Illusion erkannt zu werden. Hierzu liegen tief im Wesen der Dinge die Anlagen. Demgemäß fällt das Leben der meisten Menschen trübselig und kurz aus. Die komparativ Glücklichen sind es meistens nur scheinbar, oder aber sie sind, wie die Langlebenden, seltene Ausnahmen, zu denen eine Möglichkeit übrigbleiben mußte, – als Lockvogel. Das Leben stellt sich dar als ein fortgesetzter Betrug, im Kleinen wie im Großen. Hat es versprochen, so hält es nicht; es sei denn, um zu zeigen, wie wenig wünschenswert das Gewünschte war: so täuscht uns also bald die Hoffnung, bald das Gehoffte. Hat es gegeben, so war es, um zu nehmen. Der Zauber der Entfernung zeigt uns Paradiese, welche wie optische Täuschungen verschwinden, wenn wir uns haben hinäffen lassen. Das Glück liegt demgemäß stets in der Zukunft oder auch in der Vergangenheit, und die Gegenwart ist einer kleinen dunkeln Wolke zu vergleichen, welche der Wind über die besonnte Fläche treibt: Vor ihr und hinter ihr ist alles hell, nur sie selbst wirft stets einen Schatten. Sie ist demnach allezeit ungenügend, die Zukunft aber ungewiß, die Vergangenheit unwiederbringlich. Das Leben mit seinen stündlichen, täglichen, wöchentlichen und jährlichen, kleinen, größeren und großen Widerwärtigkeiten, mit seinen getäuschten Hoffnungen und seinen alle Berechnung vereitelnden Unfällen, trägt so deutlich das Gepräge von etwas, das uns verleidet werden soll, daß es schwer zu begreifen ist, wie man dies hat verkennen können und sich überreden lassen, es sei da, um dankbar genossen zu werden, und der Mensch, um glücklich zu sein. Stellt doch vielmehr jene fortwährende Täuschung und Enttäuschung, wie auch die durchgängige Beschaffenheit des Lebens, sich dar als darauf abgesehen und berechnet, die Überzeugung zu erwecken, daß gar nichts unseres Strebens, Treibens und Ringens wert sei, daß alle Güter nichtig seien, die Welt an allen Enden bankrott und das Leben ein Geschäft, das nicht die Kosten deckt; – auf daß unser Wille sich davon abwende.

(…)

Ehe man so zuversichtlich ausspricht, daß das Leben ein wünschenswertes oder dankenswertes Gut sei, vergleiche man einmal gelassen die Summe der nur irgend möglichen Freuden, welche ein Mensch in seinem Leben genießen kann, mit der Summe der nur irgend möglichen Leiden, die ihn in seinem Leben treffen können. Ich glaube, die Bilanz wird nicht schwer zu ziehn sein. Im Grunde aber ist es ganz überflüssig zu streiten, ob des Guten oder des Übeln mehr auf der Welt sei; denn schon das bloße Dasein des Übels entscheidet die Sache, da dasselbe nie durch das daneben oder danach vorhandene Gute getilgt, mithin auch nicht ausgeglichen werden kann:

Mille piacer' non vagliono un tormento.*). *Petr.*

Denn, daß Tausende in Glück und Wonne gelebt hätten, höbe ja nie die Angst und Todesmarter eines einzigen auf: und ebensowenig macht mein gegenwärtiges Wohlsein meine früheren Leiden ungeschehn. Wenn daher des Übeln auch hundertmal weniger auf der Welt wäre, als der Fall ist, so wäre dennoch das bloße Dasein desselben hinreichend, eine Wahrheit zu begründen, welche sich auf verschiedene Weise, wiewohl immer nur etwas indirekt ausdrücken läßt, nämlich, daß wir über das Dasein der Welt uns nicht zu freuen, vielmehr zu betrüben haben; – daß ihr Nichtsein ihrem Dasein vorzuziehn wäre; – daß sie etwas ist, das im Grunde nicht sein sollte; u. s. f.
Die Wahrheit ist: wir sollen elend sein, und sind's. (…)
Wenn das Leben an sich selbst ein schätzbares Gut und dem Nichtsein entschieden vorzuziehn wäre, so braucht die Ausgangspforte nicht von so entsetzlichen Wächtern, wie der Tod mit seinen Schrecken ist, besetzt zu sein. Aber wer würde im Leben, wie es ist, ausharren, wenn der Tod minder schrecklich wäre? – Und wer könnte auch nur den Gedanken des Todes ertragen, wenn das Leben eine Freude wäre! So aber hat jener immer noch das Gute, das Ende des Lebens zu sein, und wir trösten uns über die Leiden des Lebens mit dem Tode und über den Tod mit den Leiden des Lebens. Die Wahrheit ist, daß beide unzertrennlich zusammengehören, indem sie ein Irrsal ausmachen, von welchem zurückzukommen so schwer wie wünschenswert ist.

* Tausend Genüsse sind nicht eine Qual wert.

Giuseppe Tomasi di Lampedusa
DER TOD DES FÜRSTEN
Juli 1883

Giuseppe Tomasi di Lampedusa *(1896–1957) entstammte einem der bedeutendsten sizilianischen Adelsgeschlechter. Seine literarische Karriere begründet er mit seinem einzigen Roman,* Der Leopard, *den er 1954 innerhalb weniger Monate in seiner römischen Lieblingspasticceria zu Papier brachte. Erst kurz nach seinem Tod erkannte der große italienische Verleger Feltrinelli die Qualität des Buches und machte es zu einem Welterfolg.*

Manchmal war er überrascht, daß der Lebens-Wasserbehälter nach den Verlusten so vieler Jahre noch etwas sollte enthalten können. ›Selbst dann nicht, wenn er groß wäre wie eine Pyramide.‹ Ein anderes Mal, oder vielmehr öfter, war er von Stolz erfüllt darüber, daß gleichsam er ganz allein dieses ständige Fliehen bemerkte, während um ihn herum niemand ein Gefühl dafür zu haben schien; und er hatte darin einen Anlaß gefunden, die anderen zu verachten, wie der ältere Soldat den Rekruten verachtet, der sich der Täuschung hingibt, die ihn umschwirrenden Kugeln seien große, summende, harmlose Fliegen. Das sind Dinge, die man – warum, weiß man nicht – niemandem anvertraut; man überläßt es den anderen, sie zu ahnen; und kein Mensch in seiner Umgebung hatte sie je geahnt, keine der Töchter, die ein Jenseits erträumten, das diesem Leben gleich wäre, vollständig versehen mit allem, mit Verwaltung, Köchen und Klöstern; nicht Stella, die, während sie am Brand infolge Zuckerkrankheit elend zugrunde ging, sich trotzdem töricht an dieses Leben voller Qual geklammert hatte. Vielleicht hatte ihn nur Tancredi einen Augenblick verstanden, als er in seiner widerspenstig-ironischen Art zu ihm gesagt hatte: »Großer Onkel, du hofierst den Tod, als wäre er eine schöne Frau.« Jetzt war das Hofieren zu Ende: die Schöne hatte ihr Ja gesagt, die Flucht war beschlossen, das Abteil im Zuge reserviert. Doch nun war die Sache anders, ganz anders. Er saß, die langen Beine in eine Decke gehüllt, in einem Sessel auf dem Balkon des Albergo Trinacria und fühlte, wie das Leben in breiten, drängenden Sturzwellen von ihm fortging, mit einem dem Geiste spürbaren Getöse, das man mit dem Rheinfall hätte vergleichen können. Es war um die Mittagszeit eines Montags Ende Juli, und das Meer von Palermo, dicht, ölig, unbeweglich, weitete sich vor ihm, unwahrscheinlich reglos und flach hingestreckt wie ein Hund, der bestrebt ist, sich vor den Drohungen des Herrn unsichtbar zu machen; aber die Sonne, unverrückbar, senkrecht, stand breitbeinig darüber und peitschte es ohne Erbarmen. Die Stille war vollkommen. Unter dem hohen Licht vernahm Don Fabrizio nur einen einzigen Ton: in seinem Innern den Ton des Lebens, das aus ihm herausbrach.

(...)

Er wartete auf den Klang vom Glöckchen des Viatikums. Er vernahm ihn sehr bald: die Kirche der Pietà war fast gegenüber. Der silberne, nahezu festliche Klang kletterte die Treppen hinauf, brach in den Flur ein, wurde ganz hell, als sich die Tür öffnete: erst kam der Direktor des Albergo, ein dicker Schweizer, der sehr aufgeregt darüber war, daß er einen Sterbenden in seinem Haus habe, und dann trat Pater Balsàmo ein, der Priester, und trug in der vom Lederetui behüteten Hostienkapsel das Sanctissimum. Trancredi und Fabrizietto hoben den Sessel und trugen ihn ins Zimmer zurück; die anderen waren niedergekniet. Don Fabrizio sagte, mehr mit der Gebärde als mit der Stimme: »Weg, weg!« Er wollte beichten. Man tut die Dinge richtig – oder gar nicht. Alle gingen hinaus, aber als er sprechen wollte, merkte er, daß er nicht viel zu sagen hatte: er erinnerte sich einiger bestimmter Sünden, doch sie erschienen ihm so kümmerlich, daß es sich wirklich nicht lohnte, einen würdigen Priester an diesem schwülen Tage damit zu behelligen. Nicht daß er sich ohne Schuld fühlte – aber die Schuld erstreckte sich auf das ganze Leben, nicht auf diese oder jene einzelne Tat; und das zu sagen hatte er nicht mehr die Zeit. Seine Augen drückten wohl eine Verwirrung aus, die der Priester als einen Ausdruck tiefer Reue nahm – wie er es tatsächlich in gewissem Sinne war. Er erhielt die Absolution; sein Kinn, so wenigstens schien es ihm, lehnte auf der Brust, so daß sich der Priester knien mußte, um ihm die Partikel zwischen die Lippen zu schieben. Dann wurden die uralten Silben gemurmelt, die den Weg ebnen, und der Priester zog sich zurück.

Der Sessel wurde nicht mehr auf den Balkon geschleppt. Fabrizietto

und Trancredi setzten sich neben ihn, ein jeder hielt eine Hand; der Enkel sah ihn unverwandt an, mit einer Neugier, die an jemandem, der zum erstenmal einem Todeskampf beiwohnt, nur natürlich ist: Neugier – weiter nichts; der da starb, war nicht ein Mensch, es war ein Großvater, und das ist etwas ganz anderes. Tancredi drückte ihm fest die Hand und redete, redete viel, redete heiter: er legte Pläne dar und ließ ihn an ihnen teilnehmen, er kommentierte die politischen Ereignisse; er war Abgeordneter, man hatte ihm die Gesandtschaft in Lissabon versprochen, er kannte viele geheime, ergötzliche Geschichten.
(...)
Tancredi. Gewiß, viel von den Aktiva kam von Tancredi; sein Verständnis, das um so wertvoller war, als es sich ironisch äußerte; die ästhetische Freude, die man empfand, wenn man sah, wie er sich in den Schwierigkeiten des Lebens zurechtfand; die spöttisch-herzliche Art, die genau das Wünschenswerte war. Danach die Hunde: Fufi, der dicke Mops seiner Kindheit, Tom, der ungestüme, zutrauliche Pudel, ein Freund; die sanften Augen von Svelto, die köstliche Tölpelhaftigkeit von Bendicò, die zärtlichen Pfoten von Pop, dem *pointer,* der ihn in diesem Augenblick unter den Büschen und den Sesseln der Villa suchte und ihn nicht mehr finden würde; ein paar Pferde, diese schon weiter entfernt und fremd. Da waren die ersten Stunden jedesmal, wenn er nach Donnafugata zurückgekehrt war, die Empfindung von Tradition und Dauer, ausgedrückt in Stein und in Wasser; die gleichsam geronnene Zeit; das lustige Flintenknallen einiger Jagden, das freundschaftliche Gemetzel unter Hasen und Rebhühnern, hier und da ein gutes Gelächter mit Tumeo, einige Minuten der Sammlung im Kloster, wo es halb muffig, halb nach Zuckerzeug roch. Noch etwas? Ja, noch etwas – aber das war schon irdischer, Goldkörnchen im Sand: die Augenblicke der Genugtuung, wenn er Dummköpfen scharfe Antworten gegeben hatte; die Zufriedenheit, als er gemerkt hatte, daß in der Schönheit und im Charakter Concettas eine wahre Salina fortlebte; ein paar Momente feuriger Liebe; die Überraschung, als er den Brief von Arago bekam, worin man ihn ganz unmittelbar beglückwünschte zu der Exaktheit der schwierigen Berechnungen des Huxley-Kometen. Und weiter – warum nicht? Die öffentliche Begeisterung, als er an der Sorbonne die Medaille in

Empfang nahm; das delikate Gefühl beim Berühren einiger ganz feiner Krawattenseiden, der Duft von manchem mürben Leder; der heitere, die Sinnlichkeit reizende Anblick mancher Frauen, denen man auf der Straße begegnet war, der etwa, die er gestern auf dem Bahnhof in Catania flüchtig gesehen hatte, im Gewühl, in ihrem braunen Reisekleid und den gamsledenen Handschuhen: ihm war es vorgekommen, als suche sie von draußen in dem schmutzigen Abteil sein aufgelöstes Gesicht. Was für ein Geschrei in dem Gewühl! »Belegte Brötchen!« *»Ill corriere dell' isola!«* Und dann dieses Hin und Her des müden, atemlosen Zuges … Und diese grausame Sonne bei der Ankunft, diese lügnerischen Gesichter, das Hervorbrechen der stürzenden Wassermassen …

In dem Schatten, der an ihm hochstieg, versuchte er zu rechnen, wie lange er in Wirklichkeit gelebt habe. Sein Hirn konnte mit der einfachen Rechnung nicht mehr fertig werden: drei Monate, zwanzig Tage, eine Gesamtsumme von sechs Monaten, sechs mal acht, vierundachtzig … achtundvierzigtausend … 840 000. Er fing sich wieder: ›Ich bin dreiundsiebzig Jahre alt, in Bausch und Bogen werde ich davon gelebt haben, wirklich gelebt, eine Gesamtsumme von zwei … drei höchstens.‹ Und die Schmerzen, die Öde, wie viele Jahre waren das? Unnütz, das mühsam zusammenzuzählen – alles, was übrigbleibt: siebzig Jahre.

Er spürte, daß seine Hand die beiden nicht mehr drückte. Tancredi erhob sich eilig und ging hinaus … Jetzt brach nicht mehr ein Fluß aus ihm heraus, sondern ein Ozean, stürmisch, voller Schaum und entfesselter Sturzwellen …

Das Herz hatte wohl wieder ausgesetzt, er merkte plötzlich, daß er auf dem Bett lag. Jemand fühlte ihm den Puls; vom Fenster her blendete ihn der erbarmungslose Widerschein des Meeres. Im Zimmer war ein pfeifender Laut zu vernehmen: sein Röcheln; aber er selbst wußte es nicht. Um ihn ein kleines Gedränge, eine Gruppe fremder Menschen, die ihn mit furchtsamem Ausdruck unverwandt ansahen. Ganz allmählich erkannte er sie: Concetta, Francesco Paolo, Carolina, Tancredi, Fabrizietto. Der, der ihm den Puls fühlte, war der Doktor Cataliotti; er meinte, er lächle diesem zu, um ihn willkommen zu heißen, aber keiner konnte es gewahr werden: alle, alle, außer Concetta, weinten, auch Trancredi; dieser sagte: »Onkel, lieber großer Onkel!«

Plötzlich schob sich durch die Gruppe eine junge Frau; schlank, in einem braunen Reisekleid mit weiter *tournure,* in einem Strohhut, geschmückt mit einem Schleier mit kleinen Kügelchen, der die schelmische Anmut des Gesichts nicht verhüllen konnte. Sie drückte leise mit dem Händchen im Gamslederhandschuh die Ellbogen zweier Weinender auseinander, sie entschuldigte sich, sie kam näher. Sie war es, sie, das immer ersehnte Wesen, das ihn holen kam; sonderbar, so jung war sie, und hatte sich ihm ergeben; die Stunde der Abfahrt mußte nahe sein. Jetzt war sie bei ihm, ihr Gesicht dem seinen gegenüber; sie hob den Schleier – und so, schamhaft, aber bereit, in Besitz genommen zu werden, erschien sie ihm weiter schöner, als er sie je erblickt hatte – dort in den Sternenräumen.
Das tosende Meer kam zur Ruhe.

Viktor E. Frankl

Der Wille zum Sinn

Das Leiden am sinnlosen Leben

Viktor E. Frankl *(1905–1997) machte sich schon in den zwanziger Jahren einen Ruf als kluger Psychologe, vor allem in der Suizidprävention. 1942, im Jahr seiner Heirat mit Tilly Grosser, wurden er, seine Frau und seine Eltern ins Ghetto Theresienstadt deportiert. Sein Vater starb dort 1943, seine Mutter in Auschwitz, seine Frau im KZ Bergen-Belsen. Frankl wurde 1944 von Auschwitz in das Konzentrationslager 9 (Türkheim) des KZ-Kommandos Kaufering/Landsberg transportiert. Am 27. April 1945 wurde er dort von der US-Armee befreit. Selbst diese KZ-Erfahrung konnte seinem Glauben an den Sinn des menschlichen Lebens nichts anhaben.*

Die nächste Frage, die wir uns aber stellen müssen, lautet: Handelt es sich bei diesem »Leiden« am sinnlosen Leben um eine Krankheit? Immerhin war es Sigmund Freud, der einmal – in einem Brief an Prinzessin Bonaparte – geschrieben hat: »Im Moment, da man nach Sinn und Wert des Lebens fragt, ist man krank … Man hat nur eingestanden, daß man einen Vorrat von unbefriedigter Libido hat.« Nun, ich persönlich bin nicht der Ansicht, daß es sich da um eine Krankheit handelt, etwa um das Symptom einer Neurose. Vielmehr meine ich, daß der Mensch damit, daß er die Frage nach dem Sinn des Lebens stellt, ja, mehr als das, daß er wagt, die Existenz eines solchen Sinnes sogar in Frage zu stellen, – ich meine, daß der Mensch damit nur seine Menschlichkeit manifestiert. Noch nie hat ein Tier darnach gefragt, ob das Leben einen Sinn hat. Diese Frage haben nicht einmal die Graugänse des von mir so verehrten Konrad Lorenz jemals gestellt. Das tut eben nur der Mensch, und das ist nicht *Ausdruck einer seelischen Krankheit,* sondern *der Ausdruck geistiger Mündigkeit,* würde ich sagen. Denn es ist geistige Mündigkeit, wenn jemand es verschmäht, eine Antwort auf die Sinnfrage einfach aus den Händen der Tradition entgegenzunehmen, vielmehr darauf besteht, sich selber und selbständig auf die Suche nach Sinn zu begeben.

Aber »der Mensch auf der Suche nach Sinn«, um diesen Buchtitel zu gebrauchen, wird unter den gesellschaftlichen Bedingungen von heute eigentlich nur frustriert! Und das rührt daher, daß die Wohlstandsgesellschaft beziehungsweise der Wohlfahrtsstaat praktisch alle Bedürfnisse des Menschen zu befriedigen imstande ist, ja, einzelne Bedürfnisse werden von der Konsumgesellschaft überhaupt erst erzeugt. Nur *ein* Bedürfnis geht leer aus, und das ist das Sinnbedürfnis des Menschen – das ist sein »Wille zum Sinn«, wie ich ihn nenne, das heißt das dem Menschen zutiefst innewohnende Bedürfnis, in seinem Leben oder vielleicht besser gesagt in jeder einzelnen Lebenssituation einen Sinn zu finden – und hinzugehen und ihn zu erfüllen! Um solcher Sinnerfüllung willen ist der Mensch auch bereit zu leiden, wenn es nötig sein sollte. Umgekehrt aber, wenn er um *keinen* Sinn des Lebens weiß, dann pfeift er aufs Leben, auch wenn es ihm äußerlich noch so gut gehen mag, und unter Umständen schmeißt er es dann weg.

(...)

Das Leiden am sinnlosen Leben schreit selbstverständlich nach einer *sinnzentrierten Psychotherapie,* auf die ich hier natürlich nicht eingehen kann; aber vielleicht sollten wir uns die Frage stellen, nein, uns *der* Frage stellen, ob denn das Leben nicht auch wirklich sinnlos ist. Nun, wenn wir uns diesseits irgendwelcher vorgefaßten Meinungen auf eine streng empirische Tatbestandsaufnahme einlassen und die Art und Weise analysieren, wie der schlichte und einfache Mensch, der Mann von der Straße, fernab der Indoktrination von seiten irgendeiner Ideologie sein eigenes Menschsein versteht, ich möchte sagen, auf Grund eines »präreflexiven ontologischen Selbstverständnisses«, dann stellt sich heraus, daß es sozusagen *drei Hauptstraßen* gibt, auf denen sich Sinn finden läßt: Zunächst einmal kann mein Leben dadurch sinnvoll werden, daß ich eine Tat setze, daß ich ein Werk schaffe; aber auch dadurch, daß ich etwas erlebe – etwas oder jemanden erlebe, und jemanden in seiner ganzen Einmaligkeit und Einzigartigkeit erleben heißt, ihn lieben. Es geschieht also entweder im Dienst an einer Sache oder aber in der Liebe zu einer Person, daß wir Sinn erfüllen – und damit auch uns selbst verwirklichen. Zuletzt aber zeigt sich, daß auch dort, wo wir mit einem Schicksal konfrontiert sind, das sich einfach nicht ändern läßt, sagen wir mit einer unheilbaren Krankheit, mit einem inoperablen Karzinom, daß also auch dort, wo wir als hilflose Opfer mitten in eine hoffnungslose Situation hingestellt sind, auch dort, ja gerade dort, läßt sich das Leben noch immer sinnvoll gestalten, denn dann können wir sogar das Menschlichste im Menschen verwirklichen, und das ist seine Fähigkeit, auch eine Tragödie – auf menschlicher Ebene – in einen Triumph zu verwandeln. Das ist nämlich *das Geheimnis der bedingungslosen Sinnträchtigkeit des Lebens:* daß der Mensch gerade in Grenzsituationen seines Daseins aufgerufen ist, Zeugnis abzulegen davon, wessen er fähig ist.

(...)

Lassen Sie mich aber zum Schluß noch einmal auf die Sinnmöglichkeit zurückkommen, die das Leiden in sich birgt. Wie konnte ich nur die Behauptung wagen, im Leiden könne der Mensch das Menschlichste in sich selbst verwirklichen? Sehen Sie, meine Damen und Herren, gerade dort, wo wir eine Situation nicht ändern können, gerade dort ist uns abverlangt, uns selbst zu ändern, nämlich zu reifen, zu wachsen, über uns selbst hinauszuwachsen! Und das ist bis in den Tod möglich. Nicht umsonst lautet der Titel des erschienenen letzten Buches von Frau Dr. *Kübler-Ross:* »Death, the Final Stage of Growth« (»Der Tod, das letzte Stadium des Wachstums«). Daß es aber tatsächlich das Leiden ist, das dem Menschen die Chance gibt, an ihm zu wachsen, überhaupt sich zu ändern, hat niemand treffender beschrieben als der israelische Maler und Bildhauer Yehuda Bacon, der bereits als Kind nach Auschwitz kam und sich nach seiner Befreiung fragte, was für einen Sinn die Jahre gehabt haben mochten, die er in Auschwitz verbracht hatte, und er schreibt: »Als Knabe dachte ich, ich werde der Welt schon sagen, was ich in Auschwitz gesehen habe, – in der Hoffnung, die Welt würde einmal eine andere werden; aber die Welt ist nicht anders geworden, und die Welt wollte von Auschwitz nichts hören. Erst viel später habe ich wirklich verstanden, was der Sinn des Leidens ist. Das Leiden hat nämlich dann einen Sinn«, schreibt Yehuda Bacon, »wenn du selbst ein anderer wirst.«

Albert Camus
DER MYTHOS VON SISYPHOS

Albert Camus *(1913–1960) gehört zu den bekanntesten europäischen Autoren der Nachkriegszeit. Neben seinem Roman* Der Fremde *ist* Der Mythos von Sisyphos *(1942) das am meisten rezipierte Werk. Für Generationen von Europäern wurde er zum Sinnbild des Leidens der modernen Menschen auf ihrer Suche nach einem Lebenssinn.*

Kurz und gut: *Sisyphos* ist der Held des Absurden. Dank seiner Leidenschaften und dank seiner Qual. Seine Verachtung der Götter, sein Haß gegen den Tod und seine Liebe zum Leben haben ihm die unsagbare Marter aufgewogen, bei der sein ganzes Sein sich abmüht und nichts zustande bring. Damit werden die Leidenschaften dieser Erde bezahlt. Über *Sisyphos* in der Unterwelt wird uns nichts weiter berichtet. Mythen sind dazu da, von der Phantasie belebt zu werden. So sehen wir nur, wie ein angespannter Körper sich anstrengt, den gewaltigen Stein fortzubewegen, ihn hinaufzuwälzen und mit ihm wieder und wieder einen Abhang zu erklimmen; wir sehen das verzerrte Gesicht, die Wange, die sich an den Stein schmiegt, sehen, wie eine Schulter sich gegen den bedeckten Koloß legt, wie ein Fuß ihn stemmt und der Arm die Bewegung aufnimmt, wir erleben die ganze menschliche Selbstsicherheit zweier erdbeschmutzter Hände. Schließlich ist nach dieser langen Anstrengung (gemessen an einem Raum, der keinen Himmel, und an einer Zeit, die keine Tiefe kennt) das Ziel erreicht. Und nun sieht *Sisyphos,* wie der Stein im Nu in jene Tiefe rollt, aus der er ihn wieder auf den Gipfel wälzen muß. Er geht in die Ebene hinunter.

Auf diesem Rückweg, während dieser Pause, interessiert mich Sisyphos. Ein Gesicht, das sich so nahe am Stein abmüht, ist selber bereits Stein! Ich sehe, wie dieser Mann schwerfälligen, aber gleichmäßigen Schrittes zu der Qual hinuntergeht, deren Ende er nicht kennt. Diese Stunde, die gleichsam ein Aufatmen ist und ebenso zuverlässig wiederkehrt wie sein Unheil, ist die Stunde des Bewußtseins. In diesen Augenblicken, in denen er den Gipfel verläßt und allmählich in die Höhlen der Götter entschwindet, ist er seinem Schicksal überlegen. Er ist stärker als sein Fels.

Dieser Mythos ist tragisch, weil sein Held bewußt ist. Worin bestünde tatsächlich seine Strafe, wenn ihm bei jedem Schritt die Hoffnung auf Erfolg neue Kraft gäbe? Heutzutage arbeitet der Werktätige sein Leben lang unter gleichen Bedingungen, und sein Schicksal ist genauso absurd. Tragisch ist es aber nur in den wenigen Augenblicken, in denen der Arbeiter bewußt wird. *Sisyphos,* der ohnmächtige und rebellische Prolet der Götter, kennt das ganze Ausmaß seiner unseligen Lage: über sie denkt er während des Abstiegs nach. Das Wissen, das seine eigentliche Qual bewirken sollte, vollendet gleichzeitig seinen Sieg. Es gibt kein Schicksal, das durch Verachtung nicht überwunden werden kann. (...)

Wenn der Abstieg so manchen Tag in den Schmerz führt, er kann doch auch in der Freude enden. Damit wird nicht zuviel behauptet. Ich sehe wieder *Sisyhos* vor mir, wie er zu seinem Stein zurückkehrt und der Schmerz von neuem beginnt. Wenn die Bilder der Erde zu sehr im Gedächtnis haften, wenn das Glück zu dringend mahnt, dann steht im Herzen des Menschen die Trauer auf: das ist der Sieg des Steins, ist der Stein selber. Die gewaltige Not wird schier unerträglich. Unsere Näch-

te von Gethsemane sind das. Aber die niederschmetternden Wahrheiten verlieren an Gewicht, sobald sie erkannt werden. So gehorcht *Ödipus* zunächst unwissentlich dem Schicksal. Erst mit Beginn seines Wissens hebt seine Tragödie an. Gleichzeitig aber erkennt er in seiner Blindheit und Verzweiflung, daß ihn nur noch die kühle Hand eines jungen Mädchens mit der Welt verbindet. Und nun fällt ein maßloses Wort: ›Allen Prüfungen zum Trotz – mein vorgerücktes Alter und die Größe meiner Seele sagen mir, daß alles gut ist.‹ So formuliert der *Ödipus* des SOPHOKLES (wie *Kirilow* bei DOSTOJEWSKIJ) den Sieg des Absurden. Antike Weisheit verbindet sich mit moderndem Heroismus.
Man entdeckt das Absurde nicht, ohne in die Versuchung zu geraten, irgendein Handbuch des Glücks zu schreiben. ›Was! Auf so schmalen Wegen …?‹ Es gibt aber nur eine Welt. Glück und Absurdität entstammen ein und derselben Erde. Sie sind untrennbar miteinander verbunden. Irrtum wäre es, wollte man behaupten, daß das Glück zwangsläufig der Entdeckung des Absurden entspringe. Wohl kommt es vor, daß das Gefühl des Absurden dem Glück entspringt. ›Ich finde, daß alles gut ist‹, sagt *Ödipus,* und dieses Wort ist heilig. Es wird in dem grausamen und begrenzten Universum des Menschen laut. Es lehrt, daß noch nicht alles erschöpft ist, daß noch nicht alles ausgeschöpft wurde. Es vertreibt aus dieser Welt einen Gott, der mit dem Unbehagen und mit der Vorliebe für nutzlose Schmerzen in sie eingedrungen war. Es macht aus dem Schicksal eine menschliche Angelegenheit, die unter Menschen geregelt werden muß.
Darin besteht die ganze verschwiegene Freude des *Sisyphos.* Sein Schicksal gehört ihm. Sein Fels ist seine Sache. Ebenso läßt der absurde Mensch, wenn er seine Qual bedenkt, alle Götzenbilder schweigen. Im Universum, das plötzlich wieder seinem Schweigen anheimgegeben ist, werden die tausend kleinen, höchst verwunderten Stimmen der Erde laut. Unbewußte, heimliche Rufe, Aufforderungen aller Gesichter bilden die unerläßliche Kehrseite und den Preis des Sieges. Ohne Schatten gibt es kein Licht; man muß auch die Nacht kennenlernen. Der absurde Mensch sagt Ja, und seine Mühsal hat kein Ende mehr. Wenn es ein persönliches Geschick gibt, dann gibt es kein übergeordnetes Schicksal oder zumindest nur eines, das er unheilvoll und ver-

ächtlich findet. Darüber hinaus, weiß er sich als Herr seiner Zeit. Gerade in diesem Augenblick, in dem der Mensch sich wieder seinem Leben zuwendet (ein *Sispyhos*, der zu seinem Stein zurückkehrt), bei dieser leichten Drehung betrachtet er die Reihe unzusammenhängender Taten, die sein Schicksal werden, seine ureigene Schöpfung, die in seiner Erinnerung geeint ist und durch den Tod alsbald besiegelt wird. Überzeugt von dem rein menschlichen Ursprung alles Menschlichen, ist er also immer unterwegs – ein Blinder, der sehen möchte und weiß, daß die Nacht kein Ende hat. Der Stein rollt wieder.

Ich verlasse *Sisyphos* am Fuße des Berges! Seine Last findet man immer wieder. Nur lehrt *Sisyphos* uns die größere Treue, die die Götter leugnet und die Steine wälzt. Auch er findet, daß alles gut ist. Dieses Universum, das nun keinen Herrn mehr kennt, kommt ihm weder unfruchtbar noch wertlos vor. Jedes Gran dieses Steins, jeder Splitter dieses durchnächtigten Berges bedeutet allein für ihn eine ganze Welt. Der Kampf gegen Gipfel vermag ein Menschenherz auszufüllen. Wir müssen uns *Sisyphos* als einen glücklichen Menschen vorstellen.

Monty Python

DAS WAR'S

Monty Python *war eine britische Komikertruppe, die mit ihrer Serie* Monty Python's Flying Circus *für die BBC in den Jahren 1969–1974 große Erfolge feierte. Ihr schräger Humor traf die Stimmung der Zeit und wurde zu einer eigenen Stilrichtung. Im Anschluss an die TV-Serie war Monty Python auch im Kino erfolgreich.*

Moderatorin (brüsk):
So, das ist das Ende des Films, und hier ist nun der Sinn des Lebens.

Ihr wird ein goldener Umschlag gereicht.

Dank dir, Brigitte.

Sie öffnet ihn geschäftsmäßig und liest kurz für sich.

Na ja, nichts Besonderes eigentlich. Versuchen Sie, nett zu anderen zu sein, vermeiden Sie fettes Essen, lesen Sie hin und wieder ein gutes Buch, verschaffen Sie sich genügend Bewegung, und bemühen Sie sich, mit Menschen aller Nationen und Religionen in Frieden und Eintracht zusammenzuleben. Na ja, das war's – hier ist unsere Erkennungsmelodie. Gute Nacht.

Douglas Adams
PER ANHALTER DURCH DIE GALAXIS

Douglas Adams *(1952–2001) fing schon in jungen Jahren an, Science-Fiction-Texte zu schreiben. Auf ausgedehnten Reisen lernte er Europa kennen – als Anhalter. Seine Schriftstellerkarriere begann in engem Kontakt mit Monty Python, wo er aus Autor mitwirkte. 1977 wurde er mit seiner Radiosendung* Per Anhalter durch die Galaxis *bekannt und konnte die Texte als Bücher mit großem Erfolg verkaufen. Bei den Jugendlichen ist sein Anhalterroman bis heute ein Kultbuch.*

»Oh, Computer Deep Thought«, sagte er, »die Aufgabe, die wir uns für dich ausgedacht haben, ist die: Wir möchten, daß du uns …«, er machte eine Pause, »die Antwort sagst!«
»Die Antwort?« fragte Deep Thought. »Die Antwort worauf?«
»Auf das Leben!« drängte Fook.
»Auf das Universum!« sagte Lunkwill.
»Auf alles!« sagten beide im Chor.
Deep Thought dachte eine Weile schweigend nach.
»Knifflig«, sagte er schließlich.
»Aber du schaffst es doch?«
Wieder eine bedeutungsvolle Pause.
»Ja«, sagte Deep Thought, »das schaffe ich.«
»Es gibt eine Antwort?« fragte Fook atemlos vor Aufregung.

»Eine einfache Antwort?« setzte Lunkwill nach.
»Ja«, sagte Deep Thought. »Auf das Leben, das Universum, auf alles. Da gibt es eine Antwort drauf. Aber«, fügte er hinzu, »ich muß darüber nachdenken.«
(...)
Fook guckte ungeduldig auf seine Uhr.
»Wie lange etwa?« fragte er.
»Siebeneinhalb Millionen Jahre«, sagte Deep Thought.
Lunkwill und Fook vermieden es, sich anzusehen.
»Siebeneinhalb Millionen Jahre ...!« schrien sie im Chor.
»Ja«, tönte Deep Thought, »ich sagte doch, ich muß darüber nachdenken, oder? Aber mir scheint, daß ein Programm wie dieses zwangsläufig ein enormes öffentliches Interesse an der ganzen Philosophie hervorrufen muß. Jedermann wird seine eigene Theorie darüber anstellen, mit welcher Antwort ich schließlich anrücken werde, und wer könnte aus diesem Rummel wohl besser Kapital schlagen als ihr selbst? Solange ihr euch nur heftig genug gegenseitig in den Haaren liegt und in der Presse runtermacht und solange ihr Nachbeter habt, die ein bißchen clever sind, habt ihr doch für eure Zukunft ausgesorgt. Na, wie hört sich das an?«
Die beiden Philosophen starrten ihn an.
»Verdammt noch mal«, sagte Magikweis, »das nenn ich wirklich Denken. Sag mal, Vrumfondel, warum kommen wir eigentlich nie auf so was?«
»Weißichnich«, sagte Vrumfondel in ehrfürchtigem Flüsterton, »vielleicht sind unsere Hirne zu hochtrainiert, Magikweis.«
(...)
»Schsch!« sagte Luunquoal mit einer leichten Handbewegung, »ich glaube, Deep Thought wird gleich sprechen.«
Es folgte eine kurze, erwartungsvolle Stille, als an der Vorderseite des Schaltpults Armaturen langsam aufzuglühen begannen. Lämpchen gingen probeweise an und aus und bildeten schließlich ein nüchterngeschäftsmäßiges Muster. Ein sanftes tiefes Summen war aus dem Mitteilungsfrequenzband zu vernehmen.
»Guten Morgen«, sagte Deep Thought endlich.

»Äh … Guten Morgen, oh, Deep Thought«, sagte Luunquoal ängstlich, »hast du … äh, das heißt …«

»Eine Antwort für Euch?« unterbrach ihn Deep Thought würdevoll. »Ja. Die habe ich.«

Die beiden Männer zitterten vor froher Erwartung. Ihr Warten war nicht vergeblich gewesen.

»Es gibt tatsächlich eine?« hauchte Phouchg.

»Es gibt tatsächlich eine«, bestätigte Deep Thought.

»Auf alles? Auf die große Frage nach dem Leben, dem Universum und allem?«

»Ja.«

Beide Männer waren auf diesen Augenblick gedrillt worden, ihr Leben war eine einzige Vorbereitung auf diesen Moment gewesen, man hatte sie bereits bei ihrer Geburt als diejenigen ausgewählt, die der Antwort beiwohnen würden, aber selbst sie wurden gewahr, daß sie jetzt nach Luft schnappten und rumhampelten wie aufgeregte Kinder.

»Und du bist bereit, sie uns zu geben?« drängte Luunquoal.

»Das bin ich.«

»Jetzt?«

»Jetzt«, sagte Deep Thought.

Beide Männer leckten sich ihre trockenen Lippen.

»Allerdings glaube ich nicht«, setzte Deep Thought hinzu, »daß sie euch gefallen wird.«

»Das macht doch nichts!« sagte Phouchg. »Wir müssen sie nur jetzt erfahren. Jetzt!«

»Jetzt?« fragte Deep Thought.

»Ja! Jetzt …«

»Also schön«, sagte der Computer und versank wieder in Schweigen. Die beiden Männer zappelten nervös hin und her. Die Spannung war unerträglich.

»Sie wird euch bestimmt nicht gefallen«, bemerkte Deep Thought.

»Sag sie uns trotzdem!«

»Na schön«, sagte Deep Thought. »Die Antwort auf die Große Frage …«

»Ja …!«

»… nach dem Leben, dem Universum und allem …«, sagte Deep Thought.

»Ja …!«

»… lautet …«, sagte Deep Thought und machte eine Pause.

»Ja …!«

»… lautet …«

»Ja … !!! … ???«

»Zweiundvierzig«, sagte Deep Thought mit unsagbarer Erhabenheit und Ruhe.

Es dauerte lange, lange, ehe wieder jemand sprach.

Aus den Augenwinkeln sah Phouchg unten auf dem Platz das Meer gespannter und hoffnungsvoller Gesichter.

»Jetzt werden sie uns wohl lynchen, was meinst du?« flüsterte er.

»Es war eine sauschwere Aufgabe«, sagte Deep Thought mit sanfter Stimme.

»Zweiundvierzig«, kreischte Luunquoal los. »Ist das alles, nach siebeneinhalb Millionen Jahren Denkarbeit?«

»Ich hab's sehr gründlich nachgeprüft«, sagte der Computer, »und das ist ganz bestimmt die Antwort. Das Problem ist, glaub ich, wenn ich mal ganz ehrlich zu euch sein darf, daß ihr selber wohl nie richtig gewußt habt, wie die *Frage* lautet.«

»Aber es handelte sich doch um die Große Frage! Die Letzte aller Fragen nach dem Leben, dem Universum und allem«, jammerte Luunquoal.

»Ja«, sagte Deep Thought in einem Ton, als ertrüge er es mit Freuden, mit solchen Idioten zu reden, »aber wie *lautet* sie denn nun?«

Ein dumpfes, verblüfftes Schweigen kroch über die Männer weg, als sie erst den Computer anstarrten und dann sich.

»Na ja, weißt du, es geht einfach um alles … um alles«, schlug Phoughg schüchtern vor.

»Genau!« sagte Deep Thought. »Wenn ihr erst mal genau wißt, wie die Frage wirklich lautet, dann werdet ihr auch wissen, was die Antwort bedeutet.«

Andrzej Szczypiorski
DIE SCHÖNE FRAU SEIDENMAN

Andrzej Szczypiorski *(1924–2000) nahm am Warschauer Aufstand teil und wurde im KZ Sachsenhausen interniert. Das Schicksal seiner Heimatstadt Warschau prägt sein Werk, wobei er keine einseitigen Schuldzuweisungen präsentiert. In seinem im sozialistischen Polen nicht erschienenen Roman* Die schöne Frau Seidenman *schildert er verschiedene Schicksale – von Opfern und Tätern – in den Jahren 1941–1943 in Warschau in kleinen, parallel stattfindenden Episoden. Szczypiorski engagierte sich erfolgreich für die deutsch-polnische Aussöhnung.*

Die Zelle war ein enger Käfig. In ihr stand ein einziger Suhl. Auf drei Seiten Mauern. Nur zum Gang ein von der Decke bis zum Steinfußboden reichendes Gitter. Unter der Decke brannte eine starke Glühbirne ohne Schirm.
Irma Seidenman setzte sich auf den Stuhl, wie man ihr befohlen hatte. Der Wärter schloß das Gitter ab und ging mit schwerfälligen Schritten davon.
Sie war hier nicht allein. Sie hörte die Atemzüge anderer Menschen, die in den Käfigen längs des Ganges eingeschlossen waren. Aber nur die Atemzüge.
Irma Seidenman neigte den Kopf in die Hände, stützte die Ellbogen auf die Knie und erstarrte gebückt in Konzentration und Stille. In ihr lebte eine Neugier, das Verlangen, jeden vergehenden Augenblick, die Stille, die eigenen Atemzüge und Herzschläge exakt mitzuerleben.
Irma Seidenman widerfuhr, was sie erwartet hatte. Fast jeden Tag der letzten zwei Jahre war sie auf ein solches Ende vorbereitet gewesen. In der Stadt hatte sie Legenden über den Gang mit den engen Käfigen gehört. Sie hatte sich den Gang vorgestellt. Er erwies sich als ein wenig anders, kleiner, vielleicht etwas gemütlicher, nicht so entsetzlich wie in den Berichten, denen sie mit bedrücktem Herzen gelauscht hatte. Jetzt befand sie sich in diesem Gang. Sie mußte nicht mehr befürchten, hierher zu kommen. Die Mauern, das Gitter, die Glübbirne, die gedämpften Atemzüge in der Nähe, aber auch der eigene Atem, seltsam

gleichmäßig und leise. Ihr eigener Organismus gewöhnte sich an den Gang, paßte sich ihm an. Das war jetzt Irma Seidenmans gesamte Welt. Sie mußte darin leben.

Plötzlich dachte sie, das Leben sei nur das Vergangene. Es gebe kein anderes Leben als die Erinnerung. Die Zukunft existiere nicht, weder hier hinter den Gittern noch überall draußen, auf der Straße, im Wald, auf dem Meer, in den Armen des geliebten Mannes.

Das Leben sei das in Erfüllung Gegangene, dessen wir gedenken, das geschehen und verflossen ist, um als Erinnerung zu bleiben. Die Zukunft kann nicht das Leben sein, dachte Irma Seidenman, weil es mich in der Zukunft nicht gibt, weil ich dort weder Hunger noch Durst, weder Kälte noch Wärme empfinde. Was irgendwo und irgendwann geschehen wird, ist noch jenseits von mir, verborgen hinter Mauer und Gitter, hinter meinem Raum und meinem Verständnis, es ist noch auf fernen Sternen, in der kosmischen Vorsehung. Mein Leben ist hier, denn ich bin hier, mein Körper, vor allem meine Erinnerung. Nur was schon geschehen ist, ist mein Leben, sonst nichts! An das Leben denken, heißt darum, an die erinnerte Vergangenheit denken, und jeder Augenblick ist Vergangenheit, das Abschließen des Gitters ist Vergangenheit, das Vorneigen des Kopfes, das Stützen in die Hände ist Vergangenheit. Das habe ich erlebt, mein Gott! Ich habe nichts erlebt als das, woran ich mich erinnere. Außerhalb der Erinnerung existiert nichts.

Natur und Kultur

Natur ist, wenn man stinkt, Kultur, wenn man sich wäscht.« Mit dieser klaren Orientierung wuchs ich in den sechziger Jahren auf. Ihr großer Vorteil war: Sie ließ sich auf so ziemlich alle Lebenslagen anwenden, auf Probleme sowohl mit der inneren wie auch mit der äußeren Natur, von der Körperhygiene bis zur Energiepolitik. Kopfschmerzen beim Aufwachen? Aspirin! Löwenzahn am Gartentor? Unkraut-Ex! Und kam ein Bach oder Fluss der Stadtplanung in den Weg, wurde er begradigt oder umgeleitet, je nachdem.

Wie konnte es auch anders sein? Schon lange vor unserer Zeitrechnung, irgendwann zwischen der Erschaffung der Welt und der Heraufkunft der europäischen Zivilisation, handelten die Helden der antiken Mythologie nach dieser Methode. Zum Beispiel Prometheus. Als die Götter ihre Güter an die Lebewesen verteilten, stellte er fest, dass die Menschen leer ausgingen. Während die Tiere mit allem ausgestattet wurden, was sie zum Leben brauchten, blieben die Menschen nackt. Ohne Schuhe und Kleider, ohne Werkzeug und Waffen, mussten sie frieren und rohe Speisen essen. Um ihre Not zu lindern, raubte Prometheus dem Himmel das Feuer, das die Götter eifersüchtig als ihr Privileg hüteten, und unterwies die Menschen in seinem Gebrauch, damit sie sich gegen die Gefahren der äußeren Natur wehren und die Bedürfnisse ihrer inneren Natur befriedigen konnten.

Auf diese Weise erlernte der abendländische Mensch die Kunst, sein Leben zu führen: Kultur ist, was er aus sich und der Welt macht – Emanzipation von der Natur. Diese Sicht der Dinge scheint nicht einmal Ausdruck einer bestimmten Kultur, sondern durch und durch natürlich. Jeder Mensch verspürt ja einen kleinen Prometheus in sich. Kaum kann er laufen oder seine Hände gebrauchen, fängt er auch schon an, Regenwürmer zu zerhacken und Bäche zu stauen, um sich als Herr der Natur aufzuspielen, wie beseelt von dem Auftrag, der den ersten Menschen nach ihrer Erschaffung im Paradies zuteil wurde: »Füllet die Erde und machet sie euch untertan.«

Diesen Auftrag gab der alttestamentarische Gott zwar Juden, Muslimen und Christen gleichermaßen, doch haben die Christen ihn sich offenbar gründlicher zu Herzen genommen als andere Kulturgemeinschaften. Dabei dauerte es allerdings auch im Christentum ein paar Jahrhunderte, bis der »Prozess der Zivilisation« (Elias) so richtig in Gang kam. Denn die Natur des Menschen ist laut Augustinus gespalten, »gewissermaßen in der Mitte zwischen Engel und Tier«, und solange ihr tierischer Teil den Menschen zur Sünde verführt, fügt Papst Innozenz III. mit der Autorität seines Amtes hinzu, bleibt alles Streben nach Kultur ein vergebliches Bemühen. Erst die Renaissance, in der antikes und christliches Denken in Europa verschmelzen, bringt die entscheidende Wende. Sie legt den Akzent auf den göttlichen Teil der menschlichen Natur, durch die allein der Mensch sich vor allen anderen Lebewesen auszeichnet. Mit diesem Argument kann Manetti die kulturelle Schaffenskraft zum höchsten Beweis menschlicher Größe erklären, als Ausdruck seiner Gottesebenbildlichkeit.

Die Eroberung der Natur wird den europäischen Christenmenschen in der Folge zur Mission, weshalb der Halbgott Prometheus sich immer mehr zum absolutistischen Herrscher über die natürliche Welt aufschwingt. »Wissen ist Macht«, lautet das Glaubensbekenntnis der Kultur, mit dem sie sich anschickt, die Natur sich gefügig zu machen. Der Autor dieses Credos, Francis Bacon, mahnt zwar vor der Gefahr der Selbstüberschätzung – »Die Natur nämlich lässt sich nur durch Gehorsam bändigen« –, und auch Galilei relativiert die Kulturleistungen des Menschen im Vergleich zu den Leistungen der Natur: »Können wir nicht mit Recht sagen, die Anfertigung einer Statue stehe unendlich weit zurück hinter der Gestaltung eines lebendigen Menschen, ja des verachtetsten Wurmes?« Doch solche Demut vor dem Objekt seiner Erkenntnis legt der sich emanzipierende Geist rasch ab: Der Prozess der Zivilisation breitet sich nun mit solcher Rasanz aus, dass Kepler zu seiner Überraschung feststellt, dass selbst der »Volksstamm der Türken« die »Zivilität« erlangt hat. Diese aber ist nichts anderes als die Unterdrückung und Beherrschung der eigenen Natur: »Wer selbst sein Meister ist und sich beherrschen kann«, verkündet der Barockdichter Paul Fleming stellvertretend für den Rest der europäischen Menschheit, »dem ist die weite Welt und alles untertan.«

Natur ist da, um domestiziert zu werden. Sichtbaren Ausdruck findet dieses Selbstverständnis der Kultur in der Gartenbaukunst der französischen Klassik. Die bis zur Unkenntlichkeit gestutzten Hecken und Bäume paradieren im Park von Versailles wie willenlose Zinnsoldaten vor dem Oberbefehlshaber der Natur namens Mensch, der sich mit Goethe als »kleiner Gott der Welt« versteht: So wie der große Gott sich nach seinem Ebenbild den Menschen erschaffen hat, so erschafft dieser sich nun die Natur nach seinem Willen und nach seinen Zwecken. Bis er im 19. Jahrhundert glaubt, den Auftrag des Schöpfers, sich die Erde untertan zu machen, tatsächlich erfüllt zu haben. Im Hyde Park zu London errichtet er, zum Zeichen seines Triumphs, einen neuen babylonischen Turm, den Kristallpalast, in dem 1851 die erste Weltausstellung der Menschheitsgeschichte stattfindet: ein Ereignis, das auf dem Höhepunkt der industriellen Revolution wie kein anderes den Sieg der christlich-abendländischen Kultur über die Kräfte der Natur manifestieren soll.

»Der Wald«, so August Strindberg, »ist die Urheimat der Barbarei und der Feind des Pfluges, also der Kultur.« Doch der Prozess der Zivilisation ist mit dem Sieg des Pfluges noch nicht am Ende – so wenig wie die Geschichte des Prometheus mit dem geglückten Feuerraub. Die Götter nahmen den Frevel bekanntlich nicht hin. Um Prometheus für seine Überhebung zu strafen, ließen sie ihn in Ketten legen und schickten einen Adler aus, der ihm die Leber aus dem Leibe hackte: die Rache der Natur, die den Menschen noch in der höchsten Hochkultur ereilt. Schließlich ist der Mensch nicht nur Bezwinger und Dompteur der Natur, er ist und bleibt zugleich auch stets ein Teil von ihr. »Natur!«, ruft Goethe. »Wir sind von ihr umgeben und umschlungen – unvermögend aus ihr heraus zu treten, und unvermögend tiefer in sie hinein zu kommen.« Bereits im 18. Jahrhundert regt sich darum ein Verdacht: Ist vielleicht am Ende nicht die Natur, sondern die Kultur die Wurzel allen Übels? Während der Rationalist Voltaire in seinem »Dictionnaire philosophique« noch selbst den Namen der Natur in Zweifel zieht und vorschlägt, ihn durch »Kunst« zu ersetzen, eröffnet sein sensualistischer Widersacher Rousseau mit dem Schlachtruf »Zurück zur Natur!« die Gegenoffensive. »Je mehr die Kultur der

Länder zunimmt«, stößt Herder in ein ähnliches Horn, »desto enger wird die Wüste, und desto seltner ihre wilden Bewohner.« Diesen Kulturpessimismus teilen bald Dichter und Denker in ganz Europa: In der Sehnsucht nach einer ursprünglichen Natur, die dem zweifelnden, vernunftbegabten Menschen eine neue Heimat gibt, vereinigen sich die Romantiker aller Länder. »Im uferlosen All«, so Leopardi, »versinkt mein Geist, und süß ist mir's, in diesem Meer zu scheitern …«

Ist dieses Scheitern geglückt? In der europäischen Welt des 20. Jahrhunderts feiert der »Homo faber«, Inbegriff des rationalitätsgläubigen Menschen, zwar immer wieder neue und ungeahnte Triumphe. Doch sein technologisches Selbst- und Weltverständnis macht ihn blind für das Aufbegehren der Natur, die sich psychologisch bereits als »Unbehagen in der Kultur« andeutet. »Wenn die Kultur«, so Freud, »so große Opfer auferlegt, so verstehen wir besser, warum es dem Menschen schwer fällt, sich in ihr beglückt zu finden.« Während Freud den Triebverzicht, die Unterdrückung der inneren Natur, im Namen der Kultur mit einem Zuwachs an Sicherheit zu rechtfertigen sucht, mahnen die modernen Jünger Rousseaus, dass die äußere Natur bald keine Rücksichten mehr auf die Belange der Kultur nehmen wird: »Unkraut«, so Oskar Kokoschka, »ist die Opposition der Natur gegen die Regierung der Gärtner.« Die Kultur kann zwar die Natur zerstören, aber sie wird niemals imstande sein, diese zu ersetzen oder überflüssig zu machen. Wenn es nicht gelingt, prophezeien darum die abendländischen Zivilisationskritiker seit den Studien des »Club of Rome«, dieses Ungleichgewicht in Balance zu bringen, werden wir Strafen erleiden wie einst Prometheus nach dem Feuerraub. »Die Vögel« des Engländers Hitchcock, die eine amerikanische Kleinstadt inmitten der Zivilisation heimsuchen, sind ihre apokalyptischen Boten. »Alles Natürliche«, würde Aristoteles sagen, »geht entweder immer so vor sich oder doch größtenteils. Zufällig oder von selbst aber geschieht nichts.«

»Wie du, Erde, möchte ich sein, mit dir zusammen mich erneuern …«

Muss eine solche Symbiose von Natur und Kultur angesichts der Naturkatastrophen, die unsere Kultur heute immer wieder heraufbeschwört, nicht als naive Träumerei der finnischen Lyrikerin Katri Vala erscheinen? Als nostalgische und utopische Verklärung zugleich? Vielleicht. Doch vielleicht ist die Natur ja klüger als alle Weisheit der Kultur. »Der Weise«, erklärt schon Seneca, »passt sich der Natur an.« Die Begründung dafür liefert Marc Aurel: »Beachte, was deine Natur verlangt, insofern du nur ein von Pflanzenkraft durchwaltetes Wesen bist.« Und sogar der Lehrmeister der scholastischen Theologie, Thomas von Aquin, empfiehlt dem gläubigen Menschen die Natur als Lehrmeisterin, da in ihrem Wirken sich der Wille des allmächtigen Schöpfergottes zeige. »Alles, was einer naturhaften Neigung widerspricht, ist Sünde, weil es dem Gesetz der Natur widerspricht.«

Besser, als der Natur mit Kernseife und Unkraut-Ex zu begegnen, ist es darum vermutlich, ihre Lehren anzunehmen und weiter zu entwickeln. Wie zum Beispiel Otto Lilienthal, ein Pionier der Bionik, der nach den Konstruktionsprinzipien der Natur den Menschen Flügel verlieh. »Gesegnet seist du, machtvolle Materie«, beugt Teilhard de Chardin darum vor der Natur sein abendländisches Haupt, um sie in ihr altes Recht einzusetzen, »die du uns zwingst, die Wahrheit immer weiter zu verfolgen.«

Für diesen Kulturmenschen europäischer Prägung haben die Beatles einen populären Namen gefunden: *»Mother nature's son.«*

Aischylos
Der gefesselte Prometheus

Aischylos *(525 v. Chr.–456 v. Chr.) hat in seiner Tragödie* Der gefesselte Prometheus *dem mythologischen Vater der menschlichen Kultur ein bewegendes Denkmal gesetzt. Nachdem Prometheus den Menschen das Feuer und damit den Anfang aller Zivilisation auf die Erde gebracht hat, sinnt Zeus auf Rache. Den Menschen schickt er die Büchse der Pandora, aus der sich alle Übel über den Erdball ergießen. Prometheus wird zudem persönlich für seinen Frevel bestraft: An einen Felsen gekettet, muss er wehrlos zusehen, wie jeden Tag ein Adler von seiner Leber frisst.*

DER CHOR
Ich seufze dich, dein bittres Los,
Prometheus, Tränen, tropfend von
Den Augen, netzen mit quellendem Naß
Die schlanken Wangen. Schmerzlich ist es,
Wie Zeus, nach eigenem Gesetz
Gebietend, den Göttern von vordem
Der blanken Waffe Hochmut zeigt.

Ertönt ist schon durchs ganze Land
Ein Seufzer. Großgestaltet war,
Altprangend deine und deines Geschlechts
Beklagte Würde. Alle Völker,
Die auf der heiligen Asia
Boden behaust sind, sie kranken mit
An deiner seufzerreichen Not.

Die in Kolchis' Landen wohnen,
Jungfraun, unverzagt im Kampfe,
Und der Skythen Haufe, die der
Erde fernsten Rand besitzen
Um Maiotis' Seegestade,

Und Arabiens Kriegerblüte,
Und die hangend-hohe Städte
Nah dem Kaukasus besiedeln,
Wehrhaft Aufgebot, erbrausend
Unter scharfen Lanzenspitzen.

Und drunten stöhnt des Meeres Schwall,
Zusammenschlagend. Es seufzt der Abgrund,
Des schwarzen Hades Höhle widerhallt's.
Und die Wasser reinströmender Flüsse
Klagen jammerwürdiges Leid.

(Nach einer Pause)

PROMETHEUS
Glaubt nicht, daß ich aus Hochmut oder Eigensinn
Schweige. Gedanken heck ich, herzzerreißende,
Da ich mich so mit Füßen muß getreten sehn.
Und doch den neuen Göttern, diesen – wer als ich
War's, der die Ehren gültig ihnen ordnete?
Doch davon schweig ich. Wär's vor Wissenden ja auch,
Daß ich's euch sagte. Aber von der Menschen Not
Laßt mich erzählen, wie die vorher Törichten
Gedankenvoll ich machte, mächtig der Vernunft.
Ich sag es nicht, mich zu beschweren über sie,
Nur meiner Gaben gute Absicht deut ich aus.
Sie, die zu Anfang Augen hatten, doch nicht sahn,
Und Ohren und nicht hörten, sondern wie Gebild
Von Träumen ihre lange Lebenszeit hindurch
Blind all in eines wirrten und nichts wußten von
Ziegelgewebten Häusern noch vom Zimmerwerk,
Sondern vergraben hausten wie die wimmelnden
Ameisen, im Geklüft von Höhlen, sonnenlos.
Und wußten nichts: kein Zeichen für den Wintersturm,
Noch blütenreichen Frühlings noch fruchtbringenden

Sommers, kein sichres. Ohne Einsicht trieben sie
Alles, bis ich denn ihnen Auf- und Niedergang
Der schwer zu unterscheidenen Gestirne wies.
Fürwahr die Zahl auch, ein vorzüglich sinnreich Ding,
Erfand ich ihnen und die Fügungen der Schrift,
Ein Denkmal aller Dinge, Musenmutterwerk.
Als erster schirrt' ich unters Joch das Wildgetier,
Daß es im Pfluge frone, Lasten trag' und so
Der schwersten Müh'n den Menschen manche nehme ab.
Und an den Wagen führt' ich die dem Zügel gern
Fügsamen Rosse, Überreichtums Lustgepräng.
Auch übers Meer zu treiben – niemand außer mir
Erfand der Schiffer linnenbeflügeltes Gefährt.
Und ich, der derlei Vorrichtungen den Sterblichen
Geschaffen, weiß nichts zu ersinnen für mich selbst,
Das aus dem Leid, das mir jetzt beiwohnt, mich erlöst.

DIE CHORFÜHRERIN

Vor ungeahntem Leiden ist Besinnung dir
Abhanden kommen, und gleich einem schlechten Arzt,
Der selber krank ward, bist du mutlos und weißt nicht,
Mit welcher Art von Kräutern du zu heilen bist.

PROMETHEUS

Hörst du das weitre noch von mir, staunst du noch mehr,
Was ich für Künste, was für Wege ausgedacht.
Zunächst das Größte: wenn in Krankheit wer verfiel,
Gab's keine Hilfe, weder was zu essen noch
Zu salben oder trinken, sondern heilsamer
Mittel entbehrend mußten sie verdorren, bis
Ich ihnen milder Kräuter Mischung wies, durch die
Sie alles Siechtum abzuwehren nun verstehn.
Und viele Arten der Weissagung stellt' ich auf.
Ich unterschied als erster unter Träumen, die
Wahr werden müßten, Stimmen, schwer zu deuten, macht'

Ich ihnen kenntlich, wie Wahrzeichen unterwegs.
Und krummbekrallter Vögel Flug hab ich genau
Geschieden, welche Glück bedeuten von Natur
Und welche Unheil, welche Lebensstätte jeder Art
Zu eigen ist und welche miteinander feind
Sind oder freund und nisten an demselben Ort.
Der Eingeweide Glattheit, welcher Farbe auch
Die Galle sein muß, daß sie Göttern wohlgefällt,
Und so der Leber mannigfaltige Wohlgestalt,
Und wie in Fett man Knochen hüllt, den langen Steiß
In Flamme wandelt: also wies ich den Sterblichen
Nicht leicht zu findende Wege, öffnete ihr Aug'
Für Feuers Zeichen, ihnen ungesehn zuvor.
So weit von diesem. In der Erde Innerem
Verborgne Nutzbarkeiten für die Menschen: Erz
Von Kupfer und von Eisen, Gold und Silber, wer
Vermöchte zu behaupten, daß er's fand vor mir?
Niemand, das weiß ich, wollt' er eitel schwatzen nicht!
Mit kurzem Wort erfahre alles in eins gefaßt:
Was Menschen wissen, von Prometheus haben sie's.

Papst Innozenz III.

VOM ELEND DES MENSCHLICHEN DASEINS

Papst Innozenz III. *(Giovanni Lotario de Segni, 1160–1216) war der einflussreichste Papst des Mittelalters. Während seiner Herrschaft (1198 bis 1216) vergrößerte sich die geistliche und weltliche Macht der katholischen Kirche. In seiner Abhandlung* Vom Elend des menschlichen Daseins *betont er die sündhafte, elende Natur des Menschen.*

1. Buch: Das Elend, das mit dem Eintritt des Menschen in die Welt verbunden ist

[2] Wer gibt nun meinen Augen Tränen, damit ich das Elend beweine, das den Menschen umfängt, der in die Welt tritt, damit ich die nicht minder elende Existenz des Menschen in diesem Leben und seine schwächliche Auflösung am Ende beklage? So will ich denn mit Tränen betrachten, aus welchem Stoff der Mensch gemacht ist, was seine Taten und sein künftiges Geschick sind. Aus Erde geformt ist der Mensch, empfangen in Schuld und geboren zur Pein. Er handelt schlecht, gleichwohl es ihm verboten ist, er verübt Schändliches, das sich nicht geziemt, und setzt seine Hoffnung auf eitle Dinge, deren Ende zudem noch ungewiß ist. Er endet als Raub der Flammen, als Speise der Würmer, oder er vermodert.

2. Die Minderwertigkeit des Stoffes, aus dem der Mensch gemacht ist
[1] »Da formte Gott der Herr den Menschen aus Erde vom Ackerboden« (Gen 2,7), dem niedrigsten und geringsten der Elemente. Die Planeten und übrigen Gestirne machte er aus Feuer, den Hauch und die Winde aus Äther, die Fische und Vögel aus Wasser, den Menschen und das Vieh aber schuf er aus der Erde vom Ackerboden. Betrachtet der Mensch die Tiere im Wasser, dann fühlt er sich minderwertig, schaut er auf die Tiere, die sich in der Luft bewegen, fühlt er sich noch minderwertiger. Am geringsten aber fühlt er sich, wenn er das aus dem Feuer Entstandene betrachtet. Er kann sich weder mit den Himmelskörpern vergleichen noch es wagen, sich zum Herrn über das aufzuspielen, was sich auf Erden bewegt, stößt er doch überall darauf, daß er dem Vieh gleich ist.

12. Die unterschiedlichen Forschungsrichtungen der Weisen
[1] Sollen die Weisen doch den Himmel in seiner Höhe unablässig erforschen und ergründen, die Erde in ihrer Weite und das Meer in seiner Tiefe! Sollen sie über einzelne ausgewählte Fragen disputieren, Traktate über alle möglichen Gegenstände verfassen und dabei entweder immer selber etwas lernen oder andere lehren! Ziehen sie daraus etwa einen anderen Nutzen als Mühsal, Schmerz und Verdruß! Darum wußte aus eigener Erfahrung, der gesagt hat: »So habe ich mir vorgenommen zu erkennen, was Wissen wirklich ist, und zu erkennen, was

Verblendung und Unwissen wirklich sind. Ich erkannte, daß auch dies ein Luftgespinst ist. Denn: Viel Wissen, viel Ärger, wer das Können mehrt, der mehrt die Sorge.« (Kohelet 1,17f.)

13. Was Menschen alles unternehmen

[1] Über Pfade und Zäune klettern die Menschen, sie steigen auf die Berge und überqueren die Hügel. Klippen überwinden sie und Felshänge, sie duchqueren das Gebirge und lassen sich auch von Gruben und unterirdischen Gängen nicht abschrecken. Sie betreten Höhlen, durchwühlen das Innere der Erde und die Tiefen des Meeres und scheuen auch nicht die Gefahren des reißenden Flusses. Ebenso wenig schrekken sie die Dunkelheit der Wälder und die Unwegsamkeit der Wüste. Regen und Wind setzen sie sich aus, Blitz und Donner, den Fluten, dem Sturmwind und jähem Fall. Sie graben nach Metallen und schmelzen sie, sie behauen und glätten Steine, sie fällen Bäume und bearbeiten das Holz, verfertigen kunstvolle Gewebe, aus denen sie Kleider zurechtschneiden und zusammennähen. Sie bauen Häuser und legen Gärten an, sie bestellen die Felder und bearbeiten ihre Weinberge, sie entzünden Öfen, errichten Mühlen, fischen, gehen auf die Jagd und stellen den Vögeln nach.

[2] Sie grübeln und sinnen, beratschlagen und planen, streiten miteinander und ziehen vor die Gerichte, plündern und rauben, belügen und übervorteilen einander; sie kämpfen miteinander und wollen stärker sein als ihre Konkurrenten. Unzählige solcher und ähnlicher Gemeinheiten begehen sie, um Schätze anzuhäufen, die Klagen vor Gericht zu mehren, um weiterhin dem Gewinn nachzujagen, sich Ansehen und Anerkennung zu erschleichen und ihre Macht zu steigern. »Auch das alles ist Windhauch und Luftgespinst« (Kohelet 1,14).

Giannozzo Manetti

ÜBER DIE WÜRDE UND ERHABENHEIT DES MENSCHEN

Bei **Giannozzo Manetti** *(1396–1459) rücken der schöne Körper und der erhabene Geist des Menschen in den Mittelpunkt der Aufmerksamkeit. Mit dem Humanismus wird die menschliche Natur als wunderbarer Beweis der unendlichen Kraft des Schöpfers aufgewertet.*

Da wir also dieses unser – wie auch immer gelungenes – Werk mit dem menschlichen Körper glücklich beginnen lassen müssen: Wir lesen in der Heiligen Schrift, daß er vom allmächtigen Gott auf wunderbare Weise geformt wurde, und zwar entweder aus Lehm vom Boden und aus Erdreich (»humus«), wovon man die Bezeichnung »Mensch« (»homo«) ableitet, oder eher, wenn wir dem einheimischen Historiker der Juden (Flavius) Josephus glauben, aus roter gekneteter Erde, die auf Hebräisch »edon« heißt. Daher hat, so meint er, nach einer geringen Änderung um des Wohlklanges willen, Adam seinen Namen erhalten, obwohl dieses Wort in jener Sprache »Mensch« heiße. Diesen Körper machte Gott selbst mit himmlischer Kraft lebendig, indem er die vernünftige Seele schuf und ihr seinen Atem einhauchte, und er richtete ihn auf zur Betrachtung seines Schöpfers, wie es, so scheint uns, zugleich sehr richtig und sehr schön ein vorzüglicher Dichter in diesen Versen ausgedrückt hat: »Während die übrigen Lebewesen nach unten auf die Erde blicken, verlieh er dem Menschen ein Gesicht in der Höhe und befahl ihm, den Himmel zu betrachten und sein Antlitz empor zu den Gestirnen zu erheben.« Daher haben die Griechen, weil der Mensch nach oben blickt, wohl richtiger und zutreffender die Bezeichnung »anthropos« gebildet als wir Lateiner den Ausdruck »homo«, der von »humus« kommt, oder die Juden das Wort »adam«, das sich von »Adam« herleitet.

(...)

Was sollen wir aber über den feinen und scharfsinnigen Verstand dieses so schönen und wohlgestalteten Menschen sagen? Denn er ist wirklich so groß und so reich, daß nach der Erschaffung jener ursprünglichen, neuen, rohen Welt offenbar alles weitere von uns aufgrund des einzigartigen, überragenden Scharfsinns des menschlichen Verstandes hinzuerfunden und zur Vollendung und Vollkommenheit geführt worden ist. Folgendes ist nämlich unser, also Menschenwerk, weil es offensichtlich von Menschen hervorgebracht worden ist: Alle Häuser, alle großen und kleinen Städte, überhaupt alle Gebäude des Erdkreises, die ja in so großer Zahl und Qualität vorhanden sind, daß man wegen ihrer ungeheuren Pracht mit Recht zu dem Urteil gelangen müßte, sie seien eher das Werk von Engeln als das von Menschen. Unser sind die Bilder, unser die Skulpturen, unser sind die Künste, unser die Wissenschaften, unser ist (mögen es nun die Akademiker wollen oder nicht, laut denen man überhaupt nichts wissen kann, wobei sozusagen allein das Nicht-Wissen ausgenommen wird) die Weisheit; unser sind schließlich sämtliche Erfindungen, um uns nicht zu lange bei den einzelnen aufzuhalten, die es in einer fast unzähligen Menge gibt, unser sind alle Formen der verschiedenen Sprachen und Schriften, deren unerläßlichen Nutzen zu bewundern und zu bestaunen wir umso mehr genötigt werden, je intensiver wir darüber nachdenken. Weil nämlich die ersten Menschen und ihre Nachkommen in alter Zeit bemerkten, daß sie durch sich allein, ohne gewisse wechselseitige Hilfeleistungen füreinander gar nicht überleben konnten, erfanden sie die feine und scharfsinnige Kunst des Sprechens, um mittels ihrer Zunge durch Wörter jedem Zuhörer all das mitzuteilen, was unsichtbar blieb und was sie im Innersten ihres Geistes dachten. Als sich dann, wie es geschieht, wenn die Zeit vergeht, das Menschengeschlecht in wunderbarer Weise vervielfachte und verschiedene Gebiete und Länder des Erdkreises bewohnte, wurde es notwendig, die Schriftzeichen zu erfinden, dank deren wir abwesende Freunde über unsere Gedanken in Kenntnis setzen können. Daraus sind offenkundig die so verschiedenen Sprachen und Schriftarten hervorgegangen. Unser sind schließlich alle Maschinen, die der erstaunliche, ja fast unglaubliche Scharfsinn des menschlichen oder eher göttlichen Verstandes mit einzigartiger Tatkraft und überragendem Erfindungsreichtum ins Werk zu setzen und zu bauen begann.

Diese Dinge freilich und die übrigen dieser Art sind in so großer Zahl und Qualität überall sichtbar, daß es offenkundig wird, daß am Anfang Gott die Welt und all ihren Schmuck zum Nutzen des Menschen erfunden und eingerichtet, daß die Menschen aber sie dann voll Dank angenommen und viel schöner und viel prächtiger und weitaus feiner gemacht haben. Deswegen geschah es, daß die ersten Erfinder aller Künste von den alten Völkern wie Götter verehrt wurden. »In bezug auf sie wird freilich«, wie Augustin im siebten Buch seines *Gottesstaates* sagt, »eine glaubwürdigere Erklärung angeboten, wenn es heißt, sie seien Menschen gewesen: Für jeden von ihnen begründeten dann die, die sie in schmeichlerischer Weise als Götter betrachten wollten, religiöse Riten, die jeweils ihrem Charakter, ihren Verhaltensweisen, ihren Taten und ihrem Schicksal entsprachen.«

Was sollen wir noch zusätzlich über die menschliche Weisheit sagen, wenn man glaubt, daß eben die Tätigkeit des Ordnens in den Bereich der bedeutenden, ausschließlichen Pflichten allein der Weisheit gehört und fällt? Wir können nämlich nicht den geringsten berechtigten Zweifel daran haben, daß ein Weiser (»sapiens«) der sei, als dessen spezifische Aufgabe wir das Wissen (»sapere«) bezeichnen, dies aber beruht offenkundig auf nichts anderem stärker als darauf, beim Handeln eine bestimmte Ordnung zu beachten. Um aber etwas verständlicher zu sprechen: Man meint, daß es die spezifische Aufgabe des Weisen sei, daß er alles, was gemacht sei, mit seiner einzigartigen Weisheit einteile, ordne und steuere. Daß aber die Dinge, die wir in der Welt sehen, zum überwiegenden Teil vom Menschen geordnet und eingeteilt worden sind, wird niemand leugnen; die Menschen nämlich haben, da sie Herren über alles sind und die Erde bestellen, diese mit ihren ganz verschiedenen Leistungen auf wunderbare Weise bestellt und Äcker und Inseln sowie Strände mit Ländern und mit Städten geschmückt. Wen wir dies wie in unserem Geist so mit den Augen sehen und wahrnehmen könnten, würde niemand, der, wie wir es oben formuliert haben, alles mit einem Blick sieht, jemals davon ablassen, es zu bewundern und zu bestaunen.

Nikolaus Kopernikus

DIE BEWEGLICHKEIT DER ERDE

Nikolaus Kopernikus *(auch Nikolas Koppernigk, 1473–1543) hat mit seinen Forschungen zum Sonnensystem das nach ihm benannte kopernikanische Weltbild geprägt und somit die mittelalterliche Auffassung, das ptolemäische Weltbild, abgelöst. Die Sonne rückt ins Zentrum des Sonnensystems, die Erde wird zum Planeten. Galilei konnte auf seinen Studien aufbauen.*

Deshalb haben die alten Philosophen mit einigen anderen Gründen zu beweisen versucht, daß die Erde in der Mitte der Welt stehe. Als hauptsächlichste Ursache aber führen sie Schwere und Leichtigkeit an. Denn das Element der Erde ist das schwerste, und alles, was Gewicht hat, bewegt sich auf sie zu, indem es nach deren innerster Mitte strebt. Da nun die Erde, nach der sich die schweren Gegenstände von allen Seiten her rechtwinklig zur Oberfläche gemäß ihrer Natur hinbewegen, kugelförmig ist, so würden sie, wenn sie nicht eben auf der Oberfläche zurückgehalten würden, in ihrem Mittelpunkt zusammentreffen; denn in der Tat führt eine Gerade, die auf der Tangentialebene in dem Punkt, an dem sie die Kugel berührt, senkrecht steht, zum Mittelpunkt. Es scheint aber zu folgen, daß die Körper, die sich nach der Mitte hin bewegen, dort ruhen würden. Um so mehr wird also die ganze Erde in der Mitte unbeweglich sein und, was sie auch alles an fallenden Körpern in sich aufnimmt, durch ihr Gewicht unbeweglich bleiben.

Ebenso stützen sie sich auch bei ihren Beweisen auf den Grund der Bewegung und deren Natur. Aristoteles sagt nämlich, daß die Bewegung eines einfachen Körpers einfach sei. Von den einfachen Bewegungen sei aber die eine geradlinig, die andere kreisförmig; von den geradlinigen aber gehe die eine aufwärts, die andere abwärts. Deshalb gehe jede einfache Bewegung entweder nach der Mitte hin, wenn sie abwärts, oder von der Mitte weg, wenn sie aufwärts verläuft, oder um die Mitte herum, und dann sei sie selbst eine kreisförmige. Nur der Erde und dem Wasser, die für schwer gelten, kommt es zu, sich abwärts zu bewegen, d. h. nach der Mitte hinzustreben, der Luft aber und dem Feuer, die Leichtigkeit besitzen, sich aufwärts und von der Mitte weg zu bewegen. Es scheint folgerichtig, daß diesen vier Elementen die geradlinige Bewegung zugestanden werden muß, den Himmelskörpern aber, daß sie sich um die Mitte im Kreise drehen. So Aristoteles.

Wenn daher, sagt der Alexandriner Ptolemäus, die Erde sich drehe, wenigstens in einer täglichen Umdrehung, so müßte das Gegenteil von dem oben Gesagten eintreten. Es müßte nämlich die Bewegung die heftigste und deren Geschwindigkeit, die in vierundzwanzig Stunden den ganzen Umfang der Erde durchmesse, unübertreffbar sein. Was aber in jähe Drehung versetzt wird, scheint für eine Zusammenhäufung geradezu ungeeignet zu sein und eher insgesamt zerstreut zu werden, wenn nicht die zusammenhängenden Teile mit einiger Festigkeit zusammengehalten würden. Und schon längst, sagt er, hätte die losgelöste Erde den Himmel selbst verwüstet (was äußerst lächerlich ist), und noch weniger würden die Lebewesen und alle sonstigen losgelösten Massen irgendwie unerschüttert geblieben sein. Aber auch die geradlinig fallenden Körper würden nicht an den ihnen bestimmten Ort in der Senkrechten gelangen, da er inzwischen mit so großer Geschwindigkeit darunter weggezogen wäre. Auch sähen wir Wolken und was sonst in der Luft schwebte, sich immer nach Westen bewegen.

Aus diesen und ähnlichen Gründen behauptet man, daß die Erde in der Mitte der Welt ruhe und daß es sich unzweifelhaft so verhalte. Wenn aber nun einer der Meinung ist, die Erde drehe sich, so wird er gewiß auch die Ansicht vertreten, daß diese Bewegung natürlich und nicht gewaltsam sei. Was aber der Natur gemäß ist, das bringt Wirkungen hervor, die dem entgegengesetzt sind, was durch Gewalt geschieht. Denn die Dinge, auf die Gewalt oder ein äußerer Anstoß ausgeübt wird, müssen zerstört werden und können nicht lange bestehen. Was aber von Natur geschieht, verhält sich richtig und bleibt in seinem besten Zusammenhang. Ohne Grund also fürchtet Ptolemäus, daß die Erde und alle irdischen Gegenstände bei einer durch die Tätigkeit der Natur entstandenen Umdrehung zerstreut würden, die eine weit andere ist als die der Kunst oder als das, was von Menschengeist hervorgebracht werden könnte.

Warum aber stellt er diese Vermutung nicht, und zwar in viel höherem Maße, über die Welt an, deren Bewegung um soviel schneller sein muß, um wieviel der Himmel größer ist als die Erde? Oder ist der Himmel deswegen unermeßlich geworden, weil er durch die unaussprechliche Gewalt der Bewegung von der Mitte entfernt wird, während er sonst, wenn er stillstände, zusammenfiele? Gewiß ginge auch die Größe des Himmels ins Unendliche, wenn sich dieser Gedanke als wirklich erwiese. Denn je mehr er durch den äußeren Anstoß der Bewegung in die Höhe getrieben würde, um so schneller würde auch die Bewegung wegen des ständig wachsenden Kreises, den er in einem Zeitraum von vierundzwanzig Stunden durchlaufen müßte; und umgekehrt, wenn die Bewegung wüchse, wüchse auch die Unermeßlichkeit des Himmels. So würde die Geschwindigkeit die Größe und die Größe die Geschwindigkeit ins Unendliche steigern. Aber nach jenem physikalischen Axiom, daß das Unendliche weder durchlaufen werden noch auf irgendeine Weise bewegt werden kann, wird also der Himmel notwendig stillstehen.

Aber man sagt, daß außerhalb des Himmels kein Körper, kein Ort, kein leerer Raum und überhaupt nichts existiere, und daß es deshalb nichts gäbe, wohin der Himmel hinaustreten könne. Freilich wäre es dabei verwunderlich, daß etwas von nichts umschlossen werden könnte. Wenn jedoch der Himmel unendlich und nur an der inneren Höhlung begrenzt wäre, so bestätigt sich vielleicht noch mehr, daß außerhalb des Himmels nichts existiert, weil jedes Ding, welche Größe es auch haben mag, sich innerhalb desselben befindet; der Himmel aber wird unbeweglich bleiben. Denn das Hauptsächlichste, worauf man sich beim Beweis von der Endlichkeit der Welt stützt, ist die Bewegung.

Francis Bacon

Über die Interpretation der Natur und die Herrschaft des Menschen

Francis Bacon *(1561–1626) begründet mit seinem* Novum Organum *(1620) die moderne Wissenschaft, die auf empirischer Basis und nach strengen logischen Gesetzen voranschreitet. Das Ziel aller menschlichen Wissenschaft ist die Naturbeherrschung im Interesse des Fortschritts.*

1. Der Mensch, Diener und Erklärer der Natur, schafft und begreift nur so viel, als er von der Ordnung der Natur durch die Sache oder den Geist beobachten kann; mehr weiß oder vermag er nicht.
2. Weder die bloße Hand noch der sich selbst überlassene Verstand vermögen Nennenswertes; durch unterstützende Werkzeuge wird die Sache vollendet; man bedarf ihrer nicht weniger für den Verstand als für die Hand. Und so, wie die Werkzeuge die Bewegung der Hand wecken oder lenken, so stützen und schützen in gleicher Weise die Werkzeuge des Geistes die Einsicht.
3. Wissen und menschliches Können ergänzen sich insofern, als ja Unkenntnis der Ursache die Wirkung verfehlen läßt. Die Natur nämlich läßt sich nur durch Gehorsam bändigen; was bei der Betrachtung als Ursache erfaßt ist, dient bei der Ausführung als Regel.
4. Hinsichtlich seiner Werke vermag der Mensch nichts anderes, als daß er die von der Natur gegebenen Körper einander näher bringt oder sie voneinander entfernt; das übrige vollendet die Natur von innen her.
5. Es pflegen sich in die Natur (um Werke zu bilden) der Mechaniker, Mathematiker, Arzt, Alchimist und Magier einzumischen; aber alle (wie die Ergebnisse jetzt stehen) mit unzulänglichem Ansatz, mit geringem Erfolg.
6. Unvernünftig und in sich widerspruchsvoll wäre es zu meinen; was bisher nie erreicht worden ist, könne erreicht werden, wenn nicht bisher noch niemals versuchte Methoden angewandt werden.
7. Die Erzeugnisse des Geistes und der Hand scheinen nach den Büchern und Werkstücken sehr zahlreich zu sein, aber all diese Viel-

falt beruht nur auf außerordentlichem Scharfsinn und auf Ableitungen aus wenigen uns bekannten Dingen; nicht aber auf einer Anzahl von Grundsätzen.

8. Auch die Werke, welche bereits erfunden sind, verdanken wir mehr dem Zufall und der Erfahrung als den Wissenschaften; denn die gegenwärtigen Wissenschaften sind nichts anderes als eine gewisse Zusammenfassung früher entdeckter Dinge; sie sind nicht Grundlagen zur Forschung noch Wegweiser zu neuen Werken.

9. Die Ursache aber und damit die Wurzel fast aller Übel in den Wissenschaften ist diese allein: Während wir die Kräfte des menschlichen Geistes fälschlich bewundern und einseitig preisen, untersuchen wir seine wahren Hilfskräfte nicht.

10. Die Feinheit der Natur übertrifft die der Sinne und des Verstandes um ein Vielfaches; jene schönen Erwägungen, Spekulationen und Begründungen der Menschen sind deshalb ungesunde Fundamente; niemand ist leider da, der das bemerkt.

11. So, wie die gegenwärtigen Wissenschaften für die Erfindungen von wirklichen Werken nutzlos sind, so ist auch die jetzige Logik nutzlos für die Entdeckung wahrer Wissenschaft.

12. Die in Gebrauch befindliche Logik dient mehr dazu, die Irrtümer (welche auf den alltäglichen Begriffen fußen) zu verankern und zu festigen, als die Wahrheit zu erforschen; so wirkt sie mehr schädlich als nützlich. (...)

Voltaire
DAS WELTKIND

Voltaire *(François-Marie Arouet, 1694–1778) ist der bekannteste Vertreter der europäischen Aufklärung. Obwohl er ein harter Kritiker der absolutistischen Macht der Könige war, konnte er der höfischen Hochkultur viel Positives abgewinnen. Fortschritt war für Voltaire eine großartige Leistung menschlicher Kultur. Sein Gedicht* Das Weltkind *provoziert durch ein feuriges Bekenntnis zum Luxus.*

Betraure, wer da will, die gute alte Zeit,
Das goldne Alter und Asträas Walten,
Saturns und Rheas segensreiches Schalten,
Den Garten, dessen Adam sich erfreut.
Ich danke der Natur, die weisheitsvoll
Zu meinem Wohl mich jetzt hervorgebracht,
In dieser Zeit, die leidlich gut gemacht:
Den tristen Tadlern gilt sie als frivol,
Doch meiner Lebensart ist sie genehm.
Ich liebe Luxus, üppig und bequem,
Die Künste, das Vergnügen, Reinlichkeit:
Ein jeder Ehrenmann sich daran freut.
Mein Herz, das freilich unrein, ist entzückt
Vom Überfluß, der uns ringsum beglückt:
Er ist der Künste Hort, des Schönen Quelle,
Die neue Freuden bringt und Wünsche weckt.
Der Erde Gold und das der Meereswelle,
Was sie bewohnt und was darinnen steckt
Sowie auch alles, was in Lüften schwebt –
Es dient dem Luxus, des Vergnügens Zweck:
Wie gut es sich im Eisenalter lebt!
Das Überflüssige, nicht zu entbehren,
Verbindet jetzt die beiden Hemisphären.
Unzählige schnelle Schiffe seht ihr froh
Von Texel abgehn, London und Bordeaux
Um Güter, die von Ganges' Ursprung kommen.
Günstig für uns ertauscht, indes die Frommen
Des Mohammed von Frankreichs Wein besiegt
Und mancher Sultan selig trunken liegt.
Voreinst, im Kindesalter der Natur,
Schwant' unsern guten Ahnen keine Spur
Von einem Mein, sie wußten nichts vom Dein.
Wie konnte es für sie wohl anders sein?
Sie hatten nichts, sie waren nackt; 's ist klar:
Was sie nicht hatten, nicht zu teilen war.

Sie lebten mäßig, ja, ich glaube heut,
Martialo war kein Koch der goldnen Zeit.
Und keines feurig-frischen Weines Schaum
Letzt' je der Eva freudelosen Gaum.
Auch glänzte Seide, Gold den Ahnen nie:
Hegt deshalb ihr Bewunderung für sie?
Von Kunstfleiß, Wohlstand fehlte jede Spur.
Gilt das für Tugend? Ignoranz war's nur.
Und welcher Narr, wenn er's gehabt nur hätte,
Schlief damals draußen, nicht in seinem Bette?
Mein lieber Adam, guter Vater, was
Tatst du im Garten Eden, Leckermaul?
Zulieb der dummen Menschheit warst nicht faul?
Mit Mutter Eva kostest du im Gras?
Indes gebt zu, die Nägel von euch zwein,
Sie waren lang, ein wenig schwarz, nicht rein;
Nicht eben wohlgeordnet euer Haar,
Sonnenverbrannt die Haut und ledern war.
Wie glücklich auch die Neigung – wo's gebricht
An Reinlichkeit, ist's Notdurft, Liebe nicht.
Des schönen Spieles müde ohne Frage,
Soupieren unter Eichen sie galant,
Wo Wasser, Hirse sich zu Eicheln fand;
Dann schlummern sie am Boden sonder Klage:
Dies eben ist Natur im Urzustand.
Soll ich euch aber nun, ihr Freunde, sagen,
Wie sich's in unsern oft verwünschten Tagen
Für einen Ehrenmann gewöhnlich lebet,
Sei's in Paris, in Rom, in London? Gebet
Die Ehre ihm und tretet in sein Haus:
Der Reichtum schöner Künste füllt es aus,
Die der Geschmack gezeugt. Seine vier Wände
Schmückt der Gewerbefleiß von tausend Händen.
Was ein Corregio schuf, was hochgelehrt
Poussin entwarf, ein goldner Rahmen ehrt.

Vom Bouchardon stammt dieses Standbild hier
Und von Germain des Silbers Glanz und Zier.
Und mehr als manchen Malers Arbeit wert
Sind Farbe, Zeichnung dieser Teppichpracht,
Im Haus der Gobelins hervorgebracht.
Dies alles leuchtet, funkelt viele Male
Aus klaren Pfeilerspiegeln rings im Saale.
Schau ich durchs Fenster, seh ich Gärten prangen,
Es schatten Myrtenlauben, Wasser springen.
Ich höre ein Geräusch ans Ohr mir dringen:
Der Hausherr ist soeben ausgegangen.
Zwei Pferde ziehn in schnellem Trab den Wagen,
Der schön geziert; bequem, ich möchte sagen:
Er scheint ein Haus auf Rädern, halb aus Glas,
Vergoldet halb. Es sitzt sich gut darin,
Weich rollt er über hartes Pflaster hin;
Zwei Federn, die geschmeidig, biegsam tragen
Die prächtige Karosse, wirken das.
Er eilt ins Bad: duftende Wässer geben
Mehr Frische seiner Haut. Nun drängt es ihn
Zum Stelldichein: zu Julie fliegt er eben,
Zu der Gaussin und zur Camargo hin,
Liebe und Gunstbeweis verwöhnen ihn.
Nun heißt's, in jenes Zauberschloß sich wenden,
Wo schöne Verse, Tanz, Musik, die Kunst
Des Farbentrugs zum Ganzen sich vollenden
Mit jener bessern: aller Herzen Gunst
Durch edle Schmeichelei sich zuzuwenden.
Dort pfeift er eine neue Oper aus,
Zollt, ob er schon nicht will, Rameau Applaus.
Dann zum Souper. Welch köstliche Ragouts
Auf blinkendem Geschirr: ein Hochgenuß!
Ein Sterblicher, der göttlich, ist der Koch!
Chloris, Aglaia schenken lächelnd ein;
Soeben hielt den Wein der Pfropfen noch,

Jetzt schäumt Champagner ihm ins Glas hinein.
Seht, Freunde, wie ein Blitz der Pfropfen schießt
Zur Decke auf, und alles lacht, genießt.
Es perlt, es schäumt im Glas der kühle Wein:
Recht ein Franzose scheint er mir zu sein.
Und neue Wünsche bringt der Tag darauf,
Neue Soupers und neue Freuden auf.
Nun, werter Herr, der Telemach erschuf,
Preist Euer kleines Ithaka, den Ruf
Salentos mehrt und jener tristen Mauern,
Wo Eure tugendreichen Kreter trauern.
Ihr Schwelgen im Verzicht beeindruckt schwerlich:
Sie leiden Mangel ums Die-Fülle-Haben.
Euern gefälligen Stil bewunder ich ehrlich,
Selbst Eurer Prosa zögerliches Traben;
Doch, guter Freund, in eines willige ich:
Verprügeln soll man ohne weitres mich
Dort in Salento, wäre ich so dumm
Und säh mich da nach meinem Glücke um.
Du aber, unsrer ersten Eltern Garten,
Wo Apfelbaum und Schlange jene narrten:
Vergebens haben hochgelehrte Leute
Wie Huet und Calmet, vom Stolz verführt,
Dem Ort des Paradieses nachgespürt,
Im Paradies auf Erden leb ich heute.

Johann Wolfgang von Goethe

DIE NATUR

Für **Johann Wolfgang von Goethe** *(1749–1832) ist Natur nicht nur ein Gegenstand von Dichtung. Als Naturwissenschaftler hat er sich mit den verborgenen Gesetzen der Natur und mit ihren vielfältigen Erscheinungsformen beschäftigt. Je mehr wir über die Natur wissen, je mehr unsere* *kulturellen Leistungen die Geheimnisse der Natur lüften, umso größer wird der Respekt vor der allumfassenden Macht der Natur.*

Natur! Wir sind von ihr umgeben und umschlungen – unvermögend aus ihr herauszutreten, und unvermögend tiefer in sie hinein zu kommen. Ungebeten und ungewarnt nimmt sie uns in den Kreislauf ihres Tanzes auf und treibt sich mit uns fort, bis wir ermüdet sind und ihrem Arme entfallen.
Sie schafft ewig neue Gestalten; was da ist, war noch nie, was war, kommt nicht wieder – alles ist neu, und doch immer das Alte.
Wir leben mitten in ihr und sind ihr Fremde. Sie spricht unaufhörlich mit uns und verrät uns ihr Geheimnis nicht. Wir wirken beständig auf sie und haben doch keine Gewalt über sie.
Sie scheint alles auf Individualität angelegt zu haben und macht sich nichts aus den Individuen. Sie baut immer und zerstört immer, und ihre Werkstätte ist unzugänglich.
Sie lebt in lauter Kindern, und die Mutter, wo ist sie? – Sie ist die einzige Künstlerin: aus dem simpelsten Stoff zu den größten Kontrasten; ohne Schein der Anstrengung zu der größten Vollendung – zur genausten Bestimmtheit, immer mit etwas Weichem überzogen. Jedes ihrer Werke hat ein eigenes Wesen, jede ihrer Erscheinungen den isoliertesten Begriff, und doch macht alles eins aus.
Sie spielt ein Schauspiel: ob sie es selbst sieht, wissen wir nicht, und doch spielt sie's für uns, die wir in der Ecke stehen.
Es ist ein ewiges Leben, Werden und Bewegen in ihr, und doch rückt sie nicht weiter. Sie verwandelt sich ewig, und ist kein Moment Stillestehen in ihr. Fürs Bleiben hat sie keinen Begriff, und ihren Fluch hat sie ans Stillstehen gehängt. Sie ist fest. Ihr Tritt ist gemessen, ihre Ausnahmen selten, ihre Gesetze unwandelbar.
Gedacht hat sie und sinnt beständig; aber nicht als ein Mensch, sondern als Natur. Sie hat sich einen eigenen allumfassenden Sinn vorbehalten, den ihr niemand abmerken kann. (…)
Ihr Schauspiel ist immer neu, weil sie immer neue Zuschauer schafft. Leben ist ihre schönste Erfindung, und der Tod ist ihr Kunstgriff, viel Leben zu haben.

Sie hüllt den Menschen in Dumpfheit ein und spornt ihn ewig zum Lichte. Sie macht ihn abhängig zur Erde, träg und schwer, und schüttelt ihn immer wieder auf.

Sie gibt Bedürfnisse, weil sie Bewegung liebt. Wunder, daß sie alle diese Bewegung mit so wenigem erreicht. Jedes Bedürfnis ist Wohltat; schnell befriedigt, schnell wieder erwachsend. Gibt sie eins mehr, so ist's ein neuer Quell der Lust; aber sie kommt bald ins Gleichgewicht. (…)

Sie hat keine Sprache noch Rede, aber sie schafft Zungen und Herzen, durch die sie fühlt und spricht.

Ihre Krone ist die Liebe. Nur durch sie kommt man ihr nahe. Sie macht Klüfte zwischen allen Wesen, und alles will sich verschlingen. Sie hat alles isoliert, um alles zusammenzuziehen. Durch ein paar Züge aus dem Becher der Liebe hält sie für ein Leben voll Mühe schadlos.

Sie ist alles. Sie belohnt sich selbst und bestraft sich selbst, erfreut und quält sich selbst. Sie ist rauh und gelinde, lieblich und schrecklich, kraftlos und allgewaltig. Alles ist immer da in ihr. Vergangenheit und Zukunft kennt sie nicht. Gegenwart ist ihr Ewigkeit. Sie ist gütig. Ich preise sie mit allen ihren Werken. Sie ist weise und still. Man reißt ihr keine Erklärung vom Leibe, trutzt ihr kein Geschenk ab, das sie nicht freiwillig gibt. Sie ist listig, aber zu gutem Ziele, und am besten ist's, ihre List nicht zu merken.

Sie ist ganz, und doch immer unvollendet. So wie sie's treibt, kann sie's immer treiben.

Jedem erscheint sie in einer eignen Gestalt. Sie verbirgt sich in tausend Namen und Termen, und ist immer dieselbe.

Sie hat mich hereingestellt, sie wird mich auch herausführen. Ich vertraue mich ihr. Sie mag mit mir schalten. Sie wird ihr Werk nicht hassen. Ich sprach nicht von ihr. Nein, was wahr ist und was falsch ist, alles hat sie versprochen. Alles ist ihre Schuld, alles ist ihr Verdienst.

Giacomo Leopardi

DAS UNENDLICHE

(1831)

Giacomo Leopardi *(1798–1837) gehört zu den großen Lyrikern des 19. Jahrhunderts. Sein Werk steht im Zeichen der Neuentdeckung der Natur und der italienischen patriotischen Bewegung, die in die nationale Einigung mündete. Sein Gedicht* Das Unendliche *wird bis heute von Tausenden italienischer Schüler auswendig gelernt.*

Lieb war mir immer dieser kahle Hügel
Und diese Hecke, die dem Blick so Viel
Vom fernsten Horizont zu schau'n verwehrt.
Und wenn ich sitz' und um mich blicke, träum' ich,
Endlose Weiten, übermenschlich Schweigen
Und allertiefste Ruhe herrsche dort
Jenseits der niedern Schranke, und das Herz
Erschauert mir vor Grau'n. Und hör' ich dann
Den Wind erbrausen im Gezweig, vergleich' ich
Die grenzenlose Stille dort, und hier
Die laute Stimme; und des Ew'gen denk' ich,
Der todten Zeiten und der gegenwärt'gen
Lebend'gen Zeit und ihres Lärms. Und so
Im uferlosen All versinkt mein Geist,
Und süß ist mir's, in diesem Meer zu scheitern.

Sigmund Freud

DAS UNBEHAGEN IN DER KULTUR

Sigmund Freud *(1856–1939) ist der Begründer der Psychoanalyse. Für Freud ist das Spannungsverhältnis zwischen Natur und Kultur des Menschen nicht auflösbar, sondern eine dauernde Quelle von schwierigen Entscheidungen.*

Unsere Untersuchung über das Glück hat uns bisher nicht viel gelehrt, was nicht allgemein bekannt ist. Auch wenn wir sie mit der Frage fortsetzen, warum es für die Menschen so schwer ist, glücklich zu werden, scheint die Aussicht, Neues zu erfahren, nicht viel größer. Wir haben die Antwort bereits gegeben, indem wir auf die drei Quellen hinwiesen, aus denen unser Leiden kommt: die Übermacht der Natur, die Hinfälligkeit unseres eigenen Körpers und die Unzulänglichkeit der Einrichtungen, welche die Beziehungen der Menschen zueinander in Familie, Staat und Gesellschaft regeln. In betreff der beiden ersten kann unser Urteil nicht lange schwanken; es zwingt uns zur Anerkennung dieser Leidensquellen und zur Ergebung ins Unvermeidliche. Wir werden die Natur nie vollkommen beherrschen, unser Organismus, selbst ein Stück dieser Natur, wird immer ein vergängliches, in Anpassung und Leistung beschränktes Gebilde bleiben. Von dieser Erkenntnis geht keine lähmende Wirkung aus; im Gegenteil, sie weist unserer Tätigkeit die Richtung. Können wir nicht alles Leiden aufheben, so doch manches tun und anderes lindern; mehrtausendjährige Erfahrung hat uns davon überzeugt. Anders verhalten wir uns zur dritten, zur sozialen Leidensquelle. Diese wollen wir überhaupt nicht gelten lassen, können nicht einsehen, warum die von uns selbst geschaffenen Einrichtungen nicht viel mehr Schutz und Wohltat für uns alle sein sollten. Allerdings, wenn wir bedenken, wie schlecht uns gerade dieses Stück der Leidverhütung gelungen ist, erwacht der Verdacht, es könnte auch hier ein Stück der unbesiegbaren Natur dahinterstecken, diesmal unserer eigenen psychischen Beschaffenheit.

Auf dem Wege, uns mit dieser Möglichkeit zu beschäftigen, treffen wir auf eine Behauptung, die so erstaunlich ist, daß wir bei ihr verweilen wollen. Sie lautet, einen großen Teil der Schuld an unserem Elend trage unsere sogenannte Kultur; wir wären viel glücklicher, wenn wir sie aufgeben und in primitive Verhältnisse zurückfinden würden. Ich heiße sie erstaunlich, weil – wie immer man den Begriff Kultur bestimmen mag – es doch feststeht, daß alles, womit wir uns gegen die Bedrohung aus den Quellen des Leidens zu schützen versuchen, eben der nämlichen Kultur zugehört. (...)

In den letzten Generationen haben die Menschen außerordentliche

Fortschritte in den Naturwissenschaften und in ihrer technischen Anwendung gemacht, ihre Herrschaft über die Natur in einer früher unvorstellbaren Weise befestigt. Die Einzelheiten dieser Fortschritte sind allgemein bekannt, es erübrigt sich, sie aufzuzählen. Die Menschen sind stolz auf diese Errungenschaften und haben ein Recht dazu. Aber sie glauben bemerkt zu haben, daß diese neu gewonnene Verfügung über Raum und Zeit, diese Unterwerfung der Naturkräfte, die Erfüllung jahrtausendealter Sehnsucht das Maß von Lustbefriedigung, das sie vom Leben erwarten, nicht erhöht, sie nach ihren Empfindungen nicht glücklicher gemacht hat. Man sollte sich begnügen, aus dieser Feststellung den Schluß zu ziehen, die Macht über die Natur sei nicht die einzige Bedingung des Menschenglücks, wie sie ja auch nicht das einzige Ziel der Kulturbestrebungen ist, und nicht die Wertlosigkeit der technischen Fortschritte für unsere Glücksökonomie daraus ableiten. Man möchte einwenden: Ist es denn nicht ein positiver Lustgewinn, ein unzweideutiger Zuwachs an Glücksgefühl, wenn ich beliebig oft die Stimme des Kindes hören kann, das Hunderte von Kilometern entfernt von mir lebt, wenn ich die kürzeste Zeit nach der Landung des Freundes erfahren kann, daß er die lange, beschwerliche Reise gut überstanden hat? Bedeutet es nichts, daß es der Medizin gelungen ist, die Sterblichkeit der kleinen Kinder, die Infektionsgefahr der gebärenden Frauen so außerordentlich herabzusetzen, ja die mittlere Lebensdauer des Kulturmenschen um eine beträchtliche Anzahl von Jahren zu verlängern? Und solcher Wohltaten, die wir dem vielgeschmähten Zeitalter der wissenschaftlichen und technischen Fortschritte verdanken, können wir noch eine große Reihe anführen; – aber da läßt sich die Stimme der pessimistischen Kritik vernehmen und mahnt, die meisten dieser Befriedigungen folgten dem Muster jenes »billigen Vergnügens«, das in einer gewissen Anekdote angepriesen wird. Man verschafft sich diesen Genuß, indem man in kalter Winternacht ein Bein nackt aus der Decke herausstreckt und es dann wieder einzieht. Gäbe es keine Eisenbahn, die die Entfernungen überwindet, so hätte das Kind die Vaterstadt nie verlassen, man brauchte kein Telefon, um seine Stimme zu hören. Wäre nicht die Schiffahrt über den Ozean eingerichtet, so hätte der Freund nicht die Seereise unternommen, ich brauchte den Telegraphen nicht, um meine Sorge um ihn zu beschwichtigen. Was nützt uns die Einschränkung der Kindersterblichkeit, wenn gerade sie uns die äußerste Zurückhaltung in der Kinderzeugung aufnötigt, so daß wir im Ganzen doch nicht mehr Kinder aufziehen als in den Zeiten vor der Herrschaft der Hygiene, dabei aber unser Sexualleben in der Ehe unter schwierige Bedingungen gebracht und wahrscheinlich der wohltätigen, natürlichen Auslese entgegengearbeitet haben? Und was soll uns endlich ein langes Leben, wenn es beschwerlich, arm an Freuden und so leidvoll ist, daß wir den Tod nur als Erlöser bewillkommnen können?

(...)

Es ist Zeit, daß wir uns um das Wesen dieser Kultur kümmern, deren Glückswert in Zweifel gezogen wird. Wir werden keine Formel fordern, die dieses Wesen in wenigen Worten ausdrückt, noch ehe wir etwas aus der Untersuchung erfahren haben. Es genügt uns also, zu wiederholen, daß das Wort »Kultur« die ganze Summe der Leistungen und Einrichtungen bezeichnet, in denen sich unser Leben von dem unserer tierischen Ahnen entfernt und die zwei Zwecken dienen: dem Schutz des Menschen gegen die Natur und der Regelung der Beziehungen der Menschen untereinander (...)

Die Triebsublimierung ist ein besonders hervorstechender Zug der Kulturentwicklung, sie macht es möglich, daß höhere psychische Tätigkeiten, wissenschaftliche, künstlerische, ideologische, eine so bedeutsame Rolle im Kulturleben spielen. Wenn man dem ersten Eindruck nachgibt, ist man versucht zu sagen, die Sublimierung sei überhaupt ein von der Kultur erzwungenes Triebschicksal. Aber man tut besser, sich das noch länger zu überlegen. Drittens endlich, und das scheint das Wichtigste, ist es unmöglich zu übersehen, in welchem Ausmaß die Kultur auf Triebverzicht aufgebaut ist, wie sehr sie gerade die Nichtbefriedigung (Unterdrückung, Verdrängung oder sonst etwas?) von mächtigen Trieben zur Voraussetzung hat. Diese »Kulturversagung« beherrscht das große Gebiet der sozialen Beziehungen der Menschen; wir wissen bereits, sie ist die Ursache der Feindseligkeit, gegen die alle Kulturen zu kämpfen haben. Sie wird auch an unsere wissenschaftliche Arbeit schwere Anforderungen stellen, wir haben da

viel Aufklärung zu geben. Es ist nicht leicht zu verstehen, wie man es möglich macht, einem Trieb die Befriedigung zu entziehen. (...)
Eine der sogenannten Idealforderungen der Kulturgesellschaft kann uns hier die Spur zeigen. Sie lautet: Du sollst den Nächsten lieben wie dich selbst; sie ist weltberühmt, gewiß älter als das Christentum, das sie als seinen stolzesten Anspruch vorweist, aber sicherlich nicht sehr alt; in historischen Zeiten war sie den Menschen noch fremd. Wir wollen uns naiv zu ihr einstellen, als hörten wir von ihr zum ersten Male. Dann können wir ein Gefühl von Überraschung und Befremden nicht unterdrücken. Warum sollen wir das? Was soll es uns helfen? Vor allem aber, wie bringen wir das zustande? Wie wird es uns möglich? Meine Liebe ist etwas mir Wertvolles, das ich nicht ohne Rechenschaft verwerfen darf. Sie legt mir Pflichten auf, die ich mit Opfern zu erfüllen bereit sein muß. Wenn ich einen anderen liebe, muß er es auf irgendeine Art verdienen. (Ich sehe von dem Nutzen, den er mir bringen kann, sowie von seiner möglichen Bedeutung als Sexualobjekt für mich ab; diese beiden Arten der Beziehung kommen für die Vorschrift der Nächstenliebe nicht in Betracht.) Er verdient es, wenn er mir in wichtigen Stücken so ähnlich ist, da ich in ihm mich selbst lieben kann; er verdient es, wenn er so viel vollkommener ist als ich, daß ich mein Ideal von meiner eigenen Person in ihm lieben kann; ich muß ihn lieben, wenn er der Sohn meines Freundes ist, denn der Schmerz des Freundes, wenn ihm ein Leid zustößt, wäre auch mein Schmerz, ich müßte ihn teilen. Aber wenn er mir fremd ist und mich durch keinen eigenen Wert, keine bereits erworbene Bedeutung für mein Gefühlsleben anziehen kann, wird es mir schwer, ihn zu lieben. Ich tue sogar unrecht damit, denn meine Liebe wird von all den Meinen als Bevorzugung geschätzt; es ist ein Unrecht an ihnen, wenn ich den Fremden ihnen gleichstelle. Wenn ich ihn aber lieben soll, mit jener Weltliebe, bloß weil er auch ein Wesen dieser Erde ist wie das Insekt, der Regenwurm, die Ringelnatter, dann wird, fürchte ich, ein geringer Betrag Liebe auf ihn entfallen, unmöglich soviel, als ich nach dem Urteil der Vernunft berechtigt bin für mich selbst zurückzuhalten. Wozu eine so feierlich auftretende Vorschrift, wenn ihre Erfüllung sich nicht als vernünftig empfehlen kann? (...)

Das gern verleugnete Stück Wirklichkeit hinter alledem ist, daß der Mensch nicht ein sanftes, liebebedürftiges Wesen ist, das sich höchstens, wenn angegriffen, auch zu verteidigen vermag, sondern daß er zu seinen Triebbegabungen auch einen mächtigen Anteil von Aggressionsneigung rechnen darf. Infolgedessen ist ihm der Nächste nicht nur möglicher Helfer und Sexualobjekt, sondern auch eine Versuchung, seine Aggression an ihm zu befriedigen, seine Arbeitskraft ohne Entschädigung auszunützen, ihn ohne seine Einwilligung sexuell zu gebrauchen, sich in den Besitz seiner Habe zu setzen, ihn zu demütigen, ihm Schmerzen zu bereiten, ihn zu martern und zu töten. *Homo homini lupus;* wer hat nach allen Erfahrungen des Lebens und der Geschichte den Mut, diesen Satz zu bestreiten? Diese grausame Aggression wartet in der Regel eine Provokation ab oder stellt sich in den Dienst einer anderen Absicht, deren Ziel auch mit mildernden Mitteln zu erreichen wäre. Unter ihr günstigen Umständen, wenn die seelischen Gegenkräfte, die sie sonst hemmen, weggefallen sind, äußert sie sich auch spontan, enthüllt den Menschen als wilde Bestie, der die Schonung der eigenen Art fremd ist. Wer die Greuel der Völkerwanderung, der Einbrüche der Hunnen, der sogenannten Mongolen unter Dschingis Khan und Timurlenk, der Eroberung Jerusalems durch die frommen Kreuzfahrer, ja selbst noch die Schrecken des letzten Weltkrieges in seine Erinnerung ruft, wird sich vor der Tatsächlichkeit dieser Auffassung demütig beugen müssen. (...)

Wenn die Kultur nicht allein der Sexualität, sondern auch der Aggressionsneigung des Menschen so große Opfer auferlegt, so verstehen wir es besser, daß es dem Menschen schwer wird, sich in ihr beglückt zu finden. Der Urmensch hatte es in der Tat darin besser, da er keine Triebeinschränkungen kannte. Zum Ausgleich war seine Sicherheit, solches Glück lange zu genießen, eine sehr geringe. Der Kulturmensch hat für ein Stück Glücksmöglichkeit ein Stück Sicherheit eingetauscht. Wir wollen aber nicht vergessen, daß in der Urfamilie nur das Oberhaupt sich solcher Triebfreiheit erfreute; die anderen lebten in sklavischer Unterdrückung. Der Gegensatz zwischen einer die Vorteile der Kultur genießenden Minderheit und einer dieser beraubten Mehrzahl war also in jener Urzeit der Kultur aufs Äußerste getrieben. Über den heute lebenden Primitiven haben wir durch sorgfältigere Erkundung erfahren, daß sein Triebleben keineswegs ob seiner Freiheit beneidet werden darf; es unterliegt Einschränkungen von anderer Art, aber vielleicht von größerer Strenge als das des modernen Kulturmenschen. Wenn wir gegen unseren jetzigen Kulturzustand mit Recht einwenden, wie unzureichend er unsere Forderungen an eine beglückende Lebensordnung erfüllt, wieviel Leid er gewähren läßt, das wahrscheinlich zu vermeiden wäre, wenn wir mit schonungsloser Kritik die Wurzeln seiner Unvollkommenheit aufzudecken streben, üben wir gewiß unser gutes Recht und zeigen uns nicht als Kulturfeinde. Wir dürfen erwarten, allmählich solche Abänderungen unserer Kultur durchzusetzen, die unsere Bedürfnisse besser befriedigen und jener Kritik entgehen. Aber vielleicht machen wir uns auch mit der Idee vertraut, daß es Schwierigkeiten gibt, die dem Wesen der Kultur anhaften und die keinem Reformversuch weichen werden.

Max Frisch
Homo faber

Max Frisch *(1911–1991) ist einer der bekanntesten Autoren des 20. Jahrhunderts. Das Buch* Homo faber *(1957) erzählt die Geschichte eines technikgläubigen Ingenieurs, der mit den emotionalen Seiten des Lebens schrittweise konfrontiert wird und eine gefühlvolle, die ursprüngliche Natur schätzende Weltsicht entwickelt.*

Diskussion mit Hanna! – über Technik (laut Hanna) als Kniff, die Welt so einzurichten, daß wir sie erleben müssen. Manie des Technikers, die Schöpfung nutzbar zu machen, weil er sie als Partner nicht aushält, nichts mit ihr anfangen kann; Technik als Kniff, die Welt als Widerstand aus der Welt zu schaffen, beispielsweise durch Tempo zu verdünnen, damit wir sie nicht erleben müssen. (Was Hanna damit meint, weiß ich nicht.) Die Weltlosigkeit des Technikers. (Was Hanna damit meint, weiß ich nicht.) Hanna macht keine Vorwürfe, Hanna findet es nicht unbegreiflich, daß ich mich gegenüber Sabeth so verhalten habe; ich habe (meint Hanna) eine Art von Beziehung erlebt, die ich nicht kannte, und sie mißdeutet, indem ich mir einredete, verliebt zu sein. Es ist kein zufälliger Irrtum gewesen, sondern ein Irrtum, der zu mir gehört (?) wie mein Beruf, wie mein ganzes Leben sonst. Mein Irrtum: daß wir Techniker versuchen, ohne den Tod zu leben. Wörtlich: Du behandelst das Leben nicht als Gestalt, sondern als bloße Addition, daher kein Verhältnis zur Zeit, weil kein Verhältnis zum Tod. Leben sei Gestalt in der Zeit. Hanna gibt zu, daß sie nicht erklären kann, was sie meint. Leben ist nicht Stoff, nicht mit Technik zu bewältigen. Mein Irrtum mit Sabeth: Repetition, ich habe mich so verhalten, als gebe es kein Alter, daher widernatürlich. Wir können nicht das Alter aufheben, indem wir weiter addieren, indem wir unsere eignen Kinder heiraten.

Katri Vala

AN DER BRUST DER ERDE

Katri Vala *(1901–1944) begann früh Gedichte zu schreiben. Sie wuchs im ländlichen Finnland auf und besang in ihren ersten Gedichten die Schönheit der Natur. Später engagierte sie sich als Journalistin gegen das nationalsozialistische Regime. Auch ihre Lyrik war zunehmend vom politischen Engagement geprägt.*

Wie wohl es tut, Erde, an deiner Brust zu liegen,
mit dem ganzen Körper sich an dich zu schmiegen,
im dichten Grün das Antlitz zu bergen!
Irgendwo lugt das weiß-blaue Schneeglöckchen,
durchsichtig, mit verwunderten Augen hervor.
Gelbliches Licht ergießt sich durch die Zweige.

Erde, ich liebe dich,
schwarz-dunkelbraun, grün,
lebendig und verschwenderisch, erstarrt in der Kälte.

Erde, ich liebe dich.
Ich liege an deiner Brust
Wie auf einem grünen, heiligen Altar –
der wundersame Weihrauch
dringt in meinen Leib.
Ich biete mich als Opfer dem Leben an.

Wie du, Erde, möchte ich sein,
mit dir zusammen mich erneuern
und unablässig schaffen
in der sakralen Stunde der Eingebung.
Wenn dann Gebrechen kommen
und meine Kräfte nachlassen
und das Herz kaum noch schlägt –
dann erleichtere, belebe meine Seele,
gebieterisch ruft mich an.
Schüttle mein ganzes Wesen
mit dem geheimnisvollen Rauch der Seligkeit,
und führe mich in die freudvolle Welt,
in die strahlende, einzigartige.

Glaube und Vernunft

Wo der Glaube anfängt, hört die Vernunft auf – beziehungsweise umgekehrt. Das erlebe ich fast täglich aufs Neue. Obwohl ich schon als Student aus der Kirche ausgetreten bin, würde ich zum Beispiel immer noch gerne beten, vor allem wenn die Dinge schief laufen. Dann fühle ich mich mit wahrer Inbrunst zu einem höheren Wesen hingezogen und beneide jeden religiösen Menschen um das Gefühl der Geborgenheit, das der Glaube ihm gibt – und sei es auch nur in Gestalt von Ritualen und Pflichten. Wie erbärmlich erscheint mir dann mein bisschen Vernunft, das ja nicht mal imstande ist, die Entstehung des Weltalls zu erklären, geschweige denn, mir einen Weg aus meiner aktuellen Finanz- oder Beziehungskrise zu weisen. Habe ich aber meine Probleme gelöst, bzw. diese sich von selbst, schäme ich mich für meine kindliche Anwandlung, die eines erwachsenen Menschen unwürdig ist, glaube wieder brav an den Urknall statt an einen Schöpfergott und schwöre bei allem, was mir nicht heilig ist, dass ich mich nie wieder an meiner Vernunft versündigen werde.

Wer's glaubt, wird selig. Auch wenn ich mir mit meinen fünfzig Jahren immer noch dasselbe Rätsel bin, das ich mir beim Austritt aus der Kirche war, kenne ich mich inzwischen gut genug, um zu wissen, dass der nächste Rückfall bereits vorprogrammiert ist. Der Grund dafür ist ebenso einfach wie fatal: Ich komme aus dem Bedürfnis nach Glauben nicht heraus – so wenig wie aus meinem bisschen Vernunft. Nur der Glaube, woran auch immer, kann mir Gewissheit geben; ohne Glaube tappt meine Vernunft im Dunkeln. Umgekehrt steckt die Vernunft den Rahmen des Glaubens ab; ohne Vernunft kennt der Glaube keine Grenzen. Beide gehören darum zu mir wie die elementarsten Regungen meiner Natur, und auf sie verzichten zu wollen würde heißen, mir Hunger und Durst abzugewöhnen.

»Credo quia absurdum«, seufze ich darum mit Augustinus. »Ich glaube, weil es absurd ist.« Ob da der Gang durch die abendländische Ideengeschichte hilft? Ich habe meine Zweifel. Statt eine klare Richtung zu erkennen, die auf ein finales Ergebnis schließen ließe, finde ich dort –

wenn auch auf ungleich höherem Niveau – nur meine eigene Verwirrung wieder, zu allen Zeiten, in allen europäischen Ländern und Kulturen.

Angefangen bei Heraklit. Rund fünfhundert Jahre vor Christus beschreibt er das Leben als einen großen Fluss, in dem die Dinge sich immer und ewig verändern. Trotzdem, so seine Behauptung, werden sie von einer alles durchdringenden Vernunft regiert, die immer und ewig sich gleich bleibt, weil sie Ausfluss der Vernunft Gottes ist. Aufgabe des Verstandes sei es darum, das Wirken der Vernunft in der Natur aufzuspüren. Doch im selben Atemzug fügt Heraklit hinzu, dass die Menschen sie niemals fassen können.

Dieser Widerspruch hat kontinentale Schule gemacht. Auch Aristoteles begreift die Vernunft als das Unsterbliche im Menschen, das ihn mit dem Göttlichen verbinde und darum Grundlage aller Erkenntnis sei. Da aber der Mensch, Gott sei's geklagt, nicht nur aus reiner Vernunft besteht, sondern sich auch für äußere Eindrücke empfänglich zeigt, unterliegt alles Denken stets der Gefahr des Irrtums, auf immer und ewig.

Das ist das Dilemma der abendländischen Philosophie. Bei aller Anstrengung der Vernunft ist sie eine einzige Abfolge von These und Gegenthese, eine fortwährende Rechthaberei. Dieses Dilemma zu beheben ist Anspruch der Kirchenväter. Gestärkt durch die Offenbarung, die die Wahrheit Gottes in die Welt gebracht hat, setzt Justin an die Stelle widerstreitender Meinungen den Glauben als die »einzig sichere und heilsame Philosophie«. Dabei besteht angeblich zwischen Glaube und Vernunft kein Widerspruch, im Gegenteil, beide bedingen vielmehr einander: »Es gibt weder Erkenntnis ohne Glaube«, so Clemens von Alexandrien, »noch Glaube ohne Erkenntnis.«

Was für eine beneidenswerte Sicherheit! Aber ist sie auch von dieser Welt? Nicht mal das europäische Mittelalter scheint ihr recht zu trauen. Die Einheit von Glaube und Vernunft findet nur als Ausnahme statt, als mystische Erfahrung in der Gottesschau, in welcher der Mensch sich mit der ewigen Wahrheit voll saugt wie ein Schwamm. Oder in der poetischen Vision: In Dantes »Paradies« gelangt der Glaube zur Erkenntnis, im »Empyreum«, dem Sitz der Gottheit und der höchsten Heiligen, die wie die Blätter einer Rose sich um ihren Schöpfer scharen.

Von der Ausnahme zur umgekehrten Regel ist es aber nur ein Schritt. Der Lobpreis Gottes ruft alsbald den Satan auf den Plan. »Was war's«, fragt Milton im »Verlorenen Paradies«, »das unsere großen Urerzeuger einst bewog, von ihrem Schöpfer abzufallen? Die Schlange war's, der Wurm.« Und kaum ist der Teufel im Spiel, ist es mit der Erkenntnis vorbei. Nach dem Sündenfall hat der Mensch nicht nur das irdische Paradies eingebüßt; vertrieben aus dem Garten Eden, findet er sich wieder in einer Weltenhölle, wo ihn der Satan mit seinen Versuchungen unablässig belauert: »Weitab von Gott und Himmelslicht«, ist er ein Gefangener des Irrtums, dem nur in seltenen Augenblicken Erkenntnis zuteil wird.

Diese Einsicht macht die tragische Größe des europäischen Menschen aus – oder seine Lächerlichkeit, je nachdem, ob man die Sache mit Pascals Skepsis oder mit Molières Humor betrachtet. Erklärt der Philosoph die Einsicht in das eigene Elend zum größten Verdienst des Menschen, lässt der Komödiant ihn genau in dem Moment über seine hoch fliegenden Ansprüche straucheln, da er die Augen zum Himmel erhebt.

Aus diesem Sumpf lächerlicher Tragik versucht die reine Vernunft sich hundert Jahre später am eigenen Schopfe zu ziehen. In »Beantwortung der Frage: Was ist Aufklärung?« gibt Kant die Losung einer Epoche aus, die wahre Erkenntnis aus der Analyse des Denkens selbst gewinnen will, ohne auf himmlischen Beistand zu hoffen. »*Sapere aude!* Habe den Mut, dich deines *eigenen* Verstandes zu bedienen!«

Ein solcher »Ausgang des Menschen aus seiner selbstverschuldeten Unmündigkeit« bleibt nicht ohne Folgen. »Wo ist Gott?«, ruft Nietzsches »toller Mensch«, außer Rand und Band, und sucht mit seiner Laterne in der Finsternis. »Gott ist tot!«, verkündet er. »Und wir haben ihn getötet!« Mit der Aufklärung hat der Europäer Gott ins Jenseits befördert, doch kaum hat er diesen Kraftakt vollbracht, zuckt er zusammen. »Ist nicht die Größe dieser Tat zu groß für uns?«, fragt der »tolle Mensch« entsetzt. »Wie trösten wir uns, wir Mörder aller Mörder? Das Heiligste und Mächtigste, was die Welt bisher besaß, es ist unter unseren Messern verblutet – wer wischt dies Blut von uns ab?«

Von dem Bedürfnis nach Sühne für diese Schuld wird der ganze Kontinent erfasst, doch keine Seele in Europa leidet daran so intensiv wie die russische. Dostojewski und Tolstoi geben ihm ihre Stimme, um von der Schuld zur Sühne zu gelangen – und bisweilen zur Erlösung. »Dieses neue Gefühl«, räsoniert Lewin in »Anna Karenina«, als er angesichts der Sterne am Himmel die ewige Wahrheit zu schauen meint, »ob es Glaube ist oder kein Glaube, ich weiß es nicht – ist ebenso unmerklich durch das Leid in meine Seele gekommen und sitzt jetzt ganz fest darin.« Und während der Russe Lewin so zu seinem Glauben zurückfindet, faltet am anderen Ende Europas sogar ein Atheist seine Hände zum Gebet. »Nichtexistierender Gott!«, hadert der Spanier Unamuno mit den Grenzen seiner Erkenntnis. »Du bist so groß, dass die Welt deine Größe nicht fassen kann – du bist nur eine Idee, und ich bin dazu verurteilt, dafür mit meinen Qualen, mit meinen Leiden zu zahlen.«

War also alle Aufklärung umsonst? Bietet die Vernunft keinen ausreichend sicheren Grund, um darauf eigenständig Tritt zu fassen, ohne Zuflucht beim Glauben zu suchen? »Wenn es Gott nicht gäbe«, spottete bereits Voltaire, »müsste man ihn erfinden.« Der Seelenarzt Dr. Freud kann solche Schwäche zwar begreifen, doch gelten lässt er sie nicht. Stattdessen entlarvt er die kindlichen Motive, aus denen sich das religiöse Bedürfnis speist. Hinter der Sehnsucht nach Gott, so seine Analyse »Zur Zukunft einer Illusion«, verberge sich nur die Sehnsucht des Kindes nach dem allmächtigen Vater – sprich: die Weigerung, erwachsen zu werden.

Doch welcher Mensch hat Lust, erwachsen zu werden, wenn er Kind bleiben darf? Offen gestanden, ich bin zu einem solchen Helden nicht geboren; ich würde die Verantwortung für mein Leben, wenn sie mir zu viel wird, nur allzu gern in fremde Hände legen. Doch kaum habe ich mir meine Feigheit mutig eingestanden, hindert mein europäisches Erbe mich auch schon, Gebrauch von ihr zu machen. »Wer von der kausalen Gesetzmäßigkeit allen Geschehens durchdrungen ist«, erklärt Albert Einstein im Namen der Naturwissenschaft, »für den ist die Idee eines Wesens, welches in den Gang des Weltgeschehens eingreift, ganz unmöglich.« Und als der russische Kosmonaut Gagarin am 12. April 1961 nach der ersten Erdumrundung aus dem Weltall zurückkehrte, brachte er die frohe Botschaft des Atheismus mit, dort oben Gott nirgendwo gesehen zu haben.

Hat damit die abendländische Vernunft endgültig den Stab über den Glauben gebrochen? Fast würde ich es mir wünschen, um endlich klar zu sehen. Doch die Selbstverpflichtung der Vernunft auf sich selbst schließt den Glauben nicht aus. »Gott würfelt nicht!«, lautet der erste Artikel von Einsteins kosmischer Religiosität. Statt jeder Religion abzuschwören, wird der »Glaube an die Vernunft des Weltenbaues« zur Basis und zum Motor der Erkenntnis, zur spirituellen Antriebsquelle, aus der alle europäische Wissenschaft ihre Energie bezieht, von Heraklit bis zur modernen Physik. »Diese Religiosität«, schließt Einstein, »liegt im verzückten Staunen über die Harmonie der Naturgesetzlichkeit, in der sich eine so überlegene Vernunft offenbart, dass alles Sinnvolle menschlichen Denkens und Anordnens dagegen ein nichtiger Abglanz ist.«

Also die Sterne am Himmel für den Glauben, und das Handeln auf Erden aus eigener Vernunft? Fest steht nur: Glaubensfreiheit ist verbrieftes Menschenrecht, Vernunftfreiheit nicht – Gott sei Dank! Doch gleichgültig, wie die Frage sich mir stellt, die Antwort bleibt am Ende stets meine Entscheidung – ich und niemand sonst kann sie für mich treffen. *»I sit and talk to God«,* singt Robbie Williams mir dabei aus der europäischen Seele, *»and he just laughs at my plans. My head speaks a language I don't understand …«*

Heraklit

DAS WERDEN

***Heraklit von Ephesos** (ca. 540 v. Chr.–480 v. Chr.) ist durch einen Satz berühmt geworden, der ihm von Plato zugeschrieben wird: »Alles fließt« (pánta rhei). In seinem Denken ist die Vorstellung der ewigen Bewegung zentral. Der Mensch kann mit seiner begrenzten Vernunft zumindest einen Teil der vom Logos regierten Welt verstehen.*

Wir steigen in denselben Fluß und doch nicht in denselben. Wir sind es und wir sind es nicht.
Ein und dasselbe offenbart sich in den Dingen als Lebendes und Totes, Waches und Schlafendes, Junges und Altes. Denn dieses ist nach seiner Umwandlung jenes und jenes, wieder verwandelt, dieses.
Alles Geschehen erfolgt durch einen Gegensatz.
Es lebt das Feuer der Erde Tod und die Luft lebt des Feuers Tod, das Wasser lebt der Luft Tod, die Erde den des Wassers.
Das Kalte wird warm, Warmes kalt, Feuchtes trocken, Trockenes feucht.
Es ist immer dasselbe (was in den Dingen wohnt): Lebendes und Totes, Wachendes und Schlafendes, Junges und Altes. Denn dieses wird, sich wandelnd, zu jenem und jenes wieder, sich wandelnd, zu diesem.
Das Widerstrebende vereinigt sich, und aus den entgegengesetzten (Tönen) entsteht die schönste Harmonie, und alles Geschehen erfolgt auf dem Wege des Streites.
Krieg ist aller Dinge Vater, aller Dinge König; und die einen macht er zu Göttern, die anderen zu Menschen, die einen zu Sklaven, die anderen zu Freien.
Man muß wissen, daß der Kampf das Gemeinsame ist und das Recht der Streit, und das alles Geschehen vermittels des Streites und der Notwendigkeit erfolgt.
Es strebt wohl auch die Natur nach den Gegensätzen und wirkt aus ihnen den Einklang, nicht aus dem Gleichen. So führt sie das Männliche mit dem Weiblichen zusammen und nicht etwa ein jedes zu seinesgleichen, und knüpft so den allerersten Bund durch die entgegengesetzten Naturen.

Diesen Logos aber, ob er gleich ewig ist, fassen die Menschen nicht, weder ehe sie davon hörten, noch sobald sie davon gehört haben. Denn obgleich alles nach diesem Gesetz (Logos) geschieht, gleichen sie den Unerfahrenen, sobald sie sich an solchen Worten und Werken versuchen, wie ich sie künde, indem ich ein jedes nach seiner Natur zerlege und zeige, wie es sich damit verhält. Die andern Menschen freilich wissen nicht, was sie im Wachen tun ebensowenig wie sie sich erinnern, was sie im Schlafe tun.

Sie begreifen nicht, daß es (das All-eine) auseinanderstrebend mit sich selbst übereinstimmt: Widerstrebende Harmonie, wie bei Bogen und Leier.

Habt ihr nicht mich, sondern den Logos vernommen, so ist es weise, zuzugestehen, dass alles eines ist.

In einem besteht die Weisheit: Die Vernunft *(γνώμην)* zu erkennen, die alles durch alles lenkt.

Eins, das allein Weise, will nicht und will doch mit Zeus' Namen genannt werden.

Die mit Verstand sprechen wollen, müssen sich stark machen mit diesem allen Gemeinsamen, wie eine Stadt mit dem Gesetz und noch viel stärker. Denn alle menschlichen Gesetze ziehen ihre Nahrung aus dem einen Göttlichen. Denn das herrscht, soweit es nur will; es genügt allem und ist allem überlegen.

Alles was da kreucht und fleucht, wird durch Gottes Geißel auf die Weide getrieben.

Die Sonne wird ihre Maße nicht überschreiten. Andernfalls werden die Erynnien, die Helferinnen der Dike, sie zu fassen wissen.

Für Gott ist alles schön und gut und gerecht; (nur) die Menschen halten das eine für gerecht, das andere für ungerecht.

Diese Welt, dieselbige von allen Dingen, hat weder der Götter noch der Menschen einer gemacht, sondern sie war immer und ist immer und wird immer sein ein ewig lebendiges Feuer, nach Maßen sich entzündend und nach Maßen verlöschend.

Alles ist Austausch des Feuers, und das Feuer Austausch von allem, grade wie für Gold Waren und für Waren Gold eingetauscht wird.

Vernünftige Einsicht zu haben ist die größte Tugend, und Weisheit ist

es, Wahres zu reden und gemäß der Natur zu handeln, indem man auf sie hört.
Auch wenn sie es gehört haben, begreifen sie davon nichts, sind wie taub. Das Sprichwort bezeugt ihnen: Obgleich da, sind sie doch nicht da.
Vielwisserei lehrt noch nicht Geist haben.
Ich erforschte mich selbst.
Der Seele Grenzen kannst du nicht ausfinden, und ob du jegliche Straße abschrittest: So tiefen Grund hat sie.
Mit dem Gelüst zu streiten ist hart, denn was es begehrt, kauft es auf Kosten der Seele.
Schlechte Zeugen sind Augen und Ohren für Menschen, wenn sie Barbarenseelen haben.
Einer ist mir soviel wert wie zehntausend, wenn er der Beste ist.
Die Ephesier sollten sich samt und sonders, Mann für Mann aufhängen und den Unmündigen ihre Stadt überlassen, sie, die den Hermodorus, ihren besten Mann, weggejagt haben, indem sie sagten: »Von uns soll keiner der beste sein; wenn aber doch, dann anderswo und bei anderen.«
Überhebungen soll man eher löschen als Feuersbrunst.
Der schönste Affe ist häßlich im Vergleich mit dem Menschen. Der weiseste Mensch wird im Vergleich mit Gott wie ein Affe erscheinen, an Weisheit, Schönheit und allem anderen.

Aristoteles
DENKEN UND VERNUNFT

Aristoteles *(384 v. Chr.–322 v. Chr.) ist einer der bedeutendsten Philosophen der Antike. Sein umfangreiches Werk beschäftigt sich mit allen großen Fragen der Philosophie. Sein Denken prägt bis heute die europäische Philosophie. Für Aristoteles ist der Mensch ein vernünftiges Tier, das die Möglichkeit und Pflicht zum Gebrauch seiner Vernunft hat, auch wenn diese beschränkt sein mag.*

Was weiter denjenigen Bestandteil der Seele betrifft, mit dem sie die Objekte erkennt und begreift, mag er nun für sich abgesondert oder wenigstens, wenn nicht räumlich, doch begrifflich abgesondert sein, so haben wir zu erwägen, was sein unterscheidendes Wesen ist, und wie denn nun das Denken zustande kommt. Ist wirklich der Vorgang beim Denken derselbe wie beim Wahrnehmen, so würde er das Erleiden einer Einwirkung von dem Objekte des Denkens oder doch etwas dem Ähnliches sein. So muß dann aber das Vermögen des Denkens einer äußerlichen Einwirkung unzugänglich, dagegen aber fähig sein, die *Form* des Objekts in sich aufzunehmen; es muß wohl dem Vermögen nach ähnlichen Wesens sein wie das Objekt, aber es darf nicht dieses Objekt selbst sein; wie das Vermögen der Wahrnehmung sich zu dem Objekte der Wahrnehmung verhält, ganz ähnlich muß sich das Vermögen des reinen Denkens, der Nus, zu den Objekten des Denkens verhalten. Es muß also, weil es *alles* denkt, ungemischt sein, wie Anaxagoras sich ausdrückt, um alles zu bemeistern, d. h. alles zu erkennen. Denn was nebenbei als Fremdes mit erscheint, das hindert nur und steht im Wege. Das Denken darf demnach selbst keine eigene Natur als allein diese haben, dem Vermögen nach jegliches zu sein. Was man also in der Seele die Vernunft, den Nus, nennt – und unter Vernunft verstehe ich das in der Seele, womit sie überlegt und Gedanken bildet –, das ist von dem, was ist, noch nichts in Wirklichkeit, solange es nicht denkt. Darum läßt sich auch nicht annehmen, daß es an den Leib verhaftet sei als dessen Bestandteil. Denn dann würde es eine bestimmte Beschaffenheit annehmen; es würde warm oder kalt sein, oder es würde ein Organ dafür vorhanden sein, wie für das Vermögen der Wahrnehmung; so aber gibt es nichts dergleichen. Und so ist es denn wirklich ein treffendes Wort, wenn man die Seele als den *Ort des Frommen* bezeichnet; nur daß es nicht von der ganzen Seele gilt, sondern allein von der denkenden Seele, und daß die Formen nicht aktuell, sondern potentiell in ihr vorhanden sind.

Daß aber die Unabhängigkeit von äußerer Einwirkung bei der wahrnehmenden Seele nicht die gleiche ist wie bei der denkenden Seele, das wird klar durch einen Blick auf die Wahrnehmungsorgane und ihre Wahrnehmungen. Der Sinn nämlich büßt Wahrnehmungsvermögen ein infolge eines überaus mächtigen Eindrucks, z. B. das Gehör infolge allzu gewaltiger Schalleinwirkungen, Gesicht und Geruch infolge starker Farben- und Geruchseindrücke. Wenn dagegen das Denkvermögen Gegenstände von ganz besonderer Mächtigkeit für das Denken gedacht hat, so denkt es das weniger Mächtige nicht mit geringerer, sondern mit gesteigerter Kraft. Das Sinnesvermögen existiert eben nicht ohne Leib, das Denkvermögen dagegen ist selbständig. Aber wenn es so zu jeglichem wird, wie man es von dem sagt, der wirklich ein Wissender ist – dies aber tritt ein, sowie er sich aus sich selbst heraus zu betätigen vermag –, so ist es auch dann noch gewissermaßen nur potentiell; aber es ist dies doch nicht mehr in dem Sinne wie vorher; bevor es gelernt oder gefunden hatte. Und dann ist die Zeit gekommen, wo es *sich selbst zu denken* vermag.

Da nun aber weiter Größe etwas anderes ist als der Begriff Größe, Wasser etwas anderes als der Begriff Wasser – dasselbe gilt von vielen anderen Objekten, wenn auch nicht von allen; denn bei manchen ist beides identisch –, so erfaßt auch das Denkvermögen den Begriff Fleisch durch ein anderes Organ oder doch durch ein anderes Verhalten des Organs, als womit es das Fleisch erfaßt. Denn Fleisch ist nicht ohne Materie; es ist wie etwa das Stumpfnasige eine bestimmte Form in bestimmter Materie. Man faßt demgemäß das Warme und das Kalte vermittelst der sinnlichen Wahrnehmung auf und ebenso die Bestandteile, wovon ein gewisses Verhältnis Fleisch darstellt. Dagegen den Begriff Fleisch erfaßt man vermittelst eines anderen Vermögens, das entweder abgetrennt selbständig ist, oder dessen Verhalten zu jenem ähnlich ist dem Verhalten der gebrochenen Linie zu ihr selber, wenn sie zur gestreckten wird. Und wieder bei den mathematischen Gegenständen, deren Wesen die Abstraktion ist, hat das Gerade eine ähnliche Stellung wie vorher das Stumpfnasige; denn es hängt an der kontinuierlichen Ausdehnung. Der Begriff aber, die Geradheit, vorausgesetzt, daß der Begriff Geradheit etwas anderes ist als das Gerade, ist davon verschieden; wir können es bei der Definition als Zweiheit wenden lassen. Das Denkvermögen also faßt ihn mit einem anderen oder mit einem sich anders verhaltenden Vermögen auf. Und so ganz allgemein; wie die Objekte von der Materie zu trennen sind, so ändert sich auch der Vorgang im Denken. (…)

Wie es in dem ganzen Weltall eines gibt, was die Materie für jede Gattung des Seins ausmacht – es ist alles, was potentiell alles das ist, was der jedesmaligen Gattung angehört –, und dazu ein anderes, der gestaltende Grund: so genannt, weil es alle Gestaltung schafft – es ist das gleiche Verhältnis wie zwischen der Kunst und ihrem Material –, so muß es auch in der Seele diese beiden verschiedenen Momente geben. Und so ist denn da in der Tat einerseits die Vernunft mit jener Beschaffenheit, daß sie alles wird, und andererseits die Vernunft mit dieser Beschaffenheit, daß sie alles gestaltet, gleich einer Art von kunstfertiger Macht, vergleichbar dem Lichte. Denn in gewissem Sinne macht auch das Licht erst aus dem, was potentiell Farbe ist, wirklich Farben. Die Vernunft in letzterem Sinne nun ist *das, was abgetrennt für sich, jedem äußeren Eindruck unzulänglich, ungemischt, vom Wesen reine Wirksamkeit ist.* Denn immer steht das, was wirkt, höher als das, was leidet, und der gestaltende Grund höher als die Materie. *Die wirklich gewordene Erkenntnis aber ist mit dem Objekt identisch.* Wohl geht die Erkenntnis als potentielle im einzelnen Subjekt der Zeit nach voran, prinzipiell aber auch nicht der Zeit nach. Doch es ist auch das nicht richtig, daß die Vernunft zu Zeiten denkt, zu Zeiten nicht denkt. Ist sie aber losgetrennt, rein für sich, so ist sie nur noch das, was sie in Wahrheit ist, und *dies allein ist in uns das Unsterbliche und Ewige.* Aber wir behalten keine Erinnerung, weil die reine Vernunft für äußere Eindrücke unempfänglich ist. Die äußerer Einwirkung zugängliche Vernunft aber ist vergänglich und denkt keinen Gedanken ohne jene.

Das Denken des ungeteilt Einfachen, des Begriffs, bewegt sich auf einem Gebiete, wo ein Irrtum nicht stattfindet. Das Gebiet, wo das Falschsein und das Wahrsein vorkommt, ist dagegen bereits das der Verknüpfung von Begriffen als zur Einheit verbundenen. Es erinnert an die Schilderung des Empedokles: Köpfe entsprossen von mancherlei Art, doch fehlten die Hälse; danach erst würden sie durch die Freundschaft zur Einheit verbunden. So sind auch die Begriffe zunächst abgetrennt und werden dann zur Einheit verknüpft, z. B. Inkommensurabel und Diagonale. Handelt es sich aber um Vergangenes oder Zukünftiges, so wird, indem die Vereinigung vollzogen wird, auch gleich die Zeit hinzugedacht. Wo ein Falschsein ist, da liegt es immer an dieser Verknüpfung. Man hat z. B. dem Weißen das Nicht-Weiß und dem

Nicht-Weißen das Weiß beigelegt. Das alles darf man auch von Sätzen gelten lassen, in denen ein Begriff dem anderen abgesprochen wird. Jedenfalls aber liegt das Richtig- und Falschsein nicht bloß in der zeitlosen Aussage, etwa daß Kleon blaß ist, sondern auch darin, daß er es war oder sein wird. Was aber die Vereinigung vollzieht in jedem dieser Fälle, das ist die denkende Vernunft.

Dante Alighieri

Die göttliche Komödie

Dante Alighieri *(1265–1321) gehört zu den meistgelesenen Dichtern des europäischen Mittelalters. Mit seinem Hauptwerk* Die göttliche Komödie *entwirft er ein vollständiges Bild des christlichen Jenseits: Hölle, Läuterungsberg und Paradies. Auf dem Weg in den Himmel verliert der irdische rationale Geist an Bedeutung, und in der Himmelsschau verschmelzen Erkenntnis und Glaube zu einem Bild, für das es kaum noch poetische Ausdrucksformen gibt.*

Paradies XXXI. Gesang

Dante betrachtet die Himmelsrose der Seligen und die daran auf- und niederschwebenden Engel. Als er sich wieder zu Beatrice wenden will, antwortet ihm der heilige Bernhard und zeigt ihm Beatrice auf ihrem himmlischen Thron, auf den sie zurückgekehrt ist. Bernhard lenkt Dantes Blicke auf Maria, die wie die Morgenröte im Osten den übrigen Himmel überstrahlt.

So ist im Bilde einer weißen Rose
Mir jene heilige Kämpferschar erschienen,
Die Christus sich mit seinem Blut verlobte.
Die andre, die im Flug die Glorie dessen
Besingt und schaut, der sie mit Liebe fesselt,
Und seine Güte, die sie so geschaffen,
Kam wie ein Bienenschwarm, der zu den Blüten

Hinfliegt, um wieder dorthin heimzukehren,
Wo seine süße Arbeit angesammelt,
Hernieder zu der großen Blume, welche
So viele Blätter schmücken, und stieg wieder
Empor zum Wohnsitz ihrer ewigen Liebe.
Die Angesichter waren alle flammend,
Die Flügel golden, weiß war alles andre;
Kein Schnee kann jemals solch ein Weiß erreichen.
Im Niederschweben zu der Blume gaben
Sie stufenweise Frieden her und Gluten,
Die sie im Flügelschlage sich erwarben.
Und wenn auch zwischen droben und der Blume
Im Fluge sich bewegten solche Scharen,
Hat dies den Blick und Glanz nicht unterbrochen.
Dieweil das Weltall von dem göttlichen Lichte
Durchdrungen wird, soweit es dessen würdig,
So daß ihm gar nichts widerstehen könnte.
Dies Königreich so sicher und so freudig,
Erfüllt vom alten und vom neuen Volke,
Hob Blick und Liebe ganz nach einem Ziele.
Dreieinig Licht, das dort in einem Sterne
Mit seinem Glanze ihre Blicke stillet,
Schau doch einmal auf unsre Stürme nieder!
Wenn die Barbaren, aus dem Lande kommend,
Das jeden Tag der Große Bär bedecket,
Mit seinem Sohne, der ihm lieb ist, kreisend,
Beim Anblick Roms und seiner schweren Werke
Voll Staunen waren, als der Lateranus
Hoch über alle Menschendinge herrschte;
Wie mußte ich, der von der Zeit zum Ewigen,
Vom Menschlichen zum Göttlichen gekommen
Und aus Florenz zum Rechten und Gesunden,
Von großem Staunen überwältigt werden!
In diesem Staunen und in meiner Freude
Gefiel mir, stumm zu sein und nicht zu hören.

Und wie ein Pilgersmann sich daran weidet,
Sich umzuschaun in seiner Wallfahrtskirche,
Voll Hoffnung, wieder von ihr zu erzählen,
So ließ ich im lebendigen Lichte wandelnd,
Auf allen jenen Stufen meine Augen
Bald auf, bald abwärts, bald im Kreise schweifen.

(…)

Es spricht der heilige Bernhard

»Doch folge nunmehr dem, was ich dir sage,
Mit deinem Aug, und sieh die großen Väter
In diesem frommen und gerechten Reiche.
Die zwei, die dort im höchsten Glücke sitzen,
Weil sie der Himmelskönigin am Nächsten
Sind gleichsam die zwei Wurzeln dieser Rose,
Der, welcher auf der linken Seite thronet,
Das ist der Vater, dessen kühner Gaumen
Der Menschheit soviel Bitternisse brachte.
Zur Rechten siehst du jenen alten Vater
Der heiligen Kirche, welchem einstens Christus
Der schönen Blume Schlüssel anvertraute.
Und jener, der einst alle schweren Zeiten
Der schönen Braut vor seinem Tode schaute,
Die man mit Lanze und mit Nägeln freite,
Sitzt neben ihm, und bei dem andern thronet
Der Führer jenes undankbaren, wilden
Und störrischen Volks, das einst von Manna lebte.
Dem Petrus gegenüber siehst du Anna
Im Anblick ihrer Tochter so zufrieden,
Daß sie kein Auge beim Hosianna wendet.
Und gegenüber unsrem ältsten Vater
Siehst du Lucia, die dir deine Herrin
Gesandt hat, als du schon zu straucheln drohtest.
Doch da die Stunde deines Traums entschwindet,
Will ich hier schließen wie ein guter Schneider,
Der seinen Rock nach seinem Tuche richtet.

Wir wenden unser Aug zur ersten Liebe,
Damit du mit den Blicken ihre Gluten
Soweit als möglich noch durchdringen mögest.
In Wahrheit, daß du nicht zurückebleibest
Bei deinem Flug, im Glauben, aufzusteigen,
Mußt du die Gnade durch Gebet erflehen;
Gnade von der, die dir kann Hilfe bringen;
Du mußt mir dann mit deiner Liebe folgen
Und nicht dein Herz von meinem Wort entfernen.«
Dann hat sein heiliges Gebet begonnen.

John Milton
DAS VERLORENE PARADIES

John Milton *(1608–1674) hat mit seinem Werk* Das verlorene Paradies *von 1667/1674 eines der großen christlichen Epen geschaffen. In Anknüpfung an die epische Tradition der Antike (Homer) und des Mittelalters (Dante) malt er ein gewaltiges Gemälde der menschlichen Existenz, die durch das fatale Wirken Lucifers geprägt ist.*

Des Menschen erste Widersetzlichkeit
Und jenes untersagten Baumes Frucht,
Die dieser Welt durch sterblichen Genuß
Den Tod gebracht und unser ganzes Leid
Mit Edens Fall, bis, größer als der Mensch,
Uns wieder einzusetzen Einer komme
Und uns den Ort des Heils zurückgewinne,
Besinge nun, himmlische Muse, die
Du auf dem abgeschiednen Gipfel einst
Des Horeb oder Sinai jenen Hirten
Begeisterst, der dem erwählten Volk
Von der Geburt des Himmels und der Erde,
Da sie sich aus dem Chaos hoben, sagte;

Wenn aber Zion und Siloahs Bach,
Der nah dem Gottorakel floß, dich mehr
Entzücken, leih von dort mir deinen Mund
Zu meinem Lied, das auf nicht lahmen Schwingen
Parnassens Höhen überfliegen soll,
Dieweil es Dinge sucht, die ungewagt
Geblieben noch in Rede oder Reim.
Und du vor allem, Geist, dem alle Tempel
Nicht wie das redlich reine Herz so lieb,
O lehr mich, denn du weißt; du warest da
Von Anbeginn, und einer Taube gleich,
Mit mächtig ausgespreizten Fittichen,
Saßest du brütend ob der leeren Tiefe,
Und sie ward schwanger. Mache hell in mir,
Was dunkel ist, erheb und kräftige,
Was in mir niedrig ist, daß ich vermöge,
Meinem erhabnen Gegenstand gemäß,
Die ewige Vorsehung hochzuhalten
Und heilig Gottes Wege vor den Menschen.
Zuerst – denn dir verhüllt der Himmel nichts,
Noch auf der Hölle Triften – sag, was war's,
Das unsre großen Urerzeuger einst,
In ihrem Glück vom Himmel hoch begünstigt,
Bewog, von ihrem Schöpfer abzufallen
Und einer einzigen Beschränkung wegen
Ihm seinen Willen frech zu übertreten –
Die sonst die Herren dieser Welt gewesen?
Wer wiegelte zuerst sie zu der schnöden
Empörung auf? Die Schlange war's, der Wurm,
Des Höllenlist, durch Neid und Rachsucht einst
Gestachelt, unsre Menschenmutter trog,
Als ihn sein Stolz vom Himmel ausgestoßen
Mit seinem ganzen Heer rebellischer Engel,
Mit deren Hilfe er sich selbst getrachtet
Hoch über Seinesgleichen zu erheben,

Ja, mit dem Allerhöchsten sich zu messen,
Wär' er dawider. Mit ehrgeizigem Ziel
Heillos begann er Krieg im Himmel, Kampf
Gen Gottes einzigen Thron und Monarchie;
Ein eitler Schlag. Denn der Allherrscher schleudert
Als Feuerbrand ihn häuptlings aus dem Himmel,
Gestürzt, gesengt, hinunter grausig tief
Ins bodenlose Nichtsein; dort zu wohnen
In Ketten von Demant und Feuerqualen,
Der Allmacht in die Schranken durfte fordern.
Neunmal die Zeit, die Tag und Nacht durchmißt
Den Sterblichen, lag scheußlich seine Schar
Mit ihm besiegt, im Feuerschlund sich windend,
Zermalmt, obgleich unsterblich. Doch sein Los
Birgit größre Pein noch ihm, denn ach, es foltert
Ihn der Gedanke ans verlorne Glück
Und ewige Strafe. Rundum sendet er
Die Blicke seiner unheilvollen Augen,
Die höchste Not und Peinigung bezeugten,
Mit hartem Stolz und stetem Haß gemischt;
Zugleich erblickt er, weit wie Engel sehen,
Die Schreckenswelt um ihn, so öd und wild,
Entsetzliches Gefängnis rundumher,
Wie Feueressen lodernd, doch nicht Licht,
Vielmehr sichtbares Dunkel wirkend, welches
Nur Klagenswertes zu entdecken half,
Des Grams Regionen, weherfüllte Schatten,
Wo Ruh und Friede nimmer weilen mag.

(…)

Worauf schnellfertig Satan zu ihm sprach:
»Gefallner Cherub, schwach zu sein ist elend,
Ob handelnd oder leidend; dessen sollst
Du stets gewiß sein. Gutes je zu tun
Wird niemals unser Auftrag, sondern immer
Böses zu tun uns einzig nur ergötzen,

Das Gegenmaß zum hohen Willen dessen,
Dem wir uns widersetzen. Wenn also
Seine Voraussicht strebt, aus unserm Bösen
Heraus das Gute zu entwickeln, so
Muß unsre Arbeit sein, dies umzukehren
Und stets noch aus dem Guten Böses schöpfen,
Was oft gelingen mag und so vielleicht
Ihn grämen wird, wenn ich nicht irre, und
Von dem bezweckten Ziel ablenken ihm
Sein innig Absehen oft. Doch siehe, sieh!
Der zornige Sieger hat die Racheengel
Und seine Würger all zurückgerufen
In seines Himmels Wall: der Schwefelguß,
Uns nachgewettert, hat die Feuerwogen,
Die uns, von höchster Zinne stürzend, fingen,
Gemach geglättet, und der Donner auch,
Von rotem Blitz und Zorneswucht beflügelt,
Hat seine Schäfte wohl verschossen und
Hört auf zu brüllen durch das Grenzenlose.
Sei's Spott nur, sei's gestillte Wut, die dies
Dem Feinde abgerungen, laßt uns nicht
Die Gunst des Augenblicks verpassen jetzt.
Siehst du das blache Land dort, wüst und leer,
Einöde, trostlos, allen Lichtes bar,
Was nicht etwa vom Schwelen dieser Flammen
Darauf sich fahl und furchterregend wirft?
Da laßt uns hinziehn aus der hochgepeitschten
Sturzsee des Feuers hier und dort uns ausruhn,
Wenn anders Ruhe unser dort erwartet,
Und, unsre kranken Kräfte wieder sammelnd,
Beraten, wie wir künftig wohl am besten
Bestürmen unsern Widerpart und wie
Unsern Verlust wir zu ersetzen trachten,
Wie dieses grause Ungeschick wir tilgen,
Was Hoffnung an Erstarkung uns mag geben,

Wenn nicht, was an Entschlußkraft die Verzweiflung.«
So sprach Satan zu seinem Nächsten hin,
Das Haupt erhoben aus der Flut, die Augen
Wie Blitze funkelnd, seine andern Teile,
Weit hingestreckt an Länge wie an Breite,
Die lagen schwimmend, viele Morgen deckend.
In ungeheurer Masse, wie die Fabel
Von Riesenwesen wie Titanen oder
Von Erdgeborenen zu sagen weiß,
Die Zeus bekriegten, oder Typhon, den
Die Höhle hielt, dem alten Tarsus nah,
Ägäon ähnlich oder jenem Scheusal
Der Meere, Leviathan, gleich, den Gott
Von allen, die den Ozean beschwimmen,
Am riesigsten erschuf, dem oft der Schiffer,
Wohl schlummernd auf der Nordseegischt des Nachts,
Gebannt auf sein bewegungsloses Boot,
Ihn für ein Eiland haltend, wie man sagt,
Den Anker wirft in seine Panzerhaut
Und leewärts sich vertäut, da Dunkelheit
Das Meer belegt bis zum ersehnten Morgen.
So längelang lag Satan, ungeschlacht,
Mit Ketten auf den Feuersee gefesselt,
Und hätte nie auch nur den Kopf noch sich
Daraus erhoben, hätt's der Himmel nicht,
Der allgewaltige, gewollt und ihm
Erlaubt, nur frei zu walten seiner Ränke,
Auf daß in stets erneutem Frevel er
Verdammnis auf sein eigen Haupt sich häufe,
Indem er andern Arges zubemißt,
Damit er schließlich wutentbrannt erkenne,
Wie alle seine Bosheit nur gedient,
Unendlich Gutes, Gnade und Vergebung
Hervorzubringen für den Menschen, den
Er einst verführte, während auf ihn selbst

Sich dreifach Schande, Zorn und Rache goß.
Nun bäumt er lotrecht aus dem Pfuhl hinweg
Die mächtige Gestalt, und beiderhalb
Entfliehn die Flammen, spitzig rückwärts leckend,
Zu Wellenkämmen sich zusammenrollend,
Und lassen so ein grausig Tal gefurcht.
Dann steuert er mit weitgespannten Schwingen
Empor den Flug, die Dämmerluft belastend,
Die selten solch Gewicht gespürt, bis er
Auf trocknem Lande absetzt, falls, was ständig
In festem Feuer brennt, wie kurz zuvor
Der See in flüssigem, noch Land mag heißen;
Denn so erschien's dem Auge, wie wenn Wucht
Von unterirdischen Winden einen Berg
Verfrachtet, von Pelorus abgerissen,
Oder wie Groller Ätnas Trümmerflanke,
Dessen zündbarer Schoß, vom Feuer schwanger,
Sich brennstoffgierig Flammen ausgebiert
Und, Winde fachend, nur verbrannte Erde,
Gestank und Rauch enthüllend, hinterläßt,
Nur solchen Halt fand des Unseligen Fuß hier.
Ihm folgte sein Genosse, beide stolz,
Daß sie als Götter dieser stygischen Flut
Entronnen durch die eigne frische Kraft
Und nicht auf des Allmächtigen Zugestehen.

Blaise Pascal

GRÖSSE UND NIEDRIGKEIT DES MENSCHEN

Blaise Pascal *(1623–1662) hat wie kaum ein anderer Dichter und Philosoph die Besonderheit der menschlichen Existenz ins Bild gesetzt: ein »denkendes Schilfrohr« ist der Mensch, edel und erhaben dank seiner Vernunft und gleichzeitig schwach und verletzlich.*

Die Natur des Menschen kann man auf zwei Weisen erfassen: einmal in Hinblick auf sein Ziel; und da ist er groß und unvergleichlich; dann nach dem Durchschnitt, wie man Pferde und Hunde beim Rennen und nach dem animus arcendi, nach dem Durchschnitt beurteilt; und da ist der Mensch verworfen und gemein. Das sind die beiden Wege, die uns so verschieden über ihn urteilen lassen und so viel Streit der Philosophen hervorrufen. Denn der eine leugnet die Voraussetzungen des andern; der eine behauptet, er sei nicht geboren zu diesem Ziel, denn all sein Handeln widerstreite dem; der andere sagt, er entferne sich von dem Ziel, wenn er diese niedrigen Handlungen tue.
Der Mensch ist offenbar zum Denken geschaffen, das ist seine ganze Würde und sein ganzes Verdienst; und es ist seine ganze Pflicht, richtig zu denken. Nun, die Ordnung des Denkens fordert, das man mit sich selbst beginne, und zwar mit seinem Schöpfer und mit seinem Ende.
Nun, woran denken die Menschen? Daran nie, sondern an Tanzen, Laute spielen, Spielen, Dichten, Ringe stechen usw. und daran, sich zu schlagen, sich zum König zu machen, ohne nachzudenken, was es ist, König zu sein, und was es ist, Mensch zu sein.
Die Größe des Menschen ist groß, weil er sich als elend erkennt. Ein Baum weiß nichts von seinem Elend. Also: elend ist nur, wer sich als elend kennt; aber nur das ist Größe, zu wissen, daß man elend ist.
Ohne Empfindung ist man nicht elend; ein zerstörtes Gebäude ist es nicht; nur der Mensch ist elend: Ego vir videns.[1]

Molière
DON JUAN

Molière *(Jean-Baptiste Poquelin, 1622–1673) ist der Begründer der modernen Charakterkomödie. Er wurde von den Sittenwächtern der absolutistischen Herrscher verdächtigt, sich dem Geheimbund der Freidenker*

1 Ich bin der Mann, der gesehen hat.

angeschlossen zu haben, die das christliche Weltbild in Zweifel zogen. In seinem Drama Don Juan *(1665) wird zwar der respekt- und sittenlose Verführer und Mörder in der Hölle seiner Strafe zugeführt, aber nicht ohne vorher Molière Gelegenheit zu geben, die Vorherrschaft der Vernunft vor dem blinden Glauben in Szene zu setzen.*

3. Akt, 1. Szene

Sganarell. Doch lassen wir die Medizin, an die Sie nicht glauben, und reden wir von andern Dingen. Denn dieses Gewand gibt mir auch Verstand, und ich bin in der Stimmung, mit Ihnen zu streiten. Sie wissen doch noch, daß Sie mir das Disputieren erlaubt haben und nur keine Ermahnung hören wollen.

Don Juan. Was willst du also?

Sganarell. Ich möchte Ihren Gedanken gern ein wenig auf den Grund kommen. Ist es möglich, daß Sie gar nicht an das Himmelreich glauben?

Don Juan. Lassen wir das.

Sganarell. Das heißt also: nein. Und an die Hölle?

Don Juan. Ach!

Sganarell. Ebenfalls nein. Glauben Sie wenigstens an das ewige Leben?

Don Juan. Ach, ach, ach.

Sganarell. Der Mann ist kaum zu bekehren. Sagen Sie mir doch noch – wie steht's mit dem Schwarzen Mann? Was halten Sie von dem?

Don Juan. Hol ihn die Pest.

Sganarell. Das kann ich nun gar nicht begreifen. Denn es gibt nichts Wirklicheres als den Schwarzen Mann, und ich lasse mich dafür hängen. Aber an irgend etwas in der Welt muß man schließlich doch glauben. Woran also glauben Sie?

Don Juan. Woran ich glaube?

Sganarell. Ja.

Don Juan. Ich glaube, daß zwei und zwei vier und daß vier und vier acht ist.

Sganarell. Schöne Glaubensartikel das! Ihre Religion ist demnach, wie ich sehe, die Arithmetik. Man muß wohl sagen, es wachsen absonderliche Narrheiten in Menschenköpfen, und je mehr man studiert, je weniger gescheit ist man zuletzt. Was mich betrifft, Herr, so hab ich, Gott sei gelobt, nicht soviel studiert wie Sie, es kann sich keiner rühmen, etwas von mir gelernt zu haben; aber mit meinem geringen Verstand, meinem bescheidenen Urteil sehe ich die Dinge besser als alle Bücher, und ich verstehe sehr wohl, daß unsere Welt kein Champignon ist, der ganz von allein in einer Nacht emporgeschossen ist. Ich möchte Sie gern fragen, wer all diese Bäume gemacht hat, diese Felsen, diese Erde und diesen Himmel da über uns – ob das alles von selbst entstanden ist. Sie zum Beispiel, wie Sie hier vor mir stehen – haben Sie sich ganz allein selber gemacht, und mußte nicht Ihr Vater Ihre Mutter schwängern, damit Sie entstünden? Können Sie all die Teilchen sehen, aus denen die Maschine Mensch zusammengesetzt ist, ohne zu staunen, mit welcher Kunst da eines dem andern angepaßt ist? Diese Nerven, diese Knochen, Venen, Arterien, Lungen, Herz, Leber und all die andern Organe, die ... O bitte, unterbrechen Sie mich doch, wenn's Ihnen recht ist. Ich kann nicht disputieren, wenn man mir nicht widerspricht. Sie schweigen mit Absicht und lassen mich aus purer Bosheit reden.

Don Juan. Ich warte, bis dein Vortrag zu Ende ist.

Sganarell. Mein Vortrag will sagen, daß – Sie mögen behaupten, was Sie wollen – an dem Menschen etwas Wunderbares ist, das alle Gelehrten nicht erklären können. Ist es nicht wunderbar, daß ich, der ich hier stehe, in meinem Kopf etwas habe, das hundert verschiedene Dinge in einem Augenblick denkt und meinen Körper alles läßt, was er will? Ich will in die Hände klatschen, ich will die Arme ausstrecken, die Augen zum Himmel erheben, zur Erde senken, die Füße bewegen, nach, rechts gehen, nach links, vorwärts, rückwärts, mich umdrehn ... *(Er stolpert und fällt hin.)*

Don Juan. Das hast du von deinem Vortrag – eine blutige Nase.

Sganarell. Verflucht! Ich bin schön dumm, mit Ihnen zu streiten. Glauben Sie, was Sie wollen. Mir genügt es, daß Sie verdammt sind.

Immanuel Kant

BEANTWORTUNG DER FRAGE: WAS IST AUFKLÄRUNG?

Immanuel Kant *(1724–1804) hat mit seiner grundlegenden Schrift zur Frage* Was ist Aufklärung? *(1784) einen Meilenstein in der Geschichte des freien Denkens gesetzt. Mit dieser Schrift und mit seinen Abhandlungen zur reinen und zur praktischen Vernunft ist er zu einem festen Bezugspunkt der europäischen Geistesgeschichte geworden.*

Aufklärung ist der Ausgang des Menschen aus seiner selbst verschuldeten Unmündigkeit. Unmündigkeit ist das Unvermögen, sich seines Verstandes ohne Leitung eines anderen zu bedienen. *Selbstverschuldet* ist diese Unmündigkeit, wenn die Ursache derselben nicht am Mangel des Verstandes, sondern der Entschließung und des Mutes liegt, sich seiner ohne Leitung eines andern zu bedienen. Sapere aude! [Wörtlich »Zu wissen wage!«; Horaz: *Ep:* I, 2, 40]. Habe Mut, dich deines *eigenen* Verstandes zu bedienen! ist also der Widerspruch der Aufklärung.
Faulheit und Feigheit sind die Ursachen, warum ein so großer Teil der Menschen, nachdem sie die Natur längst von fremder Leitung frei gesprochen (naturaliter maiorennes), dennoch gerne zeitlebens unmündig bleiben; und warum es anderen so leicht wird, sich zu deren Vormündern aufzuwerfen. Es ist so bequem, unmündig zu sein. Habe ich ein Buch, das für mich Verstand hat, einen Seelsorger, der für mich Gewissen hat, einen Arzt, der für mich die Diät beurteilt, usw.: so brauche ich mich ja nicht selbst zu bemühen. Ich habe nicht nötig zu denken, wenn ich nur bezahlen kann; andere werden das verdrießliche Geschäft schon für mich übernehmen. Daß der bei weitem größte Teil der Menschen (darunter das ganze schöne Geschlecht) den Schritt zur Mündigkeit, außer dem daß er beschwerlich ist, auch für sehr gefährlich halte: dafür sorgen schon jene Vormünder, die die Oberaufsicht über sie gütigst auf sich genommen haben. Nachdem sie ihr Hausvieh zuerst dumm gemacht haben, und sorgfältig verhüteten, daß diese ruhigen Geschöpfe ja keinen Schritt außer dem Gängelwagen, darin sie sie einsperrten, wagen durften: so zeigen sie ihnen nachher die Gefahr, die ihnen drohet, wenn sie es versuchen, allein zu gehen. Nun ist diese Gefahr zwar eben so groß

nicht, denn sie würden durch einigemal Fallen wohl endlich gehen lernen; allein ein Beispiel von der Art macht doch schüchtern, und schreckt gemeiniglich von allen ferneren Versuchen ab.
Es ist also für jeden einzelnen Menschen schwer, sich aus der ihm beinahe zur Natur gewordenen Unmündigkeit herauszuarbeiten. Er hat sie sogar lieb gewonnen, und ist vor der Hand wirklich unfähig, sich seines eigenen Verstandes zu bedienen, weil man ihn niemals den Versuch davon machen ließ. Satzungen und Formeln, diese mechanischen Werkzeuge eines vernünftigen Gebrauchs oder vielmehr Mißbrauchs seiner Naturgaben, sind die Fußschellen einer immerwährenden Unmündigkeit. Wer sie auch abwürfe, würde dennoch auch über den schmalesten Graben einen nur unsicheren Sprung tun, weil er zu dergleichen freier Bewegung nicht gewöhnt ist. Daher gibt es nur wenige, denen es gelungen ist, durch eigene Bearbeitung ihres Geistes sich aus der Unmündigkeit heraus zu wickeln, und dennoch einen sicheren Gang zu tun.
Daß aber ein Publikum sich selbst aufkläre, ist eher möglich; ja es ist, wenn man ihm nur Freiheit läßt, beinahe unausbleiblich. Denn da werden sich immer einige Selbstdenkende, sogar unter den eingesetzten Vormündern des großen Haufens, finden, welche, nachdem sie das Joch der Unmündigkeit selbst abgeworfen haben, den Geist einer vernünftigen Schätzung des eigenen Werts und des Berufs jedes Menschen, selbst zu denken, um sich verbreiten werden. (...) Zu dieser Aufklärung aber wird nichts erfordert als *Freiheit;* und zwar die unschädlichste unter allem, was nur Freiheit heißen mag, nämlich die: von seiner Vernunft in allen Stücken *öffentlichen Gebrauch* zu machen.

Friedrich Nietzsche

DER TOLLE MENSCH

Friedrich Nietzsche *(1844–1900) kennt in seinem vielfältigen Werk keine Tabus. In seinem Bemühen, die traditionellen Werte zu hinterfragen und mit neuen Inhalten zu füllen, greift er vor allem die christliche Moral an.*

Zahlreiche Zitate aus seinen Werken sind fester Bestandteil der deutschen Sprache geworden, so auch der Ausspruch »Gott ist tot«.

Habt ihr nicht von jenem tollen Menschen gehört, der am hellen Vormittage eine Laterne anzündete, auf den Markt lief und unaufhörlich schrie: »Ich suche Gott! Ich suche Gott!« – Da dort gerade viele von denen zusammenstanden, welche nicht an Gott glaubten, so erregte er ein großes Gelächter. Ist er denn verlorengegangen? sagte der eine. Hat er sich verlaufen wie ein Kind? sagte der andere. Oder hält er sich versteckt? Fürchtet er sich vor uns? Ist er zu Schiff gegangen? ausgewandert? – so schrien und lachten sie durcheinander. Der tolle Mensch sprang mitten unter sie und durchbohrte sie mit seinen Blicken. »Wohin ist Gott?« rief er, »ich will es euch sagen! Wir haben ihn getötet – ihr und ich! Wir alle sind seine Mörder! Aber wie haben wir dies gemacht? Wie vermochten wir das Meer auszutrinken? Wer gab uns den Schwamm, um den ganzen Horizont wegzuwischen? Was taten wir, als wir diese Erde von ihrer Sonne losketteten? Wohin bewegt sie sich nun? Wohin bewegen wir uns? Fort von allen Sonnen? Stürzen wir nicht fortwährend? Und rückwärts, seitwärts, vorwärts, nach allen Seiten? Gibt es noch ein Oben und ein Unten? Irren wir nicht wie durch ein unendliches Nichts? Haucht uns nicht der leere Raum an? Ist es nicht kälter geworden? Kommt nicht immerfort die Nacht und mehr Nacht? Müssen nicht Laternen am Vormittage angezündet werden? Hören wir noch nichts von dem Lärm der Totengräber, welche Gott begraben? Riechen wir noch nichts von der göttlichen Verwesung? – auch Götter verwesen! Gott ist tot! Gott bleibt tot! Und wir haben ihn getötet! Wie trösten wir uns, die Mörder aller Mörder? Das Heiligste und Mächtigste, was die Welt bisher besaß, es ist unter unsern Messern verblutet – wer wischt dies Blut von uns ab? Mit welchem Wasser könnten wir uns reinigen? Welche Sühnfeiern, welche heiligen Spiele werden wir erfinden müssen? Ist nicht die Größe dieser Tat zu groß für uns? Müssen wir nicht selber zu Göttern werden, um nur ihrer würdig zu erscheinen? Es gab nie eine größere Tat – und wer nur immer nach uns geboren wird, gehört um dieser Tat willen in eine höhere Geschichte, als alle Geschichte bisher war!« – Hier schwieg der tolle

Mensch und sah wieder seine Zuhörer an: Auch sie schwiegen und blickten befremdet auf ihn. Endlich warf er seine Laterne auf den Boden, daß sie in Stück zersprang und erlosch. »Ich komme zu früh«, sagte er dann, »ich bin noch nicht an der Zeit. Dies ungeheure Ereignis ist noch unterwegs und wandert – es ist noch nicht bis zu den Ohren der Menschen gedrungen. Blitz und Donner brauchen Zeit, das Licht der Gestirne braucht Zeit, Taten brauchen Zeit, auch nachdem sie getan sind, um gesehn und gehört zu werden. Diese Tat ist ihnen immer noch ferner als die fernsten Gestirne – und doch haben sie dieselbe getan!« – Man erzählt noch, daß der tolle Mensch desselbigen Tages in verschiedene Kirchen eingedrungen sei und darin sein Requiem aeternam deo angestimmt habe. Hinausgeführt und zur Rede gesetzt, habe er immer nur dies entgegnet: »Was sind denn diese Kirchen noch, wenn sie nicht die Grüfte und Grabmäler Gottes sind?«

Leo Tolstoi

ANNA KARENINA

Leo Tolstoi *(1828–1910) entstammte einer adeligen russischen Familie und wurde von deutschen und französischen Hauslehrern erzogen. Auch wenn er zeitweise vor allem Unterhaltung und Zerstreuung suchte, blieb er in seinem gesamten Werk dem Engagement für eine Verbesserung der Lebensverhältnisse des Volkes treu. Nach ausgedehnten Reisen in Westeuropa gründete er eine Schule in seinem Heimatort. 1881 trat er aus der Kirche aus, befasste sich aber weiterhin mit der Frage nach dem menschlichen Glauben. Sein Roman* Anna Karenina *(1877/78) ist mit anderen großen Romanen des europäischen Realismus verwandt.*

Als Lewin das Kinderzimmer verlassen hatte und allein war, fiel ihm sofort wieder jener Gedanke ein, der ihm noch nicht ganz klar war. Statt in den Salon zu gehen, aus dem Stimmen zu ihm herüberklangen, blieb er auf der Veranda stehen, stützte sich aufs Geländer und schaute zum Himmel empor.

Es war schon ganz dunkel, und im Süden, wohin er blickte, waren keine Wolken. Die Wolken standen jetzt auf der anderen Seite des Himmels. Dort leuchteten Blitze auf, und in der Ferne rollte der Donner. Lewin horchte auf die Tropfen, die gleichmäßig von den Linden im Garten herabfielen, und betrachtete das ihm wohlbekannte Sternendreieck und die mitten durch dieses Dreieck hindurchgehende Milchstraße mit ihren Verzweigungen. Bei jedem Aufflammen eines Blitzes verschwand nicht nur die Milchstraße, sondern auch die hellen Sterne; aber sobald der Blitz erlosch, leuchteten sie wieder an derselben Stelle auf, wie von einer geschickten Hand dorthin geschleudert.

›Was verwirrt mich denn noch?‹ fragte sich Lewin und fühlte schon, daß die Lösung seiner Zweifel, obwohl er sie noch nicht wußte, schon in seiner Seele bereitlag.

›Ja, die einzige klare, unanfechtbare Manifestation der Gottheit sind die Gesetze des Guten, die der Welt durch die Offenbarung gegeben sind und die ich in mir fühle und durch deren Anerkennung ich mich mit den anderen Menschen nicht selbst verbinde, sondern ob ich will oder nicht, verbunden bin in einer Gemeinschaft von Gläubigen, die man Kirche nennt. Nun, und die Juden, die Mohammedaner, die Konfuzianer, die Buddhisten, was sind die denn?‹ fragte er sich; das war die Frage, die ihm so gefährlich schien. ›Sind diese Hunderte von Millionen Menschen wirklich jenes höchsten Guts beraubt, ohne das unser Leben keinen Sinn hat?‹ Er dachte nach, wies sich aber sofort zurecht. ›Was frage ich denn da?‹ sagte er zu sich selbst. ›Ich frage nach dem Verhältnis der verschiedenen Religionen der Menschheit zur Gottheit. Ich frage nach der allgemeinen Offenbarung Gottes für die ganze Welt mit all diesen Nebelflecken. Was tue ich den da? Mir persönlich, meinem Herzen, ist unzweifelhaft ein Wissen offenbart worden, das die Vernunft nicht erfassen kann – und ich will dieses Wissen durch die Vernunft und in Worten ausdrücken!

Weiß ich denn nicht, daß die Sterne sich nicht bewegen?‹ fragte er sich und blickte auf einen hellen Planeten, der seine Stellung in den höchsten Zweigen einer Birke schon geändert hatte. ›Aber wenn ich die Bewegung der Sterne beobachte, kann ich mir nicht vorstellen, daß es die Erde ist, die sich dreht, und dann habe ich recht, wenn ich sage, daß die Sterne sich bewegen.

Und hätten denn die Astronomen etwas verstehen und berechnen können, wenn sie alle die komplizierten, verschiedenartigen Bewegungen berücksichtigt hätten? Alle ihre erstaunlichen Folgerungen über die Entfernung, das Gewicht, die Bewegung und die Abirrung der Himmelskörper gründen sich nur auf die scheinbare Bewegung der Gestirne um die unbewegliche Erde, auf dieselbe Bewegung, die ich jetzt beobachte und die für Millionen Menschen jahrhundertelang die gleiche war und immer so sein wird und immer nachgeprüft werden kann. Und wie die Folgerungen der Astronomen unzuverlässig und müßig wären, wenn sie sich nicht auf die Beobachtungen des sichtbaren Himmels gründeten, auf einen bestimmten Meridian und einen Horizont bezogen wären, so wären auch meine Folgerungen unzuverlässig und müßig, wenn sie sich nicht auf den Begriff des Guten gründeten, der für alle immer der gleiche war und sein wird und der mir durch das Christentum offenbart ist und immer in meiner Seele nachgeprüft werden kann. Aber die Frage nach den anderen Religionen und ihrem Verhältnis zur Gottheit zu entscheiden, dazu habe ich kein Recht und keine Möglichkeit.‹

»Ach, du bist noch nicht hineingegangen?« hörte er plötzlich die Stimme Kitys, die auf demselben Weg in den Salon ging. »Was hast du? Bist du verstimmt?« fragte sie und sah ihm beim Licht der Sterne aufmerksam ins Gesicht.

Aber sie hätte sein Gesicht nicht deutlich erkennen können, wenn ein Blitz, der die Sterne verschwinden ließ, es nicht beleuchtet hätte. Im Schein des Blitzes konnte sie sein Gesicht ganz deutlich sehen, und als sie sah, daß er ruhig und froh war, lächelte sie ihm zu.

›Sie versteht mich‹, dachte er, ›sie weiß, woran ich denke. Soll ich es ihr sagen oder nicht? Ja, ich will es ihr sagen.‹ Aber im selben Augenblick, als er es sagen wollte, fing sie zu sprechen an.

»Ja, was ich noch sagen wollte, Kostja! Tu mir bitte den Gefallen«, sagte sie, »geh ins Eckzimmer und sieh nach, ob auch alles für Sergej Iwanowitsch bereit ist. Mir ist das peinlich. Sieh nach, ob auch der neue Waschtisch hineingestellt worden ist.«

»Schön, ich gehe ganz bestimmt hin«, sagte Lewin, sich aufrichtend, und küßte sie.

›Nein, ich will es ihr doch nicht sagen‹, dachte er, als sie vor ihm herging. ›Das ist ein Geheimnis, das nur mich allein angeht, nur für mich allein wichtig ist und das sich in Worten nicht ausdrücken läßt.

Dieses neue Gefühl hat mich nicht umgewandelt, glücklich gemacht, erleuchtet, wie ich geträumt hatte; es ist genauso damit wie mit meinem Gefühl für meinen Sohn. Da hat es auch keine Überraschung gegeben. Und dieses Gefühl – ob es Glaube ist oder kein Glaube, das weiß ich nicht – ist ebenso unmerklich durch das Leid in meine Seele gekommen und sitzt jetzt ganz fest darin.

Ich werde mich ebenso über den Kutscher Iwan ärgern, ich werde nach wie vor streiten und meine Gedanken zur Unzeit aussprechen, nach wie vor wird zwischen dem Allerheiligsten meiner Seele und anderen Menschen, sogar meiner Frau, eine Scheidewand sein, ich werde ihr nach wie vor für meine eigene Angst Vorwürfe machen und es dann bereuen, ich werde ebenso wenig mit dem Verstand begreifen können, warum ich bete, und werde trotzdem beten. Aber jetzt ist mein Leben, mein ganzes Leben, unabhängig von allem, was mir geschehen kann, jetzt ist jede Minute dieses Lebens nicht mehr sinnlos wie bisher, sondern hat einen unzweifelhaften Sinn: das Gute, das ich in mein Leben hineinlegen kann.‹

Miguel de Unamuno
Gebet eines Atheisten

Miguel de Unamuno *(1864–1936) ist eine der herausragenden Figuren der spanischen »Generation von 1898«, die sich nach dem Verlust der Kolonien mit der europäischen Zukunft des Landes befasste. Er stand der politischen Linken nahe, kritisierte die katholische Kirche, ohne die Vorstellung des Glaubens ganz abzulehnen. Das paradoxe Verhältnis zu einem nicht erkennbaren Gott findet in diesem Gedicht seine sprachliche Form.*

Nichtexistierender Herr! Hör in deinem Nichtsein
meine Gebete; denn du spendest immer Trost und heilst
mit kurzer Lüge Wunden. Wenn auf die Welt die nächtliche Stille
herabsteigt und der Gedanke sich mit dem
Ausgedachten anlegt, vertreibst du mit Hoffnung die Zweifel
Und festigst mit Märchen deine Größe!
Du bist so groß, daß die Welt deine
Größe nicht fassen kann – du bist nur eine Idee,
und ich bin dazu verurteilt,
dafür mit meinen Qualen,
mit meinen Leiden zu zahlen.
Gott ist nur ausgedacht. Wärst du wirklich, Gott,
dann wäre auch ich selbst wirklich.

Albert Einstein

Wie ich die Welt sehe

Religion und Wissenschaft

Albert Einstein *(1879–1955) hat mit seiner allgemeinen Relativitätstheorie die moderne Physik begründet. Für seine bahnbrechenden Arbeiten erhielt er 1921 den Nobelpreis für Physik. In seiner Schrift* Mein Weltbild *ordnet er die Naturwissenschaft in einen größeren philosophischen Zusammenhang ein.*

Alles, was von den Menschen getan und erdacht wird, gilt der Befriedigung gefühlter Bedürfnisse sowie der Stillung von Schmerzen. Dies muß man sich immer vor Augen halten, wenn man geistige Bewegungen und ihre Entwicklung verstehen will. Denn Fühlen und Sehen sind der Motor alles menschlichen Strebens und Erzeugens, mag sich uns letzteres auch noch so erhaben darstellen. Welches sind nun die Gefühle und Bedürfnisse, welche die Menschen zu religiösem Denken und zum Glauben im weitesten Sinn gebracht haben? Wenn wir hierüber nachdenken, so sehen wir bald, daß an der Wiege des religiösen

Denkens und Erlebens die verschiedensten Gefühle stehen. Beim Primitiven ist es in erster Linie die Furcht, die religiöse Vorstellungen hervorruft. Furcht vor Hunger, wilden Tieren, Krankheit, Tod. Da auf dieser Stufe des Daseins die Einsicht in die kausalen Zusammenhänge gering zu sein pflegt, spiegelt uns der menschliche Geist selbst mehr oder minder analoge Wesen vor, von deren Wollen und Wirken die gefürchteten Erlebnisse abhängen. Man denkt nun, die Gesinnung jener Wesen sich günstig zu stimmen, indem man Handlungen begeht und Opfer bringt, welche nach dem von Geschlecht zu Geschlecht überlieferten Glauben jene Wesen besänftigen bzw. dem Menschen geneigt machen. Ich spreche in diesem Sinne von Furcht-Religion. Diese wird nicht erzeugt, aber doch wesentlich stabilisiert durch die Bildung einer besonderen Priesterkaste, welche sich als Mittlerin zwischen den gefürchteten Wesen und dem Volk ausgibt und hierauf eine Vormachtstellung gründet. Oft verbindet der auf andere Faktoren sich stützende Führer oder Herrscher bzw. eine privilegierte Klasse mit ihrer weltlichen Herrschaft zu deren Sicherung die priesterlichen Funktionen, oder es besteht eine Interessen-Gemeinschaft zwischen der politisch herrschenden Kaste und der Priesterkaste.

Eine zweite Quelle religiösen Gestaltens sind die sozialen Gefühle. Vater und Mutter, Führer größerer menschlicher Gemeinschaften sind sterblich und fehlbar. Die Sehnsucht nach Führung, Liebe und Stütze gibt den Anstoß zur Bildung des sozialen bzw. des moralischen Gottesbegriffes. Es ist der Gott der Vorsehung, der beschützt, bestimmt, belohnt und bestraft. Es ist der Gott, der je nach dem Horizont des Menschen das Leben des Stammes, der Menschheit, ja das Leben überhaupt liebt und fördert, der Tröster in Unglück und ungestillter Sehnsucht, der die Seelen der Verstorbenen bewahrt. Dies ist der soziale oder moralische Gottesbegriff.

In der Heiligen Schrift des jüdischen Volkes läßt sich die Entwicklung von der Furcht-Religion zur moralischen Religion schön beobachten. Ihre Fortsetzung hat sie im Neuen Testament gefunden. Die Religionen aller Kulturvölker, insbesondere auch der Völker des Orients, sind in der Hauptsache moralische Religionen. Die Entwicklung von der Furcht-Religion zur moralischen Religion bildet einen wichtigen

Fortschritt im Leben der Völker. Man muß sich vor dem Vorurteil hüten, als seien die Religionen der Primitiven reine Furcht-Religionen, diejenigen der kultivierten Völker reine Moral-Religionen. Alle sind vielmehr Mischtypen, so jedoch, daß auf den höheren Stufen sozialen Lebens die Moral-Religion vorherrscht.

All diesen Typen gemeinsam ist der anthropomorphe Charakter der Gottesidee. Über diese Stufe religiösen Erlebens pflegen sich nur besonders reiche Individuen und besonders edle Gemeinschaften wesentlich zu erheben. Bei allen aber gibt es noch eine dritte Stufe religiösen Erlebens, wenn auch nur selten in reiner Ausprägung; ich will sie als kosmische Religiosität bezeichnen. Dieses läßt sich demjenigen, der nichts davon besitzt, nur schwer deutlich machen, zumal ihr kein menschenartiger Gottesbegriff entspricht.

Das Individuum fühlt die Nichtigkeit menschlicher Wünsche und Ziele und die Erhabenheit und wunderbare Ordnung, welche sich in der Natur sowie in der Welt des Gedankens offenbart. Es empfindet das individuelle Dasein als eine Art Gefängnis und will die Gesamtheit des Seienden als ein Einheitliches und Sinnvolles erleben. Ansätze zur kosmischen Religiosität finden sich bereits auf früher Entwicklungsstufe, z. B. in manchen Psalmen Davids sowie bei einigen Propheten. Viel stärker ist die Komponente kosmischer Religiosität im Buddhismus, was uns besonders Schopenhauers wunderbare Schriften gelehrt haben.

Die religiösen Genies aller Zeiten waren durch diese kosmische Religiosität ausgezeichnet, die keine Dogmen und keinen Gott kennt, der nach dem Bild des Menschen gedacht wäre. Es kann daher auch keine Kirche geben, deren hauptsächlicher Lehrinhalt sich auf die kosmische Religiosität gründet. So kommt es, daß wir gerade unter den Häretikern aller Zeiten Menschen finden, die von dieser höchsten Religiosität erfüllt waren und ihren Zeitgenossen oft als Atheisten erschienen, manchmal auch als Heilige. Von diesem Gesichtspunkt aus betrachtet stehen Männer wie Demokrit, Franz von Assisi und Spinoza einander nahe.

Wie kann kosmische Religiosität von Mensch zu Mensch mitgeteilt werden, wenn sie doch zu keinem geformten Gottesbegriff und zu keiner Theologie führen kann? Es scheint mir, daß es die wichtigste Funktion der Kunst und der Wissenschaft ist, dies Gefühl unter den Empfänglichen zu erwecken und lebendig zu erhalten.

So kommen wir zu einer Auffassung von der Beziehung der Wissenschaft zur Religion, die recht verschieden ist von der üblichen. Man ist nämlich nach der historischen Betrachtung geneigt, Wissenschaft und Religion als unversöhnliche Antagonisten zu halten, und zwar aus einem leicht verständlichen Grund. Wer von der kausalen Gesetzmäßigkeit allen Geschehens durchdrungen ist, für den ist die Idee eines Wesens, welches in den Gang des Weltgeschehens eingreift, ganz unmöglich – vorausgesetzt allerdings, daß er es mit der Hypothese der Kausalität wirklich ernst nimmt. Die Furcht-Religion hat bei ihm keinen Platz, aber ebensowenig die soziale bzw. moralische Religion. Ein Gott, der belohnt und bestraft, ist für ihn schon darum undenkbar, weil der Mensch nach äußerer und innerer gesetzlicher Notwendigkeit handelt, vom Standpunkt Gottes aus also nicht verantwortlich wäre, so wenig wie ein lebloser Gegenstand für die von ihm ausgeführten Bewegungen. Man hat deshalb schon der Wissenschaft vorgeworfen, daß sie Moral untergrabe, jedoch gewiß mit Unrecht. Das ethische Verhalten des Menschen ist wirksam auf Mitgefühl, Erziehung und soziale Bindung zu gründen und bedarf keiner religiösen Grundlage. Es stünde traurig um die Menschen, wenn sie durch Furcht vor Strafe und Hoffnung auf Belohnung nach dem Tode gebändigt werden müßten.

Es ist also verständlich, daß die Kirchen die Wissenschaft von jeher bekämpft und ihre Anhänger verfolgt haben. Andererseits aber behaupte ich, daß die kosmische Religiosität die stärkste und edelste Triebfeder wissenschaftlicher Forschung ist. Nur wer die ungeheuren Anstrengungen und vor allem die Hingabe ermessen kann, ohne welche bahnbrechende wissenschaftliche Gedankenschöpfungen nicht zustande kommen können, vermag die Stärke des Gefühls ermessen, aus dem allein solche dem unmittelbar praktischen Leben angewandte Arbeit erwachsen kann. Welch ein tiefer Glaube an die Vernunft des Weltenbaues und welche Sehnsucht nach dem Begreifen, wenn auch nur eines geringen Abglanzes der in dieser Welt geoffenbarten Vernunft mußte in Kepler und Newton lebendig sein, daß sie den Mechanismus der Himmelsmechanik in der einsamen Arbeit vieler Jahre entwirren konnten! Wer die wissenschaftliche Forschung in der Hauptsache nur aus ihren praktischen Auswirkungen kennt, kommt leicht zu einer ganz unzutreffenden Auffassung vom Geisteszustand der Männer, welche – umgeben von skeptischen Zeitgenossen – Gleichgesinnten die Wege gewiesen haben, die über die Länder der Erde und über die Jahrhunderte verstreut waren. Nur wer sein Leben ähnlichen Zielen hingegeben hat, besitzt eine lebendige Vorstellung davon, was diese Menschen beseelt und ihnen die Kraft gegeben hat, trotz unzähliger Mißerfolge dem Ziel treu zu bleiben. Es ist die kosmische Religiosität, die solche Kräfte spendet. Ein Zeitgenosse hat nicht mit Unrecht gesagt, daß die ernsthaften Forscher in unserer im allgemeinen materialistisch eingestellten Zeit die einzigen tief religiösen Menschen seien. Sie werden schwerlich einen tiefer schürfenden wissenschaftlichen Geist finden, dem nicht eine eigentümliche Religiosität eigen ist. Diese Religiosität unterscheidet sich aber von derjenigen des naiven Menschen. Letzterem ist Gott ein Wesen, von dessen Sorgfalt man hofft, dessen Strafe man fürchtet – ein sublimiertes Gefühl von der Art der Beziehung des Kindes zum Vater – ein Wesen, zu dem man gewissermaßen in einer persönlichen Beziehung steht, so respektvoll dieses auch sein mag.

Der Forscher aber ist von der Kausalität alles Geschehens durchdrungen. Die Zukunft ist ihm nicht minder notwendig und bestimmt wie die Vergangenheit. Das Moralische ist ihm keine göttliche, sondern eine rein menschliche Angelegenheit. Seine Religiosität liegt im verzückten Staunen über die Harmonie der Naturgesetzlichkeit, in der sich eine so überlegene Vernunft offenbart, daß alles Sinnvolle menschlichen Denkens und Anordnens dagegen ein gänzlich nichtiger Abglanz ist. Dies Gefühl ist das Leitmotiv seines Lebens und Strebens, insoweit dieses sich über die Knechtschaft selbstischen Wünschens erheben kann. Unzweifelhaft ist dies Gefühl nahe verwandt demjenigen, das die religiös schöpferischen Naturen aller Zeiten erfüllt hat.

Robbie Williams
FEEL

Robbie Williams *(* 1974) ist nicht nur Europas berühmtestes Popidol des noch jungen 21. Jahrhunderts, sondern auch ein begabter Entertainer. Auf seinen Europa-Tourneen spielt er vor ausverkauften Stadien. Für die dichten und nachdenklichen Texte seiner Lieder ist Williams mehrfach ausgezeichnet worden.*

Come on hold my hand,
I wanna contact the living.
Not sure I understand,
This role I've been given.

I sit and talk to god
And he just laughs at my plans,
My head speaks a language, I don't understand.

I just wanna feel real love,
Feel the home that I live in.
'cause I got too much life,
Running through my veins, going to waste.

I don't wanna die,
But I ain't keen on living either.
Before I fall in love,
I'm preparing to leave her.
I scare myself to death,
That's why I keep on running.
Before I've arrived, I can see myself coming.

I just wanna feel real love,
Feel the home that I live in.
'cause I got too much life,
Running through my veins, going to waste.

And I need to feel real love
And a life ever after.
I cannot get enough.

I just wanna feel real love,
Feel the home that I live in,
I got too much love,
Running through my veins, going to waste.

I just wanna feel real love,
In a life ever after
There's a hole in my soul,
You can see it in my face, it's a real big place.

Come and hold my hand,
I wanna contact the living,
Not sure I understand,
This role I've been given

Not sure I understand.
Not sure I understand.
Not sure I understand.
Not sure I understand.

Mensch und Recht

Eigentlich glaube ich zu wissen, was Recht ist. Erstens kenne ich das Gesetz, zweitens verfüge ich über einen ausgeprägten Gerechtigkeitssinn. Doch kaum schlage ich am Morgen die Zeitung auf, geraten meine Grundsätze und Empfindungen hoffnungslos durcheinander, beziehungsweise in Konflikt. Soll der Staat dem verfluchten Kinderschänder, der mir da auf Seite drei entgegengrinst, auch noch einen Pflichtverteidiger bezahlen? Warum zum Teufel darf man den verstockten Terroristen nicht foltern, wenn man so ein Attentat auf wehrlose Menschen verhindert? Voller Empörung verschmähe ich mein Frühstücksei und halte meiner Frau einen Vortrag, der in der Forderung nach Zwangskastration sowie der Aberkennung der Grundrechte für solche Individuen gipfelt. Bis der verwunderte Blick meiner Frau mich trifft und ich schamvoll errötend hinter der Zeitung verschwinde.

Das Verrückte an der Sache ist: Wenn ich beim Frühstück zum Unmenschen werde, geschieht dies aus reiner Menschlichkeit. Ist es nicht ein Gebot der Humanität, Triebtäter für immer aus dem Verkehr zu ziehen? Unschuldige Opfer vor den Anschlägen irrer Fanatiker zu schützen? Doch während ich diese Fragen zu meiner Rechtfertigung stelle, ahne ich in meinem tiefsten Innern: Wenn ich meinen Gerechtigkeitssinn so gegen das geltende Recht Amok laufen lasse, kündige ich zugleich ebenjener Humanität auf, in der nicht nur unser positives Rechtssystem wurzelt, sondern auch mein eigenes, subjektives Rechtsempfinden.

Denn beide beruhen auf einer bestimmten Auffassung des Menschen, die in über zweitausend Jahren europäischer Ideengeschichte verwurzelt ist. Danach ist der Mensch als freies und autonomes, sprich: zur Selbstbestimmung fähiges Wesen kein Mittel zu einem wie auch immer gearteten Zweck, sondern Selbstzweck. Deshalb hat jeder Mensch eine natürliche, ihm angeborene Würde – allein aufgrund seines Menschseins. Diese Würde zu schützen ist Aufgabe der Menschenrechte, die für jeden Menschen gelten, universell, egal, welchem Staat oder welcher Religion er angehört, ob er weiß ist oder gelb oder rot oder schwarz, ob Linkshänder oder Rechtshänder, ob Vegetarier, Allesfresser oder Kannibale – ob Triebtäter oder Terrorist.

Dieser europäische Menschenrechtsgedanke hat seinen Ursprung in der Naturrechtslehre der Antike ebenso wie in den germanischen Volksrechten oder den Rechten der mittelalterlichen Stände gegenüber der staatlichen Obrigkeit. Den entscheidenden Grundsatz liefert dabei Protagoras, wenn er den Menschen zum »Maß aller Dinge« erklärt. Doch woher bezieht der Mensch seine Würde? Während die antiken Philosophen sie aus seiner Sonderstellung in der Natur herleiten, begründen ihre christlichen Nachfolger sie mit der Schöpfungsgeschichte. Gott, so Pico della Mirandola, hat den Menschen als einziges Lebewesen mit einem freien Willen ausgestattet. Der Mensch entwickelt sich darum nicht nach feststehenden Gesetzen, sondern ist sein eigener »Bildhauer und Dichter«, der sich selbst die Form gibt, in der er zu leben wünscht: »ein Gott, mit menschlichem Fleisch umkleidet«.

Dass ein solches Wesen besondere Vorrechte vor allen anderen Geschöpfen genießt, steht im ganzen Abendland fortan außer Frage. Was aber nützen die schönsten Rechtsgrundsätze, wenn sie keine verbindliche Gültigkeit besitzen? Gerechtigkeit, das wusste bereits Epikur, ist ein Interessenausgleich zwischen verschiedenen Personen und Gruppen, eine Abmachung, die im gegenseitigen Verkehr geschlossen wird. Gültigkeit erlangt sie aber nur, wenn sie mit einem Vertrag besiegelt wird: Ohne Vertrag gibt es weder Gerechtigkeit noch Ungerechtigkeit.

In der Geschichte der europäischen Menschenrechte kommt dieser Gedanke erstmals 1215 zur Anwendung, in der »Magna Charta Libertatum«. Obwohl sie noch nicht die allgemeine Freiheit des Menschen proklamiert, sondern nur ein paar englische Lehnsleute vor möglichem Missbrauch durch die königliche Gewalt schützen soll, gilt sie als erste verbindliche Fixierung elementarer Grundrechte. Individuelle Freiheitsrechte im modernen Sinn werden im »Agreement of People« festgeschrieben, dem Verfassungsentwurf nach der cromwellschen Revolution von 1647, um in der »Habeas-Corpus-Akte« von 1679 verfassungsrechtliche Gültigkeit zu erlangen. Kein Untertan der britischen

Krone darf fortan mehr ohne richterliche Überprüfung in Haft genommen oder in Haft gehalten werden.

Garant dieser Menschenrechte ist der Rechtsstaat. Seine philosophische Begründung leisten John Locke und Montesquieu. Danach ist es besser, so der kontinentale Konsens, wenn im Staat Gesetze herrschen statt der despotischen Willkür einzelner Personen, etwa des Königs oder seiner Stellvertreter. Grundlage des Rechtsstaats ist darum ein verbindlicher Gesetzeskanon, vor dem alle Rechtspersonen gleich sind. Politisch verwirklicht wird dieser Gedanke mit der Französischen Revolution. »Die Menschen«, so die »Erklärung der Menschen- und Bürgerrechte« von 1789, »sind und bleiben von Geburt an frei und gleich an Rechten.« Diesen Anspruch aber kann laut Marx und Engels nur eine Gesellschaft einlösen, die alle Standesunterschiede und Klassengegensätze überwunden hat, nach dem Sieg des Proletariats. Die »Internationale« weiß ein Lied davon zu singen.

Der real existierende Sozialismus, so viel ist inzwischen bekannt, dachte gar nicht daran, das Heilsversprechen seiner geistigen Väter zu erfüllen. Im Gegenteil: Selten wurde das Recht in Europa so bedenkenlos gebeugt wie im Namen des Marxismus-Leninismus. Doch auch in der Geschichte des bürgerlichen Rechtsstaats macht sich eine seltsame Paradoxie zunehmend bemerkbar. Je perfekter der Rechtsstaat sich und seine Organe ausbildet, desto mehr klaffen subjektives Rechtsgefühl und positives Recht auseinander. Was als Recht gesprochen wird, wird immer weniger als Recht empfunden: »Wie haben Gerechtigkeit erwartet«, so die Bürgerrechtlerin Bärbel Bohley nach der deutsch-deutschen Wiedervereinigung, »und den Rechtsstaat bekommen.«

Schuld an diesem kontinentalen Zwiespalt ist nicht zuletzt die konkrete Rechtspraxis, wie die Menschen sie erleben. Kaum sind die ersten Gesetze da, gibt es auch schon Rechtsverdreher, die sie spitzfindig ins Gegenteil verkehren – bereits Cervantes macht sich in »Don Quijote« darüber lustig. Weniger lustig ist ein zweiter Grund, in dem das Unbehagen an Recht und Gesetz wurzelt. Dies ist das Wesen der Gerechtigkeit selbst. Zwar gilt sie noch vor der Klugheit, der Tapferkeit und dem Maßhalten seit der Antike als erste der vier Kardinaltugenden, doch im Gegensatz zum Gesetz ist sie ein offener, nicht streng definierter Begriff, eher eine vage Ahnung als ein klares Konzept. Die Versuche europäischer Denker, in der Natur des Menschen Maßstäbe dafür zu finden, was Gerechtigkeit sei, sind deshalb Legion: Einmal werden sie in seiner Natur als soziales Wesen gesucht (Grotius), dann in seiner wölfischen Natur (Hobbes), schließlich in seiner geselligen Ungeselligkeit (Spinoza) oder gar in einem angeborenen moralischen sechsten Sinn (Shaftesbury). Die daraus resultierende Vergeblichkeit, den eigenen, subjektiven Gerechtigkeitssinn mit der objektiven Rechtsprechung in Einklang zu bringen, macht die Tragik des »Michael Kohlhaas« aus. Doch vielleicht hat niemand sie so existentiell verspürt wie der Jurist Franz Kafka. In seiner Parabel »Vor dem Gesetz« bemüht der Mensch sich sein Leben lang, in das Gesetz einzudringen. Doch ohne Erfolg – der Zugang bleibt ihm für immer verwehrt.

»Vor Gericht und auf hoher See«, spottet der Volksmund, »sind wir in Gottes Hand.« Sollen wir also, wenn es um Recht und Gesetz geht, bei unserem Gerechtigkeitsgefühl Zuflucht nehmen? Gott bewahre! Das »gesunde Volksempfinden« hat einmal in der Geschichte Europas Recht gesprochen bzw. gebrüllt, und mein »gerechter Zorn« am Frühstückstisch ist sein kleiner, mieser Verwandter. Aber vielleicht hilft uns gegen alle Despotie nach wie vor jener Wert weiter, der zwischen Verstand und Gefühl angesiedelt ist und der sowohl dem Recht selbst wie auch dem Gerechtigkeitssinn zugrunde liegt: Humanität. In ihr erblickt Albert Schweitzer die höchste Form der Erkenntnis, die dem Denken zuteil werden kann, und zugleich das einzige Korrektiv, das uns alle miteinander vor dem Schicksal gegenseitiger Vernichtung bewahrt, als Basis für den gerechten Interessenausgleich zwischen einzelnen Personen und Gruppierungen, zwischen Nationen und Kulturen, ja vielleicht sogar zwischen der Spezies Mensch und der Natur: »keine andere Lebens- und Welterkenntnis mehr als die, dass alles, was ist, Leben ist und dass wir allem, was ist, als Leben, als einem höchsten, unersetzlichen Wert, Ehrfurcht entgegenbringen müssen«.

Ein ziemlich altmodischer Gedanke, zugegeben. Aber immer noch ein mindestens ebenso wirksames Mittel, um das Recht vor den Attacken meines verwirrten Gerechtigkeitssinns zu schützen, wie die Schlussakte der KSZE von Helsinki oder die Charta von Paris.

Protagoras
DER MENSCH, MASS DER DINGE

Der Sophist **Protagoras von Abdera** *(ca. 485 v. Chr.–415 v. Chr.) war lange Zeit als Rhetorik-Lehrer in Griechenland tätig. Im Alter von 70 Jahren wurde er der Gottlosigkeit angeklagt und verurteilt. Auf der Flucht nach Sizilien kam er ums Leben. Es sind nur Fragmente seiner Schriften erhalten. Von Heraklit übernahm er die Vorstellung von der dauernden Veränderung und Entwicklung der Dinge. Für ihn aber ist die zentrale Idee, dass alle Erkenntnis vom jeweiligen Zustand des erkennenden Menschen abhängt.*

Aller Dinge Maß ist der Mensch, der seienden, daß sie sind, der nichtseinenden, daß sie nicht sind.
Wie alles einzelne mir erscheint, so ist es für mich, wie dir, so ist es wieder für dich.
Über die Götter allerdings habe ich keine Möglichkeit zu wissen, weder daß sie sind, noch daß sie nicht sind; denn vieles gibt es, was das Wissen hindert: die Nichtwahrnehmbarkeit und daß das Leben des Menschen kurz ist.
Der Naturanlage und Übung bedarf die Lehrkunst.
Von der Jugend anfangend muß man lernen.
Nicht sproßt Bildung in der Seele, wenn man nicht zu vieler Tiefe kommt.

Epikur
VON DER GERECHTIGKEIT

Epikur *(341 v. Chr.–270 v. Chr.) begründete 306 in Athen eine eigene Philosophenschule »im Garten«. Zutiefst davon überzeugt, dass es absolute Erkenntnis ebenso wenig gibt wie eine direkte Einwirkung der Götter in das menschliche Leben, zielt er in seinem Denken darauf ab, den Zustand des Glücks zu erreichen, den er als Abwesenheit von Schmerz und*

Unruhe definiert. Die vertraglich besiegelte Vermeidung von Konflikten steht auch im Zentrum seiner Vorstellung von Gerechtigkeit.

Die natürliche Gerechtigkeit ist eine Abmachung über das Zuträgliche, um einander gegenseitig weder zu schädigen noch sich schädigen zu lassen.

Für alle jene Lebewesen, die keine Verträge darüber schließen konnten, einander gegenseitig weder zu schädigen noch sich schädigen zu lassen, gibt es keine Gerechtigkeit und Ungerechtigkeit. Ebenso auch bei den Völkern, die Verträge, einander gegenseitig weder zu schädigen noch sich schädigen zu lassen, entweder nicht schließen konnten oder nicht wollten.

Es gibt keine Gerechtigkeit an und für sich, sondern sie ist ein im gegenseitigen Verkehr an den beliebigsten Orten und Zeiten geschlossener Vertrag, einander gegenseitig weder zu schädigen noch sich schädigen zu lassen.

Die Ungerechtigkeit ist nicht ein Übel an sich, sondern nur durch die mißtrauische Angst, es möchte nicht gelingen, den dazu bestellten Züchtigern verborgen zu bleiben.

Wer heimlich sich vergeht gegen den Vertrag, einander gegenseitig weder zu schädigen noch sich schädigen zu lassen, der wird sich nie darauf verlassen können, daß er verborgen bleiben werde, auch wenn er im Augenblick tausendmal verborgen bleibt. Denn ob er es auch bis zum Tode bleiben wird, ist ungewiß.

Im Bezug auf das Gemeinwesen ist die Gerechtigkeit für alle dasselbe; denn sie ist ja das Zuträgliche in der gegenseitigen Gemeinschaft. Dagegen ergibt sich je nach den Verschiedenheiten des Landes und der sonstigen Bedingungen nicht für alle dasselbe als gerecht.

Was unter dem, was für gerecht gehalten wird, sich auch tatsächlich als zuträglich erweist für die Bedürfnisse der gegenseitigen Gemeinschaft, das nimmt den Ort der Gerechtigkeit ein, mag es für alle dasselbe sein oder nicht. Erläßt aber einer ein Gesetz, das nicht als zuträglich für die gegenseitige Gemeinschaft wirkt, dann hat dies nicht mehr die Natur der Gerechtigkeit. Und wenn das im Sinne des Zuträglichen Gerechte sich verändert, aber doch eine Zeit hindurch jener Vorstellung entsprach, so war es eben nichtsdestoweniger für jene Zeit gerecht für alle jene, die sich nicht durch leere Worte selbst verwirren, sondern auf die Tatsachen schauen.

Wo, ohne daß die Verhältnisse sich geändert hätten, das für gerecht Gehaltene in der Ausführung selbst sich als jener Vorstellung nicht entsprechend erweist, da ist es faktisch nicht gerecht. Wo aber nach Veränderung der Verhältnisse dieselben Rechtssätze nicht mehr zuträglich sind, da waren sie damals gerecht, als sie der gegenseitigen Gemeinschaft der Bürger zuträglich waren. Später aber waren sie nicht mehr gerecht, als sie nicht mehr zuträglich waren.

Wer sich gegen das Bedrohende in den äußeren Verhältnissen am besten zu rüsten versteht, der macht sich das, was er kann, zu Verbündeten; was er sich nicht zu Verbündeten machen kann, das macht er sich wenigstens nicht zu Fremden; was er nicht einmal so weit bringt, damit tritt er überhaupt nicht in Beziehung und stützt sich auf das, was zu solchem Tun nützlich ist.

Wer die Möglichkeit hat, sich die Zuversicht vor allem den Nachbarn gegenüber zu verschaffen, der lebt mit den Seinigen zusammen auf die lustvollste Weise unter der sichersten Bürgschaft. Und wenn sie die vollste Vertrautheit gewonnen haben, jammern sie nicht über das vorzeitige Ende eines Abgeschiedenen, als ob er Mitleid verdiente.

MAGNA CHARTA LIBERTATUM

In der **Großen Urkunde der Freiheiten (Magna Charta Libertatum, 1215)** *wurden grundlegende Rechte des Adels gegenüber dem König festgeschrieben. Aber es ging nicht nur um den Schutz der Barone gegenüber dem Monarchen: Für Bauern, Kaufleute und Freie wurden Rechte festgeschrieben. Die* Magna Charta *kann als erstes »Grundgesetz« in Europa bezeichnet werden.*

Johann, von Gottes Gnaden König von England, Herr von Irland, Herzog der Normandie und von Aquitanien und Graf von Anjou, grüßt die Erzbischöfe, Bischöfe, Äbte, Grafen, Barone, Richter, Forstverwalter, Vizegrafen, Verwalter, Diener und alle seine Amtsleute und Getreuen. Ihr möget wissen, daß Wir, den Blick auf Gott gerichtet und zu Unser wie auch all Unserer Vorgänger und Nachfolger Seelenheil, zur Ehre Gottes und zur Erhöhung der Heiligen Kirche sowie zur Reform Unseres Königreiches auf den Rat Unserer ehrwürdigen Väter … sowie der edlen Herren … und anderer Unserer Getreuen

I. an erster Stelle Gott gelobt und durch diese Unsere hier vorliegende Urkunde für Uns und all Unsere Nachfolger auf ewig bestätigt haben, daß die englische Kirche frei und im Besitz ihrer vollen Rechte und unangetasteten Freiheiten sein soll … Wir haben weiterhin allen freien Männern Unseres Königreiches für Uns und Unsere Erben auf ewig alle nachstehend aufgezeichneten Freiheiten zugestanden, die sie von Uns und Unseren Nachfolgern auf ewig haben und behalten sollen.

12. Kein Schild- oder Hilfsgeld soll in Unserem Königreich erhoben werden, es sei denn nach gemeinsamer Beratung Unseres Königreiches oder aber für die Auslösung Unserer Person, für den Ritterschlag Unseres ältesten Sohnes oder die erste Eheschließung Unserer ältesten Tochter; in diesen letzteren Fällen darf jedoch die Beihilfe nicht über eine angemessene Höhe hinausgehen …

13. Und die Stadt London soll all ihre alten Freiheiten und freien Bräuche zu Lande wie zu Wasser behalten; überdies verfügen und gewähren Wir, daß alle anderen Städte, Festen, Ortschaften und Häfen all ihre Freiheiten und freien Bräuche behalten sollen.

20. Ein freier Mann soll für ein geringes Vergehen nicht mit einer Geldstrafe belegt werden, es sei denn entsprechend dem Grade seines Vergehens; und für ein schweres Vergehen soll er mit einer der Schwere des Vergehens entsprechenden Geldstrafe belegt werden, jedoch stets unter Wahrung seines Lebensunterhaltes; desgleichen soll der Kaufmann sein Warenlager und ein Bauer sein Inventar behalten dürfen, wenn sie Unserer Strafe verfallen sind: Und keine der erwähnten Strafen soll auferlegt werden, es sei denn auf Grund des Eides ehrlicher Männer der Nachbarschaft.

21. Grafen und Barone sollen nur durch ihresgleichen und einzig gemäß dem Grade ihres Vergehens bestraft werden.

23. Kein Dorf und kein Einzelner sollen gezwungen werden, an Flußufern Brücken zu bauen; hiervon ausgenommen sind diejenigen, die von alters her rechtlich dazu verpflichtet waren.

28. Kein Vogt und keiner Unserer sonstigen Amtsleute soll irgend jemandes Getreide oder sonstige Vorräte beschlagnahmen, ohne dafür sogleich Geld zu bieten oder vom Verkäufer Zahlungsaufschub bewilligt zu bekommen.

30. Keiner Unserer Vizegrafen oder Amtsleute oder irgend jemand sonst sollen irgendeines freien Mannes Pferde oder Wagen gegen den Willen des besagten freien Mannes zu Transportdiensten beschlagnahmen.

31. Weder Wir noch Unsere Amtsleute werden für Unsere Burgen oder Unsere sonstigen Bauten nicht Uns gehörendes Holz gegen den Willen der Eigentümer des Holzes beschlagnahmen.

38. Kein Amtmann soll in Zukunft jemanden allein auf seine eigene Anklage hin und ohne die Beibringung glaubwürdiger Zeugen vor Gericht stellen.

39. Kein freier Mann soll ergriffen, gefangengenommen, aus seinem Besitz vertrieben, verbannt oder in irgendeiner Weise zugrunde gerichtet werden, noch wollen Wir gegen ihn vorgehen oder ihm nachstellen lassen, es sei denn auf Grund eines gesetzlichen Urteiles seiner Standesgenossen und gemäß dem Gesetz des Landes.

41. Wir wollen niemandem Recht oder Gerechtigkeit verkaufen, verweigern oder verzögern.

42. Es soll in Zukunft jedermann (mit Ausnahme der gemäß dem Rechte des Königreiches Gefangenen und Geächteten sowie der Angehörigen eines mit Uns im Kriege befindlichen Landes und der Kaufleute, die gemäß den vorerwähnten Vorschriften behandelt werden sollen) das Recht haben, Unser Königreich zu Lande wie zu Wasser heil und sicher zu verlassen und es wieder zu betreten, außer während einer kurzen Zeitspanne in Kriegszeiten aus Gründen der öffentlichen Politik und in jedem Falle vorbehaltlich der Uns schuldigen Treupflicht.

45. Wir wollen nur solche Männer zu Richtern, Vögten, Vizegrafen und Amtleuten erheben, die das Recht des Königreiches kennen und die gewillt sind, es zu beachten.

60. Überdies sollen alle diese vorerwähnten Bräuche und Freiheiten, die Wir, was Uns im Verhältnis zu den Unsrigen betrifft, in Unserem Königreich zu wahren zugestanden haben, von allen in Unserem Königreich, von der Geistlichkeit wie von den Laien, was deren Verhältnis zu den ihrigen betrifft, gewahrt werden.

61. Da Wir aber nun Gottes und der besseren Regierung Unseres Königreiches willen sowie zur besseren Beilegung des zwischen Uns und Unseren Baronen erwachsenen Streites alle diese Zugeständnisse gemacht haben, mit dem Wunsche, daß sie sich ihrer in vollem Umfang und beständig erfreuen mögen, geben und gewähren Wir ihnen die nachstehend verzeichnete Sicherung; die Barone sollen nämlich 25 beliebige Barone des Königreiches auswählen, die verpflichtet sein sollen, den Frieden und die Freiheiten, die Wir Ihnen durch diese gegenwärtige Charta zugestanden und bestätigt haben, zu beachten und einzuhalten und dafür Sorge zu tragen, daß sie beachtet werden, so daß, wenn Wir oder Unser Oberrichter oder Unsere Amtsleute oder irgendeiner Unserer Bediensteten jemandem ein Unrecht zufügen oder einen der Friedens- oder Sicherheitsartikel brechen sollten und das Vergehen vier der besagten 25 Barone mitgeteilt wird, die besagten 4 Barone sich zu Uns (oder zu Unserem Oberrichter, sofern Wir außer Landes sind) begeben und Uns unter Darlegung des Vergehens bitten sollen, das Vergehen unverzüglich wiedergutzumachen. Und wenn Wir (oder, falls Wir außer Landes sind, Unser Justitiar) das Vergehen nicht innerhalb von 40 Tagen, von dem Zeitpunkt an gerechnet, an dem Uns (oder Unserem Oberrichter, sofern Wir außer Landes waren) davon Mitteilung gemacht wurde, wiedergutmachen, sollen die vorerwähnten 4 Barone die Angelegenheit an die übrigen der 25 Barone verweisen, und diese 25 Barone sollen, zusammen mit dem ganzen Lande, Uns bis zur Erlangung einer nach ihrer Ansicht angemessenen Wiedergutmachung auf alle möglichen Arten bedrängen und in Not bringen, und zwar durch Wegnahme Unserer Burgen, Ländereien, Besitzungen und in jedweder anderen Weise, wobei jedoch Unsere eigene Person

sowie die Person Unserer Königin und Unserer Kinder unversehrt bleiben sollen; und wenn die Wiedergutmachung erlangt worden ist, sollen sie die alten Beziehungen zu Uns wiederaufnehmen. Und ein jeder im Lande mag schwören, daß er den Befehlen der besagten 25 Barone zur Ausführung der vorerwähnten Angelegenheiten Gehorsam leisten und Uns mit ihnen zusammen nach besten Kräften bedrängen werde … Überdies werden Wir alle diejenigen, die nicht von sich aus und aus freien Stücken gewillt sind, den 25 [Baronen] Beistand … zu schwören, durch Unseren Befehl zwingen, den Eid vorerwähnten Inhalts zu schwören …

63. … Gegeben durch Unsere Hand … auf einer Runnymede genannten Wiese zwischen Windsor und Staines, am 15. Juni im 17. Jahre Unserer Regierung.

Giovanni Pico della Mirandola

ÜBER DIE WÜRDE DES MENSCHEN

Giovanni Pico della Mirandola *(1463–1494) stellt den Menschen ins Zentrum seiner Philosophie. Der Humanist knüpft an die griechische Philosophie an und ordnet dem Menschen einen einzigartigen Platz in der Schöpfung zu: nicht Tier und nicht Gott, sondern zwischen beiden Sphären angeordnet und mit einem freien Willen ausgestattet, von dessen Gebrauch Glück und Unglück abhängen können. Die besondere Würde eines jeden Menschen muss in allen Rechtsformen menschlichen Zusammenlebens ihren Platz finden.*

Verehrte Väter! In arabischen Schriften habe ich folgendes gelesen. Man fragte einmal den Sarazenen Abdalas, was ihm auf dieser Welt, die doch gleichsam eine Schaubühne wäre, denn am bewunderungswürdigsten vorgekommen wäre. Darauf antwortete jener, nichts scheine ihm bewunderungswürdiger zu sein als der Mensch. Dieser Meinung kann man auch noch den Ausspruch des Merkurius hinzufügen: »Ein großes Wunder, o Asklepius, ist der Mensch.« Als ich diese Aussprüche einmal recht überlegte, erschienen mir die traditionell überlieferten Meinungen über die menschliche Natur demgegenüber etwas unzulänglich. So zum Beispiel die Meinung, der Mensch sei ein Bote und Vermittler zwischen den Geschöpfen; er sei ein Freund der Götter; er sei der König der niederen Sinne durch die klare Erforschung seiner Vernunft und durch das Licht seines Verstandes; er sei der Dolmetscher der Natur, er sei ein Ruhepunkt zwischen der bleibenden Ewigkeit und der fließenden Zeit, oder er sei nach Aussagen der Perser das Band, das die Welt zusammenhält, er sei sogar das Hochzeitslied der Welt, er stehe schließlich nach dem Zeugnisse Davids nur wenig unter den Engeln. Das sind wahrlich alles hohe Eigenschaften, aber darin liegt nicht die Hauptsache, nämlich warum gerade der Mensch den Vorzug der höchsten Bewunderung für sich in Anspruch nehmen solle. Warum bewundern wir denn nicht mehr die Engel und die seligen Chöre des Himmels? Ich habe mich denn schließlich um die Einsicht bemüht, warum das glücklichste und aller Bewunderung würdigste Lebewesen der Mensch sei und unter welchen Bedingungen es möglich sein konnte, daß er aus der Reihe des Universums hervorschritt, beneidenswert nicht nur für die Tiere, sondern auch für die Sterne, ja sogar für die überweltlichen Intelligenzen. Geht das doch fast über den Glauben hinaus, so wunderbar ist es. Oder warum nicht? Denn auch deswegen wird der Mensch mit vollem Recht für ein großes Wunder und für ein bewunderungswürdiges Geschöpf geheißen und gehalten.

Wie sich das nun aber verhält, verehrte Väter, das höret an und bringt mit geneigten Ohren und milder Gesinnung meiner Arbeit euer Wohlwollen entgegen.

Bereits hatte Gottvater, der höchste Baumeister, dieses irdische Haus der Gottheit, das wir jetzt sehen, diesen Tempel des Erhabendsten, nach den Gesetzen einer verborgenen Weisheit errichtet. Das überirdische Gefilde hatte er mit Geistern geschmückt, die ätherischen Sphären hatte er mit ewigen Seelen belebt, die materiellen und fruchtbaren Teile der unteren Welt hatte er mit einer bunten Schar von Tieren angefüllt. Aber als er dieses Werk vollendet hatte, da wünschte der Baumeister, es möge jemand da sein, der die Vernunft eines so hohen Werkes nachdenklich erwäge, seine Schönheit liebe, seine Größe bewundere. Deswegen dachte er, nachdem bereits alle Dinge fertiggestellt waren, wie es Moses und der Timaeus bezeugen, zuletzt an die Schöpfung des Menschen. Nun befand sich aber unter den Archetypen in Wahrheit kein einziger, nach dem er einen neuen Sprößling hätte bilden sollen. Auch unter seinen Schätzen war nichts mehr da, was er seinem neuen Sohne hätte als Erbe schenken sollen und unter den vielen Ruheplätzen des Weltkreises war kein einziger mehr vorhanden, auf dem jener Betrachter des Universums hätte Platz nehmen können. Alles war bereits voll, alles unter die höchsten, mittleren und untersten Ordnungen der Wesen verteilt. Aber es wäre der väterlichen Allmacht nicht angemessen gewesen, bei der letzten Zeugung zu versagen, als hätte sie sich bereits verausgabt. Es hätte der Weisheit nicht geziemt, wenn sie aus Mangel an Rat in einer notwendigen Sache geschwankt hätte. Es wäre der milden Liebe nicht würdig gewesen, daß derjenige, der bei anderen Geschöpfen die göttliche Freigebigkeit loben sollte, bei sich selbst gezwungen wäre, diese zu verdammen.

Daher beschloß denn der höchste Künstler, daß derjenige, dem etwas Eigenes nicht mehr gegeben werden konnte, das als Gemeinbesitz haben sollte, was den Einzelwesen ein Eigenbesitz gewesen war. Daher ließ sich Gott den Menschen gefallen als ein Geschöpf, das kein deutlich unterscheidbares Bild besitzt, stellte ihn in die Mitte der Welt und sprach zu ihm:

»Wir haben dir keinen bestimmten Wohnsitz noch ein eigenes Gesicht, noch irgendeine besondere Gabe verliehen, o Adam, damit du den beliebigen Wohnsitz, jedes beliebige Gesicht und alle Gaben, die du dir sicher wünschst, auch nach deinem Willen und nach deiner eigenen Meinung haben und besitzen mögest. Den übrigen Wesen ist ihre Natur durch die von uns vorgeschriebenen Gesetze bestimmt und wird dadurch in Schranken gehalten. Du bist durch keinerlei unüberwindliche Schranken gehemmt, sondern du sollst nach deinem eigenen freien Willen, in dessen Hand ich dein Geschick gelegt habe, sogar jene Natur dir selbst vorherbestimmen. Ich habe dich in die Mitte der Welt gesetzt, damit du von dort bequem um dich schaust, was es alles in dieser Welt gibt.

Wir haben dich weder als einen Himmlischen noch als einen Irdischen, weder als einen Sterblichen noch einen Unsterblichen geschaffen, damit du als dein eigener, vollkommen frei und ehrenhalber schaltender Bildhauer und Dichter dir selbst die Form bestimmst, in der du zu leben wünschst. Es steht dir frei, in die Unterwelt des Viehes zu entarten. Es steht dir ebenso frei, in die höhere Welt des Göttlichen dich durch den Entschluß deines eigenen Geistes zu erheben.«

Müssen wir darin nicht zugleich die höchste Freigebigkeit Gottvaters und das höchste Glück des Menschen bewundern? Des Menschen, dem es gegeben ist, das zu haben, was er wünscht, und das zu sein, was er will. Denn die Tiere, sobald sie geboren werden, tragen vom Mutterleibe an das mit sich, was sie später besitzen werden, wie Lucilius sagt. Die höchsten Geister aber sind von Anfang an oder bald darauf das gewesen, was sie in alle Ewigkeiten sein werden. In den Menschen aber hat der Vater gleich bei seiner Geburt die Samen aller Möglichkeiten und die Lebenskeime jeder Art hineingelegt. Welche er selbst davon pflegen wird, diejenigen werden heranwachsen und werden in ihm ihre Früchte bringen. Wenn er nur die des Wachsens pflegt, wird er nicht mehr denn eine Pflanze sein. Pflegt er nur die sinnlichen Keime, wird er gleich dem Tiere stumpf werden. Bei der Pflege der rationalen wird er als ein himmlisches Wesen hervorgehen. Bei der Pflege der intellektualen wird er ein Engel und Gottes Sohn sein. Und wenn er, mit dem Lose keines Geschöpfes zufrieden, sich in den Mittelpunkt seiner Ganzheit zurückziehen wird, dann wird er zu einem Geist mit Gott gebildet werden, in der einsamen Dunkelheit des Vaters, der über alles erhaben ist, wird er auch vor allen den Vorrang haben. Oder wer möchte überhaupt irgend etwas anderes mehr bewundern?

Nicht ohne Grund hat daher der Athener Asklepius gesagt, der Mensch werde auf Grund seiner ständig die Haut wechselnden und sich selbst umwandelnden Natur mit dem Geheimnis des Proteus bezeichnet. Daher stammen auch jene berühmten Metamorphosen bei den Hebräern und Pythagoräern. Denn auch die geheime Theologie der Hebräer verwandelt einmal den heiligen Enoch in einen Engel der Gottheit, den sie Melech Cheschakanach nennt, ein anderes Mal wieder andere in andere Namen. Die Pythagoräer aber lassen verbrecherische Menschen die Gestalt von Tieren annehmen. Und wenn man dem Empedokles glauben will, sogar die von Pflanzen. Auch Mohammed ist ihnen hierin gefolgt, der häufig jenen Ausspruch tat: »Wer sich vom göttlichen Gesetz getrennt hat, der wird als ein Tier hervorgehen, und das mit Recht.« Denn nicht die Rinde bildet die Pflanze, sondern die dumme und nichtsfühlende Natur, und nicht das dicke Fell macht das Tier aus, sondern die unvernünftige und sinnliche Seele, und nicht der scheibenförmige Körper bildet den Himmel, sondern die richtige Vernunft, und nicht die Trennung von einem Körper ist das Wesen des Engels, sondern die geistliche Weisheit. Wenn du daher einen Menschen siehst, der ganz dem Bauche ergeben ist und gleichsam auf der Erde kriecht, so wisse, es ist ein Strauch, nicht ein Mensch, was du da siehst. Wenn du einen andern siehst, in die Phantasie verstrickt, durch eitle Gaukelbilder erblindet, durch Sinneseindrücke bezaubert und durch ihre Verlockungen gleichsam gefesselt, es ist ein Tier, kein Mensch, was du da siehst. Wenn du aber einen erblickst, der nach der richtigen Art der Philosophen alles betrachtet, diesen sollst du verehren, den er ist ein himmlisches und kein irdisches Wesen. Wenn du aber einen reinen Betrachter triffst, der nichts mehr von seinem Körper weiß, der sich ganz in das Innere des Geistes entfernt hat, dieser ist fürwahr kein irdisches noch ein himmlisches Wesen, dieser ist etwas noch Erhabeneres, nämlich ein Gott, mit menschlichem Fleische umkleidet. Gibt es da noch irgendeinen, der den Menschen nicht bewundern möchte?

Miguel de Cervantes

DON QUIJOTE

Miguel de Cervantes Saavedra *(1547–1616) hat mit dem* Don Quijote *einen der ersten internationalen Bestseller publiziert. Zunächst als Parodie der idealistischen Ritterromane gedacht, wurde der Roman zu einem Epos des menschlichen Lebens. Während der hoffnungslos idealistische Don Quijote der schnöden Wirklichkeit seine eigene Sicht aufzwingt, steht sein Diener Sancho Pansa mit beiden Beinen fest auf dem Boden. Analphabet und Bauerntölpel: und dennoch ist die Gewitztheit Sanchos den* *juristischen Gelehrten überlegen, wenn es um gerechte Lösungen in menschlichem Streit geht. Jahrelang hat Sancho auf die Einlösung des Versprechens seines Herrn, für seine treuen Dienste werde er eines Tages Statthalter auf einer eigenen Insel werden, warten müssen. Nun nimmt er endlich von seinem hohen Amt Besitz – nicht wissend, dass alles nur von der Herzogenfamilie arrangiert wurde, um sich an den Narreteien des Don Quijote und der spaßigen Natur seines Dieners zu erfreuen.*

45. Kapitel

Wie der große Sancho Pansa Besitz von seiner Insel ergriff und wie er zu statthaltern angefangen

Ich sage also, daß Sancho mit seiner ganzen Begleitung nach einem Orte von etwa tausend Bürgern kam, einem der ansehnlichsten, die der Herzog besaß. Man gab ihm an, es sei dies die Insel Baratária, entweder weil der Ort wirklich Baratária hieß oder weil er so wohlfeilen Kaufes, was in der Landessprache barato heißt, die Statthalterschaft bekommen hatte. Bei der Ankunft vor den Toren des Städtchens, das von Mauern umgeben war, kam ihm der Gemeinderat entgegen; die Glocken läuteten, die gesamte Einwohnerschaft erging sich in Freudenbezeigungen und führte ihn mit großem Pomp zur Hauptkirche, um Gott zu danken; und alsbald übergab man ihm unter wunderlichen Förmlichkeiten die Schlüssel der Stadt und erkannte ihn als immerwährenden Statthalter der Insel Baratária an. Der Anzug, der Bart, die dicke und kleine Gestalt des neuen Statthalters versetzte die Leute alle, die nicht wußten, wo die Sache ihren Knoten hatte, in große Verwunderung, ja auch alle, die es wußten, und deren waren viele.

Sodann führte man ihn aus der Kirche zum Richterstuhl,

(…)

In diesem Augenblick traten zwei Männer in die Gerichtsstube, der eine in der Tracht eines Bauern, der andre in der eines Schneiders – er hatte nämlich eine große Schere in der Hand –; und der Schneider sprach: »Herr Statthalter, ich und dieser Bauersmann erscheinen deshalb vor Euer Gnaden, weil dieser wackre Mann gestern in meine Bude kam – ich bin nämlich, mit Verlaub der geehrten Gesellschaft, Gott sei Dank! ein gelernter und geprüfter Schneider – und mir ein Stück Tuch in die Hand gab und mich fragte: ›Señor, ist das wohl genug Tuch, um mir eine Mütze zu machen?‹ Ich überschlug, wieviel Tuch es wäre, und antwortete mit Ja. Er mußte nun wohl meinen, wie ich meine – und ich habe ganz richtig gemeint –, ich wolle ihm sicher ein Stück von dem Tuche stehlen, und darauf brachte ihn nur seine eigne Schlechtigkeit und der arge Ruf, in dem die Schneider stehen; so erwiderte er mir, ich möchte doch sehen, ob es nicht für zwei Mützen reiche. Ich erriet seine Gedanken und sagte ihm ja; er aber, der das Steckenpferd seines verwünschten ersten Argwohns ritt, legte eine Mütze nach der andern zu, und ich legte ein Ja nach dem andern zu, bis wir auf fünf Mützen kamen. Eben jetzt hat er sie abholen wollen, ich gebe sie ihm, und er will mir den Macherlohn nicht zahlen, verlangt vielmehr, ich soll ihm sein Tuch zahlen oder zurückgeben.«

»Verhält sich dies alles so, Freund?« fragte Sancho.

»Ja, Señor«, antwortete der Mann; »aber laßt euch nur einmal die fünf Mützen zeigen, die er mir gemacht hat.«

»Sehr gern«, erwiderte der Schneider. Und sofort zog er die Hand unter dem Mantel hervor, wies an ihr die fünf Mützen, die auf den fünf Fingerspitzen saßen, und sagte: »Hier sind die fünf Mützen, die dieser wackere Mann bei mir bestellt hat, und bei Gott und meiner armen Seele, es ist mir nichts von dem Tuch übriggeblieben, und ich bin bereit, die Sache den Geschworenen des Handwerks zur Untersuchung vorzulegen.«

Alle Anwesenden lachten über die Menge der Mützen und über diesen neuartigen Rechtsstreit. Sancho überlegte sich die Sache eine kurze Weile und sprach dann: »Mich dünkt, in diesem Rechtsstreit braucht es keines langen Verzuges, sondern es kann ein sofortiger Spruch nach redlichem Gutbefinden erfolgen; und sonach ergeht mein Urteil dahin; der Schneider verliert seinen Macherlohn und der Bauer sein Tuch, und die Mützen sollen an die Sträflinge im Gefängnis abgegeben werden, und damit abgemacht.«

(...)

Jetzt erschienen vor ihm zwei alte Männer; der eine trug einen Rohrstock, und der ohne Stock sprach: »Señor, diesem wackern Mann habe ich vor manchen Tagen zehn Goldtaler geliehen, um ihm einen Gefallen und ein gutes Werk zu tun, unter der Bedingung, daß er sie mir wiedergebe, sobald ich sie von ihm verlangen würde. Nun sind viele Tage vergangen, ohne daß ich sie von ihm verlangte, weil ich ihn durch das Wiedergeben nicht in eine noch größere Not bringen wollte, als die er zu der Zeit erlitt, wo ich sie ihm lieh. Aber weil es mir vorkam, als denke er überhaupt nicht ans Zahlen, habe ich sie einmal und dann vielmals von ihm verlangt; aber er gibt sie mir nicht nur nicht wieder, sondern er leugnet sie mir ab und sagt, ich hätte ihm niemals zehn Goldtaler geliehen, und wenn ich sie ihm doch geliehen, so habe er sie mir bereits wiedergegeben. Zeugen habe ich keine, weder für das Darlehen noch für die Rückzahlung, weil er sie mir nicht wiedergegeben hat. Ich möchte nun, daß Euer Gnaden ihn unter Eid vernähme, und falls er schwören sollte, daß er mir sie wiedergegeben, so will ich, hier und vor Gottes Angesicht, sie ihm erlassen.«

»Was sagt Ihr dazu, Ihr braver Alter mit dem Stock?« sprach Sancho.

Darauf sagte der Alte: »Ich, Señor, bekenne, daß er sie mir geliehen hat; aber wollet nur Euern Richterstab senken, und da er es auf einen Eid stellt, so will ich schwören, daß ich sie ihm wahr und wirklich wiedergegeben und bezahlt habe.«

Der Statthalter senkte seinen Richterstab und der Alte mit dem Stock gab diesen inzwischen dem andern, ihn während des Schwörens zu halten, als ob er ihm hinderlich wäre; dann legte er die Hand auf das Kreuz am Griff des Stabes und erklärte, es sei wahr, die geforderten zehn Goldtaler seien ihm geliehen worden, aber er habe sie dem andern mit eigner Hand in die seinige zurückgegeben, und weil jener nicht daran denke, fordere er sie immer aufs Neue von ihm zurück.

HABEAS-CORPUS-AKTE

Gesetz zur besseren Sicherung der Freiheit der Untertanen
und zum Schutze vor Einkerkerung in Übersee

Die ***Habeas-Corpus-Akte*** *(wörtlich: Du mögest den Körper haben), die 1679 in England von König Karl II. erlassen wurde, ist eines der zentralen modernen Freiheitsrechte und in jeder demokratischen Verfassung ver-*

wirklicht. Kein Bürger darf ohne gerichtliche Untersuchung in Haft gehalten werden, der Grund der Verhaftung muss ihm mitgeteilt werden.

(Fassung nach dem »Habeas Corpus Amendment Act 1679«, mit dem die ursprüngliche Habeas-Corpus-Akte von 1640 ergänzt wurde)

Große Verzögerungen sind seitens der Sheriffs, Kerkermeister und anderer Beamter, denen irgendwelche Untertanen des Königs wegen Verbrechen oder mutmaßlichen Verbrechen zum Gewahrsam übergeben worden waren, dadurch verursacht worden, daß sie an sie gerichtete Habeas-Corpus-Erlasse zurücksandten, einen und manchmal mehrere Alias- und Pluries-Habeas-Corpus-Erlasse ausstellten und es mit anderen Ausflüchten entgegen ihren Pflichten und den wohlbekannten Gesetzen des Landes am willfährigen Gehorsam gegenüber solchen Erlassen fehlen ließen; viele Untertanen des Königs sind dadurch in Fällen, in denen sie gemäß dem Gesetz gegen eine Bürgschaft hätten freigelassen werden müssen, zu ihrer großen Beschwer und Ärgernis lange Zeit im Gefängnis gehalten worden und mögen danach noch lange festgehalten werden. Dies zu verhüten und zum Zwecke der schnelleren Freilassung aller auf Grund solcher Verbrechen oder mutmaßlichen Verbrechen eingekerkerten Personen möge von des Königs erhabendster Majestät auf den Rat und mit der Zustimmung der in diesem Parlament versammelten geistlichen und weltlichen Lords und Gemeinen und durch die Autorität des Parlaments dies verordnet werden:

1. Wann immer eine oder mehrere Personen einen an einen Sheriff, Kerkermeister, Beamten oder an eine sonstige Person, in deren Gewahrsam sie sich befinden, gerichteten Habeas-Corpus-Erlaß vorweisen und der besagte Erlaß dem besagten Beamten überreicht oder im Kerker oder Gefängnis bei irgendeinem Unterbeamten oder Unterkerkermeister oder bei den Stellvertretern der besagten Beamten oder Kerkermeister hinterlassen wird, so müssen der besagte Beamte oder die besagten Beamten oder seine oder ihre Unter-Beamten, Unter-Kerkermeister und Stellvertreter innerhalb von 3 Tagen nach der vorerwähnten Überreichung des Erlasses (sofern es sich bei der besagten Verhaftung nicht um Verrat oder Treubruch handelt und dies im Haftbefehl klar und besonders zum Ausdruck kommt) den Erlaß sowie den

so Verhafteten oder Eingesperrten leibhaftig zu dem oder vor den derzeitigen Lordkanzler oder Lordsiegelbewahrer von England oder die Richter oder Barone des besagten Gerichtshofes, von dem der besagte Erlaß ergangen war, oder vor eine solche andere Person oder vor solche andere Personen, denen der Erlaß gemäß den darin enthaltenen Vorschriften wieder zugestellt werden muß, bringen oder bringen lassen – und zwar gegen Zahlung oder Angebot der Zahlung der Unkosten der Überführung des Gefangenen (welche durch den Richter oder Gerichtshof, die sie zuerkannten, festgestellt und auf dem Erlaß vermerkt werden müssen und 12 Pence pro Meile nicht übersteigen dürfen) und gegen Sicherheitsleistung durch einen von dem Gefangenen selbst in Höhe der Kosten für seine Rückführung ausgestellten Schuldschein (falls er von dem Gerichtshof oder Richter, vor den er gemäß der wahren Absicht dieses Gesetzes gebracht wird, in die Haft zurückgesandt wird) sowie gegen die Versicherung, daß er auf dem Wege keinen Fluchtversuch unternehmen werde; und sie müssen dann auch die wahren Gründe seiner Haft und Einkerkerung bescheinigen, es sei denn, die Verhaftung der besagten Person sei an einem Orte erfolgt, der mehr als 20 Meilen von dem Ort oder den Orten entfernt ist, an dem ein solches Gericht oder eine solche Person wohnt oder wohnen wird; und wenn die Entfernung größer als 20 Meilen ist, jedoch 100 Meilen nicht überschreitet, muß dies innerhalb von spätestens 10 Tagen, wenn sie größer ist als 100 Meilen, innerhalb von spätestens 20 Tagen, nach der oben erwähnten Überreichung [des Erlasses] geschehen.

John Locke
Zweite Abhandlung über die Regierung

John Locke *(1632–1704) war einer der einflussreichsten Denker der europäischen Aufklärung. In seinem politischen Hauptwerk* Zwei Abhandlungen über die Regierung *bricht er mit der Vorstellung der von Gottes Gnaden gewollten Herrschaft und definiert die Grundlage jeder staatlichen*

Ordnung als Vertrag zwischen Regierung und Bürgern. Die Regierung übt die Macht nur »treuhänderisch« für die Bürger aus – missbraucht sie das Vertrauensverhältnis, haben die Bürger das Recht, gegen die staatliche Gewalt aufzubegehren.

(...) § 87 Der Mensch wird, wie nachgewiesen worden ist, mit einem Rechtsanspruch auf vollkommene Freiheit und uneingeschränkten Genuss aller Rechte und Privilegien des natürlichen Gesetzes in Gleichheit mit jedem anderen Menschen oder jeder Anzahl von Menschen auf dieser Welt geboren. Daher hat er von Natur aus nicht die Macht, sein Eigentum, das heißt sein Leben, seine Freiheit und seinen Besitz, gegen die Schädigungen und Angriffe anderer Menschen zu schützen, sondern auch jede Verletzung des Gesetzes seitens anderer zu verurteilen und sie so zu bestrafen, wie es nach seiner Überzeugung das Vergehen verdient (...). Da aber keine politische Gesellschaft bestehen kann, ohne dass es in ihr eine Gewalt gibt, das Eigentum zu schützen und zu diesem Zweck die Übertretungen aller, die dieser Gesellschaft angehören, zu bestrafen, so gibt es nur dort eine politische Gesellschaft, wo jedes einzelne ihrer Mitglieder seine natürliche Gewalt aufgegeben und zugunsten der Gemeinschaft in all denjenigen Fällen auf sie verzichtet hat, die es nicht davon ausschließen, das von ihr geschaffene Gesetz zu seinem Schutz anzurufen.
(...) § 88. So gelangt das Staatswesen zu einer Gewalt, für die einzelnen Überschreitungen, die unter den Mitgliedern der Gesellschaft begangen werden und die es der Bestrafung für wert erachtet, das Strafmaß festzusetzen, das man für angemessen hält (also zu der Macht, Gesetze zu erlassen), und zugleich zu jener Gewalt, jegliches Unrecht zu bestrafen, dass einem der Mitglieder von jemandem zugefügt wird, der nicht zu dieser Gesellschaft gehört (also zu der Macht über Krieg und Frieden), und das alles zu Erhaltung des Eigentums aller Mitglieder dieser Gesellschaft, so weit es möglich ist. (...) Und hier liegt der Ursprung der legislativen und exekutiven Gewalt der bürgerlichen Gesellschaft: Sie hat nach stehenden Gesetzen zu urteilen, wieweit Verbrechen, die innerhalb des Gemeinwesens begangen wurden, zu bestrafen sind. Ebenso muss sie durch ein gelegentliches Urteil, das

durch die jeweiligen Umstände des Falles begründet wird, entscheiden, wieweit Schädigungen von außen bestraft werden sollen. In beiden Fällen aber darf sie auf die gesamte Kraft ihrer Mitglieder zurückgreifen, wenn dies notwendig sein sollte. (...)

§ 134. Das große Ziel, das Menschen, die in eine Gesellschaft eintreten, vor Augen haben, liegt im friedlichen und sicheren Genuss ihres Eigentums, und das große Werkzeug und Mittel dazu sind die Gesetze, die in dieser Gesellschaft erlassen worden sind. So ist das erste und grundlegende positive Gesetz aller Staaten die Begründung der legislativen Gewalt, so wie das erste und grundlegende natürliche Gesetz, das sogar über der legislativen Gewalt gelten muss, die Erhaltung der Gesellschaft und (so weit es mit dem öffentlichen Wohl vereinbar ist) jeder einzelnen Person in ihr ist. Diese Legislative ist nicht nur die höchste Gewalt des Staates, sondern sie liegt auch geheiligt und unabänderlich in den Händen, in welche die Gemeinschaft sie einmal gelegt hat. Keine Vorschrift irgendeines anderen Menschen, in welcher Form sie auch verfasst, von welcher Macht sie auch gestützt sein mag, kann die verpflichtende Kraft eines Gesetzes haben, wenn sie nicht ihre Sanktion von derjenigen Legislative erhält, die das Volk gewählt und ernannt hat. Denn ohne sie könnte das Gesetz nicht haben, was absolut notwendig ist, um es zu einem Gesetz zu machen, nämlich die Zustimmung der Gesellschaft (...)

Montesquieu
Vom Geist der Gesetze

Charles-Louis de Secondat Baron de la Brède et de Montesquieu, *(1689–1755) ist einer der Väter unserer modernen Demokratien. In seinem Hauptwerk* Vom Geist der Gesetze *begründet er die Lehre von den drei Gewalten und ihrem Verhältnis untereinander. Sein Werk wurde zu einem der Grundsteine der Französischen Revolution und bleibt bis heute ein Klassiker demokratischer Regierungen.*

Gesetze im weitesten Sinne des Wortes sind Beziehungen, die sich aus der Natur der Dinge mit Notwendigkeit ergeben. In diesem Sinne haben alle Wesen ihre Gesetze; die Gottheit und die körperliche Welt, höhere geistige Wesen, Tiere und Menschen haben ihre eigenen Gesetze.

Es ist völlig unsinnig, zu behaupten, ein blindes Schicksal habe alles hervorgebracht, was wir in der Welt sehen. Denn was wäre unsinniger als ein blindes Schicksal, das vernunftbegabte Wesen hervorgebracht hätte?

Es gibt also eine ursprüngliche Vernunft, und Gesetze sind die Beziehungen, die zwischen ihr und den verschiedenen Wesen bestehen, sowie die Beziehungen dieser Wesen untereinander.

Gott steht zum Weltall als Schöpfer und als Erhalter in Beziehung; die Gesetze, nach denen er geschaffen hat, sind dieselben, nach denen er erhält. Er handelt nach diesen Regeln, weil er sie kennt; er kennt sie, weil er sie gemacht hat, und hat sie gemacht, weil sie seiner Weisheit und seiner Macht entsprechen.

Da die Welt, geformt aus der Bewegung der Materie und ohne eigene Vernunft, wie man sieht, immer fortbesteht, müssen ihre Bewegungen unveränderlichen Gesetzen gehorchen; und wenn man sich eine andere Welt als diese hier vorstellen könnte, so müßte auch diese feste Regeln haben, sonst würde sie zugrunde gehen.

Die Schöpfung, als freie Tat betrachtet, setzt also ebenso unveränderliche Gesetze voraus wie der Zufall der Atheisten. Es wäre sinnlos, zu behaupten, daß der Schöpfer auch ohne diese Regeln die Welt regieren könnte, da die Welt ohne sie nicht bestehen könnte.

Diese Regeln sind unveränderlich festgelegt. Bei zwei bewegten Körpern bestimmten Masse und Geschwindigkeit den Beginn, die Zu- oder Abnahme und das Ende aller Bewegungen. Jede Verschiedenheit ist *Gleichförmigkeit,* jeder Wechsel *Beständigkeit.*

Die vernunftbegabten Einzelwesen können Gesetze haben, die sie selbst geschaffen haben, aber sie haben auch solche, die sie nicht selbst gemacht haben. Sie waren möglich, ehe es vernunftbegabte Wesen gab; zwischen ihnen gab es mögliche Beziehungen und mithin auch mögliche Gesetze. Noch ehe Gesetze geschaffen wurden, gab es mögliche

Rechtsbeziehungen. Zu behaupten, daß es kein Recht oder Unrecht gebe als das, was die positiven Gesetze befehlen oder verbieten, heißt soviel wie behaupten, ehe man den ersten Kreis gezogen habe, seien die Radien nicht gleich gewesen.

Man muß also zugeben, daß es Grundsätze der Billigkeit gibt, die älter sind als die positiven Gesetze, die sie begründeten: so zum Beispiel daß es gerecht ist, wenn es menschliche Gesellschaften gibt, sich nach ihren Gesetzen zu richten, oder daß vernünftige Wesen, die von einem anderen eine Wohltat empfangen haben, ihm dafür dankbar sein müssen; oder wenn ein vernünftiges Wesen ein anderes geschaffen hat, daß dann das Geschöpf in der ursprünglichen Abhängigkeit verbleiben muß; oder daß ein vernünftiges Wesen, das einem anderen ein Übel zufügt, es verdient, dasselbe Übel zu erleiden usw.

Aber die vernunftbegabte Welt wird lange nicht so gut regiert wie die physische. Denn obgleich auch sie Gesetze hat, die ihrer Natur nach unveränderlich sind, so gehorcht sie ihnen nicht immer so wie die physische Welt den ihrigen.

Das liegt daran, daß die vernünftigen Einzelwesen von Natur aus beschränkt und damit dem Irrtum unterworfen sind. Andererseits entspricht es ihrer Natur, daß sie aus eigenem Entschluß handeln. Daher befolgen sie ihre Urgesetze nicht immer, und selbst die nicht stets, die sie sich selbst gegeben haben.

Man weiß nicht, ob die Tiere durch die allgemeinen Gesetze der Bewegung oder durch Eigenbewegung gelenkt werden. Wie dem auch sei, jedenfalls haben sie zu Gott keine nähere Beziehung als die übrige physische Welt, und ihr Instinkt dient ihnen nur in ihren Beziehungen zueinander und zu sich selbst.

Durch den Trieb zur Lust erhalten sie ihr Einzeldasein und ihre Art. Sie haben natürliche Gesetze, weil sie durch ihr Gefühl, und keine positiven Gesetze, weil sie nicht durch Erkenntnis miteinander verbunden sind. Trotzdem folgen sie nicht unterschiedslos ihren natürlichen Gesetzen: Die Pflanzen, an denen wir weder Gefühl noch Erkenntnis wahrnehmen, folgen ihnen besser.

Die Tiere besitzen nicht die hohen Vorzüge, die wir haben; aber sie besitzen auch solche, die uns fehlen. Sie haben nicht unsere Hoffnungen, aber auch nicht unsere Sorgen. Sie sind wie wir dem Tode unterworfen, aber ohne ihn zu kennen: Die meisten erhalten sich sogar besser als wir und machen keinen so schlechten Gebrauch von ihren Leidenschaften.

Als physisches Wesen wird der Mensch wie die anderen Geschöpfe von unabänderlichen Gesetzen beherrscht; als vernunftbegabtes Wesen aber verletzt er ohne Unterlaß die Gesetze, die Gott ihm gegeben hat, und ändert die, welche er sich selbst gegeben hat. Er muß sich selbst leiten, und doch ist er ein beschränktes Wesen und wie alle irdischen Vernunftwesen der Unwissenheit und dem Irrtum ausgesetzt.

(...)

Die allgemeine Gewalt kann in den Händen *eines einzelnen* oder *mehrerer* liegen. Manche haben gemeint, daß die Regierung eines einzelnen der Natur am besten entspreche, da diese die väterliche Gewalt geschaffen habe. Aber dieses Beispiel der väterlichen Gewalt beweist nichts. Denn entspricht die väterliche Gewalt der Regierung eines einzelnen, so entspricht nach dem Tode des Vaters die Gewalt der Brüder oder nach deren Tode die der Vettern der Regierung durch mehrere. Die Staatsgewalt umfaßt notwendig die Vereinigung mehrerer Familien.

Richtiger ist es daher, zu sagen, die Regierungsform entspreche am besten der Natur, deren Eigenart dem Wesen des betreffenden Volkes am meisten angepaßt ist.

Der Einzelkräfte können sich nur zusammenschließen, wenn alle Willen sich vereinigen. »Die Vereinigung aller dieser Willen«, sagt Gravina weiter sehr richtig, »bildet die sogenannte *bürgerliche Verfassung.*«

Das Gesetz, ganz allgemein, ist die menschliche Vernunft, sofern sie alle Völker der Erde beherrscht; und die Staats- und Zivilgesetze jedes Volkes sollen nur die einzelnen Anwendungsfälle dieser menschlichen Vernunft sein.

Sie müssen dem Volk, für das sie geschaffen sind, so genau angepaßt sein, daß es ein sehr großer Zufall wäre, wenn sie auch einem anderen Volke angemessen wären.

Sie müssen der Natur und dem Prinzip der bestehenden oder erst zu errichtenden Regierungsform entsprechen, mögen sie nun die Regierung prägen, wie die Staatsgesetze, oder aufrechterhalten, wie die bürgerlichen Gesetze.

Sie müssen weiter der *Natur* des Landes entsprechen, seinem kalten, heißen oder gemäßigten Klima, der Beschaffenheit des Bodens, seiner Lage und Größe, der Lebensweise der Völker, ob Ackerbauer, Jäger oder Hirten; sie müssen dem Grad von Freiheit entsprechen, der sich mit der Verfassung verträgt, der Religion der Bewohner, ihren Neigungen, ihrem Reichtum, ihrer Zahl, ihrem Handel, ihren Sitten und Gebräuchen. Schließlich stehen sie in Beziehungen zueinander: zu ihrem Entstehungsgrund, dem Willen des Gesetzgebers und der Ordnung der Dinge, für die sie bestimmt sind. Von allen diesen Gesichtspunkten aus muß man sie betrachten. (...)

Es gibt drei Arten von Regierungen: *die republikanische,* die *monarchische* und die *despotische.* Um ihre Natur klarzustellen, genügt die Vorstellung, die sich ganz einfache Menschen ohne Vorbildung von ihr machen. Ich setze drei Definitionen oder besser drei Tatbestände voraus: *Die republikanische Regierung ist diejenige, in der das Volk als Ganzes oder auch nur ein Teil des Volkes die oberste Gewalt innehat; die monarchische ist die, bei der ein einzelner, aber nach fest bestimmten Gesetzen regiert, während bei der despotischen ein einzelner ohne Recht und Gesetz alles nach seinem Willen und seinen Launen lenkt.*

Dies bezeichne ich als die Natur der einzelnen Regierungen, und es ist nun zu untersuchen, welche Gesetze sich unmittelbar aus dieser Natur ergeben und folglich als erste Grundgesetze gelten müssen.

Französische Nationalversammlung

Erklärung der Menschen- und Bürgerrechte

In der Französischen Revolution erklärte die **Nationalversammlung** *am 26. August 1789 feierlich die allgemeinen Menschen- und Bürgerrechte, die 1791 Teil der Verfassung wurden. Sie gehören heute zu den Grundlagen aller europäischen Demokratien.*

Die hier niedergelegten 17 Artikel über die Menschen- und Bürgerrechte wurden der Verfassung von 1791 vorangestellt.

Die als Nationalversammlung eingesetzten Vertreter des französischen Volkes haben in der Erwägung, daß die Unkenntnis, das Vergessen oder Verachten der Menschenrechte die alleinigen Ursachen des öffentlichen Unglücks und der Korruptheit der Regierungen sind, beschlossen, in einer feierlichen Erklärung die natürlichen, unveräußerlichen und heiligen Rechte des Menschen darzulegen, damit diese Erklärung allen Mitgliedern der Gesellschaft stetig vor Augen steht und sie unablässig an ihre Rechte und Pflichten erinnert; damit die Handlungen der legislativen und der exekutiven Gewalt zu jeder Zeit mit dem Zweck jeder politischen Einrichtung verglichen werden können und dadurch entsprechend geachtet werden; damit die Ansprüche der Bürger von heute an auf einfachen und unbestreitbaren Grundsätzen beruhen und immer auf die Erhaltung der Verfassung und das Glück aller hinzielen.

Demzufolge anerkennt und erklärt die Nationalversammlung in Gegenwart und unter dem Schutz des Höchsten Wesens nachstehende Menschen- und Bürgerrechte:

Art. I: Die Menschen sind und bleiben von Geburt an frei und gleich an Rechten. Soziale Unterschiede dürfen nur im Allgemeinnutzen begründet sein.

Art. II: Das Ziel einer jeden politischen Vereinigung besteht in der Erhaltung der natürlichen und unantastbaren Menschenrechte. Diese Rechte sind Freiheit, Sicherheit und Widerstand gegen Unterdrükkung.

Art. III: Die Nation bildet den hauptsächlichen Ursprung jeder Souveränität. Keine Körperschaft und kein Individuum können eine Gewalt ausüben, die nicht ausdrücklich von der Nation ausgeht.

Art. IV: Die Freiheit besteht darin, alles tun zu können, was dem anderen nicht schadet. Somit hat die Ausübung der natürlichen Rechte jedes Menschen nur die Grenzen, die anderen Mitgliedern der Gesellschaft den Genuß derselben Rechte garantiert. Diese Grenzen können nur gesetzlich festgelegt werden.

Art. V: Dem Gesetz allein obliegt es, die der Gesellschaft schädlichen

Handlungen zu verbieten. Alles, was nicht gesetzlich verboten ist, kann nicht verhindert werden. Niemand kann zu etwas gezwungen werden, was nicht gesetzlich befohlen ist.
Art. VI: Das Gesetz ist der Ausdruck des allgemeinen Willens. Alle Bürger sind berechtigt, persönlich oder durch ihre Vertreter an seiner Gestaltung mitzuwirken. Ob es schützt oder straft: es muß für alle gleich sein. Da alle Bürger in seinen Augen gleich sind, haben sie auch gleichermaßen Zugang zu allen Würden, Stellungen oder öffentlichen Ämtern, je nach ihren Fähigkeiten, ohne einen anderen Unterschied als den ihrer Tugenden und Talente.
Art. VII: Kein Mensch kann anders als in den gesetzlich verfügten Fällen und den vorgeschriebenen Formen angeklagt, verhaftet und gefangengenommen werden. Wer willkürliche Befehle verlangt, ausfertigt, ausführt oder ausführen läßt, muß bestraft werden. Jeder Bürger aber, der auf Grund des Gesetzes vorgeladen oder ergriffen wird, muß augenblicklich gehorchen. Durch Widerstand macht er sich strafbar.
Art. VIII: Das Gesetz soll nun unbedingte und offensichtlich notwendige Strafen festlegen. Niemand kann wegen eines Gesetzes bestraft werden, das nicht vor dem Tatmoment erlassen, verkündet und angewendet worden ist.
Art. IX: Da jeder Mensch so lange für unschuldig gilt, wie er nicht für schuldig befunden ist, soll, wenn eine Verhaftung unumgänglich ist, jede unnötige Härte zur Versicherung seiner Person gesetzlich streng verboten sein.
Art. X: Niemand darf wegen seiner Meinung, selbst religiöser Art, belangt werden, solange die Äußerungen nicht die gesetzlich festgelegte Ordnung stören.
Art. XI: Freie Gedanken- und Meinungsfreiheit ist eines der kostbarsten Menschenrechte; jeder Bürger kann daher frei schreiben, reden und drucken, unter Vorbehalt des Mißbrauchs dieser Freiheit in den gesetzlich festgelegten Fällen.
Art. XII: Die Sicherung der Menschen- und Bürgerrechte erfordert eine Streitmacht, die zum Vorteil aller eingesetzt wird, und nicht zum besonderen Nutzen derer, denen sie anvertraut ist.

Art. XIII: Für den Unterhalt der Streitmacht und für die Verwaltungskosten ist eine allgemeine Abgabe unumgänglich. Diese muß auf alle Bürger gleichermaßen unter Berücksichtigung ihrer Möglichkeiten verteilt werden.

Art. XIV: Die Bürger haben das Recht, selbst oder durch ihre Vertreter die Notwendigkeit der öffentlichen Ausgaben festzustellen, diesen frei zuzustimmen, ihre Verwendung zu überprüfen und ihre Höhe, Veranlagung, Eintreibung und ihren Erhebungszeitraum zu bestimmen.

Art. XV: Die Gesellschaft hat das Recht, von jedem öffentlichen Beamten Rechenschaft über seine Verwaltung zu fordern.

Art. XVI: Jede Gesellschaft, in der die Garantie dieser Rechte nicht erfolgt und die Gewaltenteilung nicht festgeschrieben ist, hat keine Verfassung.

Art. XVII: Da das Eigentum ein unverletzliches und heiliges Recht ist, kann es niemandem genommen werden, außer im Falle öffentlicher Notwendigkeit unter der Bedingung einer gerechten und vorherigen Entschädigung.

Heinrich von Kleist
MICHAEL KOHLHAAS

Heinrich von Kleist *(1777–1811) hat mit seiner Erzählung* Michael Kohlhaas *(1810) einen Text von bleibender Aktualität geschaffen. Der Brandenburger Pferdehändler Kohlhase, ein rechtschaffener Mann, wird von einem seine Macht willkürlich missbrauchenden Landjunker betrogen. In seinem mutigen Kampf um Gerechtigkeit verletzt Kohlhaas schließlich selbst die Gesetze und setzt sein gesamtes Hab und Gut sowie sein Leben aufs Spiel. In dem ambivalenten Ausgang der Geschichte erlangt der Held zwar Gerechtigkeit, er selbst aber wird aufgrund der eigenen Verbrechen zum Tode verurteilt.*

In Dresden, wo er, in einer der Vorstädte der Stadt, ein Haus mit einigen Ställen besaß, weil er von hier aus seinen Handel auf den kleineren

Märkten des Landes zu bestreiten pflegte, begab er sich, gleich nach seiner Ankunft, auf die Geheimschreiberei, wo er von den Räten, deren er einige kannte, erfuhr, was ihm allerdings sein erster Glaube schon gesagt hatte, daß die Geschichte mit dem Paßschein ein Märchen sei. Kohlhaas, dem die mißvergnügten Räte, auf sein Ansuchen, einen schriftlichen Schein über den Ungrund derselben gaben, lächelte über den Witz des dürren Junkers, obschon er noch nicht recht einsah, was er damit bezwecken mochte; und die Koppel der Pferde, die er bei sich führte, einige Wochen darauf, zu seiner Zufriedenheit, verkauft, kehrte er, ohne irgend weiter ein bitteres Gefühl, als das der allgemeinen Not der Welt, zur Tronkenburg zurück. Der Schloßvogt, dem er den Schein zeigte, ließ sich nicht weiter darüber aus und sagte, auf die Frage des Roßkamms, ob er die Pferde jetzt wieder bekommen könne: er möchte nur hinuntergehen und sie holen. Kohlhaas hatte aber schon, da er über den Hof ging, den unangenehmen Auftritt, zu erfahren, daß sein Knecht, ungebührlichen Betragens halber, wie es hieß, wenige Tage nach dessen Zurücklassung in der Tronkenburg, zerprügelt und weggejagt worden sei. Er fragte den Jungen, der ihm diese Nachricht gab, was denn derselbe getan? und wer während dessen die Pferde besorgt hätte? worauf dieser aber erwiderte, er wisse es nicht, und darauf dem Roßkamm, dem das Herz schon von Ahnungen schwoll, den Stall, in welchem sie standen, öffnete. Wie groß war aber sein Erstaunen, als er, statt seiner zwei glatten und wohlgenährten Rappen, ein Paar dürre, abgehärmte Mähren erblickte; Knochen, denen man, wie Riegeln, hätte Sachen aufhängen können; Mähnen und Haare, ohne Wartung und Pflege, zusammengeknetet: das wahre Bild des Elends im Tierreiche! Kohlhaas, den die Pferde, mit einer schwachen Bewegung, anwieherten, war auf das äußerste entrüstet, und fragte, was seinen Gaulen widerfahren wäre? Der Junge, der bei ihm stand, antwortete, daß ihnen weiter kein Unglück zugestoßen wäre, daß sie auch das gehörige Futter bekommen hätten, daß sie aber, da gerade Ernte gewesen sei, wegen Mangels an Zugvieh, ein wenig auf den Feldern gebraucht worden wären. Kohlhaas fluchte über diese schändliche und abgekartete Gewalttätigkeit, verbiß jedoch, im Gefühl seiner Ohnmacht, seinen Ingrimm, und machte schon, da doch nichts anders übrig blieb, Anstalten, das

Raubnest mit den Pferden nur wieder zu verlassen, als der Schloßvogt, von dem Wortwechsel herbeigerufen, erschien, und fragte, was es hier gäbe? Was es gibt? antwortete Kohlhaas. Wer hat dem Junker von Tronka und dessen Leuten die Erlaubnis gegeben, sich meiner bei ihm zurückgelassenen Rappen zur Feldarbeit zu bedienen? Er setzte hinzu, ob das wohl menschlich wäre? versuchte, die erschöpften Gäule durch einen Gertenstreich zu erregen, und zeigte ihm, daß sie sich nicht rührten. Der Schloßvogt, nachdem er ihn eine Weile trotzig angesehen hatte, versetzte: seht den Grobian! Ob der Flegel nicht Gott danken sollte, daß die Mähren überhaupt noch leben? Er fragte, wer sie, da der Knecht weggelaufen, hätte pflegen sollen? Ob es nicht billig gewesen wäre, daß die Pferde das Futter, das man ihnen gereicht habe, auf den Feldern abverdient hätten? Er schloß, daß er hier keine Flausen machen möchte, oder daß er die Hunde rufen, und sich durch sie Ruhe im Hofe zu verschaffen wissen würde. – Dem Roßhändler schlug das Herz gegen den Wams. Es drängte ihn, den nichtswürdigen Dickwanst in den Kot zu werfen, und den Fuß auf sein kupfernes Antlitz zu setzen. Doch sein Rechtgefühl, das einer Goldwaage glich, wankte noch; er war, vor der Schranke seiner eigenen Brust, noch nicht gewiß, ob eine Schuld seinen Gegner drücke; und während er, die Schimpfreden niederschluckend, zu den Pferden trat, und ihnen, in stiller Erwägung der Umstände, die Mähnen zurechtlegte, fragte er mit gesenkter Stimme: um welchen Versehens halber der Knecht denn aus der Burg entfernt worden sei? Der Schloßvogt erwiderte: weil der Schlingel trotzig im Hofe gewesen ist! Weil er sich gegen einen notwendigen Stallwechsel gesträubt, und verlangt hat, daß die Pferde zweier Jungherren, die auf die Tronkenburg kamen, um seiner Mähren willen, auf der freien Straße übernachten sollten! – Kohlhaas hätte den Wert der Pferde darum gegeben, wenn er den Knecht zur Hand gehabt, und dessen Aussage mit der Aussage dieses dickmäuligen Burgvogts hätte vergleichen können. Er stand noch, und streifte den Rappen die Zoddeln aus, und sann, was in seiner Lage zu tun sei, als sich die Szene plötzlich änderte, und der Junker Wenzel von Tronka, mit einem Schwarm von Rittern, Knechten und Hunden, von der Hasenhetze kommend, in den Schloßplatz sprengte. Der Schloßvogt, als er fragte, was vorgefallen sei, nahm sogleich das Wort, und während die Hunde, beim Anblick des Fremden, von der einen Seite, ein Mordgeheul gegen ihn anstimmten, und die Ritter ihnen, von der andern, zu schweigen geboten, zeigte er ihm, unter der gehässigsten Entstellung der Sache, an, was dieser Roßkamm, weil seine Rappen ein wenig gebraucht worden wären, für eine Rebellion verführe. Er sagte, mit Hohngelächter, daß er sich weigere, die Pferde als die seinigen anzuerkennen. Kohlhaas rief: »das *sind* nicht meine Pferde, gestrenger Herr! Das sind die *Pferde* nicht, die dreißig Goldgülden wert waren! Ich will meine wohlgenährten und gesunden Pferde wieder haben!« – Der Junker, indem ihm eine flüchtige Blässe ins Gesicht trat, stieg vom Pferde, und sagte: wenn der H ... A ... die Pferde nicht wiedernehmen will, so mag er es bleiben lassen. Komm, Günther! rief er – Hans! Kommt! indem er sich den Staub mit dem Hemd von den Beinkleidern schüttelte; und: schafft Wein! rief er noch, da er mit den Rittern unter der Tür war; und ging ins Haus. Kohlhaas sagte, daß er eher den Abdecker rufen, und die Pferde auf den Schindanger schmeißen lassen, als sie so, wie sie wären, in seinen Stall zu Kohlhaasenbrück führen wolle. Er ließ die Gaule, ohne sich um sie zu bekümmern, auf dem Platz stehen, schwang sich, indem er versicherte, daß er sich Recht zu verschaffen wissen würde, auf seinen Braunen, und ritt davon.

Die Internationale

Dieses Kampflied der internationalen sozialistischen Arbeiterbewegung wurde von dem Franzosen Pierre Degeyter komponiert. Die bekannteste deutsche Übersetzung stammt von Emil Luckhardt (1910).

Wacht auf, Verdammte dieser Erde, die stets man
noch zum Hungern zwingt! Das Recht wie Glut im
Kraterherde nun mit Macht zum Durchbruch
dringt. Reinen Tisch macht mit dem Bedränger!
Heer der Sklaven, wache auf!

Ein Nichts zu sein, tragt es nicht länger, alles zu
werden, störmt zuhauf.

Völker, hört die Signale! Auf, zum letzten Gefecht!
Die Internationale erkämpft das Menschenrecht!
Völker, hört die Signale! Auf, zum letzten Gefecht!
Die Internationale erkämpft das Menschenrecht.

Es rettet uns kein höh'res Wesen, kein Gott, kein
Kaiser, noch Tribun.
Uns aus dem Elend zu erlösen, können wir nur
selber tun!
Leeres Wort: des Armen Rechte! Leeres Wort: des
Reichen Pflicht!
Unmündig nennt man uns und Knechte, duldet die
Schmach nun länger nicht!

Völker, hört die Signale! Auf, zum letzten Gefecht!
Die Internationale erkämpft das Menschenrecht!
Völker, hört die Signale! Auf, zum letzten Gefecht!
Die Internationale erkämpft das Menschenrecht.

In Stadt und Land, ihr Arbeitsleute, wir sind die
stärkste der Partei'n
Die Müßiggänger schiebt beiseite! Diese Welt wird
unser sein;
unser Blut sei nicht mehr der Raben und der
nächt'gen Geier Fraß!
Erst wenn wir sie vertrieben haben, dann scheint die
Sonn' ohn' Unterlaß

Völker, hört die Signale! Auf, zum letzten Gefecht!
Die Internationale erkämpft das Menschenrecht!
Völker, hört die Signale! Auf, zum letzten Gefecht!
Die Internationale erkämpft das Menschenrecht.

Franz Kafka

Vor dem Gesetz

Franz Kafka *(1883–1924) hat in vielen seiner berühmten Erzählungen das verzweifelte Ringen des Menschen um Verständnis der organisierten Welt geschildert. In seinen Texten scheitern Menschen an der undurchdringlichen Macht der verwalteten und juristisch verschlüsselten Welt* (Der Prozess, Das Urteil). *Der hier vorgestellte Text* Vor dem Gesetz *erschien erstmals 1915.*

Vor dem Gesetz steht ein Türhüter. Zu diesem Türhüter kommt ein Mann vom Lande und bittet um Eintritt in das Gesetz. Aber der Türhüter sagt, daß er ihm jetzt den Eintritt nicht gewähren könne. Der Mann überlegt und fragt dann, ob er also später werde eintreten dürfen. »Es ist möglich«, sagt der Türhüter, »jetzt aber nicht.« Da das Tor zum Gesetz offensteht wie immer und der Türhüter beiseite tritt, bückt sich der Mann, um durch das Tor in das Innere zu sehn. Als der Türhüter das merkt, lacht er und sagt: »Wenn es dich so lockt, versuche es doch, trotz meines Verbotes hineinzugehn. Merke aber: Ich bin mächtig. Und ich bin nur der unterste Türhüter. Von Saal zu Saal stehn aber Türhüter, einer mächtiger als der andere. Schon der Anblick des dritten kann nicht einmal ich mehr ertragen.« Solche Schwierigkeiten hat der Mann vom Lande nicht erwartet; das Gesetz soll doch jedem und immer zugänglich sein, denkt er, aber als er jetzt den Türhüter in seinem Pelzmantel genauer ansieht, seine große Spitznase, den langen, dünnen, schwarzen tatarischen Bart, entschließt er sich, doch lieber zu warten, bis er die Erlaubnis zum Eintritt bekommt. Der Türhüter gibt ihm einen Schemel und läßt ihn seitwärts von der Tür sich niedersetzen. Dort sitzt er Tage und Jahre. Er macht viele Versuche, eingelassen zu werden, und ermüdet den Türhüter durch seine Bitten. Der Türhüter stellt öfters kleine Verhöre mit ihm an, fragt ihn über seine Heimat aus und nach vielem andern, es sind aber teilnahmslose Fragen, wie sie große Herren stellen, und zum Schlusse sagt er ihm immer wieder, daß er ihn noch nicht einlassen könne. Der Mann, der sich für seine Reise mit vielem ausgerüstet hat, verwendet alles, und sei es noch so wertvoll, um den Türhüter zu bestechen. Dieser nimmt zwar alles an, aber sagt dabei: »Ich nehme es nur an, damit du nicht glaubst, etwas versäumt zu haben.« Während der vielen Jahren beobachtet der Mann den Türhüter fast ununterbrochen. Er vergißt die andern Türhüter, und dieser erste scheint ihm das einzige Hindernis für den Eintritt in das Gesetz. Er verflucht den unglücklichen Zufall, in den ersten Jahren rücksichtslos und laut, später, als er alt wird, brummt er nur noch vor sich hin. Er wird kindisch, und da er in dem jahrelangen Studium des Türhüters auch die Flöhe in seinem Pelzkragen erkannt hat, bittet er auch die Flöhe, ihm zu helfen und den Türhüter umzustimmen. Schließlich wird sein Augenlicht schwach, und er weiß nicht, ob es um ihn wirklich dunkler wird oder ob ihn nur seine Augen täuschen. Wohl aber erkennt er jetzt im Dunkel einen Glanz, der unverlöschlich aus der Türe des Gesetzes bricht. Nun lebt er nicht mehr lange. Vor seinem Tode sammeln sich in seinem Kopfe alle Erfahrungen der ganzen Zeit zu einer Frage, die er bisher an den Türhüter noch nicht gestellt hat. Er winkt ihm zu, da er seinen erstarrenden Körper nicht mehr aufrichten kann. Der Türhüter muß sich tief zu ihm hinunterneigen, denn der Größenunterschied hat sich sehr zuungunsten des Mannes verändert. »Was willst du denn jetzt noch wissen?« fragt der Türhüter, »du bist unersättlich.« »Alle streben doch nach dem Gesetz«, sagt der Mann, »wieso kommt es, daß in den vielen Jahren niemand außer mir Einlaß verlangt hat?« Der Türhüter erkennt, daß der Mann schon an seinem Ende ist, und um sein vergehendes Gehör noch zu erreichen, brüllt er ihn an: »Hier konnte niemand sonst Einlaß erhalten, denn dieser Eingang war nur für dich bestimmt. Ich gehe jetzt und schließe ihn.«

Albert Schweitzer

Ehrfurcht vor dem Leben

Albert Schweitzer *(1875–1965) wurde 1952 für sein unermüdliches Wirken zugunsten der Armen und Unterprivilegierten vor allem in Afrika mit* *dem Friedensnobelpreis gewürdigt. Seine humanistische Ethik mündet in den Satz: »Ich bin Leben, das leben will, inmitten von Leben, das leben will.«*

Der Traum derer, die von der historischen Entwicklung erwarten, daß sie einen höheren Menschen hervorbringe, hat sich in irgendeinem Maße erfüllt. In irgendeinem Maße sind wir Übermenschen geworden durch die Macht, die wir besitzen, indem wir über Naturkräfte gebieten, von denen wir glaubten, daß sie niemals den Menschen unterworfen sein könnten. Aber dieser Übermensch leidet an einer Unvollkommenheit; denn seine Vernünftigkeit ist nicht übermenschlich geworden, wie es der Macht, die er sich errungen hat, entsprechen würde, sondern er ist kleiner geblieben, als er sein sollte. Er besitzt nicht jene Stufe der höchsten Vernünftigkeit, die ihm nun erlauben würde, nicht daran zu denken, die Macht über die Naturkräfte zum Vernichten zu benutzen, sondern nur darauf bedacht zu sein, sie zum Erbauen und sinngemäßen Gestalten zu gebrauchen. Diese Macht ist seine Größe und sein Elend zugleich. Denn durch diese Macht sind die Völker, die aus solchen Menschen bestehen, die von Errungenschaft zu Errungenschaft fortschreiten bis ins Unabsehbare, einander Gegenstand einer nicht zu bannenden Angst geworden; und keines kann von dem andern sagen, ob es nicht einmal in die Lage kommt, diese Macht, so wie sie ist, zu seiner Selbsterhaltung brauchen zu müssen, wie wir alle miteinander sie schon gebraucht haben und in den beiden hinter uns liegenden Kriegen. Durch diese Macht können wir alle zur Unmenschlichkeit verurteilt werden und sind dazu verurteilt worden. Miteinander sind wir ein Gegenstand der Furcht und der Angst eines vor dem anderen geworden.

Die große Frage ist: Wie kommen wir heraus aus diesem Elend, das unser Schicksal bestimmt? Heraus kommen wir nur, wenn wir füreinander wieder vertrauenswürdig werden, so daß jedes Volk vor dem anderen die Überzeugung hat, daß es diese Macht nicht zum Vernichten gebrauchen wird. Wie aber werden wir so vertrauenswürdig füreinander? Auf keine andere Art, als daß wir uns der Humanitätsgesinnung wieder zu ergeben wagen. Denn die Humanitätsgesinnung ist

das einzige, was einem Volke dem anderen gegenüber die Gewißheit geben kann, daß es die Macht nicht zum Vernichten des Gegners gebrauchen wird.
Humanitätsgesinnung ist der höchste Erwerb der Erkenntnis, die je dem Denken zuteil geworden ist und ihm je zuteil werden kann. Humanitätsgesinnung findet sich bei allen großen Denkern der Vergangenheit, ob in Indien, in China, ob im Vorderen Orient; überall ist sie irgendwo vorhanden, vielleicht am klarsten und kräftigsten bei den großen chinesischen Denkern Lao-Tse, Kung-Tse und Meng-Tse. Überall, wo die Idee des Mitempfindens und der Liebe ist, ist Humanitätsgesinnung im Werden begriffen. Humanitätsgesinnung ist diejenige, die dem Wesen des Menschen, seinem höheren Wesen, das ihn über alle Kreatur erhebt, entspricht. Denn in seiner Entwicklung hat er das Vermögen des Mitempfindens und des Miterlebens erlangt, und dieses Vermögen muß nun sein Verhalten in allem bestimmen.
Wir können nichts anderes als unsere Hoffnung darauf setzen, daß der Geist der Humanität, dessen wir bedürfen, in unserer Zeit wieder aufkomme.
Aber verlangen wir nicht etwas Unmögliches? Wie soll der Geist, der die Kraft verloren hat, sie wiederfinden? Und doch ist Aussicht, daß er sie wiederfindet. Es geht etwas vor in unserer Zeit, das uns dies erhoffen läßt. Der Geist der Humanität ist nicht tot. Er lebt in der Verborgenheit; und er hat es überwunden, daß er ohne Welterkenntnis sein muß. Es ist ihm klar geworden, daß er sich aus nichts anderem zu begründen hat als aus dem Wesen des Menschen, und damit hat er eine Selbständigkeit gewonnen, die eine Stärke ist. Und weiter ist er zu der Erkenntnis fortgeschritten, daß dieses Mitempfinden erst seine wahre Weite und Tiefe hat und damit erst die wahre Lebenskraft, wenn es sich nicht nur auf den Mitmenschen, sondern auf alles Lebendige, das in unseren Bereich tritt, bezieht. Er braucht keine andere Lebens- und Welterkenntnis mehr als die, daß alles, was ist, Leben ist und daß wir allem, was ist, als Leben, als einem höchsten, unersetzlichen Wert, Ehrfurcht entgegenbringen müssen. Keine Naturwissenschaft kann der Humanitätsgesinnung diese einfachste Erkenntnis nehmen, denn sie ist letzten Endes die, bei der jede Naturwissenschaft, als der

eigentlichen und einfachsten, haltmacht, daß alles, was ist, belebt ist. Und so bereitet sich in den Stürmen dieser Zeit vor, daß die Humanitätsgesinnung, die das Wesen unserer Kultur ausmachte, wieder erstehen wird und daß diese Humanitätsgesinnung uns aus der Not, in der wir uns befinden, herausführen kann.

Wissen und Phantasie

Ich habe einen Freund. Der heißt Robert und weiß einfach alles. Trotzdem ist er der langweiligste Mensch der Welt – was er auch sagt, es steht bereits in jedem Lexikon. Dann habe ich noch einen Freund. Der heißt Wolfgang und weiß gar nichts. Trotzdem kann ich ihm stundenlang zuhören, wenn er von Welten phantasiert, die nur in seinem Gehirn existieren. Allerdings, nach einem Ausflug mit Wolfgang nach Wolkenkuckucksheim bin ich meist so verwirrt, dass ich wieder Robert sehr zu schätzen weiß, die Klarheit und Sicherheit, die er mir vermittelt. Bis ich die Langeweile, die er verströmt, nicht mehr ertrage und ich mich zurück nach Wolfgangs Luftschlössern sehne.

Obwohl Robert und Wolfgang einander nicht ausstehen können, sind beide aufeinander angewiesen. Wissen ohne Phantasie ist Stumpfsinn, Phantasie ohne Wissen Irrsinn. Dabei entstammen sie verschiedenen Sphären: Wissen hat seine Heimat im Reich des Wirklichen, Phantasie im Reich des Möglichen. Beide nehmen auf die reale Welt Bezug, doch in gegensätzlicher Weise: Wissen entzaubert die Welt, Phantasie verzaubert sie. Beide sind unverzichtbar zur Erzeugung neuer Wirklichkeiten: Phantasie korrigiert die alte Realität mit ihren Träumen; Wissen zeigt Mittel und Wege auf, diese Träume in die Tat umzusetzen.

Wenn Wissen und Phantasie sich verbünden, wird es deshalb gefährlich. Dann werden Grenzen überschritten, Tabus gebrochen. Treibende Kraft ist dabei die Phantasie. Ohne sie gäbe es weder Künstler noch Verbrecher oder Revolutionäre. Das Gute ist ihr nicht gut genug – nicht einmal im Paradies gibt sie Ruhe. Könnte das alles, fragt sie, nicht noch schöner, noch großartiger, noch phantastischer sein? Diese Vorstellung plagt Eva so sehr, dass sie Adam verführt, mit ihr die verbotene Frucht zu probieren. Doch kaum haben die zwei vom Baum der Erkenntnis gegessen, verlieren sie ihre Unschuld – und damit das Paradies.

Seit diesem Verlust sind wir Europäer damit beschäftigt, das Paradies zurückzuerobern, unter Aufbietung all unseres Wissens und all unserer Phantasie. Dabei vertrauen wir allerdings im Zweifel lieber auf das Wissen. Plato, der Vater der abendländischen Philosophie, deutet die

Phantasie als bloßen Schein und rückt sie in die Nähe des Betrugs. Und während Aristoteles das Streben nach Wissen als »natürliche Veranlagung aller Menschen«, zum Königsweg bei der Erschließung der Wirklichkeit erklärt, entschwindet die Phantasie in Gestalt des Pegasus am fernen, nebulösen Musenhimmel.

Diesen Primat des Wissens in der Antike bestätigt die christliche Lehre. Augustinus verdammt die Phantasie als verderblichen »Aufruhr des Fleisches« – kein Wunder, wird er als Heiliger noch in seinen Träumen von sexuellen Visionen geplagt. Und selbst Leonardo da Vinci, einer der phantasievollsten Menschen der europäischen Geschichte, bestimmt die Wissenschaft zum »Kapitän«, bevor er sich auf die hohe See der Praxis begibt.

»Wissen ist Macht!« Mit dieser Losung Bacons machen Diderot und d'Alembert sich ans Werk, in ihrer Enzyklopädie das Wissen der Welt zu vereinen, um es allen Menschen zur Verfügung zu stellen. Ihr Handbuch der irdischen Glückseligkeit ist eine Provokation von Kirche und Staat, die in Europa das Wissen Jahrhunderte lang eifersüchtig als Monopol gehütet haben, um ihre Untertanen auf ein Paradies im Jenseits zu vertrösten. Doch mit der Französischen Revolution, die aus dieser Revolution des Geistes entsteht, wird die Demokratisierung des Wissens zum bürgerlichen Gemeingut, gipfelnd im humboldtschen Bildungsideal: Der Mensch vervollkommnet sich selbst, indem er seine Kenntnisse vervollkommnet.

»Zwar weiß ich viel, doch will ich alles wissen«, feiert Goethes Famulus Wagner das humboldtsche Ideal *avant la lettre.* Doch ist universelles Wissen überhaupt möglich? Sokrates, obwohl der gebildeteste Mensch seiner Zeit, glaubt nicht daran. »Ich weiß, dass ich nichts weiß«, lautet sein skeptisches Credo. Denn jede Erkenntnis ist der Möglichkeit des Irrtums unterworfen. Dieser grundsätzliche Zweifel hat keinen europäischen Philosophen so sehr gequält wie René Descartes. Wer kann denn garantieren, so seine bohrende Frage, dass alle Wahrnehmung nicht nur die Eingebung eines bösen Dämons ist, Gaukelwerk der Sinne? Bei der Suche nach Antwort erlangt Descartes nur eine Gewissheit: dass er selber derjenige ist, der diese Zweifel hegt. *»Cogito, ergo sum«,* ist darum sein Schluss, »ich denke, also bin ich.«

Alles Wissen, alle Erfahrung ist in den Grenzen des eigenen Ich gefangen. Die Wirklichkeit, so Kants Botschaft, ist eine Konstruktion, die der Verstand nach Maßgabe seiner eigenen Kategorien in Raum und Zeit erzeugt. Aus diesem Gefängnis seiner selbst schreibt Hofmannsthals »Lord Chandos« einen verzweifelten Brief an Francis Bacon, denselben Mann, der mit der Macht des Wissens die ganze Welt erobern wollte. Chandos hat mit dem Bezug zur Welt zugleich auch seine Begriffe von der Realität verloren: »Die Worte zerfallen mir im Mund wie modrige Pilze.« Im Dunkel dieser Verzweiflung blitzen nur wenige glückliche Momente auf – Epiphanien, kurze Augenblicke der Erkenntnis, die so schnell verglühen wie Sternschnuppen am nächtlichen Himmel.

Diese Lichtblicke verdankt Chandos keinem Wissen, sondern einem »fiebrigen Denken, einem ungeheuren Anteilnehmen« – der Phantasie. Sie allein ist der Ausweg aus dem Gefängnis des Ich, als Einbildungskraft, die sich Wirklichkeiten jenseits der gegebenen Realität vorstellen kann. Philostrat ist der erste Philosoph des Abendlandes, der ihr die Anerkennung zollt, die sie verdient, ja sie sogar über die Nachahmung stellt. Diese kann die Wirklichkeit nur reproduzieren, die Phantasie hingegen kann sie ersetzen, durch ihre eigenen Bilder.

Solchermaßen aufgewertet, erteilt die scholastische Philosophie der Phantasie auch den christlichen Segen. Boethius siedelt sie in der Hierarchie der menschlichen Seelenvermögen zwischen der Wahrnehmung und dem Verstand an. In dieser Spannung kann sie sich mit jener visionären Kraft entzünden, aus der mittelalterliche Mystiker wie Hildegard von Bingen und Meister Eckhart ihre Funken schlagen. Oder Wolfgang Amadeus Mozart: Beim Komponieren stürzen die Ideen so heftig auf ihn ein, dass er mit dem Schreiben kaum nachkommt – wie in einem »schönen starken Traum«.

In diesem Traum würde Jean-Jacques Rousseau, enttäuscht von Gott und der Welt, am liebsten ganz verschwinden. Die Phantasie wird ihm zur Zuflucht vor der Wirklichkeit, zum einzig erträglichen Ort auf der Welt, an den ihm zahllose Romantiker folgen. Hysterie weltfremder Spinner? Im Licht der Psychoanalyse erscheint ein solcher Reflex als ganz natürliche Reaktion: Laut Freud ist jeder Traum nichts anderes als eine »Wunscherfüllung«.

Erübrigt also die Phantasie das Wissen? Wer Phantasie ohne Kenntnisse besitzt, hat Flügel, aber keine Füße. Im Spiel gelangt sie gleichsam auf die Beine. »Der Mensch ist nur da ganz Mensch, wo er spielt«, definiert Kants Alter Ego Schiller den *homo ludens*. Im Spiel findet die europäische Fusion von Wissen und Phantasie statt. Spiel ist Zusammen-Spiel, in freier Entfaltung aller Geisteskräfte. In der Verbindung von Wissen und Phantasie werden die Grenzen der Wirklichkeit überwunden, nicht nur im Freiraum der Kunst, sondern auch in den Labors der Wissenschaft. Im Spiel von Kunst und Wissenschaft ist der Mensch der Schöpfung auf der Spur, in der Zeugung neuen Lebens. Dabei ist die Phantasie, nicht anders als einst im Paradies, die treibende Kraft: »wichtiger als Wissen«, wie Albert Einstein erklärt, »denn Wissen ist begrenzt«. Und Niels Bohr fügt hinzu: »Die Bereicherung, die die Kunst uns geben kann, beruht auf ihrer Fähigkeit, uns Harmonien zu vermitteln, die jenseits systematischer Analyse bestehen.«

Wissen beschreibt das Was und Wodurch der Dinge. Auf diese Weise entzaubert es die Welt. Je mehr Kenntnisse wir von ihrem Getriebe haben, desto mehr schwindet ihr Geheimnis, und übrig bleiben die Zweifel. Phantasie dagegen verzaubert die Welt. Sie bricht Gewohnheiten auf, Schemata des Denkens und des Handelns, um jenseits der Zweifel neue Gewissheiten zu finden. Wie Bastian in Michael Endes »Phantásien« oder »Alice im Wunderland« entdeckt sie »hinter den Spiegeln« Bilder einer anderen, schöneren, großartigeren Wirklichkeit: Einblicke ins Paradies. Und wenn diese Bilder sich mit Wissen paaren, werden Wunder manchmal Wirklichkeit.

Ist es da erstaunlich, wenn die Hüter der Realität, gleichgültig, ob als Götter, Priester oder Polizisten getarnt, die Phantasie und das Wissen der Menschen fürchten wie der Teufel das Weihwasser? Und der mächtige Vatikan den kleinen »Harry Potter« auf den Index setzt, die Liste der verbotenen Bücher?

»Heute«, behauptet mein Freund Robert, »wächst das Wissen der Menschheit so schnell, dass es sich alle paar Jahre verdoppelt.« – »Das ist die Hölle«, entgegnet mein Freund Wolfgang. – »Die Hölle?«, fragt Robert. »Wieso?« – »Mit dem Wissen wachsen die Zweifel«, sagt Wolfgang. »Bis man vor lauter Zweifeln den Himmel nicht mehr sieht.«

Philostratos
DAS LEBEN DES APOLLONIOS VON TYANA

Flavius Philostratos *(160/170–245) wirkte in Athen und am römischen Kaiserhof. Er plädiert in seiner Biografie des Apollonios von Tyana für die Freiheit der Phantasie beim Schaffensakt, der mehr sein muss als bloße Nachahmung. Je würdiger der Gegenstand künstlerischer Abbildung – hier die Götter –, umso mehr muss sich die darstellende Kunst von der reinen sichtbaren Wirklichkeit entfernen.*

»Frage nur!« erwiderten sie. »Auf die Frage folgt ja die Antwort.« Da sagte Apollonios: »In erster Linie will ich euch über die Götter befragen. Was hat euch bewogen, den Menschen hier die Götter mit wenigen Ausnahmen in so unpassenden und lächerlichen Bildern darzustellen? Mit wenigen Ausnahmen sage ich, sind es ihrer doch nur sehr wenige, die weise und göttergleich gestaltet sind. In den übrigen Tempeln scheint eher ein Kultus vernunftloser und gering geachteter Tiere zu herrschen.« Unwillig erwiderte Thespesion: »Und eure Bilder, wie sind denn die gestaltet?« »Auf die schönste und würdigste Art«, entgegnete Apollonios, »genau so, wie es sich gehört, Götter darzustellen.« »Du sprichst wohl«, warf Thespesion ein, »vom olympischen Zeus, vom Standbild der Athene, von der Knidierin und der Argiverin, und von denen, die sonst voll Schönheit sind und in Jugendblüte prangen.« »Nicht bloß von diesen«, lautete die Antwort. »Ich behaupte vielmehr, daß auch bei den andern Bildwerken der Schönheitssinn gewahrt ist, daß ihr dagegen die Gottheit mehr zu verspotten als zu ehren scheint.« »Sind denn Leute wie Pheidias und Praxiteles«, fragte Thespesion, »in den Himmel hinaufgestiegen und haben die Götter dort nachgebildet und zu Kunstwerken gemacht? Oder was hat sie sonst zu der Art ihrer Darstellung geführt?« »Etwas anderes«, erklärte Apollonios, »etwas, das von Weisheit zeugt.« »Welche denn?« wollte Thespesion wissen. »Du hast doch nichts anderes als die Nachahmung anzuführen.« »Die Phantasie hat dies bewirkt«, lautete die Erklärung, »eine Künstlerin, die weiser ist als die Nachahmung. Diese stellt nur dar, was sie sieht, die Phantasie aber auch, was sie nicht sieht, da sie die

Wahrheit als Grundlage ihrer Schöpfung nimmt. Die Nachahmung dagegen wird oft durch eine gewisse Betäubung von ihrem Ziele entfernt, während dies der Phantasie nicht widerfährt, da sie unbeirrt auf das lossteuert, was sie sich vorgenommen hat. Wer sich die Gestalt des Zeus vorstellt, muß ihn wohl zugleich mit dem Himmel, den Jahreszeiten und den Gestirnen erfassen können, wie dies Pheidias getan hat. Wer die Athene darstellen will, muß Feldlager vor sich sehen und an Klugheit und Künste denken und darf nicht vergessen, wie sie dem Haupte des Zeus entsprungen ist. Wenn du aber einen Habicht, eine Eule, einen Wolf oder einen Hund abbildest und anstelle eines Hermes, einer Athene oder eines Appolon in den Tempel trägst, so werden die Tiere und Vögel wohl um dieser Bilder willen bewundernswert erscheinen, die Götter aber werden viel von ihrem Ansehen verlieren.« »Du scheinst ohne Prüfung über unsere Religion zu urteilen«, erwiderte nun Thespesion. »Die Weisheit der Ägypter zeigt sich doch vor allem gerade darin, daß sie sich in der Darstellung der Götter keiner willkürlichen Anmaßungen schuldig machen, sondern sie vielmehr symbolisch und allegorisch behandeln. Gerade dadurch werden sie ja ehrwürdiger erscheinen.« Da entgegnete Apollonios lachend: »O ihr Menschen, ihr habt wahrlich einen großen Gewinn von der ägyptischen und äthiopischen Weisheit, wenn euch ein Hund, ein Ibis oder ein Bock heiliger und gottähnlicher erscheint, höre ich dies doch von dem weisen Thespesion. Was liegt denn darin Ehrwürdiges oder Furchterregendes? Es ist doch wohl wahrscheinlicher, daß Meineidige, Tempelräuber und Schmarotzer solche Heiligenbilder eher verachten als fürchten werden. Wenn aber die Götter durch Allegorie an Ehrwürdigkeit gewinnen würden, so würden ja die Götter in Ägypten noch viel ehrwürdiger sein, wenn ihr der Bilder entratet und die Theologie auf eine andere, weisere und geheimnisvollere Art behandeln würdet. Man könnte ihnen ja Tempel errichten, Altäre aufstellen und verordnen, was zu opfern sei und was nicht, zu welcher Zeit und wie lange dies zu geschehen habe und was man dabei sagen und tun müsse. Bilder aber brauchte man darin nicht aufzustellen, sondern könnte es den Tempelbesuchern überlassen, sich ein Bild von den Göttern zu machen, malt und bildet doch der Geist besser als die Kunst. Ihr aber entzieht den Göttern die Möglichkeit, schön zu erscheinen und schön gedacht zu werden.« Hierauf erklärte Thespesion: »Es gab einst einen gewissen greisen Athener namens Sokrates, der so unverständig wie wir den Hund, die Gans und die Platanen für Götter hielt und bei ihnen seinen Schwur leistete.« »Nicht unverständig«, versetzte Apollonios, »sondern wahrhaft göttlich und weise war er, schwur er doch bei diesen Wesen nicht, als ob es Götter wären, sondern eben um nicht bei den Göttern schwören zu müssen.«

Hildegard von Bingen
Vision

Hildegard von Bingen *(1098–1179) gründete 1147 ihr eigenes Benediktinerinnenkloster in Bingen. Ihre visionäre Begabung war früh aufgefallen, und 1141 begann sie mit Unterstützung von Bernhard von Clairvaux die Niederschrift ihrer Visionen. Hildegard war zudem eine berühmte Naturforscherin und Ärztin.*

Und meine Seele steigt, wie Gott es will, in dieser Vision in die Höhe des Firmamentes … Ich sehe aber diese Dinge nicht mit den äußeren Augen und höre sie nicht mit den äußeren Ohren, auch nehme ich sie nicht mit den Gedanken meines Herzens wahr noch durch irgendwelche Vermittlung meiner fünf Sinne. Ich sehe sie vielmehr einzig in meiner Seele, mit offenen leiblichen Augen, so daß ich dabei niemals die Bewußtlosigkeit einer Ekstase erleide, sondern wachend schaue ich dies, bei Tag und Nacht. Und ich werde durch Krankheiten stark gehemmt und oft derart in schwere Schmerzen verstrickt, daß sie mich zu Tode zu bringen drohen. Doch hat Gott mich bis jetzt immer wieder neu belebt.

Meister Eckhart

Das Auge und das Holz

Meister Eckhart *(Eckhart von Hochheim, 1260–1328) wurde schon zu Lebzeiten zu einem äußerst einflussreichen Theologen in Europa. Im Zentrum seines Werkes steht die Überzeugung, dass die göttliche Schöpfung ein dauernder Prozess ist, der in jedem Menschen stattfinden kann. Die Gottesgeburt in der menschlichen Seele kann gelingen, wenn der Mensch sich von äußeren Zwängen frei macht und sich auf Grund seiner Seele sinken lässt.*

Alle gleichen Dinge lieben sich untereinander und vereinigen sich miteinander, alle ungleichen Dinge aber fliehen sich und hassen sich gegenseitig. Nun sagt ein Meister: Nichts sei einander so ungleich wie Himmel und Erde. Das Erdreich hat es in seiner Natur empfunden, daß es dem Himmel fremd und ungleich ist. Deshalb ist es dem Himmel entflohen an die unterste Stelle und verharrt dort unbeweglich. Seinerseits hat der Himmel in seiner Natur wahrgenommen, daß das Erdreich ihn geflohen und die unterste Stätte in Besitz genommen hat. Darum ergießt sich der Himmel in seiner ganzen Fülle befruchtend über das Erdreich. Ja die Meister behaupten, der breite, weite Himmel behielte auch nicht eine Nadelspitze breit zurück, so völlig gebäre er sich befruchtend in das Erdreich. Darum heißt das Erdreich die fruchtbarste Kreatur unter allen zeitlichen Dingen.

Dasselbe sage ich von dem Menschen, der sich an sich selbst, in Gott und in allen Kreaturen in ein Nichts versetzt hat. Ein solcher Mensch hat die unterste Stätte in Besitz genommen, und ihn *muß* Gott sich völlig ergießen; oder er ist nicht Gott. Ich sage es bei Gottes ewiger Wahrheit; in jedem Menschen, der sich bis auf den Grund gelassen hat, muß Gott sich völlig ergießen. (…)

Als ich heute hierher ging, bedachte ich, wie ich doch so anschaulich predigen könne, daß ihr mich verständet, und da fiel mir ein Gleichnis ein. Könntet ihr das wohl verstehen, so verständet ihr den Sinn und den Grund all meiner Gedanken, die ich je gepredigt habe. Das Gleichnis betrifft meine Augen und das Holz. Wird mein Auge geöffnet, so ist es ein Auge; und ist es geschlossen, so ist es dasselbe Auge. Durch das Sehen geht weiter auch dem Holze weder etwas zu noch ab. Nun versteht mich recht: Geschieht es, daß mein Auge, eins und einheitlich in sich selbst, geöffnet und im Anschauen auf das Holz geworfen wird, so bleibt ein jedes, was es ist, und doch werden beide – durch die Wirkung des Anschauens – so Eins, daß man sagen kann, das Auge sei das Holz und das Holz sei mein Auge. Wäre nun vollends das Holz frei von ›Materie‹, rein geistig wie das Sehen meines Auges, so könnte man in der Tat sagen, in der Wirkung des Sehens bestünden das Holz und mein Auge in Einem Sein. Gilt das nun schon von körperlichen Dingen, wieviel mehr von geistigen!

Leonardo da Vinci

ÜBER DIE WISSENSCHAFT

Leonardo da Vinci *(1452–1519) hat in seinem Werk eine Vielfalt und Größe erreicht, die erst in den nachfolgenden Generationen ganz erkannt wurde. Als Maler und Bildhauer, als Mathematiker, Erfinder und Philosoph war er der Universalgelehrte der Renaissance. Er hinterließ zahlreiche Manuskripte, die teils verloren gingen. Die Fragmente* Über die Wissenschaft *geben einen guten Einblick in seine Auffassung von Forschung.*

Du mußt zuerst die Theorie beschreiben und hierauf die Praxis.
Die Wissenschaft ist der Kapitän, die Praxis, das sind die Soldaten.
Vom Irrtum jener, so die Praxis ohne Wissenschaft anwenden
Jene, die sich in die Praxis ohne Wissenschaft verlieben, sind wie der Pilot, so ein Schiff ohne Steuer noch Kompaß betritt, welcher dann nie Sicherheit besitzt, wohin es geht.
Immer muß die Praxis auf die gute Theorie gebaut sein, zu der die Perspektive Führerin und Pforte ist, und ohne sie macht man nichts gut in den Vorfällen der Malerei.
(...)

Keine Gewißheit dort, wo an nicht eine der mathematischen Wissenschaften anzuwenden vermag, oder bei dem, was nicht mit dieser Mathematik verbunden werden kann.

Mich lese, wer kein Mathematiker ist, in meinen Grundzügen nicht.

Ich erinnere dich, daß du deine Behauptungen und daß du das obenan Geschriebene durch Beispiele erhärtest, und nicht durch Behauptungen, was zu einfach wäre, und du wirst also sagen: *Experiment.*

Erinnere dich, wenn du das Wasser erklärst, erst das Experiment anzuführen und hierauf die Ursache.

Das Experiment. Dolmetsch zwischen der kunstreichen Natur und der menschlichen Art, lehrt uns, was schon selbige Natur unter den Sterblichen anwendet, daß man, von der Notwendigkeit gezwungen, nicht anders wirken könne, als wie die Vernunft, ihr Steuer, *sie* zu wirken lehrt.

(...)

Das Experiment irrt nie, sondern es irren nur eure Urteile, die sich von jenem eine Wirkung versprechen, die in unseren Erfahrungen nicht begründet ist. Denn, ein Anfang erst gegeben, ist es notwendig, daß jenes, was hierauf kommt, die wahre Folge solchen Anfanges sei, wenn es nicht eher schon [gestört und] behindert wurde, und wenn auch eine Behinderung da war, – die Wirkung, welche aus vorbesagtem Anfang hervorgehen sollte, nimmt um so viel mehr oder weniger an genannter Behinderung teil, als selbige mehr oder etwa weniger machtvoll ist als der schon erwähnte Anfang.

Die Erfahrung irrt nicht; es irren bloß unsere Urteile, von ihr sich Dinge versprechend, die nicht in ihrer Macht sind. Mit Unrecht beklagen sich die Menschen über die Erfahrung, welche sie mit höchsten Vorwürfen beschuldigen, trügerisch zu sein. Aber lasset selbige Erfahrung nur stehen und kehret solche Klage wider eure Unwissenheit, welche euch dazu übereilen läßt, mit euern eiteln und törichten Wünschen euch von jener Dinge zu versprechen, die in ihrer Macht nicht sind, sagend, sie sei trügerisch.

Mit Unrecht beklagen sich die Menschen über die unschuldige Erfahrung und bezichten diese häufig falscher und lügenhafter Beweisführungen. (...)

Keine Wirkung ist in der Natur ohne Ursache; begreife die Ursache, und du brauchst kein Experiment.
(...) Diese Regeln sind Ursache, dich das Wahre vom Falschen unterscheiden zu machen, welche Sache wieder macht, daß die Menschen sich nur die möglichen Dinge versprechen und mit mehr Mäßigkeit, und daß du dich nicht in Unwissenheit verschleierst, was zur Folge hätte, daß du keine Wirkung erzieltest und mit Verzweiflung dich der Melancholie ergeben müßtest.
Die Wahrheit war immer nur die Tochter der Zeit.
O du Erforscher der Dinge, rühme dich nicht, die Dinge zu kennen, welche die Natur ordnungsgemäß durch sie selbst führt. Aber freue dich, Zweck und Ende der Dinge zu wissen, die von deinem eigenen Geist entworfen sind.
Die Erwerbung jeder Kenntnis ist immer nützlich für den Intellekt, weil er aus sich die nutzlosen Dinge wird hinausjagen können und die guten zurückbehalten. Weil man keine Sache lieben kann noch hassen, wenn man nicht erst Erkenntnis von ihr hat.

Ludovico Ariosto

DER RASENDE ROLAND

Ludovico Ariosto *(1474–1533) hat mit seinem Epos über den* Rasenden Roland *eines der schönsten Renaissance-Epen hinterlassen. Sein literarischer Stil ist Ausdruck überschäumender Phantasie. Kein Wunder also, dass er dem Thema der Phantasie in Gestalt des fliegenden Pferdes Pegasus besondere Aufmerksamkeit widmet. Pegasus ist nicht nur ein praktisches Transportmittel, um von einem Kontinent zum anderen zu gelangen, sondern ist gleichzeitig Sinnbild für schöpferischen Elan. Nachdem der Ritter Astolfo gelernt hat, das stürmische Ross zu lenken, reist er in die himmlischen Sphären und von dort zum Mond, um den Verstand des Roland, dessen er wegen Liebeskummer verlustig gegangen ist, zu suchen und zurückzuholen.*

34. Gesang

Steigt dann aufs Flügelroß: es regt die Schwinge,
Emporzufliegen jenen Berg hinan,
Von dessen Gipfel man zum Mondesringe,
Wie man vermeint, hinaufgelangen kann.
Er wünscht gar sehr, daß er zur Höhe dringe:
Verläßt die Erde, schwebt nur himmelan,
Bis mehr und mehr zurück die Lüfte weichen,
Und Mann und Roß das höchste Joch erreichen.
(...)

Der Paladin läßt dem Palast entgegen,
Der rings an sieben Meilen wohl umfaßt,
Sein Tier bedächtig, langsam sich bewegen;
Das Land bewundernd und den hellen Glast;
Und häßlich scheint vor dieser Pracht dem Degen,
Und Gott und der Natur zugleich verhaßt,
Die schmutz'ge Erde, die wir hier bewohnen:
So herrlich ist's in jenen lichten Zonen.

Ergriffen bleibt er stehn von heil'gem Schauer,
Als er das Dach, das schimmernde, erreicht;
Ein einz'ger Edelstein ist dort die Mauer,
Vor dessen Glanz Karfunkels Helle weicht.
Erhabnes Werk! Dädalischer Erbauer!
Was ist auf Erden, das sich *dem* vergleicht!
Stumm muß ein jeder bleiben und vernichtet,
Der von den sieben Wundern stolz berichtet.

Der Herzog ward begrüßt von einem Alten
Am Säulengang des Hauses licht und hehr;
Weiß war das Kleid und rot des Mantels Falten,
Da weiß wie Milch und rot wie Mennig der.
Zur Schulter weiß die Haare niederwallten,

Weiß auf die Brust der Bart gar lang und schwer,
Und so verehrungswürdig seine Mienen,
Als sei der Sel'gen einer hier erschienen.

Zu Astolf, der vom Tier war abgestiegen,
Mit fröhlichem Gesichte sprach der Greis:
»Der du zum Paradiese durftest fliegen
Der Erde, auf des Himmelsherrn Geheiß;
Mag auch der Grund dafür verdeckt dir liegen,
Wie seiner Sehnsucht Zweck dein Herz nicht weiß,
Nicht ohne tief Geheimnis, sollst du wissen,
Warst du des Wegs vom Norden hier beflissen.

Zu hören, wie du Karl kannst Hilfe bringen
Und wie beenden heil'ger Kirche Haft,
Zu *mir* her mußtest du von ferne dringen,
Planlos, wo rechten Plan mein Rat dir schafft.
Doch schreibe, lieber Sohn, ein solch Gelingen
Nicht eigner Klugheit zu noch eigner Kraft,
Nicht nützten Horn und Flügelpferd hienieden,
Wäre die Hilfe nicht von Gott beschieden.

(...)

Doch euer Roland hat für solche Gnade
Nur üblen Dank bewiesen seinem Herrn:
Als das getreue Volk ihn braucht gerade,
Da bleibt er dem bedrängten König fern.
Verblendend lockt ihn Lieb' auf Frevelpfade;
Lieb' einer Heidin war sein böser Stern.
So wild und grausam ist er schon geworden,
Daß er den treuen Vetter wollte morden.

Die Strafe ist, daß er, von Wahn gebunden,
Mit nackter Brust und Hüfte schweifend rennt,

Verstand ist ihm gestört und ist geschwunden,
Daß er nicht andre und sich selbst nicht kennt.
So hat die Strafe Gottes einst gefunden
Ihn, den das Buch Nebukadnezar nennt,
Der, sieben Jahre lang toll, war drauf versessen,
Dem Rinde gleicht, nur Gras und Heu zu fressen.

Doch weil der Graf sich minder schwer vergangen,
Als jener Herrscher in der alten Zeit,
Soll er nach Gottes Willen Gnad' erlangen,
Wenn er drei Monate büßte voller Leid.
Dich aber ließ der Heiland hergelangen
Zu keinem andern Zwecke von so weit,
Als daß du hörest, wie es mag gelingen.
Ihm des Verstandes Kraft zurückzubringen.

Da gilt es freilich eine neue Reise;
Mit mir verläßt du gänzlich diese Welt.
Ich führe dich hinauf zum Mondeskreise
(Kein Sternbild hat sich uns so nah gesellt),
Weil er die Arznei, die wieder weise
Den Grafen Roland macht, in sich enthält.
Wenn nachts der Mond uns wird zu Häupten stehen,
Soll unsre Fahrt dahin vonstatten gehen.«

Dies und noch andres legt in diesen Stunden
Dem Herzog Astolf der Apostel dar;
Doch als die Sonne war im Meer verschwunden
Und Lunas Hörner glänzten hell und klar,
Hat sie für sie ein Wagen eingefunden,
Der für so luft'ge Fahrten passend war.
Durch ihn ward in Judäas Bergen droben
Vor Menschenblick Elias aufgehoben.

Vier Renner, röter noch als Flammen, spannte
Der heil'ge Jünger diesem Wagen vor
Und setzte sich mit Astolf hin und wandte,
Die Zügel fassend, rasch sich hoch empor
Durch Ätherluft, bis wo das Feuer brannte,
Das ewige lodernde, am Himmelstor;
Da plötzlich ließ der Greis des Feuers Spuren
Durch Wunder schwinden, während sie's durchfuhren.

Hin durch die Feuersphäre ging's beim Fliegen:
Sie kommen nach dem Reich des Mondes dann,
Sehn ihn wie fleckenlosen Stahl dort liegen
Und finden, daß er sich vergleichen kann
Dem andern Ball, von dem sie aufgestiegen
(Der mutet sie nur etwas größer an),
Ich rede von dem Teil am Erdenballe,
Den rings das Meer umschließt mit Wogenschwalle.

Zwei Dinge mußten Staunen dort erregen:
Daß man den Mond so ausgedehnt erfand,
Den wir von unten klein zu schauen pflegen;
Nur tellergroß erscheint von hier dies Land;
Dann, daß man, um zu sehn, was hier gelegen,
Länder und Meer, den Blick so angespannt
Ausschicken muß: da sie kein Licht verbreiten,
Sind sie nur *nah* zu sehn und nicht vom weiten.

Ein anderes Gefild ist dort zu schauen
Als hier bei uns und andre Flüss' und Seen
Und andre Berg' und Täler, andre Auen,
Darinnen Städte viel und Schlösser stehn.
So große Häuser, wie sie droben bauen,
Hat Astolf vor- und nachher nie gesehn.
Und hohe Wälder dicht und einsam ragen,
Darin die Nymphen wilde Tiere jagen.

Nicht alles konnt' er dort genau betrachten,
Denn nicht zu diesem Zwecke kam er ja.
Nach einem engen Tal in Bergen machten
Sich beide auf den Weg, und siehe, – da
War wunderbarlich aufgehäuft in Schachten,
Was einst hier war, ob's durch die Zeit geschah
Oder durch Zufall oder Schuld von Toren;
Kurz, hier wird aufbewahrt, was *wir* verloren.

Nicht Herrschaft nur und Reichtum mein' ich eben,
Die zu zermalmen ist das Rad bedacht,
Nein, was Fortuna nie vermag zu geben
Noch fortzunehmen: Ruhm ward hingebracht,
Gar viel und großer, dran die Zeit im Leben
Gleich einem Wurme nagt bei Tag und Nacht;
Gelübde mancherlei, Gebet und Flehen,
Die von uns Sündern hin zum Himmel gehen;

Die Zeit, die ungenützt verstreicht beim Spiele;
Die Seufzer, all von der Verliebten Heer,
Unausgeführte Plän', Entwürfe, Ziele,
Der Tagediebe Muße lang und leer.
Von eitlen Wünschen aber sind so viele:
Nichts andres dort verstopft den Platz so sehr.
Kurzum, was hier auf Erden dir entschwunden,
Dort oben auf dem Monde wird's gefunden.

(...)

Leimruten sah er dort in großer Menge:
Das waren eure Reize, schöne Fraun!
Doch wär's zu lang: ich käme ins Gedränge,
Wollt' ich aus *allem* meine Verse baun,
Weil mir's mit Tausenden noch nicht gelänge:
Alles von dort war einst bei uns zu schaun. –

Der *Torheit* nur konnt' er nicht habhaft werden:
Die – weicht ja nicht von uns; sie bleibt auf Erden.

Dann stieß er auch auf eigne Tag' und Taten,
Die einst ihm nutzlos schwanden aus der Hand,
Hätt' ihm der Führer dieses nicht verraten,
Er hätt' in der Gestalt sie nicht erkannt.
Drauf sah er, was wir nie von Gott erbaten,
Weil wir's so reichlich *haben* –, den Verstand.
Von diesem wahre Berge dort sich fanden:
Mehr gab's davon, als was noch sonst vorhanden.

Es ist wie Flüssigkeit, die, schlecht verschlossen,
Als fein und ätherhaft verfliegt zumeist.
In mannigfache Krüg' ist's eingegossen,
Wie grade jeder passend sich erweist.
Der größte Krug dort barg des Milonsprossen
Gewalt'ges Denken, seinen hohen Geist.
Und ein Erkennungszeichen war geblieben:
»Rolands Verstand« war deutlich draufgeschrieben.

So waren auch die andern sonst mit Scheinen,
Wem der Verstand gehörte, dort versehn.
Ein gutes Teil erblickt er auch des seinen;
Am meisten staunt er, daß er manchen, den
Durchaus verständig alle Leute meinen
Und dem auch nicht ein Gran schien abzugehn,
Nun muß für einen armen Schlucker halten,
Weil er den Krug so vieles sah enthalten.

René Descartes

Abhandlung über die Methode des richtigen Vernunftgebrauchs und der wissenschaftlichen Wahrheitsforschung

René Descartes *(1596–1650) war Mathematiker und Philosoph. Jahrelang reiste er durch Europa, um mit den führenden Gelehrten seiner Zeit zu diskutieren und zu forschen. Mit seinem Hauptwerk* Discours de la méthode (Abhandlung über die Methode des richtigen Vernunftgebrauchs und der wissenschaftlichen Wahrheitsforschung, *1637) begründete er die Tradition der systematischen Zweifels, der nur vor der Tatsache des Zweifelns selbst Halt macht.*

Viertes Kapitel
Die Beweisgründe für das Dasein Gottes und der menschlichen Seele als Grundlage der Metaphysik

Ich weiß nicht, ob ich euch von den ersten Betrachtungen, die ich hier gemacht habe, unterhalten soll, denn sie sind so metaphysisch und so wenig in der gewöhnlichen Art, daß sie wohl schwerlich nach jedermanns Geschmack sein werden. Doch, um prüfen zu lassen, ob die Grundlagen, die ich genommen habe, fest genug sind, bin ich gewissermaßen genötigt, davon zu reden. Seit lange hatte ich bemerkt, daß in betreff der *Sitten* man bisweilen Ansichten, die man als sehr unsicher kennt, folgen müsse (wie schon oben gesagt worden), als ob sie ganz zweifellos wären. Aber weil ich damals bloß der Erforschung der Wahrheit leben wollte, so meinte ich gerade das Gegenteil tun zu müssen und alles, worin sich auch nur das kleinste Bedenken auffinden ließe, als vollkommen falsch verwerfen, um zu sehen, ob danach nichts ganz Unzweifelhaftes in meinem Fürwahrhalten übrigbleiben würde. So wollte ich, weil unsere *Sinne* uns bisweilen täuschen, annehmen, daß kein Ding so wäre, wie die Sinne es uns vorstellen lassen, und weil sich manche Leute in ihren *Urteilen* selbst bei den einfachsten Materien der Geometrie täuschen und Fehlschlüsse machen, so verwarf ich, weil ich meinte, dem Irrtum so gut wie jeder andere unterworfen zu sein, alle Gründe als falsch, die ich vorher zu meinen Beweisen genommen hatte; endlich, wie ich bedachte, daß alle Gedanken, die wir im Wachen haben, uns auch im *Schlaf* kommen können, ohne daß dann einer davon wahr sei, so machte ich mir absichtlich die erdichtete Vorstellung, daß alle Dinge, die jemals in meinen Geist gekommen, nicht wahrer seien als die Trugbilder meiner Träume. Alsbald aber machte ich die Beobachtung, daß, während ich so denken wollte, alles sei falsch, doch notwendig *ich,* der das dachte, irgend etwas sein müsse, und da ich bemerkte, daß diese Wahrheit *»ich denke, also bin ich«* (Ego cogito, ergo sum, sive existo) so fest und sicher wäre, daß auch die überspanntesten Annahmen der Skeptiker sie nicht zu erschüttern vermöchten, so konnte ich sie meinem Dafürhalten nach als das erste Prinzip der Philosophie, die ich suchte, annehmen.

Dann prüfte ich aufmerksam, *was* ich wäre, und sah, daß ich mir vorstellen könnte, ich hätte keinen Körper, es gäbe keine Welt und keinen Ort, wo ich mich befände, aber daß ich mir deshalb nicht vorstellen könnte, daß *ich* nicht wäre; im Gegenteil, selbst daraus, daß ich an der Wahrheit der anderen Dinge zu zweifeln dachte, folgte ja ganz einleuchtend und sicher, daß ich war; sobald ich dagegen aufgehört zu denken, mochte wohl alles andere, das ich mir jemals vorgestellt, wahr gewesen sein, *ich* aber hatte keinen Grund mehr, an mein Dasein zu glauben. Ich erkannte daraus, daß ich eine Substanz sei, deren ganze Wesenheit oder Natur bloß im *Denken* bestehe und die zu ihrem Dasein weder eines Ortes bedürfe noch von einem materiellen Dinge abhänge, so daß dieses *Ich,* das heißt die *Seele,* wodurch ich bin, was ich bin, vom Körper völlig verschieden und selbst leichter zu erkennen ist als dieser und auch ohne Körper nicht aufhören werde, alles zu sein, was sie ist.

Darauf erwog ich im allgemeinen, was zur Wahrheit und Gewißheit eines Satzes gehört. Denn weil ich soeben einen gefunden hatte, den ich als wahr und gewiß erkannt, so meinte ich, müsse ich auch wissen, worin jene Gewißheit bestehe. Nun hatte ich bemerkt, daß in dem Satze: *»ich denke, also bin ich«* nichts weiter liegt, was mich von seiner Wahrheit überzeugt, als daß ich ganz klar einsehe, daß, um zu denken, man *sein* müsse. Darum meinte ich, als allgemeine Regel den Satz annehmen zu können: *daß die Dinge, welche wir sehr klar und sehr deutlich begreifen, alle wahr sind,* aber daß allein darin einige Schwierigkeit liege, wohl zu bemerken, welches die Dinge sind, die wir deutlich begreifen.

Da ich nun weiter bedachte, daß ich zweifelte und also mein Wesen nicht ganz vollkommen wäre, denn ich sah klar, daß es vollkommener sei, zu erkennen, als zu zweifeln, so verfiel ich auf die Untersuchung, woher mir der Gedanke an ein vollkommneres Wesen als ich selbst gekommen, und ich sah ohne weiteres ein, daß er von einem Wesen herrühren müsse, das in der Tat vollkommner sei.

Jean-Jacques Rousseau

BRIEF AN M. DE MALESHERBES

Jean-Jacques Rousseau *(1712–1778) nimmt innerhalb der europäischen Aufklärung eine Sonderstellung ein. Er war einer der ersten Denker, die gegen den Fortschrittsglauben opponierten. Seine Kritik der (in seiner Wahrnehmung dekadenten) Zivilisation geht einher mit der Suche nach einer aus der Natur zu begründenden Metaphysik. Er verbrachte viele Jahre zurückgezogen und einsam, um dort seiner Phantasie freien Lauf lassen zu können.*

Montmorency, den 26. Januar 1762

Meine Leiden sind das Werk der Natur, mein Glück aber ist mein Werk. Man sage, was man will, ich bin klug gewesen, weil ich so glücklich gewesen bin, wie mir meine Natur es zu sein erlaubt hat. Ich habe meiner Wonne nicht in der Ferne nachgejagt, ich habe sie nahe bei mir gesucht und ich habe sie dort gefunden. Spartian sagt, daß Similis, ein Hofmann Trajans, nachdem er wegen eines persönlichen Mißvergnügens den Hof und alle seine Ämter verlassen hatte, um ruhig auf dem Lande zu leben, auf seine Gruft die Worte graben ließ: *Ich habe sechsundsiebzig Jahre auf der Erde zugebracht und sieben Jahre gelebt.* Dies kann auch ich in gewisser Hinsicht sagen, obgleich mein Opfer geringer gewesen ist. Ich habe erst am 9. April 1756 zu leben angefangen.

Ich kann Ihnen nicht sagen, mein Herr, wie sehr es mich getroffen hat, zu sehen, daß Sie mich für den unglücklichsten Menschen halten. Das Publikum wird ohne Zweifel darüber urteilen wie Sie, und auch dies betrübt mich. O könnte doch das Los, das ich genossen, der ganzen Welt bekannt sein! Jedermann würde sich ein ähnliches bereiten wollen, Friede würde auf der Erde herrschen, die Menschen würden nicht mehr bedacht sein, sich zu schaden, und es würde keine Bösen mehr geben, weil niemand mehr seinen Vorteil darin finden würde, es zu sein. Aber was genoß ich denn endlich, als ich allein war? Mich selbst, die ganze Welt, alles, was ist, alles, was sein kann, alles, was die sinnliche Welt Schönes und die Gedankenwelt Erdichtbares in sich faßt. Ich versammelte rings um mich her alles, was meinem Herzen schmeicheln konnte, meine Wünsche waren das Maß meiner Freuden. Nein, niemals haben die Wollüstigen solche Seligkeiten gekannt, und ich habe meine Phantasiegebilde hundertmal mehr genossen, als jene in Wirklichkeit genießen.

Wenn meine Schmerzen mich traurig die Länge der Nächte messen lassen, wenn die Unruhe des Fiebers mich hindert, auch nur einen Augenblick die Süßigkeit des Schlafes zu kosten, so suche ich oftmals in meinem gegenwärtigen Zustand Zerstreuung, indem ich die verschiedenen Begebenheiten meines Lebens überdenke, und Reue, süße Erinnerungen, Bedauern über erlittenen Verlust und Wehmut teilen sich gleichsam die Sorge, mich einige Augenblicke meine Leiden vergessen zu lassen. Welche Zeiten, glauben Sie wohl, sind es, mein Herr, an die ich mich am häufigsten und liebsten in meinen Träumen erinnere? Nicht die Vergnügungen meiner Jugend, diese waren zu selten, zu sehr mit Bitterkeit gemischt und sind jetzt schon zu sehr von mir entfernt. Aber die Vergnügungen meiner Abgeschiedenheit, meine einsamen Spaziergänge, jene schnellen, aber wonnevollen Tage, die ich ganz nur mit mir allein, mit meiner guten und ungekünstelten Haushälterin, mit meinem geliebten Hunde, mit meiner alten Katze, mit den Vögeln des Feldes und den Hindinnen des Waldes, mit der ganzen Natur und ihrem unerforschlichen Urheber zugebracht habe. Wenn ich früher als die Sonne aufstand, um ihren Aufgang in meinem Garten zu betrachten, wenn ich einen schönen Tag beginnen sah, so war mein erster Wunsch, daß weder Briefe noch Besuche seinen Zauber stören möchten. Nachdem ich den Morgen mit verschiedenen Geschäften, die ich alle mit Vergnügen verrichtete, weil ich sie auf eine andere Zeit verschieben konnte, zugebracht hatte, eilte ich mich, zu Mittag zu essen, um lästigen Gesellschaftern zu entfliehen und um mir einen langen Nachmittag zu bereiten. Sogar an den heißesten Tagen ging ich vor ein Uhr in der brennendsten Sonne mit dem treuen Achates weg und verdoppelte meine Schritte, aus Furcht, jemand möchte sich meiner bemächtigen, bevor ich Zeit gehabt hätte, zu entwischen. Sobald ich aber erst um eine gewisse Ecke gekommen war, mit welchem Herzklopfen, mit welchem Auflodern der Freude fing ich zu atmen an, wenn ich mich gerettet fühlte und mir sagte: Jetzt bin ich mein Herr für den ganzen restlichen Tag! Nun suchte ich mit ruhigerem Schritt einen wilden Ort im Walde, eine verlassene Stelle, wo nichts Menschenhände verriet und Knechtschaft und Herrschaft anzeigte, einen Zufluchtsort, wohin ich zuerst vorgedrungen zu sein glauben konnte und wo kein quälender Dritter sich zwischen die Natur und mich stellen konnte. Hier schien sie vor meinen Augen eine immer neue Pracht zu entfalten. Das Gold des Ginsters und der Purpur des Heidekrautes blendeten meine Augen mit einem Reichtum, der mein Herz rührte, die Majestät der Bäume, die mich mit ihrem Schatten umfingen, die Zartheit der Sträucher, die mich umgaben, die staunenswürdige Verschiedenheit der Kräuter und Blumen, die ich mit meinen Füßen zu Boden trat, hielten meinen Geist in einer beständigen Abwechslung schwebend zwischen der Betrachtung und der Bewunderung. Das Nebeneinander so vieler anziehender Gegenstände, die sich um meine Aufmerksamkeit stritten, lockte mich wechselweise vom einen zum anderen und beförderte meine träumerische und träge Laune und ließ mich oft heimlich zu mir selbst sagen: Nein, in seinem größten Glanze war Salomo nie so gekleidet wie eines von diesen.

Meine Einbildungskraft ließ diese so schön geschmückte Erde nicht lange öde. Ich bevölkerte sie bald mit Wesen nach meinem Herzen und, indem ich Meinungen, Vorurteile, alle erkünstelten Leidenschaften weit von mir weg verjagte, verpflanzte ich in die Freistätten der Natur Menschen, die würdig waren, sie zu bewohnen. Unter ihnen wählte ich mir die anmutigste Gesellschaft, deren ich mich nicht unwürdig fühlte. Ich schuf mir nach meiner Phantasie ein goldenes Zeitalter und indem ich diese schönen Tage mit allen Auftritten meines Lebens ausschmückte, die mir süße Erinnerungen zurückgelassen hatten, und mit allem, was mein Herz noch begehren konnte, füllte, so ward ich über die wahren Freuden der Menschheit bis zu Tränen gerührt, wonnevolle, reine Freuden, von welchen hinfort die Menschen so entfernt sind. Ach, wenn in diesen Augenblicken irgendein Gedanke an Paris, an mein Jahrhundert, an meinen kleinen Schriftstellerruhm meine Träumereien unterbrach, mit welcher Verachtung vertrieb ich ihn augenblicklich, um mich ohne Zerstreuung den auserlesenen Gefühlen zu überlassen, die meine ganze Seele einnahmen! Mitten unter ihnen jedoch, ich gestehe es, betrübte sie dann und wann plötzlich die Nichtigkeit meiner Phantasiegebilde. Wenn alle meine Träume wahr geworden wären, so wären sie für mich nicht hinreichend gewesen, ich hätte noch erdichtet, noch geträumt, noch gewünscht. Ich fand in mir eine unerklärliche Leere, die nichts ausfüllen konnte, ein gewisses Emporschwingen des Herzens zu einer anderen Art von Genuß, wovon ich keinen Begriff hatte, dessen Bedürfnis ich aber dennoch empfand. Nun, mein Herr, dies selbst war Genuß, weil ich von einem lebhaften Gefühl und einer Wonne der Wehmut durchdrungen war, die ich nicht hätte entbehren mögen.

Wolfgang Amadeus Mozart

Brief an den Baron

Wolfgang Amadeus Mozart *(1756–1791), das Wunderkind, das unerreichte Genie, hat mit seiner Musik seit 250 Jahren unzählige Menschen beglückt. Die Macht seiner Inspirationskraft, seine überbordende Kreativität stellen die Frage nach der Quelle dieser Kraft. Die Antwort gibt Mozart in seinem* Brief an den Baron.

Prag, Herbst 1790

Gott weiß, wie ich mich manchmal placken und schinden muß, um das arme Leben zu gewinnen, und Stännerl will doch auch was haben. Wer Ihnen gesagt hat, daß ich faul würde, dem, (ich bitte Sie herzlich und ein Baron kann das schon thun) dem versetzen Sie aus Liebe ein paar tüchtige Watschen. Ich wollte ja immer fort arbeiten, dürfte ich nur immer solche Musik machen wie ich will und kann, und wo ich mir selbst was daraus mache. So habe ich vor drei Wochen eine Symphonie gemacht, und mit der morgenden Post schreibe ich schon wieder an Hofmeister, und biete ihm drei Klavier-Quatuors an, wenn er Geld hat. O Gott, wär' ich ein großer Herr, so spräch' ich: Mozart, schreibe du mir, aber was du willst und so gut du kannst; eher kriegst du keinen Kreuzer von mir, bis du was fertig hast, hernach aber kaufe ich dir jedes Manuscript ab, und sollst nicht damit gehen um wie ein Fratschelweib. O Gott, wie mich das alles zwischendurch traurig macht, und dann wieder wild und grimmig, wo dann freylich manches geschieht, was nicht geschehen sollte. Sehen Sie, lieber guter Freund, so ist es, und nicht wie ihnen dumme oder böse Lumpen mögen gesagt haben.

Doch dieses a Cassa del diavolo, und nur komme ich auf den allerschwersten Punkt in Ihrem Brief, und den ich lieber gar fallen ließ, weil mir die Feder für so was nicht zu Willen ist. Aber ist will es doch versuchen, und sollten Sie nur etwas zu lachen drinnen finden. Wie nämlich meine Art ist beim Schreiben und Ausarbeiten von großen und derben Sachen? – Nämlich, ich kann darüber wahrlich nicht mehr sagen als das, denn ich weiß selbst nicht mehr, und kann auf weiter nichts kommen. Wenn ich recht für mich bin, und guter Dinge, etwa auf Reisen im Wagen, oder nach guter Mahlzeit beim spazieren, und in der Nacht, wenn ich nicht schlafen kann, da kommen mir die Gedanken stromweis und am besten. Woher und wie, das weiß ich nicht, kann auch nichts dazu. Die mir nun gefallen, die behalte ich im Kopf und sumse sie wohl auch vor mich hin, wie mir andere wenigstens gesagt haben. Halt ich nun fest, so kömmt mir bald eins nach dem Andern bey, wozu so ein Brocken zu brauchen wär, um eine Pastete daraus zu machen, nach Contrapunkt, nach Klang der verschiedenen Instrumente etc. Das erhitzt mir nun die Seele, wenn ich nämlich nicht gestört werde; da wird es immer größer, und ich breite es immer weiter und heller aus, und das Ding wird im Kopf wahrlich fast fertig, wenn es auch lang ist, so daß ich's hernach mit einem Blick, gleichsam wie ein schönes Bild, oder einen hübschen Menschen, im Geiste übersehe, und es auch garnicht nacheinander, wie es hernach kommen muß, in der Einbildung höre, sondern wie gleich alles zusammen. Das ist nun ein Schmaus! Alles das Finden und Machen geht in mir wie in einem schönen starken Traum vor. Aber das Überhören, so alles zusammen, ist doch das beste. Was nun so geworden ist, das vergeß ich nicht so leicht wieder, und das ist vielleicht die beste Gabe, die mir unser Herrgott geschenkt hat. Wenn ich hernach einmal zum Schreiben komme, so nehme ich aus dem Sack meines Gehirns, was vorher, wie gesagt, hinein gesammelt ist. Darum kommt es hernach auch ziemlich schnell aufs Papier, denn es ist, wie gesagt, eigentlich schon fertig, und wird auch selten viel anders, als es vorher im Kopf gewesen ist. Darum kann ich mich auch beym Schreiben stören lassen und mag um mich herum mancherley vorgehen, ich schreibe doch, kann auch dabey plaudern, nemlich von Hühnern und Gänsen, oder von Gretel und Bärbel u. d. gl. Wie nun aber über dem Arbeiten meine Sachen überhaupt eben die Gestalt oder Manier annehmen, daß sie Mozartisch sind, und nicht in der Manier eines Andern, das wird halt eben so zugehen, wie daß meine Nase eben so groß und herausgebogen, das sie mozartisch und nicht wie bey andern Leuten geworden ist. Denn ich lege es nicht auf die Besonderheit an, wüßte die meine auch nicht einmal näher zu beschreiben; es ist ja aber wohl blos natürlich, daß die Leute, die wirklich ein Aussehen haben, auch verschieden von einander aussehen wie von außen, so von innen. Wenigstens weiß ich, daß ich mir das Eine so wenig als das Andere gegeben habe.

Damit lassen Sie mich aus für immer und ewig, bester Freund, und glauben Sie ja nicht, daß ich aus anderen Ursachen abbreche, als weil ich nichts weiter weiß.

Wilhelm von Humboldt

THEORIE DER BILDUNG DES MENSCHEN (BRUCHSTÜCK)

Wilhelm von Humboldt *(1767–1835) wurde durch die Epoche der Aufklärung und der Weimarer Klassik geprägt und verkehrte mit den wichtigsten deutschen Dichtern und Gelehrten seiner Zeit, später auch mit französischen Literaten. Seine Interessen richteten sich auf ästhetische Fragen, vor allem aber auf die Wissenschaft. Mit seinen Schriften zur Sprachphilosophie und vergleichenden Sprachwissenschaft erlangte er bleibenden Ruhm. Humboldts Tätigkeit für den preußischen Staat machte ihn zu einem der großen Bildungspolitiker in Europa: Auf seinem Bildungskonzept beruht die moderne Universität, für die Bildung nicht nur Erwerb technischer Fähigkeiten, sondern auch Entfaltung des Individuums ist.*

Im Mittelpunkt aller besonderen Arten der Thätigkeit nemlich steht der Mensch, der ohne alle, auf irgend etwas Einzelnes gerichtete Absicht, nur die Kräfte seiner Natur stärken und erhöhen, seinem Wesen Werth und Dauer verschaffen will. Da jedoch die blosse Kraft einen Gegenstand braucht, an dem sie sich üben, und die blosse Form, der reine Gedanke, einen Stoff, in dem sie, sich darin ausprägend, fortdauernd könne, so bedarf auch der Mensch einer Welt ausser sich. Daher entspringt sein Streben, den Kreis seiner Erkenntnis und seiner Wirksamkeit zu erweitern, und ohne dass er sich selbst deutlich dessen bewusst ist, liegt es ihm nicht eigentlich an dem, was er von jener erwirbt, doch vermöge dieser ausser sich hervorbringt, sondern nur an seiner inneren Verbesserung und Veredlung, oder wenigstens an der Befriedigung der innern Unruhe, die ihn verzehrt. Rein und in seiner Endabsicht betrachtet, ist sein Denken immer nur ein Versuch seines Geistes, vor sich selbst verständlich, sein Handeln ein Versuch seines Willens, in sich frei und unabhängig zu werden, seine ganze äussre Geschäftigkeit überhaupt aber nur ein Streben, nicht in sich müssig zu bleiben. Bloss weil beides, sein Denken und sein Handeln nicht anders, als nur vermöge eines Dritten, nur vermöge des Vorstellens und des

Bearbeitens von etwas möglich ist, dessen eigentlich unterscheidendes Merkmal es ist, Nicht-Mensch, d. i. Welt zu seyn, sucht er, soviel Welt als möglich zu ergreifen, und so eng, als er nur kann, mit sich zu verbinden.

(…)

Die Verknüpfung unsres Ichs mit der Welt scheint vielleicht auf den ersten Anblick nicht nur ein unverständlicher Ausdruck, sondern auch ein überspannter Gedanke. Bei genauerer Untersuchung aber wird wenigstens der letztere Verdacht verschwinden, und es wird sich zeigen, dass, wenn man einmal das wahre Streben des menschlichen Geistes (das, worin ebensowohl sein höchster Schwung, als sein ohnmächtigster Versuch enthalten ist) aufsucht, man unmöglich bei etwas Geringerem stehen bleiben kann.

Was verlangt man von einer Nation, einem Zeitalter, von dem ganzen Menschengeschlecht, wenn man ihm seine Achtung und seine Bewunderung schenken soll? Man verlangt, dass Bildung, Weisheit und Tugend so mächtig und allgemein verbreitet, als möglich, unter ihm herrschen, dass es seinen innern Werth so hoch steigern, dass der Begriff der Menschheit, wenn man ihn von ihm, als dem einzigen Beispiel, abziehen müsste, einen grossen und würdigen Gehalt gewönne. Man begnügt sich nicht einmal damit. Man fordert auch, dass der Mensch den Verfassungen, die er bildet, selbst der leblosen Natur, die ihn umgibt, das Gepräge seines Werthes sichtbar aufdrücke, ja dass er seine Tugend und seine Kraft (so mächtig und so allwaltend sollen sie sein ganzes Wesen durchstralen) noch der Nachkommenschaft einhauche, die er erzeugt. Denn nur so ist eine Fortdauer der einmal erworbenen Vorzüge möglich, und ohne diese, ohne den beruhigenden Gedanken einer gewissen Folge in der Veredelung und Bildung, wäre das Daseyn des Menschen vergänglicher als das Daseyn der Pflanze, die, wenn sie hinwelkt, wenigstens gewiss ist, den Keim eines ihr gleichen Geschöpfs zu hinterlassen.

Beschränken sich indess auch alle diese Forderungen nur auf das innere Wesen des Menschen, so dringt ihn doch seine Natur beständig von sich aus zu den Gegenständen ausser ihm überzugehen, und hier kommt es nun darauf an, dass er in dieser Entfremdung nicht sich selbst verliere, sondern vielmehr von allem, was er ausser sich vornimmt, immer das erhellende Licht und die wohlthätige Wärme in sein innres zurückstrale. Zu dieser Absicht aber muss er die Masse der Gegenstände sich selbst näher bringen, diesem Stoff die Gestalt seines Geistes aufdrücken und beide einander ähnlicher machen. In ihm ist vollkommene Einheit und durchgängige Wechselwirkung, beide muss er also auch auf die Natur übertragen; in ihm sind mehrere Fähigkeiten, ihm denselben Gegenstand in verschiedenen Gestalten, bald als Begriff des Verstandes, bald als Bild der Einbildungskraft, bald als Anschauung der Sinne vor seine Betrachtung zu führen. Mit allen diesen, wie mit ebensoviel verschiedenen Werkzeugen, muss er die Natur aufzufassen ersuchen, nicht sowohl um sie von allen Seiten kennen zu lernen, als vielmehr um durch diese Mannigfaltigkeit der Ansichten die eigene inwohnende Kraft zu stärken, von der sie nur anders und anders gestaltete Wirkungen sind. Gerade aber diese Einheit und Allheit bestimmt den Begriff der Welt. Allein auch ausserdem finden sich nun in eben diesem Begriff in vollkommenem Grade die Mannigfaltigkeit, mit welcher die äusseren Gegenstände unsre Sinne rühren, und das eigne selbstständige Daseyn, wodurch sie auf unsre Empfindung einwirken. Denn nur die Welt umfasst alle nur denkbare Mannigfaltigkeit und nur sie besitzt eine so unabhängige Selbstständigkeit, dass sie dem Eigensinn unsres Willens die Gesetze der Natur und die Beschlüsse des Schicksals entgegenstellt.

Was also der Mensch nothwendig braucht, ist bloss ein Gegenstand, der die Wechselwirkung seiner Empfänglichkeit mit seiner Selbstthätigkeit möglich mache. Allein wenn dieser Gegenstand genügen soll, sein ganzes Wesen in seiner vollen Stärke und seiner Einheit zu beschäftigen; so muss er der Gegenstand schlechthin, die Welt seyn, oder doch (denn diess ist eigentlich allein richtig) als solcher betrachtet werden. Nur um der zerstreuenden und verwirrenden Vielheit zu entfliehen, sucht man Allheit; um sich nicht auf eine leere und unfruchtbare Weise ins Unendliche hin zu verlieren, bildet man einen, in jedem Punkt leicht übersehbaren Kreis; um an jeden Schritt, den man vorrückt, auch die Vorstellung des letzten Zwecks anzuknüpfen, sucht man das zerstreute Wissen und Handeln in ein geschlossenes, die blosse Gelehrsamkeit in eine gelehrte Bildung, das bloss unruhige Streben in eine weise Thätigkeit zu verwandeln.

Lewis Carroll
ALICE HINTER DEN SPIEGELN

Lewis Carroll *(Charles Lutwidge Dogson, 1832–1898) hat mit* Alice im Wunderland *und* Alice hinter den Spiegeln *zwei Klassiker der europäischen Kinderliteratur geschaffen, die viele Schriftsteller beeinflusst haben. In den ideenreichen Büchern versteckt er viele mathematische und logische Grundprobleme. Seine Wunderländer, in die Alice eintritt, gehorchen geheimnisvollen Regeln, die teils amüsant, teils aber auch bedrückend sind.*

»Also, wenn du einmal ordentlich zuhörst, Mieze, und nicht dauernd dazwischenredest, will ich dir erzählen, wie ich mir das *Haus hinterm Spiegel* vorstelle. Zuerst einmal kommt das Zimmer, das du hinter dem Glas siehst – das ist genau wie unser Wohnzimmer, nur ist alles verkehrt herum. Wenn ich auf einen Stuhl steige, kann ich alles genau erkennen, bis auf das Stück hinter dem Kamin. Ach, wenn ich da doch auch hineinsehen könnte! Ich wüßte zu gerne, ob sie dort im Winter auch ein Feuer brennen haben; genau weiß man das nämlich nie – höchstens, wenn unser Kaminfeuer qualmt, dann qualmt es in dem andern Zimmer auch: aber vielleicht tun sie dort nur so, damit es wie ein Feuer aussehen soll. Nun ja, und die Bücher sind auch ungefähr wie die unsern, nur laufen die Wörter alle nach der falschen Seite, soviel weiß ich, denn ich habe schon einmal ein Buch vor den Spiegel gehalten, und dann halten sie einem von drüben aus dem Zimmer genauso eins entgegen.

Wie gefiele dir das, Mieze, wenn du in dem Haus hinterm Spiegel wohnen müßtest? Ob sie dir dort auch deine Milch zu trinken gäben? Aber vielleicht schmeckt Spiegelmilch nicht so besonders gut – aber jetzt, Mieze, jetzt kommen wir zum Korridor! Davon kann man einen winzigen Blick erhaschen, wenn man bei uns die Wohnzimmertür weit aufmacht; der Korridor ist dann dem unseren sehr ähnlich, soviel man davon sehen kann, aber dahinter könnte er natürlich ganz anders sein. Ach, Mieze! wie schön das wäre, wenn wir in das Spiegelhaus hinüber könnten! Sicherlich gibt es dort, ach! so herrliche Dinge zu sehen! Tun wir doch so, als ob aus dem Glas ein weicher Schleier geworden wäre, daß man hindurchsteigen könnte. *Aber es wird ja tatsächlich zu einer Art Nebel! Da kann man ja mit Leichtigkeit durch* –«, und während sie das sagte, war sie schon auf dem Kaminsims, sie wußte selbst nicht wie, und wirklich schmolz das Glas dahin, ganz wie ein heller, silbriger Nebel.

Sogleich war Alice durch das Glas geschlüpft und flink in das Spiegelzimmer hinabgesprungen. Als erstes drehte sie sich gleich einmal um, um zu sehen, ob da auch ein Feuer im Kamin brannte, und zu ihrer großen Zufriedenheit knisterte da wirklich eins und flackerte genauso hell wie das auf der anderen Seite. »Da wird mir hier so warm sein wie in dem vorigen Zimmer«, dachte sich Alice, »und sogar noch wärmer, denn hier vertreibt mich niemand vom Feuer. Ach, wie lustig das wird, wenn sie mich hier drüben im Spiegel sehen und nicht zu mir herkommen können!«

Dann sah sie sich allmählich um und stellte fest, daß alles, was man drüben von dem Zimmer aus hatte sehen können, ganz gewöhnlich und alltäglich war; das übrige oben war so verschieden wie nur möglich. Die Bilder neben dem Kamin zum Beispiel schienen alle lebendig zu sein, und sogar die Uhr auf dem Kaminsims (das wißt ihr ja, daß man im Spiegel nur ihre Rückseite sehen kann) hatte sich statt des Zifferblatts das Gesicht von einem alten Männlein aufgesetzt und grinste sie an.

»Hier ist nicht so ordentlich aufgeräumt wie drüben«, dachte sich Alice, denn in der Asche vor dem Kamin bemerkte sie einige ihrer Schachfiguren; doch dann hatte sie sich auch schon mit einem kleinen Schrei der Überraschung auf alle viere heruntergelassen, um sie näher zu sehen. Die Figürchen gingen je zwei und zwei auf und ab!

»Das da ist der Schwarze König mit seiner Königin«, sagte Alice (im Flüsterton, damit sie sich nicht erschreckten), »und was da auf dem

Rand der Kohlenschaufel sitzt, ist der Weiße König und die Weiße Königin – und da gehen zwei Türme Arm in Arm – es sieht so aus, als hörten die mich gar nicht«, fuhr sie fort und beugte dabei den Kopf noch etwas tiefer, »und es kommt mir auch ganz so vor, als könnten sie mich nicht sehen. Mir ist fast, als wäre ich unsichtbar –«

Da quietschte auf einmal etwas vom Tisch her, und Alice drehte sich gerade noch rechtzeitig um, um zu sehen, wie ein Weißer Bauer umpurzelte und anfing zu strampeln; gespannt wartete sie, was jetzt wohl geschähe.

»Da ruft mein Kind!« schrie die Weiße Königin und sauste so heftig los, daß sie den König dabei in die Asche warf. »Mein Lilienkind! Mein kaiserliches Lilienkätzchen!« Und dabei begann sie wie wild die Kamineinfassung hinaufzuklettern.

»Kaiserliche Kinkerlitzchen!« brummte der König und rieb sich die Nase, denn er hatte sich beim Fallen daran weh getan. Und er hatte wohl auch einigen Grund zum Ärger, denn er war über und über mit Asche bedeckt.

Alice war immer bemüht, sich nützlich zu machen, und da sich die zarte Lilie fast die Seele aus dem Leib schrie, hob sie die Königin schnell auf und setzte sie neben ihrem kleinen Schreihals nieder.

Die Königin japste nach Luft und setzte sich: der schnelle Flug hatte sie außer Atem gebracht, daß sie eine Zeitlang nur stumm ihre Lilie umklammern konnte. Sobald sie ihre Stimme wiedergefunden hatte, rief sie dem König zu, der noch immer mürrisch in der Asche saß: »Gib acht auf den Vulkan!«

»Auf welchen Vulkan?« sagte der König und schaute ängstlich zum Feuer hinauf, als hielte er das für den wahrscheinlichsten Ort für dergleichen.

»Hat mich – gerade – in die Luft – gesprengt«, brachte die Königin immer noch atemlos hervor. »Gib acht beim Heraufkommen – mach es wie sonst – laß dich nicht sprengen!«

Alice sah eine Weile zu, wie der König mühsam von Stange zu Stange kletterte, aber dann sagte sie schließlich: »Wenn du so weitermachst, brauchst du ja eine Ewigkeit, bis du auf dem Tisch bist! Da wird es doch besser sein, wenn ich ein wenig nachhelfe, oder nicht?« Aber der

König nahm ihre Frage überhaupt nicht zur Kenntnis: es war ganz offenbar, daß er sie weder hören noch sehen konnte.
Alice ergriff ihn also sehr sanft und hob ihn viel gemächlicher als die Königin auf den Tisch hinüber, damit er nicht außer Atem geriet; aber bevor sie ihn niedersetzte, wollte sie ihn doch lieber noch ein wenig abstauben, da er so voller Asche war.
Später dann sagte Alice, in ihrem ganzen Leben habe sie noch niemanden ein solches Gesicht machen sehen wie den König, als ihn da eine unsichtbare Hand plötzlich hochhob und abstaubte: um einen Schrei auszustoßen, war er viel zu erschrocken; statt dessen wurden seine Augen und sein Mund nur immer weiter und noch weiter und runder und runder.

Hugo von Hofmannsthal

Der Brief des Lord Chandos

Hugo von Hofmannsthal *(1874–1929) gehört wie seine Zeitgenossen James Joyce und Gabriele d'Annunzio zu jenen europäischen Autoren, die in ihrem Werk eine Sprachkrise durchleben und analysieren. Die Sprache kann die Welt nicht mehr fassen, die Dinge verlieren ihre Bedeutung. In kurzen bedeutungsvollen Augenblicken eröffnet sich eine neue Form der intuitiven Wahrnehmung, wie in einer Epiphanie wird jenseits der Rationalität der Sinnzusammenhang der Welt und der Dinge sichtbar.*

Dies ist der Brief, den Philipp Lord Chandos, jüngerer Sohn des Earl of Bath, an Francis Bacon, später Lord Verulam und Viscount St. Albans, schrieb, um sich bei diesem Freunde wegen des gänzlichen Verzichtes auf literarische Betätigung zu entschuldigen.
Es ist gütig von Ihnen, mein hochverehrter Freund, mein zweijähriges Stillschweigen zu übersehen und so an mich zu schreiben. Es ist mehr als gütig, Ihrer Besorgnis um mich, Ihrer Befremdung über die geistige Starrnis, in der ich Ihnen zu versinken scheine, den Ausdruck der Leichtigkeit und des Scherzes zu geben, den nur große Menschen, die

von der Gefährlichkeit des Lebens durchdrungen und dennoch nicht entmutigt sind, in ihrer Gewalt haben …

Ich weiß nicht, ob ich mehr die Eindringlichkeit Ihres Wohlwollens oder die unglaubliche Schärfe Ihres Gedächtnisses bewundern soll, wenn Sie mir die verschiedenen kleinen Pläne wieder hervorrufen, mit denen ich mich in den gemeinsamen Tagen schöner Begeisterung trug.

Mir erschien damals in einer Art von andauernder Trunkenheit das ganze Dasein als eine große Einheit: Geistige und körperliche Welt schien mir keinen Gegensatz zu bilden, ebensowenig höfisches und tierisches Wesen, Kunst und Unkunst, Einsamkeit und Gesellschaft; in allem fühlte ich Natur, in den Verirrungen des Wahnsinns ebensowohl wie in den äußersten Verfeinerungen eines spanischen Zeremoniells; in den Tölpelhaftigkeiten junger Bauern nicht minder als in den süßesten Allegorien; und in aller Natur fühlte ich mich selber; wenn ich auf meiner Jagdhütte die schäumende laue Milch in mich hineintrank, die ein struppiger Mensch einer schönen, sanftäugigen Kuh aus dem Euter in einen Holzeimer niedermolk, so war mir das nichts anderes, als wenn ich, in der dem Fenster eingebauten Bank meines Studio sitzend, aus einem Folianten süße und schäumende Nahrung des Geistes in mich sog. Das eine war wie das andere; keines gab dem andern weder an traumhafter überirdischer Natur noch an leiblicher Gewalt nach, und so ging's fort durch die ganze Breite des Lebens, rechter und linker Hand; überall war ich mitten drinnen, wurde nie ein Scheinhaftes gewahr: Oder es ahnte mir, alles wäre Gleichnis und jede Kreatur ein Schlüssel der andern, und ich fühlte mich wohl den, der imstande wäre, eine nach der andern bei der Krone zu packen und mit ihr so viele der andern aufzusperren, als sie aufsperren könnte. Soweit erklärt sich der Titel, den ich jenem enzyklopädischen Buche zu geben gedachte.

Es möchte dem, der solchen Gesinnungen zugänglich ist, als der wohlangelegte Plan einer göttlichen Vorsehung erscheinen, daß mein Geist aus einer so aufgeschwollenen Anmaßung in dieses Äußerste von Kleinmut und Kraftlosigkeit zusammensinken mußte, welches nun die bleibende Verfassung meines Innern ist. Aber dergleichen religiöse

Auffassungen haben keine Kraft für mich; sie gehören zu den Spinnennetzen, durch welche meine Gedanken hindurchschießen, hinaus ins Leere, während so viele ihrer Gefährten dort hangenbleiben und zu einer Ruhe kommen. Mir haben sich die Geheimnisse des Glaubens zu einer erhabenen Allegorie verdichtet, die über den Feldern meines Lebens steht wie ein leuchtender Regenbogen, in einer stetigen Ferne, immer bereit, zurückzuweichen, wenn ich mir einfallen ließe hinzueilen und mich in den Saum seines Mantels hüllen zu wollen.

Aber, mein verehrter Freund, auch die irdischen Begriffe entziehen sich mir in der gleichen Weise. Wie soll ich es versuchen, Ihnen diese seltsamen geistigen Qualen zu schildern, dies Emporschnellen der Fruchtzweige über meinen ausgereckten Händen, dies Zurückweichen des murmelnden Wassers vor meinen dürstenden Lippen?

Mein Fall ist, in Kürze, dieser: Es ist mir völlig die Fähigkeit abhanden gekommen, über irgend etwas zusammenhängend zu denken oder zu sprechen.

Zuerst wurde es mir allmählich unmöglich, ein höheres oder allgemeineres Thema zu besprechen und dabei jene Worte in den Mund zu nehmen, deren sich doch alle Menschen ohne Bedenken geläufig zu bedienen pflegen. Ich empfand ein unerklärliches Unbehagen, die Worte »Geist«, »Seele« oder »Körper« nur auszusprechen. Ich fand es innerlich unmöglich, über die Angelegenheiten des Hofes, die Vorkommnisse im Parlament, oder was Sie sonst wollen, ein Urteil herauszubringen. Und dies nicht etwa aus Rücksichten irgendwelcher Art, denn Sie kennen meinen bis zur Leichtfertigkeit gehenden Freimut: sondern die abstrakten Worte, deren sich doch die Zunge naturgemäß bedienen muß, um irgendwelches Urteil an den Tag zu geben, zerfielen mir im Munde wie modrige Pilze.

(...)

Seither führe ich ein Dasein, das Sie, fürchte ich, kaum begreifen können, so geistlos, so gedankenlos fließt es dahin; ein Dasein, das sich freilich von dem meiner Nachbarn, meiner Verwandten und der meisten landbesitzenden Edelleute dieses Königreiches kaum unterscheidet und das nicht ganz ohne freudige und belebende Augenblicke ist. Es wird mir nicht leicht, Ihnen anzudeuten, worin diese guten Augenblicke bestehen; die Worte lassen mich wiederum im Stich. Denn es ist ja etwas völlig Unbenanntes und auch wohl kaum Benennbares, das in solchen Augenblicken, irgendeine Erscheinung meiner alltäglichen Umgebung mit einer überschwellenden Flut höheren Lebens wie ein Gefäß erfüllend, mir sich ankündet. Ich kann nicht erwarten, daß Sie mich ohne Beispiel verstehen, und ich muß Sie um Nachsicht für die Albernheit meiner Beispiele bitten. Eine Gießkanne, eine auf dem Felde verlassene Egge, ein Hund in der Sonne, ein ärmlicher Kirchhof, ein Krüppel, ein kleines Bauernhaus, alles dies kann das Gefäß meiner Offenbarung werden. Jeder dieser Gegenstände und die tausend anderen ähnlichen, über die sonst ein Auge mit selbstverständlicher Gleichgültigkeit hinweggleitet, kann für mich plötzlich in irgendeinem Moment, den herbeizuführen auf keine Weise in meiner Gewalt seht, ein erhabenes und rührendes Gepräge annehmen, das auszudrücken mir alle Worte zu arm scheinen. Ja, es kann auch die bestimmte Vorstellung eines abwesenden Gegenstandes sein, dem die unbegreifliche Auserwählung zuteil wird, mit jener sanft und jäh steigenden Flut göttlichen Gefühles bis an den Rand gefüllt zu werden. So hatte ich unlängst den Auftrag gegeben, den Ratten in den Milchkellern eines meiner Meierhöfe ausgiebig Gift zu streuen. Ich ritt gegen Abend aus und dachte, wie Sie vermuten können, nicht weiter an die Sache. Da, wie ich im tiefen, aufgeworfenen Ackerboden Schritt reite, nichts Schlimmeres in meiner Nähe als eine aufgescheuchte Wachtelbrut und in der Ferne über den welligen Feldern die große sinkende Sonne, tut sich mir im Innern plötzlich dieser Keller auf, erfüllt mit dem Todeskampf diese Volks von Ratten. Alles war in mir: die mit dem süßlich scharfen Geruch des Giftes angefüllte kühldumpfe Kellerluft und das Gellen der Todesschreie, die sich an modrigen Mauern brachen; dies ineinander geknäulten Krämpfe der Ohnmacht, durcheinander hinjagenden Verzweiflungen; das wahnwitzige Suchen der Ausgänge; der kalte Blick der Wut, wenn zwei einander an der verstopften Ritze begegnen. Aber was versuche ich wiederum Worte, die ich verschworen habe! Sie entsinnen sich, mein Freund, der wundervollen Schilderung von den Stunden, die der Zerstörung von Alba Longa vorhergehen, aus dem Livius? Wie sie die Straßen durchirren, die sie nicht mehr sehen sollen … wie sie von den Steinen des Bodens Abschied nehmen. Ich sage Ihnen, mein Freund, dieses trug ich in mir und das brennende Karthago zugleich; aber es war mehr, es war göttlicher, tierischer; und es war Gegenwart, die vollste erhabendste Gegenwart. Da war eine Mutter, die ihre sterbenden Jungen um sich zucken hatte und nicht auf die Verendenden, nicht auf die unerbittlichen steinernen Mauern, sondern in die leere Luft oder durch die Luft ins Unendliche hin Blicke schickte und diese Blicke mit einem Knirschen begleitete! – Wenn ein dienender Sklave voll ohnmächtigen Schauders in der Nähe der erstarrenden Niobe stand, der muß das durchgemacht haben, was ich durchmachte, als in mir die Seele dieses Tieres gegen das ungeheure Verhängnis die Zähne bleckte.

Vergeben Sie mir diese Schilderung, denken Sie aber nicht, daß es Mitleid war, was mich erfüllte. Das dürfen Sie ja nicht denken, sonst hätte ich mein Beispiel sehr ungeschickt gewählt. Es war viel mehr und viel weniger als Mitleid: ein ungeheures Anteilnehmen, ein Hinüberfließen in jene Geschöpfe oder ein Fühlen, daß ein Fluidum des Lebens und Todes, des Traumens und Wachens für einen Augenblick in sich hinübergeflossen ist – von woher? Denn was hätte es mit Mitleid zu tun, was mit begreiflicher menschlicher Gedankenverknüpfung, wenn ich an einem anderen Abend unter einem Nußbaum eine halbvolle Gießkanne finde, die ein Gärtnerbursche dort vergessen hat, und wenn mich diese Gießkanne und das Wasser in ihr, das vom Schatten des Baumes finster ist, und ein Schwimmkäfer, der auf dem Spiegel dieses Wassers von einem dunklen Ufer zum andern rudert, wenn diese Zusammensetzung von Nichtigkeiten nicht mit einer solchen Gegenwart des Unendlichen duchschauert, von den Wurzeln der Haare bis ins Mark der Fersen mich durchschauert, daß ich in Worte ausbrechen möchte, von denen ich weiß, fände ich sie, so würden sie jene Cherubim, an die ich nicht glaube, niederzwingen, und daß ich dann von jener Stelle schweigend mich wegkehre und nach Wochen, wenn ich dieses Nußbaumes ansichtig werde, mit scheuem seitlichen Blick daran vorübergehe, weil ich das Nachgefühl des Wundervollen, das dort um den Stamm weht, nicht verscheuchen will, nicht vertreiben die mehr als irdischen Schauer, die um das Buschwerk in jener Nähe immer noch nachwogen. In diesen Augenblicken wird eine nichtige Kreatur, ein Hund, eine Ratte, ein Käfer, ein verkümmerter Apfelbaum, ein sich über den Hügel schlängender Karrenweg, ein moosbewachsener Stein mir mehr, als die schönste, hingebendste Geliebte der glücklichsten Nacht mir je gewesen ist. Diese stummen und manchmal unbelebten Kreaturen heben sich mir mit einer solchen Fülle, einer solchen Gegenwart der Liebe entgegen, daß mein beglücktes Auge auch ringsum auf keinen toten Fleck zu fallen vermag. Es erscheint mir alles, alles, was es gibt, alles, dessen ich mich entsinne, alles, was meine verworrensten Gedanken berühren, etwas zu sein. Auch die eigene Schwere, die sonstige Dumpfheit meines Hirnes erscheint mir als etwas; ich fühle ein entzückendes, schlechthin unendliches Widerspiel in mir und um mich, und es gibt unter den gegeneinanderspielenden Materien keine, in die ich nicht hinüberzufließen vermöchte. Es ist mir dann, als bestünde mein Körper aus lauter Chiffren, die mir alles aufschließen. Oder als könnten wir in ein neues, ahnungsvolles Verhältnis zum ganzen Dasein treten, wenn wir anfingen, mit dem Herzen zu denken. Fällt aber diese sonderbare Bezauberung von mir ab, so weiß ich nichts darüber auszusagen; ich könnte dann ebensowenig in vernünftigen Worten darstellen, worin diese mich und die ganze Welt durchwebende Harmonie bestanden und wie sie sich mir fühlbar gemacht habe, als ich ein Genaueres über die inneren Bewegungen meiner Eingeweide oder die Stauungen meines Blutes anzugeben vermöchte.

Von diesen sonderbaren Zufällen abgesehen, von denen ich übrigens kaum weiß, ob ich sie dem Geist oder dem Körper zurechnen soll, lebe ich ein Leben von kaum glaublicher Leere und habe Mühe, die Starre meines Innern vor meiner Frau und vor meinen Leuten die Gleichgültigkeit zu verbergen, welche mir die Angelegenheiten des Besitzes einflößen. Die gute und strenge Erziehung, welche ich meinem seligen Vater verdanke, und die frühzeitige Gewöhnung, keine Stunde des Tages unausgefüllt zu lassen, sind es, scheint mir, allein, welche meinem Leben nach außen hin einen genügenden Halt und den meinem Stande und meiner Person angemessenen Anschein bewahren.

(…)

Ich wollte, es wäre mir gegeben, in die letzten Worte dieses voraussichtlich letzten Briefes, den ich an Francis Bacon schreibe, alle die Liebe und Dankbarkeit, alle die ungemessene Bewunderung zusammenzupressen, die ich für den größten Wohltäter meines Geistes, für den ersten Engländer meiner Zeit im Herzen hege und darin hegen werde, bis der Tod es bersten macht.
A. D. 1603, diesen 22. August.
Phi. Chandos

Niels Bohr

ATOMPHYSIK UND MENSCHLICHE ERKENNTNIS

Niels Bohr *(1885–1962) hat mit seinem Atommodell zur Entwicklung der modernen Physik wesentlich beigetragen. In enger Zusammenarbeit mit Max Planck, Albert Einstein und Werner Heisenberg konnten zentrale Fragen der Atomphysik geklärt werden. 1922 erhielt Bohr den Nobelpreis, ein Jahr nach Albert Einstein. 1943 floh er aus dem besetzten Dänemark, kehrte aber bereits 1945 zurück.*

Nachdem ich einige rein wissenschaftliche, mit der Einheit des Wissens in Zusammenhang stehende Probleme berührt habe, will ich mich jetzt der in unserem Programm aufgeworfenen Frage zuwenden, ob es neben der wissenschaftlichen eine poetische oder geistige oder kulturelle Wahrheit gibt. Mit all der Zurückhaltung, die einem Naturwissenschaftler geziemt, wenn er sich auf solche Gebiete begibt, will ich es wagen, einige Bemerkungen zu dieser Frage zu machen, indem ich von der im vorstehenden angedeuteten Einstellung ausgehe. Der Zusammenhang zwischen unseren Ausdrucksmitteln und dem uns beschäftigenden Erfahrungsbereich stellt uns unmittelbar vor die Beziehung zwischen Kunst und Wissenschaft. Die Bereicherung, die die Kunst uns geben kann, beruht auf ihrer Fähigkeit, uns Harmonien zu vermitteln, die jenseits systematischer Analyse bestehen. Man kann sagen, daß Dichtung, bildende Kunst und Musik eine Folge von Ausdrucksformen darstellen, in der ein immer weitergehender Verzicht auf die die wissenschaftliche Mitteilung kennzeichnende Forderung nach Definition der Phantasie freieren Spielraum läßt. Besonders in der Poesie wird dieses Ziel durch Zusammenstellung von Worten erreicht, die sich auf wechselnde Beobachtungssituationen beziehen und dadurch mannigfaltige Seiten menschlicher Erfahrung gefühlsmäßig verbinden.

Trotz der zu aller künstlerischen Leistung notwendigen Inspiration dürfen wir, ohne anmaßend zu sein, bemerken, daß der Künstler auch auf dem Höhepunkt seines Schaffens auf dem uns allen gemeinsamen menschlichen Fundament steht. Wir müssen uns im besonderen vergegenwärtigen, daß ein Wort wie Improvisation, das uns so leicht auf der Zunge liegt, wenn wir von künstlerischer Leistung sprechen, auf einen für jede Mitteilung wesentlichen Zug hinweist. Nicht nur bleibt es uns in einer gewöhnlichen Unterhaltung unbewußt, welche Worte wir wählen, um auszudrücken, was wir auf dem Herzen haben; sogar bei schriftlichen Arbeiten, wo wir die Möglichkeit der Überprüfung jedes Ausdrucks haben, verlangt die Beantwortung der Frage, ob ein Wort stehenbleiben darf oder ob wir es verändern sollen, einen Entschluß, der einer künstlerischen Improvisation entspricht. Das für jede künstlerische Äußerung charakterische Gleichgewicht zwischen Ernst und Scherz erinnert uns an komplementäre Züge, die uns beim Spiel von Kindern ins Auge fallen und im reifen Alter nicht weniger geschätzt werden. Würden wir uns bemühen, immer ganz ernsthaft zu reden, liefen wir Gefahr, recht bald unseren Zuhörern und uns selbst unausstehlich zu erscheinen; versuchen wir aber die ganze Zeit zu scherzen, so bringen wir uns selbst und unsere Zuhörer in die verzweifelte Stimmung der Narren in Shakespeares Dramen.

Bei einem Vergleich zwischen Wissenschaft und Kunst dürfen wir natürlich nicht vergessen, daß wir es bei der ersteren mit systematischen Bestrebungen zu tun haben, unsere Erfahrungen zu erweitern und geeignete Begriffe zu ihrer Ordnung zu entwickeln, so etwa wie man beim Bau eines Hauses die Steine herbeiträgt und zusammenfügt; in der Kunst begegnen wir dagegen mehr individuellen Bestrebungen, Gefühle zu erwecken, welche an die Ganzheit unserer Situation erinnern. Hier sind wir an einem Punkt angelangt, wo die Frage nach der Einheit des Wissens offenbar gleich dem Worte »Wahrheit« selbst eine Mehrdeutigkeit enthält. Auch wenn wir von geistigen und kulturellen Werten sprechen, werden wir an erkenntnistheoretische Probleme erinnert, die verbunden sind mit dem Gleichgewicht zwischen unserem Wunsche nach einer allumfassenden Schau auf das Leben in seiner Vielfalt und unseren Möglichkeiten, uns in einer logisch widerspruchsfreien Weise auszudrücken.

Die nach der Entwicklung allgemeiner Methoden zur Ordnung gemeinsamer menschlicher Erfahrungen strebenden Naturwissenschaften und die in dem Bemühen nach Förderung von Harmonie in Weltanschauung und Verhalten innerhalb menschlicher Gemeinschaften wurzelnden Religionen gehen von wesentlich verschiedenen Punkten aus. In jeder Religion war selbstverständlich das ganze damalige Wissen der betreffenden Gemeinschaft in den allgemeinen Rahmen eingefügt, dessen Hauptinhalt die in Kult und Anbetung betonten Werte und Ideale darstellten. Deshalb zog die unlösliche Verbindung von Inhalt und Rahmen die Aufmerksamkeit kaum auf sich, bevor der Fortschritt der Naturwissenschaften eine neue kosmologische oder erkenntnistheoretische Lehre mit sich gebracht hatte. Die Geschichte bietet viele Beispiele dafür dar, und wir möchten im besonderen auf das tiefe Schisma zwischen Naturwissenschaften und Religion hinweisen, das die Entwicklung des mechanistischen Naturbegriffes zur Zeit der europäischen Renaissance begleitete. Viele Phänomene, die bis dahin als Offenbarungen göttlicher Vorsehung betrachtet worden waren, erschienen alsbald als Folgen allgemeiner unveränderlicher Naturgesetze. Anderseits waren die physikalischen Methoden und Gesichtspunkte weit entfernt von der für die Religionen wesentlichen Betonung menschlicher Werte und Ideale. Den Schulen der sogenannten empirischen und kritischen Philosophie war daher eine Einstellung gemeinsam, die einer mehr oder weniger klaren Unterscheidung zwischen objektivem Wissen und subjektivem Glauben entsprach.

Arbeit und Musse

Eigentlich bin ich ein fauler Hund. Darum plagt mich ständig das schlechte Gewissen. Also arbeite ich wie ein Pferd. Das heißt, ich versuche es zumindest. Als freier Herr meiner selbst, sprich: mein eigener Sklavenhalter, kommandiere ich mich jeden Morgen pünktlich um neun Uhr in mein Arbeitszimmer, um mich ans Werk zu machen. Doch kaum sitze ich am Schreibtisch, fällt jeder Arbeitseifer von mir ab. Stattdessen bemächtigt sich meiner ein ebenso Nerven aufreibender wie sinnloser Müßiggang, der sich mit rastloser Tätigkeit tarnt: telefonieren, E-Mails schreiben, im Internet surfen … In dieser Lage hilft nur Disziplin, die mir allerdings so sauer fällt, dass ich das Ende der Arbeit kaum erwarten kann: die Stunden der Muße, der von Pflichten und Zwängen befreiten Zeit. Ist aber der Feierabend da, langweile ich mich zu Tode. Weil ich vor lauter freier Zeit nichts mit mir anzufangen weiß und mich bald wieder nach dem Morgen sehne, dem Wiederbeginn meiner Arbeit.

In diesen Irrungen und Wirrungen überkommt mich manchmal ein schlimmer Verdacht. Vielleicht bin ich ja gar nicht für ein Leben ohne Arbeit geschaffen? Vielleicht ist meine Sehnsucht nach Muße und Müßiggang nur die Eingebung eines bösen Dämons oder eine Gemeinheit der Evolution, um mich permanent zur Arbeit anzuhalten? Wie die berühmte Mohrrübe, die der Bauer dem faulen Esel vors Maul bindet, damit dieser sich in Trab setzt, ohne je die Möglichkeit zu haben, den Lohn seiner Mühe zu genießen?

Um mich derart zu verwirren, hat die abendländische Geistesgeschichte über zwei Jahrtausende gebraucht. In der Antike herrschte noch ziemlich unbestritten der aristokratische Grundsatz: Muße, nicht Arbeit adelt den Menschen. Der wahrhaft freie Bürger ist frei von körperlicher Tätigkeit, damit er Zeit hat für die Tätigkeiten des Geistes, die allein ihn vom Tier unterscheiden. Arbeit hingegen, sofern notwendig zur Beschaffung des Lebensunterhalts, ist Sache der Sklaven und »Banausen«. Dies erklären Aristoteles und Cicero in klassischer Eintracht, wie sie sich andererseits auch darin einig sind, dass der Müßiggang, das träge, nur halb bewusste und darum viehische Wohlleben, dem Anakreon einst das hohe Lied sang, aller Laster Anfang sei, auch wenn diese Maxime erst im Mittelalter zur sprichwörtlichen Redensart werden sollte.

Eine deutliche Aufwertung erfährt die Arbeit, auch und gerade in körperlicher Gestalt, durch die Ausbreitung des Christentums im Abendland. *»Ora et labora«* (»bete und arbeite«) – das hat Benedikt von Nursia so zwar nie gesagt, doch durchaus gemeint, wie seine Ordensregel aus dem 6. Jahrhundert belegt. Doch kein Trend ohne Gegentrend: Kaum gewinnt die Arbeit an Reputation, stellt Thomas von Aquin Arbeit und Muße als Vita activa und Vita contemplativa gegenüber, um dieser, weil in ihrer Vollendung identisch mit der Gottesschau, den Vorzug zu geben, während Guillaume de Lorris im »Rosenroman« die *»Dame Oisivité«* (»Frau Müßig«) als die Mutter nicht des Lasters, sondern der Liebe feiert. Und fast zur selben Zeit erobert ein neuer Mythos die europäische Literatur: die Sage vom Schlaraffenland, jenem märchenhaft glückseligen Paradies, in dem die Faulheit die höchste Tugend und der Fleiß das größte Laster ist, weil einem dort die gebratenen Tauben von ganz allein in den Mund fliegen. Doch wer soll das glauben? Hans Sachs jedenfalls scheint seine eigene Erzählung so fabelhaft anzumuten, dass er sie selbst nicht ganz ernst nehmen kann.

Vom frühen Mittelalter bis zur Renaissance halten Muße und Arbeit in der kontinentalen Wertschätzung einander einigermaßen die Balance, wobei der Müßiggang wie das Zünglein an der Waage erscheint: Muße wird erst durch Müßiggang zum Laster. Mit der Heraufkunft des Protestantismus schlägt das Pendel dann kräftig zu Gunsten der Arbeit aus. Nicht nur Martin Luther, sondern auch sein humanistischer Widersacher Erasmus, vor allem aber ganze Heerscharen von Reformatoren reden ihr nun europaweit das Wort. »Wer nicht arbeitet«, so beten sie dem Apostel Paulus nach, »braucht auch nicht zu essen.« Nicht zuletzt, weil nach der neuen Lehre die Tüchtigkeit des Menschen auf Erden einen Rückschluss auf seinen Gnadenstand im Jenseits erlaubt: Nur wer im Diesseits ein gottgefälliges, also arbeitsames Leben führt, darf darauf hoffen, dass ihm nach dem Tode die Pforten des Paradieses offen stehen werden.

Doch ach, wer der Vorsehung unter die Röcke schaut, muss auf andere Genüsse verzichten. Wie Adam nach der Vertreibung aus dem Paradies soll der Europäer nun fortan »im Schweiße seines Angesichtes« sein Brot essen. Hat die Reformation die Arbeit theologisch geadelt, wird sie mit der Aufklärung zum anthropologischen Wert an sich: »Der Mensch ist das einzige Tier, das arbeiten muss.« (Kant) Als Faktum und Fatum der menschlichen Existenz steigt sie im 19. Jahrhundert zur Schlüsselkategorie individuellen und kollektiven Handelns schlechthin auf. Ganz im paulinischen Sinn gerät jeder, der der Muße oder gar dem Müßiggang frönt, in den Ruch des Parasiten, der kaum verdient, der menschlichen Gesellschaft anzugehören. In dieser Sicht ist sich Adam Smith, der Begründer der bürgerlichen Nationalökonomie, auf erschreckende Weise einig mit Karl Marx, dem Propheten der proletarischen Revolution. Auch wenn dieser, gleichsam als Lohn der Arbeit, ein neues Bild von der Erlösung des Menschen entwirft – in Gestalt der von ihm so genannten »nicht entfremdeten Arbeit«.

Was entfremdete Arbeit im Zeitalter der Industrialisierung konkret bedeutet, haben die großen europäischen Schriftsteller der Epoche beschrieben, allen voran Émile Zola. Arbeit als Ausbeutung von Menschen durch Menschen ist sein immer wiederkehrendes Thema: in den Städten und auf dem Land, in Fabriken und Kohlebergwerken. Doch je unmenschlicher die Arbeit im Namen eines über Leichen gehenden Fortschritts gerät, umso deutlicher treten Gegenbilder zutage. So weigert sich der Russe Oblomow, angetan mit einem orientalischen Gewand, »ohne das kleinste Zugeständnis an Europa«, in seinem berühmten Lotterbett auch nur einen Finger zu rühren, während in Paris der Dandy, dekadente Wiedergeburt des aristokratischen Gentilhommes, die allgegenwärtige Göttin Industria verspottet, indem er zum Zeichen seines grenzenlosen Müßiggangs eine Schildkröte an der Leine spazieren führt.

Was aber nützt mir das alles bei meinen einsamen Kämpfen am Schreibtisch? Einen Hinweis gibt Bertrand Russell, einer der fleißigsten Autoren des 20. Jahrhunderts. Obwohl selber unermüdlich tätig, singt er das vielleicht überzeugendste Loblied auf den Müßiggang, das sich in der europäischen Literatur findet. Anders als zum Beispiel Immanuel

Kant, für den Spiel und Arbeit einander strikt ausschließen, klagt Russell, der rastlose Arbeiter der Stirn, gegen den »Kult der Tüchtigkeit« ein neues Menschenrecht ein, das Recht, »sorglos und verspielt zu sein«, ohne das, so seine These, der modernen Zivilisation das Urteil gesprochen wäre.

Wie ist diese Paradoxie zu erklären? Vielleicht ganz einfach. Offenbar hat Bertrand Russell bereits praktiziert, was ein in Italien gebürtiger Ungar mit dem unaussprechlichen Namen Mihaly Csikszentmihalyi erst Jahrzehnte später, an der Schwelle zum neuen Jahrtausend, als Psychologe beschreiben und analysieren sollte: eine Form von Tätigkeit, in der Arbeit und Muße eins zu werden scheinen, die biologische Notwendigkeit der Selbsterhaltung sich verbindet mit dem aristokratischen Ideal der freien Selbstgestaltung, im »Flow« oder Fluss eines selbstvergessenen Tuns, in dem wir, um ein Wort Friedrich Nietzsches zu gebrauchen, in der Arbeit so werden »wie das Kind beim Spiele«.

Könnte so die Arbeit der Zukunft aussehen? Eine lebenswerte Vision – reizvoller noch als das Schlaraffenland! Also werde ich mich auch morgen wieder an meinen Schreibtisch setzen und arbeiten. Oder übermorgen. Guter alter Europäer, der ich bin.

Aristoteles
DIE BÜRGER

Aristoteles *(384 v. Chr.–322 v. Chr.) hat nicht nur in der Erkenntnistheorie und der Metaphysik wichtige und einflussreiche Schriften hinterlassen, sondern auch im Bereich der Ethik und der Politik. In seiner staatstheoretischen Schrift* Politik *behandelt er die verschiedenen Regierungsformen und die unterschiedlichen sozialen Gruppen im Staat. Geleitet werden sollte der Staat von Bürgern, die sich um den täglichen Broterwerb nicht kümmern müssen, sondern sich ganz auf die Regierungsgeschäfte konzentrieren können.*

In betreff des Bürgers aber ist noch eine von den Schwierigkeiten übrig. Ist in Wahrheit nur derjenige ein Bürger, der an der Regierungsgewalt teilnehmen darf, oder sind auch die Banausen (die Handwerker und Gewerbetreibenden) als Bürger anzusehen? Sollen auch die dafür gelten, die keinen Anteil an den Ämtern haben, so kann die eben beschriebene Tugend unmöglich jedem Bürger eigen sein. Denn die genannten wären ja dann Bürger. Ist aber keiner von dieser Art Leuten Bürger, zu welcher Klasse soll man sie dann zählen? Sie sind doch auch keine Metöken und Fremden. Oder sollte vielleicht um dieses Grundes willen gar keine Ungereimtheit herauskommen? Sind doch auch die Sklaven und die Freigelassenen nichts von alledem. Wahr ist ja dies, daß nicht alle diejenigen für Bürger zu halten sind, ohne die ein Staat nicht sein könnte, da doch auch die Kinder nicht in der Weise Bürger sind wie die Männer, sondern diese sind es schlechthin, jene beziehungsweise: sie sind Bürger, aber unfertige Bürger.

In alten Zeiten nun waren in manchen Staaten die Gewerbsleute Sklaven oder Fremde, und deshalb sind sie es meistens auch jetzt noch. Der beste Staat aber wird keinen Gewerbsmann zum Bürger machen, und sollte auch er ein Bürger sein, so ist doch die von uns angegebene Tugend des Bürgers nicht jedem und auch nicht dem, der bloß ein freier Mann ist, zuzuschreiben, sondern nur denen, die von dem Erwerb des notwendigen Lebensunterhaltes befreit sind; die aber mit der Beschaffung des notwendigen Lebensunterhaltes zu tun haben, sind, wenn sie für Einen arbeiten, Sklaven, wenn aber für die Gesamtheit, Gewerbsleute und Tagelöhner.

Anakreon

Anakreon *(563 v. Chr.–478 v. Chr.) hat mit seinen Gedichten die einfachen Sinnenfreuden des Menschen besungen. Seine Verse drehen sich um »Wein, Weib und Gesang« und plädieren für den genussvollen Vollzug des Lebens ohne Anstrengungen und Ehrgeiz. Zusammen mit der Dichterin Sappho, die ein Jahrhundert vor ihm Gedichte verfasste, inspirierte er seit der Renaissance Generationen von europäischen Dichtern, die ihm in der Stilrichtung der Anakreontik nacheiferten.*

XV.
Auf sich selbst.

Nichts bekümmr ich mich um Gygen,
Um der Sardianer König;
Auch weiß mich kein Gold zu blenden;
Auch beneid ich keine Fürsten.
Nur bekümmr ich mich um Salben,
Meinen Bart zu balsamiren;
Nur bekümmr ich mich um Rosen,
Meinen Scheitel zu bekrönen;
Nur bekümmr ich mich für heute;
Denn wer weiß von morgen etwas.
Drum so lang das Glücke dauert,
Trinke, spiel und opfre Baccho;
Daß nicht eine Krankheit komme,
Und denn spreche: gnug getrunken!

XXXVI.

Auf die Vergnügungen dieses Lebens.

Und was lehrstu mich der Redner
Regeln und Sophistereyen,
Und was soll mir dieß Geschwäze,
Das mir keinen Nutzen schaffet?
Lieber lehre mich statt dessen
Bacchus milde Gabe trinken;
Lieber lehre mich statt dessen
Mit der holden Venus schäkern.
Während dem ich mir mit Rosen
Meinen grauen Scheitel kränze,
Kannstu mir, zu meinem Weine,
O mein Liebling, Wasser giesen,
Bis ich ohne Sinnen liege.
Du wirst ohnehin in kurzem
Mich, entseelt, zu Grabe tragen;
Und wer will noch was im Grabe?

Benedikt von Nursia
DIE REGEL

Benedikt von Nursia *(480–547) hat das christliche Mönchtum im westlichen Teil des Römischen Reiches begründet. In seinem Kloster von Monte Cassino kam zum ersten Mal die von ihm verfasste* Regel (Regula Benedicti) *zur Anwendung, ein Katalog von Verhaltensregeln für das gottgefällige Leben im Kloster. Körperliche Arbeit und Lesung der Heiligen Schrift stehen dabei in einem ausgewogenen Verhältnis.*

Der Müßiggang ist ein Feind der Seele; und deshalb sollen sich die Brüder zu bestimmten Zeiten mit Handarbeit und wieder zu bestimmten Stunden mit göttlicher Lesung beschäftigen.

Und so glauben wir, durch folgende Verfügung die Zeit für beides ordnen zu können. Von Ostern bis zum vierzehnten September verrichten die Brüder in der Frühe nach dem Schluß der Prim bis etwa zur vierten Stunde die notwendigen Arbeiten. Von der vierten Stunde aber bis zur Stunde, da sie die Sext halten, beschäftigen sie sich mit Lesung. Wenn sie nach der Sext vom Tisch aufgestanden sind, ruhen sie unter völligem Schweigen auf ihren Betten; oder wer etwa für sich lesen will, soll so lesen, daß er keinen anderen stört. Die Non werde früher gehalten, um die Mitte der achten Stunde; und dann verrichte man wieder bis zur Vesper die notwendige Arbeit.

Erfordern es aber die Ortsverhältnisse oder die Armut, daß die Brüder die Feldfrüchte selbst einernten müssen, so seien sie nicht betrübt; denn dann erst sind sie wahre Mönche, wenn sie wie unsere Väter und die Apostel von der Arbeit ihrer Hände leben. Doch geschehe wegen der Kleinmütigen alles mit Maß.

Vom vierzehnten September bis zum Beginn der Fastenzeit sollen sie sich aber bis zum Ende der zweiten Stunde mit Lesung beschäftigen. Am Ende der zweiten Stunde werde die Tetz gehalten; und bis zur Non sollen alle die ihnen zugewiesene Arbeit verrichten. Auf das erste Zeichen zur Non verlasse jeder seine Arbeit und halte sich bereit, bis das zweite Zeichen gegeben wird. Nach Tisch sollen sie sich mit ihren Lesungen und Psalmen beschäftigen.

In den Tagen des Fastenzeit sollen sich die Brüder aber vom frühen Morgen bis zum Ende der dritten Stunde mit ihren Lesungen beschäftigen und bis zum Ende der zehnten Stunde die ihnen aufgetragene Arbeit verrichten. Für diese Tage der Fastenzeit erhalte jeder aus der Bibliothek ein Buch, das er von Anfang bis Ende ganz lesen soll. Diese Bücher sind zu Beginn der Fastenzeit auszugeben.

Vor allem aber bestimme man einen oder zwei Ältere, die zu den Stunden, da sich die Brüder mit Lesung beschäftigen, im Kloster umhergehen, um nachzuschauen, ob sich nicht etwa ein träger Bruder findet, der müßig ist oder die Zeit verplaudert, statt eifrig zu lesen, und nicht nur keinen Nutzen für sich hat, sondern auch andere ablenkt. Fände sich ein solcher, was ferne sei, so werde er einmal und ein zweites Mal zurechtgewiesen; bessert er sich nicht, dann verfalle er der in der Regel

vorgesehenen Strafe und zwar so, daß die übrigen Furcht bekommen. Auch darf kein Bruder mit einem anderen Bruder zu ungehöriger Zeit verkehren.
Ferner sollen sich am Herrentag alle mit Lesung beschäftigen, ausgenommen jene, die für die verschiedenen Dienste bestimmt sind.
Wäre aber einer so nachlässig und träge, daß er nicht willens oder nicht fähig ist, [Psalmen] zu üben oder zu lesen, so trage man ihm eine Handarbeit auf, damit er nicht müßig ist. Kranke oder schwächliche Brüder sollen eine solche Arbeit oder Beschäftigung bekommen, daß sie nicht untätig sind, aber auch nicht durch Überbürdung in der Arbeit niedergedrückt oder gar zum Fortgehen veranlaßt werden. Der Abt muß auf ihre Schwäche Rücksicht nehmen.

Guillaume de Lorris

DIE SORGLOSIGKEIT

Guillaume de Lorris *(ca. 1200 – ca. 1238) hinterlässt bei seinem Tod ein bedeutendes literarisches Fragment, den* Rosenroman. *Etwa vier Jahrzehnte später wird dieses Werk von Jean de Meung fertiggestellt. Der europaweit viel gelesene* Rosenroman *erzählt in der Form eines allegorischen Traums die Liebeswerbung eines Edelmanns (Teil 1) und präsentiert in Teil 2 philosophische Diskussionen über die Liebe und andere Themen der höfischen Gesellschaft.*

Als ich die Vöglein singen hörte, begann ich darüber nachzudenken, auf welche Weise und mit welchen Mitteln ich in diesen Garten gelangen könnte. Aber ich vermochte keine Stelle zu finden, wo ich hätte eintreten können. Wißt, es war mir nicht bekannt, ob es irgendwo eine Öffnung oder einen Weg gäbe. Auch war kein Mensch da, der ihn mir gezeigt hätte, denn ich war allein. Ich war sehr besorgt und ängstigte mich. Schließlich fiel mir ein, daß ein so schöner Garten niemals ohne Türe oder Leiter oder irgend eine Öffnung sein könne. So machte ich mich eilig auf, die Mauer ringsum abzuschreiten, und ich fand ein kleines, schmales, wohlverschlossenes Türchen. Anderswo konnte niemand eintreten. Ich begann, an die Türe zu klopfen, da ich ja keinen anderen Eingang finden konnte. Mehrmals pochte ich an und horchte hin, ob jemand komme. Da wurde mir das Türlein, das aus Weißbuche gearbeitet war, von einer vornehmen, schönen Jungfrau geöffnet. Sie hatte blondes Haar, ihr Körper war mollig wie der eines Küchleins. Ihre Stirn glänzte, ihre Augenbrauen waren gewölbt und lagen ziemlich weit auseinander. Ihre Nase war wohlgeformt; ihre Augen blickten lebhaft wie die eines Falken, um das Verlangen der Männer zu wecken. Ihr Atem war süß und mild, ihr Gesicht weiß und frisch, ihr Mund klein und kußlich. Im Kinn hatte sie ein Grübchen. Ihr Hals war von vollendeter Form, fest und ausgewogen hoch; er zeigte auch keine Spur von Ausschlag und Krankheit. Bis nach Jerusalem könntet Ihr wandern, Ihr würdet keine Frau finden, die einen so schönen Hals hätte. Er mußte fein und weich sein unter der kosenden Hand. Ihre Brust war weiß wie Neuschnee auf den Zweigen, ihr Körper wohlgeformt und beweglich. In keinem Lande könntet Ihr eine Frau mit einem schöneren Körper finden. Sie trug ein goldbesticktes Hütchen. Nirgends auf der Welt gab es eine so artige und feine Frau. Meine Worte reichen nicht aus, sie zu beschreiben. Über ihrem goldbestickten Hut trug sie eine Krone aus frischen Rosen; in der Hand hielt sie einen Spiegel. Mit reichen Bändern hatte sie ihr Haar geflochten. Die beiden Ärmel ihres Kleides schmiegten sich eng an ihre Arme und waren kunstvoll genäht. Sie trug weiße Handschuhe, um zu verhindern, daß ihre feinen Hände sich beschmutzten. Ihr Kleid war aus kostbarem grünem Genter Stoff und ringsum mit Fransen besetzt. Ihr Schmuck zeigte wohl, daß sie nicht in Not lebte. Ihr ganzes Tagwerk bestand darin, sich säuberlich zu kämmen, sich gut zu kleiden und zu pflegen. Sie vergnügte sich, war guter Dinge, denn sie kannte keine andere Sorge als sich vornehm herauszuputzen.

Nachdem mir also die reizende Frau die Türe geöffnet hatte, bedankte ich mich anständig bei ihr und fragte sie, wie sie heiße und wer sie sei. »Meine Bekannten nennen mich die *Sorglosigkeit«,* sagte sie. »Ich bin eine reiche und mächtige Frau, bin immer glücklich und nur darauf bedacht, mich zu freuen und zu unterhalten; es gefällt mir, mich zu kämmen und mein Haar zu knüpfen. Ich bin die Freundin des lieblichen und edlen *Sinnengenusses.* Ihm gehört dieser Garten. Er ließ die Bäume, die hier wachsen, aus dem Lande der Sarazenen herbeischaffen. Er ließ auch die Mauer ziehen, die Ihr gesehen habt, und die häßlichen und traurigen Figuren darauf malen. Häufig kommt der Sinnengenuß hierher mit seinem Gefolge, das das Leben in Freude und Lust verbringt, um den Schatten des Gartens zu genießen. Auch jetzt hält er sich im Garten auf und lauscht dem Gesang der Nachtigallen, der Drosseln und der andern Vögelchen. Er spielt und ergötzt sich dort mit seinen Höflingen. Einen schöneren Ort könnte er dazu nicht finden. Und wisset, daß es die schönsten Menschen sind, die es auf Erden gibt, welche zu seinen Gefährten zählen.«

Erasmus von Rotterdam

Die Erziehung des christlichen Fürsten

Erasmus von Rotterdam *(1469–1536) ist einer der großen Repräsentanten des europäischen Humanismus. Mit seiner Kirchenkritik gehört er zu den Wegbereitern der Reformation, aber anders als Luther oder Calvin stand er mit einem deutlichen Bekenntnis zur Toleranz über den theologischen Streitereien und den Religionskriegen seiner Zeit. Seine pädagogische Schrift* Die Erziehung des christlichen Fürsten *entwickelt das Ideal des moralisch integren, aktiven Herrschers, der das Allgemeinwohl über die persönlichen Ambitionen stellt.*

Erstes Kapitel
Geburt und Erziehung des christlichen Fürsten

Wo es Brauch ist, den Herrscher durch Wahl zu bestellen, darf man nicht so sehr auf Adel, körperliche Schönheit oder hohen Wuchs sehen (wir hören, daß das bei einigen Barbarenstämmen einst törichterweise wiederholt geschehen ist), sondern auf ein mildes und liebenswürdiges Wesen, ein ruhiges und besonnenes Gemüt, das nicht so heftig ist, daß die Gefahr besteht, daß die Persönlichkeit sich, wenn es die Lage ermöglicht, der Despotie zuwendet und keine Mahnung und keinen Rat erträgt; freilich darf es auch nicht wieder so schwerfällig sein, daß es sich von der Willkür eines beliebigen Menschen führen läßt, wohin es diesem paßt. Es muß auch die Erfahrung berücksichtigt werden, ebenso das Alter, das aber nicht so hoch sein darf, daß es bereits für Wahnsinn anfällig ist, aber auch nicht so jugendlich, daß es von Leidenschaften hingerissen wird. Es ist wohl auch die Gesundheit zu bedenken, damit nicht alsbald zum Schaden des Staates ein neuer Herrscher bestellt werden muß.

Auf einer Seefahrt wird nicht dem das Steuer anvertraut, der die übrigen an vornehmer Abstammung, an Reichtum oder Schönheit übertrifft, sondern dem, der sie an Erfahrung im Steuern, an Wachsamkeit und Verläßlichkeit überragt. So ist die Herrschaft vor allem dem zu übergeben, der die übrigen an königlichen Eigenschaften, nämlich an Klugheit, Gerechtigkeit, Mäßigkeit, Vorsorge und Eifer für das Allgemeinwohl übertrifft.

Herkunft, Gold und Edelsteine bedeuten für die Lenkung des Staates nicht mehr als sie dem Steuermann beim Steuern des Schiffes nützen. Eines nur muß der Fürst beim Regieren bedenken, eines das Volk bei der Wahl des Herrschers, nämlich das Wohl der Allgemeinheit, nachdem alle persönlichen Gefühle ausgeschaltet wurden. (...) Der Staat gerät durch Parteien aus den Fugen, wird durch Kriege in die Enge getrieben, alles ist voll von Räuberbanden, durch hemmungslose Plünderungen wird das Volk dem Hunger und der Verzweiflung entgegengetrieben, von ungerechten Vornehmen werden die Schwachen bedrückt, die Beamten sind bestochen, sie tun nicht, was recht ist, sondern handeln nach Willkür, und in dieser Situation spielt der Herrscher mit Würfeln, als ob er nichts zu tun hätte! Dem, der am Steuer steht, ist es nicht gestattet, schläfrig zu sein, und der Herrscher schnarcht in einer gefährlichen Lage? Kein Meer hat je so schwere Stürme, wie sie unablässig in jedem Reich herrschen. Daher muß der Herrscher immer wachen, damit er sich nicht verirrt, da er nur zum Verderben der meisten schuldig werden kann. Die Größe des Schiffes, der Wert der Ware und die große Zahl der Passagiere machen den guten Steuermann nicht hochmütiger, sondern achtsamer. Daher muß der gute König, je größer die Menge ist, über die er gebietet, um so wachsamer sein und nicht hochmütiger. Wenn du überlegst, wie groß der Wirkungskreis ist, den du auf dich nimmst, wird es dir nie an Tätigkeit mangeln. Wenn du gewöhnt bist, dich über die Vorteile für die Allgemeinheit zu freuen, wird dir nie fehlen, woran dein Herz sich freut, so daß es dem guten Herrscher nicht gestattet ist, sich über die Langeweile der Muße durch nutzlose Vergnügen hinwegzutäuschen.

Es ist von sehr weisen Männern gelehrt worden, daß die beste, und nicht die angenehmste Weise zu leben gewählt werden muß. Weil die Gewohnheit schließlich das Beste angenehm zu machen pflegt, muß es der Herrscher von Kindheit an tun. Wenn der Maler an einem schönen vollendeten Gemälde Freude hat, wenn der Bauer, wenn der Gärtner, wenn der Handwerker seine Arbeit genießt, was kann für den Herrscher angenehmer sein, als wenn er seinen Staat betrachtet, der durch seine Anstrengung besser und blühender geworden ist? Wie es nicht geleugnet werden kann, daß es anstrengend ist, ein guter Herrscher zu sein, ist es noch viel mühsamer, die Rolle eines schlechten Herrschers zu spielen. Weitaus weniger an Anstrengung bringt das Verhalten mit sich, das der Natur und dem Grundsatz des Guten folgt, als das, was aus Schein und Unechtheit besteht. Wenn du bei dir erwägst, daß dieser Krieg auf kluge Weise vermieden, jener Aufstand mit möglichst wenig Blutvergießen niedergeworfen werden müsse, daß jener Mann zu einem Amt berufen werde, daß für den Staat und für den eigenen Ruf auf ehrliche Weise gesorgt werden müsse, wenn du wahrhaft Herrscher bist, wäre es staunenswert, wenn du nicht im Herzen unermeßliche Freude empfändest. Erst diese Freude ist eines christlichen Herrschers würdig. Verschaffe dir täglich selbst die Quelle dieser Freude durch Wohltaten und überlasse jene wertlosen Vergnügen dem gemeinen Volk.

(...)

Ein guter Teil der Vergehen kommt hauptsächlich daher, daß überall Reichtum am höchsten eingeschätzt und Armut verachtet wird. Der Herrscher setzte sich also dafür ein, daß seine Bürger nach ihrer Tugend und ihrem Charakter und nicht ihrem Steuersatz eingeschätzt werden. Das wende er zuerst auf sich und seine Untertanen an. Wenn sie sehen, daß der Herrscher mit seinem Reichtum protzt und daß bei ihm gerade die Reichsten am meisten gelten und daß zu Behörden, Auszeichnungen und Ämtern dem Geld der Weg offensteht, dann wird durch solche Zustände die Begierde der Menge, sich Reichtum zu erwerben, sei es auf rechte oder unrechte Weise, allzusehr aufgestachelt.

Um nun allgemeiner zu sprechen: der Abschaum aller Staaten entsteht aus dem Müßiggang, den auf verschiedene Weise alle anstreben. Wenn sie einmal an ihn gewöhnt sind und das fehlt, wodurch sie ihn erhalten können, nehmen sie zu Untaten ihre Zuflucht. Die Wachsamkeit des Herrschers wird also darauf hinarbeiten, daß er unter seinen Untertanen eine möglichst geringe Menge von Müßiggängern habe und diese entweder zur Arbeit treibt oder sie aus dem Staat verjagt. Platon glaubt, man müsse alle Bettler aus dem Staat verjagen und weit von ihm wegtreiben. Wenn sie durch Alter oder Krankheit erschöpft sind und keine Angehörigen haben, von denen sie erhalten werden, muß für sie in öffentlichen Altersheimen und Siechenhäusern gesorgt werden. Wer gesund und mit wenig zufrieden ist, braucht nicht zu betteln.

Hans Sachs

DAS SCHLARAFFENLAND

Hans Sachs *(1494–1576) gehört zu den Meistersingern, die als Handwerksmeister eine eigene dichterische Kunstgattung nach strengen Regeln praktizierten. Neben seinen etwa 4000 Meisterliedern verfasste er mehr als 200 Dramen, die meisten davon für die Nürnberger Fastnachtsspiele.*

Eine Gegend heißt Schlaraffenland,
Den faulen Leuten wohlbekannt;
Die liegt drei Meilen hinter Weihnachten.

Ein Mensch, der dahinein will trachten,
Muß sich des großen Dings vermessen
Und durch den Berg von Hirsebrei essen;
Der ist wohl dreier Meilen dick;
Alsdann ist er im Augenblick
Im selbigen Schlaraffenland.

Da hat er Speis und Trank zur Hand;
Da sind die Häuser gedeckt mit Fladen,
Mit Lebkuchen Tür und Fensterladen.
Um jedes Haus geht rings ein Zaun,
Geflochten aus Bratwürsten braun;
Vom besten Weine sind die Bronnen,
Kommen einem selbst ins Maul geronnen.
An den Tannen hängen süße Krapfen
Wie hierzulande die Tannenzapfen;
Auf Weidenbäumen Semmeln stehn,
Unten Bäche von Milch hergehn;
In diese fallen sie hinab,
Daß jedermann zu essen hab.
Auch schwimmen Fische in den Lachen,
Gesotten, gebraten, gesalzen, gebacken;
Die gehen bei dem Gestad so nahe,
Daß man sie mit den Händen fahe.
Auch fliegen um, das mögt ihr glauben,
Gebratene Hühner, Gäns' und Tauben;
Wer sie nicht fängt und ist so faul,
Dem fliegen sie selbst in das Maul.
Die Schweine, fett und wohlgeraten,
Laufen im Lande umher gebraten.
Jedes hat ein Messer im Rück';
Damit schneid't man sich ab ein Stück
Und steckt das Messer wieder hinein.
Käse liegen umher wie die Stein.
Ganz bequem haben's die Bauern;

Sie wachsen auf Bäumen, an den Mauern;
Sind sie zeitig, so fallen sie ab,
Jeder in ein Paar Stiefel herab.
Auch ist ein Jungbrunn in dem Land;
Mit dem ist es also bewandt:
Wer da häßlich ist oder alt,
Der badet sich jung und wohlgestalt't
Bei den Leuten sind allein gelitten
Mühelose, bequeme Sitten.
So zum Ziel schießen die Gäst',
Wer am meisten fehlt, gewinnt das Best;
Im Laufe gewinnt der Letzte allein;
Das Schlafrocktragen ist allgemein,
Auch ist im Lande gut Geld gewinnen:
Wer Tag und Nacht schläft darinnen,
Dem gibt man für die Stund' einen Gulden;
Wer wacker und fleißig ist, macht Schulden.
Dem, welcher da sein Geld verspielt,
Man alles zwiefach gleich vergilt,
Und wer seine Schuld nicht gern bezahlt,
Auch wenn sie wär eines Jahres alt,
Dem muß der andere doppelt geben.
Der, welcher liebt und lustig Leben,
Kriegt für den Trunk einen Batzen Lohn;
Für eine große Lüge gibt man eine Kron'.
Verstand darf man nicht lassen sehn,
Aller Vernunft muß man mäßig gehn;
Wer Sinn und Witz gebrauchen wollt,
Dem wär kein Mensch im Lande hold.
Wer Zucht und Ehrbarkeit hätt lieb,
Denselben man des Lands vertrieb,
Und wer arbeitet mit der Hand,
Dem verböt man das Schlaraffenland.
Wer unnütz ist, sich nichts läßt lehren,
Der kommt im Land zu großen Ehren,

Und wer der Faulste wird erkannt,
Derselbige ist König im Land.
Wer wüst, wild, und unsinnig ist,
Grob, unverständig zu aller Frist,
Aus dem macht man im Land einen Fürsten.
Wer gern ficht mit Leberwürsten,
Aus dem ein Richter wird gemacht,
Und wer auf gar nichts weiter acht't
Als auf Essen, Trinken und Schlafen,
Aus dem macht man im Land einen Grafen.
Wer also lebt wie obgenannt,
Der ist gut im Schlaraffenland,
In einem andern aber nicht.
Drum ist ein Spiegel dies Gedicht,
Darin du sehest dein Angesicht.

Adam Smith
DIE ARBEITSTEILUNG

Adam Smith *(1723–1790) gehört zu denjenigen Aufklärern, die von der geselligen Veranlagung des Menschen überzeugt sind. Das Eigeninteresse der Menschen, die zum Leben in Gesellschaft und zum Handel untereinander neigen, steht nicht im Gegensatz zum Allgemeinwohl. Der Wohlstand der Nationen – so der Titel seines bekanntesten Werks – entsteht durch die sinnvolle Arbeitsteilung innerhalb einer Gesellschaft. Adam Smith ist einer der Begründer der Theorie des ökonomischen Marktes.*

Die enorme Steigerung der Arbeit, die die gleiche Anzahl Menschen nunmehr infolge der Arbeitsteilung zu leisten vermag, hängt von drei verschiedenen Faktoren ab: [1] der größeren Geschicklichkeit jedes einzelnen Arbeiters, [2] der Ersparnis an Zeit, die gewöhnlich beim Wechsel von einer Tätigkeit zur anderen verlorengeht, und [3] der Erfindung einer Reihe von Maschinen, welche die Arbeit erleichtern, die Arbeitszeit verkürzen und den einzelnen in den Stand setzen, die Arbeit vieler zu leisten.

(1) Aufgrund der größeren Geschicklichkeit kann der einzelne natürlich erheblich mehr leisten, und umgekehrt steigert die Arbeitsteilung zwangsläufig auch die Geschicklichkeit oder Handfertigkeit des Arbeiters beträchtlich, da sie jede Tätigkeit, die ein Arbeiter sein ganzes Leben lang ausübt, auf einen einfachen Arbeitsgang zurückführt. Ein gewöhnlicher Schmied, der zwar mit dem Hammer umzugehen versteht, aber nicht gewohnt ist, Nägel anzufertigen, wird kaum imstande sein, wie man mir versichert, mehr als zwei- oder dreihundert Nägel am Tag herzustellen und noch dazu recht schlechte, wenn er aus besonderem Anlaß dazu gezwungen ist. Ein anderer Schmied, der zwar hin und wieder Nägel macht, aber kein ausgesprochener Nagelschmied ist, kann, selbst bei größter Anstrengung, selten mehr als 800 bis 1000 Stück am Tage herstellen. Ich habe nun selbst gesehen, daß von noch nicht zwanzigjährigen Burschen, die nie etwas anderes getan hatten, als Nägel zu schmieden, jeder einzelne über 2300 Stück täglich herstellen konnte, wenn er sich demnach anstrengte. Dabei ist das Schmieden von Nägeln keineswegs eine sehr einfache Arbeit. Ein und derselbe Arbeiter bedient nämlich den Blasebalg, reguliert nach Bedarf das Feuer, erhitzt das Eisen, bis es glüht, und schmiedet die einzelnen Teile des Nagels. Zum Formen des Kopfes muß er außerdem auch noch das Werkzeug wechseln. Im Vergleich dazu sind die einzelnen Arbeitsgänge, in welche sich die Anfertigung einer Nadel oder eines Metallknopfes aufteilen läßt, allesamt viel einfacher, und die Handfertigkeit eines Menschen, der zeitlebens nur diese Tätigkeit ausgeführt hat, ist gewöhnlich entsprechend größer. Die Geschwindigkeit, mit der Arbeiter in solchen Manufakturen die einzelnen Handgriffe durchführen, übertrifft alles, was man menschlicher Fertigkeit zutraut, bevor man dies nicht selbst gesehen hat.

(2) Die Ersparnis an Zeit, die sonst beim Wechsel von einer Tätigkeit zu einer anderen verlorengeht, ist viel größer, als wir auf den ersten Blick annehmen möchten. Man kann sich nämlich nicht sehr schnell von einer Arbeit auf eine andere umstellen, die noch dazu an einem

anderen Platz und mit ganz anderen Werkzeugen ausgeführt wird. So muß ein Weber auf dem Land, der gleichzeitig eine kleine Landwirtschaft betreibt, eine Menge Zeit vertun, um von seinem Webstuhl aufs Feld und von dort zurück zum Webstuhl zu gelangen. Der Verlust an Zeit wäre zweifellos wesentlich geringer, wenn beide Tätigkeiten in der gleichen Werkstatt durchgeführt werden könnten, trotzdem ist er selbst dann noch erheblich. Gewöhnlich trödelt man ein wenig beim Übergang von einer Arbeit zur anderen, zudem beginnt man eine neue Tätigkeit kaum mit großer Lust und Hingabe, ist noch nicht ganz bei der Sache, wie man zu sagen pflegt, und vertut einige Zeit mit Nebensächlichem, anstatt ernsthaft zu arbeiten. Die Gewohnheit, gemächlich und lässig-nachlässig seiner Arbeit nachzugehen, die der Arbeiter auf dem Lande, der alle halbe Stunde seine Tätigkeit und sein Handwerkszeug wechseln und zeitlebens zwanzigerlei Dinge im Laufe des Tages tun muß, unwillkürlich, ja zwangsläufig annehmen wird, läßt ihn vielfach träge, schwerfällig und sogar unfähig werden, sich wenigstens dann tatkräftig einzusetzen, wenn es dringend geboten wäre. Schon allein aus diesem Grunde, ganz unabhängig von seiner mangelnden Geschicklichkeit, muß seine Arbeitsleistung stets beträchtlich unter dem liegen, was er eigentlich zu leisten vermag.

(3) Es leuchtet ohne weiteres ein, wie sehr der Einsatz geeigneter Maschinen die Arbeit erleichtert und verkürzt, so daß ich auf Beispiele verzichten kann. Ich möchte lediglich bemerken, daß es vermutlich die Arbeitsteilung war, die den Anstoß zur Erfindung solcher Maschinen gab. Jemand, der ausschließlich mit einem einzelnen Gegenstand befaßt ist, wird wahrscheinlich eher einfachere und geeignetere Methoden entdecken, um ein bestimmtes Ziel zu erreichen, als wenn seine Aufmerksamkeit auf viele Dinge gerichtet ist. Als Folge der Arbeitsteilung konzentriert sich nun jeder ganz von selbst auf einen verhältnismäßig einfachen Gegenstand, weshalb man auch erwarten kann, daß der eine oder andere bei einer bestimmten Arbeit bessere Wege herausfinden sollte, die seine Tätigkeit erleichtern, wo immer dies möglich ist. Viele Maschinen, die in ausgesprochen arbeitsteiligen Gewerben verwendet werden, sind ursprünglich von einfachen Arbeitern erfunden worden. Da sie ständig die gleichen Handgriffe ausführen

mußten, suchten sie ganz von selbst nach Methoden, wie sie ihre Tätigkeit vereinfachen und erleichtern könnten. Wer des öfteren solche Manufakturen besucht hat, dem wurden sicherlich häufig imponierende Maschinen gezeigt, die Arbeiter in der Absicht erfunden haben, den eigenen Beitrag zum Werkstück leichter und schneller zu leisten. So war bei den ersten Dampfmaschinen ein Junge dauernd damit beschäftigt, den Durchlaß vom Kessel zum Zylinder abwechselnd zu öffnen und zu schließen, wenn der Kolben herauf- oder herunterging. Einer dieser Jungen, der lieber mit den anderen spielen wollte, beobachtete dabei folgendes: Verbindet er den Griff des Ventils, das die Verbindung öffnet, durch eine Schnur mit einem anderen Teil der Maschine, so öffnet und schließt sich das Ventil von selbst, und es bleibt ihm dadurch Zeit, mit seinen Freunden zu spielen. Auf diese Weise entdeckte ein Junge, der sich Arbeit sparen wollte, eine der bedeutendsten Verbesserungen an der Dampfmaschine seit ihrer Erfindung.

Natürlich haben keineswegs nur Arbeiter Maschinen verbessern und weiterentwickeln helfen, die sie bedient haben. In vielen Fällen verdanken wir den technischen Fortschritt der Erfindungsgabe der Maschinenbauer, nachdem der Maschinenbau ein selbständiges Gewerbe geworden war. Andere Entdeckungen machten sogenannte Philosophen oder Theoretiker, deren Aufgabe es weniger ist, die Dinge zu verändern, als sie zu beobachten. Sie sind auf Grund ihrer Spekulationen häufig imstande, Phänomene, die sehr verschieden sind und wenig Bezug zueinander haben, sinnvoll zu verknüpfen. Mit der Entwicklung einer Gesellschaft werden auch Wissenschaft und Forschung, wie jede andere Beschäftigung, zum Hauptberuf oder zur ausschließlichen Tätigkeit einer bestimmten Schicht von Bürgern. Wie jede andere Beschäftigung, so spaltet sich auch die Wissenschaft in verschiedene Zweige. Auf diese Weise entstehen Spezialisten für die einzelnen Wissens- und Forschungsgebiete. Und wie in allen Berufen fördert die Arbeitsteilung auch hier die Fertigkeit und erspart Zeit. Jeder sammelt Erfahrung und wird Fachmann in seiner Disziplin, alles in allem wird mehr geleistet, und der Wissensstand wächst beträchtlich.

Und dieses ungeheure Anwachsen der Produktion in allen Gewerben, als Folge der Arbeitsteilung, führt in einem gut regierten Staat zu allgemeinem Wohlstand, der selbst in den untersten Schichten der Bevölkerung spürbar wird. Wer arbeitet, verfügt über ein Leistungspotential, das größer ist als das, welches er zum eigenen Leben benötigt, und da alle anderen in genau der gleichen Lage sind, kann er einen großen Teil der eigenen Arbeitsleistung gegen eine ebenso große Menge Güter der anderen oder, was auf das gleiche hinauskommt, gegen den Preis dieser Güter eintauschen. Er versorgt die anderen reichlich mit dem, was sie brauchen, und erhält von ihnen ebenso reichlich, was er selbst benötigt, so daß sich von selbst allgemeiner Wohlstand in allen Schichten der Bevölkerung ausbreitet.

Karl Marx
DIE ARBEIT DES ARBEITERS

Karl Marx *(1818–1883) hat mit seinen philosophischen und volkswirtschaftlichen Schriften die europäische Arbeiterbewegung maßgeblich geprägt. Kerngedanke seiner Theorie ist die »Entfremdung« des Arbeiters, dessen Tätigkeit nicht der Erfüllung von Bedürfnissen dient, sondern nur ein Mittel zu diesem Zweck ist. Gleichzeitig adelt Marx die Arbeit insofern, als er die »nicht entfremdete« Arbeit zum idealen Ziel der historischen Entwicklung macht.*

Worin besteht nun die Entäußerung der Arbeit?
Erstens, daß die Arbeit dem Arbeiter *äußerlich* ist, d.h. nicht zu seinem Wesen gehört, daß er sich daher in seiner Arbeit nicht bejaht, sondern verneint, nicht wohl, sondern unglücklich fühlt, keine freie physische und geistige Energie entwickelt, sondern seine Physis abkasteit und seinen Geist ruiniert. Der Arbeiter fühlt sich daher erst außer der Arbeit bei sich und in der Arbeit außer sich. Zu Hause ist er, wenn er nicht arbeitet, und wenn er arbeitet, ist er nicht zu Haus. Seine Arbeit ist daher nicht freiwillig, sondern gezwungen, *Zwangsarbeit.* Sie ist daher nicht die Befriedigung eines Bedürfnisses, sondern sie ist nur ein *Mittel,* um die Bedürfnisse außer ihr zu befriedigen. Ihre Fremd-

heit tritt darin rein hervor, daß, sobald kein physischer oder sonstiger Zwang existiert, die Arbeit als eine Pest geflohen wird. Die äußerliche Arbeit, die Arbeit, in welcher der Mensch sich entäußert, ist eine Arbeit der Selbstaufopferung, der Kasteiung. Endlich erscheint die Äußerlichkeit der Arbeit für den Arbeiter darin, daß sie nicht sein eigen, sondern eines andern ist, daß sie ihm nicht gehört, daß er in ihr nicht sich selbst, sonder einem andern angehört. Wie in der Religion die Selbsttätigkeit der menschlichen Phantasie, des menschlichen Hirns und des menschlichen Herzens unabhängig vom Individuum, d.h. als eine fremde, göttliche oder teuflische Tätigkeit, auf es wirkt, so ist die Tätigkeit des Arbeiters nicht seine Selbsttätigkeit. Sie gehört einem andren, sie ist der Verlust seiner selbst.

Es kömmt daher zu dem Resultat, daß der Mensch (der Arbeiter) nur mehr in seinen tierischen Funktionen, Essen, Trinken und Zeugen, höchstens noch Wohnung, Schmuck etc., sich als freitätig fühlt und in seinen menschlichen Funktionen nur mehr als Tier. (...)

2. Das Verhältnis der Arbeit zum *Akt der Produktion* innerhalb der *Arbeit.* Dies Verhältnis des Arbeiters zu seiner eigenen Tätigkeit als einer fremden, ihm nicht angehörigen, die Tätigkeit als Leiden, die Kraft als Ohnmacht, die Zeugung als Entmannung, die *eigne* physische und geistige Energie des Arbeiters, sein persönliches Leben – denn was ist Leben [anderes] als Tätigkeit – als eine wider ihn selbst gewendete, von ihm unabhängige, ihm nicht gehörige Tätigkeit. Die *Selbstentfremdung,* wie oben die Entfremdung der *Sache.* (...)

Das praktische Erzeugen einer *gegenständlichen* Welt, die *Bearbeitung* der unorganischen Natur ist die Bewährung des Menschen als eines bewußten Gattungswesens, d.h. eines Wesens, das sich zu der Gattung als seinem eignen Wesen oder zu sich als Gattungswesen verhält. Zwar produziert auch das Tier. Es baut sich ein Nest, Wohnungen, wie die Biene, Biber, Ameise etc. Allein es produziert nur, was es unmittelbar für sich oder sein Junges bedarf; es produziert einseitig, während der Mensch universell produziert; es produziert nur unter der Herrschaft des unmittelbaren physischen Bedürfnisses, während der Mensch selbst frei vom physischen Bedürfnis produziert und erst wahrhaft produziert in der Freiheit von demselben; es produziert nur sich selbst, während der Mensch die ganze Natur reproduziert; sein Produkt gehört unmittelbar zu seinem physischen Leib, während der Mensch frei seinem Produkt gegenübertritt. Das Tier formiert nur nach dem Maß und dem Bedürfnis der species, der es angehört, während der Mensch nach dem Maß jeder species zu produzieren weiß und überall das inhärente Maß dem Gegenstand anzulegen weiß; der Mensch formiert daher auch nach den Gesetzen der Schönheit.

Eben in der Bearbeitung der gegenständlichen Welt bewährt sich der Mensch daher erst wirklich als ein *Gattungswesen*. Diese Produktion ist sein werktätiges Gattungsleben. Durch sie erscheint die Natur als *sein* Werk und seine Wirklichkeit. Der Gegenstand der Arbeit ist daher die *Vergegenständlichung des Gattungslebens des Menschen:* indem er sich nicht nur wie im Bewußtsein intellektuell, sondern werktätig, wirklich verdoppelt und sich selbst daher in einer von ihm geschaffenen Welt anschaut. Indem daher die entfremdete Arbeit dem Menschen den Gegenstand seiner Produktion entreißt, entreißt sie ihm sein *Gattungsleben,* seine wirkliche Gattungsgegenständlichkeit und verwandelt seinen Vorzug vor dem Tier in den Nachteil, daß sein unorganischer Leib, die Natur, ihm entzogen wird.

Ebenso, indem die entfremdete Arbeit die Selbsttätigkeit, die freie Tätigkeit, zum Mittel herabsetzt, macht sie das Gattungsleben des Menschen zum Mittel seiner physischen Existenz.

Das Bewußtsein, welches der Mensch von seiner Gattung hat, verwandelt sich durch die Entfremdung also dahin, daß das Gattungsleben ihm zum Mittel wird.

Die entfremdete Arbeit macht also:

3. das *Gattungswesen des Menschen,* sowohl die Natur als sein geistiges Gattungsvermögen, zu einem ihm *fremden* Wesen, zum *Mittel* seiner *individuellen Existenz.* Sie entfremdet dem Menschen seinen eignen Leib, wie die Natur außer ihm, wie sein geistiges Wesen, sein *menschliches Wesen.*

4. Eine unmittelbare Konsequenz davon, daß der Mensch dem Produkt seiner Arbeit, seiner Lebenstätigkeit, seinem Gattungswesen entfremdet ist, ist die *Entfremdung des Menschen* von dem *Menschen.* Wenn der Mensch sich selbst gegenübersteht, so steht ihm der *andre* Mensch ge-

genüber. Was von dem Verhältnis des Menschen zu seiner Arbeit, zum Produkt seiner Arbeit und zu sich selbst, das gilt von dem Verhältnis des Menschen zum andren Menschen.

Iwan A. Gontscharow
Oblomow

Iwan A. Gontscharow *(1812–1891) ist einer der großen realistischen Romanciers Russlands. Mit seinem Helden des gleichnamigen Romans* Oblomov *schafft er den Prototyp einer gesellschaftlichen Klasse (des russischen Landadels), die den frühkapitalistischen Veränderungen durch weltfremden Idealismus zu begegnen versucht. Oblomov ist das Sinnbild ziellosen Müßiggangs als Gegenbild zum profitorientierten Kapitalismus.*

In der Gorochowaja, in einem jener großen Häuser, deren Bewohner für eine ganze Kreisstadt langen würden, lag eines Morgens Ilja Iljitsch Oblomow im Kabinett seiner Wohnung im Bett.

Er war ein mittelgroßer Mann von zweiunddreißig, dreiunddreißig Jahren, hatte ein angenehmes Äußeres und dunkelgraue Augen, doch fehlte seinen Gesichtszügen jeglicher bestimmte Ausdruck und jegliche innere Spannung. Die Gedanken huschten frei wie Vögel über das Gesicht, flatterten in den Augen, ließen sich auf den halbgeöffneten Lippen nieder, versteckten sich in den Falten der Stirn und verschwanden schließlich überhaupt; dann leuchtete das ganze Gesicht im gleichmäßigen Licht der Sorglosigkeit. Vom Gesicht wanderte die Sorglosigkeit in die Posen des ganzen Körpers und sogar in die Falten des Schlafrocks. Manchmal verdüsterte sich sein Blick durch Müdigkeit oder Langeweile; doch vermochten weder Müdigkeit noch Langeweile auch nur einen Augenblick lang jene Weichheit aus dem Gesicht zu vertreiben, die der beherrschende und eigentliche Ausdruck nicht nur des Gesichts, sondern seiner ganzen Seele war; und diese Seele spiegelte sich offen und klar in den Augen, in seinem Lächeln, in jeder Bewegung des Kopfes und der Hände wider. Und ein flüchtig beobachtender, kühler Mensch, der im Vorübergehen einen Blick auf Oblomow geworfen hätte, würde wohl gesagt haben: Das muß ein guter, einfältiger Patron sein! Hätte jedoch ein Mensch sein Gesicht länger aufmerksam und mit größerem Wohlwollen betrachtet, wäre er vermutlich lächelnd, in angenehme Grübeleien versunken, weitergegangen.

Die Gesichtsfarbe Ilja Iljitschs war weder rosig noch bräunlich, noch ausgesprochen blaß, sondern einfach neutral oder erschien wenigstens so; vielleicht deshalb, weil Oblomow schon ziemlich aufgedunsen war. Daran konnten unmöglich die Jahre schuld sein, sondern eher der Mangel an körperlicher Bewegung oder frischer Luft oder vielleicht das eine wie das andere. Überhaupt machte sein Körper, der matten, allzu weißen Farbe des Halses, den kleinen, rundlichen Händen und den schlaffen Schultern nach zu schließen, einen zu verweichlichten Eindruck für einen Mann.

Seine Bewegungen, selbst wenn er erregt war, blieben weich und entbehrten nicht einer gewissen graziösen Trägheit. Wenn sich eine Sorgenwolke, aus der Seele aufsteigend, auf sein Gesicht legte, wurde sein Blick trübe, auf der Stirn zeigten sich Falten, und sein Mienenspiel drückte Zweifel, Kummer und Angst aus; aber nur selten nahm diese Erregung bestimmte gedankliche Formen an, noch seltener verwandelte sie sich in einen Entschluß. Im allgemeinen löste sich die ganze Erregung in einen Seufzer auf und erstarb in Apathie oder in Schläfrigkeit.

Wie doch der Hausanzug Oblomows zu den ruhigen Zügen seines Gesichts und dem verweichlichten Körper paßte! Er trug einen Chalat aus persischer Seide, einen echten orientalischen Chalat, ohne das kleinste Zugeständnis an Europa, ohne Quasten, ohne Samt, ohne Taille und überaus geräumig und bequem, so daß selbst Oblomow sich zweimal hineinwickeln konnte. Die Ärmel wurden nach unwandelbarer asiatischer Mode von den Fingern bis zu den Schultern breiter und breiter. Obwohl dieser Chalat seine ursprüngliche Frische längst verloren und stellenweise seinen anfänglichen natürlichen Glanz mit einem anderen, ehrlich erworbenen vertauscht hatte, bewahrte er immer noch die orientalische Farbenpracht und das feste Gewebe.

Der Chalat besaß in Oblomows Augen eine Fülle unschätzbarer Vorzüge: er war weich und schmiegsam; der Körper spürte ihn fast nicht; er paßte sich, wie ein gehorsamer Sklave, den geringsten Bewegungen des Körpers an.

Oblomow ging daheim immer ohne Halsbinde und ohne Weste, weil er Zwanglosigkeit und Bequemlichkeit liebte. Seine Pantoffeln waren lang, weich und breit; wenn er, ohne hinzuschauen, die Füße vom Bett auf den Boden gleiten ließ, traf er unfehlbar in sie hinein.

Das Herumliegen war für Ilja Iljitsch weder eine Notwendigkeit, wie für einen Kranken oder für einen Menschen, der schlafen möchte, noch eine Zufälligkeit, wie für einen Müden, noch ein Genuß, wie für einen Faulpelz: es war sein normaler Zustand.

Émile Zola
Germinal

Émile Zola *(1840–1902) ist der wichtigste französische Autor des europäischen Naturalismus. Mit seinem immensen Romanwerk* Die Rougon-Macquart *hat er ein umfassendes Fresko der Gesellschaft des »Second Empire« gemalt. Besondere Aufmerksamkeit widmet er den neuen gesellschaftlichen Formen der industriellen Lohnarbeit. Mit dem Roman* Germinal *schafft er einen europäischen Klassiker.*

»Braucht man hier keinen Arbeiter, einerlei für was?« fragte Etienne von neuem.

Schon wollte Richomme nein sagen, doch überlegte er und antwortete, während er sich entfernte, wie die anderen: »Warten Sie auf Herrn Dansaert, den Obersteiger.«

Vier Leuchtkörper waren da angebracht, und die Scheinwerfer, die ihr volles Licht in den Schacht warfen, setzten die Eisengeländer, die Signalhebel, die Verschlüsse und die Bohlen der Spurlatten, zwischen denen die beiden Förderkörbe auf und ab glitten, in lebhafte Helle. Der Rest des weiten, einem Kirchenschiff ähnlichen Raumes versank im Dunkel und war von großen, schwankenden Schatten belebt. Im

Hintergrunde nur flammte die Lampenstube, während das spärliche Licht im Büro des Abnehmers einem verlöschenden Sternchen glich. Die Förderung hatte soeben wieder angefangen, und die Eisenplatten dröhnten unablässig, über die unaufhörlich die Kohlenkarren rollten und die Anschläger rannten, deren lange, gebeugte Rücken man inmitten der Bewegung all dieser schwarzen und lärmenden Dinge erkennen konnte.

Einen Augenblick blieb Etienne, betäubt und geblendet, unbeweglich stehen. Eisig durchschauerte ihn der von überallher eindringende Luftzug, die Maschine mit ihren funkelnden Stahl- und Kupferteilen hatte es ihm angetan, und er ging ein paar Schritte auf sie zu. Sie befand sich etwa fünfundzwanzig Meter hinter der Schachtmündung in einem höher gelegenen saalartigen Raum und ruhte so fest auf ihrem Backsteinunterbau, daß ihre vierhundert Pferdekräfte mit vollem Dampf arbeiteten, ohne durch das Auf und Nieder der riesigen, gutgeölten Pleuelstange die Wände auch nur im geringsten zu erschüttern. Der Maschinist, der am Schalthebel stand, horchte auf das Läuten der Signale und wandte kein Auge von der Anzeigetafel. Auf dieser war der Schacht mit seinen verschiedenen Sohlen durch eine senkrechte breite Rille dargestellt, in der an Fäden hängende, die Förderkörbe vorstellende Bleistücke auf und nieder gingen. Bei jeder Einfahrt drehten sich, sobald sich die Maschine in Bewegung setzte, die Seiltrommeln, zwei mächtige Räder von fünf Meter Durchmesser, über die sich die beiden Drahtseile, einander entgegenlaufend, mit einer derartigen Geschwindigkeit auf- und abrollten, daß sie wie grauer Staub wirkten.

»Aufpassen!« schrien drei Anschläger, die eine riesige Leiter schleppten. Um ein Haar wäre Etienne damit erschlagen worden. Er gewöhnte sich aber an die Dunkelheit; er sah, wie die Drahtseile in der Luft dahineilten, mehr als dreißig Meter stählerne Bänder, die wie im Fluge im Förderturm emporstiegen, wo sie über Scheiben liefen, um dann, an den Förderkörben befestigt, senkrecht im Schacht zu verschwinden. Ein eisernes Gerüst, das dem hohen Gebälk eines Glockenturmes glich, trug die Seilscheiben. Das unablässige Auf und Nieder des ungeheuer schweren Seils, das bis zu zwölftausend Kilogramm mit einer Geschwindigkeit von zehn Metern in der Sekunde heben konnte, glich dem geräuschlosen Gleitflug eines Vogels, einer rasenden Flucht, die nichts aufzuhalten vermochte.

»Aufpassen! Zum Donnerwetter!« schrien die Anschläger von neuem, die die Leiter nach der anderen Seite schoben, um die linke Seilscheibe zu untersuchen.

Langsam kehrte Etienne zur Hängebank zurück. Ihm schwindelte von dem Riesenflug über seinem Kopf. Im Luftzug fröstelnd, beobachtete er die Bewegung der Förderkörbe, während ihm das Rollen der Karren fast das Trommelfell zerriß.

Dicht neben dem Schacht arbeitete das Signal: ein schwerer Hebelhammer, den ein aus der Tiefe heraufreichendes Seil auf einen Block niederfallen ließ. Ein Schlag bedeutete: halt!, zwei: hängen!, drei: auf! Es war, als beherrschten unaufhörlich Keulenschläge, von einem grellen Geklingel begleitet, den Aufruhr, und der Anschläger, der die Vorrichtung bediente, verstärkte den Lärm noch, indem er dem Maschinisten durch ein Sprachrohr Weisungen zurief. Inmitten dieses Getümmels tauchten die Förderkörbe auf und versanken, leerten und füllten sich, ohne daß Etienne etwas von diesen verwickelten Arbeitsvorgängen begriff.

Nur eins verstand er: der Schacht verschlang Menschen in Ladungen von zwanzig bis dreißig auf einmal, und sein Schlund schluckte sie so mühelos, als fühle er gar nicht, wie sie hinunterglitten. Um vier Uhr begann die Einfahrt der Arbeiter. Barfuß kamen sie mit der Grubenlampe in der Hand aus der Baracke und warteten in kleinen Gruppen, bis eine genügende Anzahl beisammen war. Lautlos wie ein Nachttier hervorspringend, tauchte der Förderkorb aus der schwarzen Finsternis empor, setzte sich mit seinen vier Stockwerken, von den jedes zwei mit Kohlen gefüllte Karren enthielt, auf den Verschluß. Auf den verschiedenen Bühnen holten Anschläger die Karren heraus, ersetzten sie durch andere, die entweder leer oder mit im voraus zugehauenem Holz beladen waren. In die leeren Karren aber pferchten sich je fünf Arbeiter hinein, bis ihrer vierzig den Förderkorb füllten, wenn alle Abteilungen besetzt waren. Eine Weisung durch das Sprachrohr, ein dumpfes, undeutliches Brüllen, wobei viermal am unteren Signalseil gezogen wurde, dem üblichen Zeichen, um die betreffende Fuhre Menschenfleisch zu melden. Dann sank nach einem leichten Emporschnellen der Förderkorb geräuschlos hinab, fiel wie ein Stein und ließ hinter sich nichts zurück als den vibrierenden Lauf des Drahtseils.

»Ist es tief?« fragte Etienne einen Bergmann, der schläfrig abwartend in seiner Nähe stand.

»Fünfhundertvierundfünfzig Meter«, antwortete der Mann. »Aber vier Anschlagbühnen liegen höher, die erste in dreihundertzwanzig Meter Tiefe.«

Beide schwiegen, die Augen auf das wieder emporsteigende Drahtseil gerichtet.

Etienne fuhr fort:

»Und wenn es reißt?«

»Ja, wenn es reißt …«

Der Arbeiter vollendete den Satz durch eine entsprechende Handbewegung. Er war jetzt an der Reihe, denn leicht und mühelos war der Förderkorb wieder emporgetaucht. Zusammen mit anderen Kumpels hockte sich der Bergmann darin nieder. Der Förderkorb tauchte unter, kam nach kaum vier Minuten von neuem empor und verschlang eine weitere Ladung Männer. Eine halbe Stunde hindurch fraß der Schacht in dieser Weise mit mehr oder weniger gierigem Schlund, je nach der Tiefe der Anschlagbühne, zu der es hinabging, doch unaufhörlich und unersättlich wie ungeheure Gedärme, die ein ganzes Volk verdauen konnten. Und diese Gedärme nahmen immer mehr und noch mehr in sich auf. Das schwarze Dunkel aber blieb starr und tot; nur der Förderkorb tauchte stets mit dem gleichen gefräßigen Schweigen aus der Leere.

Bertrand Russell

LOB DES MÜSSIGGANGS

Bertrand Russell *(1872–1970) war ein international berühmter Mathematiker und Philosoph. Er war ein konsequenter Vertreter des Pazifismus und des gesellschaftlichen Fortschritts. Mit seinem Werk* Lob des Müßiggangs *gibt er seinem Optimismus Ausdruck. 1950 erhielt er den Nobelpreis für Literatur.*

In der Vergangenheit gab es eine kleine Klasse von Müßigen und eine größere arbeitende Klasse. Die Klasse der Müßigen genoß Vorteile, die auf sozialer Ungerechtigkeit beruhten; dadurch wurde sie zwangsläufig tyrannisch und gefühlsarm und mußte Theorien zur Rechtfertigung ihrer Vorrechte erfinden. Das alles schmälerte stark ihre Verdienste, aber trotz dieser Schattenseiten hat sie fast alles geschaffen, was wir Zivilisation nennen. Sie förderte die Künste und entdeckte die Wissenschaften; sie schrieb Bücher, entwickelte Philosophien und vervollkommnete die gesellschaftlichen Beziehungen. Selbst die Befreiung der Unterdrückten wurde gewöhnlich von oben her eingeleitet. Ohne die Klasse der Müßiggänger wären die Menschen heute noch Barbaren.

Es war jedoch eine außerordentlich verschwenderische Methode, daß sich in einer Klasse das Nichtstun, bar aller Pflichten, vererbte. Kein Mitglied dieser Klasse hatte je gelernt, fleißig zu sein, und im Ganzen gesehen war sie nicht ungewöhnlich intelligent. Jene Gesellschaftsklasse mochte wohl einmal einen Darwin hervorbringen, aber diesem einen standen ja Zehntausende von Landedelleuten gegenüber, die nie etwas Gescheiteres im Kopfe hatten als Fuchsjagden und Strafen für Wilddiebe. Gegenwärtig, nimmt man an, versorgen uns die Universitäten auf systematischere Weise mit allem, was die müßige Gesellschaftsklasse früher zufällig und nebenbei bewirkte. Das ist ein großer Fortschritt, hat aber auch gewisse Nachteile. Das Universitätsleben unterscheidet sich so sehr vom allgemeinen Leben draußen in der Welt, daß die Menschen, die in einem akademischen Milieu leben, meist keine Ahnung haben von den eigentlichen Vorurteilen und Problemen der normalen Männer und Frauen; außerdem haben sie gewöhnlich eine Ausdrucksweise, die ihre Ansichten jedes Einflusses auf das durchschnittliche Publikum beraubt. Ein anderer Nachteil ist, daß man an den Universitäten nur organisierte und vorgeschriebene Studienarbeit kennt, so daß jemand, der auf eigenen Wegen forschend vorgehen möchte, wahrscheinlich entmutigt werden wird. Akademische Einrichtungen können daher, so nützlich sie auch sind, nicht als angemessene Wahrer der zivilisatorischen Interessen gelten in dieser Welt, wo alle Menschen jenseits ihrer Mauern nur allzu eifrig dem reinen Nützlichkeitsprinzip huldigen.

Wenn auf Erden niemand mehr gezwungen wäre, mehr als vier Stunden täglich zu arbeiten, würde jeder Wißbegierige seinen wissenschaftlichen Neigungen nachgehen können und jeder Maler könnte malen, ohne dabei zu verhungern, und wenn seine Bilder noch so gut wären. Junge Schriftsteller brauchten nicht durch sensationelle Reißer auf sich aufmerksam zu machen, um wirtschaftlich so unabhängig zu werden, daß sie die monumentalen Werke schaffen können, für die sie heute, wenn sie endlich so weit gekommen sind, gar keinen Sinn und keine Kraft mehr haben. Menschen, die sich als Fachleute für eine besondere wirtschafts- oder staatspolitische Phase interessieren, werden ihre Ideen entwickeln können, ohne dabei im luftleeren akademischen Raum zu schweben, was der Arbeit der Volkswirtschaftler an den Universitäten so häufig einen wirklichkeitsfremden Anstrich gibt. Die Ärzte werden Zeit haben, sich mit den Fortschritten auf medizinischem Gebiet vertraut zu machen, die Lehrer werden sich nicht mehr erbittert bemühen müssen, mit routinemäßigen Methoden Dinge zu lehren, die sie in ihrer Jugend gelernt und die sich in der Zwischenzeit vielleicht als falsch erwiesen haben.

Vor allem aber wird es wieder Glück und Lebensfreude geben, statt der nervösen Gereiztheit, Übermüdung und schlechten Verdauung. Man wird genug arbeiten, um die Muße genießen zu können, und doch nicht bis zur Erschöpfung arbeiten müssen. Wenn die Menschen nicht mehr müde in ihre Freizeit hineingehen, dann wird es sie auch bald nicht mehr nach passiver und geistloser Unterhaltung verlangen. Mindestens ein Prozent wird sich wahrscheinlich in der Zeit, die nicht mit berufstätiger Arbeit ausgefüllt ist, Aufgaben von allgemeinem Interesse widmen, und da ihr Lebensunterhalt nicht von dieser Beschäftigung abhängt, werden sie dabei ungehindert eigene Wege beschreiten können und nicht gezwungen sein, sich nach den Maßstäben zu richten, die ältere Pseudowissenschaftler aufgestellt haben. Aber die Vorteile der Muße werden nicht nur an diesen Ausnahmefällen zu erkennen sein. Die normalen Männer und Frauen werden, da sie die Möglichkeit haben, ein glückliches Leben zu führen, gütiger und toleranter und anderen gegenüber weniger mißtrauisch sein. Die Lust am Kriegführen wird aussterben, teils aus diesem Grunde und teils, weil Krieg für alle langdauernde, harte Arbeit bedeuten würde. Guten Mutes zu sein, ist die sittliche Eigenschaft, deren die Welt vor allem und am meisten bedarf, und die Gutmütigkeit ist das Ergebnis von Wohlbehagen und Sicherheit, nicht von anstrengendem Lebenskampf. Mit den modernen Produktionsmethoden ist die Möglichkeit gegeben, daß alle Menschen behaglich und sicher leben können; wir haben es statt dessen vorgezogen, daß sich manche überanstrengen und die andern verhungern. Bisher sind wir noch immer so energiegeladen arbeitsam wie zur Zeit, da es noch keine Maschinen gab; das war sehr töricht von uns, aber sollten wir nicht auch irgendwann einmal gescheit werden?

John Lennon
WORKING CLASS HERO

John Lennon *(1940–1980) ist eine der Ikonen der Popmusik des 20. Jahrhunderts. Als Mitglied der Beatles schuf er unvergessliche Titel. Mit dem* Working Class Hero *bekennt er sich zur arbeitenden Klasse des Industriezeitalters. 1980 wurde er in New York ermordet.*

As soon as you're born they make you feel small,
By giving you no time instead of it all,
Till the pain is so big you feel nothing at all,

A working class hero is something to be,
A working class hero is something to be.

They hurt you at home and they hit you at school,
They hate you if you're clever and they despise a fool,
Till you're so fucking crazy you can't follow their rules,

A working class hero is something to be,
A working class hero is something to be.

When they've tortured and scared you for twenty odd years,
Then they expect you to pick a career,
When you can't really function you're so full of fear,

A working class hero is something to be,
A working class hero is something to be.

Keep you doped with religion and sex and TV,
And you think you're so clever and classless and free,
But you're still fucking peasents as far as I can see,

A working class hero is something to be,
A working class hero is something to be.

There's room at the top they are telling you still,
But first you must learn how to smile as you kill,
If you want to be like the folks on the hill,

A working class hero is something to be.
A working class hero is something to be.

If you want to be a hero well just follow me,
If you want to be a hero well just follow me.

Mihaly Csikszentmihalyi
ARBEIT ALS FLOW

Mihaly Csikszentmihalyi *(* 1934) wurde mit seinem 1990 publizierten Buch* Flow: The Psychology of Optimal Experience *international bekannt. Mit »Flow« meint er die menschliche Erfahrung, vollkommen in einer Tätigkeit aufzugehen und dabei über sich selbst hinauszuwachsen.*

Wie alle Lebewesen müssen wir einen großen Teil unserer Existenz damit zubringen, uns das Leben erst möglich zu machen: Die Kalorien, die den Körper nähren, erscheinen nicht durch Zauber auf dem Tisch, und Häuser und Autos setzen sich auch nicht von selbst zusammen. Es gibt jedoch keine strengen Regeln, wieviel Zeit man tatsächlich arbeiten muß. Es scheint zum Beispiel, daß die frühen Jäger und Sammler, die wie ihre heutigen Abkömmlinge in unwirtlichen Wüsten Afrikas und Australiens lebten, täglich nur drei bis fünf Stunden mit dem verbrachten, was wir Arbeit nennen – Nahrung suchen und zubereiten, Obdach und Kleider und Werkzeuge erstellen. Den Rest des Tages unterhielten sie sich, ruhten oder tanzten. Das andere Extrem bilden die Industriearbeiter des neunzehnten Jahrhunderts, die oft gezwungen waren, sechs Tage in der Woche zwölf Stunden lang in schmutzigen Fabriken oder gefährlichen Gruben zu schuften.
Nicht nur der Umfang der Arbeit, sondern auch die Qualität ist recht unterschiedlich. Es gibt ein altes italienisches Sprichwort: *»Il lavoro nobilita l'uomo, e lo rende simile alle bestie«,* – »Arbeit macht den Menschen edel, aber auch zum Tier.« Diese ironische Redewendung könnte als Kommentar zum Wesen aller Arbeit gesehen werden, doch man kann sie auch so interpretieren, daß Arbeit, zu der man ausgeprägte Fähigkeiten braucht und die freiwillig geschieht, die Komplexität des Selbst vergrößert, andererseits, daß nur wenige Dinge so entropisch sind wie ungelernte Arbeit unter Zwang. Der Gehirnchirurg, der in dem bestausgestatteten Krankenhaus operiert, und der Sklave, der unter einer schweren Last durch den Schlamm stapft, sie arbeiten beide. Aber der Chirurg hat eine Chance, jeden Tag etwas Neues zu lernen, und jeden Tag erfährt er, daß er Kontrolle ausübt und schwierige Lei-

stungen erbringen kann. Der Arbeiter ist gezwungen, immer wieder die gleichen, erschöpfenden Bewegungen zu wiederholen, und er erfährt vorwiegend seine eigene Hilflosigkeit.

Da Arbeit so universal ist, jedoch so unterschiedlich, hängt die Zufriedenheit dabei stark davon ab, ob das, was man für den Lebensunterhalt tut, erfreulich ist oder nicht. Thomas Carlyle hatte nicht unrecht, als er schrieb: »Gesegnet sei der, der seine Arbeit fand; er sollte um keinen anderen Segen bitten.« Sigmund Freud erweiterte diesen etwas schlichten Rat. Als man ihn nach seinem Rezept zum Glücklichsein fragte, gab er eine kurze, aber vernünftige Antwort: »Arbeit und Liebe.« (...) Schlüsselelement einer optimalen Erfahrung ist, daß sie um der Sache selbst willen geschieht. Auch wenn man aus anderen Gründen beginnt, wird die Aktivität, die einen fesselt, an sich lohnend. Chirurgen beschreiben ihre Arbeit: »Operieren ist so angenehm, daß ich es auch tun würde, wenn ich nicht müßte.« Segler sagen: »Ich verschwende eine Menge Geld und Zeit mit diesem Boot, aber es ist die Sache wert – denn nichts kommt dem Gefühl gleich, wenn ich draußen auf See bin.«

Der Begriff »autotelisch« leitet sich von zwei griechischen Worten ab: *autos* bedeutet Selbst, *telos* Ziel. Er bezeichnet eine sich selbst genügende Aktivität, eine, die man ohne Erwartung künftiger Vorteile ausübt, sondern einfach, weil sie an sich lohnend ist. An der Börse spekulieren, um Geld zu machen, ist keine autotelische Erfahrung, aber sein Glück mit Aktien wagen, um die Fähigkeit unter Beweis zu stellen, künftige Trends vorherzusagen, ist eine solche – auch wenn das Resultat in Mark und Pfennig haargenau das gleich ist. Kinder unterrichten, damit aus ihnen anständige Bürger werden, ist nicht autotelisch, doch wenn man lehrt, weil man den Umgang mit Kindern genießt, ist es das. Der Ausgang beider Situationen ist offenkundig der gleiche; bei einer autotelischen Erfahrung schenkt man jedoch der Sache um ihrer selbst willen Aufmerksamkeit. Wenn dies nicht der Fall ist, zentriert sich die Aufmerksamkeit auf deren Folgen.

Die meisten Dinge, die wir tun, sind weder rein autotelisch noch rein exotelisch (so nennen wir Handlungen, die wir ausschließlich aus anderen Gründen ausüben), sondern eine Kombination aus beidem.

Chirurgen beginnen gewöhnlich ihre lange Ausbildung aus exotelischen Erwartungen: um Menschen zu helfen, um Geld zu verdienen oder Ruhm zu erlangen. Mit ein wenig Glück haben sie nach einer Weile Spaß an ihrer Arbeit. Dann wird das Operieren vorwiegend autotelisch.

Manche Dinge, zu denen man anfänglich gezwungen wird, stellen sich im Laufe der Zeit als an sich lohnenswert heraus. Ein Freund, mit dem ich vor vielen Jahren zusammenarbeitete, hatte ein großes Talent. Immer, wenn die Arbeit besonders langweilig wurde, blickte er mit leicht glasigen Augen auf und summte ein Musikstück – einen Choral von Bach, ein Mozart-Stück, eine Symphonie von Beethoven. Doch das Wort Summen bezeichnet nur sehr unzureichend das, was er tat. Er reproduzierte das ganze Stück und imitierte mit seiner Stimme die Hauptinstrumente jeder einzelnen Passage: Nun jaulte er wie eine Geige, dann dröhnte er wie ein Baß oder trompetete wie eine Barockposaune. Alle anderen in diesem Büro lauschten ihm verzückt und gingen erfrischt wieder an die Arbeit. Seltsam aber ist, wie mein Freund dieses Talent entwickelte. Seit er drei war, hatte ihn sein Vater in klassische Konzerte geführt. Seiner Erinnerung nach hat er sich dort immer schrecklich gelangweilt. Manchmal schlief er auf seinem Sitz ein und wurde mit einem kräftigen Klaps wieder geweckt. Er haßte diese Konzerte allmählich, haßte klassische Musik und vermutlich auch seinen Vater – doch Jahr für Jahr wurde er zu diesen unangenehmen Erlebnissen gezwungen. Eines Abends jedoch, bei der Ouvertüre zu einer Mozartoper, hatte er seinen Worte zufolge eine ekstatische Einsicht: Er entdeckte plötzlich die melodische Struktur des Stücks und war überwältigt von dem Gefühl, daß sich ihm eine völlig neue Welt öffnete. Drei Jahre höchst unangenehmen Zuhörens hatten ihn auf diese Offenbarung vorbereitet und ermöglichten ihm nun, die Herausforderungen zu begreifen, die Mozart in seine Musik eingebaut hat.

Natürlich hatte er Glück. Viele Kinder kommen nie zu dem Punkt, an dem sie Möglichkeiten der Aktivität entdecken, zu der sie gezwungen wurden, und können sie für den Rest des Lebens nicht leiden. Wie viele Kinder hassen klassische Musik, weil ihre Eltern sie zwangen, ein

Instrument zu lernen. Oft brauchen Kinder – und Erwachsene – äußere Anregungen, um die ersten Schritte in einer Aktivität zu unternehmen, zu der man seine Aufmerksamkeit auf schwierige Weise neu strukturieren muß. Die meisten erfreulichen Aktivitäten sind nicht natürlich; man muß sich dabei anstrengen, und dazu ist man anfangs nur zögernd bereit. Doch wenn die Interaktion zum ersten Mal Rückmeldung für die Fähigkeiten der Person bietet, beginnt sie gewöhnlich, an sich wertvoll zu werden.

Autotelische Erfahrungen unterscheiden sich stark von den Gefühlen, die wir im normalen Leben erfahren. So viel von dem, was wir tun, hat keinen Wert an sich, und wir machen es bloß, weil wir müssen oder weil wir einen künftigen Vorteil davon erwarten. Viele Menschen meinen, die bei der Arbeit verbrachte Zeit sei grundsätzlich verschwendet – sie sind entfremdet, und die psychische Energie, die sie in die Arbeit stecken, stärkt ihr Selbst nicht. Für eine ganze Reihe von Menschen gilt auch die Freizeit als verschwendete Zeit. Freizeit stellt eine entspannende Unterbrechung der Arbeit dar, doch gewöhnlich besteht sie aus passiver Konsumierung von Informationen, ohne daß Fähigkeiten eingesetzt oder neue Handlungsmöglichkeiten erforscht werden. Daher verstreicht das Leben als Abfolge langweiliger und verunsichernder Erfahrungen, über die man nur wenig Kontrolle hat.

Die autotelische Erfahrung, der *flow,* bringt das Leben auf eine höhere Ebene. Aus Entfremdung wird Engagement, Freude ersetzt Langeweile, Hilflosigkeit verwandelt sich in ein Gefühl von Kontrolle, und die psychische Energie hilft dem Selbst, sich zu stärken, statt sich im Dienst äußerer Ziele zu verlieren. Wenn eine Erfahrung intrinsisch lohnend wird, ist das Leben in der Gegenwart gerechtfertigt, statt zur Geisel für einen vermuteten zukünftigen Vorteil zu werden.

Schönheit und Wahrheit

Komisch: Fast immer, wenn ich etwas sehe oder erlebe, was mir eigentlich besonders gut gefallen sollte, beschleicht mich ein ungutes Gefühl. Ist das nicht viel zu schön, um wahr zu sein? Und kaum regt sich in mir dieser Verdacht, stößt mir alles Schöne auf wie ein verdorbenes Stück Fleisch: Der Sonnenuntergang am Urlaubsstrand – der reine Kitsch, geschmackloser als eine Fototapete! Das Finale des »Fidelio« – was für ein unerträgliches Pathos! Die neue »Miss Europe« – alles nur Make-up und Silikon!

So gern ich Schönheit einfach genießen würde, ich bringe es einfach nicht fertig. Schön ist schließlich das Gegenteil von wahr, schön ist Schein, ist Lug und Trug. Wer daran zweifelt, braucht ja nur die Gegenprobe zu machen. Sind die Wahrheiten, die das wirkliche Leben uns bietet: die Lage am Arbeitsmarkt, die Krankheit im Gesicht eines Freundes, das Scheitern der eigenen Träume – sind diese Wahrheiten etwa schön? Nein, sie sind in aller Regel hart und bitter beziehungsweise hässlich!

Dabei steht das Ideal, von dem ich klammheimlich träume, wie ein Fixstern am europäischen Ideenhimmel, seit über zweitausend Jahren. Es ist das Unum-verum-bonum, das Eine-Wahre-Gute, das zugleich das Schöne ist – »Gott« ist sein Name. In ihm ist vereint, was in der Welt der Wirklichkeit geschieden ist, doch in der Schönheit gibt es sich zu erkennen. Schönheit, so Augustinus, ist darum die »Erscheinung des Göttlichen im Wahrnehmbaren«.

Diese Idee vom göttlichen Ursprung des Schönen beseelt nicht nur die europäische Philosophie, sondern auch und vor allem die Kunst. Am wunderbarsten ab dem 6. Jahrhundert in Byzanz: in der Ikonenmalerei, in der Gott gleichsam selbst zum Pinsel greift. Der Mensch leiht dem Heiligen Geist dabei ja nur die Hand, damit dieser, als der eigentliche Künstler, das Bild mit Hilfe des Malers ausführen kann. Doch auch im Italien der Renaissance gerät die Kunst zum Mittler zwischen Jenseits und Diesseits, in der Verherrlichung des menschlichen Körpers. Dessen Vollkommenheit, seine Maße und Proportionen – sind sie nicht

Ausdruck wunderbarer Zweckmäßigkeit? Spiegelt sich in ihr nicht die Vollkommenheit des Schöpfergottes wider? Leonardo da Vinci und Vitruv führen mit ihren anatomischen Studien den Beweis, genauso wie in Deutschland Albrecht Dürer. Und wie der menschliche Körper wird auch die äußere Natur zum realen Schönen, sowohl in der abendländischen Malerei als auch in der Dichtung. Bei Franz von Assisi gelangt sie zu Wort, das Naturschöne wird im »Sonnengesang« zum Symbol des Göttlichen, um sich in der Romantik zur vollen Blüte zu entfalten und wenig später im hohen Norden einen drolligen Widergänger zu finden, in der Märchenwelt des Hans Christian Andersen. Dort verbirgt sich die wahre Schönheit in der Larve des »Hässlichen Entleins«, das sich jedoch bald als majestätischer Schwan entpuppt. Schönheit und Wahrheit sind noch einmal identisch – das Göttliche als wundersame Erscheinung im Bauernteich.

Doch kann diese Einheit auch außerhalb der Märchenwelt gelingen? Von der Sehnsucht danach erfüllt, sinkt Hippolyte Taine, alles andere als ein Schwärmer, in der Sixtinischen Kapelle zu Boden, um voller Ehrfurcht das Wunder der Schöpfung zu schauen, das Michelangelo in der Kuppel verewigt hat – sichtbares Zeichen des Göttlichen, in erhabener Schönheit gebannt. Doch die Farben blättern von der Decke, durch die Offenbarung schimmert deutlich der Putz hindurch. Eine Beobachtung von symbolischer Bedeutung: Schon zu Beginn aller kritischen Philosophie hat Plato uns mit seinem Höhlengleichnis vor Augen geführt, wie wir die Schatten der Dinge mit der Wirklichkeit verwechseln. Die Wirklichkeit sind die Ideen, von denen die sinnlichen Gegenstände nur Abbilder sind. Kunst als Nachahmung dieser Gegenstände ist darum immer nur, wenn überhaupt, eine Wahrheit dritten Ranges.

Diese Desillusionierung wird im Barock zum Leitmotiv eines ganzen Zeitalters. *»La vida es sueño«* lautet die Formel, mit der Calderón das Credo seiner Epoche zum Ausdruck bringt: »Das Leben ein Traum.« Mit Blick auf Tod und Jenseits erweist sich die menschliche Existenz als ein fortwährendes Trugspiel von Illusion und Wirklichkeit, aus dem der Italiener Vico nur einen subjektiven Ausweg weiß: »Das Wahre ist das selbst Hervorgebrachte.« Diese Kluft zwischen Schein und Sein versucht Kant zu schließen, indem er die Subjektivität individueller Geschmacksurteile mit der Objektivität des Urteilens selbst vermittelt. Zwar nimmt jeder Mensch die Dinge in der Erscheinung unterschiedlich wahr, doch die Art und Weise, wie er darüber zu einem Urteil gelangt, ist bei allen Menschen gleich.

»Am farbigen Abglanz haben wir das Leben.« Die philosophische Not wendet Goethe zur künstlerischen Tugend: Kunst wird als Gleichnis zur höheren Form von Wirklichkeit. Doch wenn die Wahrheit der Wirklichkeit sich bloß noch in Gleichnissen erfahren lässt, ist dann nicht die Kunst selbst das eigentlich Wahre? Mit seinem Konzept des »Gesamtkunstwerks« will Richard Wagner das europäische Musiktheater revolutionieren, zugleich aber stößt er mit seiner Idee vom »wirklichen Drama«, in dem alle Kunstzweige miteinander vereint sind, das Tor zu einer eigenen Welt jenseits der Wirklichkeit auf, in der Kunst zum Selbstzweck wird – *»l'art pour l'art«*. Eine solche Kunst, die von allen übrigen Lebenszusammenhängen allein für sich selbst da ist, wird von der Dada-Bewegung zu Beginn des 20. Jahrhunderts parodistisch auf die Spitze getrieben. In den Lautgedichten Tristan Tzaras oder Hugo Balls verzichtet die Wortkunst auf jeden Wahrheitsgehalt, wie die abstrakte Kunst zeitgleich in der Malerei, bevor in der modernen Warenästhetik der Schein als schöne Lüge zum Programm wird.

Von hier zur negativen Dialektik ist es nur noch ein Schritt. Während der Ästhetizismus die Schönheit der Kunst zu retten versucht, indem er den Anspruch auf Wahrheit preisgibt, nimmt Adorno deren dunkle Kehrseite ins Visier. Dabei erweist sich das Hässliche als das wahre Sein des schönen Scheins. Diese Umwertung der Werte tritt uns auf schaurig-schöne Weise bereits im Barock entgegen, etwa in den Artefakten aus menschlichen Gebeinen, die uns aus den Grüften der römischen Kapuzinerkirche Sta. Maria della Concezione ihr *»memento mori«* zurufen. Kierkegaards Deutung des Dichters als unglücklichen Menschen, der Qualen durchleiden muss, um Schönes zu produzieren, ist davon ein ferner Widerhall, der bei Baudelaire lyrische Gestalt annimmt. »La Charogne«, ein in der Gosse verreckter Tierkadaver wird zum Gegenstand eines der schönsten Gedichte, die der europäische

Symbolismus hervorgebracht hat. Diese Ästhetik des Hässlichen findet im »Bildnis des Dorian Gray« ihren verzweifelten Höhepunkt. Während der Held von Oscar Wildes Roman, unberührt von der Zeit und dem eigenen moralischen Verfall, in ewiger Jugend und Schönheit erstrahlt, verzerren sich seine Züge im Porträt, das der Künstler einst von ihm schuf, zur entsetzlichen Fratze, in der sich Dorians wahres Wesen widerspiegelt.

Sind Wahrheit und Schönheit also für immer entzweit? Die Hoffnung stirbt zuletzt – Ernst Bloch erklärt sie sogar zum Prinzip. In seiner Philosophie des »Noch-nicht« interpretiert er das Schöne als Vor-Schein einer besseren, »wahreren« Welt. Als positive Utopie wird sie damit zur säkularen »Erscheinung des Göttlichen im Wahrnehmbaren«. Und diese noch von Augustinus genährte Hoffnung lebt heute vielleicht weniger in der europäischen Kunst als in der europäischen Wissenschaft fort. Hier wird Wahrheit wieder schön, in der Kosmologie Stephen Hawkings ebenso wie in den »seltsamen Attraktoren« der Chaos-Physik oder den Formeln des polnisch-französischen Mathematikers Benoît Mandelbrot, der die Eleganz einer Gleichung zum Kriterium ihrer Wahrheit erhebt, während im Pop-Song die Schönheit nur noch für einen flüchtigen Moment wahr werden darf, gleichsam im Vorübergehen. *»But it's time to say the truth«,* schmachtet James Blunt einer unerreichbar schönen Frau nach, *»I will never be with you.«* Verkehrte neue Welt? *Andere* neue Welt! Und wer weiß, vielleicht sind, in ihrem Licht betrachtet, der Sonnenuntergang am Urlaubsstrand, das Finale des »Fidelio« und sogar die letzte »Miss Europe« am Ende doch wahrer, als ich dachte.

Auf jeden Fall sind sie schön.

Plato

DER STAAT

Plato *(427 v. Chr.–347 v. Chr.) erläutert anhand des Höhlengleichnisses seine Grundüberzeugung, dass die wahrnehmbaren Dinge bloße Schatten sind, denen keine eigene Wahrheit zukommt. Allein das Reich der Ideen bietet wirkliches Sein. Deshalb schätzt Plato Dichter gering, weil trotz aller Schönheit ihre Werke nur Abbilder von Schatten zur Anschauung bringen können und nicht auf dem Weg der Erkenntnis zum eigentlich Licht voranschreiten. Das vermag allein die Philosophie.*

Siebentes Buch

1. »Und nun«, fuhr ich fort, »mache dir den Unterschied zwischen Bildung und Unbildung in unserer Natur an dem folgenden Erleben gleichnishaft klar. Stelle dir die Menschen vor in einem unterirdischen, höhlenartigen Raum, der gegen das Licht zu einen weiten Ausgang hat über die ganze Höhlenbreite; in dieser Höhle leben sie von Kindheit, gefesselt an Schenkeln und Nacken, so dass sie dort bleiben müssen und nur gegen vorwärts schauen, den Kopf aber wegen der Fesseln nicht herumdrehen können; aus weiter Ferne leuchtet von oben her hinter ihrem Rücken das Licht eines Feuers, zwischen diesem Licht und den Gefesselten führt ein Weg in der Höhe; ihm entlang stelle dir eine niedrige Wand vor, ähnlich wie bei den Gauklern ein Verschlag vor den Zuschauern errichtet ist, über dem sie ihre Künste zeigen.«

»Ich kann mir das vorstellen«, sagte Glaukon.

»An dieser Wand, so stell dir noch vor, tragen Menschen mannigfache Geräte vorbei, die über die Mauer hinausragen, dazu auch Statuen aus Holz und Stein von Menschen und anderen Lebewesen, kurz alles mögliche, alles künstlich hergestellt, wobei die Vorbeitragenden teils sprechen, teils schweigen.«

»Merkwürdig sind Gleichnis und Gefesselte, von denen du sprichst.«

»Sie gleichen uns! Denn sie sehen zunächst von sich und den andern nichts außer den Schatten, die von dem Feuer auf die gegenüberliegende Mauer geworfen werden, verstehst du?«

»Natürlich, wenn sie gezwungen sind, ihre Köpfe unbeweglich zu halten ihr Leben lang.«

»Dasselbe gilt auch von den vorübergetragenen Geräten, nicht?«

»Gewiß!«

»Wenn sie sich untereinander unterhalten können, da würden sie wohl glauben, die wahren Dinge zu benennen, wenn sie von den Schatten sprechen, die sie sehen.«

»Notwendigerweise!«

»Wenn nun weiter das Gefängnis ein Echo hätte von der Wand gegenüber und wenn einer der Vorübergehenden etwas spräche, dann käme – so würden sie glauben – der Ton von nichts anderem als von dem vorübergehenden Schatten, nicht?«

»Ganz so, bei Zeus!«

»Alles in allem: diese Leute würden nichts anderes für wahr halten als die Schatten der Geräte.«

»Notwendigerweise!«

»Überlege nun Lösung und Heilung aus Ketten und Unverstand, wie immer das vor sich gehen mag – ob da wohl folgendes eintritt. Wenn etwa einer gelöst und gezwungen würde, sofort aufzustehen und den Kopf umzuwenden, auszuschreiten und zum Licht zu blicken, wenn er bei alledem Schmerz empfände und wegen des Strahlenfunkelns jene Gegenstände nicht anschauen könnte, deren Schatten er vorher gesehen – was, glaubst du, würde er da wohl antworten, wenn man ihm sagte, er habe vorher nur eitlen Tand gesehen, jetzt aber sehe er schon richtiger, da er näher dem Seienden sei und sich zu wirklichen Dingen hingewendet habe; wenn man ihn auf jeden der Vorbeigehenden hinwiese und zur Antwort auf die Frage zwänge, was das denn sei? Würde er da nicht in Verlegenheit sein und glauben, was er vorher erblickt, sei wirklicher als das, was man ihm jetzt zeige?«

»Gewiß!«

2. »Und wenn man ihn zwänge, ins Licht selbst zu blicken, dann würden ihn seine Augen schmerzen, und fluchtartig würde er sich dem zuwenden, was er anzublicken vermag; dies würde er dann für klarer halten als das zuletzt Gezeigte, nicht?«

»So ist es!«

»Wenn man ihn«, fragte er weiter, »von dort wegzöge, mit Gewalt, den schwierigen und steilen Anstieg hinan und nicht früher losließe, bis man ihn ans Licht der Sonne gebracht hätte, würde er da nicht voll Schmerz und Unwillen sein über die Verschleppung? Und wenn er ans Sonnenlicht käme, da könnte er wohl – die Augen voll des Glanzes – nicht ein einziges der Dinge erkennen, die man ihm nunmehr als wahr hinstellte.«

»Nicht sofort wenigstens!«

»Er brauchte Gewöhnung, denke ich, wenn er die Oberwelt betrachten sollte; zuerst würde er am leichtesten die Schatten erkennen, dann die Spiegelbilder der Menschen und der anderen Dinge im Wasser, später sie selbst; hierauf könnte er die Dinge am Himmel und diesen selbst leichter bei Nacht betrachten, aufblickend zum Licht der Sterne und des Mondes – als bei Tag die Sonne und ihr Licht.«

»Natürlich!«

»Zuletzt aber könnte er die Sonne, nicht ihr Abbild im Wasser oder auf einem fremden Körper, sondern sie selbst für sich an ihrem Platz anblicken und ihr Wesen erkennen.«

Franz von Assisi

DER SONNENGESANG

Franz von Assisi *(1181–1226) hat mit seiner Glaubensbewegung im Mittelalter einen Orden gegründet, der nicht nur dem Armuts- und Büßerideal der katholischen Kirche entspricht, sondern auch die Schönheit der Schöpfung preist. Franz von Assisi ist vor allem als der Freund der Tiere in die Geschichte eingegangen: Er soll mit Vögeln gesprochen haben. An seinem Todestag wird der Welttierschutztag begangen. Der* Sonnengesang *ist eines der berühmtesten Gedichte der italienischen Literatur.*

Gelobt seist Du, mein Herr,
mit allen Deinen Geschöpfen,
vornehmlich mit der edlen Herrin

Schwester Sonne,
die uns den Tag schenkt durch ihr Licht.
Und schön ist sie
und strahlend in großem Glanze:
Dein Sinnbild, Höchster.

Und gelobt seist Du, mein Herr,
durch Bruder Mond und die Sterne;
am Himmel schufest Du sie
leuchtend und kostbar und schön.

Gelobt seist Du, mein Herr,
durch Bruder Wind und die Luft,
durch wolkig und heiter und jegliches Wetter,
durch das Du Deinen Geschöpfen
Gedeihen gibst.

Gelobt seist Du, mein Herr,
durch Schwester Wasser;
gar nützlich ist sie
und demütig und köstlich keusch.

Gelobt seist Du, mein Herr,
durch Bruder Feuer,
durch den Du die Nacht uns erleuchtest,
und schön ist er und fröhlich
und gewaltig und stark.

Gelobt seist Du, mein Herr,
durch unsere Schwester
Mutter Erde,
die uns ernährt und erhält,
vielfältige Frucht uns trägt
und bunte Blumen und Kräuter.

Gelobt seist Du, mein Herr,
durch jene, die aus Liebe zu Dir vergebn
und Schwäche tragen und Trübsal.
Selig, die bleiben in Frieden.
Du, Höchster, wirst sie einst krönen.

Gelobt seist Du, mein Herr,
für unseren Bruder, den leiblichen Tod;
ihm kann kein Mensch lebendig entrinnen.
Weh denen, die in Todsünden sterben;
doch selig, die er findet
In Deinem heiligsten Willen;
Der zweite Tod tut ihnen kein Leid.

Lobet und preiset meinen Herrn,
und dankt und dient ihm
in tiefer Demut.

Pedro Calderón de la Barca

DAS LEBEN EIN TRAUM

Pedro Calderón de la Barca *(1600–1681) ist zusammen mit Lope de Vega der bekannteste Dramatiker des spanischen Barockzeitalters. Mit seinem Stück* Das Leben ein Traum *thematisiert er die – philosophische und religiöse – Frage, wie der Mensch den Wahrheitsgehalt und den Wert seines eigenen Lebens einschätzen soll. Sigismund, Sohn des polnischen Königs Basilius, wird fernab von jeder Zivilisation in einem Turm erzogen, dann steckt man ihn für eine begrenzte Zeit in die Rolle des Herrschers, um seinen Charakter zu testen. Zurück in seinem Turm, gaukelt man ihm vor, er habe wohl nur geträumt. Sigismund entwickelt daraufhin die Überzeugung, das menschliche Leben ähnele ohnehin einer Illusion.*

Akt II, Szene 19

Clotald. Redend von dem Adler dort,
Schliefst du ein; von seinesgleichen
Träumtest du, von Königreichen.
Doch auch träumend den zu ehren,
Wäre billig, dessen Lehren
Suchten deinen Geist zu bilden;
Denn auch in des Traums Gefilden
Darf man Rechttun nicht entbehren. *(Ab.)*
Sigismund. Dies ist Wahrheit: darum zäumen
Wollen wir den rauhen Mut,
Diesen Ehrgeiz, diese Wut,
Wenn wir wieder einmal träumen.
Wohl geschieht's; denn in den Räumen
Dieser Wunderwelt ist *eben*
Nur ein Traum das ganze Leben;
Und der Mensch (das seh' ich nun)
Träumt sein ganzes Sein und Tun,
Bis zuletzt die Träum' entschweben.
König sei er, träumt der König;
Und, in diesen Wahn versenkt,
herrscht, gebietet er und lenkt.
Alles ist ihm untertänig;
Doch es bleib davon ihm wenig,
Denn sein Glück verkehrt der Tod
Schnell in Staub (o bittre Not!);
Wen kann Herrschaft lüstern machen,
Der da weiß, daß ihm Erwachen
In des Todes Traume droht?
Auch der Reiche träumt; ihm zeigen
Schätze sich, doch ohne Frieden.
Auch der Arme träumt hienieden,
Er sei elend und leibeigen,
Träumet, wer beginnt zu steigen;
Träumet, wer da sorgt und rennt;

Träumet, wer von Haß entbrennt;
Kurz, auf diesem Erdenballe
Träumen, was sie leben, alle,
Ob es keiner gleich erkennt.
So auch träumt mir jetzt, ich sei
Hier gefangen und gebunden;
Und einst träumte mir von Stunden,
Da ich glücklich war und frei.
Was ist Leben? Raserei!
Was ist Leben? Hohler Schaum,
Ein Gedicht, ein Schatten kaum!
Wenig kann das Glück uns geben;
Denn ein Traum ist alles Leben,
Und die Träume selbst ein Traum.

Giambattista Vico

PRINZIPIEN EINER NEUEN WISSENSCHAFT ÜBER DIE GEMEINSAME NATUR DER VÖLKER

Giambattista Vico *(1668–1744) ist in der Geschichtswissenschaft vor allem mit seinem »Vico-Axiom« bekannt geworden: Das Wahre ist das selbst Hervorgebrachte. Dieser Satz bringt einen Grundgedanken seiner Arbeit auf den Punkt: Die Geschichte ist nicht neutral und objektiv gegeben, sondern das Ergebnis menschlichen Handelns und Entscheidens. Objektive Wahrheit ist in menschlichen Dingen nicht gegeben.*

Teilband 1

120. Der Mensch macht aufgrund der unbegrenzten Natur des menschlichen Geistes, wo dieser sich in Unwissenheit verliert, sich selbst zur Regel des Weltalls.

(...)

331. Doch in solch dichter Nacht voller Finsternis, mit der die erste von uns so weit entfernte Urzeit bedeckt ist, erscheint dieses ewige

Licht, das nicht untergeht, folgender Wahrheit, die auf keine Weise in Zweifel gezogen werden kann: **daß diese politische Welt sicherlich von den Menschen gemacht worden ist;** deswegen können (denn sie müssen) ihre Prinzipien **innerhalb der Modifikationen unseres eigenen menschlichen Geistes** gefunden werden. Folgendes muß bei jedem, der darüber reflektiert, Staunen erregen – wie nämlich alle Philosophen sich ernsthaft darum bemüht haben, Wissen zu erlangen von der Welt der Natur, von der doch, weil Gott sie schuf, er allein Wissen haben kann, und wie sie vernachlässigt haben, diese Welt der Völker oder politische Welt zu erforschen, von der, weil die Menschen sie geschaffen hatten, die Menschen auch Wissen erlangen konnten. Diese merkwürdige Erscheinung geht hervor aus dem in den *Grundsätzen* erwähnten Mißgeschick des menschlichen Geistes, der, versenkt und begraben im Körper, natürlicherweise dazu neigt, die körperlichen Dinge wahrzunehmen, und einer sehr großen Anstrengung und Mühe bedarf, um sich selbst zu begreifen [236] – so wie auch das körperliche Auge, das alle Gegenstände außer sich sieht und doch den Spiegel braucht, um sich selbst zu erblicken.

332. Da nun diese Welt der Völker von den Menschen gemacht worden ist, wollen wir zusehen, in welchen Dingen alle Menschen von Ewigkeit her übereingekommen sind und immer noch übereinkommen; denn diese Dinge werden uns die allgemeinen und ewigen Prinzipien geben können, wie sie zu jeder Wissenschaft erforderlich sind [163] und auf deren Grundlage alle Völker entstanden sind und sich alle als solche erhalten.

349. Daher gelangt diese Wissenschaft zugleich dazu, eine ewige ideale Geschichte zu beschreiben, nach der die Geschichte aller Völker in der Zeit abläuft in ihrem Entstehen, ihrem Fortschritt, Höhepunkt, Niedergang und Ende [145, 245, 294, 393]. Ja, wir wagen zu behaupten, daß derjenige, der über diese Wissenschaft nachdenkt, sich selbst diese ewige ideale Geschichte insofern erzählt, als er in jenem Beweis »**es mußte, muß und wird müssen**« [348] sich diese Welt selbst schafft – da diese Welt der Völker sicherlich von den Menschen gemacht worden ist (was das erste unbezweifelbare Prinzip ist, das darüber hier oben aufgestellt worden ist [331]) und daher die Weise davon innerhalb der

Modifikationen unseres eigenen menschlichen Geistes gefunden werden muß –; denn wenn es sich trifft, daß derjenige, der die Dinge schafft, sie selbst erzählt, dann kann es keine größere Gewissheit für die Geschichte geben. Somit verfährt diese Wissenschaft ebenso wie die Geometrie, die sich selbst die Welt der Größen schafft, während sie sie nach ihren Elementen konstruiert oder betrachtet; aber mit um so viel mehr Realität, als die Ordnungen in Rücksicht der Angelegenheiten der Menschen mehr Realität haben als Punkte, Linien, Oberflächen und Figuren. Und das ist auch ein Argument dafür, daß derartige Beweise von göttlicher Art sind und daß sie dir, o Leser, eine göttliche Freude bereiten müssen; denn in Gott sind Erkennen und Tun eins und dasselbe.

Johann Wolfgang von Goethe
FAUST: DER TRAGÖDIE ZWEITER TEIL

Johann Wolfgang von Goethe *(1759–1832) hat bis kurz vor seinem Tod an dem zweiteiligen Hauptwerk* Faust *gearbeitet. Zu Beginn des zweiten Teils erwacht Faust aus einem tiefen Schlaf des Vergessens und erfreut sich am Schauspiel des anbrechenden Tages. Geblendet von der Sonne, beginnt er über die menschliche Natur zu reflektieren, der es nicht gegeben ist, das Absolute unmittelbar zu erkennen.*

Erster Akt

Faust: Des Lebens Pulse schlagen frisch lebendig,
Ätherische Dämmerung milde zu begrüßen;
Du, Erde, warst auch diese Nacht beständig
Und atmest neu erquickt zu meinen Füßen,
Beginnest schon, mit Lust mich zu umgeben,
Du regst und rührst ein kräftiges Beschließen,
Zum höchsten Dasein immerfort zu streben. –
In Dämmerschein liegt schon die Welt erschlossen,
Der Wald ertönt von tausendstimmigen Leben,
Tal aus, Tal ein ist Nebelstreif ergossen,

Doch senkt sich Himmelsklarheit in die Tiefen,
Und Zweig und Äste, frisch erquickt, entsprossen
Dem duft'gen Abgrund, wo versenkt sie schliefen;
Auch Farb' an Farbe klärt sich los vom Grunde,
Wo Blum' und Blatt von Zitterperle triefen –
Ein Paradies wird um mich her die Runde.

Hinaufgeschaut! – Der Berge Gipfelriesen
Verkünden schon die feierlichste Stunde;
Sie dürfen früh des ewigen Lichts genießen,
Das später sich zu uns hernieder wendet.
Jetzt zu der Alpe grüngesenkten Wiesen
Wird neuer Glanz und Deutlichkeit gespendet,
Und stufenweis herab ist es gelungen; –
Sie tritt hervor! – und leider schon geblendet,
Kehr' ich mich weg, vom Augenschmerz durchdrungen.

So ist es also, wenn ein sehnend Hoffen
Dem höchsten Wunsch sich traulich zugerungen,
Erfüllungspforten findet flügeloffen;
Nun aber bricht aus jenen ewigen Gründen
Ein Flammenübermaß, wir stehn betroffen;
Des Lebens Fackel wollten wir entzünden,
Ein Feuermeer umschlingt uns, welch ein Feuer!
Ist's Lieb'? ist's Haß? die glühend uns umwinden,
Mit Schmerz und Freuden wechselnd ungeheuer,
So daß wir wieder nach der Erde blicken,
Zu bergen uns in jugendlichstem Schleier.

So bleibe denn die Sonne mir im Rücken!
Der Wassersturz, das Felsenriff durchbrausend,
Ihn schau' ich an mit wachsendem Entzücken.
Von Sturz zu Sturzen wälzt er jetzt in tausend,
Dann abertausend Strömen sich ergießend,
Hoch in die Lüfte Schaum an Schäume sausend.

Allein wie herrlich, diesem Sturm ersprießend,
Wölbt sich des bunten Bogens Wechseldauer,
Bald rein gezeichnet, bald in Luft zerfließend,
Umher verbreitend duftig kühle Schauer.
Der spiegelt ab das menschliche Bestreben.
Ihm sinne nach, und du begreifst genauer:
Am farbigen Abglanz haben wir das Leben.

Søren Kierkegaard
ENTWEDER-ODER

Søren Kierkegaard *(1813–1855) hat zahlreiche philosophische und theologische Werke mit einem melancholischen Grundton hinterlassen. Anders als die Philosophen, die nach universeller und objektiver Wahrheit suchen, stellt er die leidens- und widerspruchsvolle subjektive Existenz des Individuums in den Mittelpunkt seines Denkens.*

Erster Teil – Band 1

Was ist ein Dichter? Ein unglücklicher Mensch, der tiefe Qualen birgt in seinem Herzen, aber seine Lippen sind so gebildet, daß, derweile Seufzen und Schreien über sie hinströmt, es tönt gleich einer schönen Musik. Es geht ihm gleich den Unglücklichen, die man im Ochsen des Phalaris langsam peinigte mit sanftem Feuer, ihr Schrei konnte nicht hindringen zum Ohre des Tyrannen, ihn zu erschrecken, für ihn tönte es gleich einer süßen Musik. Und die Menschen scharen sich um den Dichter und sprechen zu ihm: Singe bald wieder, das will heißen: möchten doch neue Leiden deine Seele martern, und möchten deine Lippen beständig gebildet sein wie bisher; denn das Schreien würde uns bloß ängsten, aber die Musik, die ist lieblich. Und die Rezensenten treten herzu, sie sprechen: es ist richtig so; so soll es sein gemäß den Regeln der Ästhetik. Nun, versteht sich, ein Rezensent gleicht einem Dichter ja aufs Haar, nur hat er die Qualen nicht im Herzen, die Musik nicht auf den Lippen. Siehe, darum möcht ich lieber Schweinehirt sein auf Amagerbro und verstanden sein von den Schweinen denn Dichter sein und mißverstanden sein von den Menschen.

Charles Baudelaire

DIE BLUMEN DES BÖSEN

Charles Baudelaire *(1821–1867) hat mit seiner Gedichtsammlung* Die Blumen des Bösen *einen Skandal ausgelöst. Teile der Sammlung wurden von der Zensur verboten. Baudelaire bricht in seinem Werk mit vielen Traditionen der romantischen Lyrik und gilt als einer der Väter moderner Poesie. Das Hässliche wird durch die veredelnde Kraft des Wortes zum gleichberechtigten Gegenstand der Dichtung.*

Ein Aas

An jenes Ding, mein Herz, erinnre dich,
Es war ein schöner, milder Sommertag:
Ein Aas am Wegesrand widerlich
Auf einem Bett von Kieseln lag;

Die Beine spreizend wie ein geiles Weib,
Gift schwitzend und vergoren,
Erschloß es seinen aufgedunsenen Leib,
Nachlässig, unverfroren.

Die Sonne strahlte auf die Fäulnis nieder,
Als koche sie sie vollends gar
Und gäbe der Natur vervielfacht wieder,
Was vormals eines war;

Der Himmel sah auf das Gerippe hin,
Als öffne eine Blüte sich.
So stark war der Gestank, daß es dir schien,
Ohnmacht erfasse dich.

Und Fliegen summten über faulen Därmen,
Daraus wie zähe Flüssigkeiten
Die Larven krochen, sich in schwarzen Schwärmen
Über die Fetzen auszubreiten.

Dies alles hob und senkte sich in Wellen
Und schillerte und schwebte;
Man meinte, daß der Leib in leichtem Schwellen
Sich mehre und so lebte.

In dieser Welt ertönt' ein seltsam Singen,
Wie Wasser, wie der Wind, der weht,
Oder wie Korn, das rhythmisch auf den Schwingen
Geworfelt wird und umgedreht.

Die Form verschwamm und war nur noch ein Traum,
Entwurf mit flüchtigen Konturen,
Den man vergaß; und es enträtselt kaum
Der Künstler seine Spuren.

Ein Hund sah lauernd und mit bösem Blick
Hinter den Felsen vor;
Es trieb ihn zu dem Brocken Fleisch zurück,
Den er bei dem Skelett verlor.

Doch wirst auch du wie dieser Unrat sein,
Wie diese Pest, so grauenhaft,
Stern meiner Augen, Licht in meinem Sinn,
Mein Engel du und meine Leidenschaft!

Ja! Königin, die allem Reiz gebietet,
Nachdem du mit dem Sakrament versehn,
Wirst du von Gras und Blumen wohlbehütet
Auch in Verwesung übergehn.

Dann sage dem Gewürm, du Wunderbare!
Das dich verzehrt mit seinem Kuß,
Daß ich Gestalt und Göttlichkeit bewahre
Der so Geliebten, die verderben muß!

Hippolyte Taine

DIE SIXTINISCHE KAPELLE

Hippolyte Taine *(1828–1893) hat als positivistischer Literaturkritiker und -theoretiker großen Einfluss gehabt. In seiner Kunsttheorie begründet er die Theorie der drei Einflussfaktoren »Rasse«, »Milieu« und »Moment«. Während eines Italienaufenthalts 1864 verfasste er mehrere Artikel über italienische Kunstwerke.*

Übermenschliche, ebenso unglückliche Gestalten wie wir, Leiber von Göttern, welche irdische Leidenschaften spannen, ein Olymp, in welchem die menschlichen Trauerspiele aufeinanderstoßen, das ist der Gedanke, der von allen Wölbungen der Sixtina herabsteigt. Welche Ungerechtigkeit, die Sibyllen und den Jesaias Raffaels mit ihnen zu vergleichen! Jene sind stark und schön, ich habe nichts dagegen, sie zeugen von einer ebenso tiefen Kunst, ich verstehe davon nichts, aber, was man beim ersten Blicke sieht, ist, daß sie nicht dieselbe Seele haben: sind niemals wie diese durch glühenden unwiderstehlichen Willen aufgerichtet worden, und sie haben niemals wie diese das Beben und Starrwerden des nervendurchzitterten Wesens empfunden, das sich spannt und sich, auf die Gefahr hin zu zerbrechen, emporschnellt. Es gibt Seelen, in denen die Eindrücke mit Donnerschlägen aufschießen und denen alle Handlungen Stürme oder Blitze sind. So sind die Gestalten Michelangelos. Sein riesenhafter Jeremias, welcher, seinen ungeheuren Kopf auf seine ungeheure Hand stützend, träumt … wovon träumt er mit seinen gesenkten Augen? Sein geflochtener, bis auf die Brust herabwogender Bart, seine von geblähten Adern durchzogenen Arbeiterhände, seine gefaltete Stirn, sein undurchdringlicher Gesichtsausdruck und das dumpfe Grollen, welches aus seiner Brust aufzusteigen scheint, erwecken den Eindruck eines jener barbarischen Könige, jener finsteren Auerochensjäger, welche umsonst mit ihrem Zorn an die Tore des römischen Reiches stießen. Hesekiel wendet sich mit stürmisch fragender Gebärde, und sein Schwung ist so plötzlich, daß die durchstreifte Luft auf seiner Schulter einen Zipfel seines Mantels bläht. Die alte Persika liest unter den langen Falten ihrer herabfallenden Haube unermüdlich in einem Buch, das sie mit knochigen Händen fest und unbeweglich vor ihre durchdringenden Augen hält. Jonas bricht mit hintenübergeworfenem Kopf vor der Blitze schleudernden Erscheinung zusammen, während seine Finger von selbst unwillkürlich die vierzig Tage abzählen, welche Ninive noch bleiben. Die Lybica steigt ungestüm herab und trägt das ungeheure Buch davon, welches sie ergriffen hat. Die Erythräa ist eine kriegerische und stolzere Pallas als ihre Schwester, die antike Athenerin. Rings um sie auf der Krümmung der Wölbungen spannen nackte Jünglinge ihr Rückgrat und dehnen ihre Glieder, bald stolz hingebreitet und ruhend, bald angespannt und kämpfend. Einige schreien, und mit ihrem gestreckten Schenkel und ihrem sich anklammernden Fuß erschüttern sie wütend die Mauer. Ein alter gebeugter Pilger, der sich setzt, ein Weib, das ihr kleines, in seine Windeln geschnürtes Kind küßt, ein verzweifelter Mensch, welcher mit seinem schrägen Blick bitter dem Schicksal mißtraut, ein junges Mädchen mit schönem lachenden Gesicht, welches friedlich schläft und noch zwanzig andere und erhabenste Gestalten des menschlichen Lebens sprechen mit Einzelheiten ihrer Haltung und mit der geringsten Falte ihrer Gewänder.

Und das sind nur die Umrisse der Wölbung, auf der Wölbung selber, welche zweihundert Fuß lang ist, breiten sich die Geschichten der Genesis und die Befreiung Israels, die Erschaffung der Welt, des Mannes und des Weibes, der Sündenfall, die Austreibung des ersten Paares, die Sintflut, die eherne Schlange, der Mord des Holophernes und die Strafe des Haman, ein ganzes Volk von tragischen Gestalten. Man legt sich auf den alten Teppich, welcher den Boden bedeckt, und schaut hinauf. Sie mögen immer in einer Höhe von hundert Fuß, verräuchert, abgeblättert und jenseits aller Gewohnheiten unserer Malerei und unseres Geistes sein: man begreift sie sofort. Dieser Mann ist so groß, daß die Verschiedenheiten von Zeit und Volk vor ihm nicht bestehen bleiben.

Richard Wagner
Die Kunst und die Revolution

Richard Wagner *(1813–1883) entwickelte sehr früh sein Talent für Theater und Dichtung. Unter dem Einfluss des Werks von Beethoven begann er zu komponieren. Nach Aufenthalten in Riga, London und Paris etablierte er sich in Dresden. Politisch stand er den Revolutionären von 1848 nahe und musste daher Dresden 1849 verlassen. In Zürich entwickelte er seine Theorie des revolutionären, »totalen« Theaters. Auch seine berühmtesten Opern verfasste er in den Züricher Jahren.*

Das ist die Kunst, wie sie jetzt die ganze zivilisierte Welt erfüllt! Ihr wirkliches Wesen ist die Industrie, ihr moralischer Zweck der Gelderwerb, ihr ästhetisches Vorgeben die Unterhaltung der Gelangweilten. Aus dem Herzen unserer modernen Gesellschaft, aus dem Mittelpunkte ihrer kreisförmigen Bewegung, der Geldspekulation im großen, saugt unsere Kunst ihren Lebenssaft, erborgt sich eine herzlose Anmut aus den leblosen Überresten mittelalterlich ritterlicher Konvention und läßt sich von da – mit scheinbarer Christlichkeit auch das Schärflein des Armen nicht verschmähend – zu den Tiefen des Proletariats herab, entnervend, entsittlichend, entmenschlichend überall, wohin sich das Gift ihres Lebenssaftes ergießt.
Ihren Lieblingssitz hat sie im Theater aufgeschlagen, gerade wie die griechische Kunst zu ihrer Blütezeit; und sie hat ein Recht auf das Theater, weil sie der Ausdruck des gültigen öffentlichen Lebens unserer Gegenwart ist. Unsere moderne theatralische Kunst versinnlicht den herrschenden Geist unseres öffentlichen Lebens, sie drückt ihn in einer alltäglichen Verbreitung aus wie nie eine andere Kunst, denn sie bereitet ihre Feste Abend für Abend fast in jeder Stadt Europas. Somit bezeichnet sie, als ungemein verbreitete dramatische Kunst, dem An-

schein nach die Blüte unserer Kultur, wie die griechische Tragödie den Höhepunkt des Griechengeistes bezeichnete; aber diese ist die Blüte der Fäulnis, einer hohlen, seelenlosen, naturwidrigen Ordnung der menschlichen Dinge und Verhältnisse.

Diese Ordnung der Dinge brauchen wir hier nicht selbst näher zu charakterisieren, wir brauchen nur ehrlich den Inhalt und das öffentliche Wirken unserer Kunst, und namentlich eben der theatralischen zu prüfen, um den herrschenden Geist der Öffentlichkeit in ihr wie in einem getreuen Spiegelbilde zu erkennen, denn solch ein Spiegelbild war die öffentliche Kunst immer.

Und so erkennen wir denn in unserer öffentlichen theatralischen Kunst keineswegs das wirkliche Drama, dieses eine, unteilbare, größte Kunstwerk des menschlichen Geistes: unser Theater bietet bloß den bequemen Raum zur lockenden Schaustellung einzelner, kaum oberflächlich verbundener künstlerischer, oder besser, kunstfertiger Leistungen. Wie unfähig unser Theater ist, als wirkliches Drama die innige Vereinigung aller Kunstzweige zum höchsten, vollendeten Ausdrucke zu bewirken, zeigt sich schon in seiner Teilung in die beiden Sonderarten des Schauspiels und der Oper, wodurch dem Schauspiel der unendlich steigernde Ausdruck der Musik entzogen, der Oper aber von vornherein der Kern und die höchste Absicht des wirklichen Dramas abgesprochen ist. Während im allgemeinen das Schauspiel somit nie zu idealem, poetischem Schwunge sich erheben konnte, sondern – auch ohne des hier zu übergehenden Einflusses einer unsittlichen Öffentlichkeit – fast schon wegen der Armut an Mitteln des Ausdrucks aus der Höhe in die Tiefe, aus dem erwärmenden Elemente der Leidenschaft in das erkältende der Intrige fallen mußte, ward vollends die Oper zu einem Chaos durcheinanderflatternder, sinnlicher Elemente ohne Haft und Band, aus dem sich ein jeder nach Belieben auflesen konnte, was seiner Genußfähigkeit am besten behagte, hier die zierliche Hüfte einer Tänzerin, dort die verwegene Passage eines Sängers, dort den glänzenden Effekt eines Dekorationsmalerstücks, dort den vehementen Ausbruch eines Orchestervulkans: oder liest man nicht heutzutage, diese oder jene neue Oper sei ein Meisterwerk, denn sie enthalte viele schöne Arien und Duette, auch sei die Instrumentation

des Orchesters sehr brillant usw.? Der Zweck, der einzig den Verbrauch so mannigfaltiger Mittel zu rechtfertigen und zu richten hat, der große dramatische Zweck, fällt den Leuten gar nicht mehr ein.
Solche Urteile sind borniert, aber ehrlich; sie zeigen ganz einfach, um was es dem Zuhörer zu tun ist. Es gibt auch eine große Anzahl beliebter Künstler, welche durchaus nicht in Abrede stellen, daß sie gerade nicht mehr Ehrgeiz hätten, als jenen bornierten Zuhörer zu befriedigen. Sehr richtig urteilen sie, wenn der Prinz von einer anstrengenden Mittagstafel, der Banquier von einer angreifenden Spekulation, der Arbeiter vom ermüdenden Tagwerk im Theater anlangt, so will er ausruhen, sich zerstreuen, unterhalten, er will sich nicht anstrengen und von neuem aufregen. Dieser Grund ist so schlagend wahr, daß wir ihm einzig nur zu entgegnen haben, wie es schicklicher sei, zu dem angegebenen Zwecke alles mögliche, nur nicht das Material und das Vorgeben der Kunst verwenden zu wollen. Hierauf wird uns dann aber erwidert, daß, wolle man die Kunst nicht so verwenden, die Kunst ganz aufhören und dem öffentlichen Leben gar nicht mehr beizubringen sein, d.h. die Künstler nicht mehr zu leben haben würden.
Nach dieser Seite hin ist alles jämmerlich, aber treuherzig, wahr und ehrlich: zivilisierte Versunkenheit, modern christlicher Stumpfsinn.
Was sagen wir aber bei unleugbar so bewandten Umständen zu dem heuchlerischen Vorgeben manches unserer Kunstheroen, dessen Ruhm an der Tagesordnung ist, wenn er sich den melancholischen Anschein wirklich künstlerischer Begeisterung gibt, wenn er nach Ideen greift, tiefe Beziehungen verwendet, auf Erschütterungen Bedacht nimmt, Himmel und Hölle in Bewegung setzt, kurz, wenn er sich so gebärdet, wie jene ehrlichen Tageskünstler behaupteten, daß man nicht verfahren müsse, wolle man seine Ware loswerden? Was sagen wir dazu, wenn solche Heroen wirklich nicht nur unterhalten wollen, sondern sich selbst in die Gefahr stürzen, zu langweilen, um für tiefsinnig zu gelten, wenn sie somit auf großen Erwerb verzichten, ja – doch nur ein geborener Reicher vermag das – sogar um ihrer Schöpfungen willen selbst Geld ausgeben, somit also das höchste moderne Selbstopfer bringen? Zu was dieser ungeheure Aufwand?
(...)

Woher kommt es aber, daß wir es für nötig halten, uns gegenseitig so offenkundig zu belügen? Weil jene Begriffe und Tugenden im Gewissen unserer herrschenden Zustände allerdings vorhanden sind, zwar nicht in ihrem guten, aber doch in ihrem schlechten Gewissen; denn so gewiß es ist, daß das Edle und Wahre wirklich vorhanden ist, so gewiß ist es auch, daß die wahre Kunst vorhanden ist. Die größten und edelsten Geister, Geister, vor denen Äschylos und Sophokles freudig als Brüder sich geneigt haben würden, haben seit Jahrhunderten ihre Stimme aus der Wüste erhoben; wir haben sie gehört, und noch tönt ihr Ruf in unsern Ohren: aber aus unseren eitlen, gemeinen Herzen haben wir den lebendigen Nachklang ihres Rufes verwischt; wir zittern vor ihrem Ruhm, lachen aber vor ihrer Kunst; wir ließen sie erhabene Künstler sein, verwehrten ihnen aber das Kunstwerk, denn das große, wirkliche, eine Kunstwerk können sie nicht allein schaffen, sondern dazu müssen wir mitwirken: die Tragödie des Äschylos und Sophokles war das Werk Athens.

Was nützt nun dieser Ruhm der Edlen? Was nützte es uns, daß Shakespeare als zweiter Schöpfer den unendlichen Reichtum der wahren, menschlichen Natur uns erschloß? Was nützte es uns, daß Beethoven der Musik männliche, selbständige Dichterkraft verlieh? Fragt die armseligen Karikaturen eurer Theater, fragt die gassenhauerischen Gemeinplätze eurer Opernmusiken, und ihr erhaltet die Antwort! Aber, braucht ihr erst zu fragen? Ach nein!, ihr wißt es recht gut, ihr wollt es ja eben nicht anders, ihr stellt euch nur, als wüßtet ihr es nicht!

Oscar Wilde

Das Bildnis des Dorian Gray

Oscar Wilde *(1845–1900) hat mit seinem Roman* Das Bildnis des Dorian Gray *einen der bekanntesten Romane der europäischen Dekadenzbewegung verfasst. Wie vor ihm Huysmans in* Gegen den Strich *inszeniert er einen Helden, der vor allem im Gegensatz zur einfachen, messbaren*

Wirklichkeit leben will. Seine scheinbare Schönheit und Jugend erkauft er sich durch das stellvertretende Altern und Sterben eines Porträts von ihm selbst. Schein und Sein prallen im unauflösbaren Konflikt aufeinander.

Der eigenartig geschnitzte Spiegel, den Lord Henry ihm vor so vielen Jahren geschenkt hatte, stand auf dem Tisch, und die weißgliedrigen Liebesgötter, die ihn umrahmten, lachten wie eh und je. Er nahm ihn in die Hand, wie er es in jener Schreckensnacht getan hatte, als ihm zum erstenmal die Veränderung des verhängnisvollen Bildes aufgefallen war, und blickte mit wilden, tränentrüben Augen in den blanken Schild. Einmal hatte ihm jemand, der ihn schrecklich geliebt hatte, einen wahnsinnigen Brief geschrieben, der mit den abgöttischen Worten schloß: »Die Welt ist verwandelt, weil Sie aus Elfenbein und Gold geschaffen sind. Die Linien Ihrer Lippen schreiben die Geschichte neu.« Diese Sätze fielen ihm ein, und er sprach sie immer wieder vor sich hin. Dann überkam ihn Ekel vor seiner eigenen Schönheit, er schleuderte den Spiegel zu Boden und zertrat ihn mit seinem Absatz in silberne Splitter. Seine Schönheit hatte ihn zugrunde gerichtet, seine Schönheit und die Jugend, um die er gebetet hatte. Wären diese beiden Dinge nicht gewesen, wäre sein Leben vielleicht makellos geblieben. Seine Schönheit war für ihn nur eine Maske gewesen, seine Jugend nur ein Trug. Was war den die Jugend bestenfalls? Eine grüne, eine unreife Zeit, eine Zeit der seichten Stimmungen und der krankhaften Gedanken. Warum hatte er ihre Tracht getragen? Die Jugend hatte ihn verdorben.

Es war besser, nicht an die Vergangenheit zu denken. Nichts vermochte sie zu ändern. An sich selber und an seine eigene Zukunft mußte er denken. James Vane war in einem namenlosen Grab auf dem Friedhofe von Selby verscharrt. Alan Campbell hatte sich eines Nachts in seinem Laboratorium erschossen, aber nichts das Geheimnis verraten, das er ihm aufgezwungen hatte. Die derzeitige Aufregung über Basil Hallwards Verschwinden würde bald vorüber sein. Sie nahm bereits ab. In dieser Hinsicht war er vollkommen sicher. Es war im Grunde auch nicht der Tod von Basil Hallward, der ihn am meisten belastete. Es war der lebendige Tod seiner eigenen Seele, der ihn quälte. Basil hatte das Porträt gemalt, das sein Leben zerstörte. Das konnte er ihm nicht vergeben. Das

Porträt war an allem schuld. Basil hatte ihm Dinge gesagt, die unerträglich waren und die er dennoch geduldig ertragen hatte. Der Mord war nur einem Augenblick des Wahnsinns entsprungen. Und was Alan Campbell betraf, so war der Selbstmord dessen eigenes Werk gewesen. Er hatte ihn aus freien Stücken gewählt. Das ging ihn nichts an.

Ein neues Leben! Das war, was ihm nottat. Das war, worauf er wartete. Ja, er hatte es bereits begonnen. Ein unschuldiges Geschöpf hatte er jedenfalls geschont. Nie wieder wollte er die Unschuld in Versuchung führen. Er wollte gut sein.

Als er an Hetty Merton dachte, begann er sich zu fragen, ob sich wohl das Porträt in dem verschlossenen Zimmer verändert habe. Sicherlich war es nicht mehr so abscheulich, wie es bis dahin gewesen war? Vielleicht konnte er, wenn sein Leben rein würde, alle Spuren böser Leidenschaft aus dem Gesicht verbannen. Vielleicht waren die Spuren des Bösen bereits verschwunden. Er wollte hinaufgehen und nachsehen.

Er nahm die Lampe vom Tisch und schlich nach oben. Als er die Tür entriegelte, huschte ein freudiges Lächeln über sein seltsam jung wirkendes Gesicht und verweilte einen Augenblick lang um seine Lippen. Ja, er wollte gut sein, und das gräßliche Ding, das er versteckt hatte, würde ihn nicht mehr schrecken. Er hatte das Gefühl, als sei die Last schon von ihm genommen.

Er trat ruhig ein, schloß die Tür hinter sich, wie es seine Gewohnheit war, und zog die purpurne Hülle von dem Porträt herunter. Ein Schrei des Schmerzes und der Entrüstung brach aus ihm hervor. Er konnte keine Veränderung erkennen, außer daß in den Augen ein verschlagener Ausdruck war und in der Mundpartie die gebogene Falte des Heuchlers. Das Ding war noch immer widerwärtig – womöglich noch widerwärtiger als früher –, und der Scharlachtau, der die Hand befleckte, wirkte heller, noch mehr wie frisch vergossenes Blut. Da erbebte er. Hatte nur Eitelkeit ihn zu der einzigen guten Tat veranlaßt? Oder das Verlangen nach einer neuen Gefühlsregung, wie Lord Henry mit seinem spöttischen Lächeln angedeutet hatte? Oder jene Leidenschaft, in eine Rolle zu schlüpfen, die uns manchmal etwas tun heißt, was lauterer ist als wir selber? Oder vielleicht das alles zusammen? Und warum war der rote Fleck größer als sonst? Er schien wie eine furchtbare Krankheit über die verrunzelten Finger gekrochen zu sein. Blut war auf den gemalten Füßen, als ob es herabgetropft wäre – Blut sogar auf der Hand, die das Messer nicht gehalten hatte. Gestehen? Hieß das, daß er gestehen sollte? Sich selber aufgeben und zum Tode verurteilt werden? Er lachte. Der Gedanke kam ihm ungeheuer vor. Und selbst wenn er gestehen sollte, wer würde ihm glauben? Nirgendwo war eine Spur des Ermordeten zu finden. Alles, was ihm gehört hatte, war vernichtet worden. Er selber hatte verbrannt, was unten war. Die Leute würden einfach sagen, er sei verrückt. Sie würden ihn einsperren, wenn er bei seiner Geschichte bliebe … Dennoch war es seine Pflicht, zu gestehen, die öffentliche Schande zu erleiden und öffentlich zu sühnen. Es war ein Gott, der die Menschen aufforderte, ihre Sünden sowohl der Erde als auch dem Himmel zu bekennen. Nichts konnte er tun, um sich reinzuwaschen, solange er nicht seine Sünde bekannt hatte. Seine Sünde? Er zuckte mit den Achseln. Der Tod Basil Hallwards bedeutete ihm wenig. Er dachte an Hetty Merton. Denn es war ein ungerechter Spiegel, dieser Spiegel seiner Seele, in den er schaute. Eitelkeit? Neugier? Heuchelei? Hatte sein Verzicht nicht mehr umfaßt als das? Es war noch etwas anderes hinzugekommen. Zumindest glaubte er das. Doch wer konnte das sagen? … Nein. Es war nichts anderes dabei gewesen. Aus Eitelkeit hatte er sie geschont. Aus Heuchelei hatte er die Maske der Güte aufgesetzt. Aus Neugier hatte er es mit Selbstverleugnung versucht. Das erkannte er jetzt.

Aber dieser Mord – sollte er ihn sein ganzes Leben lang verfolgen? Sollte er auf immer die Last seiner Vergangenheit tragen? Sollte er wirklich gestehen? Niemals. Es gab nur ein einziges Beweisstück gegen ihn. Das Bild selbst – das war der Beweis. Er würde es zerstören. Warum hatte er es so lange aufbewahrt? Einst hatte es ihm Vergnügen bereitet zu beobachten, wie es sich veränderte und alterte. In der letzten Zeit hatte er ein solches Vergnügen nicht mehr empfunden. Es hatte ihn nachts wach gehalten. Wenn er nicht zu Hause war, hatte ihn das Grauen gepackt bei dem Gedanken, daß fremde Augen es erblicken könnten. Es hatte mit Melancholie seine Leidenschaften durchkreuzt. Die bloße Erinnerung daran hatte ihm viele Augenblicke der Freude verdorben. Es war für ihn wie das Gewissen gewesen. Ja, es war das Gewissen gewesen. Er wollte es zerstören.

Er blickte sich um und sah das Messer, das Basil Hallward erstochen hatte. Er hatte es oftmals gesäubert, bis kein Fleckchen mehr auf ihm war. Es war blank und glitzerte. Wie es den Maler getötet hatte, so würde es auch das Werk des Malers töten und alles, was es bedeutete. Es würde die Vergangenheit töten, und sobald die tot wäre, würde er frei sein. Es würde dieses ungeheuerliche Seelenleben töten, und ohne dessen widerliche Mahnungen würde er Frieden finden. Er ergriff das Messer und erstach mit ihm das Bild.

Ein Schrei ertönte und ein Krachen. Der Schrei war so entsetzlich in seiner Todesqual, daß die Diener erschreckt aufwachten und aus ihren Zimmern schlichen. Zwei Herren, die unten auf dem Platz vorbeikamen, blieben stehen und blickten zu dem großen Haus empor. Sie gingen weiter, bis sie einem Polizisten begegneten, und kehrten mit ihm zurück. Der Mann läutete mehrere Male, aber es kam keine Antwort. Abgesehen von einem Licht in einem der obersten Fenster war das Haus völlig dunkel. Nach einer Weile ging er weg, stellte sich in einen nahen Säuleneingang und wartete.

»Wem gehört das Haus, Wachtmeister?« fragte der ältere der beiden Herren.

»Mr. Dorian Gray, Sir«, antwortete der Polizist.

Sie blickten einander an, als sie weitergingen, und lachten hämisch. Einer von ihnen war Sir Henry Ashtons Onkel.

Drinnen, im Dienstbotentrakt des Hauses, unterhielten sich flüsternd die halb angezogenen Diener. Die alte Mrs. Leaf weinte und rang die Hände. Francis war totenbleich.

Nach ungefähr einer Viertelstunde holte er den Kutscher und einen der Lakaien und schlich hinauf. Sie klopften, doch niemand antwortete. Sie riefen. Alles war still. Schließlich, nachdem sie vergebens versucht hatten, die Tür aufzubrechen, stiegen sie auf das Dach und ließen sich auf den Balkon hinab. Die Glastüren gaben leichter nach: ihre Riegel waren alt.

Als sie eintraten, sahen sie an der Wand ein herrliches Porträt ihres Herrn hängen, so wie sie ihn zuletzt gesehen hatten, in all der Pracht seiner erlesenen Jugend und Schönheit. Auf dem Boden lag ein Toter, im Abendanzug, mit einem Messer im Herzen. Er war welk, runzelig und widerwärtig von Angesicht. Erst als sie die Ringe untersucht hatten, erkannten sie, wer es war.

Tristan Tzara

UM EIN DADAISTISCHES GEDICHT ZU MACHEN

Tristan Tzara *(1896–1963) und* **Hugo Ball** *(1886–1927) sind zwei der Gründungsmitglieder der Dada-Bewegung, die nach ihren Anfängen in Zürich im Cabaret Voltaire 1916 schnell auf andere kulturelle Zentren übergriff. Das Prinzip des Dada ist die revolutionäre Befreiung der Sprache von äußeren Konventionen und Zwängen, so wie der Mensch auch von Zwängen befreit werden sollte. Das Ergebnis sind scheinbar beliebige Gedichte, die jedoch eine eigene poetische Kraft entfalten. Die* Karawane *ist Sinnbild des lautmalerischen Gedichts schlechthin.*

Nehmt Zeitung.
Nehmt Scheren.
Wählt in dieser Zeitung einen Artikel von der
Länge aus,
die Ihr Eurem Gedicht zu geben beabsichtigt.
Schneidet den Artikel aus.
Schneidet dann sorgfältig jedes Wort dieses
Artikels
aus und gebt sie in eine Tüte.
Schüttelt leicht.
Nehmt dann einen Schnipsel nach dem anderen
heraus.
Schreibt gewissenhaft ab
in der Reihenfolge, in der sie aus der Tüte
gekommen
sind.
Das Gedicht wird euch ähneln.
Und damit seid ihr ein unendlich origineller

Schriftsteller
mit einer charmanten, wenn auch von den
Leuten unverstandenen
Sensibilität.

Hugo Ball

KARAWANE

jolifanto bambla o falli bambla
großiga m'pfa habla horem
egiga goramen
higo bloiko russula huju
hollaka hollala
anlogo bung
blago bung
blago bung
bosso fataka
ü üü ü
schampa wulla wussa olobo
hej tatta gorem
eschige zunbada
wulubu ssubudu uluw ssubudu
tumba ba- umf
kusagauma
ba – umf

Ernst Bloch

DAS PRINZIP HOFFNUNG

Ernst Bloch *(1885–1977) hat sein Werk unter das Zeichen der Utopie und der Hoffnung gestellt. Die Kunst nimmt in seinem Denken insofern einen* *herausgehobenen Platz ein, als sich in der Kunst ansatzweise eine Welt zeigt, die in der Wirklichkeit noch nicht sichtbar und lebensfähig ist. Die Arbeit des Künstlers ist somit stets auch Arbeit an der Utopie von morgen.*

Künstlerischer Schein als sichtbarer Vor-Schein

Vom Schönen wird gesagt, daß es erfreue, ja sogar genossen werde. Doch hat es seinen Lohn damit noch nicht dahin, Kunst ist keine Speise. Denn sie bleibt auch nach ihrem Genuß, sie hängt selbst in den süßesten Fällen noch in ein »vorgemaltes« Land hinaus. Der Wunschtraum geht hier ins unstreitig Bessere hinaus, dabei ist er, zum Unterschied von den meisten politischen, bereits werkhaft geworden, ein *gestaltet* Schönes. Allein: lebt in dem so Gestalteten mehr als einiges scheinendes Spiel? Das zwar äußerst kunstvoll sein mag, doch zum Unterschied vom Kindlichen auf nichts Ernstes vorbereitet und es bedeutet. Ist in dem ästhetischen Klingeln oder auch Klingen irgend bare Münze, irgendeine Aussage, die unterschrieben werden kann? Gemälde reizen weniger zu dieser Frage, denn die Farbe steht nur in sinnlicher Gewißheit, ist sonst aber schwächer mit Wahrheitsanspruch belastet als das Wort. Dient doch das Wort nicht nur der Dichtung, sondern auch der wahrheitsgemäßen Mitteilung; Sprache macht für letztere empfindlicher als Farbe, selbst als Zeichnung. Jede gute Kunst freilich beendet in gestalteter Schöne ihre Stoffe, trägt Dinge, Menschen, Konflikte in schönem Schein aus. Wie steht es aber *ehrlich* mit diesem Ende, mit einer Reife, in der doch nur Erfundenes reift? Wie verhält es sich mit einem Reichtum, der nur illusionär, im Augenschein, im Ohrenschein sich mitteilt? Wie verhält es sich andererseits mit Schillers immerhin prophetischem Satz, daß, was als Schönheit hier empfunden, uns als Wahrheit einst entgegengehen werde? Wie verhält es sich mit dem Satz Plotins, dann Hegels, daß Schönheit sinnliche Erscheinung der *Idee* sei? Nietzsche, in seiner positivistischen Periode, stellt dieser Behauptung die bedeutend massivere entgegen, daß alle Dichter lügen. Oder: die Kunst mache den Anblick des Lebens erträglich dadurch, daß sie den Flor des unreinen Denkens darüberlege. Francis Bacon sieht die goldenen Äpfel in silbernen Schalen erst recht nicht weit vom Blendwerk, sie gehören zu den überlieferten Idola theatri. Er vergleicht die Wahrheit dem nackten, hellen Tageslicht, worin die Masken, Mummereien und Prunkzüge der Welt nicht halb so schön und stattlich erscheinen wie im Kerzenlicht der Kunst. Hiernach sind Künstler von Anfang bis Ende dem Schein verschworen, sie haben keinen Hang zur Wahrheit, sondern den entgegengesetzten.

In der gesamten Aufklärung liegen Prämissen zu dieser Antithese: Kunst-Wahrheit, und sie haben die künstlerische Phantasie vom Tatsachensinn her verdächtig gemacht. Das sind die *empirischen* Einwände gegen das Einschmeichelnd-Trübe, gegen den goldenen Nebel der Kunst, und sie sind nicht die einzigen, die aus der Aufklärung stammen. Denn neben ihnen stehen die *rationalen* Einwände, die zwar ursprünglich dem Platonischen Begriffslogos und dessen besonders berühmter, besonders radikaler Kunstfeindschaft zugehören, die aber in der kalkulatorischen Verstandesrichtung der bürgerlichen Neuzeit sich gegen die Kunst aufs neue vornehm machten.

Theodor W. Adorno

MINIMA MORALIA

Reflexionen aus dem beschädigten Leben

Theodor Wiesengrund Adorno *(1903–1969) kehrte nach dem Exil in den USA 1949 nach Deutschland zurück und übernahm mit Max Horkheimer die Leitung des Frankfurter Instituts für Sozialforschung, aus dem die Frankfurter Schule hervorging. Die* Minima Moralia, *aus denen die nachfolgende Betrachtung entnommen ist, sind eine Sammlung von mehr als 150 Textfragmenten, in denen die Erfahrungen und Überzeugungen Adornos wie Bruchstücke dargeboten werden. Der Untertitel lautet* Reflexionen aus dem beschädigten Leben.

De gustibus est disputandum. – Auch wer von der Unvergleichbarkeit der Kunstwerke sich überzeugt hält, wird stets wieder in Debatten sich verwickelt finden, in denen Kunstwerke, und gerade solche des obersten und darum unvergleichlichen Ranges, miteinander verglichen werden und gegeneinander gewertet. Der Einwand, bei solchen Erwägungen, die eigentümlich zwangshaft zustandekommen, handle es sich um Krämerinstinkte, ums Messen mit der Elle, hat meist nur den Sinn, daß solide Bürger, denen die Kunst nie irrational genug sein kann, von den Werken die Besinnung und den Anspruch der Wahrheit fernhalten wollen. Der Zwang zu jenen Überlegungen ist aber in den Kunstwerken selber gelegen. So viel ist wahr, vergleichen lassen sie sich nicht. Aber sie wollen einander vernichten. Nicht umsonst haben die Alten das Pantheon des Vereinbaren den Göttern oder Ideen vorbehalten, die Kunstwerke aber zum Agon genötigt, eines Todfeind dem andern. Die Vorstellung eines »Pantheons der Klassizität«, wie noch Kierkegaard sie hegte, ist eine Fiktion der neutralisierten Bildung. Denn wenn die Idee des Schönen bloß aufgeteilt in den vielen Werken sich darstellt, so meint doch jedes einzelne unabdingbar die ganze, beansprucht Schönheit für sich in seiner Einzigkeit und kann deren Aufteilung nie zugeben, ohne sich selber zu annullieren. Als eine, wahre und scheinlose, befreit von solcher Individuation, stellt Schönheit nicht in der Synthesis aller Werke, der Einheit der Künste und der Kunst sich dar, sondern bloß leibhaft und wirklich: im Untergang von Kunst selber. Auf solchen Untergang zielt jedes Kunstwerk ab, indem es allen anderen den Tod bringen möchte. Daß mit aller Kunst deren eigenes Ende gemeint sei, ist ein anderes Wort für den gleichen Sachverhalt. Von solchem Selbstvernichtungsdrang der Kunstwerke, ihrem innersten Anliegen, das hintreibt ins scheinlose Bild des Schönen, werden immer wieder die angeblich so nutzlosen ästhetischen Streitigkeiten aufgerührt. Während sie trotzig und verstockt das ästhetische Recht finden wollen und eben damit einer unstillbaren Dialektik verfallen, gewinnen sie wider Willen ihr besseres Recht, indem sie vermöge der Kraft der Kunstwerke, die sie in sich aufnehmen und zum Begriff erheben, jedes einschränken und so auf die Zerstörung der Kunst hinarbeiten, die deren Rettung ist. Ästhetische Toleranz, wie sie die Kunstwerke unmittelbar in ihrer Beschränktheit gelten läßt, ohne sie zu brechen, bringt ihnen nur den falschen Untergang, den des Nebeneinanders, in dem der Anspruch der einen Wahrheit verleugnet ist.

Eros und Agape

Was ich in meinem Leben angeblich alles schon liebte, geht auf keine Kuhhaut. Meine Eltern und meine Schwester, einen rosa Schnuller namens Pupsi, den lieben Gott, meine Freunde im Kindergarten und in der Schule, Troll, das Pferd meines Großvaters, die eine oder andere Frau, eine gute Flasche Rotwein, gelegentlich mich selbst, Borussia Dortmund und meine Tochter – um nur wenige Beispiele zu nennen. Dabei reicht die Skala des Erlebens vom sexuellen Abenteuer über tränenreiche Umarmungen oder Verbrüderungen unter Männern bis zur selbstlosen Aufopferung für andere Menschen oder eine Idee. Doch soll das wirklich alles ein und dasselbe sein? Die Liebe zu einem Pferd dasselbe wie die zu meinen Eltern? Die Liebe im Bett dasselbe wie die zu Gott oder meinem Schnuller Pupsi? Wie die Selbst- oder die Nächsten-, die Vaterlands- oder die Affenliebe?

Vielleicht ist die Antwort ganz einfach. Vielleicht ist Liebe nur ein Wort, das tausend Begriffe in sich vereint, die eigentlich nichts miteinander zu tun haben. Diese Erklärung wäre bequem, aber leider trifft sie nicht zu. Denn so unterschiedlich die Formen der Liebe sind, haben sie doch eins miteinander gemeinsam. Wo immer Liebe ins Spiel tritt, bringt sie ihre Opfer auf Trab: die Liebe zu einem Schnuller genauso wie die Liebe zu einem Fußballverein oder einer Frau. Sie befreit die Menschen aus dem Panzer ihrer Ich-Bezogenheit, steigert ihr Empfinden, treibt sie aufeinander zu, jagt sie auf ungeahnte Höhen der Glückseligkeit und stürzt sie in tiefste Konflikte und Katastrophen.

Diese Konfusion hat paneuropäische Tradition: Eros, der Gott der Liebe, wurde nicht umsonst aus dem Chaos geboren. Als Leben zeugender, kosmischer Urgott hat er jedoch, so der antike Mythos, über die Menschen schicksalhafte Macht, und die Menschen huldigen ihm in allem, was sie tun. Denn noch ist die Liebe eins und ungeteilt, egal, worauf sie sich bezieht, ob auf die Götter oder auf das andere Geschlecht: In der fleischlichen Vereinigung zelebrieren sie ihre Teilhabe am Schöpfungsakt, im Einklang von erotischer und religiöser Ekstase, feiern Fruchtbarkeitsfeste, vergöttern den Phallus und prostituieren sich im

Tempel als Teil des Gottesdienstes – die Dichterin Sappho ist Zeugin. Kein Wunder, dass der Sagenheld Paris, vor die Wahl zwischen Reichtum, Weisheit und Liebe gestellt, sich für die Liebe entscheidet.

Woher aber bezieht die Liebe ihre schicksalhafte Macht? Die schönste Erklärung des Abendlands dafür liefert Plato. Ursprünglich, so berichtet er im »Gastmahl«, waren die Menschen Doppelwesen, Mann und Frau in einer Gestalt. Doch in dieser Vollkommenheit wähnten sie sich den Göttern gleich, so dass Zeus sie zur Strafe mit einem Schwert entzweite. Seitdem streben sie danach, sich zu vereinen, um die verlorene Vollkommenheit wiederherzustellen.

Die Liebe, wie wir Europäer sie verstehen, entspringt also einem Mangel, dem Verlangen des Menschen nach dem, was ihm fehlt. Doch kaum meldet sich die Philosophie zu Wort, beginnt die Haarspalterei, und die Liebe, die im Mythos noch eins und ungeteilt und vor allem identisch mit dem Eros war, wird differenziert. Erotische Erfüllung definiert Plato als »Zeugen im Schönen«, wahre Schönheit aber existiert nur als Idee. Daraus leitet er eine Stufenleiter der Erotik ab: vom leiblichen zum seelischen Eros – von der Fleischesliebe über die Menschenliebe bis zur Gottesliebe.

Damit nimmt das Schicksal der abendländischen Liebe seinen Lauf. Adelt der Römer Ovid noch den leiblichen Eros, indem er die Liebe der Körper zur Kunst erhebt, macht Augustinus, nach Jahren der Ausschweifung im Alter zum Christentum bekehrt, ihm den Garaus: im Namen der unsterblichen Seele. Mit der Unerbittlichkeit des Konvertiten verdammt er die Geschlechtsliebe als Gefährdung des Seelenheils und setzt an die Stelle des Eros die von jeder Geschlechtlichkeit geläuterte Agape, die alle rein seelischen Formen der Liebe in sich vereint: Freundschaft, Kinder- und Mutterliebe, Nächsten- und Feindesliebe – und vor allem die Gottesliebe. Mit der Tötung des Eros aber bleibt auf der tierischen Seite des Menschen nur noch die nackte Sexualität zurück, das »sündige Fleisch«, urbildlich verkörpert in Adams Frau Eva.

Doch lebt der Europäer vom Seelenheil allein? Der Weg der Läuterung ist jedenfalls ein mühevoller. Davon zeugen die Erfahrungen des spanischen Mystikers Ramon Llull, der sich aufmacht zu Gott, um ganz in dessen Liebe aufzugehen. Im Wechsel von Gelingen und Misslingen erfährt er die Liebe als Glück und Krankheit zugleich, als Sehnsucht, die sein Leben nährt und verzehrt. Auf ihren Höhepunkt gelangt die Gottesliebe in der mystischen Vereinigung mit Gott. Die Inbrunst allerdings, mit der Llulls geistige Tochter Teresa von Avila diese Vereinigung erfährt, ist von solcher Leidenschaft durchglüht, dass der Verdacht sich regt, nicht heiligende Agape, sondern sündiger Eros würde sie leiten.

Noch mehr als in weltabgeschiedenen Klöstern verwischen an weltlichen Fürstenhöfen die Grenzen zwischen den verschiedenen Formen der abendländischen Liebe. Zwar ist im Mittelalter die reine Minne, die wie die Agape den Wunsch nach sinnlicher Befriedigung ausschließt, das platonisch geprägte Liebesideal, doch die asketische Strenge der keuschen Liebesverehrung provoziert Eros' Widerspruch, in Gestalt sowohl französischer Troubadoure als auch deutscher Minnesänger. »Unter der Linde« verdichtet sich Walther von der Vogelweides Begehren, das sich nicht mit »reiner« Liebe begnügen mag.

Aus der Durchdringung von hoher und niederer Minne entwickelt sich europaweit eine neue erotische Kultur, die in der Renaissance zur Blüte gelangt. In Wiederaufnahme antiker Ideale erscheint die sinnlich-körperliche Schönheit des Menschen in neuem Glanz, so dass *»amor divino«* und sinnenfroher Genuss einander nicht länger ausschließen. Verklärt Petrarca mit seinen Sonetten die angebetete Laura zum Engel? Oder nimmt in seinen Liebesgedichten ein Engel menschliche Züge an? Boccaccios allzu irdischer Mönch Rusticus würde über die Frage vermutlich nur lachen, um den »Teufel« seines Leibes lustvoll in die »Hölle« zu schicken, die er zwischen den Schenkeln seiner Geliebten weiß.

In der Spannung zwischen Eros und Agape wird die Liebe zum Prüfstein der Persönlichkeit. Sie zwingt den europäischen Menschen, sein wahres Wesen zu zeigen, sich zu behaupten, auch gegen Konventionen und Standesgrenzen. Diese Prüfung schließt die Gefahr des Scheiterns ein. Mit »Romeo und Julia« setzt Shakespeare allen tragisch Liebenden dieser Welt ein Denkmal, während Madame de La Fayette »Die Prinzessin von Clèves« in die tiefsten Konflikte zwischen Vernunft und Leidenschaft, Glück und Wohlanständigkeit stürzt, bevor in der Aufklärung die Liebeserfahrung als Schlüssel zum Charakter eines Menschen zum großen erotischen Experiment gerät, das sämtliche Spielarten der Liebe in sich einschließt: von den sinnenfrohen Vergnügungen Giacomo Casanovas bis zu den schwarzen Orgien des Marquis de Sade; von der raffinierten *»ars amandi«* bis zur kalten *»scientia sexualis«*.

Der Triumph der Sexualität über die Liebe ist die Rache des Eros am Christentum. Doch wenn die Erotik an der Sexualität zu ersticken droht, regt sich die empfindsame Seele. Der Gefühlskälte der europäischen Aufklärung begegnet die europäische Romantik mit der Wiedergeburt der Liebe als alles in sich vereinigendes Absolutum, als »Unum des Universums« (Novalis). Die eine und einzige Liebe wird zum überirdischen Sakralraum, in Goethes »Werther« sich selbst zum Opfer darbringt, da seine Angebetete bereits vergeben ist. Denn das Bürgertum als neue gesellschaftliche Großmacht des Abendlandes erklärt die Ehe zum exklusiven Ort der Leidenschaft. Diese Grenze ist Tabu: Wem die Liebesehe versagt bleibt, dem bleibt nur die Entsagung. Das ist das Drama von Rousseaus »Nouvelle Héloïse«.

Doch auch in der Ehe ist die Liebe kein reines Vergnügen. Bereits Augustinus erblickte in der lebenslangen Bindung von Mann und Frau ein wirksames *»remedium concupiscentiae«,* eine »Arznei gegen die Begierde«. Von den christlich-bürgerlichen Tugenden in die Ehe verbannt, legt Eros sich dort nach anfänglichem Überschwang alsbald zur Ruhe. Dieses europäische Trauerspiel erlebt Flauberts »Madame Bovary« in der französischen Provinz, wo die Ehe zum Kerker der Liebe wird – eine Erfahrung, die Tolstois »Anna Karenina« mit ihr in der russischen Hauptstadt teilt. Beide Frauen sehen sich vor die Wahl gestellt, zwischen Eros und Agape. Beide träumen vom großen Liebesglück, beide sind bereit, Mann und Kind zu verlassen, um Eros zu folgen, beide sehen sich von der Liebe und dem Schicksal verraten, beide richten sich selbst und gehen in den Tod.

Der gescheiterte Aufbruch der zwei Schwestern im Geiste markiert ein neues Kapitel im abendländischen Streit von Eros und Agape. Literatur und Philosophie des 20. Jahrhunderts werden von den widersprüchlichsten Empfindungen geprägt – und der Unfähigkeit, eine eindeutige Entscheidung zu treffen. Während die Spielarten der Liebe stetig zunehmen, nimmt die Verbindlichkeit bestimmter Konzepte ebenso stetig ab. Sowohl Eros als auch Agape treiben die unterschiedlichsten Menschen in Europa immer wieder aufs Neue dazu, an die Grenzen des Menschenmöglichen zu gehen. Singt André Breton in seinem *»Amour fou«* das Hohelied des Eros, begleitet keine zwei Jahrzehnte später Janusz Korczak in selbstloser Aufopferung die ihm anvertrauten Kinder in die Gaskammern der Nazis – ein stiller Sieg Agapes über die Dämonen der Barbarei, der die ganze Menschheit anrührt. Und in der Evolutionsbiologie finden Eros und Agape sogar wieder zusammen, wie einst in der Mythologie, zur Zeit der Fruchtbarkeitsfeste und der Tempelprostitution: Sorgt Eros, so erfahren wir bei Konrad Lorenz und seinem Schüler Eibl-Eibesfeld, mit seiner Leidenschaft für die Fortpflanzung der Gattung Mensch, sichert Agape mit ihrer Fürsorge deren Bestand.

»All you need is love«, verkünden 1968 die Beatles, und Papst Benedikt XVI. erklärt in seiner ersten Enzyklika *»Deus caritas est* – Gott ist Liebe«. Wie gern würde ich in diese Hymne einstimmen! Wenn ich nur wüsste, ob der Papst und die Beatles ein und dasselbe meinen. »Die Liebe währt am längsten«, beschließt Ingeborg Bachmann den »Reigen« auf rätselhafte Weise, »und sie erkennt uns nie.«

Hesiod
Theogonie

Hesiod *(um 700 v. Chr.) hat mit seiner* Theogonie *eine beeindruckende Erzählung des Schöpfungsmythos geschaffen. Die Genealogie der Götter ist gleichzeitig die Genesis der Welt. Eros kommt eine Sonderrolle zu, weil seine Macht die Vernunft der Menschen und Götter auszuschalten vermag.*

Lebt nun wohl, ihr Kinder des Zeus, schenkt liebliche Lieder!
Rühmt der Unsterblichen heiligen Ursprung zu ewigem Dasein,
sie, die der Erde entsprangen und droben dem Himmel voll Sterne,
Kinder der düsteren Nacht und sie, die die Salzflut ernährte.
Sagt, wie am Anfang die Götter entstanden und Gaia geworden,
Flüsse auch und das Meer, das unendliche, wogengeschwellte,
leuchtende Sterne dann und weithin des Uranos Höhe,
welche Götter ihnen entsproßten, die Geber des Guten.
Wie sie den Reichtum unter sich teilten, die Ehren vergaben,
wie sie am Anfang den schluchtenreichen Olympos bezogen.
Sagt mir, Musen, dies alles an, Olympos-Bewohner,
ganz von Anfang, und sagt mir: Was wurde davon als erstes?

Wahrlich, als erstes ist Chaos entstanden, doch wenig nur später
Gaia, mit breiten Brüsten, aller Unsterblichkeiten ewig
sicherer Sitz, der Bewohner des schneebedeckten Olympos,
dunstig Tartaros dann im Schoß der geräumigen Erde,
wie auch Eros, der schönste im Kreis der unsterblichen Götter:
Gliederlösend bezwingt er allen Göttern und allen
Menschen den Sinn in der Brust und besonnen planendes Denken.
Chaos gebar das Reich der Finsternis: Erebos und die
schwarze Nacht, und diese das Himmelsblau und den hellen
Tag, von Erebos schwanger, dem sie sich liebend vereinigt.
Gaia gebar zuerst an Größe gleich wie sie selber
Uranos sternenbedeckt, damit er sie völlig umhülle
und den seligen Göttern ein sicherer Sitz sei für ewig.

Sappho
Liebesgedichte

Sappho *(vor 600 v. Chr. – um 570 v. Chr.) ist die bedeutendste Lyrikerin des klassischen Altertums. Sie begründete auf der Insel Lesbos eine Kunstschule für junge Frauen. Mit ihren Liebesgedichten erwarb sie bei den späteren Dichtern der Antike wie Plato oder Horaz großen Ruhm.*

nieder vom Himmel
komm zu mir aus Kreta zu diesem heilgen
Tempel, wo ein lieblicher Hain von Apfel-
bäumen liegt und über Altären quillen
Wolken von Weihrauch,

durch der Apfelbäume Gezweig die kühle
Feuchte rauscht und Rosen beschatten rings die
Stätte und von zitternden Blättern nieder
rieselt der Schlummer,

und auf pferdenährender Wiese blühn die
Frühlingsblumen; aber es wehn die Lüfte
Honigsüß

Nimm denn also hier die Gebinde, Aphrodite, und in goldenen
Bechern spende
uns mit überschwenglicher Lust gemischten
Nektar in Fülle.

Plato
Das zerschnittene Paar

Plato *(427 v. Chr.–347 v. Chr.) widmet sich in seinen einflussreichen philosophischen Dialogen den grundlegenden Fragen der Welt und des*

Lebens. Im Gastmahl *streiten bedeutende Denker wie Sokrates, Aristophanes und Alkibiades über die Eigenschaften des Eros. Aristophanes trägt den frei erfundenen Mythos vor, dem zufolge die Menschen ursprünglich als zweigeschlechtliche Kugeln existierten und erst durch den Zorn der Götter geteilt und dazu verdammt wurden, stets die andere Hälfte zu suchen.*

Aristophanes: Zunächst müßt ihr Einsicht erhalten in die menschliche Natur und die Zustände, die sie durchgemacht hat. Ehedem nämlich war unsere Natur nicht die nämliche wie jetzt, sondern andersartig. Zunächst nämlich gab es damals drei Geschlechter von Menschen, nicht nur zwei wie jetzt, männlich und weiblich, sondern ihnen gesellte sich noch ein drittes hinzu, eine Verschmelzung jener beiden, von dem jetzt nur noch der Name übrig ist; es selbst ist verschwunden. Es gab nämlich damals ein mannweibliches Geschlecht nicht bloß den Namen nach, sondern auch als wirkliches Naturgebilde, aus beiden, dem männlichen und dem weiblichen, zusammengesetzt, während es jetzt nur noch den Namen gibt, und zwar nur als Schimpfname. Ferner war damals die ganze Gestalt eines jeden Menschen rund, indem Rükken und Seiten eine Kugel bildeten; Hände aber hatte ein jeder vier und ebenso viele Füße und zwei einander völlig gleiche Gesichter auf einem kreisrunden Halse, für beide einander entgegengesetzt liegende Gesichter aber einen gemeinsamen Kopf, zudem vier Ohren und zwei Schamglieder und alles andere, wie man es sich hiernach wohl ausmalen kann. Man ging nicht nur aufrecht wie jetzt beliebig in der einen oder der anderen Richtung, sondern, wenn sie es eilige hatten, machten sie es wie die Radschlager, die mit gerade emporgestreckten Beinen sich im Kreise herumschwingen: auf ihre damaligen acht Gliedmaßen gestützt bewegten sie sich im Kreisschwunge rasch vorwärts. So gab es denn der Geschlechter drei und von dieser Beschaffenheit; und das aus dem Grunde, weil das männliche ursprünglich von der Sonne stammte, das weibliche von der Erde und das aus beiden gemischte vom Mond; denn dieser hat teil an beiden, an Erde und Sonne. So waren sie denn, sie selbst wie auch der Gang kreisförmig, weil sie ihren Eltern ähnlich waren. Sie waren demnach von gewaltiger

Kraft und Stärke und von hohem Selbstgefühl, ja sie wagten sich sogar an die Götter heran, und was Homer von Ephialtes und Otos erzählt, das gilt von ihnen: sie machten sich daran, sich den Weg zum Himmel zu bahnen, um den Göttern zu Leibe zu gehen.

Da hielten Zeus und die übrigen Götter Rat, wie sie mit ihnen fertig werden sollten, und waren in nicht geringer Verlegenheit; denn einerseits waren sie nicht in der Lage, sie zu töten und ihr ganzes Geschlecht zu vernichten durch Blitzschlag wie die Giganten – denn dann wäre es vorbei gewesen mit den Ehrenbezeugungen und Opfern von seiten der Menschen – anderseits konnten sie auch ihrem Frevelmut nicht freien Raum lassen. Lange sann Zeus nach, endlich sagte er: Ich glaube, ich habe ein Mittel, um einerseits das Fortbestehen der Menschen zu sichern, andererseits ihrer Zuchtlosigkeit eine Ende zu machen durch Schwächung ihrer Kraft. Ich werde jeden in zwei Hälften zerschneiden, und die Folge wird sein, daß sie nicht nur schwächer, sondern auch uns nützlicher werden, weil sie an Zahl dann mehr geworden sind. Fortan werden sie aufrecht gehen auf zwei Beinen. Sollten sie aber weiter noch sich der Zuchtlosigkeit geneigt zeigen und nicht gewillt, Ruhe zu halten, so werde ich sie abermals in zwei Hälften zerschneiden, so daß sie auf einem Beine hüpfen müssen wie die Schlauchhüpfer. Gesagt, getan: er schnitt die Menschen in zwei Hälften, wie wenn man Arlesbeeren zerschneidet, um sie einzumachen, oder Eier mit Haaren. Und immer, wenn er einen zerschnitten hatte, wies er den Apollo an, ihm das Gesicht und die Halshälfte nach der Schnittfläche umzudrehen, auf daß der Mensch angesichts der vollzogenen Zerschneidung sittsamer würde; im übrigen ließ er den Apollo die Heilung vollziehen. Dieser drehte ihnen das Gesicht um, zog von allen Seiten die Haut über der jetzt Bauch genannten Fläche zusammen, und band sie dann auf der Mitte des Bauches zusammen wie einen Schnürbeutel, indem er eine Öffnung ließ, die man jetzt Nabel nennt. Und die meisten sonstigen Falten glättete er und fügte die Brust zusammen mit Hilfe eines Werkzeuges, wie es ähnlich die Schuster haben, wenn sie über dem Leisten die Falten des Leders glätten; nur einige wenige ließ er zurück am Unterleib und Nabel, als Denkzeichen des ehemaligen Zustandes.

Als nun so ihre ursprüngliche Gestalt in zwei Teile gespalten war, ward jede Hälfte von Sehnsucht zur Vereinigung mit der anderen getrieben: sie schlangen die Arme umeinander und schmiegten sich zusammen, voll Begierde zusammenzuwachsen. So starben sie vor Hunger und sonstiger Erschlaffung infolge ihrer Unlust irgend etwas getrennt voneinander zu tun; und immer, wenn eine der Hälften dahinstarb und die andere noch übrigblieb, suchte die zurückbleibende eine andere, mit der sie sich umarmte, gleichviel ob es die Hälfte eines Doppelweibes war, die wir jetzt Weib nennen, oder eines Mannes, und so gingen sie zugrunde.

Da erbarmte sich Zeus und schuf auf andere Weise Abhilfe, indem er ihre Schamteile nach vorn versetzte; denn bisher hatten sie auch diese nach außen und zeugten und gebaren nicht ineinander, sondern in die Erde wie die Zikaden. Diese Verlegung nach vorn und die damit verbundene Erzeugung ineinander durch das Männliche in dem Weiblichen bewerkstelligte er deshalb, damit, wenn bei der Umarmung ein Mann auf ein Weib träfe, zugleich eine Zeugung erfolgte zur Fortpflanzung des Geschlechtes, wenn aber ein Männliches auf ein Männliches, das Zusammensein wenigstens zu einer Befriedigung führte und sie sich beruhigten und sich wieder der Werktätigkeit zuwendeten und sich der Sorge für andere Lebensbedürfnisse widmeten. Erst so lange also ist es her, daß die Liebe zueinander den Menschen eingeboren ward, zusammenführend die ursprüngliche Natur und bestrebt aus Zweien Eins zu machen und der menschlichen Natur Heilung zu verschaffen.

Apuleius
METAMORPHOSEN
oder
Der goldene Esel

Apuleius *(um 125 – um 170) ist Autor eines umfangreichen Romans, der unter dem Titel* Der goldene Esel *bekannt ist (eigentlich* Metamorphosen). *Bei Apuleius werden viele antike Stoffe überliefert, so das Märchen von* Amor und Psyche *und die Nacherzählung des* Paris-Urteils. *Bekannte* *antike Autoren vor ihm hatten auf die Paris-Episode Bezug genommen, so Homer zu Beginn seiner* Ilias, *wo das Urteil des Paris zugunsten der Liebesgöttin als Auslöser des Trojanischen Kriegs dargestellt wird.*

Es war ein Berg aus Holz nach dem Muster jenes berühmten Berges, den der Sänger Homer als Ida besungen hat, durch ein hohes Gerüst hergestellt, mit Büschen und lebenden Bäumen bepflanzt, der vom Gipfel mit Hilfe eines aus Künstlerhand geschaffenen fließenden Quells klarströmende Wasser entsandte. Wenige Ziegen nagten an den Kräutern. Und nach Art des Paris, der phrygischen Hirten, spielte ein Jüngling, dem ein fremdländisches Gewand von den Schultern floß, schön ausstaffiert, das Haupt mit goldener Mütze bedeckt, den Aufseher über die Herde. Dabei steht ein hübscher Knabe, nackt bis auf einen Jünglingsmantel, der seine linke Schulter bedeckte, auffallend durch die allenthalben herabfallenden blonden Locken, und zwischen seinem Haar ragten kleine Schwingen aus Gold, die durch ebensolche Verbindung zusammengehalten wurden. Stab und Rute kennzeichneten ihn als Merkur. Der sprang im Tanzschritt vor und hielt dabei einen mit Goldplättchen besetzten Apfel in der Rechten. Diesen reicht er dem Jüngling, welcher als Paris auftrat, während er durch einen Wink ihm Juppiters Auftrag bezeichnet; dann lenkt er stracks seinen Schritt zierlich rückwärts und entfernt sich aus dem Gesichtskreis. Es folgt ein Mädchen von erhabenem Ausdruck, ähnlich von Aussehen der Göttin Juno; denn das Haupt umschloß ein glänzendes Stirnband. Sie trug auch ein Zepter. Dann stürzte eine andere herein, die man sogleich für Minerva gehalten hätte, das Haupt mit einem leuchtenden Helm bedeckt, und der Helm selber wurde von einem Olivenkranz bedeckt; sie hob den Schild und schwang die Lanze und war ganz so, wie jene sich zeigt, wenn sie kämpft.

Zu diesen kam noch eine andere herein, durch beachtliche Anmut ausgezeichnet, die durch den Reiz der ambrosischen Farbe sich als Venus zu erkennen gab, so wie Venus war, als sie Jungfrau war. Mit ihrem nackten und unbedeckten Körper trug sie vollendete Schönheit zur Schau, nur daß sie mit einem feinen Seidenschal die Scham beschattete, doch so, daß sie sichtbar blieb. Denn bald schwellte wie liebkosend ein neugieriger Wind das Tuch spielend auf, daß die Jugendblüte sich offen zeigte, wenn es zur Seite flog, bald wehte er es ausgelassen an den Körper, so daß es, sich eng anschmiegend, den wollüstigen Reiz des Leibes zierlich durchschimmern ließ. Die Farbe der Göttin selbst war verschieden an Aussehen, der Körper glänzend weiß, weil sie vom Himmel herabsteigt, die Gewandung bläulich, weil sie aus dem Meere emporsteigt. Den einzelnen Jungfrauen, die man für Göttinnen halten mußte, folgten ferner ihre Begleiter, der Juno Kastor und Pollux. Ihr Haupt bedeckten eiförmige Helme, deren Spitze Sterne bildeten; aber auch diese Dioskuren waren junge Schauspieler. Dies Mädchen schreitet in ruhiger und ungekünstelter Bewegung vor, während die jonische Flöte mannigfache Weisen spielt, und verspricht mit hoheitsvollem Wink dem Hirten, wenn er ihr den Schönheitspreis zuerkenne, so werde auch sie ihm die Herrschaft über ganz Asien zuerteilen. Dagegen die andere, welche der Schmuck der Waffen zur Minerva gemacht hatte, geleiteten schützend zwei Knaben, die waffentragenden Gefährten der Kriegsgöttin, Schrekken und Furcht, die mit bloßen Schwertern tanzten. Doch hinter ihrem Rücken blies ein Flötenbläser eine kriegerische dorisch Weise, und indem er mit dumpfen Tönen helle Klänge vereinte nach Art der Trompete, weckt er das Feuer eines hurtigen Tanzes. Diese Göttin mit unruhigem Haupt und Augen drohenden Blickes, lebhaft in einer hastigen und gewundenen Art der Bewegung, zeigte dem Paris, wenn er ihr den Sieg der Schönheit zugestände, so werde er mit ihrer Hilfe ein durch Kriegstrophäen berühmter Held werden.

Schau, da ist nun Venus, voller Liebreiz, zum großen Entzücken des Theaters unmittelbar in die Mitte der Szene getreten, süß lächelnd, während ein Schwarm von fröhlichen Kleinen sie umgibt: Diese drallen Knäblein wie Milch und Blut, möchte man sagen, seien wahre Liebesgötter, eben vom Himmel oder aus dem Meere herangeflogen. Denn mit ihren kleinen Schwingen und Pfeilen und der sonstigen Körpergestalt entsprachen sie dieser Vorstellung prächtig, und mit ihren flammenden Fackeln leuchteten sie ihrer Herrin voran, wie wenn sie zum Hochzeitsmahl gehen wollte. Herein strömen auch anmutige Scharen jungfräulicher Mädchen, hier die reizenden Grazien, dort die lieblichen Horen, die, durch Werfen von Blumen, zum Strauß gebundenen und losen, ihre Göttin feiernd, den allerliebsten Reigen gebildet hatten; so umschmeicheln sie die Herrin der Lust mit der Frühlingszier. Schon lassen die viellöchrigen Flöten lieblich lydische Weisen erklingen. Wie sie so süß die Herzen der Zuschauer bezaubern, da hub, weit süßer noch, Venus an, sich gefällig zu bewegen und mit langsam zauderndem Schritt, sanft wiegendem Rückgrat und leise nickendem Haupte daherzuschreiten, mit ihren feinen Gebärden sich dem weichen Klang der Flöten anzupassen und mit den bald mild geschlossenen, bald scharf drohenden Augensternen ihr Verlangen zu äußern, ja manchmal allein mit den Augen zu tanzen. Sobald sie vor die Blicke des Richters kam, schien sie ihm durch den Schwung der Arme zu verheißen, falls sie den andern Göttinnen vorgezogen würde, werde sie Paris eine Gemahlin geben, die hervorragend an Schönheit und ihr ganz ähnlich sei. Da reichte der phrygische Jüngling willigen Herzens den goldenen Apfel, den er hielt, dem Mädchen wie eine Art Stimmstein für ihren Sieg.

(...)

Nachdem jenes Urteil des Paris gefällt war, gehen Juno sowie Minerva traurig und deutlich erbost von der Bühne, indem sie die Entrüstung über die Zurückweisung durch Gebärden bezeugten; Venus aber bezeugte froh und heiter ihre Freude durch einen Tanz zusammen mit dem ganzen Chor.

Walther von der Vogelweide

UNTER DER LINDE

Walther von der Vogelweide *(um 1170 – um 1230) ist einer der bedeutenden Dichter des europäischen Mittelalters. Als Minnesänger zog er von Hof zu Hof. Mehr als 100 Texte sind von ihm überliefert. Das Gedicht* Unter der Linde *ist mehrfach vertont worden.*

Unter der Linde
Auf der Haide,
Wo ich mit ihm zusammensaß,
Da mögt ihr finden,

Ach, wohl beide
Zerknickt, die Blumen und das Gras.
Vor dem Walde in dem Thal –
Tandaradei!
Sang gar schön die Nachtigall.

Als ich gegangen
Kam zur Aue,
Da fand ich meinen Liebsten schon.
Da ward ich empfangen,
Heil'ge Fraue!
Daß ich noch selig bin davon.
Küßt' er mich? – ach, tausendfach!
Tandaradei!
Seht, wie rot mein Mund danach.

Da hatte mein Lieber
Uns gemachet
Ein Bett von Blumen mancherlei,
Daß mancher drüber
herzlich lachet,
Zieht etwa er des Wegs vorbei.
An den Rosen er wohl mag –
Tandaradei!
Merken, wo das Haupt mir lag.

Daß er mich herzte,
Wüßt' es einer,
Behüte Gott, wie schämt' ich mich!
Wie er da scherzte,
Keiner, keiner
Erfahre das, als er und ich
Und ein kleines Vögelein –
Tandaradei!
Das mag wohl verschwiegen sein.

Ramon Llull
VOM LIEBENDEN VOM GELIEBTEN

Ramon Llull *(1232–1316) widmete sein Leben der christlichen Philosophie und der Missionierung, nachdem er mehrere Visionen erfahren hatte. Neben zahlreichen philosophischen und theologischen Werken hat er auch ein bedeutendes dichterisches Werk hinterlassen, In seinem Weltbild ist Gott das Zentrum, dessen Liebe alle Menschen dazu führt, selbst zu lieben.*

Der Geliebte fragte den Liebenden: Erinnerst Du Dich irgend einer Sache, mit der ich Dich belohnt habe, weil Du mich liebst? Er antwortete: Ja, denn zwischen den Leiden und Freuden, die Du mir schenkst, machst Du keinen Unterschied.

Ein Streit entstand zwischen den Augen und dem Gedächtnis des Liebenden. Die Augen sagten, daß es besser wäre, den Geliebten zu sehen, als an ihn zu denken. Und das Gedächtnis sagte, daß die Erinnerung es sei, die die Augen zum Weinen bringt und das Herz in Liebe entflammen läßt.

Der Liebende fragte den Verstand und den Willen, welcher von beiden dem Geliebten am nächsten wäre: und sie liefen beide um die Wette, und der Verstand war früher bei dem Geliebten als der Wille.

Seufzer und Tränen kamen vor das Gericht des Geliebten und fragten ihn, von wem er sich am meisten geliebt fühle. Der Geliebte urteilte, daß die Seufzer näher der Liebe seien und die Tränen näher den Augen.

Die Vögel besangen die Morgenröte, und es erwachte der Geliebte, der die Morgenröte ist. Die Vögel beendeten ihren Gesang, und in der Morgenröte starb der Liebende für seinen Geliebten.

Der Vogel sang im Garten des Geliebten. Der Liebende kam und sagte zum Vogel: Wenn wir uns nicht durch die Sprache verstehen, verstehen wir uns durch die Liebe; denn in Deinem Gesang sehen meine Augen den Geliebten.

Die Bedingungen der Liebe sind: Der Liebende sei geduldig, demütig, furchtsam, eifrig, vertrauend und wage große Gefahren, um seinen Geliebten zu ehren. Und die Bedingungen des Geliebten sind: Er sei wahr, gütig, gnädig und gerecht mit denen, die ihn lieben.

Sage Vogel, der Du von Liebe singst, meinem Geliebten, warum er mich mit der Liebe quält, da er mich zu seinem Diener gemacht hat? Der Vogel antwortete: Wenn Du keine Qualen der Liebe erträgst, mit was willst Du Deinen Geliebten dann lieben?

Der Liebende ging nachdenklich auf den Wegen seines Geliebten. Er strauchelte und fiel unter die Dornen, aber es erschien ihm, als wären es Blumen und als läge er auf dem Bett der Liebe.

Der Vogel sang auf einem Zweig von Blättern und Blüten; und der Wind ließ die Blätter erzittern und trug den Duft der Blüten fort. Der Liebende fragte den Vogel, was das Zittern der Blätter und der Duft der Blüten bedeute. Er antwortete: Die Blätter in ihrer Bewegung bedeuten Gehorsam, und das Verwehen des Duftes Leiden und Unglück.

Die Wege der Liebe sind lang und kurz; denn die Liebe ist klar, rein, hell, wahr, fein, einfach, stark, eifrig, glänzend, überfließend in neuen Gedanken und alten Erinnerungen.

Man fragte den Liebenden, wo seine Liebe zuerst begann: in den Geheimnissen seines Geliebten oder in ihrer Enthüllung vor den Menschen. Er antwortete und sagte, daß die Liebe in ihrer Vollkommenheit darin keinen Unterschied macht; denn der Liebende hält die Geheimnisse seines Geliebten geheim, und geheim enthüllt er sie, und in der Enthüllung hält er sie geheim.

Es rief der Liebende laut zu den Leuten und sagte ihnen, daß die Liebe ihnen befehle zu lieben im Gehen und Stehen, im Wachen und Schlafen, im Sprechen und Schweigen, im Weinen und Lachen, in der Freude und im Leid, im Kaufen und Verkaufen, im Gewinnen und Verlieren: in allem, was sie machten, sollten sie lieben; denn so lautet das Gebot der Liebe.

Francesco Petrarca

SONETT AN LAURA

Francesco Petrarca *(1304–1374) wurde 1341 auf dem Kapitol in Rom zum Dichter gekrönt, da er mit seinem umfassenden humanistischen Werk schon zu Lebzeiten sehr bekannt war. Die Gedichtsammlung* Canzoniere *(1348) umfasst 366 Gedichte, die sich alle mit der scheinbar übermenschlichen Liebe zu Laura befassen.*

Ein neues Lied der Liebe möcht ich singen,
Bestürmen, Liebste, dich mit neuer Kraft,
Des kalten Herzens Zögern zauberhaft
Zu neuer Wünsche Sternenflug beschwingen.

Wie Frühlingsjauchzen soll mein Ruf erklingen,
Bis Tränenströme, Laura, aus der Haft
Des stolzen Busens brechend, Rechenschaft
Der späten Reue dem Beglückten bringen.

Dann blühen rote Rosen auf dem Schnee
Der Wangen; rote Lippen öffnen sich,
Zu künden deines Herzens süßes Weh.

Und freudetrunken fühl ich königlich:
Mein kurzes Leben hab ich nicht vertan.
Ja, glorreich seh ich meine Stunde nahn!

Giovanni Boccaccio

Der Einsiedler

Giovanni Boccaccio *(1313–1375) ist wie Petrarca einer der Mitbegründer des Humanismus in Europa. Mit seiner Novellensammlung* Decameron *hat er eine humorvolle und von tiefem Verständnis für die menschlichen Schwächen geprägte Enzyklopädie des irdischen Lebens geschaffen. Der* Decameron *steht am Anfang einer großen Tradition novellistischen Erzählens in der europäischen Literatur.*

Alibech wird eine Einsiedlerin, lernt von Rustiko, einem Mönch, den Teufel bändigen und heiratet endlich den Neherbale.
In Kapsa, einer Stadt in der Barbarei, hatte ein sehr reicher Mann eine schöne und artige Tochter namens Alibech. Sie war zwar keine Christin, hörte aber von vielen christlichen Einwohnern der Stadt den christlichen Glauben und Gottesdienst zu rühmen, so daß sie einst jemanden fragte, auf welche Art man denn, mit den geringsten Hindernissen, Gott dienen könnte, und zur Antwort erhielt, daß Flucht vor den weltlichen Dingen der beste Gottesdienst sei.
Am andern Morgen machte sich das einfältige Mädchen nicht aus wahrer Überzeugung, sondern aus kindischer Lust auf den Weg und ging ganz allein heimlich nach der Wüste von Thebaida, wo sie auch mit vieler Mühe in einigen Tagen anlangte. Als sie zu einer Hütte kam, die sie von weitem entdeckt hatte, fand sie einen frommen Mann an der Türe, der, verwundert über ihren Anblick, fragte, was sie suche, und dem sie antwortete, daß sie aus göttlichem Antrieb hierhergekommen sei und jemanden suche, der sie im Glauben unterrichte.
Der ehrliche Mann besorgte beim Anblick ihrer Jugend und Schönheit die Verführung des Teufels, wenn er sie dabehielte; er lobte daher ihren guten Vorsatz, gab ihr einige Kräuter, wilde Äpfel und Datteln zu essen und Wasser zu trinken und sagte dann: »Nicht weit von hier, meine Tochter, ist ein frommer Mann, ein größrer Meister in dem, was du verlangst, als ich; zu diesem mußt du gehn.« Hierauf brachte er sie auf den Weg. Aber sie erhielt bei ihrer Ankunft dort die nämliche Antwort, ging daher weiter, kam endlich zur Zelle eines jungen, sonst rechtschaffenen

Einsiedlers namens Rustiko, und tat die nämliche Frage, welche sie an die vorigen gerichtet hatte. Dieser, der eine Probe seiner Standhaftigkeit ablegen wollte, schickte sie nicht, wie die andern, weiter fort, sondern behielt sie in seiner Hütte und machte ihr beim Einbruch der Nacht in einem Winkel ein Lager aus Palmblättern zurecht.

Kurz darauf fingen die Versuchungen an, seine Stärke zum Streit aufzufordern. Da er dieselbe nicht hinreichend fand, machte er, nach einigen Stürmen, rechtsum und gab sich überwunden; er schenkte Betrachtungen über die Jugend und Schönheit des Mädchens Gehör und dachte über die Mittel und Wege nach, die er einschlagen müßte, um nicht in Verdacht zu geraten, als verlange er, was er von ihr wünschte, aus Wollust.

Durch einige Fragen entdeckte er ihre Unschuld und die ihrem Aussehn völlig entsprechende Einfalt; er glaubte daher, sie unter dem Deckmantel der Religion willig machen zu müssen, wies ihr weitläufig, welch ein Feind Gottes der Teufel sei, und gab ihr hernach zu erkennen, daß der beste Gottesdienst darin bestehe, den Teufel zur Hölle, den Ort seiner Verdammnis, zu schicken.

Auf die Frage des Mädchens, wie dies geschehe, antwortete Rustiko: »Das sollst du gleich erfahren. Tue, was du von mir sehn wirst.« Darauf fing er an, seine wenigen Kleider auszuziehn, und kniete ganz nackend mit ihr, die ein Gleiches tat, nieder.

Diese Stellung entflammte die Begierden des Rustiko mehr als vorher, und der Anblick ihrer Schönheit machte ihm das Herz pochen.

Verwunderungsvoll fragte Alibech, als sie dies sah: »Was ragt denn bei dir so hervor, Rustiko, das ich nicht habe?«

»Ach, meine Tochter«, antwortete Rustiko, »das ist der Teufel, von dem ich dir gesagt habe. Siehst du, was für Not er mir macht, ich vermag es kaum auszuhalten.«

»Dem Himmel sei Dank!« entgegnete das Mädchen. »So bin ich, wie ich sehe, besser dran als du, weil ich diesen Teufel nicht habe.«

»Allerdings«, erwiderte Rustiko, »aber du hast an der Stelle etwas, was ich nicht habe.«

»Und was denn?« fragte Alibech.

»Du hast die Hölle. Der Himmel hat dich, glaube ich, zum Heil meiner Seele hierhergeschickt, und du wirst mir, wenn du mit der Not, welche der Teufel mir macht, Mitleid fühlst und zugibst, daß ich ihn in die Hölle schicke, eine große Beruhigung verschaffen und, wenn du wirklich in frommer Absicht hergekommen bist, deinen Zweck, Gott einen großen Dienst zu erweisen, nicht verfehlen.«

»Ach, mein Vater«, antwortete gutherzig das Mädchen, »wenn ich die Hölle habe, so schickt den Teufel, wenn Ihr wollt, hinein.«

»Dank dir, meine Tochter«, erwiderte Rustiko, »wir wollen ihn also hineinschicken, damit er mich nachher in Ruhe lasse.«

Mit diesen Worten führte er sie auf das Lager und lehrte sie die zur Einkerkerung dieses Verstoßenen nötige Stellung.

»Wahrhaftig, mein Vater«, sagte das Mädchen, welche, weil sie noch keinen Teufel in der Hölle gehabt hatte, das erste Mal einige Schmerzen empfand, »der Teufel muß ein gar häßliches Tier sein, da er sogar der Hölle Schmerzen verursacht.«

»Dies wird nicht immer geschehn, meine Tochter«, entgegnete Rustiko und schickte deshalb den Teufel, ohne vom Lager aufzustehn, noch sechsmal in die Hölle, so daß er das letzte Mal seinen Hochmut ablegte und ganz ruhig blieb.

Sooft er hernach wieder rege wurde, nahm ihn das Mädchen stets willig auf. Das Spiel fing ihr endlich an zu gefallen. »Ich sehe wohl«, sagte sie zu Rustiko, »daß die Leute in Kapsa recht haben, wenn sie zu Einsiedlern wallfahren und wenn sie den Umgang mit Euch für eine süße Sache ausgeben. Ich entsinne mich wahrhaftig nicht einer angenehmern und vergnügtern Arbeit, als den Teufel in die Hölle zu schicken, und ich halte alle, welche sich auf etwas andres legen, für Toren. Laß uns den Teufel in die Hölle jagen«, sprach sie daher oft zu ihm, »ich bin nie gewohnt gewesen, müßig zu gehn.«

»Ich weiß nur nicht, Rustiko«, sagte sie einst bei dieser Beschäftigung, »warum der Teufel aus der Hölle flieht, denn wenn er so gern drinnen wäre, wie diese ihn aufnimmt und behält, so würde er nie herauskommen.« Aber durch die häufigen Einladungen des Mädchens kam Rustiko so von Kräften, daß er sogar Kälte empfand, wenn andre über Hitze klagten. Er sagte daher dem Mädchen, daß man den Teufel nur dann bezähmen müßte, wenn er aus Hochmut das Haupt erhöbe. »Wir haben ihn nun aber so gedemütigt, daß er um Ruhe bittet.«

Dadurch brachte er des Mädchen zwar eine Zeitlang zum Schweigen, als sie aber sah, daß Rustiko nicht nach ihr verlangte, um den Teufel in die Hölle zu jagen, sagte sie einst: »Rustiko, wenngleich der Teufel gebändigt ist, so läßt die Hölle mir doch keine Ruhe. Es ist daher billig, mit dem Teufel die Wut der Hölle zu dämpfen, so wie ich mit der Hölle den Hochmut des Teufels zu demütigen gesucht habe.«

Rustiko, der von Wurzeln, Kräutern und Wasser lebte, konnte diese Forderungen schlecht befriedigen und sagte ihr, daß gar viele Teufel nötig wären, nur eine Hölle zu verstopfen, daß er aber sein möglichstes tun wolle. Es geschah auch, aber so sparsam, daß es nicht anders war, als hätte man einem Löwen eine Bohne in den Rachen geworfen, womit das Mädchen, die dem Himmel in ihrer Einfalt zu dienen glaubte, sehr unzufrieden war.

Während des Streits zwischen dem Teufel des Rustiko und der Hölle der Alibech, wegen des großen Verlangens und der zu geringen Befriedigung, brach unvermutet ein Feuer in Kapsa aus, wobei ihr Vater mit allen seinen Kindern und Hausgenossen im eignen Hause verbrannte und Alibech als die einzige Erbin seines Vermögens zurückließ.

Ein junger Mann, namens Neherbale, der mit Liebeshändeln sein ganzes Vermögen durchgebracht hatte, erfuhr, daß sie noch am Leben sei; er machte sich daher auf, sie zu suchen, fand sie und führte sie wider ihren Willen nach Kapsa, heiratete sie und erbte mit ihr ein ansehnliches Vermögen.

Als die Damen, noch ehe Neherbale bei ihr geschlafen hatte, fragten, auf welche Weise man in der Wüste fromm wäre, antwortete sie, daß es geschehe, indem man den Teufel in die Hölle jage und daß Neherbale eine große Sünde begangen habe, sie aus diesem Dienst zu reißen. Auf weiteres Befragen, wie man den Teufel denn in die Hölle brächte, machte sie es ihnen sowohl mit Worten als Zeichen bemerklich, worüber sie bis zur Stunde noch lachen.

»Meine Tochter«, sagten sie, »laß dir nicht leid sein, dies geschieht auch hier, und deshalb braucht man nicht erst in die Wüste zu gehn. Neherbale wird das so gut können wie dein Einsiedler.«

Dies erzählte in der Stadt einer dem andern, so daß es zum allgemeinen Sprichwort wurde: Der gefälligste Dienst sei, den Teufel in die Hölle zu schicken. Lernt daher, junge Damen, fein den Teufel in die Hölle jagen. Es ist dem Himmel angenehm, bringt beiden Teilen Freude und kann viele gute Folgen haben.

Teresa von Avila
Die Mystik der Liebe

Teresa von Avila *(1515–1582) begründete mit den Karmeliterinnen eine strenge Form klösterlichen Lebens. Die Inbrunst ihrer Hingabe an die Liebe zu Gott kommt in den berühmten Schriften zum Ausdruck, in denen sie die Wollust christlicher Liebe schildert.*

O, Du armselige Welt, wie verklebest und verblendest Du die Augen derjenigen, die in Dir leben, damit sie die Schätze nicht sehen, mit denen sie ewig währende Reichtümer gewinnen könnten! O, Herr Himmels und der Erden, ist es denn möglich, daß wir auch noch in diesem sterblichen Leben Deiner durch eine so absonderliche Freundschaft [wie im Kuß Jesu an die Braut] genießen können? Und daß es der H. Geist also klar in diesen Worten andeute und wir es gleichwohl noch nicht fassen und verstehen wollen, was das für süße Ergötzungen seind, von welchen seine Majestät mit den Seelen in diesem Hohenlied handelt? Was für freundliche Worte? Was für Süßigkeiten? Ein einziges aus diesen Worten sollte genug sein, uns ganz mit Dir zu verschmelzen und in Dich zu verkehren! Gebenedeiet seist Du, o Herr, denn auf Deiner Seiten werden wir nichts zu verlieren haben.
Auf wie viel Wegen, auf was Weis und Manier erzeigst Du uns Deine Lieb nicht? Durch Mühe und Arbeit, durch einen jämmerlichen Tod, durch Marter und Pein. Täglich überträgst Du Schmach und Unbilden und verzeihest es. Und dies nicht allein; sondern Du zeigst Deine Liebe auch durch Worte – die eine Seel, die Dich liebt, tief verwunden –, welche Du in diesem Hohenlied zu ihr sprichst und sie lehrest,

was sie zu Dir sagen soll. So daß ich nicht weiß, wie man sie übertragen könne, so Du nicht Hülfe erteilest, damit es einer übertragen ertragen möge, der sie empfindet; zwar nicht, wie sie es würdig seind, sondern wie es unsere Schwachheit zulässet. So bitte ich denn von Dir, o Herr, nichts anders in diesem Leben, als daß Du mich küssest mit dem Kuß Deines Mundes; und zwar also, daß ich, wenn ich schon wollte, mich von dieser Freundschaft und Frieden nimmer absondern könnte. Laß meinen Willen, o Herr meines Lebens, allezeit Dir also unterworfen sein, daß er von Deinem Willen nicht abweiche! Damit nichts sei, das mich verhindern könne, daß ich zu Dir, o mein Gott und meine Glorie, sagen könne, daß Deine Brüst besser und geschmacksamer seind als der Wein. (...)
O, ihr Christen, ach, meine Töchter! Lasset uns doch einmal aufwachen, um Gottes willen, von diesem Schlaf der Welt und gedenken, daß er uns die Belohnung seiner Liebe nicht nur für das künftige Leben aufbehält; noch in diesem Leben fängt er uns an zu bezahlen! O, mein Jesu! Wer doch zu verstehen geben könnte, was für ein Gewinn dabei sei, daß wir uns in die Arme dieses unsers Herrn werfen und mit seiner Majestät diesen Pakt machen, daß ich vor meinem Geliebten sei und mein Geliebter vor mir; und daß er für meine Sachen sorge und ich für die seinen; und daß wir uns selber nicht so sehr liebten, daß wir uns gleichsam selber die Augen auskratzten, wie man zu sagen pflegt! Ich wiederhole derhalben noch einmal, o mein Gott, und bitte Dich durch das Blut Deines lieben Sohnes, daß Du mir die Gnade tun wollest, daß ich so weit gelangen möge, daß er mich küsse mit dem Kuß seines Mundes. Und reiche mir Deine Brüste! Denn ohne Dich, was bin ich, o Herr? Und was bin ich nütz, wenn ich nicht bei Dir bin? So ich nur wenig von Deiner Majestät abweiche, wo werde ich hin geraten? O, mein Herr und meine Barmherzigkeit und mein höchstes Gut! Was soll ich doch für ein besseres Gut in diesem Leben begehren, als daß ich also nahend bei Dir sei, daß keine Zerteilung mehr sei zwischen Dir und mir? Was kann sich einer nicht unterstehen, der Dich also bei sich hat?

William Shakespeare

ROMEO UND JULIA

William Shakespeare *(1564–1616) ist der Schöpfer des bekanntesten Liebespaares überhaupt. Die Intensität der Liebe zwischen den beiden Helden des Dramas ist ebenso bewegend wie der tragische Ausgang.*

JULIA. Gut Nacht nun, tausendmal! (Geht ab.)
ROMEO. Ohne dein Licht ist Nacht tausendfach Qual.
Zur Liebe geht die Lieb mit leichtem Blut,
Wie Schuljungen von Büchern sich entfernen;
Doch von der Lieb geht Lieb mit schwerem Mut,
Wie wenns zur Schule wieder geht, zum Lernen.
(Romeo zieht sich langsam zurück.
Julia erscheint oben wieder.)
JULIA. Pst! Romeo! Hätt ich doch des Falkners Stimme,
Den Edelfalken da zurückzulocken!
Unfreiheit spricht nur heiser, wagt kein Schreien,
Sonst sprengte ich des Echos tiefe Höhle
Und machte seine luftige Zunge heisrer
Als meine, so oft müßt es »Romeo« rufen.
ROMEO. Es ist mein Herz, das meinen Namen ruft!
Silbern süß tönt der Liebe Stimme nachts
Wie leiseste Musik dem Ohr, das wartet.
JULIA. Romeo!
ROMEO. Geliebte?
JULIA. Sag, um wieviel Uhr soll
Ich morgen zu dir schicken?
ROMEO. Um neun Uhr.
JULIA. Ich tus gewiß. Bis neun sinds zwanzig Jahre.
Ich weiß nicht mehr, warum ich dich zurückrief.
ROMEO. Laß mich hier stehen, bis du dich entsinnst.
JULIA. Entsinn ich mich, wie gern ich dich bei mir hab,
Vergeß ich es erst recht, damit du stehnbleibst.

ROMEO. Und ich blieb weiter stehn, daß du's vergißt!
Und ich vergeß, daß ich wo anders wohne.
JULIA. 's ist fast schon Tag. Ich wollte, daß du gingst,
Doch nur so weit ein Mädchen ihren Vogel
Ein wenig hüpfen läßt aus ihrer Hand,
Wie einen armen Hänfling nur, in Banden,
Und zieht ihn dann zurück am seidnen Faden,
Denn sie vergönnt aus Lieb' ihm nicht die Freiheit.
ROMEO. Ich wollt, ich wär dein Vogel!
JULIA. Ja, Geliebter!
Ich brächt' dich um vor lauter Zärtlichkeit!
Gut Nacht, gut Nacht! So süß tut Scheiden weh,
Daß ich gut Nacht sag, bis den Tag ich seh.
ROMEO. Schlaf leg sich auf dein Aug, Friede ins Herz dir nun!
Wär ich doch Schlaf und Fried', so süß bei dir zu ruhn!

Marie-Madeleine de La Fayette
DIE PRINZESSIN VON CLÈVES

Marie-Madeleine de La Fayette *(1634–1693) hat mit ihrem Roman* Die Prinzessin von Clèves *einen der großen Liebesromane der europäischen Literatur geschaffen. Die Prinzessin von Clèves ist verheiratet, wird von ihrem Mann aufrichtig geliebt, kann aber seine Liebe nicht erwidern. Ihr Tugendverständnis erlaubt ihr nicht, sich die Zeit mit frivolen Liebesabenteuern zu vertreiben, wie es bei Hofe üblich war. Aber die einzige und überwältigende Liebe ihres Lebens zum Herzog von Nemours bricht sich trotz aller Widerstände ihrerseits Bahn. Nach dem Tod ihres Mannes, der an der Erkenntnis zugrunde geht, dass er ihre Liebe nie hat gewinnen können, obwohl sie der Liebe zu einem anderen Mann fähig ist, könnte die Prinzessin sich ihre Liebe zu Nemours erfüllen. Im selben Moment aber, als sie ihm ihre allumfassende Liebe gesteht, erklärt sie den Verzicht auf eine Erfüllung.*

Madame de Clèves gab ihrer Neigung zu Monsieur de Nemours zum erstenmal nach; sie sah ihn mit Blicken voll inniger Zärtlichkeit an und sagte: »Was erhoffen Sie denn von der Gefälligkeit, um die Sie mich bitten? Sie werden es vielleicht bereuen, wenn sie Ihnen zugebilligt wird, und ich werde es unfehlbar bereuen, wenn ich sie Ihnen gewähre. Sie verdienen ein glücklicheres Geschick, als Sie bisher hatten und Ihnen in Zukunft zuteil werden könnte, es sei denn, daß Sie es anderswo suchten.« »Ich sollte mein Glück anderswo suchen, Madame?« erwiderte er. »Gibt es ein anderes Glück, als von Ihnen geliebt zu werden? Obwohl ich Ihnen nie davon gesprochen habe, kann ich doch nicht glauben, daß Sie meine Leidenschaft nicht kennen und nicht wissen, daß sie die echteste und stärkste Liebe ist, die je ein Mann fühlen wird. Welch harter Probe war sie ausgesetzt, aus Gründen, die Sie nicht ahnen, und wie schwer hat Ihre Strenge sie geprüft!« »Da Sie wünschen, daß ich mit Ihnen spreche, und ich dazu entschlossen bin«, antwortete Madame de Clèves, indem sie sich hinsetzte, »will ich es mit einer Offenheit tun, die Sie schwerlich bei andern Frauen finden werden.

(...)

Es ist wahr, ich will gerne, daß Sie es erfahren«, antwortete sie; »ich finde innige Freude daran, es Ihnen zu sagen: ich weiß nicht einmal, ob mein Geständnis nicht mehr der Liebe zu mir selbst als der Liebe zu Ihnen entspringt. Denn dieses Bekenntnis wird ohne Folge sein, und ich werde weiter nach den strengen Regeln leben, die meine Pflicht mir auferlegt.« »Das können Sie nicht tun, Madame«, erwiderte Monsieur de Nemours; »es bindet Sie keine Pflicht mehr; Sie sind frei, und, wenn es nicht zu kühn wäre, würde ich Ihnen sagen, daß es in Ihrer Macht steht, so zu handeln, daß Ihre Pflicht eines Tages von Ihnen fordert, den Gefühlen, die Sie für mich empfinden, treu zu bleiben.« »Meine Pflicht«, antwortete sie, »verbietet mir, aus Gründen, die Sie nicht kennen, jemals an einen Mann zu denken und an Sie weniger noch als an irgendeinen anderen.« »Vielleicht sind mir diese Gründe nicht unbekannt, Madame«, erwiderte er, »aber es sind keine wirklichen Gründe. Ich glaube zu wissen, daß Monsieur de Clèves mich glücklicher wähnte, als ich war, und daß er dachte, Sie hätten die Torheiten gutgeheißen, zu denen meine Leidenschaft mich ohne Ihre Billigung trieb.« »Sprechen wir nicht von diesen Dingen«, entgegnete sie; »ich kann den Gedanken daran nicht ertragen; ich bin beschämt darüber, und die Folgen sind zu schmerzlich für mich gewesen. Es ist nur allzu wahr, daß Sie den Tod meines Gatten verschuldet haben; der Argwohn, den Ihr unbedachtes Tun in ihm weckte, hat ihm das Leben gekostet, als wenn Sie es ihm mit eigener Hand geraubt hätten. Bedenken Sie, wie ich zu handeln hätte, wenn es zwischen Ihnen und ihm zum Duell gekommen und dabei das gleiche Unglück geschehen wäre. Ich sehe wohl ein, daß es in den Augen der Welt nicht das gleiche ist; aber für mich gibt es keinen Unterschied, denn ich weiß, daß er durch Sie den Tod gefunden hat und daß ich daran schuld bin.« »Ach, welch ein Trugbild von Pflicht stellen Sie meinem Glück entgegen«, sagte Monsieur de Nemours. »Wie! Ein Gedanke ohne Grund und Halt soll Ihnen wehren, einen Mann glücklich zu machen, den Sie hassen? Wie! Habe ich dazu die Hoffnung gehegt, mein Leben mit Ihnen zu teilen? Hat mein Geschick mich umsonst dahin geführt, daß ich die verehrungswürdigste Frau der Welt liebe? Sie haßt mich nicht, und ich hätte umsonst all das an ihr gefunden, was eine Geliebte achtenswert und eine Frau dem Gatten teuer macht.«

(...)

»Ich will auch jetzt mit der gleichen Offenheit zu Ihnen reden wie bisher«, erwiderte sie, »und der Zurückhaltung und des Zartgefühls nicht achten, zu denen eine erste Unterhaltung mich verpflichten würde; aber ich beschwöre Sie, mich anzuhören, ohne mich zu unterbrechen.

Ich glaube Ihrer Liebe den geringen Lohn schuldig zu sein, daß ich Ihnen keines meiner Gefühle verberge und sie Ihnen offen zeige, so wie sie sind. Nur dieses eine Mal werde ich mir diese Freiheit nehmen; doch kann ich Ihnen nicht ohne Scham gestehen, daß die Gewißheit, von Ihnen nicht mehr geliebt zu werden wie bisher, mir ein so furchtbares Unglück scheint, daß ich, hätte ich nicht unüberwindliche Gründe der Pflicht, daran zweifle, ob ich mich entschließen könnte, diesen Schmerz zu tragen. Ich weiß, Sie sind frei, ich bin es, und es ist alles so, daß die Menschen vielleicht keinen Anlaß hätten, uns zu tadeln, wenn

wir uns für immer verbinden würden. Aber bewahren die Männer ihre Leidenschaft in Verbindungen, die für die Ewigkeit bestimmt sind? Darf ich für mich ein Wunder erhoffen? Wie kann ich mir ein Los wählen, da ich die Leidenschaft muß enden sehen, die meine ganze Seligkeit bedeuten sollte? Monsieur de Clèves war vielleicht der einzige Mann auf Erden, der in der Ehe die Liebe hätte bewahren können. Mein Geschick hat es mir versagt, dies Glück zu genießen; vielleicht hat seine Leidenschaft auch nur darum Bestand gehabt, weil ich sie nicht erwiderte. Aber ich hätte nicht das gleiche Mittel, mir Ihre Liebe zu erhalten; ich glaube sogar, daß Ihre Treue den Hindernissen zu danken ist, die Ihren Widerstand herausforderten; und mancherlei, das ich ohne Absicht tat oder der Zufall Ihnen verriet, gab Ihnen Hoffnung genug, um nicht entmutigt zu werden.«
(...)
»Glauben Sie wirklich, Madame, daß Ihnen dies möglich sein wird«, rief Monsieur de Nemours aus; »glauben Sie, Ihre Entschlüsse gegen einen Mann behaupten zu können, der Sie anbetet und der das Glück genießt, Ihnen zu gefallen? Es ist schwieriger, als Sie denken, Madame, einem Menschen zu widerstehen, der einem gefällt und den man liebt. Ihre strenge Tugend, die fast ohne Beispiel ist, hat Ihnen bisher die Kraft dazu gegeben; aber diese Tugend widerstreitet Ihren Gefühlen nicht mehr, und ich hoffe, daß diese stärker sein werden als Ihr Wille.«
»Ich weiß wohl, daß nichts so schwierig ist wie mein Vorhaben«, antwortete Madame de Clèves; »ich mißtraue meiner Kraft trotz der Fülle meiner Gründe; was ich dem Andenken von Monsieur de Clèves schuldig zu sein glaube, wäre ohnmächtig, wenn nicht die Rückkehr auf meine Ruhe mir zu Hilfe käme; und die Gründe der Ruhe brauchen als Stütze die Gründe der Pflicht; aber obwohl ich mir selbst mißtraue, werde ich doch meiner Skrupel nie Herr werden; doch kann ich auch nicht hoffen, daß ich jemals meine Neigung zu Ihnen überwinde. Sie wird mich unglücklich machen, und ich werde mir Ihren Anblick versagen, so hart es für mich ist. Ich beschwöre Sie, bei aller Macht, die ich über Sie habe, suchen Sie nie eine Gelegenheit, mich zu sehen. In meinem Witwenstande ist alles ein Vergehen, was zu andrer Zeit erlaubt wäre, und schon die Sitte verbietet jeden Verkehr zwischen uns.«

Da warf sich Monsieur de Nemours ihr zu Füßen und überließ sich all den widerstreitenden Gefühlen, die ihn bewegten. Aus seinen Worten und seinen Tränen sprach die heftigste und zärtlichste Leidenschaft, die je ein Herz erfüllte. Madame de Clèves blieb nicht ungerührt; sie sah den Herzog an, Tränen traten ihr in die Augen, und sie rief aus: »Warum mußte es dahin kommen, daß ich Klage gegen Sie erheben kann wegen des Todes von Monsieur de Clèves? Warum kenne ich Sie nicht erst, seit ich frei bin? Warum habe ich Sie nicht gekannt, als ich noch nicht gebunden war? Warum trennt uns das Schicksal durch ein so unüberwindliches Hindernis?« »Es gibt kein Hindernis, Madame«, erwiderte er; »Sie allein widersetzen sich meinem Glück. Sie allein unterwerfen sich einem Gesetz, daß Ihnen weder Tugend noch Vernunft jemals auferlegen könnten.« »Es ist wahr«, entgegnete sie, »ich bringe einer Pflicht, die nur in meiner Einbildung Bestand hat, ein großes Opfer. Warten Sie ab, was die Zeit bringen wird. Monsieur de Clèves ist eben erst gestorben; die Erinnerung an seinen Tod ist zu lebendig, als daß ich meine Lage klar und deutlich zu sehen vermöchte. Doch sei Ihnen der Gedanke ein Trost, daß Sie die Liebe einer Frau errungen haben, die nie geliebt hätte, wenn sie nicht Ihnen begegnet wäre; glauben Sie mir, die Gefühle, die ich für Sie empfinde, sind ewig und werden immer bestehen, was ich auch tue. Leben Sie wohl.

Jean-Jacques Rousseau

JULIE

oder

Die Neue Héloïse

Jean-Jacques Rousseau *(1712–1778) ist nicht nur als Staatstheoretiker weit über die Grenzen seines Landes hinaus bekannt, sondern auch als Autor des 1761 erschienenen Briefromans* Julie oder Die Neue Héloïse, *in dem die unglückliche Liebe zwischen Julie und ihrem Hauslehrer Saint-Preux, der sie aus Standesgründen nicht heiraten darf, erzählt wird. Nach einem tugendhaften Leben und einer Vernunftehe mit dem gütigen*

Wolmar stirbt Julie und offenbart in einem erst nach ihrem Tod eröffneten Brief, dass ihre erste Liebe nie erloschen ist.

Der zwölfte Brief
Von Julie
Wir müssen unsre Pläne aufgeben. Alles hat sich verändert, mein guter Freund; schicken wir uns in diese Veränderung ohne Murren; sie kommt von der Hand eines Wesens, das weiser ist als wir. Wir waren gesonnen, uns wieder zu vereinen; diese neue Verbindung war nicht gut. Es ist des Himmels Wohltat, daß er sie verhindert hat; unstreitig kommt er dadurch manchem Unglück zuvor.

Lange Zeit habe ich mich einer Täuschung hingegeben. Diese Täuschung war mir heilsam. Nun, in dem Augenblicke, da ich ihrer nicht mehr bedarf, verfliegt sie. Sie glaubten, ich sei völlig geheilt; ich glaubte es auch. Wir wollen demjenigen danken, der den Irrtum bestehen ließ, solange er nützlich war; wer weiß, ob mir nicht, wenn ich mich dem Abgrunde so nahe gesehen, geschwindelt hätte? Ja, umsonst suchte ich das erste Gefühl zu ersticken, das mir das Leben erst wirklich geschenkt hatte; es hatte sich nur tief in mein Herz zusammengedrängt. Dort erwacht es in dem Augenblick, da es nicht mehr zu fürchten ist; es hält mich aufrecht, wenn meine Kräfte mich verlassen; es belebt mich, da ich im Sterben liege. Dieses Geständnis, mein Freund, lege ich ohne Scham ab; dieses Gefühl, das wider meinen Willen zurückblieb, war ein unwillkürliches; meine Unschuld hat nicht darunter gelitten, alles, was von meinem Willen abhing, galt meiner Pflicht. Wenn das Herz, das nicht von ihm abhängt, Ihnen gehörte, so quälte mich dies, war aber nicht mein Verbrechen. Ich habe getan, was ich tun mußte; meine Tugend blieb unbefleckt und meine Liebe ohne Reue.

Ich habe also das Herz, mir das Vergangne zur Ehre anzurechnen. Wer aber hätte mir für die Zukunft gebürgt? Ein Tag mehr vielleicht, und ich wäre schuldig geworden! Wie nun, wenn ich mit Ihnen das ganze Leben zugebracht hätte? In welcher Gefahr habe ich mich doch befunden, ohne es zu wissen! Und welcher größern Gefahr sollte ich noch ausgesetzt werden! Die Furcht, die ich Ihretwegen zu haben glaubte, empfand ich ohne Zweifel nur für mich. Alle Prüfungen sind bereits überstanden; aber sie konnten zu häufig wiederkommen. Habe ich für Glück und Tugend nicht lange genug gelebt? Was blieb mir wohl im Leben noch Wünschenswertes übrig? Indem der Himmel mir's entzieht, nimmt er mir nichts, das ich vermissen müßte, und bringt zugleich meine Ehre in Sicherheit. Mein Freund, gerade zur glücklichsten Stunde scheide ich, mit Ihnen und mir zufrieden; ich scheide mit Freuden, und dieses Scheiden hat nichts Grausames. Nach so vielen Opfern erachte ich das letzte, das ich noch bringen muß, für gering. Es heißt nur, noch einmal mehr zu sterben.

Ihren Schmerz sehe ich voraus, ich fühle ihn. Sie sind zu beklagen, das weiß ich allzuwohl; die Empfindung Ihres Grams ist das schmerzlichste Gefühl, das ich mit mir aus der Welt nehme. Aber bedenken Sie auch, wie vielen Trost ich Ihnen lasse! Wie viele Aufgaben, die Sie derjenigen, die Ihnen lieb war, zu erfüllen haben, machen es Ihnen zur Pflicht, sich für sie zu erhalten! Noch können Sie ihr in dem bessern Teile ihrer selbst Dienste leisten. Sie verlieren von Julien nur, was Sie schon vor langer Zeit verloren haben. Ihr Bestes bleibt Ihnen. Kommen Sie, sich wieder mit ihrer Familie zu vereinen! Möge ihr Herz mitten unter euch wohnen! Alles, was sie liebte, möge sich zusammentun, um ihr Dasein zu erneuern! Eure Arbeit, eure Freuden, eure Freundschaften, alles wird ihr Werk sein. In dem Bande eurer Vereinigung, das sie geknüpft hat, wird sie fortleben. Erst mit dem letzten von euch allen wird sie sterben.

(...)

Leb wohl, mein süßer Freund, leb wohl – Ach, ich beschließe mein Leben, wie ich es begonnen habe. Vielleicht sage ich zuviel in diesem Augenblicke, da das Herz nichts mehr verbirgt – Warum aber sollte ich mich scheuen, alles, was ich fühle, auszudrücken? Ich bin es nicht mehr, die zu Dir redet. Ich bin schon in den Armen des Todes. Wenn Du diesen Brief sehen wirst, werden die Würmer schon Deiner Geliebten Gesicht zernagen und das Herz, in dem Du nicht mehr wohnst. Sollte aber meine Seele ohne Dich leben können? Welche Seligkeit genösse ich wohl ohne Dich? Nein, ich verlasse Dich nicht; ich werde Dich erwarten. Die Tugend, die uns auf der Erde trennte, wird uns in der Ewigkeit vereinen. In dieser süßen Erwartung sterbe ich; allzuglücklich, daß ich mit meinem Leben das Recht erkaufe, Dich immer ohne Schuld zu lieben und es Dir einmal noch zu sagen.

Giacomo Casanova
Verliebt

Giacomo Casanova *(1725–1798) ist eine sagenumwobene Gestalt und sein Name steht für Verführung, Libertinage und ausschweifendes Leben. Wer die Autobiographie* Geschichte meines Lebens *liest, wird überrascht sein, wie feinfühlig Casanova über die verschiedenen Facetten der Liebe spricht. Anders als beim Marquis de Sade haben seine erotischen Schriften keinen menschenverachtenden, zerstörerischen Grundton.*

Nach meiner Rückkehr nach Sant'Angelo [in den sechziger Jahren] trug ich die Tasche voller Bücher in das Zimmer der Contessa Clementina, der es beim Anblick dieses Geschenks vollkommen die Rede verschlug. Es waren mehr als hundert Bücher von Dichtern, Historikern, Geographen und Naturkundigen, und dazu einige aus dem Spanischen oder Französischen übersetzte Romane, denn außer dreißig oder vierzig Epen haben wir in Italien keinen einzigen guten Prosaroman. (...) Clementinas Augen wanderten von den Büchern zu mir, und von mir zu den Büchern; sie schien zu zweifeln, ob sie tatsächlich ihr gehörten. Dann wurde sie plötzlich ernst und sagte, ich sei nach Sant'Angelo gekommen, um ihr Glück zu bringen. Das ist der Augenblick, in dem der Mensch zum Gott wird. »Homo homini deus«. Es ist undenkbar, daß sich in einem solchen Augenblick der Empfänger einer Wohltat nicht ebenfalls entschlossen fühlt, alles in seinen Kräften Stehende zu tun, um den zu beglücken, der so bereitwillig zu seinem Glück beigetragen hat.

Man empfindet eine unbeschreibliche Freude, wenn man die göttlichen Zeichen der Dankbarkeit in einem Gesicht entdeckt, in das man sich verliebt hat. Wenn dich, mein lieber Leser, diese Freude nicht so bewegt wie mich, lege ich keinen Wert darauf, daß du mich liest; du kannst nur geizig oder ungeschickt und dadurch unwürdig sein, geliebt zu werden. Clementina hatte beim Mittagessen keinen Appetit und verbrachte den Rest des Tages mit mir, um die Bücher einzuräumen. Sie bestellte sogleich bei einem Tischler einen vergitterten und abschließbaren Bücherschrank, der nach meiner Abreise ihre ganze Wonne sein mußte. (...)

Ich verbrachte den Nachmittag im Schloß und verwandte ihn darauf, meiner Hebe [= Clementina] eine Vorstellung von der Himmelskugel zu vermitteln und ihr einen Weg zum Verständnis Wolffs [= deutscher Philosoph] zu weisen. Ich schenkte ihr meine mathematischen Instrumente, die ihr als eine unschätzbare Gabe erschienen.

Ich verzehrte mich nach ihr; aber hätte mich ihr Hang zur Literatur verliebt gemacht, wenn ich sie nicht vorher schon hübsch gefunden hätte? Leider nein! Ich liebe ein köstliches Gericht und bin ein Feinschmecker; aber wenn es nicht gut aussieht, erscheint es mir schlecht. Als erstes interessiert das Äußere als der Sitz der Schönheit; die Prüfung des Ausdrucks folgt erst dann, und wenn sie gut ausfällt, ist man entflammt. Ein Mann, der darauf keinen Wert legt, ist oberflächlich, und das heißt im Bereich des Moralischen verächtlich. Als ich schlafen ging, entdeckte ich an mir etwas Neues; in dem drei- oder vierstündigen Zusammensein mit Hebe hatte mich ihre Schönheit nicht im geringsten abgelenkt. Meine Zurückhaltung beruhte jedoch nicht auf Achtung, Tugend oder angeblichem Pflichtbewußtsein. Worauf aber sonst? Mir lag nichts daran, es zu ergründen. Ich wußte nur, daß eine Liebe nicht lange so platonisch bleiben konnte, und das bekümmerte mich aufrichtig; dieser Kummer entsprang der Tugend, allerdings einer in den letzten Zügen liegenden Tugend. Die schönen Dinge, die wir lasen, interessierten uns so stark, daß die Gefühle der Liebe nebensächlich und zweitrangig wurden und schweigen mußten. Neben dem Geist verliert das Herz seine Herrschaft, und die Vernunft triumphiert; aber der Kampf darf nur kurz sein. Unser Sieg täuschte uns; der Glaube, unser selbst sicher zu sein, stand auf tönernen Füßen. Wir wußten, daß wir liebten, aber wir wußten nicht, daß wir geliebt wurden.

Gustave Flaubert
MADAME BOVARY

Gustave Flaubert *(1812–1880) schafft mit Madame Bovary das Sinnbild der im Korsett bürgerlichen Lebens eingezwängten, nach romantischen Gefühlen suchenden Liebenden. Als ihr heimlicher Liebhaber Rodolphe ihr seine Abreise mitteilt, bringt sie die Verzweiflung an den Rand des Selbstmords.*

»Wenn sie nach mir fragt«, schloß er, »dann antwortest du, ich sei verreist. Den Korb mußt du ihr unbedingt persönlich übergeben, in ihre eigenen Hände ... Geh jetzt und nimm dich in acht.«

Girard zog seine neue Bluse über, knotete sein Taschentusch über die Aprikosen und machte sich in seinen schweren Nagelschuhen bedächtigen Schrittes auf den Weg nach Yonville.

Als er dort anlangte, war Madame Bovary mit Félicité eben dabei, auf dem Küchentisch ein Bündel Wäsche zu sortieren.

»Das schickt Ihnen unser Herr«, sagte der Knecht.

Ein dumpfes Bangen überkam sie, und während sie in ihrer Tasche nach Kleingeld suchte, sah sie den Knecht mit ganz verstörten Augen an, und auch er starrte ihr völlig verdutzt ins Gesicht, da es ihm nicht einleuchten wollte, wieso ein solches Geschenk jemanden dermaßen aufregen konnte. Endlich ging er fort. Félicité blieb da. Emma hielt es nicht länger aus; sie lief ins Eßzimmer, als wollte sie die Aprikosen dorthin tragen, leerte den Korb, riß die Blätter heraus, fand den Brief, öffnete ihn und floh in Todesängsten hinauf in ihr Zimmer, als wütete hinter ihr eine rasende Feuersbrunst.

Charles war zu Hause; sie sah ihn im Vorbeieilen. Er sprach sie an, aber sie hörte nichts und rannte weiter die Treppe hinauf, keuchend, außer sich, völlig von Sinnen, immer noch mit diesem grauenhaften Blatt Papier in der Hand, das in ihren Fingern knatterte wie ein Stück Blech. Im zweiten Stock blieb sie vor der Bodentür stehen, die geschlossen war. Sie rang nach Fassung; der Brief kam ihr wieder in den Sinn. Sie mußte ihn zu Ende lesen, aber sie brachte es nicht übers Herz. Zudem – wo konnte sie es tun? und wie? Nirgends war sie ungestört.

Ach nein, hier stört mich niemand, dachte sie.
Emma stieß die Tür auf und trat ein.
Die Schieferziegel strömten eine drückende Treibhaushitze aus, die ihr die Schläfen zusammenpreßte und den Atem verschlug. Sie schleppte sich bis zum geschlossenen Dachfenster, riegelte es auf, und mit einem Schlag flutete blendendes Licht herein.
Vor ihren Augen, jenseits der Dächer, lag das offene Land unabsehbar weit da. Unten zu ihren Füßen war der Marktplatz menschenleer. Das Steinpflaster des Bürgersteigs glitzerte, die Windfahnen auf den Dächern standen unbeweglich. Von der Straßenecke her kam aus einem unteren Stockwerk ein Schnarren, untermischt mit kreischenden Tönen. Dort werkte Binet an seiner Drehbank.
Sie hatte sich in die Nische des Bodenfensters gelehnt und las den Brief mit zornigem Hohnlachen noch einmal durch. Doch je anstrengender sie ihre Aufmerksamkeit darauf richtete, desto mehr gerieten ihre Gedanken durcheinander. Sie sah und hörte ihn wieder, sie umschlang ihn mit beiden Armen, und das Herz klopfte ihr wild in der Brust, als hämmerte ein Rammbock mit aller Wucht dagegen, in unregelmäßigen Abständen, immer rascher und rascher. Sie blickte sich um und hatte nur einen Wunsch: daß die Erde unter ihr einstürzen möge. Warum nicht ein Ende machen? Was hielt sie noch zurück? Sie war ja frei! Sie beugte sich weit vor und sah auf das Straßenpflaster hinab. Vorwärts! Nur zu! redete sie sich Mut zu.
Der hell leuchtende Schein, der sie von dort unten gerade ins Gesicht traf, zog das Gewicht ihres Körpers hinab in die Tiefe. Es war ihr, als schwankte der ganze Boden des Dorfplatzes und höbe sich an den Häuserwänden empor zu ihr, als neigte sich der Fußboden gleich einem schlingernden Schiff. Sie hielt sich am äußersten Rand fest, so daß sie fast in der Luft hing und rings nur leeren Raum um sich hatte. Das Blau des Himmels machte sie schwindlig, die Luft kreiste in ihrem gänzlich gedankenleeren Kopf, sie brauchte nur nachzugeben, sich nicht dagegen wehren. Und in einem fort schnarrte die Drehbank wie eine wütende Stimme, die nach ihr rief.
»Emma! Emma!« schrie Charles.
Mit verhaltenem Atem lauschte sie.

»Wo steckst du denn? Komm doch!«
Bei dem Gedanken, daß sie eben dem Tod entronnen war, sank sie fast vor Entsetzen ohnmächtig hin. Sie schloß die Augen; dann fuhr sie zusammen: eine Hand faßte sie am Arm. Es war Félicité.
»Der Herr wartet auf Sie, Madame. Die Suppe ist aufgetragen.«
Sie mußte hinuntergehen, mußte sich zu Tisch setzen!

Janusz Korczak

Wie man ein Kind lieben soll

Janusz Korczak *(Henryk Goldszmit, 1878–1942) war Kinderarzt und ein bedeutender Pädagoge. 1911 übernahm er die Leitung eines nach seinen Plänen errichteten jüdischen Waisenhauses. Mit den von ihm betreuten Kindern musste er ins Warschauer Ghetto umziehen. Im August 1942 wurden die etwa 200 Kinder von der SS zum Abtransport in das Vernichtungslager Treblinka abgeholt. Korczak wollte sie nicht im Stich lassen und ging mit ihnen in den Tod.*

Ich!
Wenn ein Neugeborenes sich mit dem eigenen Fingernagel kratzt; wenn ein Kleinkind im Sitzen sein Beinchen zum Mund führt, sich überschlägt und ärgerlich ringsherum nach dem Schuldigen sucht; wenn es sich an den Haaren zieht, vor Schmerz das Gesicht verzieht, aber den Versuch wiederholt; wenn es sich mit dem Löffel auf den Kopf schlägt, nach oben guckt, was es denn dort gibt, was es nicht wahrnimmt, aber doch fühlt – dann kennt es sich noch nicht.
Wenn es die Bewegungen seiner Hände untersucht; wenn es an seinen geballten Händchen lutscht und sie aufmerksam betrachtet; wenn es an der Brust plötzlich zu saugen aufhört und sein Beinchen mit der Mutterbrust vergleicht; wenn es vor sich hintappelt, unter sich guckt und Ausschau hält nach dem, was es – ganz anders als die Hände der Mutter – hebt und trägt; wenn es das rechte bestrumpfte Bein mit dem

linken vergleicht – dann will es erkennen und Bescheid wissen. Wenn es beim Baden das Wasser untersucht und dabei in vielen unbewußten Tropfen sich, den seiner selbst bewußten Tropfen, wiederfindet, dann ahnt es die große Wahrheit, die das kleine Wort enthält: ich. Nur das Bild eines Futuristen kann uns deutlich machen, was dem Kinde für sein Selbstverständnis wichtig ist: die Finger, die kleine Faust, undeutlicher schon die Beine, vielleicht der Bauch oder sogar der Kopf, aber das alles nur in schwachen Konturen, wie eine Landkarte von den Polargebieten. Noch ist die Arbeit nicht beendet, noch dreht und wendet es sich, um zu sehen, was sich hinter ihm verbirgt, vor dem Spiegel und auf Fotographien betrachtet es sich, entdeckt die Vertiefung des Nabels und die Erhebung der eigenen Brustwarzen; aber schon gibt es neue Arbeit; sich selbst in seiner Umwelt wiederzufinden. Die Mutter, der Vater, ein Mann, eine Frau; die einen erscheinen oft, die anderen selten, alles ist voll von geheimnisvollen Gestalten, deren Bestimmung dunkel und deren Taten zweifelhaft sind.

Kaum hat es erfahren, daß die Mutter dazu da ist, seine Wünsche zu erfüllen oder ihnen zu widersprechen, daß der Vater Geld heimbringt und die Tanten Schokoladenplätzchen – da entdeckt es auch schon in den eigenen Gedanken, irgendwo in seinem Inneren, eine neue, noch wunderlichere unsichtbare Welt. Ferner geht es darum, sich selbst in der Gesellschaft, der Menschheit und im All wiederzufinden. Ach, man könnte graue Haare darüber bekommen – eine endlose Arbeit.

Ingeborg Bachmann

REIGEN

Ingeborg Bachmann *(1926–1973) gelang mit dem Gedichtband* Die gestundete Zeit *(1953) der Durchbruch als Dichterin. Ihr Hauptthema ist der Zustand des Menschen in einer gewalttätigen Umgebung, in der Liebe eine leere Hoffnung ist. Sie stand in engem Kontakt zu Paul Celan, Ilse Aichinger und Max Frisch.*

Reigen – die Liebe hält manchmal
im Löschen der Augen ein,
und wir sehen in ihre eignen
erloschenen Augen hinein.

Kalter Rauch aus dem Krater
haucht unsre Wimpern an;
es hielt die schreckliche Leere
nur einmal den Atem an.

Wir haben die toten Augen
gesehn und vergessen nie.
Die Liebe währt am längsten
und sie erkennt uns nie.

The Beatles
All you need is love

Die **Beatles** *treten auf dem Höhepunkt der Studentenbewegung am 24. Juni 1967 mit der Friedenshymne* All you need is love *in der weltweit ausgestrahlten BBC-Fernsehsendung* Our World Live *auf und begeistern 400 Millionen Zuschauer. Das Lied gehört in die Phase der Jahre, in denen die Beatles die Friedensbewegung und die revolutionären Bestrebungen der Studentenschaft unterstützten.*

Love, love, love, love, love, love, love, love, love.

There's nothing you can do that can't be done.
Nothing you can sing that can't be sung.
Nothing you can say but you can learn how to play the game.
It's easy.

There's nothing you can make that can't be made.

No one you can save that can't be saved.
Nothing you can do but you can learn how to be in time.
It's easy.

All you need is love, all you need is love,
All you need is love, love, love is all you need.

Love, love, love, love, love, love, love, love, love.

All you need is love, all you need is love,
All you need is love, love, love is all you need.

There's nothing you can know that isn't known.
Nothing you can see that isn't shown.
Nowhere you can be that isn't where you're meant to be.
It's easy.

All you need is love, all you need is love,
All you need is love, love, love is all you need.
All you need is love (all together now)
All you need is love (everybody)
All you need is love, love, love is all you need.

Papst Benedikt XVI.

ENZYKLIKA
DEUS CARITAS EST

Papst Benedikt XVI. *(Joseph Ratzinger, *1927) hat in seiner ersten Enzyklika das Thema der christlichen Liebe gewählt. In Abgrenzung zu anderen Liebestheorien erläutert er die Besonderheit der Liebe Gottes, die auch Grundlage der christlichen Liebe ist.*

Jesus Christus – die fleischgewordene Liebe Gottes

12. Haben wir bisher überwiegend vom Alten Testament gesprochen, so ist doch immer schon die innere Durchdringung der beiden Testamente als der einen Schrift des christlichen Glaubens sichtbar geworden. Das eigentlich Neue des Neuen Testaments sind nicht neue Ideen, sondern die Gestalt Christi selber, der den Gedanken Fleisch und Blut, einen unerhörten Realismus gibt. Schon im Alten Testament besteht das biblisch Neue nicht einfach in Gedanken, sondern in dem unerwarteten und in gewisser Hinsicht unerhörten Handeln Gottes. Dieses Handeln Gottes nimmt seine dramatische Form nun darin an, daß Gott in Jesus Christus selbst dem »verlorenen Schaf«, der leidenden und verlorenen Menschheit, nachgeht. Wenn Jesus in seinen Gleichnissen von dem Hirten spricht, der dem verlorenen Schaf nachgeht, von der Frau, die die Drachme sucht, von dem Vater, der auf den verlorenen Sohn zugeht und ihn umarmt, dann sind dies alles nicht nur Worte, sondern Auslegungen seines eigenen Seins und Tuns. In seinem Tod am Kreuz vollzieht sich jene Wende Gottes gegen sich selbst, in der er sich verschenkt, um den Menschen wieder aufzuheben und zu retten – Liebe in ihrer radikalsten Form. Der Blick auf die durchbohrte Seite Jesu, von dem Johannes spricht (vgl. 19, 37), begreift, was Ausgangspunkt dieses Schreibens war: »Gott ist Liebe« (1 *Joh* 4, 8). Dort kann diese Wahrheit angeschaut werden.

Glück und Askese

Mit dem Glück ist es oft zum Verzweifeln. Als wäre ich dem Lehrbuch Sigmund Freuds entsprungen, funktioniere ich nach dem Lustprinzip: Alles in mir strebt danach, glücklich zu sein. Also träume ich von Liebe und Sex, Ruhm und Reichtum, Macht und Erfolg. Doch fast immer, wenn ich einen Zipfel dessen erhasche, wovon ich mir mein Glück erhoffe, stellt sich ein schales Gefühl ein – als wäre ich einen Moment zu spät ans Ziel gelangt, oder hätte es um Haaresbreite verfehlt. Dann wieder überkommt mich das Glück ohne jede Vorwarnung. Das Lächeln einer Frau auf der Straße, ein alberner Song im Radio, ein Zitroneneis im Freibad – und ich könnte platzen vor Glück. Doch statt meine harmlosen Freuden zu genießen, schäme ich mich, kaum dass ich sie empfinde, meiner eigenen Trivialität. Bin ich überhaupt auf der Welt, um glücklich zu sein?

Ich glaube, diese Unsicherheit ist nicht nur Ausdruck meiner labilen Psyche, sondern auch das Ergebnis einer höchst widersprüchlichen Begriffsgeschichte, die das Glück im Abendland erfahren hat. An deren Anfang steht die Schicksalsgöttin Fortuna. Plinius berichtet, wie sie aus ihrem Füllhorn die Gaben verteilt: Glück hat, wen sie beschenkt. Angesichts der Willkür aber, mit der die Göttin Schicksal spielt, regt sich im *homo europaeicus* bald der Wunsch, sein Glück in die eigenen Hände zu nehmen. Glück *haben,* so stellt er fest, ist das eine, glücklich *sein* etwas anderes. Glück haben entzieht sich seinem Einfluss – Fortuna handelt ja nach Lust und Laune. Vielleicht hat er also mehr Glück, wenn er sich um das Glücklich-Sein statt um das Glück-Haben kümmert?

Mit dieser Frage tritt die Philosophie auf den Plan. Glück, konstatiert Aristoteles, ist das höchste Gut des Menschen – doch wodurch kann er es erlangen? Die Antwort weist auf den Menschen selbst zurück. Glück findet er nur in dem, was er um seiner selbst willen tut, in der philosophischen Betrachtung: »Diese Tätigkeit ist die höchste, weil der Geist das Höchste in unserem Wesen ist.« Grund für dieses Primat der Philosophie ist keine Verachtung weltlicher Freuden, sondern allein die Mehrung und Sicherung des Glücks: Philosophie ist nicht nur die lustvollste, weil höchste Tätigkeit des Menschen, sondern auch die einzig dauerhafte Form von Glück, da sie unbeeinflusst bleibt von den Wechselfällen des Schicksals.

Das wahre Glück fällt uns also nicht zu, es liegt in uns selbst. Auf dieser Erkenntnis gründet Epikurs Glücksphilosophie: Anfang und Ende des glückseligen Lebens ist die Lust. Diese setzt nicht mehr voraus als die Abwesenheit von körperlichem Schmerz und seelischer Unruhe: Von diesen Störfaktoren befreit, erfährt der Mensch die dem Leben an sich innewohnende Daseinsfreude. Dabei steht es ihm prinzipiell frei, jede sich ihm bietende Lust zu genießen, ohne moralische Vorbehalte. Doch gerade weil die Lust sein höchstes Gut ist, liegt es in seinem eigenen Interesse, die Spreu vom Weizen zu trennen: »Darum wählen wir auch nicht jede Lust, sondern es kommt vor, dass wir über viele Lustempfindungen hinweggehen, wenn sich für uns aus ihnen ein Übermaß an Lästigem ergibt.«

Kurzfristige Lustbefriedigung gilt es nach Epikur nur dann zu vermeiden, wenn sie langfristig das eigene Wohlbefinden gefährdet. Diese Form von Askese steht noch ganz im Dienst des Glücks, auch in der römischen Stoa. »Demgemäß ist«, laut Seneca, »ein Leben dann glücklich zu nennen, wenn es sich im Einklang mit der eigenen Natur befindet.« Erst unter dem Einfluss des Christentums verkehren sich die europäischen Verhältnisse. Mit den Seligpreisungen des Matthäus-Evangeliums wird das Glück ins Jenseits befördert. Das wahre Glück findet der Mensch erst im wahren Leben, sprich: nach seinem Tod. Die paradiesische Erfüllung im Jenseits setzt im irdischen Leben allerdings die Bereitschaft voraus, auf Glück zu verzichten, vor allem auf die Freuden des Fleisches. Während bei Chaucer die Begegnung mit Fortuna zur Besinnung auf den göttlichen Heilsplan mahnt, tritt der Mensch im Zeichen des Kreuzes die Nachfolge Christi an. In der Kutte des Mönches nimmt er schon vor seinem Tod Abschied von der Welt. Die Askese wird dabei zur religiösen Einübung ins christliche Leben, nicht erst in der jesuitischen Ordensregel des Ignatius von Loyola, sondern schon in der zisterziensischen Passionsmystik. »Jene Dornenkrone deines Hauptes ist mir, guter Jesus, das süßeste Kissen«, betet

Gilbert von Hoyland im Namen der sündenbewussten Christenheit, »das Holz deines Kreuzes ist für mich ein süßes Bett.«

Die Erfahrung des Unglücks macht den eigentlichen Wert des abendländischen Menschen aus: Sie qualifiziert ihn für das Paradies. Ausgerechnet einem abtrünnigen Mönch aber ist es vorbehalten, diese Leidensethik in die Welt zu tragen. »Denn das unvernünftige Wesen im Fleisch und Blut«, erklärt Martin Luther, »muß man tödten mit dem Evangelio.« Mit der Reformation hört die Askese auf, allein Sache der Mönche zu sein – von nun an ist jeder wahre Christenmensch ein Mönch. Zwar kann nach der neuen Lehre niemand aus eigener Kraft ins Paradies gelangen; der Zugang zum Himmel, so predigt Calvin, hängt allein von der göttlichen Gnade ab, doch die innerweltliche Askese lässt immerhin Rückschlüsse auf die Erwähltheit des Gläubigen zu. Rastlose Berufsarbeit und bedürfnislose Sparsamkeit werden darum bevorzugte Mittel, sich Gewissheit über den eigenen Gnadenstand zu verschaffen – selbst auf die »Gefahr« hin, dadurch in den Besitz weltlicher Güter zu gelangen. Aber auf die kommt es ja nicht an. Alles irdische Glück ist vergebens, Fortunas Rad steigt und fällt. »Müde der Welt«, verabschiedet Thomas Kingo sich darum von der irdischen Eitelkeit, voller Vertrauen darauf, dass die Lust »ewig und süß« ist, doch nur »in Abrahams Schoß«.

Mit dieser pessimistischen Weltsicht räumt erst die Aufklärung auf. Stellvertretend für die europäische Menschheit zieht Robinson Crusoe Zwischenbilanz. Selbst auf seiner einsamen Insel, fernab der Zivilisation, kommt er zu dem Schluss, dass die Positiva seines Lebens die Negativa weit überwiegen. Ist dies kein Zeichen, dass der Mensch das Recht hat, auf Erden schon glücklich zu sein? Den Anspruch darauf begründet der Schweizer Burlamaqui mit einem naturrechtlichen Argument: Wenn der Mensch, wie überall zu sehen, von Natur aus nach Glück strebt, dann ist dies Gottes Wille; ist aber das Streben nach Glück Gottes Wille, so hat der Mensch nicht nur das Recht, sondern sogar die Pflicht, seiner natürlichen Neigung zu folgen. »Jeder Mensch«, folgert darum Montesquieu, »muss (sic!) sich im Leben soviel glückliche Augenblicke verschaffen wie möglich.«

Die Kritik der innerweltlichen Rehabilitierung des Glücks erfolgt aus

Deutschland, genauer: aus Königsberg. Mit seiner »Grundlegung zur Metaphysik der Sitten« kündigt Immanuel Kant erstmals die Jahrtausende alte europäische Vorstellung auf, dass die Frage nach dem Glück im Zentrum praktischer Philosophie stehe: Nicht Glück, so seine These, sondern Pflicht müsse das sittliche Handeln des Menschen leiten. Mit dieser Ansicht bleibt der »Alleszermalmer« jedoch in Deutschland allein. In England, wo jeder Fortschritt praktisch wird, formuliert Bentham einen neuen Anspruch, der die Frage nach dem Glück mit der Frage der sozialen Gerechtigkeit verknüpft. »Das größte Glück der größten Zahl«, lautet die Formel seines Glückskalküls, das den Wert einer Gesellschaft nach der Summe des in ihr möglichen individuellen Glücks bemisst. Durchdrungen vom Glauben an die Machbarkeit des Glücks, versuchen die Utilitaristen aller Länder in der Folge am Rad der Fortuna zu drehen, um die Gaben des Glücks flächendeckend – wenn nicht zu verteilen, so doch jedem einzelnen zu ermöglichen. Mit Ludwig Erhards Losung »Wohlstand für alle!« lebt diese Idee bis heute fort, in Gestalt der sozialen Marktwirtschaft, die ihren Sieg über den Kommunismus vor allem der Tatsache verdankt, dass Marx und seine Nachfolger nur das Glück der Gesellschaft im Auge hatten, ohne sich um das Glück des einzelnen zu scheren.

Doch haben materielle Sicherheit und Wohlstand, steigender Konsum und Luxus die Menschen in Europa glücklicher gemacht? Eine Langzeitstudie vom Allensbacher Institut für Meinungsforschung ergibt einen erstaunlichen Befund: Zwar erwarben die Menschen im Zeitraum der Befragungen – über ein halbes Jahrhundert – kontinuierlich mehr von den Gütern, die sie laut eigener Auskunft für ihr Glück brauchen, doch erklären sie zugleich, dass sie kein bisschen glücklicher geworden sind, sondern in der Regel ähnlich am Glück verzweifeln wie ich bzw. wie Mick Jagger: *»I can't get no satisfaction.«*

Was ist der Grund für dieses Dilemma? Die christlich geprägte Askese, die uns europäischen Erdengästen immer noch wie den Gästen von »Babettes Gastmahl« (Tania Blixen) jeden Spaß an der Freude verdächtig erscheinen lässt? Die ewige Veränderlichkeit des Glücks, wie »Hans im Glück« sie im Grimm'schen Märchen erfährt? Das Freud'sche Realitätsprinzip, das dem Freud'schen Lustprinzip regelmäßig in die

Quere kommt? Oder ist es am Ende die kontinentale Überflussgesellschaft selbst, weil sie in uns immer wieder neue, doch künstliche Bedürfnisse erzeugt, bis wir uns im Supermarkt wie Goethes »Faust« im Drama unseres Lebens fühlen: »So tauml ich von Begierde zu Genuss, und im Genuss verschmacht ich nach Begierde.«

Mag alles sein. Doch vielleicht ist alles auch viel einfacher. Vielleicht ist es mit dem Glück ja wie mit dem Sinn des Lebens: Alle suchen danach, aber niemand wird fündig. Es sei denn, man hört auf, nach einem Grund zu fragen. »Kann denn der Mensch nicht auch einmal etwas tun ohne ein Wieso?«, verspottet Alexis Sorbas seinen grüblerischen Freund. »Einfach, weil es ihm Spaß macht?« Der Kopfmensch bleibt dem Bauchmenschen die Antwort nicht schuldig. »Wenn ich mit intellektuellen Freunden spreche«, erklärt Bertrand Russell das Dilemma aller europäischen Eierköpfe, »festigt sich in mir die Überzeugung, vollkommenes Glück sei ein unaussprechlicher Wunschtraum. Spreche ich dagegen mit meinem Gärtner, bin ich vom Gegenteil überzeugt.«

Aristoteles
Die Glückseligkeit

Aristoteles *(384 v. Chr.–322 v. Chr.) behandelt in seinen ethischen Schriften die Grundfragen der menschlichen Existenz. Höchstes Gut für den Menschen ist die Glückseligkeit. Aristoteles verbindet die Vorstellung des Glücks mit tugendhafter Tätigkeit, also nicht mit einem allgemeinen passiven Zustand.*

Wir haben gesagt, die Glückseligkeit sei kein dauernder Zustand; denn sonst könnte sie auch einem Menschen zukommen, der sein ganzes Leben lang schliefe oder ein nur vegetatives Dasein führte, oder jemandem, den die größten Unglücksfälle beträfen. Wenn wir damit nicht einverstanden sind, sondern vielmehr, wie früher ausgeführt wurde, die Glückseligkeit in einer Tätigkeit sehen, wenn ferner die Tätigkeiten teils notwendig, teils als Mittel, teils um ihrer selbst willen frei gewählt sind, so ist es klar, daß man die Glückseligkeit nur unter den um ihrer selbst willen gewählten Tätigkeiten suchen kann, nicht unter denen, die nur Mittel zum Zweck sind. Denn sie kennt kein Bedürfnis, sondern ist sich selbst genug. Um ihrer selbst willen gewählt sind aber diejenigen Tätigkeiten, durch die man nichts weiter sucht als die Tätigkeit selbst. Solcher Art sind die tugendhaften Handlungen: denn gut und rechtschaffen zu handeln gehört zu dem, was man um seiner selbst willen wählt. Dazu gehören nun freilich auch lustbringende Unterhaltungen; denn auch sie sind Selbstzweck. Doch hat man von ihnen ja oft mehr Schaden als Nutzen, wenn man um ihretwillen Gesundheit und Vermögen hintansetzt. Zu derlei Zeitvertreib von Menschen, die in den Augen der Welt für glücklich gelten; nimmt ja die Menge ihre Zuflucht, und wer in solchen Unterhaltungen Gewandtheit zeigt, der kann es am Hof eines Tyrannen zu etwas bringen. Denn in den Dingen, nach denen diese trachten, zeigen sich solche Leute anstellig, und deshalb braucht man sie. Weil nun die großen Herren darin ihre Erholung suchen, so scheint es, als ob dergleichen Dinge zum Glück gehörten. Allein das Treiben solcher Leute ist kein Beweis. Denn Sittlichkeit und Geist, die Quellen jeder rechtschaffenen Tätigkeit, sind mit dem Besitz der Macht nicht gegeben. Wenn nun solche Leute, die noch nie verschmeckt haben, was Lust im wirklichen und edlen Sinn ist, zu sinnlichen Lüsten ihre Zuflucht nehmen, so darf man deswegen nicht denken, diese seien begehrenswerter, halten doch auch die Kinder das, was ihnen als wertvoll gilt, für das Beste. Wie also das, was Kindern und Erwachsenen als wertvoll gilt, verschieden ist, so verhält es sich folgerichtig auch bei schlechten und sittlich guten Menschen. Wie ich nun schon wiederholt gesagt habe, ist wertvoll und lustvoll nur das, was in den Augen des rechtschaffenen Menschen diese Eigenschaften hat. Für jeden Menschen aber ist diejenige Tätigkeit am begehrenswertesten, die seiner persönlichen Eigenart am besten entspricht. Das ist für den rechtschaffenen Mann das sittliche Handeln. Also nicht in spielender Unterhaltung liegt die Glückseligkeit. Es wäre ja widersinnig, das Spiel als Ziel des Lebens aufzustellen, so daß alle Arbeit und alles Leid des ganzen Lebens nur im Dienst des Spiels stünde. Denn alles außer der Glückseligkeit erstreben wir ja um eines andern willen; sie allein ist der letzte Zweck. Es schiene aber töricht und allzu kindisch, sich um des Spieles willen abzumühen und abzuarbeiten. Dagegen hat offenbar der Spruch des Anarcharsis recht: »Spielen, um zu arbeiten.« Denn das Spiel gleicht einer Erholung, und da man nicht ununterbrochen arbeiten kann, bedarf man der Erholung. Sie ist also ihrerseits wieder ein Mittel zur Tätigkeit. Ein glückseliges Leben ist aber offenbar nur ein sittlich gutes Leben. Ein solches ist jedoch eine ernste Sache und kein Spiel. Und wir halten das Ernsthafte für wertvoller als das Lächerliche und Spielerische und glauben, daß die ernsthaftere Tätigkeit diejenige ist, die von dem besseren Menschen und seinem bessern Teil ausgeht. Die Tätigkeit des besseren Menschen ist wertvoller und schon deswegen mir mehr Glücksgefühl verbunden. Sinnliche Lüste kann der nächste Beste und auch der Sklave ebenso genießen wie der edelste Mensch. Glückseligkeit aber wird niemand einem Sklaven zuschreiben, er müßte ihm denn auch eine entsprechende Lebensführung zutrauen. Die Glückseligkeit liegt also, wie gesagt, nicht in derartigem Zeitvertreib, sondern in rechtschaffener Tätigkeit.

Ist aber die Glückseligkeit eine der Tugend gemäße Tätigkeit, so muß sie folgerichtig der vorzüglichsten Tugend entsprechen, und diese wird dem edelsten Teil unseres Wesens zukommen. Mag dies nun der Geist oder sonst ein Vermögen sein, das darin naturgemäß eine herrschende und leitende Stellung einzunehmen und ein Bewußtsein des Guten und Göttlichen zu haben scheint, mag es selbst göttlich oder das Göttlichste in unserm Wesen sein, jedenfalls wird seine der ihm eigentümlichen Tugend entsprechende Tätigkeit die vollkommene Glückseligkeit sein. Daß diese Tätigkeit betrachtender Art ist, wurde schon gesagt. Das steht offenbar mit unseren früheren Erörterungen und mit der Wahrheit im Einklang. Denn diese Tätigkeit ist die höchste, weil der Geist das Höchste in unserem Wesen und das, womit er es zu tun hat, das Höchste von allem ist, was sich erkennen läßt. Ferner ist diese Tätigkeit die anhaltendste; denn die Betrachtung können wir eher ununterbrochen fortsetzen als irgendeine praktische Tätigkeit. Und wenn wir glauben, die Glückseligkeit müsse mit Lust verbunden sein, so ist anerkanntermaßen von allen der Tugend entsprechenden Tätigkeiten die auf die Weisheit gerichtete die lustvollste. Es scheint ja auch wirklich die Philosophie durch ihre Lauterkeit und Zuverlässigkeit eine wunderbare Lust zu gewähren, und folgerichtig ist das Leben derer, die schon im Besitz ihres Wissens sind, noch reicher an Lust als das derjenigen, die es erst suchen. Auch das, was man Selbständigkeit nennt, ist eine Eigenschaft, die vorzüglich der betrachtenden Tätigkeit zukommt. Der notwendigen Mittel zum Leben bedarf ja freilich auch der Weise und der Gerechte so gut wie die andern Menschen. Unter den damit Versehenen aber braucht der Gerechte noch Menschen, denen gegenüber und in Verbindung mit denen er Gerechtigkeit üben kann, ebenso auch der Besonnene, der Tapfere und wer sonst noch eine Tugend betätigen kann; der Weise dagegen kann für sich allein seine Betrachtungen anstellen, und je weiser er ist, desto mehr; vielleicht kann er es noch besser, wenn er Mitarbeiter hat, aber trotzdem besitzt er die größte Selbständigkeit. Die Weisheit allein liebt man offenbar um ihrer selbst willen; denn es wird uns ja von ihr nichts zuteil außer der Betrachtung, während wir von den praktischen Tätigkeiten einen bald kleineren, bald größeren Vorteil haben, der außerhalb der Tätigkeit selbst liegt. Auch scheint die Glückseligkeit die Muße vorauszusetzen. Denn wir geben unsere Muße daran, um

Muße zu gewinnen, wie man auch Krieg führt, um den Frieden herzustellen. Die praktischen Tugenden betätigen sich in der Politik und im Krieg. Die Tätigkeiten auf diesen Gebieten gewähren aber offenbar keine Muße, die kriegerische schon ganz und gar nicht. Denn niemand wählt Krieg und Kriegsrüstung um des Krieges willen. Man müßte ja schon ganz und gar blutdürstig sein, wenn man sich seine Freunde zu Feinden machen wollte, nur damit es Schlachten und Blutvergießen gäbe. Auch die Tätigkeit des Politikers kennt keine Muße, und neben der Verwaltung des Staates geht er auf Macht und Ehre aus oder doch wenigstens auf sein persönliches Glück und das seiner Mitbürger, das etwas anderes ist als die Staatsverwaltung und das auch wir als etwas sichtlich von dieser Verschiedenes suchen. Unter den der Tugend entsprechenden praktischen Tätigkeiten nehmen die politische und kriegerische durch ihre Vornehmheit und Bedeutung die erste Stelle ein; aber auch sie sind mit der Muße unvereinbar, streben nach einem (außer ihnen liegenden) Ziel und sind daher nicht begehrenswert an sich. Die betrachtende Tätigkeit des Geistes aber zeichnet sich offenbar durch ihren Ernst aus, verfolgt kein außer ihr liegendes Ziel und trägt eine ihr eigentümliche Lust in sich, die ihr noch eine gesteigerte Kraft verleiht. So zeigt sich denn, daß mit dieser Tätigkeit die Selbständigkeit, die Muße, die Freiheit von Ermüdung, soweit diese dem Menschen erreichbar ist, und was man sonst noch dem Glücklichen an Vorzügen beilegt, verbunden ist. Darin bestünde also die vollkommene Glückseligkeit des Menschen, zumal wenn sie ein volles Menschenleben lang dauert; denn zur Glückseligkeit darf nichts fehlen.

Epikur

BRIEF AN MENOIKEUS

Epikur *(341 v. Chr. – 270 v. Chr.) setzt andere Akzente als Aristoteles bei der Definition dessen, was menschliches Glück ausmacht. Glück ist die Abwesenheit von Schmerz, liegt also immer schon in uns und muss nur vom Menschen in seiner Wirkung zur Entfaltung gebracht werden.*

Epikuros grüßt Menoikeus

Wer jung ist, soll nicht zögern zu philosophieren, und wer alt ist, soll nicht müde werden im Philosophieren. Denn für keinen ist es zu früh und für keinen zu spät, sich um die Gesundheit der Seele zu kümmern. Wer behauptet, es sei noch nicht Zeit zu philosophieren oder die Zeit sei schon vorübergegangen, der gleicht einem, der behauptet, die Zeit für die Glückseligkeit sei noch nicht oder nicht mehr da. Darum soll der Jüngling und der Greis philosophieren, der eine, damit er im Alter noch jung bleibe an Gütern durch die Freude am Vergangenen, der andere, damit er gleichzeitig jung und alt sei durch die Furchtlosigkeit vor dem Künftigen. Wir müssen uns also kümmern um das, was die Glückseligkeit schafft: wenn sie da ist, besitzen wir alles, wenn sie aber nicht da ist, dann tun wir alles, um sie zu besitzen.

Wozu ich dich dauernd gemahnt habe, das tue auch und kümmere dich darum und begreife es als Elemente des guten Lebens.

(...)

Gewöhne dich an den Gedanken, daß der Tod uns nichts angeht. Denn alles Gute und Schlimme beruht auf der Wahrnehmung. Der Tod aber ist der Verlust der Wahrnehmung. Darum macht die rechte Einsicht, daß der Tod uns nichts angeht, die Sterblichkeit des Lebens genußreich, indem sie uns nicht eine unbegrenzte Zeit dazugibt, sondern die Sehnsucht nach der Unsterblichkeit wegnimmt. Denn im Leben gibt es für den nichts Schreckliches, der in echter Weise begriffen hat, daß es im Nichtleben nichts Schreckliches gibt. Darum ist jener einfältig, der sagt, er fürchte den Tod nicht, weil er schmerzen wird, wenn er da ist, sondern weil er jetzt schmerzt, wenn man ihn erwartet. Denn was uns nicht belästigt, wenn es wirklich da ist, kann nur einen nichtigen Schmerz bereiten, wenn man es bloß erwartet.

Das schauerlichste Übel also, der Tod, geht uns nichts an; denn solange wir existieren, ist der Tod nicht da, und wenn der Tod da ist, existieren wir nicht mehr. Er geht also weder die Lebenden an noch die Toten; denn die einen geht er nicht an, und die anderen existieren nicht mehr. Die Menge freilich flieht bald den Tod als das ärgste Übel, bald sucht sie ihn als Erholung von den Übeln im Leben. Der Weise dagegen lehnt weder das Leben ab noch fürchtet er das Nichtleben. Denn weder belästigt ihn das Leben, noch meint er, das Nichtleben sei ein Übel. Wie er bei der Speise nicht einfach die größere Menge vorzieht, sondern das Wohlschmeckendste, so wird er auch nicht eine möglichst lange, sondern eine möglichst angenehme Zeit zu genießen trachten. Wer aber dazu mahnt, der Jüngling solle edel leben und der Greis edel sterben, der ist töricht, nicht nur weil das Leben liebenswert ist, sondern auch weil die Sorge für ein edles Leben und diejenige für einen edlen Tod eine und dieselbe ist.

Noch viel schlimmer steht es mit dem, der sagt: »Das beste ist, nicht geboren zu sein – wenn man aber geboren ist, so eilig als möglich zu den Toren des Hades zu streben.« Wenn er das nämlich aus Überzeugung sagt, warum scheidet er dann nicht aus dem Leben? Dies steht ihm ja frei, wenn er wirklich zu einem festen Entschlusse gekommen ist. Wenn es aber bloßer Spott ist, so ist es ein einfältiger Spott bei Dingen, die Spott nicht vertragen.

Es ist ferner zu bedenken, daß die Zukunft weder vollständig in unserer Gewalt ist noch vollständig unserer Gewalt entzogen. Wir werden also niemals erwarten, daß das Künftige sicher eintreten wird, noch daran verzweifeln, daß es jemals eintreten werde.

Ferner ist zu beachten, daß die Begierden teils natürliche, teils nichtige sind. Von den natürlichen wiederum sind die einen notwendig, die andern bloß natürlich. Von den notwendigen endlich sind die einen notwendig zur Glückseligkeit, die anderen zur Ungestörtheit des Leibes, die dritten zum Leben überhaupt. Eine unverwirrte Betrachtung dieser Dinge weiß jedes Wählen und Meiden zurückzuführen auf die Gesundheit des Leibes und die Beruhigtheit der Seele; denn dies ist die Erfüllung des seligen Lebens. Um dessentwillen tun wir nämlich alles: damit wir weder Schmerz noch Verwirrung empfinden. Sobald einmal dies an uns geschieht, legt sich der ganze Sturm der Seele. Das Lebewesen braucht sich dann nicht mehr aufzumachen nach etwas, was ihm noch fehlte, und nach etwas anderem zu suchen, durch das das Wohlbefinden von Seele und Leib erfüllt würde. Dann nämlich bedürfen wir der Lust, wenn uns die Abwesenheit der Lust schmerzt. Wenn uns aber nichts schmerzt, dann bedürfen wir der Lust nicht mehr.

Darum nennen wir auch die Lust Anfang und Ende des seligen Lebens.

Denn sie haben wir als das erste und angeborene Gut erkannt, von ihr aus beginnen wir mit allem Wählen und Meiden, und auf sie greifen wir zurück, indem wir mit der Empfindung als Maßstab jedes Gut beurteilen. Und eben weil sie das erste und angeborene Gut ist, darum wählen wir auch nicht jede Lust, sondern es kommt vor, daß wir über viele Lustempfindungen hinweggehen, wenn sich für uns aus ihnen ein Übermaß an Lästigem ergibt. Wir ziehen auch viele Schmerzen Lustempfindungen vor, wenn uns auf das lange dauernde Ertragen der Schmerzen eine größere Lust nachfolgt. Jede Lust also, da sie eine uns angemessene Natur hat, ist ein Gut, aber nicht jede ist zu wählen; wie auch jeder Schmerz ein Übel ist, aber nicht jeder muß natürlicherweise immer zu fliehen sein. Durch wechselseitiges Abmessen und durch die Beachtung des Zuträglichen und Abträglichen vermag man dies alles zu beurteilen. Denn zu gewissen Zeiten gehen wir mit dem Gut um wie mit einem Übel und mit dem Übel wiederum wie mit einem Gute.

Wir halten auch die Selbstgenügsamkeit für ein großes Gut, nicht um uns in jedem Falle mit Wenigem zu begnügen, sondern damit wir, wenn wir das Viele nicht haben, mit dem Wenigen auskommen, in der echten Überzeugung, daß jene den Überfluß am süßesten genießen, die seiner am wenigsten bedürfen, und daß alles Naturgemäße leicht, das Sinnlose aber schwer zu beschaffen ist, und daß bescheidene Suppen ebensoviel Lust erzeugen wie ein üppiges Mahl, sowie einmal aller schmerzende Mangel beseitigt ist, und daß Wasser und Brot die höchste Lust zu verschaffen vermögen, wenn einer sie aus Bedürfnis zu sich nimmt. Sich also zu gewöhnen an einfaches und nicht kostspieliges Essen verschafft nicht nur volle Gesundheit, sondern macht den Menschen auch unbeschwert gegenüber den notwendigen Verrichtungen des Lebens, bringt uns in eine zufriedenere Verfassung, wenn wir in Abständen uns einmal an eine kostbare Tafel begeben, und erzeugt Furchtlosigkeit vor den Wechselfällen des Zufalls. Wenn wir also sagen, daß die Lust das Lebensziel sei, so meinen wir nicht die Lüste der Wüstlinge und das bloße Genießen, wie einige aus Unkenntnis und weil sie mit uns nicht übereinstimmen oder weil sie uns mißverstehen, meinen, sondern wir verstehen darunter, weder Schmerz im Körper noch Beunruhigung in der Seele zu empfinden. Denn nicht Trinkgelage und ununterbrochenes Schwärmen und nicht Genuß von Knaben und Frauen und von Fischen und allem anderen, was ein reichbesetzter Tisch bietet, erzeugt das lustvolle Leben, sondern die nüchterne Überlegung, die die Ursachen für alles Wählen und Meiden erforscht und die leeren Meinungen austreibt, aus denen die schlimmste Verwirrung der Seele entsteht.

Lucius Annaeus Seneca

EIN LEBEN IM GLÜCK

Für **Lucius Annaeus Seneca** *(um 4 v. Chr. – 65 n. Chr.) ist Gelassenheit die oberste menschliche Tugend. Im Einklang mit der stoischen Philosophie sieht er einen glücklichen Zustand dann erreicht, wenn der Mensch weder Wünsche noch Furcht empfindet.*

Ein Leben im Glück, Bruder Gallio, wünschen sich wohl alle, ebenso tappen aber auch alle im dunkeln, wenn es darum geht, sich die Voraussetzungen für ein echtes Lebensglück deutlich vor Augen zu stellen. Es ist aber auch nicht einfach, ein solches Lebensglück zu erlangen. Hat man nämlich den Weg einmal verfehlt, kann man sich sogar vom Ziel entfernen, und zwar um so weiter, je hastiger man sich ihm nähern will. Denn führt der Weg in entgegengesetzte Richtung, läßt gerade die Geschwindigkeit den Abstand immer größer werden. So muß man sich zuerst das Ziel seines Strebens klarmachen und sich dann nach Möglichkeiten umsehen, es recht rasch zu erreichen. Dabei wird man – vorausgesetzt, der eingeschlagene Pfad ist richtig – gewissermaßen unterwegs begreifen, welche Strecke man täglich vorwärtskommen kann und um wieviel wir dem Ziel unseres natürlichen Verlangens näher gekommen sind. Solange wir freilich überall umherschweifen und uns nach keinem Führer richten, sondern nach dem häßlichen Gelärm und Geschrei von Leuten, die ganz verschiedene Richtungen anraten, solange vergeuden wir – trotz pausenloser Bemühung um eine richtige geistige Einstellung – auf Irrwegen unsere an sich schon so knappe

Lebenszeit. Entscheidungen über Ziel und Weg dürfen deshalb auch nicht ohne einen erfahrenen, wegekundigen Führer getroffen werden; in diesem Fall gelten nämlich andere Bedingungen als bei sonstigen Reisen, wo der eingeschlagene Pfad und die Auskünfte der Einheimischen keinen Irrtum zulassen.

(...)

Also gilt es, ein Gut zu suchen und zu finden: ohne äußeren Glanz, aber gediegen, ausgeglichen und von großer innerer Schönheit. So weit liegt es schließlich nicht. Wenn man nur weiß, wohin man greifen muß, wird es sich schon finden lassen. Jetzt aber laufen wir wie im Nebel am Nächstliegenden vorbei, stolpern gerade über das, war wir sehnsüchtig suchen. Um dich nun nicht auf Umwege zu führen, will ich die Meinungen der anderen übergehen – sie aufzuzählen und zu widerlegen würde zu weit führen –; stelle dich einfach auf unseren Standpunkt! Wenn ich »unseren« sage, binde ich mich nicht an einen einzelnen der angesehenen Stoiker; auch mir steht ein Recht auf eigenes Urteil zu. So werde ich bald dem einen folgen, bald von dem anderen nähere Ausführungen holen, vielleicht auch werde ich, als letzter aufgerufen, allen meinen Vorrednern zustimmen und sagen: »Ich schließe mich dieser Meinung an!« Bei alledem bin ich – wie unter allen Stoikern üblich – für Übereinstimmung mit der Natur. Von ihr nicht abzuweichen, nach ihrem Gesetz und Vorbild sich formen zu lassen, darin besteht die Weisheit. Demgemäß ist ein Leben dann glücklich zu nennen, wenn es sich im Einklang mit der eigenen Natur befindet. Das kann nur verwirklicht werden, wenn unser Geist gesund ist und immer gesund bleibt, wenn er weiterhin Tapferkeit und Tatkraft zeigt, wenn er ferner standhaft auszuhalten vermag, sich den Zeitumständen anpassen kann, nicht ängstlich besorgt ist um den Körper und seine Ansprüche, wenn er dann noch eine Vorliebe hat für alle möglichen Dinge, die das Leben angenehm machen, freilich ohne eines dieser Dinge anzubeten, wenn er die Gaben des Glücks nutzt, aber nicht von ihnen abhängig ist. Auch ohne nähere Erklärung begreifst du, daß ungestörte Ruhe, Unabhängigkeit sich einstellen, sobald das vertrieben ist, was uns reizt oder schreckt. Erfüllt uns doch dann anstelle der Begierden und all des Niedrigen, Hinfälligen und in seiner Schändlichkeit Verderblichen eine hohe Freudigkeit, die nicht zu erschüttern ist und sich immer gleichbleibt; Friedfertigkeit und Eintracht und sanfte Hoheit folgen, denn jede Form von Roheit ist ein Zeichen von Schwäche.

Unser Begriff vom höchsten Gut kann, ohne seinen Sinn zu ändern, auch noch anders, das heißt mit anderen Worten beschrieben werden. Wie ein Herr sich bald in voller Breite entfaltet, bald auf einem Raum zusammendrängt, entweder die Flügel vorzieht und das Zentrum einkrümmt oder sich in gerader Front ausbreitet – die Ordnung mag wechseln, seine Stärke und Einsatzbereitschaft für seine Sache bleiben sich gleich –, so kann auch der Begriff des höchsten Gutes einmal weitläufig und umfassender bestimmt werden, ein anderes Mal gedrängter und mit zwingender Kürze. Es läuft also auf dasselbe hinaus, wenn ich sage: »Das höchste Gut ist eine Gesinnung, die Zufälligkeiten verachtet, aber Freude an seiner Tugend findet«, oder: »Sie ist die Kraft eines ungebrochenen Geistes, mit Lebenserfahrung, voll ruhiger Tatkraft, die sich im Verkehr mit den Mitmenschen sehr umgänglich und fürsorglich zeigt.« Der Begriff läßt sich auch so fassen, daß wir den als glücklichen Menschen bezeichnen, dem Gutes und Übles dasselbe bedeuten wie gute und schlechte Gesinnung, der die Ehre hochhält, sich an der Tugend genug sein läßt, den Zufälligkeiten weder übermütig noch niedergeschlagen machen, der von keinem größeren Gute weiß als dem aus eigener Kraft erworbenen und dessen wahre Lust in der Verachtung der Begierde besteht. Will man weitschweifig sein, kann man das gleich in immer anderer Gestalt vorführen; die volle Wirkung der Grundbedeutung bleibt unumstößlich bestehen, denn warum sollten wir für »wahrhaft glückliches Leben« nicht auch sagen können: »Dies ist ein unabhängiger, aufrechter, unerschrockener und standfester Geist, entrückt jeglicher Furcht und Begierde. Sein einziges Gut heißt Ehre, sein einziges Übel Schande; alle übrigen Dinge gelten ihm nichts, können sein Lebensglück weder größer noch kleiner machen, da sie kommen und gehen, ohne Wachstum und Schwund des höchsten Gutes zu beeinflussen. Also muß, unabhängig vom Wollen oder Nichtwollen, hierin der Grund liegen, daß sich beständige Heiterkeit und tiefinnerliche Fröhlichkeit einstellen, wie bei einem Menschen, der Freude an seinem

Eigentum hat und dessen Wünsche nicht über die häuslichen Grenzen hinausstreben. Ist das nun nicht ein gutes Gegengewicht gegen die armseligen, nichtswürdigen und beständigen körperlichen Triebe? Lust und Schmerz treten immer gleichzeitig ihre Herrschaft an. Du siehst doch, in welch üble und schädliche Abhängigkeit jemand gerät, den Begierden und Schmerzen, diese unbeständigsten und unbändigsten Zwingherren, abwechselnd knechten. Da darf es nur einen Ausweg geben: Unabhängigkeit gewinnen! Das aber kann nur gelingen, wenn man sich nicht um das Schicksal kümmert. Dann nämlich erwächst uns ein unschätzbares Gut: die sicher gegründete Ruhe und Erhabenheit des Geistes und nach überwundenen Schrecken eine großartige, durch nichts zu vertreibende Freude, die aus der Erkenntnis der Wahrheit stammt, endlich Leutseligkeit und innere Gelöstheit, an denen man seine Freude haben wird, nicht wie an einzelnen Gütern, sondern wie an Abkömmlingen eines ureigenen Gutes.«
Da ich mich nun einmal näher darauf eingelassen habe: Glücklich darf man nur jemanden nennen, der weder Wünsche hegt noch Furcht empfindet.

Plinius der Ältere
Naturkunde

Plinius der Ältere *(Gaius Plinius Secundus, um 23–79) ist vor allem durch seine enzyklopädische* Naturalis historiae *bekannt geworden. In diesem Werk behandelt er alle Wissensgebiete von der Botanik bis zur Kosmologie. Plinius starb beim Ausbruch des Vesuvs, bei dem Pompeji zerstört wurde.*

Es läßt sich kaum entscheiden, was dem menschlichen Geschlecht zuträglicher ist, da die einen Götter überhaupt nicht, die anderen sie in beschämender Weise achten. Fremden Heiligtümern dienen sie und tragen Götter an den Fingern, auch Ungeheuer verehren sie, verbieten und ersinnen Speisen und unterwerfen sich selbst einer so strengen Herrschaft, daß sie nicht einmal im Schlafe Ruhe haben. Nicht Ehen, nicht Kinder, nicht überhaupt sonst irgendetwas wählen sie ohne die Hilfe von heiligen Handlungen. Andere üben Betrug sogar auf dem Kapitol und schwören Meineide beim blitzschleudernden Jupiter, und den einen helfen ihre Verbrechen, die anderen werden von ihren heiligen Handlungen mit Strafen verfolgt.

Jedoch hat die sterbliche Menschenwelt sich selbst in der Mitte zwischen diesen beiden Auffassungen ein eigenes göttliches Wesen erdacht, damit die Vermutung über die Gottheit noch weniger einfach sei: in der ganzen Welt nämlich und an allen Orten und zu allen Stunden und von den Stimmen aller wird allein das Glück (Fortuna) angerufen und genannt, allein angeklagt und allein beschuldigt, allein bedacht, allein gelobt, allein bezichtigt und unter Vorwürfen verehrt, als veränderlich, von vielen als flüchtig, aber auch als blind betrachtet, unbeständig, unsicher, wechselreich und eine Gönnerin Unwürdiger. Ihr wird aller Verlust, aller Gewinn zugeschrieben und in der Gesamtabrechnung der Sterblichen füllt es allein die beiden Seiten; so sehr sind wir dem Schicksal unterworfen, daß dieses selbst als eine Gottheit gilt, wodurch doch die Gottheit als ungewiß erwiesen wird.

Geoffrey Chaucer
DIE CANTERBURY-ERZÄHLUNGEN

Geoffrey Chaucer *(um 1343–1400) ist vor allem durch seine* Canterbury Tales *berühmt geworden. Sein Werk war von der französischen und der italienischen Dichtung des Mittelalters beeinflusst. Für das spätmittelalterliche Denken war Fortuna als auf dem Rad sitzende unberechenbare Göttin Sinnbild für die Unbeständigkeit und Nichtigkeit des irdischen Lebens, im Besonderen der menschlichen Liebe.*

Die Erzählung des Ritters

Ach, warum beklagen sich die Menschen gewöhnlich so über die Vorsehung Gottes oder Fortunas, die ihnen oftmals auf mancherlei Weise so viel Besseres bescheren, als sie es für sich selbst ausdenken können.

Der eine wünscht sich Reichtum, der seinen gewaltsamen Tod oder schwere Krankheit herbeiführt. Der andere möchte allzugern seinem Gefängnis entfliehen und wird in seinem [eigenen] Hause von seiner Dienerschaft erschlagen. Unsagbares Elend liegt in dieser Materie. Wir wissen nicht, was wir hier [in dieser Welt] erflehen. Wir gebärden uns wie jemand, der völlig betrunken ist. Ein Betrunkener weiß wohl, daß er ein Haus hat, aber er kennt nicht den richtigen Weg dorthin, und für einen Betrunkenen ist der Weg schlüpfrig. Ja, so ziehen wir dahin in dieser Welt. Wir suchen begierig nach dem Glück, aber in Wahrheit nehmen wir dabei gar oft den falschen Weg. Das gilt für uns alle und insbesondere für mich, der ich mir einbildete und der festen Überzeugung war, daß, wäre ich nur erst dem Gefängnis entronnen, mein Glück und meine Freude vollkommen wären. Doch nun bin ich von meinem Glück verbannt. Da ich dich nicht mehr sehen darf, Emelie, bin ich ein toter Mann; nichts kann mir helfen.«

Martin Luther

Christliches Opfer

Martin Luther *(1483–1546) hat gemeinsam mit anderen Reformatoren wie Calvin und Zwingli eine Neubegründung des Christentums in Europa angestoßen. Seine Auslegungen der Bibel, vor allem des Neuen Testaments, haben die Vorstellung vom Priestertum und vom einfachen Gemeindemitglied revolutioniert.*

Zu opfern geistliche Opfer, die Gott angenehm sind durch Jesum Christum.

18. Geistlich Opfer ist nicht Geld, das man dem Papst muß opfern; auch nicht das Opfer wie im alten Testament, da man von allen Dingen den Zehnten opfern mußte. Solch leiblich Opfern und Priesterthum hat nun alles aufgehört, und ist jetzt alles neu und geistlich. Der Priester ist Christus, und wir alle; wie er nun seinen Leib geopfert hat, also müssen wir uns auch opfern. Hier wird nun erfüllt alles, was durch

die äußerlichen Opfer im alten Testament bedeutet ist, wie sie alle zugangen sind, und heißt kürzlich alles, das Evangelium predigen. Wer das predigt, der übt und treibt solches alles, sticht das Kalb todt, nämlich den fleischlichen Sinn, und würgt den alten Adam. Denn das unvernünftige Wesen im Fleisch und Blut muß man tödten mit dem Evangelio; da lassen wir uns denn aufs Kreuz opfern und würgen. Da geht das rechte Priesteramt im Schwange, daß wir Gott opfern den bösen Schalk, den faulen alten Esel. Thut es die Welt nicht, so müssen wir's selbst thun; denn es muß doch zuletzt alles abgelegt werden, was wir vom alten Adam haben. (...)

19. Nun möchtest du sagen: Ist das wahr, daß wir alle Priester sind, und predigen sollen, was wird dann für ein Wesen werden? Soll denn kein Unterschied unter den Leuten sein, und sollen die Weiber auch Priester sein? Antwort: Im neuen Testament sollten billig keine Priester Platten tragen; nicht, daß es von ihm selbst böse sei, möchte sich doch einer wohl gar lassen bescheren; sondern darum, daß man nicht einen Unterschied unter ihnen und dem gemeinen Christenmann machte, welches der Glaube nicht leiden kann; also, daß die, so jetzt Priester heißen, alle Laien wären, wie die andern, und nur etliche Amtleute von der Gemeinde erwählt würden zu predigen. Also ist nur ein Unterschied äußerlich des Amts halben, dazu einer von der Gemeinde berufen wird. Aber vor Gott ist kein Unterschied, und werden nur darum etliche aus dem Haufen hervor gezogen, daß sie an Statt der Gemeinde das Amt führen und treiben, welches sie alle haben, nicht daß einer mehr Gewalt habe denn der andere. Darum soll keiner von ihm selbst auftreten und in der Gemeinde predigen, sondern man muß einen aus dem Haufen hervor ziehen und aussetzen, den man möge wieder absetzen, wenn man wolle.

Thomas Kingo

MÜDE DER WELT, UND BEGIERIG AUF DEN HIMMEL

Thomas Kingo *(1634–1703) wurde als Autor von zahlreichen Kirchenliedern und von Barockgedichten bekannt. Vor allem seine geistlichen Psalmen blieben nicht nur in Schweden über Jahrhunderte einflussreich. Auf den Färöern ist ausgehend von den Kingopsalmen eine eigenständige Musikgattung entstanden, die bis heute fortwirkt. Die Botschaft der Psalmen ist die Nichtigkeit irdischen Glücks und des menschlichen Strebens nach Besitz.*

1.

Lebe, Welt, lebe wohl,
Ich bin es nun leid länger dein Sklave zu sein,
Die Lasten, die du mir aufgebürdet hast,
Die werfe ich von mir und will sie verschmähen,
Ich reiße mich los, ich bin nun müde der Welt
Eitelkeit,
Eitelkeit.

2.

Was ist dies doch alles
Das der Welt gab die schöne Gestalt?
Es sind ja nur Schatten und glänzendes Glas,
Es sind ja nur Blasen und berstendes Gefäß,
Es sind ja nur dünnes Eis, Schmutz und Verdruß,
Eitelkeit,
Eitelkeit.

3.

Was sind meine Jahre,
Die heimlich vergehen und dahinschwinden?
Was ist mein Kummer? mein betrübter Sinn?
Meine Sorge? meine Freude? meine Phantasie?
Was ist meine Arbeit? meine Mühe? mein Schweiß?

Eitelkeit,
Eitelkeit.

(...)

9.
So lebe denn, lebe wohl,
Du sollst nicht länger meine Seele betrügen,
Trügerische Welt, ich sage dir ade,
Und versenke dich in das Grab des Vergessens,
Ich sehne mich danach meine Sorge und Not zu heilen
In Abrahams Schoß,
In Abrahams Schoß.

(...)

14.
Dort habe ich einen Freund,
Meinen Jesus, der liebt und wieder geliebt wird,
Mein Auge dort sieht ihn wie er ist,
Er ständig das Himmelsfeuer der Liebe darbringt,
Mit dem Geist steht die Liebe ewig in Glut
In Abrahams Schoß,
In Abrahams Schoß.

15.
Meine Lust und meine Freude
Werden ermuntert vom Posaunenschall der Engel,
Aber Gott ist alle Lust für mich und für sie!
Steige da empor, meine Seele, und alle Welt vergiß!
Aber vergiß nicht daß die Lust ist ewig und süß
In Abrahams Schoß,
In Abrahams Schoß.

Daniel Defoe
GUT UND ÜBEL

Daniel Defoe *(um 1659–1731) engagierte sich politisch für Toleranz und eine offenere Kirche. Berühmt aber wurde er durch sein literarisches Erstlingswerk* Robinson Crusoe, *das sich vage von einem authentischen Tagebuch inspirieren ließ. Das Leben des Robinson Crusoe auf der einsamen Insel stand im 18. Jahrhundert für ein einfaches, gottesfürchtiges und natürliches Leben.*

Ich begann nun, meine Lage und den Zustand, in den ich geraten war, ernsthaft zu überlegen, und machte eine schriftliche Übersicht über die Sachlage, weniger, um sie irgendwelchen Nachkommen zu überlassen, denn es sah nicht so aus, als ob ich viele Erben haben würde, sondern vielmehr, um meine Gedanken, die sich täglich damit abquälten und mein Gemüt belasteten, zu befreien. Und da meine Vernunft langsam Herr über meinen Kleinmut wurde, tröstete ich mich selber, so gut ich konnte, und setzte das Gute dem Übel gegenüber, damit ich meinen gegenwärtigen Zustand von einem noch schlimmeren unterscheiden könnte; ich setzte also ganz unparteiisch, wie Soll und Haben, die Annehmlichkeiten meiner Lage den Leiden und Mühseligkeiten entgegen, und zwar wie folgt:

Übel

Ich bin auf eine einsame Insel verschlagen, ohne Hoffnung, je wieder fortzukommen.

Ich bin ausgesondert, unter allen Menschen zu lauter Unglück ausgewählt.

Ich bin von allen Menschen getrennt, ein Einsiedler, verbannt aus aller menschlichen Gesellschaft.

Ich habe keine Kleider, mich zu bedecken.

Ich habe nichts, um mich gegen Überfälle von wilden Tieren oder Menschen zu beschützen.

Ich habe keine Menschenseele, zu der ich sprechen und bei der ich Trost finden könnte.

Gut
Aber ich bin doch am Leben, und nicht ertrunken wie alle meine Kameraden.
Aber ich wurde auch unter der ganzen Schiffsbesatzung ausgesondert, um dem Tod zu entgehen, und er, der mich auf wunderbare Weise vom Tod errettet hat, kann mir auch aus diesem Zustand helfen.
Aber ich bin doch nicht Hungers gestorben und verdorben an einem unfruchtbaren Ort, der keine Nahrung bietet.
Aber ich bin in einem heißen Landstrich, wo ich kaum Kleider tragen könnte, auch wenn ich welche hätte.
Aber ich bin auf eine Insel verschlagen worden, wo ich keine wilden Tiere erblicke, die mir schaden könnten, wie ich solche an der Küste von Afrika gesehen. Und wie wärs mir ergangen, wenn ich dort Schiffbruch erlitten hätte?
Aber Gott sandte das Schiff auf wunderbare Weise so nahe an die Küste, daß ich mir viele nötige Dinge daraus holen konnte, durch die ich versorgt bin oder mit deren Hilfe ich mich werde versorgen können, solange ich lebe.

Montesquieu
ÜBER DAS GLÜCK

Charles-Louis de Secondat Baron de la Brède et de Montesquieu *(1689–1755), der vor allem als Staatstheoretiker in die Geschichte eingegangen ist, führte jahrzehntelang persönliche Aufzeichnungen, die als* Meine Gedanken *veröffentlicht wurden. Hier nimmt er zu den unterschiedlichsten Fragen der menschlichen Existenz Stellung.*

Jeder muß sich im Leben soviel glückliche Augenblicke verschaffen wie möglich. Deswegen braucht man sich nicht den Geschäften zu entziehen: Diese sind oft unentbehrlich zur Lebensfreude. Aber sie dürfen nur als deren Anhang erscheinen, nicht umgekehrt. Und man darf sich nicht einbilden, alle Freuden haben zu können – das ist unmöglich –, sondern soviel man haben kann. So muß der Großtürke das Serail verlassen, wenn er seiner Frauen überdrüssig ist. Wenn man keinen Appetit hat, muß man nicht bei Tisch bleiben, sondern auf die Jagd gehen.

Was ich auch immer über das Glück, das auf Veranlagung beruht, gesagt habe – es soll nicht heißen, daß nicht auch unsere Seele durch ihre Schmiegsamkeit zu unserm Glück beitragen könne. Und zwar deswegen, weil die meisten Schmerzen durch die Vorstellungskraft erheblich gesteigert werden – was bei Frauen und Kindern, die untröstlich sind wegen der geringsten Schmerzen und Kümmernisse, deutlich in Erscheinung tritt. Übrigens werden Schmerzen noch erhöht durch die Furcht vor ihren Folgen. Nun kann man seine Seele daran gewöhnen, die Dinge prüfend zu beobachten, so wie sie wirklich sind. Zwar wird man der Einbildungskraft nicht Herr, das ist unmöglich, aber man kann ihre Anwandlungen einschränken. Eine der wirksamsten Betrachtungen, die uns abhärten könnte gegenüber unserm Unglück, ist die der Unendlichkeit der Dinge und der Geringfügigkeit der Sphäre, in der wir leben. Da dies Dinge sind, die die Philosophie uns durch das Medium der Empfindungen beweist, so ergreifen sie uns weit mehr als das, was durch theologische oder moralische Beweisgründe vorgebracht wird und sich nur an den reinen Geist wendet.

Immer neue Wünsche zu hegen und ihnen alsbald willfahren, das ist der Gipfel der Glückseligkeit. Die Seele verweilt weder lang genug bei ihren Kümmernissen, um sie zu empfinden, noch beim Genuß, um seiner überdrüssig zu werden. Ihre Bewegungen sind so leise wie ihre Ruhe lebendig, was sie nicht hindert, in jene Ermattung zu sinken, die uns niederdrückt und unsere Auflösung anzukündigen scheint. (...)

Das Glück besteht mehr in einer allgemeinen Veranlagung des Geistes und des Herzens, das sich dem Glück, so wie es die Natur des Menschen gewähren kann, öffnet, als in einer Vielzahl bestimmter glücklicher Augenblicke im Leben. Es besteht mehr in der Fähigkeit, diese glücklichen Augenblicke aufzunehmen. Es besteht nicht in der Freude, sondern in der spielend leichten Fähigkeit, Freude zu empfangen, in der begründeten Hoffnung, sie zu finden, wann immer man will, in der Erfahrung, daß man keinen allgemeinen Überdruß empfindet an den Dingen, die das Glück der andern ausmachen.

Zwei Faktoren bilden zusammen das geistige Unglück: die Langeweile, die aus Geringschätzung oder aus Überdruß an allem entspringt, und die allgemeine Mutlosigkeit, die auf das Gefühl der eigenen Niedrigkeit zurückgeht.

Wenn man nur glücklich sein wollte, das wäre bald getan. Aber man will immer glücklicher sein als die andern, und das ist fast immer schwierig, weil wir die andern für glücklicher halten, als sie sind.

Um glücklich zu sein, darf man nicht begehren, glücklicher zu sein als die andern. Hätte man das Flügelroß des Ariost, den Ring, der unsichtbar macht – wäre man glücklicher? Man denke auch an den Schild, der alle Menschen versteinert.

Wären die Menschen in ihrem kleinen Garten geblieben, so hätten wir eine andere Vorstellung von Glück und Unglück als die, die wir jetzt haben.

*Est miser nemo nisi comparatus.** Wären wir im irdischen Paradies geblieben, hätten wir eine andere Vorstellung vom Glück und Unglück, als wir jetzt haben.

Geht es einem gut, so wird man dieses Zustands leicht müde. Denn so gut geht es einem nie, daß nicht etwas dabei nicht stimmte, das das Gefühl des Überdrusses erzeugt. Wenn es uns gut geht, fühlen wir diesen Überdruß leicht und wenig unser Wohlbefinden. Aber geht es einem schlecht, so empfindet man nur den augenblicklichen Zustand des Leidens. Neues Leiden, das uns zustößt, macht sich gar nicht bemerkbar. Daher kommt es, daß es weder Diener noch Untertanen gibt, die nicht gerne ihren Herrn wechselten, wenn sie glücklich sind.

Wer ist glücklich? Die Götter wissen es, denn sie schauen ins Herz der Weisen, der Könige und der Hirten.

* Niemand ist unglücklich, es sei denn im Vergleich mit anderen.

Jeremias Bentham
PRINCIPIEN DER GESETZGEBUNG

Jeremias Bentham *(1748–1832) ist der bekannteste Vertreter der Nützlichkeitsphilosophie. In den* Principien der Gesetzgebung *erläutert er, dass Tugend und Laster nicht um ihrer selbst willen bestehen, sondern im Verhältnis zum Nutzen für den Einzelnen und die Gemeinschaft definiert werden müssen.*

1. Kapitel
Vom Princip der Nützlichkeit

Das öffentliche Wohl sei das Ziel des Gesezgebers: die allgemeine Nüzlichkeit sei das höchste Princip in der Gesezgebung. Die Erkenntniß des Wohls der Gemeinschaft, von deren Interessen es sich handelt, bildet die Theorie, die Auffindung der Mittel es zu verwirklichen, die Praxis.

Diesem Princip der Nüzlichkeit, ohne weiteres ausgedrükt, wird wenig widersprochen: man betrachtet es sogar als eine Art von Gemeinplaz in der Moral und Politik. Allein die fast allgemeine Beistimmung, die es findet, ist nur scheinbar. Man knüpft an dieses Princip nicht dieselben Begriffe; man gibt ihm nicht dieselbe Geltung und so sind denn auch die Folgerungen daraus nicht einstimmig und gleichförmig.

Um demselben die volle ihm gebührende Wirksamkeit zu geben, das heißt, um es zur Basis eines gleichen Denkens zu machen, sind drei Bedingungen zu erfüllen.

Die erste ist, mit dem Worte Nüzlichkeit klare und bestimmte Begriffe zu verbinden, die für Alle, die es gebrauchen, dieselben sein können.

Die zweite ist, jenem Princip die alleinige, unumschränkte Herrschaft zuzusichern: jedes andre ist streng auszuschließen. Es ist nicht genug, ihm im Allgemeinen zu huldigen: es darf keine Ausnahme gestattet werden.

Die dritte ist, eine moralische Arithmetik zu erfinden, wodurch man zu gleichförmigen Resultaten gelangen könne.

(...)

Die Logik der Nüzlichkeit besteht darin, daß man bei jedem Urtheil von der Berechnung oder Vergleichung der Lust- und Unlust-Empfindungen ausgeht, und keiner andern Idee einen Einfluß auf seine Entscheidung gestattet.

Man ist ein Anhänger des Princips der Nüzlichkeit, wenn man seine Billigung oder Mißbilligung einer auf das Gemeinwesen oder auf ein Individuum sich beziehenden Handlung nach ihrer Tendenz, Lust oder Unlust zu erzeugen, abmißt; wenn man die Wörter »Gerecht, Ungerecht, Sittlich, Unsittlich, Gut, Schlecht«, als Collectivbegriffe, welche die Vorstellungen von gewissen Lust- und Unlust-Empfindungen in sich schließen, gebraucht, ohne ihnen einen andern Sinn zu geben: wohl verstanden, daß ich die Wörter »Lust und Unlust« in ihrer gebräuchlichen Bedeutung nehme, ohne willkührliche Definitionen zu erfinden, um gewisse Lustempfindungen auszuschließen, oder das Dasein gewisser Unlustempfindungen zu leugnen. Verbannt sei Subtilität, verbannt Metaphysik; nicht Platon, nicht Aristoteles sollen uns rathen. Lust und Unlust ist das, was jeder als solche empfindet, der Landmann wie der Fürst, der Unwissende wie der Philosoph.

(...)

Die Moral, im Allgemeinen, ist die Kunst, die Handlungen der Menschen so zu lenken, daß sie die gößte mögliche Summe von Glük hervorbringen.

Nikos Kazantzakis
BEGEGNUNG MIT SORBAS

Nikos Kazantzakis *(1883–1957) hat als Journalist, Übersetzer, Politiker gewirkt, bevor er in erster Linie als Schriftsteller arbeitete. Sein Roman* Alexis Sorbas *wurde vor allem nach der Verfilmung international weltberühmt. Der Held Alexis Sorbas zeigt mit seinem Wahlspruch »Das Leben lieben und den Tod nicht fürchten« die Möglichkeiten des Menschen auf, seine Freiheit trotz aller Hindernisse und Beschwernisse als Glück zu erfahren und zu leben.*

Ich zog meinen ›Reisegefährten‹, den kleinen Danteband, aus der Tasche, zündete meine Pfeife an, lehnte mich an die Wand und machte es mir bequem. Einen Augenblick wußte ich nicht so recht, aus welchem Gesang ich schöpfen sollte. Aus dem siedenden Pech der Hölle, aus der kühlenden Flamme des Fegefeuers? Oder sollte ich mich geradewegs in das höchste Stockwerk der menschlichen Hoffnung begeben? Ich hatte die Wahl. Ich hielt meinen mikroskopischen Dante in den Händen und freute mich über meine Freiheit. Die Verse, die ich wählte, sollten meinen Tageslauf bestimmen.

Ich beugte mich über diese dichteste aller Visionen, um endlich zu einem Entschluß zu kommen, aber es gelang mir nicht mehr. Unruhig reckte ich plötzlich meinen Kopf in die Höhe. Mir war, ich weiß nicht wie, als öffneten sich auf meinem Scheitel zwei Löcher. Ich wandte mich jäh und blickte hinter mich in die Richtung der Glastür. Wie ein Blitzstrahl durchzuckte die Hoffnung meinen Geist: ›Ich werde meinen Freund wiedersehen.‹ Ich war bereit, das Wunder in mir zu empfangen. Aber es war ein Irrtum. Ein Unbekannter von ungefähr fünfundsechzig Jahren, hochgewachsen, hager, mit aufgesperrten Augen, hatte sein Gesicht an die Scheibe gepreßt und blickte mich an. Er hielt ein kleines plattes Bündel unter dem Arm.

Was mir besonderen Eindruck machte, waren seine Augen. Sie waren spöttisch, traurig, unruhig, ganz Feuer. So schien es mir wenigstens. Sobald sich unsere Blicke begegneten, war es, als sei er sich sicher, daß ich der war, den er suchte. Entschlossen öffnete er die Tür. Mit schnellen elastischen Schritten ging er an den Tischen vorbei und blieb vor mir stehen.

»Hast du eine Reise vor?« fragte er mich. »Wohin mit Gott?«

»Nach Kreta. Warum willst du das wissen?«

»Kannst du mich mitnehmen?«

Ich betrachtete ihn aufmerksam. Seine Wangen waren eingefallen, die Kinnbacken kräftig, die Backenknochen standen vor, sein Wuschelhaar war grau, die Augen sprühten Funken.

»Wieso? Was soll ich mit dir anfangen?«

Er hob seine Schultern.

»Wieso? Weshalb?« sagte er spöttisch. »Kann denn der Mensch nicht auch einmal etwas tun ohne ein Wieso? Einfach, weil es ihm Spaß macht? Du könntest mich doch, sagen wir, als deinen Koch mitnehmen. Die Zubereitung von Suppen ist meine Spezialität.«

Ich konnte mich vor Lachen nicht halten. Sein burschikoses Benehmen und seine Worte gefielen mir. Auch gegen gute Suppen hatte ich nichts. Es wäre gar nicht so übel, dachte ich, diesen alten Galgenvogel auf meine Reise an das ferne einsame Gestade mitzunehmen. Suppen, angenehme Unterhaltungen... Wahrscheinlich war er in vielen Häfen vor Anker gegangen, ein zweiter ›Sindbad der Seefahrer‹. Er gefiel mir.

»Was denkst du lange darüber nach?« sagte er und bewegte seinen mächtigen Kopf. »Hast du eine Waage bei dir? Wiegst du alles genau bis aufs Gramm nach? He, entschließe dich doch! Mut!«

Der baumlange, hagere Kerl stand noch immer vor mir, und es ermüdete mich, beim Sprechen den Kopf zu heben. Ich schloß meinen Dante.

»Setz dich!« sagte ich. »Nimmst du einen Salbeitee?«

»Salbeitee?« antwortete er verächtlich. »Wirt! Einen Rum!« Er trank den Rum schluckweise. Jeden einzelnen Schluck behielt er lange und genußreich im Mund. Dann ließ er ihn langsam hinuntergleiten, um seine Eingeweide zu erwärmen.

›Ein Schlemmer, ein Schwelger‹, dachte ich.

»Was hast du für einen Beruf?« fragte ich ihn.

»Alle, die man mit Fuß, Hand und Kopf ausüben kann, alle. Das fehlte noch, daß ich da eine Auswahl treffe.«

»Wo hast du zuletzt gearbeitet?«

»In einem Bergwerk. Du mußt wissen, ich bin ein ausgezeichneter Kumpel. Ich verstehe mich auf Metalle, finde Erzgänge, öffne Stollen, steige in alle Schächte hinab und fürchte mich nicht. Ich arbeitete gut, war Werkführer, hatte mich über nichts zu beklagen. Leider machte mir der Teufel einen Strich durch die Rechnung. Am vergangenen Sonnabend hatte ich einen Zacken. Ausgerechnet an jenem Tage war der Besitzer des Bergwerks zur Besichtigung gekommen. Ich treffe ihn und prügle ihn windelweich.«

»Ja, aber warum denn? Was hatte er dir getan?«

»Mir? Nichts! Wirklich nichts! Ich sah den Mann zum erstenmal. Er verteilte sogar Zigaretten unter uns, der arme Kerl.«

»Na also?«

»Ach, was fragst du da noch? Das paßt mir gerade noch in den Kram, mein Bester. Denke an die Geschichte von der Müllerin! Kennt der Hintern der Müllerin die Rechtschreibung? Der Hintern der Müllerin ist der menschliche Geist.«

Ich hatte zwar schon so manche Definition des menschlichen Geistes gelesen, aber diese war doch die erstaunlichste, sie gefiel mir. Ich sah mir den neuen Kameraden genau an: sein Gesicht war vollen Runzeln, zerhackt, wurmstichig, wie zerfressen von Sonnenbränden und Regenschauern. Ein anderes Antlitz machte nach einigen Jahren den gleichen Eindruck eines bearbeiteten, leidenden Holzstücks auf mich: das Gesicht des Panait Istrati.

»Und was hast du da in deinem Bündel? Nahrungsmittel? Kleider? Arbeitsgeräte?«

Er hob seine Schultern und lachte.

»Du kommst mir wirklich wie die Unschuld vom Lande vor«, sagte er. »Nimm mir's nicht übel!«

Er streichelte mit seinen langen harten Fingern das Bündel.

»Nein«, fuhr er fort, »das ist ein Santuri.«

»Ein Santuri! Spielst du denn Santuri?«

»Wenn ich zuweilen aus Geldmangel vor die Hunde komme, treibe ich mich in den Kaffeehäusern umher und spiele Santuri. Dazu singe ich auch einige alte mazedonische Klephtenlieder. Und dann reiche ich das Tablett herum. Schau! Diese Mütze! Sie füllt sich sofort mit Kleingeld.«

»Wie heißt du?«

»Alexis Sorbas. Man nennt mich auch Telegrafenmast, um mich zu verulken, weil ich aussehe wie ein baumlanger Mönch und mein Kopf einem Käsekuchen gleicht. Das ist mir aber ganz gleich! Manche nennen mich ›Zakatzuka‹, weil ich früher mal geröstete Kürbiskerne verkaufte. Außerdem heiße ich auch Peronospora; man behauptet, wohin ich auch gehe, wird alles zu Pulver und Staub. Ich habe noch andere Spitznamen, aber davon ein andermal …«

»Wie hast du Santuri gelernt?«

»Mit zwanzig Jahren. Auf einem Jahrmarkt, in meinem Dorfe, hörte ich zum erstenmal Santuri, dort am Fuße des Olymps. Das verschlug mir den Atem. Drei Tage lang konnte ich keinen Bissen in den Mund nehmen. ›Was fehlt dir denn?‹ sagte mir mein Vater, Gott hab' ihn selig. ›Ich will Santuri lernen.‹ – ›Bist du ein Zigeuner? Du? Schämst du dich nicht? Du willst ein Musiker werden?‹ – ›Ich will Santuri lernen!‹ Ich hatte damals einige Ersparnisse, um zu heiraten, falls der Augenblick kam. Du siehst, was für ein grüner Junge ich noch war: ich Böcklein wollte heiraten! Also gab ich alles, was ich besaß und nicht besaß, hin und kaufte mir ein Santuri. Das hier! Ich nahm es mit mir, ging nach Saloniki, wurde dort mit einem türkischen Lebemann bekannt, Retsep Effendi, der Unterricht im Santuri gab. Ich falle ihm zu Füßen. ›Was willst du, kleiner Grieche?‹ fragt er mich. ›Ich möchte Santuri spielen lernen!‹ – ›Gut! Und warum fällst du mir dann zu Füßen?‹ – ›Ich hab' kein Geld, um dich zu bezahlen.‹ – › Hast du so großes Verlangen danach?‹ – ›Ja.‹ – Also gut! Ich brauche kein Geld!‹ Ich blieb ein ganzes Jahr bei ihm und lernte eifrig. Gott möge seine Gebeine heiligen! Ich vermute, daß er schon gestorben ist. Wenn Gott auch Hunden den Eintritt ins Paradies gestattet, dann sollte er auch Retsep Effendi aufnehmen. Seit der Zeit, als ich das Santurispiel lernte, wurde ich ein anderer Mensch. Wenn ich irgendwelche Unannehmlichkeiten habe oder die Armut mich plagt, dann spiele ich Santuri, und mir wird leicht ums Herz. Wenn ich spiele, kann einer mit mir sprechen – ich höre nichts, und höre ich, so kann ich nicht antworten. Ich möchte wohl, aber kann nicht.«

»Aber warum denn, Sorbas?«

»Ja, siehst du, es ist eben eine Leidenschaft!«

Die Tür öffnete sich. Das Rauschen des Meeres drang wieder bis in das Kaffeehaus. Hände und Füße waren verklammt. Ich drückte mich noch tiefer in meine Ecke, wickelte mich in meinen Mantel ein und fühlte mich unbeschreiblich glücklich.

›Wohin mit mir?‹ dachte ich. ›Hier geht's mir gut. Könnte doch dieser Augenblick Jahre so anhalten!‹

Ich beobachtete den sonderbaren Gast vor mir. Sein Auge hielt mich fest: klein, rund, pechschwarz, mit roten Äderchen auf der Hornhaut. Ich fühlte, wie es mich unablässig durchforschte und ergründete.

»Na, und dann?« sagte ich.

Sorbas hob wieder seine mageren Schultern.

»Lassen wir das!« entgegnete er. »Gib mir lieber eine Zigarette!«

Ich reichte sie ihm. Er nahm aus seiner Westentasche Feuerstein und Zündschnur und zog mit halbgeschlossenen Augen vergnügt an der Zigarette.

»Bist du verheiratet?«

»Bin ich nicht auch ein Mensch?« sagte er nervös. »Bin ich nicht auch ein Mensch? Das heißt ein Blinder? Auch ich stürzte in die Grube, in die auch meine Vorfahren gefallen sind. Von nun an ging es abwärts. Ich baute mir ein Haus, brachte Kinder zur Welt, wurde Familienvater. Ein geplagter Mensch! Gut, daß ich wenigstens noch mein Santuri habe.«

»Spieltest du drauf zu Haus, um die trüben Gedanken loszuwerden? Es ist doch so, nicht wahr?«

»Aber mein Lieber! Man merkt's, daß du kein Instrument spielst! Was schwätzt du da! Zu Haus gibt's nur Sorgen! Frau und Kinder! Was werden wir essen? Was werden wir anziehen? Was wird aus uns werden? Eine wahre Hölle! Das Santuri braucht ein frohes Herz.

Wenn mir meine Frau eine Gardinenpredigt hält, wie kann man da erwarten, daß ich das Santuri in die Hand nehme? Wenn die Kinder hungrig sind und jammern, möchte ich sehen, ob du da Santuri spielen kannst. Beim Santurispiel kann man nur an das Santuri denken. Kapiert?«

Es war mir klar, daß dieser Sorbas der Mensch war, nach dem ich so lange suchte und den ich bisher nicht hatte finden können. Ein lebendiges Herz, eine warme Kehle, eine unverbrauchte große Seele, die sich noch nicht von ihrer Mutter, der Erde, getrennt hatte, wie der Säugling von der Nabelschnur.

Was hieß Kunst, Schönheitssinn, Keuschheit, Leidenschaft – dieser Arbeiter setzte mir das mit einfachen menschlichen Worten auseinander. Ich sah diese Hände, die mit der Spitzhacke und mit dem Santuri in gleicher Weise umgehen konnten – voller Knoten und Falten, verarbeitet und sehnig. Sorgfältig und zärtlich öffneten sie die Hülle, als entkleideten sie eine Frau, und zogen ein altersglattes Santuri hervor, mit vielen Saiten, Verzierungen aus Bronze und Perlmutter und mit einer roten Seidenquaste am Griff. Die dicken Finger streichelten es langsam, leidenschaftlich, wie man eine Frau streichelt. Und dann hüllten sie es wieder ein, wie man einen lieben Körper einhüllt, damit er nicht friere.

»Hier, das ist es!« murmelte er zärtlich und legte es vorsichtig auf den Stuhl.

Die Seeleute stießen jetzt miteinander an und lachten laut. Der Alte klopfte den Kapitän Lemonis vertraulich auf den Rücken.

»Du hattest aber wirklich ein verdammtes Schwein, Kapitän Lemonis, nicht wahr? Wer weiß, wie viele Kerzen du dem heiligen Nikolaus versprochen hast!«

Der Kapitän runzelte seine stachligen Brauen.

»Jungens, ich schwöre euch beim Meere, als ich den Tod vor mir sah, dachte ich weder an die Großmutter noch an den heiligen Nikolaus. Ich blickte in die Richtung von Salamis, erinnerte mich meiner Frau und rief: ›Ach, Katerina, läge ich doch jetzt in deinem Bett!‹«

Die Seeleute lachten wieder wie närrisch. Auch der Kapitän Lemonis lachte.

»Was ist der Mensch doch für ein Raubtier!« sagte er.

»Der Erzengel mit dem Schwerte steht vor ihm, aber er denkt nur immer an das! Pfui Teufel! Wie gemein!« Er klatschte in die Hände.

»Wirt!«, rief er, »bring den Leuten was zu trinken!«

Sorbas hatte bei dem Gespräch die Ohren gespitzt.

Dann wandte er sich um, blickte auf die Seeleute und schließlich auf mich.

»Er denkt nur immer an das«, sagte er. »Was meint er damit?«

Aber plötzlich ging ihm ein Licht auf.

»Bravo!« rief er begeistert. »Diese Seeleute kennen das Geheimnis, weil sie Tag und Nacht mit dem Tode ringen.«

Er fuhr mit seiner großen Hand durch die Luft.

»Schluß damit! Das ist eine andere Geschichte«, sagte er. »Zurück zu unserem Thema! Soll ich hierbleiben? Soll ich mitkommen? Entschließe dich!«

»Sorbas«, antwortete ich, und nur mit Mühe und Not beherrschte ich mich, um nicht seine Hand zu drücken. »Sorbas, einverstanden. Du kommst mit. Ich habe Braunkohlen auf Kreta, du wirst die Arbeiter beaufsichtigen. Abends strecken wir uns dann am Strand aus – ich habe weder Frau noch Kinder, noch Hunde – und lassen uns Essen und Trinken schmecken. Und du spielst das Santuri. Wenn du Lust hast.«

»Wenn ich Lust habe! Schuften für dich, soviel wie du willst. Dein Sklave! Aber das mit dem Santuri ist was Besonderes. Dieses Instrument ist ein Raubtier, es will Freiheit. Wenn ich dazu aufgelegt bin, werde ich spielen. Sogar singen werde ich. Und tanzen werde ich den ›Seibekiko‹, den ›Chasapiko‹, den ›Pentosali‹. Aber – versteht sich – ich muß dazu aufgelegt sein. Klare Rechnung, du darfst mich nicht zwingen. Dann hast du mich verloren. In der Hinsicht – mußt du wissen – bin ich ein Mensch.«

»Ein Mensch? Was meinst du damit?«

»Na, ein *freier* Mensch.«

»Wirt!« rief ich. »Noch einen Rum!«

»Zwei Rum!« fuhr Sorbas dazwischen. »Du mußt auch einen trinken zum Anstoßen. Salbeitee und Rum passen nicht zusammen. Auch du mußt Rum trinken. Damit unsere Abmachung hält.«

Wir stießen an. Es war schon heller Tag. Die Sirene ertönte. Der Bootsführer, der meine Koffer auf das Schiff gebracht hatte, winkte mir.

»In Gottes Namen, wir müssen los!« sagte ich.

Sorbas bückte sich, nahm das Santuri unter den Arm, öffnete die Tür und trat als erster hinaus.

Tania Blixen
BABETTES GASTMAHL

Tania Blixen *(1885–1962), die vor allem durch ihren Roman* Jenseits von Afrika *bekannt geworden ist, widmet ihre Erzählung* Babettes Gastmahl *dem Spannungsverhältnis zwischen strenger pietistischer Askese und Weltabgeschiedenheit und der Lust an Geselligkeit und Gaumenfreunden.*

Als alle saßen, sprach das älteste Mitglied der Gemeinde das vom Dekan selbst verfaßte Tischgebet:

»Mög die Speise den Leib mir erhalten
Und der Leib mir die Seele hochhalten,
Daß die Seele in Taten und Worten
Preis kann singen dem Herrn allerorten.«

Bei dem Wort »Speise« besannen sich die Gäste, die alten Häupter über den gefalteten Händen, ihres Gelübdes, daß sie über diesen Gegenstand nie ein Wort äußern wollten, und verstärkten in ihren Herzen noch den Schwur: auch keinen Gedanken wollten sie dem Thema zuwenden. Zwar saßen sie hier zu einem Mahl beisammen; aber das hatten auch die Leute getan bei der Hochzeit zu Kana. Und Gottes Gnade hatte es beliebt, sich alldaselbst zu offenbaren, im Wunder des Weins, nicht minder als an anderen Orten.
Babettes Gehilfe schenkte für jeden Anwesenden ein kleines Gläschen ein. Sie hoben es mit ernster Miene zum Munde, als Bestätigung ihres Entschlusses.
General Löwenhjelm, seinerseits etwas mißtrauisch gegen den Wein, nahm ein Schlückchen, stutzte, hob sich halb vom Sitz, führte das Glas an die Nase und bis in Augenhöhe und ließ sich verwirrt wieder auf seinen Stuhl fallen. Das ist ja nicht zu glauben, dachte er. Amontillado! Und der feinste Amontillado, den ich je getrunken habe! Um die Korrektheit seiner Sinneswahrnehmungen zu prüfen, kostete er einen Löffel Suppe, kostete einen zweiten, und ließ dann den Löffel sinken. Das wird ja immer wunderlicher, sagte er bei sich; was ich hier esse, ist doch unzweifelhaft Schildkrötensuppe – und zwar was für eine! Er fühlte sich von einer seltsamen Art von Panik übermannt und leerte sein Glas.

Herbert Marcuse

Der eindimensionale Mensch

Herbert Marcuse *(1898–1976) legt in* Der eindimensionale Mensch *eine harte Kritik der Industriegesellschaft vor, die als »totalitär« bezeichnet wird, weil sie mit einem raffinierten Instrumentarium die Kontrolle über die Menschen erlangt hat. Zu dieser Kontrolle gehören die Schaffung und Befriedigung von Pseudo-Bedürfnissen, die ein nur scheinbares Glück vorgaukeln.*

Die Intensität, die Befriedigung und selbst der Charakter menschlicher Bedürfnisse, die über das biologische Niveau hinausgehen, sind stets im voraus festgelegt gewesen. Ob die Möglichkeit, etwas zu tun oder zu lassen, zu genießen oder zu zerstören, zu besitzen oder zurückzuweisen, als ein *Bedürfnis* erfaßt wird oder nicht, hängt davon ab, ob sie für die herrschenden gesamtgesellschaftlichen Institutionen und Interessen als wünschenswert und notwendig angesehen werden kann oder nicht. In diesem Sinne sind menschliche Bedürfnisse historische Bedürfnisse, und in dem Maße, wie die Gesellschaft die repressive Entwicklung des Individuums erfordert, unterliegen dessen Bedürfnisse selbst und ihr Verlangen, befriedigt zu werden, kritischen Maßstäben, die sich über sie hinwegsetzen. Wir können wahre und falsche Bedürfnisse unterscheiden. »Falsch« sind diejenigen, die dem Individuum durch partikuläre gesellschaftliche Mächte, die an seiner Unterdrückung interessiert sind, auferlegt werden: diejenigen Bedürfnisse, die harte Arbeit, Aggressivität, Elend und Ungerechtigkeit verewigen. Ihre Befriedigung mag für das Individuum höchst erfreulich sein, aber dieses Glück ist kein Zustand, der aufrechterhalten und geschützt werden muß, wenn es dazu dient, die Entwicklung derjenigen Fähigkeit (seine eigene und die anderer) zu hemmen, die Krankheit des Ganzen zu erkennen und die Chancen zu ergreifen, diese Krankheit zu heilen. Das Ergebnis ist dann Euphorie im Unglück. Die meisten der herrschenden Bedürfnisse, sich im Einklang mit der Reklame zu entspannen, zu vergnügen, zu benehmen und zu konsumieren, zu hassen und zu lieben, was andere hassen und lieben, gehören in diese Kategorie falscher Bedürfnisse.

Solche Bedürfnisse haben einen gesellschaftlichen Inhalt und eine gesellschaftliche Funktion, die durch äußere Mächte determiniert sind, über die das Individuum keine Kontrolle hat; die Entwicklung und Befriedigung dieser Bedürfnisse sind heteronom. Ganz gleich, wie sehr solche Bedürfnisse zu denen des Individuums selbst geworden sind und durch seine Existenzbedingungen reproduziert und befestigt werden; ganz gleich, wie sehr es sich mit ihnen identifiziert und sich in ihrer Befriedigung wiederfindet, sie bleiben, was sie seit Anbeginn waren – Produkte einer Gesellschaft, deren herrschendes Interesse Unterdrückung erheischt.

Das Vorherrschen repressiver Bedürfnisse ist eine vollendete Tatsache, die in Unwissenheit und Niedergeschlagenheit hingenommen wird, aber eine Tatsache, die im Interesse des glücklichen Individuums sowie aller derjenigen beseitigt werden muß, deren Elend der Preis seiner Befriedigung ist. Die einzigen Bedürfnisse, die einen uneingeschränkten Anspruch auf Befriedigung haben, sind die vitalen – Nahrung, Kleidung und Wohnung auf dem erreichbaren Kulturniveau. Die Befriedigung dieser Bedürfnisse ist die Vorbedingung für die Verwirklichung *aller* Bedürfnisse, der unsublimierten wie der sublimierten.

Jaan Kross

DAS LEBEN DES BALTHASAR RÜSSOW

Jaan Kross *(* 1920) hat zahlreiche Romane veröffentlicht, die meist auf historisch belegten Ereignissen aufbauen.* Das Leben des Balthasar Rüssow *erzählt die Geschichte eines estischen Jungen vom Land im 16. Jahrhundert, der in Reval Pfarrer und Stadtschreiber wird. Auf seinem Sterbebett legt der gläubige Christ ein Bekenntnis zur Schönheit des irdischen Lebens ab.*

Er schließt die Augen. Das kann er noch. Und er tut es, um mit geschlossenen Augen sehend zu werden. Er sagt zu Gott: Vergib mir auf dem Sterbelager meine Sünden. Vergib mir, o Herr, Du weißt am besten, für welche meiner erbärmlichen Taten ich Dich um Vergebung bitten muß … Für alles, alles! Um eines aber bitte ich Dich besonders. Denn ich fürchte, Du hältst es vielleicht nicht für nötig, mir zu vergeben, was ich jahrzehntelang mit allen Fasern meines Herzens als meine größte Sünde empfunden habe. Daß ich so blind war, so leichtsinnig, so sehr mit mir beschäftigt, daß ich in dieser schrecklichen Welt, in der Du mich hast leben lassen – inmitten von Blattern, Aussatz, Pest, Lustseuchen und Kriegen, inmitten von entsetzlicher Gewalt, Finsternis, Hunger, Feuer und Eis, inmitten zum Himmel schreiender Leichen, die Du meine Augen sehen ließest, auf daß sie sehen würden, jaja –, daß ich inmitten all dessen in manchen Augenblicken, so auch in diesem letzten, vermessen genug war, glücklich zu sein … Herr, vergib mir …

Idealismus und Realismus

Meine Tochter liebe ich über alles. Also versuche ich, ihr die Werte zu vermitteln, die ich selbst gern praktizieren würde. Zum Beispiel, dass man sich für andere Menschen engagieren sollte, die es nicht so gut haben wie man selbst. »Wie wär's mit Terre des femmes?«, schlug ich ihr unlängst vor. »Die haben gestern eine tolle Aktion auf dem Markplatz gemacht. Da – lies selbst.« Ich reichte ihr die Zeitung mit dem Artikel. »Und warum hast *du* dann bei der Aktion nicht mitgemacht?« Ihr unschuldiger Blick brachte mich aus der Fassung. »Weil ich keine Zeit für so was habe! Einer muss hier schließlich das Geld verdienen!«

Wann immer ich die Wahl habe, fühle ich mich hin- und hergerissen. Einerseits würde ich am liebsten einfach das tun, was ich für richtig und wichtig halte. Andererseits muss ich natürlich auch den Gegebenheiten des Lebens Rechnung tragen. Und wie immer ich mich entscheide, gerate ich in Konflikt. Handle ich aus purer Begeisterung, präsentiert die Realität mir bald die Quittung. Lasse ich mich dagegen von bloßen Notwendigkeiten leiten, komme ich mir klein und schäbig vor. Denn zwei Seelen, ach, schlagen stets in meiner europäischen Brust: die eines »Don Quijote«, der gern aus dem lauteren Quell seiner Ideale schöpfen würde, um sich und die Welt zu verbessern, und zugleich die eines »Sancho Pansa«, der sich nach der Decke streckt und keine Lust hat, gegen Windmühlenflügel zu kämpfen.

Mit dem Ritter von der traurigen Gestalt und seinem Begleiter hat Cervantes zwei Archetypen geschaffen, die zwei komplementäre Seinsweisen des abendländischen Menschen verkörpern. Don Quijote ist ein Idealist, der sich nach großen Taten und großen Gefühlen sehnt, dabei fest entschlossen, die Wirklichkeit nach seinen Träumen umzugestalten – koste es, was es wolle. Sancho Pansa hingegen ist ein auf seinen Nutzen und Vorteil bedachter Realist mit gesundem Menschenverstand, der die Welt so akzeptiert, wie sie ist, unabhängig von irgendwelchen Idealen oder Ideen. Beide begegnen uns in immer neuen Metamorphosen wieder, sowohl in uns selbst als auch rings um uns her:

als Phantast und Pragmatiker, als Himmelsstürmer und Opportunist, als weltfremder Spinner und bodenständiger Biedermann.

»Der vernünftige Mensch«, schreibt George Bernard Shaw über das Verhältnis der beiden, »passt sich der Welt an; der unvernünftige dagegen versucht, die Welt seinen Vorstellungen anzupassen. Weshalb jeder Fortschritt von unvernünftigen Menschen ausgeht.« Mit dieser Wertschätzung steht Shaw in Europa nicht allein. Selbst Sancho Pansa erkennt Don Quijote, bei aller Kritik an dessen Schwärmereien, als seinen Herrn an und folgt ihm fraglos als ergebener Diener. Doch woher rührt diese kontinentale Überlegenheit des Idealisten über den Realisten? In Beantwortung dieser Frage sind sich antike und christliche Philosophie einig: im Primat der Seele. Diese ist laut Plato »der Anfang aller Bewegung«, während sie in der christlichen Lehre die besondere Stellung des Menschen in der Schöpfung begründet – sie ist das »Gottesfünklein«, mit dessen Hilfe er die Wirklichkeit transzendiert.

»Der Mensch lebt nicht vom Brot allein.« Diese Seinsbestimmung des Menschen, mit der Jesus den Versuchungen des Teufels in der Wüste begegnet, charakterisiert zugleich das Wesen des Idealisten. Ihn zeichnet aus, dass er die Verwirklichung bestimmter Ideen oder Ideale über seine materiellen Interessen stellt. Das gilt bereits für den ersten großen Idealisten der abendländischen Geschichte – Odysseus, Urvater aller Suchenden, der gegen jede Vernunft bereit ist, die Grenzen seiner Welt zu überschreiten, um sich auf eine Irrfahrt ins Ungewisse zu begeben. Während Odysseus sein Leben in den Dienst einer innerweltlichen Suche stellt, stellen die Idealisten des Glaubens ihr Leben in den Dienst einer höheren Wirklichkeit, nach deren Kriterien sie die Realität bemessen, um sich und die Menschheit auf das Reich Gottes vorzubereiten. Das verbindet die frühchristlichen Märtyrer mit den innerkirchlichen Reformatoren, die für ihre Überzeugungen den Organen der Macht die Stirn bieten: »Mit mehr Angst verkündet Ihr das Urteil, als ich es entgegennehme«, ruft Giordano Bruno stellvertretend für alle europäischen Glaubensstreiter seinen Richtern im Jahre 1600 zu, mit derselben Standhaftigkeit, mit der Galilei, der große Märtyrer der Wissenschaft, wenig später der Inquisition widersteht:

»Oppur si muove – und sie dreht sich doch!« Von diesem Geist, der sich über die eigenen Interessen erhebt, um eine andere, bessere Welt zu ermöglichen, sind auch die politischen Märtyrer beseelt – Jeanne d'Arc, Danton, Rosa Luxemburg –, ebenso wie die Pazifisten und Humanisten des 20. Jahrhunderts – Elsa Brandström, Albert Schweitzer, Mutter Teresa –, aber auch die zahl- und namenlosen Aktivisten heutiger Organisationen für Frieden, Ökologie und Menschenrechte, von »amnesty international« über »Greenpeace« bis zu »Terre des Femmes«.

All diese europäischen Idealisten, gleichgültig, wie weit sie gehen: ob sie bereit sind, für ihre Ideale ihr Leben oder ein paar Stunden Freizeit zu opfern – sie alle verkörpern etwas, das wir tief im Innern als unser besseres Ich empfinden. Das ist vermutlich der Grund, warum die europäische Literatur von ihnen nur so strotzt. Fast jeder Held eines Dramas oder Romans ist besessen von einer Idee, die ihm wichtiger ist als irgendein materieller Vorteil oder Nutzen – und sei es nur die Idee, ein Leben nach eigenen Vorstellungen zu führen. Eichendorffs »Taugenichts« gehört in diese Familie genauso wie der schrullige »Tristram Shandy« von Lawrence Sterne, Canettis verblendeter Peter Kien, der sich vor der Welt in eine Bibliothek flüchtet, die nur in seinem Kopf existiert, ebenso wie Ibsens von Dämonen getriebener »Peer Gynt«. Sie faszinieren uns, weil sie sich genau über jene Welt erheben, in deren Zwängen und Notwendigkeiten wir selber uns gefangen fühlen.

Doch der Höhenflug der Seele hat eine europäische Kehrseite. Baudelaire hat sie mit seinem »Albatros« ins Bild gesetzt, jenem majestätischen Seevogel, der am Himmel in erhabener Schönheit seine Flügel schwingt, auf der Erde aber so tölpelhaft erscheint, dass er zum Gespött all derer wird, die ihn auf seinem Flug soeben noch bewundert haben: Sinnbild weltfremder Idealisten, die an und in der Realität zum Scheitern verurteilt sind.

Denn was nützt die schönste Idee, wenn sie nicht in die Welt passt? Dieser Einwand eint die europäischen Realisten der unterschiedlichsten Epochen, Kulturen und Lebensbereiche. Sie lassen nur gelten, was die Realitätsprobe besteht. Bereits Penelope versuchte mit allen Mitteln, ihren Odysseus von seiner Irrfahrt zurückzuhalten. Ihre Nachkommen sind Legion, auch wenn sie weit unspektakulärer in Erscheinung treten als ihre idealistischen Opponenten. Nicht nur Sancho Pansa zählt dazu, auch die lange Reihe von »Realpolitikern«, angefangen mit Machiavelli, der seinem »Fürsten« alle Illusionen über das Wesen des Politischen austreibt, über Bismarck, in dem der Begriff seine erste Verkörperung findet, sowie Lenin, der die Kontrolle über das Vertrauen setzt, bis hin zu Churchill, der seinen Zeitgenossen »Blut, Schweiß und Tränen« abverlangt, oder Helmut Schmidt: »Wer Visionen hat, sollte zum Arzt gehen.« Unterstützung finden sie bei allen Philosophen, die den Nutzen zum Zweck des menschlichen Handelns erklären, von Epikur bis John Stuart Mill, in der Evolutionslehre bei Charles Darwin, der das Leben als »Kampf ums Dasein« interpretiert, in der positivistischen Wissenstheorie Auguste Comtes, der jeder Metaphysik zugunsten der Empirie aufkündigt, ja sogar in der Kunst, wo die naturalistische Darstellung die Imagination immer mehr verdrängt. Und natürlich überall dort, wo es um Geld und seine Verteilung geht: Im Finanzwesen der Staaten und im Controlling moderner Wirtschaftsunternehmen.

Nur zu Helden in der Literatur scheinen die Realisten wenig zu taugen. In Shakespeares »Hamlet« erkennt sich jeder Europäer gerne wieder – doch auch in Arno Holz' »Papa Hamlet«? Am sympathischsten noch treten sie als Verwandte Sancho Pansas auf: bauernschlaue Schelme und Dienerfiguren wie Botes »Till Eulenspiegel« oder Grimmelshausens »Simplicissimus«, »Lazarillo de Tormes« oder Wielands »Pedrillo«, Beaumarchais' »Figaro« oder Hašeks braver Soldat »Schwejk«. Weit unsympathischer erscheinen sie dagegen in ihrem Hang zur Sparsamkeit, nicht nur in Molières »Geizigem«, auch als Ebenezer Scrooge in Dickens' »Weihnachtsgeschichte« oder als »Père Goriot« von Balzac. Vollends zur Karikatur aber gerät der Realist, wenn er sein wahres Wesen bei Max Frisch entpuppt: als »Biedermann«, dessen Sicherheitsdenken die Brandstifter so lange traktieren, bis sein Haus in Flammen aufgeht.

Auf wen also soll ich hören, beim nächsten Mal vor die Wahl gestellt: auf den »Don Quijote« oder den »Sancho Pansa« in meiner Brust? In »Scipios Traum« siedelt Cicero den Menschen irgendwo zwischen Himmel und Erde an, ein Wesen, wie Descartes erklärt, das mit Leib und Seele gleichermaßen begabt ist – weder eine »Maschine«, zu der La Mettrie ihn herabwürdigt, noch »reine« Vernunft, in die er bei Kant sich versteigt. Also bleibt mir nichts anderes übrig, als beiden Stimmen Gehör zu schenken. Wer nach den Sternen greift, muss mit beiden Füßen auf dem Boden stehen! Insofern ist Karl Poppers Theorie vom ewigen Wechselspiel zwischen »Versuch und Irrtum« vermutlich der europäischen Weisheit letzter Schluss. Im Versuch genießt der Idealist seine Freiheit, die Wirklichkeit zu überbieten – im Irrtum zeigt die Realität ihm die Grenzen auf, denen er dabei unterliegt. Wenigstens bis zum nächsten Versuch.

Niccolò Machiavelli
Der Fürst

Niccolò Machiavelli *(1469–1527) hat in der Regierungstheorie und in der Betrachtung politischer Moral eine regelrechte Revolution hervorgerufen. Seine Abhandlung* Der Fürst *gilt den Einen als geniale Analyse der Wirklichkeit, den Anderen als zynischer Freibrief für unmoralisches Verhalten.*

Weshalb die Menschen und vor allem die Herrscher gelobt und getadelt werden

Es bleibt noch zu untersuchen, wie sich ein Herrscher gegen seine Untertanen und seine Freunde zu verhalten hat. Da es mir bewußt ist, daß schon viel darüber geschrieben wurde, fürchte ich, daß man mich für anmaßend hält, wenn auch ich darüber schreibe, zumal ich gerade bei der Erörterung dieses Stoffes von der üblichen Behandlungsweise abgehe. Da es aber meine Absicht ist, etwas Brauchbares für den zu schreiben, der Interesse dafür hat, schien es mir zweckmäßiger, dem wirklichen Wesen der Dinge nachzugehen als deren Phantasiebild. Viele haben sich Vorstellungen von Freistaaten und Alleinherrschaften gemacht, von denen man in Wirklichkeit weder etwas gesehen noch gehört hat; denn zwischen dem Leben, wie es ist, und dem Leben, wie es sein sollte, ist ein so gewaltiger Unterschied, daß derjenige, der nur darauf sieht, was geschehen sollte, und nicht darauf, was in Wirklichkeit geschieht, seine Existenz viel eher ruiniert als erhält. Ein Mensch, der immer nur das Gute möchte, wird zwangsläufig zugrunde gehen inmitten von so vielen Menschen, die nicht gut sind. Daher muß sich ein Herrscher, wenn er sich behaupten will, zu der Fähigkeit erziehen, nicht allein nach moralischen Gesetzen zu handeln sowie von diesen Gebrauch oder nicht Gebrauch zu machen, je nachdem es die Notwendigkeit erfordert.

Ich lasse also alles beiseite, was über Herrscher zusammenphantasiert wurde, und spreche nur von der Wirklichkeit. Da ist zunächst zu sagen, daß allen Menschen und insbesondere regierenden Persönlichkeiten infolge ihres außerordentlichen Rangs bei Unterhaltungen über sie manche Eigenschaften zugesprochen werden, die ihnen Tadel oder

Lob eintragen. Da wird der eine für freigebig gehalten, der andere für »filzig« (ich benütze hier einen toskanischen Ausdruck; denn »geizig« ist nach unserem Sprachgebrauch auch der, der aus Habgier nach Besitz trachtet, während wir »filzig« den nennen, der allzu wenig Gebrauch von seinem Besitz macht). Mancher gilt für freigebig, mancher für habgierig, der eine für grausam, der andere für weichherzig, der für wortbrüchig, jener für treu; den einen heißt man weibisch und feig, den anderen kraftvoll und mutig, freundlich heißt der eine, hochfahrend der andere; der gilt als ausschweifend, jener als keusch; der eine als aufrichtig, der andere als verschlagen; der als hartherzig, jener als nachgiebig; dieser als schwerblütig, jener als leichtsinnig; der eine als fromm, der andere als ungläubig usw.

Ich bin mir wohl bewußt, daß es nach aller Meinung das Löblichste wäre, wenn ein Herrscher von all den aufgezählten Eigenschaften nur die besäße, die für gut gelten. Da es nun einmal unmöglich ist, sie alle zu besitzen oder sie alle miteinander zu beachten, und zwar wegen der menschlichen Anlage, die dies nun einmal nicht zuläßt, muß ein Herrscher so klug sein, den schlichten Ruf jener Laster zu meiden, die ihn um die Macht bringen können; und auch vor den Lastern, die seine Macht nicht in Gefahr bringen, soll er sich, wenn irgend möglich, hüten. Ist er jedoch nicht dazu imstande, so kann er sich hierin mit einiger Vorsicht gehen lassen. Es braucht ihn auch nicht zu berühren, den schlechten Ruf jener Laster auf sich zu nehmen, ohne die er sich nur schwer an der Macht halten kann; denn wenn man alles genau betrachtet, so wird man finden, daß manches, was als Tugend gilt, zum Untergang führt, und daß manches andere, das als Laster gilt, Sicherheit und Wohlstand bringt.

Über Freigebigkeit und Sparsamkeit

Ich mache also mit den ersten der oben genannten Eigenschaften den Anfang und sage, wie gut es wäre, für freigebig gehalten zu werden. Doch Freigebigkeit, die so gehandhabt wird, daß sie auffällt, schadet dir. Wird sie aber vernünftig und maßvoll ausgeübt, wie man sie eben ausüben sollte, dann bleibt sie unbekannt und schützt dich nicht vor dem Vorwurf des Geizes. Will man also bei den Menschen den Ruf der

Freigebigkeit behaupten, so darf man keine Art Aufwand und Prachtentfaltung scheuen. Ein Herrscher, der so handelt, wird für solche Zwecke stets sein ganzes Vermögen vergeuden; er wird schließlich, wenn er weiterhin im Ruf der Freigebigkeit stehen möchte, genötigt sein, das Volk mit außerordentlichen Abgaben zu belasten, Steuern einzutreiben und alles nur Mögliche zu tun, um sich Geld zu verschaffen. So fängt er an, sich bei seinen Untertanen verhaßt zu machen und infolge seiner Armut von allen gering geschätzt zu werden. Da er mit dieser Freigebigkeit viele vor den Kopf gestoßen und nur wenigen Vorteil gebracht hat, wird er beim geringsten Anlaß Schwierigkeiten haben und bei der ersten besten Gefahr seine Herrschaft verlieren. Wenn er dies merkt und eine Änderung eintreten lassen will, so zieht er sich sofort den Vorwurf der Knauserigkeit zu.

Da also ein Herrscher die Tugend der Freigebigkeit ohne eigenen Schaden nicht in der Weise ausüben kann, daß sie allgemein bekannt wird, darf er, wenn er klug ist, den Ruf der Knauserigkeit nicht scheuen. Denn der Ruf seiner Freigebigkeit wird im Laufe der Zeit mehr wachsen, wenn man sieht, daß er infolge seiner Sparsamkeit mit seinen Einkünften auskommt, daß er sich gegen den, der Krieg gegen ihn führt, verteidigen und selber Unternehmungen durchführen kann, ohne das Volk zu belasten. So kommt er in den Ruf der Freigebigkeit bei allen denen, denen er nichts nimmt – und das sind Unzählige –, und in den Ruf der Knauserigkeit bei allen denen, denen er nichts gibt – und das sind nur wenige. In unserer Zeit haben wir die Ausführungen bedeutender Unternehmungen nur durch solche Männer erlebt, die für knauserig galten; die anderen sind zugrunde gegangen. Papst Julius II. machte sich den Ruf der Freigebigkeit zunutze, um auf den päpstlichen Stuhl zu kommen. Später dachte er nicht mehr daran, diesen Ruf zu pflegen, um Krieg führen zu können. Der derzeitige König von Frankreich hat viele Kriege geführt, ohne seine Untertanen mit außerordentlichen Abgaben zu belasten; denn alle Kosten hierfür hat er durch seine vieljährige Sparsamkeit aufgebracht. Der jetzige König von Spanien hätte nicht so viele Feldzüge siegreich durchführen können, wenn er den Ruf der Freigebigkeit angestrebt hätte.

Der Ruf der Knauserigkeit soll daher einen Herrscher wenig kümmern. Die Hauptsache ist, daß er seine Untertanen nicht auszuplündern braucht, daß er sich verteidigen kann, daß er nicht in Armut gerät und dadurch verächtlich wird und daß er nicht gezwungen wird, raubgierig zu werden. Knauserigkeit ist jedenfalls eine Untugend, die die Herrschaft erhält. Wenn mir jemand entgegenhalten würde, Cäsar wäre durch seine Freigebigkeit zur Weltherrschaft gelangt und viele andere wären zu den höchsten Ämtern emporgestiegen, weil sie im Ruf der Freigebigkeit standen, so gebe ich folgendes zur Antwort: es kommt darauf an, ob man bereits die Macht hat oder ob man auf dem Weg dazu ist, sie zu erwerben. Im ersteren Fall ist Freigebigkeit schädlich; im zweiten Fall ist es wohl nötig, für freigebig gehalten zu werden. Cäsar gehörte zu denen, die die Herrschaft über Rom anstrebten. Wäre er nach Erreichung seines Zieles länger am Leben geblieben und hätte er seinen Aufwand nicht eingeschränkt, so hätte er seine Herrschaft zugrunde gerichtet. Würde jemand einwenden, daß es viele Herrscher gegeben hat, die mit ihren Heeren Bedeutendes geleistet und doch als außerordentlich freigebig gegolten haben, so gebe ich zur Antwort: es kommt darauf an, ob ein Herrscher seine Aufwendungen mit eigenen Mitteln und den Mitteln der eigenen Untertanen bestreitet oder aus dem Gut anderer Leute. Im ersten Fall muß er sparsam sein, im zweiten Fall darf er keine Gelegenheit zur Freigebigkeit vorübergehen lassen.

Der Herrscher, der im Feld mit seinen Truppen von Beute, Plünderungen und Kontributionen lebt, verfügt über fremdes Gut; er muß freigebig sein; sonst verweigern ihm seine Soldaten den Gehorsam. Was nicht dir oder deinen Untertanen gehört, kannst du viel großzügiger verschenken. So haben es Cyrus, Cäsar und Alexander gemacht; denn die Verschwendung fremden Gutes beeinträchtigt dein Ansehen nicht, es wird vielmehr dadurch erhöht. Nur die Verschwendung deines eigenen Gutes schadet dir. Nichts verzehrt sich selber so sehr wie die Freigebigkeit; indem du sie ausübst, schmälerst du gleichzeitig die Möglichkeit, sie auszuüben. Du wirst entweder arm und verachtet oder, um der Armut zu entgehen, raubgierig und verhaßt. Vor nichts muß sich ein Herrscher mehr in acht nehmen als vor Verachtung und Haß; Freigebigkeit aber führt zu beiden. Daher ist es klüger, im Ruf der

Knauserigkeit zu stehen, die nur Schimpf, aber keinen Haß mit sich bringt, als im Rufe der Freigebigkeit stehen zu wollen und dadurch gezwungen zu sein, sich den Ruf der Raubgier zuzuziehen, der immer Schimpf und gleichzeitig Haß mit sich bringt.

Anonymus
Lazarillo de Tormes

Lazarillo de Tormes *(1554), anonym veröffentlicht, ist der Urvater aller Schelmenromane. In bewusster Abgrenzung von den Schäfer- und Ritterromanen der Zeit wird der Blick des Lesers auf die harte und erbarmungslose Realität des einfachen Volkes gelenkt. Lazarillo beginnt seinen langen Leidensweg als Blindenführer und kann nur dank seiner skrupellosen Gerissenheit überleben.*

Nun trägt sich's zu, daß eben daselbst ein Blinder ins Wirtshaus kommt; und weils ihm bedünkt, ich würde gleich für ihn gut sein, daß ich ihn führen könnte, so spricht er meine Mutter meinetwegen an. Sie aber befohl mich ihme aufs beste als sie wußte und konnte, sagte auch, ich wäre eines ehrlichen guten Mannes Kind; und mein Vater wäre in dem Zuge wider die Mohren blieben, in dem er den christlichen Glauben hätte fortpflanzen helfen: Sie hätte auch das Vertrauen zu mir und hoffete zu Gott, ich würde meinem Vatern nachschlagen; darum bäte sie ihn auch, er wollte mich wohl halten und auf mein Bestes denken, weil ich ein armes Waislin wäre. Er gab ihr zur Antwort, er wollte es tuen, und er nehme mich auf nicht für einen Jungen oder Buben, sondern für einen Sohn an. Und also fing ich ihm an zu dienen, und führete meinen neuen und alten Herren.

Wie wir uns nun etliche Tage zu Salamanca also beisammen aufgehalten hatten, und mein Printz etwa gedachte, es trüge ihm allda sein Gewerb nicht so viel daß er könnte zufrieden sein, so entschluß er sich, daß er seinen Stab weiter setzen wollte. Da wir nun wegefertig waren, ging ich noch zu guter letzte zu meiner Mutter; und wie sie mich nun gesegnete, so weineten wir alle beide: Da sagte sie zu mir; Nun mein liebes Kind, ich weiß, daß ich dich wohl nicht wieder sehen werde; schau bis fromm; und Gott sei dein Geleitsmann; bis itzo habe ich dich auferzogen, und dir nun auch zu einem guten Herren geholfen; siehe, forthin gib nur Achtung auf dich selbst. Und also lief ich wieder zu meinem Herren, der schon meiner wartete.

Also wanderten wir nun miteinander fort aus der Stadt Salamanca; wie wir nun zur Brücke kommen, so stehet gleich daforne an der Spitze ein steinern Bild das fast einem Ochsen gleich siehet: da sagte der Blinde ich sollte nahe zu dem Bilde hin gehen; wie ich nun da war, da spricht er: Höre mein Lazaro, recke die Ohren hübsch nahe zu dem Ochsen, so wirstu hören, was es für ein groß Gesumme und Gebrause darinnen hatt. In meiner Einfalt tue ichs, und recke den Kopf hin, und vermeine es sei dem also; wie er aber merket, daß ich den Kopf hart an den Stein angelehnet habe; da setzet er die Hand steif an, und gibet mir einen gewaltigen unbarmherzigen Stoß an den teufelischen Ochsen, daß mirs auch über drei Tage wehe tat, wo ich mich hingestoßen hatte: Und spricht danach; Du Dölpel, lerne itzund daß ein Bube der einen Blinden führen soll, noch ein bißlin mehr wissen muß als der Lützel selbst: Und kunnte daneben der Narrheit gewaltig lachen.

Nun muß ich gleichwohl sagen, eben in dem Augenblick wie mir dieser Possen widerfuhre, dünkte mich wie ich gleichsam erwachete aus meiner tiefen Einfalt, darinnen ich zuvor als ein Kind gar hart geschlafen hatte; ich gedachte auch bei mir selbst; Schau, der Blinde sagt wohl recht; denn es wird wohl nur müssen sein, ich muß nur die Augen besser auftuen, und Achtung auf mich haben; weil ich alleine bin, und mich auf niemand sonst zuverlassen habe; muß nur darauf gedenken, wie besehen und fortkommen möge.

Miguel de Cervantes
DON QUIJOTE

Miguel de Cervantes Saavedra *(1547–1616) hat mit seinem weltberühmten Paar Don Quijote und Sancho Pansa das archetypische Gegensatzpaar geschaffen: auf der einen Seite der unverbesserliche und unbelehrbare Idealist, der alles durch seine Ritterbrille sieht, auf der anderen Seite der pragmatische Sancho, der mit beiden Beinen fest auf dem Boden der schnöden Tatsachen steht.*

Von dem glücklichen Erfolg, den der mannhafte Don Quijote bei dem erschrecklichen und nie erhörten Kampf mit den Windmühlen davontrug, nebst andern Begebnissen, die eines ewigen Gedenkens würdig sind

Indem bekamen sie dreißig oder vierzig Windmühlen zu Gesicht, wie sie in dieser Gegend sich finden; und sobald Don Quijote sie erblickte, sprach er zu seinem Knappen: »Jetzt leitet das Glück unsere Angelegenheiten besser, als wir es nur immer zu wünschen vermöchten; denn dort siehst du, Freund Pansa, wie dreißig Riesen oder noch etliche mehr zum Vorschein kommen; mit denen denke ich einen Kampf zu fechten und ihnen allen das Leben zu nehmen. Mit ihrer Beute machen wir den Anfang, uns zu bereichern; denn das ist ein redlicher Krieg, und es geschieht Gott ein großer Dienst damit, so böses Gezücht vom Angesicht der Werde wegzufegen.«

»Was für Riesen?« versetzte Sancho Pansa.

»Jene, die du dort siehst«, antwortete sein Herr, »die mit den langen Armen, die bei manchen wohl an die zwei Meilen lang sind.«

»Bedenket doch, Herr Ritter«, entgegnete Sancho, »die dort sich zeigen, sind keine Riesen, sondern Windmühlen, und was Euch bei ihnen wie Arme vorkommt, das sind die Flügel, die, vom Winde umgetrieben, den Mühlstein in Bewegung setzen.«

»Wohl ist's ersichtlich«, versetzte Don Quijote, »daß du in Sachen der Abenteuer nicht kundig bist; es sind Riesen, und wenn du Furcht hast, mach dich fort von hier und verrichte dein Gebet, während ich zu einem grimmen und ungleichen Kampf mit ihnen schreite.«

Und dies sagend, gab er seinem Gaul Rosinante die Sporen, ohne auf die Worte zu achten, die ihm sein Knappe Sancho warnend zuschrie, es seien ohne allen Zweifel Windmühlen und nicht Riesen, die er angreifen wolle. Aber er war so fest davon überzeugt, es seien Riesen, daß er weder den Zuruf seines Knappen Sancho hörte noch selbst erkannte, was sie seien – obwohl er schon sehr nahe war –, vielmehr rief er mit lauter Stimme: »Fliehet nicht, feige niederträchtige Geschöpfe; denn *ein* Ritter allein ist es, der euch angreift.«

Indem erhub sich ein leiser Wind, und die langen Flügel fingen an, sich zu bewegen. Sobald Don Quijote dies sah, sprach er: »Wohl, ob ihr auch mehr Arme als die des Riesen Briareus bewegtet, ihr sollt mir's doch bezahlen.«

Und dies ausrufend und sich von ganzem Herzen seiner Herrin Dulcinea befehlend und sie bittend, ihm in so entscheidendem Augenblicke beizustehen, wohl gedeckt mit seinem Schilde, mit eingelegtem Speer, sprengte er an im vollsten Galopp Rosinantes und griff die erste Mühle vor ihm an; aber als er ihr einen Lanzenstoß auf den Flügel gab, drehte der Wind diesen mit solcher Gewalt herum, daß er den Speer in Stücke brach und Roß und Reiter mit sich fortriß, so daß sie gar übel zugerichtet übers Feld hinkugelten.

Sancho Pansa eilte im raschesten Trott seines Esels seinem Herrn beizustehen, und als er herzukam, fand er, daß Don Quijote sich nicht regen konnte, so gewaltig war der Stoß, mit dem Rosinante ihn niedergeworfen. »So helf mir Gott!« sprach Sancho, »hab ich's Euer Gnaden nicht gesagt, Ihr möchtet wohl bedenken, was Ihr tuet, es seien nur Windmühlen, und das könne nur der verkennen, der selbst Windmühlen im Kopf habe?«

»Schweig, Sancho«, antwortete Don Quijote. »Denn die Dinge des Krieges, mehr als andere, sind fortwährendem Wechsel unterworfen; zumal ich meine, und gewiß verhält sich's so, daß jener weise Fristón, der mir das Zimmer und die Bücher entführte, diese Riesen in Windmühlen verwandelt hat, um mir den Ruhm ihrer Besiegung zu entziehen; solche Feindseligkeiten hegt er gegen mich. Aber am Ende, am Ende werden seine bösen Künste wenig vermögen gegen die Macht meines Schwertes.«

»Gott füge das so, er vermag's«, entgegnete Sancho Pansa und half ihm, sich zu erheben; und der Ritter stieg wieder auf seinen Rosinante, der nahezu buglahm war.

Auguste Comte
Die positive Philosophie

Auguste Comte *(1798–1857) hat mit seiner Philosophie des Positivismus einen wesentlichen Beitrag zur Entwicklung des modernen wissenschaftlichen Denkens geleistet. Was er den »positiven Zustand« nennt, ist eine kulturhistorische Entwicklungsstufe der Menschheit, in der auf die theologische Interpretation der Welt verzichtet werden kann.*

Darlegung des Zweckes dieses Werkes oder allgemeine Betrachtungen über Wesen und Wichtigkeit der positiven Philosophie

Der Gegenstand dieses ersten Kapitels ist eine Darlegung meines Zieles. Die Art meiner Lehre kann jedoch erst nach Entwicklung ihrer einzelnen Teile beurteilt werden; indes ist dieser Übelstand immer vorhanden, wenn man sehr umfangreiche Gedankensysteme vorläufig begrifflich bestimmen soll. Solche allgemeinen Definitionen können aufgefaßt werden als die kurze Bestimmung einer erst noch aufzubauenden Lehre oder als die gedrängte Inhaltsangabe einer bereits vorhandenen. Im letzteren Falle haben sie ihren vollen Wert, im ersteren kennzeichnen sie den in Betracht kommenden Gegenstand. Das Feld unserer Untersuchungen muß genau umschrieben werden; denn die Aufgabe, mit der wir uns beschäftigen wollen, ist so weitläufig und bisher noch so wenig begrifflich bestimmt wie das, womit ich mich beschäftigen will. Infolge dieses logischen Zwanges muß ich sofort die Reihe jener Betrachtungen andeuten, die mich zu meiner Lehre geführt haben.

Ehe ich jedoch das Wesen und die Eigentümlichkeit der positiven Philosophie darlege, muß ich zuvor den fortschreitenden Gang des menschlichen Geistes im ganzen prüfen; denn eine neue Auffassung kann nur durch deren geschichtliche Entstehung verstanden werden.

Bei dem Studium der Entwicklung des menschlichen Geistes von seinem einfachsten Ansatz bis auf unsere Zeit glaube ich ein großes Gesetz entdeckt zu haben, dem diese Entwicklung unterworfen ist. Ein solches Gesetz kann meiner Ansicht nach aufgestellt werden, indem man es entweder auf die Beweise stützt, die sich aus der Erkenntnis unserer Organisation ergeben, oder auf die Bestätigungen der Geschichte, die sich aus der Prüfung der Vergangenheit ergeben. Dieses Gesetz lautet: Jeder Zweig unserer Kenntnisse durchläuft der Reihe nach drei verschiedene theoretische Zustände (Stadien), nämlich den theologischen oder fiktiven Zustand, den metaphysischen oder abstrakten Zustand und den wissenschaftlichen oder positiven Zustand. Mit andern Worten: Der menschliche Geist wendet in allen seinen Untersuchungen der Reihe nach verschiedene und sogar entgegengesetzte Methoden bei seinem Philosophieren an; zuerst die theologische Methode, dann die metaphysische und zuletzt die positive. Die erste ist der Punkt, an dem die Erkenntnis beginnt; die dritte der feste und endgültige Zustand, die zweite dient nur als Übergang von der ersten zur dritten.

Im theologischen Zustand richtet der menschliche Geist seine Untersuchungen auf die innere Natur der Dinge und auf die ersten Ursachen und letzten Ziele aller Erlebnisse, die ihn treffen; mit einem Wort: auf die absolute Erkenntnis. Die Vorgänge gelten ihm hier als die Taten weniger oder zahlreicher übernatürlicher Wesen, und deren Einwirkungen erklären ihm alle auftretenden Unregelmäßigkeiten der Welt. Im metaphysischen Zustand, der nur eine Abwandlung des vorgehenden ist, werden die übernatürlichen Mächte durch abstrakte Kräfte oder Entitäten ersetzt, die den verschiedenen Wesen der Welt innewohnen sollen. Sie sollen imstande sein, alle beobachteten Erscheinungen zu erzeugen, deren Erklärung darin besteht, daß man ihnen die jeweilig entsprechende Entität zuweist.

Im positiven Zustand erkennen wir endlich die Unmöglichkeit, zu absoluten Begriffen zu gelangen; wir geben es auf, den Ursprung und die Bestimmung des Weltalls zu ermitteln und die inneren Ursachen der Erscheinungen zu erkennen. Statt dessen suchen wir deren Gesetze durch gemeinsamen Gebrauch der Vernunft und der Beobachtungen zu entdecken, d. h. deren Beziehungen im Nacheinander und der Ähnlichkeit nach. Die Erklärung der Tatsachen besteht nur noch darin, daß man die einzelnen Erscheinungen in Beziehung setzt zu allgemeinen Tatsachen, deren Zahl der Fortschritt der Wissenschaft stetig zu vermindern strebt.

Charles Darwin

DIE ABSTAMMUNG DES MENSCHEN

Charles Darwin *(1809–1882) gilt als Begründer der Evolutionstheorie. Der Mensch steht zwar als besonders hoch entwickelte Spezies an einem besonderen Platz, aber auch er ist Ergebnis der natürlichen Evolution, nicht das Produkt einer metaphysischen Schöpferkraft.*

Viele Jahre hindurch habe ich Notizen über den Ursprung oder die Abstammung des Menschen gesammelt, ohne die Absicht, etwas darüber zu veröffentlichen; ich war im Gegenteil entschlossen, nichts davon in die Öffentlichkeit zu bringen, weil ich fürchtete, damit nur die Vorurteile gegen meine Ansichten zu vermehren. In der ersten Ausgabe meiner ›Entstehung der Arten‹ ließ ich es bei der Andeutung bewenden, daß durch dieses Werk Licht verbreitet würde auch über den Ursprung des Menschen und seine Geschichte. Darin lag eingeschlossen, daß der Mensch hinsichtlich seines Erscheinens auf der Erde denselben allgemeinen Schlußfolgerungen unterworfen sei wie jedes andere Lebewesen.
Jetzt liegen die Dinge wesentlich anders. Wenn ein Naturforscher von der Bedeutung Karl Vogts als Präsident des Nationalinstituts von Genf (1869) erklären darf: »Niemand, wenigstens in Europa, wagt mehr, die Erschaffung der Arten, unabhängig voneinander, zu verteidigen«, so muß jetzt offenbar eine große Zahl von Naturforschern geneigt sein, die Arten als veränderte Nachkommen anderer Arten zu betrachten. Dies gilt besonders für die jüngeren und aufstrebenden Naturforscher. Die Mehrzahl derselben anerkennt die natürliche

Zuchtwahl, wenn auch einige meinen, ich hätte ihre Bedeutung sehr überschätzt. Ob sie recht haben, muß die Zukunft entscheiden. Unter den älteren und angeseheneren Naturforschern gibt es leider auch noch solche, die von einer Entwicklung überhaupt nichts wissen wollen.
Den gegenwärtig von den meisten Naturforschern angenommenen Anschauungen werden schließlich auch die Laien folgen; und so habe ich mich denn entschlossen, meine Notizen zusammenzustellen, um zu sehen, inwieweit sich die allgemeinen Schlußfolgerungen meiner früheren Werke auch auf den Menschen anwenden lassen. Dies zu tun erschien mir um so notwendiger, als ich meine Betrachtungsweise bisher noch nicht auf eine einzelne Art angewendet habe. Wenn wir unser Augenmerk auf eine einzige Form beschränken, so verzichten wir auf die wichtigen Beweismittel, die uns die verwandtschaftlichen Beziehungen ganzer Organismengruppen, ihre geographische Verbreitung in Gegenwart und Vergangenheit und ihre geologische Aufeinanderfolge liefern. Übrig bleiben für die Betrachtung die gleichartigen Bildungen (homologe Strukturen), die rudimentären Organe und die embryonale Entwicklung einer Art, sei es nun des Menschen oder irgendeines anderen Tieres, worauf sich unser Augenmerk richtet. Aber gerade diese großen Gruppen von Tatsachen erheben, wie mir scheint, das Prinzip der allmählichen Entwicklung zur höchsten Wahrscheinlichkeit. Indessen wird es gut sein, auch die Beweiskraft der anderen Tatsachen im Auge zu behalten.
In diesem Werke soll nun untersucht werden: erstens, ob der Mensch – wie jede andere Art – von einer früher existierenden Form abstammt; zweitens die Art und Weise seiner Entwicklung; drittens der Wert der Unterschiede zwischen den sogenannten Menschenrassen.

Charles Dickens

EINE WEIHNACHTSGESCHICHTE

Charles Dickens *(1812–1870) gehört zu den großen Erzählern des europäischen Realismus. Mit* Oliver Twist *hat er einen Welterfolg geschaffen.*

In Eine Weihnachtsgeschichte *wird der hartherzige, nur an die materielle Dimension des menschlichen Lebens glaubende Scrooge durch traumähnliche Begegnungen mit Geistererscheinungen, die ihm sein eigenes jämmerliches Ende vor Augen führen, zum wohltätigen Christen bekehrt.*

Bei Scrooge brannte nur ein kümmerliches Feuer, aber das des Schreibers war noch viel kleiner, so daß es wie eine einzige Kohle aussah. Doch konnte er nicht nachlegen, denn die Kohlenkiste stand in Scrooges eigener Stube, und jedesmal, wenn der Schreiber mit der Schaufel hereinkam, kündigte ihm sein Herr an, daß sie sich wohl bald trennen müßten. Dann zog der Schreiber sein weißes Halstuch in die Höhe und versuchte, sich an der Kerze zu erwärmen; da er jedoch nur über wenig Einbildungskraft verfügte, mißlang ihm stets dieser Versuch.
»Fröhliche Weihnachten, Oheim! Gott segne Sie!« rief eine muntere Stimme. Sie gehörte Scrooges Neffen, der so rasch auf ihn zukam, daß dies das erste Zeichen seiner Anwesenheit war.
»Pah!« rief Scrooge, »Possen!«
Sein Neffe hatte sich durch das rasche Gehen in Nebel und Frost so erhitzt, daß er förmlich glühte; sein Gesicht war hübsch in seiner Röte, seine Augen glänzten, und sein Atem dampfte noch.
»Wie, Oheim, Weihnachten ein Possen?« rief Scrooges Neffe; »das ist doch sicherlich nicht Ihr Ernst?«
»Ganz mein Ernst« versetzte Scrooge. »Fröhliche Weihnachten! Was für ein Recht hast du, fröhlich zu sein? Was für einen Grund hast du, zufrieden zu sein? Du bist doch arm genug.«
»Ei, Oheim!« versetzte der Neffe munter, »was für ein Recht haben Sie, verdrossen zu sein? Was für einen Grund haben Sie, mürrisch zu sein? Sie sind doch reich genug!«
Da Scrooge in der Eile keine bessere Antwort zur Hand hatte, gab er wiederum ein »Pah!« zurück und ließ »Possen!« darauf folgen.
»Nicht ärgern, Oheim!« rief der Neffe.
»Was soll ich denn tun«, entgegnete der Oheim, »solange ich in einer solchen Welt voll Narren lebe? Fröhliche Weihnachten! Zum Henker mit den fröhlichen Weihnachten! Was ist Weihnachten denn schon anderes als eine Zeit, da man ohne Geld in der Tasche Rechnungen

bezahlen soll? Eine Zeit, da man sich um ein Jahr älter und um keine Stunde reicher fühlt? Eine Zeit, da du in deinen Büchern Bilanz machen mußt und jeden Posten in allen zwölf Monaten des Jahres als Soll zu spüren bekommst? Wenn es nach mir ginge«, setzte er entrüstet hinzu, »müßte jeder Dummkopf, der mit ›Fröhliche Weihnachten‹ im Munde herumläuft, mit seinem eigenen Pudding gekocht und mit einem Stechpalmenzweig durchs Herz begraben werden. Ja, das sollte er!«

»Oheim!« hielt ihm der Neffe vor.

»Neffe!« erwiderte der Oheim böse, »feiere Weihnachten auf deine Weise und laß mich's auf meine feiern.«

»So feiern Sie's!« wiederholte der Neffe. »Aber Sie tun's ja doch nicht.«

»Das überlaß nur mir!« meinte der Alte. »Wohl bekomm's dir! Es hat dir stets viel Gutes gebracht!«

»Es gibt viele Dinge, kann ich wohl sagen, aus denen ich Nutzen hätte ziehen können und doch nicht gezogen habe«, versetzte der Neffe; »Weihnachten gehört auch dazu. Aber ich habe die Weihnachtszeit, wenn sie herankam, ganz abgesehen – soweit das bei einem Wesensbestandteil möglich ist – von der Verehrung, die wir ihrem geheiligten Namen und Ursprung schulden, sicherlich stets als gute Zeit angesehen, als eine menschenfreundliche, angenehme Zeit voll Wohlwollen und Vergebung, als die einzige Zeit im Kalenderjahr, die ich kenne, in der Männer und Frauen gleichmäßig bereit scheinen, ihre verschlossenen Herzen frei zu öffnen und an ärmere Menschen zu denken, als ob sie wirklich Reisegefährten zum Grab hin wären und nicht Geschöpfe anderer Art mit anderer Wegrichtung. Und deshalb, Oheim, glaube ich, obwohl mir die Weihnachtszeit nie einen Schatz von Gold oder Silber in die Tasche gebracht hat, daß sie mir Gutes getan hat und Gutes tun wird, und sage: Gott segne sie!«

Der Schreiber im Kasten nebenan gab unwillkürlich seinen Beifall zu erkennen. Da ihm aber sogleich das Ungehörige seines Beitragens bewußt wurde, schürte er rasch das Feuer und erstickte dabei den letzten schwachen Funken für immer.

Charles Baudelaire

ALBATROS

Charles Baudelaire *(1821–1867) sieht den Dichter und Künstler als ein Wesen, dessen visionäre Kraft die Schönheit des schwebenden Vogels hat, aber in der Welt der Tatsachen und des Materiellen ungeschickt und glücklos agiert.*

Oft fangen die Matrosen zum Vergnügen
Sich Albatrosse, welche mit den weiten
Schwingen gelassen um die Schiffe fliegen,
Die über bittre Meerestiefen gleiten.

Wenn sie sich linkisch auf den Planken drängen,
Die Könige der Bläue, wie verlegen
Und kläglich da die weißen Flügel hängen,
Ruder, die schleppend sich zur Seite legen.

Beflügelt, doch wie schwächlich und gespreizt!
Zuvor so schön, jetzt häßlich und zum Lachen!
Der eine mit der Pfeife seinen Schnabel reizt,
Der andre sucht ihn linkend nachzumachen!

Und jenem Wolkenfürsten gleicht der Dichter,
Der Schützen narrte, der den Sturm bezwang;
Hinabverbannt zu johlendem Gelichter,
Behindern Riesenschwingen seinen Gang.

Charles de Coster

DIE GESCHICHTE VON ULENSPIEGEL

Charles de Coster *(1827–1879) hat mit seiner Version des* Tyll Ulenspiegel *einen Helden des niederländischen Freiheitskampfes geschaffen, der* *mit seiner praktischen Klugheit nicht nur die eigenen, sondern auch die gemeinschaftlichen Interessen verfolgt. Zum ersten Mal wurde der Stoff des Till Eulenspiegel von Hermann Bote (um 1467 – um 1520) als Volksbuch veröffentlicht. Das Buch wurde schon im 16. Jh. ein internationaler Bestseller. Man geht davon aus, dass Till Eulenspiegel wirklich existiert hat.*

Ulenspiegel hatte den Landgrafen von Hessen verlassen, setzte sich auf seinen Esel und begegnete, da er den Schloßplatz überquerte, einigen ingrimmigen Herrn- und Damengesichtern, aber das kümmerte ihn durchaus nicht.
Bald gelangte er ins Gebiet des Herzogs von Lüneburg und stieß dort auf eine Schar »smaedelyke broeders«, fröhliche Flamen aus Sluys, die jeden Samstag etwas Geld beiseite taten, um einmal im Jahr nach Deutschland fahren zu können.
Singend rollten sie des Wegs in einem offenen Leiterwagen, gezogen von einem kräftigen Vuerne-Ambachter Gaul, der sie und ihre Schnurrpfeifereien über Wege und Moore des Herzogtums Lüneburg zog. Einige unter ihnen spielten mir großem Gelärm Pfeife, Zinke, Fiedel und Dudelsack. Neben dem Wagen schritt oftermalen ein »dikzak« (ein Dicksack), der den Rommelpott spielte und zu Fuß ging, erhoffend, so schmölze sein Wanst. Wie sie gerade beim letzten Gulden waren, sahen sie Ulenspiegel mit klingender Münze beschwert auf sich zukommen, kehrten mit ihm in ein Wirtshaus ein und kamen für sein Trinken auf. Ulenspiegel nahm bereitwillig an. Er gewahrte indessen, daß die »smaedelyke broeders« mit den Augen zwinkerten, wenn sie ihn ansahen, und schmunzelten, wenn sie ihm einschenkten, bekam Wind von irgendeinem Schelmenstreich, ging heraus und blieb in der Türe, um ihren Reden zu lauschen. Er vernahm, wie der »dikzak« über ihn sprach: »Dies ist der landgräfliche Maler, er hat für ein Bild mehr wie tausend Gulden erhalten. Wir wollen ihn mit Bier und Wein hochleben lassen, er gibt's uns gedoppelt zurück.«
»Amen«, sprachen die andern.
Ulenspiegel stellte seinen Esel fix und fertig gesattelt tausend Schritte weit weg bei einem Pachter ein, gab einer Magd zwei Batzen, daß sie

auf ihn achtgebe, ging in die Wirtsstube zurück und setzte sich wortlos an den Tisch der »smaedelyke broeders«. Diese schenkten ihm ein und bezahlten. Ulenspiegel ließ des Landgrafen Geld in seinem Schnappsack erklingen und sagte, soeben habe er seinen Esel um siebzehn »silberdaelders« (Taler) einem Bauern verkauft.

Trinkend und schmausend, Pfeife, Dudelsack und Rommelpott bearbeitend, so fuhren sie durchs Land und sammelten sich am Wege die Gevatterinnen auf, die ihnen entgegenkommenden Wesens schienen. Dergestalt brachten sie Herrgottskinder zustande, vormerklich Ulenspiegel. Dessen Liebesgevatterin bekam in der Folge einen Sohn, den sie »Eulenspiegelken« nannte, das ist Deutsch und heißt Eule und kleiner Spiegel, und zwar weil die Gevatterin die Namensbedeutung ihres Zufallsliebsten nicht recht begriff, vielleicht aber auch zum Andenken an die Stunde, da der Kleine gemacht wurde. Und das ist das Eulenspiegelken, von dem es fälschlich heißt, er sei geboren zu Knittingen (recte Kneitlingen) im Sachsenlande. Sie fuhren, von ihrem wackeren Gaul gezogen, eine Landstraße entlang, an deren Rand ein Dorf lag mit Herberge, die hatte zum Schild: »In den Ketele«, Zum Kessel. Ihr entströmte herrlicher Schmorgeruch.

Der »dikzak«, welcher den Rommelpott spielte, ging zum Wirt und sprach, indem er auf Ulenspiegel wies: »Der ist landgräflicher Maler, er bezahlt alles.«

Der Baas sah sich Ulenspiegels Gesicht an, fand es ansprechend, und da er den Klang der Gulden und Daelders vernahm, setzte er Essen und Trinken auf den Tisch. Ulenspiegel war kein Kostverächter. Und immerzu klangen ihm die Taler im Säckel. Manchmal schlug er auch auf seinen Hut und sagte, dorrt stecke sein größter Schatz. Als das Geschmause zwei Tage und eine Nacht gewährt hatte, sprachen die »smaedelyke broeders« zu Ulenspiegel: »Zahlen wir die Zeche und räumen wir das Feld.«

Ulenspiegel antwortete: »Wenn der Ratz im Käs sitzt, will er dann weiter?«

»Nein«, sagten sie.

»Und wenn der Mensch gut ißt und trinkt, sucht er dann nach Straßenstaub und Rinnsalen voller Blutegel?«

»Nein«, sagten sie.

»Drum, lasset uns hierbleiben«, fuhr Ulenspiegel fort, »und solange wir unsere Gulden und Daelders als Trichter brauchen können, fröhlich machenden Trank uns in den Schlund gießen.«

Und er bestellte beim Wirt noch mehr Wein und Wurst. Als sie so aßen und tranken, sprach Ulenspiegel: »Ich bezahl, bin heute Landgraf. Wenn meine Geldkatze leer wäre, was müßtet ihr tun, Gesellen? Ihr nähmet meinen weichen Filzdeckel und fändet ihn in Kopf und Kranz voller Karolen.«

»Laß uns dran tappen«, riefen alle zugleich. Aufseufzend spürten sie große Stücke im Umfang von Goldkarolen zwischen den Fingern.

Aber einer bepratzte ihn so zutunlich, daß Ulenspiegel ihn wieder an sich nahm und sagte: »Du ungestümer Melker, mußt die Stunde des Strichemachens abwarten können.«

»Gib mir die Hälfte deines Huts«, sagte der »smaedelyke broeder«.

»Nein«, sprach Ulenspiegel, »ich will nicht, daß dir ein Narrenhirn werde, halb schattig, halb besonnt.«

Dann gab er seine Kopfbedeckung dem Baas.

»Da, hebe ihn mir einstweilen auf, denn es macht warm«, sagte er, »ich meinerseits will mich jetzt draußen entleeren.«

Er tat's, und der Wirt hob den Hut auf.

Bald darauf verließ er die Herberge, begab sich zum Bauern, setzte sich auf seinen Esel und sprengte im Eselsgalopp die Straße, welche nach Emden führt. Als die »smaedelyke broeders« ihn nicht zurückkommen sahen, sprachen sie zueinander: »Ist er fort? Wer bezahlt die Zeche?«

Der Wirt bekam es mit der Angst und öffnete Ulenspiegels Hut durch einen Messerschnitt. Aber statt Karolen fand er nur elende Kupferspielmarken zwischen Filz und Futter. Da erboste er sich über die »smaedelyke broeders« und sprach zu ihnen: »Ihr Brüder im Lumpentum, ihr geht mir nicht von dannen, wenn ihr mir nicht all eure Kleider bis allein aufs Hemd dalaßt.«

Und sie mußten sich alle ausschälen, um ihre Schuld zu bezahlen. So fuhren sie im Hemd über Berg und Tal, denn sie mochten weder Gaul noch Gefährt verkaufen. Wer aber sie so erbarmungswürdig anschaute, der gab ihnen gern Zehrung, Brot, Bier und manches Mal Fleisch; denn sie erzählten überall, sie seien von Räubern ausgeschält worden.

Jaroslav Hašek
DIE ABENTEUER DES BRAVEN SOLDATEN SCHWEJK

Jaroslav Hašek *(1883–1923) schafft mit dem Helden von* Die Abenteuer des braven Soldaten Schwejk *eine in ganz Europa bekannte Figur. Mit Witz und gesundem Menschenverstand weiß sich Schwejk auch in schwierigen Situationen zu helfen.*

Schwejks Mißgeschick im Zug

In einem Kupee 2. Klasse des Schnellzugs Prag–Budweis befanden sich drei Personen. Oberleutnant Lukasch, ihm gegenüber ein alter, vollständiger kahlköpfiger Herr und Schwejk, der bescheiden bei der Kupeetür stand. Er schickte sich gerade an, einen neuen Ansturm Oberleutnant Lukaschs über sich ergehen zu lassen, der, ohne die Anwesenheit des kahlköpfigen Zivilisten zu beachten, auf der ganzen Strecke, die sie durchfuhren, Schwejk andonnerte, er sei ein Rindvieh Gottes usw.

Es handelte sich um nichts anderes als um eine Kleinigkeit, nämlich um die Zahl der Gepäckstücke, auf die Schwejk achtzugeben hatte.

»Man hat uns einen Koffer gestohlen«, warf der Oberleutnant Schwejk vor, »das ist leicht gesagt, du Lump!«

»Melde gehorsamst, Herr Oberlajtnant«, ließ sich Schwejk leise vernehmen, »man hat uns ihn wirklich gestohlen. Aufm Bahnhof treiben sich immer viel solcher Schwindler herum, und ich stell mir halt so vor, daß einem von ihnen unbedingt Ihr Koffer gefallen hat und daß der Kerl wahrscheinlich die Gelegenheit ausgenützt hat, wie ich vom Gepäck weggegangen bin, um Ihnen zu melden, daß mit unserm Gepäck alles in Ordnung is. Er hat uns den Koffer grad nur in so einem günstigen Moment stehlen können. Auf so einen Moment lauern diese Gauner. Vor zwei Jahren ham sie aufm Nordwestbahnhof einer Frau ein Wagerl mitsamt einem Mäderl im Wickelbett gestohlen und waren so nobel, daß sie das Mäderl aufm Polizeikommissariat bei uns in der Gasse abgegeben ham, daß sies herich in einem Hausflur gefunden ham. Dann ham die Zeitungen aus der armen Frau eine Rabenmutter gemacht.«

Und Schwejk erklärte nachdrücklich: »Am Bahnhof is immer gestohlen worn und wird weiter gestohlen wern. Anders gehts nicht.«

»Ich bin überzeugt, Schwejk«, ergriff der Oberleutnant das Wort, »daß es mit Ihnen einmal schlecht enden wird. Ich weiß noch immer nicht, machen Sie einen Ochsen aus sich, oder sind Sie schon als Ochs zur Welt gekommen. Was war in dem Koffer?«

»Im ganzen nichts, Herr Oberlajtnant«, entgegnete Schwejk, ohne die Augen von dem kahlen Schädel des Zivilisten abzuwenden, der dem Oberleutnant gegenübersaß und, wie es schien, nicht das geringste Interesse für die ganze Angelegenheit zeigte, sondern die »Neue Freie Presse« las. »In dem ganzen Koffer war nur der Spiegel ausm Zimmer und der eiserne Hutrechen ausm Vorzimmer, so daß wir eigentlich keinen Verlust erlitten ham, weil der Spiegel und der Rechen dem Hausherrn gehört ham.«

Als er die fürchterliche Grimasse des Oberleutnants sah, fuhr Schwejk mit liebenswürdiger Stimme fort: »Melde gehorsamst, Herr Oberlajtnant, daß ich davon, daß der Koffer gestohlen wern wird, im voraus nichts gewußt hab, und was den Spiegel und Hutrechen betrifft, so hab ichs dem Hausherrn gesagt, daß wirs ihm zurückgeben wern, bis wir ausm Krieg nach Haus kommen. In den feindlichen Ländern gibts so viel Spiegel und Rechen, so daß wir in diesem Fall mitn Hausherrn keine Schwierigkeiten ham können. Gleich wie wir irgendeine Stadt erobern …«

»Kuschen Sie, Schwejk«, rief der Oberleutnant mit entsetzlicher Stimme dazwischen, »ich werde Sie noch vors Feldgericht bringen. Überlegen Sie sichs gut, ob Sie nicht der allerblödeste Kerl auf der Welt sind. Mancher Mensch würde, wenn er tausend Jahre leben sollte, nicht so viele Blödheiten anstelln wie Sie in diesen paar Wochen. Ich hoffe, daß Sie das auch gemerkt haben?«

»Melde gehorsamst, Herr Oberlajtnant, ich habs auch gemerkt. Ich hab, wie man sagt, ein entwickeltes Beobachtungstalent, wenns schon zu spät is und etwas Unangenehmes geschieht. Ich hab so ein Pech, wie ein gewisser Nechleba aus der Nekázanka, der dort ins Gasthaus zur ›Hündin im Hain‹ gegangen is. Der wollt immer brav sein und von Samstag an ein neues Leben führen, und immer am nächsten Tag hat er gesagt: ›Gegen früh, Kameraden, hab ich euch bemerkt, daß ich auf einer Pritsche sitz.‹ Und immer hats ihn erwischt, wenn er sich vorgenommen hat, daß er ordentlich nach Haus gehn wird, und zum Schluß is herausgekommen, daß er irgendwo einen Zaun zerbrochen hat oder einen Droschkenkutscher ein Pferd ausgespannt hat oder sich die Pfeife mit einer Feder ausn Federbusch von einer Polizeipatrouille hat ausputzen wolln. Er war davon ganz verzweifelt, und am meisten hats ihm leid getan, daß dieses Pech ganze Generationen verfolgt hat. Sein Großvater is einmal auf die Wanderschaft gegangen …«

»Geben Sie mir Ruh, Schwejk, mir Ihren Beispielen.«

»Melde gehorsamst, Herr Oberlajtnant, daß alles, was ich hier erzähl, heilige Wahrheit is. Sein Großvater is auf die Wander…«

»Schwejk«, rief Oberleutnant erzürnt, »ich befehle Ihnen noch einmal, Sie solln mir nichts erzählen, ich will nichts hören. Bis wir nach Budweis kommen, werde ich mit Ihnen abrechnen. Wissen Sie, Schwejk, daß ich Sie einsperren laß?«

»Melde gehorsamst, Herr Oberlajtnant, ich weiß es nicht«, sagte Schwejk weich, »Sie ham noch nichts davon erwähnt.«

Dem Oberleutnant klapperten unwillkürlich die Zähne, er seufzte, zog aus dem Mantel die »Bohemia« heraus und las die Berichte über die großen Siege und über die Tätigkeit des deutschen Unterseebootes »E« im Mittelländischen Meer, als er bei der Nachricht über die neue deutsche Erfindung des In-die-Luft-Sprengens von Städten durch neuartige, aus Flugzeugen geschleuderte Bomben, die dreimal nacheinander explodieren, anlangte, wurde er durch Schwejks Stimme gestört, der zu dem kahlköpfigen Herrn sagte:

»Entschuldigen, Euer Gnaden, sind Sie, bitte, nicht der Herr Purkrabek, Vertreter der Bank ›Slawia‹?«

Als der kahlköpfige Herr nicht antwortete, sagte Schwejk zum Oberleutnant:

»Melde gehorsamst, ich hab mal in der Zeitung gelesen, daß ein normaler Mensch durchschnittlich 60 000 bis 70 000 Haare am Kopf ham soll und daß schwarzes Haar schütterer zu sein pflegt, wie in vielen Fällen zu sehn is.«

Und er fuhr unerbittlich fort: »Dann hat mal ein Mediziner im Kaffeehaus ›Beim Schpirk‹ gesagt, daß Haarausfall von der seelischen Erregung im Wochenbett kommt.«

Und jetzt ereignete sich etwas Entsetzliches. Der kahlköpfige Herr sprang auf Schwejk zu und brüllte ihn an: »Marsch, hinaus, Sie Schweinkerl«, stieß ihn auf den Gang und kehrte ins Kupee zurück, wo er dem Oberleutnant eine kleine Überraschung bereitete, indem er sich ihm vorstellte.

Es lag ein unbedeutender Irrtum vor. Das kahlköpfige Individuum war nicht Herr Purkrabek, Vertreter der Bank »Slawia«, sondern nur der Generalmajor von Schwarzburg. Der Generalmajor übernahm gerade in Zivil eine Inspektionsreise durch die Garnisonen und fuhr nach Budweis, um die dortige Garnison zu überraschen.

Er war der schrecklichste Inspektionsgeneral, der jemals geboren worden war, und wenn er etwas in Unordnung vorfand, führte er bloß folgendes Gespräch mit dem Garnisonskommandanten:

»Haben Sie einen Revolver?« – »Ja.« – »Gut! An Ihrer Stelle wüßte ich gewiß, was ich mit ihm zu tun hätte, denn was ich hier sehe, ist keine Garnison, sondern ein Schweinestall.«

Und nach seiner Inspektionsreise pflegte sich tatsächlich ab und zu jemand zu erschießen, was Generalmajor von Schwarzburg mit Genugtuung zur Kenntnis nahm: »So solls sein. Das ist ein Soldat!«

Karl R. Popper
WAHRHEITSSUCHE

Karl R. Popper *(1902–1994) ist der Begründer des Kritischen Rationalismus. Im Mittelpunkt seiner Wissenschaftstheorie steht die Überzeugung, dass wissenschaftlicher Fortschritt durch Falsifizierung von bestehenden*

Theorien erreicht wird. Zuwachs von Wissen ist vorstellbar als dauerndes Wechselspiel zwischen Theoriebildung und empirischer Widerlegung.

Subjektive Erlebnisse spielen eine entscheidend wichtige Rolle in der Wahrheitssuche, in unserer Suche nach Wissen. Aber es sind nicht die Wissenserlebnisse, die Überzeugungserlebnisse oder Glaubenserlebnisse, die so wichtig sind. Die alte Lehre, daß unser Wissen ein wohlfundierter Glaube ist, ein Fürwahrhalten, ausgestattet mit zureichenden Gründen, halte ich für verfehlt. Da es keine, oder fast keine, zureichenden Gründe gibt – kein sicheres Wissen –, so gibt es nur das, was ich *Vermutungswissen* genannt habe. So sind jene subjektiven Erlebnisse, die die größte Rolle in der Wissenschaft spielen, nicht unsere Überzeugungserlebnisse, sondern unsere Versuche, unsere Anstrengungen, der objektiven Wahrheit durch das kritische Verstehen der objektiven, der aktuellen Probleme und der objektiv vorliegenden, wissenschaftlichen Theorien, der objektiven Wahrheit näherzukommen.

Es ist die menschliche Sprache und die Schrift, die uns erlauben, unsere Probleme und Theorien objektiv zu formulieren und unabhängig von unseren Erlebnissen objektiv darzustellen; sie zu Objekten unseres kritischen Studiums zu machen und sie auf ihre Wahrheit hin zu überprüfen und kritisch zu bewerten. Wir beginnen, unsere Probleme zu verstehen und zu respektieren, wenn wir uns vergeblich bemüht haben, sie zu lösen. Und wir beginnen unsere Lösungsversuche, unsere Theorien zu verstehen, wenn wir sie mit anderen Theorien verglichen haben, mit denen sie in Wettbewerb stehen. In einem solchen Vergleich ist es unerläßlich, uns zu fragen, welche Probleme sie zu lösen versuchen und was die neuen Probleme sind, zu denen sie uns führen. Was wir beurteilen, sind einerseits die Lösungsversuche und andererseits das Interesse und die Fruchtbarkeit der neu aufgeworfenen Probleme. Die Probleme und die Theorien in ihrer Rolle als Lösungsversuche sind es, die die objektive Erkenntnis und den objektiven Erkenntnisfortschritt bestimmen: unser objektives Vermutungswissen. (...)

Weder der erkennende Mensch noch seine Wissenschaft sind im sicheren Besitze der Wahrheit. Wir sind Wahrheitssucher; wir versuchen, unsere Fehlurteile durch die strenge kritische Prüfung unserer Theorien zu entdecken, um aus unseren Irrtümern zu lernen.

Elias Canetti
DIE BLENDUNG

Elias Canetti *(1905–1994) wurde für sein literarisches Werk 1981 mit dem Nobelpreis ausgezeichnet. Sein bekanntester Roman ist* Die Blendung. *Der Büchernarr und Wissenschaftler Kein zieht es vor, in einer Kunstwelt zu leben, nur weil er diese scheinbar rational durchdringen und beherrschen kann. Für ihn ist die Welt der Bücher und der Schrift realer als die äußere Wirklichkeit, und ihm ist nicht bewusst, dass er eigentlich zu den großen Idealisten gehört.*

Ein Kopf ohne Welt

Punkt acht begann die Arbeit, sein Dienst an der Wahrheit. Wissenschaft und Wahrheit waren für ihn identische Begriffe. Man näherte sich der Wahrheit, indem man sich von den Menschen abschloß. Der Alltag war ein oberflächliches Gewirr von Lügen. Soviel Passanten, soviel Lügner. Drum sah er sie gar nicht an. Wer unter den schlechten Schauspielern, aus denen die Masse bestand, hatte ein Gesicht, das ihn fesselte? Sie veränderten es nach dem Augenblick; nicht einen Tag lang verharrten sie bei derselben Rolle. Das wußte er zum Vorhinein, Erfahrung war hier überflüssig. *Er* legte seinen Ehrgeiz in eine Hartnäckigkeit des Wesens. Nicht bloß einen Monat, nicht ein Jahr, sein ganzes Leben blieb er sich gleich. Der Charakter, wenn man einen hatte, bestimmte auch die Gestalt. Seit er denken konnte, war er lang und zu mager. Sein Gesicht kannte er nur flüchtig, aus den Scheiben der Buchhandlungen. Einen Spiegel besaß er zu Hause nicht, vor lauter Büchern mangelte es an Platz. Aber daß es schmal, streng und knochig war, wußte er: das genügte.

Da er nicht die geringste Lust verspürte, Menschen zu bemerken, hielt er die Augen gesenkt oder hoch über sie erhaben. Wo Buchhandlungen waren, spürte er ohnehin genau. Er durfte sich ruhig seinem Instinkt überlassen. Was Pferde zuwege bringen, wenn sie in ihre Ställe heimtrotten, gelang ihm auch. Er ging ja spazieren, um die Luft fremder Bücher zu atmen, sie reizten ihn zum Widerspruch, sie frischten ihn ein wenig auf. In der Bibliothek lief alles am Schnürchen. Zwischen sieben und acht Uhr früh gönnte er sich einige der Freiheiten, aus denen das Leben der übrigen ganz besteht.

Obwohl er diese Stunde auskostete, hielt er auf Ordnung. Vor Überschreiten einer belebten Straße zögerte er ein wenig. Er ging gern gleichmäßig; um nicht zu hasten, wartete er auf einen günstigen Augenblick. Da rief jemand laut jemand andern an: »Können Sie mir sagen, wo hier die Mutstraße ist?« Der Gefragte entgegnete nichts. Kien wunderte sich; da gab es auf offener Straße noch außer ihm schweigsame Menschen. Ohne aufzublicken, horchte er hin. Wie würde sich der Fragende zu dieser Stummheit verhalten? »Verzeihen Sie, bitte, können Sie mir vielleicht sagen, wo hier die Mutstraße ist?« Er steigerte seine Höflichkeit; sein Glück blieb gleich gering. Der andere sagte nichts. »Ich glaube, Sie haben mich überhört. Ich möchte Sie um eine Auskunft bitten. Vielleicht sind Sie so freundlich und erklären mir, wie ich jetzt in die Mutstraße finde?« Kiens Wißbegier war geweckt, Neugier kannte er nicht. Er nahm sich vor, den Schweiger anzusehen, vorausgesetzt, daß er auch jetzt in seiner Stummheit verharrte. Zweifellos war der Mann in Gedanken und wünschte jede Unterbrechung zu vermeiden. Wider sagte er nichts. Kien belobte ihn. Unter Tausenden ein Charakter, der Zufällen widersteht. »Ja, sind Sie taub?« schrie der erste. Jetzt wird der zweite zurückschlagen, dachte Kien und begann die Freude an seinem Schützling zu verlieren. Wer beherrscht seinen Mund, wenn man ihn beleidigt? Er wandte sich der Straße zu; der Augenblick, sie zu überqueren, war da. Erstaunt über das fortgesetzte Schweigen, hielt er inne. Noch immer sagte der zweite nichts. Zu erwarten war ein um so stärkerer Ausbruch seines Zorns. Kien hoffte auf einen Streit. Erwies sich der zweite als gewöhnlich, so blieb er, Kien, unbestritten das, wofür er sich hielt: der einzige Charakter, der hier spazierenging. er überlegte, ob er bereits hinblicken solle. Der Vorgang spielte zu seiner Rechten. Dort tobte der erste: »Sie haben kein Benehmen! Ich hab' Sie in aller Höflichkeit gefragt! Was bilden Sie sich denn ein! Sie Grobian! Sind Sie stumm?« Der zweite schwieg. »Sie werden sich entschuldigen! Ich pfeife auf die Mutstraße! Die kann mir jeder zeigen! Aber Sie werden sich entschuldigen! Hören Sie!« Jener hörte nicht. Dafür stieg er in der Achtung der Lauschenden. »Ich übergebe Sie der Polizei! Wissen Sie, wer ich bin! Sie Skelett! Und das will ein gebildeter Mensch sein! Wo haben Sie Ihre Kleider her? Aus dem Pfandhaus! So sehen sie aus! Was halten Sie da unterm Arm? Ihnen zeig' ich's noch! Hängen Sie sich auf! Wissen Sie, was Sie sind?«

Da bekam Kien einen bösen Stoß. Jemand griff nach seiner Tasche und riß daran. Mit einem Ruck, der weit über seine normalen Kräfte ging, befreite er die Bücher aus den fremden Klauen und wandte sich scharf nach rechts. Sein Blick galt der Tasche, fiel aber auf einen kleinen, dikken Mann, der heftig auf ihn einschrie. »Ein Flegel! Ein Flegel! Ein Flegel!« Der zweite, der Schweiger und Charakter, der seinen Mund auch im Zorn beherrschte, war Kien selbst. Ruhig drehte er dem gestikulierenden Analphabeten den Rücken. Mit diesem schmalen Messer schnitt er sein Geschwätz entzwei. Ein fetter Wicht, dessen Höflichkeit nach einigen Augenblicken in Frechheit umschlug, konnte ihn nicht beleidigen. Auf alle Fälle ging er rascher, als er vorhatte, über die Straße. Wenn man Bücher bei sich trug, waren Handgreiflichkeiten zu vermeiden. Er trug immer Bücher bei sich.

Denn schließlich ist man nicht verpflichtet, auf die Dummheiten jedes Passanten einzugehen. Sich in Rede zu verlieren, ist die größte Gefahr, die einen Gelehrten bedroht. Kien drückte sich lieber schriftlich als mündlich aus.

Mutter Teresa

BESCHAULICH INMITTEN DER WELT

Mutter Teresa *(1910–1997) verkörpert das bedingungslose christliche Engagement für die Ärmsten der Armen im 20. Jahrhundert. Sie hat ihr*

Leben in den Dienst des Ideals der Nächstenliebe gestellt und mit ihrer Demut und großen Handlungskraft zugunsten der Leprakranken in Kalkutta Millionen Menschen in aller Welt tief beeindruckt.

Wir führen ein Leben der Einigung mit Gott. All unsere geringen Tätigkeiten können durch das kostbare Blut – durch Jesus – aufgeopfert werden. Das haben wir gelernt. Wir dürfen uns nie zufriedengeben. Jesus hat sein Blut nicht bloß teilweise vergossen, sondern bis zum letzten Tropfen. Machen wir es ebenso! Wir sollen lernen, tugendhaft zu sein. Sollen so erfüllt sein von heiligem Ehrgeiz, daß wir zur heiligsten Schwester werden können.

Gott sagte zu seiner Schwester: »Ich habe viele Ordensfrauen wie dich: gewöhnliche und gute. Ich könnte mit ihnen die Straßen pflastern. Aber ich will glühende Schwestern, Heilige. Ich habe nach einer gesucht, die mich tröstet, aber habe keine gefunden.« Es gibt so viel Unglück, so viel Elend überall. Unsere menschliche Natur bleibt mit uns vom Anfang bis zum Ende des Lebens. Täglich müssen wir hart arbeiten, um uns selbst zu besiegen. Müssen lernen, sanft und demütig von Herzen zu sein. Versuchen wir, alles Jesus zu übergeben: jedes Wort, jeden Augenblick. Jesus bediene sich meiner Augen, meiner Ohren, meiner Füße! Mein Entschluß soll feststehen: Ich will mich heiligen.

Jesus hat gesagt: »Lernt von mir.« In unseren Betrachtungen sollten wir immer sagen: »Jesus, mache aus mir einen Heiligen nach Deinem Herzen, sanft und demütig.« Wir sollen in dem Geist antworten, in dem Jesus sich unsere Antwort wünscht. Jetzt kennen wir zwar Jesus durch die Betrachtungen und das Studium des Evangeliums besser, aber haben wir Ihn in seiner Demut wirklich verstanden? Finden wir an dieser Demut Geschmack, zieht sie uns an? Die Demut ist nichts anderes als die Wahrheit. Was haben wir, das wir nicht empfangen hätten, fragt sich der hl. Paulus. Und wenn ich alles empfangen habe, was habe ich Gutes, das mein eigen wäre?

Wenn du demütig bist, wird nichts dich treffen: weder Lob noch Tadel, da du weißt, was du bist. Wirst du getadelt, darfst du den Mut nicht verlieren. Nennt einer dich heilig, so sollst du dich nicht auf einen

Sockel stellen. Bist du eine Heilige: danke Gott. Bist du eine Sünderin: bleibe es nicht.

Christus heißt uns, sehr hoch hinaufzustreben: nicht nur wie Abraham, David oder irgendein anderer Heiliger zu sein, sondern so wie unser himmlischer Vater.

Je widerwärtiger die Arbeit ist, desto größer sollte unser Glaube und um so freudiger unsere Hingabe sein. Widerwillen zu empfinden, ist etwas Natürliches. Aber ihn aus Liebe zu Jesus zu überwinden, kann Heldenmut sein. Sehr oft war es im Leben der Heiligen so, daß ein heldenmütiger Sieg über den Widerwillen sie zur Heiligkeit geführt hat. Dies war der Fall beim hl. Franz von Assisi, der, als er einem völlig entstellten Aussätzigen begegnete, zurückwich. Wie er aber, sich selbst überwindend, jenes schrecklich verunstaltete Gesicht küssen wollte, wurde er von einer unsäglichen Freude erfüllt. Er wurde völlig Herr über sich, und der Aussätzige ging fort und lobte den Herrn für die Heilung.

Die Selbsterkenntnis zwingt uns auf die Knie und ist unerläßlich für die Liebe. Denn die Erkenntnis Gottes bringt Liebe hervor, die Selbsterkenntnis bewirkt Demut. Die Selbsterkenntnis ist eine sehr wichtige Sache im Leben. Wie der hl. Augustinus sagt: »Füllt zuerst euch selbst, dann erst werdet ihr in der Lage sein, anderen zu geben.« Die Selbsterkenntnis ist auch ein Schutz gegen den Hochmut, besonders bei Versuchungen in vorgerücktem Alter. Der größte Fehler ist, zu meinen, man sei zu stark, um noch in Versuchung zu fallen. Streck den Finger ins Feuer, und er wird brennen. Spiele nicht mit der Versuchung. Die Heiligkeit ist kein Luxus für wenige. Sie ist schlicht eine Pflicht für jeden von uns, besonders für uns, die wir erwählt worden sind. Wir sind erwählt worden, um Christus anzugehören. Nichts außer der Gegenwart Gottes kann mich heilig machen, und für mich heißt Gegenwart Gottes: Treue in den kleinen Dingen. Die Treue in kleinen Dingen wird dich zu Christus führen, während Untreue dich zur Sünde führt.

Bronislaw Maj

Ich öffne das Fenster ...

Bronislaw Maj *(* 1953) ist einer der bekanntesten polnischen Lyriker der Gegenwart. In seinen zahlreichen Gedichten besingt er die sichtbare, einfache Schönheit der Welt, deren Realität auf ein nur schwer zu erkennendes Geheimnis zu verweisen scheint.*

Ich öffne das Fenster: Es ist Juni, Lichter
schimmern auf dem Fluß,
der Weichsel heißt, es gib Brücken, Türme
mit baumgrünen Kuppeln, es gibt Bäume
wie grüne Türme, es gibt blaue Straßenbahnen
voll Menschen, ihrer Stimmen, es gibt alle
möglichen Stimmen, es gibt
alles, was nur sein
kann, und nur das ist
Wahrheit: Erwarte nicht mehr,
stell keine Fragen, werde endlich erwachsen,
um zu sein wie ein Kind an der Schwelle
zum offenen
Geheimnis

Zivilcourage und Pflichtbewusstsein

Es war mein erstes Hauptseminar in Philosophie. Ich saß am Pult und wollte gerade mit einem Referat über den Freiheitsbegriff bei Hegel anfangen, da flog die Tür auf, und die vereinigte Tübinger Linke marschierte herein. »Wir fordern eine Diskussion über den Revisionismus der BRD!« Ich war empört – Hegel interessierte mich tausendmal mehr als eine von diesen idiotischen Diskussionen. Doch als ich den Blick hob, sah ich vor mir eine Gesichterfront grimmiger Entschlossenheit: die Gurus aus dem Kapital-AK, den ich fünf Semester lang sträflich versäumt hatte. »Und du?«, fragte mich ihr Wortführer. »Willst du hier etwa dein Scheiß-Referat halten?« Voller Schuldbewusstsein rutschte mir das Herz in die Hose. »Ich ... ich glaube«, stammelte ich unter dem plötzlichen Gesinnungsdruck, »ich... ich würde gern diskutieren ...« Darf ich mich da wundern, wenn europäische Politiker heute nicht genügend Courage haben, ihre Überzeugungen gegenüber amerikanischen Präsidenten oder arabischen Mullahs zu behaupten?

Zivilcourage ist eine Tochter der antiken Tugendlehre. Im Unterschied zum klassischen Mut jedoch, den etwa Odysseus im Angesicht des Kyklopen beweist, gefährdet sie weniger Leib und Leben eines Menschen als seine soziale Stellung innerhalb einer Gemeinschaft. Bereits Aristoteles spricht darum von einem »bürgerlichen Mut«, der sich nicht in der körperlichen Auseinandersetzung zeigt, sondern in der Verteidigung von Überzeugungen.

Zivilcourage beweist, wer einsteht für das, was er denkt und empfindet, auch wenn er die Mehrheit gegen sich weiß und soziale Nachteile riskiert. Die entscheidende Rolle spielt dabei das eigene Gewissen. Darf ich dessen Urteil über die Gesetze, Normen und Gebote stellen, die mir der Staat, die Religion oder die Political Correctness auferlegen? Für Martin Luther ist das keine Frage: »Man muss Gott mehr gehorchen als den Menschen« Mit dieser Haltung tritt er 1521 vor den Reichstag zu Worms, um seine Schriften zu verteidigen: »Ich kann nicht anders. Hier stehe ich. Gott helf mir! Amen!«

Der Beweis solcher Zivilcourage erfährt im Verlauf der europäischen Geschichte die unterschiedlichsten Würdigungen. In Armeen, Staatsapparaten oder auf hoher See wird eigenständiges Denken und Handeln, ähnlich wie in Glaubens- und Ordensgemeinschaften, meist mit Meuterei gleichgesetzt. 1757 jedoch stiftet die österreichische Kaiserin Maria Theresia für den Fall, dass ein Offizier in kritischer Situation eigenständige Initiative ergreift, einen Orden, der ihren Namen trägt. Der französische Revolutionär Danton hingegen muss die Zivilcourage, die er 1793 in seiner »Verteidigungsrede« vor dem Tribunal seiner einstigen Mitstreiter zeigt, mit dem Leben bezahlen.

Der Begriff selbst taucht erstmals 1864 auf. Ausgerechnet ein »Liberalenfresser« hat ihn kreiert. »Mut auf dem Schlachtfeld ist bei uns Gemeingut«, schreibt Bismarck, »aber Sie werden nicht selten finden, dass es ganz achtbaren Leuten an Zivilcourage fehlt.« Wenn der »eiserne Kanzler« bei seinen Zeitgenossen politischen »Überzeugungsmut« vermisst, ist das allerdings kein Wunder. Der eigentliche Ort der Zivilcourage ist die Demokratie, und die Dreyfus-Affäre ihre französische Probe aufs Exempel. Der Titel des offenen Briefs an den Präsidenten der Republik, *»J'accuse!«* (»Ich klage an!«), mit dem der Schriftsteller Émile Zola 1898 die Rehabilitierung eines zu Unrecht verurteilten Majors verlangt, weitet sich zum Schlachtruf der Zivilcourage in allen Ländern Europas aus.

Wird Demokratie durch Zivilcourage überhaupt möglich, so gelangt Zivilcourage in der Demokratie erst zur vollen Entfaltung. Das deutsche Grundgesetz billigt jedem Bürger das Recht auf Widerstand gegen den Staat zu, wenn dieser die demokratische Ordnung beseitigen will. Politische Zivilcourage in der Demokratie ist demnach ein Aufbegehren gegen den Staat mit dem Ziel, ihn zu bewahren. Das gilt in der Regel sogar für zivilen Ungehorsam. Wenn Bürger etwa gegen die Aufstellung von Mittelstreckenraketen protestieren und dabei Gesetze brechen, tun sie das ja nicht gegen, sondern »im Sinne« des Staates, dessen vermeintliche Irrtümer sie bekämpfen. Selbst beim Überschreiten der Gesetze halten sie dem Gesetz die Treue, indem sie sich auf die Grundlagen der freiheitlich-demokratischen Ordnung berufen und bereit sind, juristische Strafverfolgung zu erleiden. So wird laut

Habermas ziviler Ungehorsam, als radikalster Ausdruck der Zivilcourage, zum »Testfall für den demokratischen Rechtsstaat«.

Mit der Studentenbewegung der sechziger Jahre wird Zivilcourage gesamteuropäische Mode: Sie bereichert sogar die Popmusik um die Gattung des »Protestsongs«. Doch nicht nur in Bürgerbewegungen hat sie sich seitdem etabliert, sie ist selber Teil der politischen Korrektheit geworden. Politiker loben heute in ihrem Namen Preise aus, erklären Soldaten zu »Bürgern in Uniform«, um ihnen den alten »Kadavergehorsam« auszutreiben, und klatschen Beifall, wenn man ihre Kollegen mit Eiern bewirft. Aber ist jedes Aufbegehren des Gewissens deshalb legitim? Oder drückt sich darin manchmal nur die Suche nach dem letzten Tabu aus, das gebrochen werden kann? Kurz: Welche Grenzen sind der Zivilcourage gesetzt?

Seit Menschen damit begonnen haben, ihr eigenes Handeln zu bedenken, beanspruchen sie nicht nur Rechte, sondern erkennen zugleich auch Pflichten an, denen sie unterliegen. Die zehn Gebote sind ihr alttestamentarisches Zeugnis und Mahnmal zugleich. In der lateinischen Antike hat erstmals Cicero einen umfassenden Pflichtenkreis beschrieben, »De officiis«, den Ambrosius fünf Jahrhunderte später um Grundsätze der christlichen Glaubenslehre vermehrt. Beide Autoren erörtern solche Gebote, die das Leben der Menschen verbindlich untereinander regeln und so zum Erhalt des Gemeinwesens beitragen. Dabei gilt es Pflichten gegenüber drei Instanzen zu beobachten: gegen Gott, gegen andere und gegen sich selbst.

Woher aber leiten sich die Pflichten des Einzelnen ab? Sie können sich aus verschiedenen Quellen speisen: aus gewohnheitsmäßigen, kulturellen und rechtlichen Normen. Für das Kind aus den Vorschriften der Eltern, für den Angehörigen einer Glaubensgemeinschaft aus der Religion, für den Bürger eines Staates aus dem Gesetz. Doch was sind die Pflichten des Menschen »an sich«, unabhängig von allen zufälligen Gegebenheiten, denen er unterliegt? Europäische Naturrechtslehrer des 17. Jahrhunderts versuchen sie aus den Gesetzen der Natur zu folgern, aber erst Immanuel Kant macht wirklich *tabula rasa* mit allen Äußerlichkeiten, unter deren Einfluss moralische oder ethische Gebote letztlich beliebig bleiben, indem er die Pflichten des Menschen aus der reinen Vernunft ableitet: »Handle stets so«, lautet sein kategorischer Imperativ, »dass die Maxime deines Willens jederzeit zugleich als Prinzip einer allgemeinen Gesetzgebung gelten könne.«

Der kategorische Imperativ zieht die Grenze, in deren Rahmen sich die Zivilcourage betätigt – doch zugleich kann er das Aufbegehren des politischen Überzeugungsmuts zum sittlichen Gebot erklären. Mit Kant im Gepäck wird Zivilcourage bei Schiller zur Pflicht: Das ist das Drama des »Wilhelm Tell«. »Denn über dir erkennst du keinen Herrn«, ermutigt Gertrud ihren Mann zur Revolte gegen den Tyrannen, »als nur den Höchsten in der Christenheit.« Doch nicht immer erweist sich das abendländische Denken so frei wie im Fall des Schweizer Nationalheiligen – selbst im Märchen hindert die Angst vor Sanktionen die Untertanen daran, Gebrauch von der reinen Vernunft zu machen: Darum bewundern sie »des Kaisers neue Kleider«, auch wenn der Herrscher splitterfasernackt vor ihren Augen paradiert.

Was in Andersens Märchen als harmlose Parodie menschlicher Schwächen erscheint, kann sich in der Wirklichkeit als Katastrophe erweisen. Während der Kaiser und seine blinden Bewunderer sich immer lauter artikulieren, bekommen die Sehenden immer größere Angst vor der eigenen Courage. Dabei gilt fast immer das Gesetz der Masse, in der politischen Auseinandersetzung nicht anders als bei Pöbeleien in der U-Bahn: Je mehr Menschen da sind, die den Mund aufmachen oder eingreifen könnten, desto weniger fühlt sich der Einzelne dazu aufgerufen.

Und doch gab und gibt es in Europa immer wieder Menschen, die das eigene Gewissen – bzw. die Stimme der reinen Vernunft – nicht nur über das Urteil der Macht oder Masse stellen, sondern auch über ihr eigenes Leben. Mit solcher Zivilcourage, die sie als ihre *»sittliche Pflicht«* erachteten, haben Hans und Sophie Scholl ihre Flugblätter von der Treppe der Münchener Universität geworfen, ausdrücklich um die Werte Europas gegen die Diktatur des Verbrechens zu verteidigen. Solche Zivilcourage aber bewies auch Dietrich von Coltwitz, der als deutscher Stadtkommandant von Paris sich im Herbst 1944 trotz seines Eids auf den »Führer« dessen Befehl ignorierte, die französische Hauptstadt vor den heranrückenden Alliierten in Schutt und Asche zu legen, um nicht an seinem soldatischen Pflichtbewusstsein zu verrecken wie der pflichtversessene Polizist bei Ionesco. Aus solcher Zivilcourage heraus haben schließlich die Bürgerrechtler jenseits des Eisernen Vorhangs gehandelt, die heute als Väter der unblutigen Revolution von 1989 gelten: Alexander Solschenizyn, der in Zeiten des Kalten Krieges das Beispiel persönlicher Unbeugsamkeit gab, Karol Wojtyła, der als Bischof von Krakau mit seinem Glauben an das Wort und das Kreuz das Bollwerk des Kommunismus aushöhlte, Lech Wałęsa, der in Danzig die Werftarbeiter zum Aufstand mobilisierte, sowie Michail Gorbatschow, der im Zentrum der Macht dieser selbst die Stirn bot, bevor Hunderttausende namenloser Menschen sich auf den Straßen von Leipzig, Bukarest und Prag ihre Freiheit erstritten.

Dieses Ende des dialektischen Materialismus würde ich heute gern meinen Kommilitonen von damals unter die Nase reiben. Doch vielleicht verteidigen die ja inzwischen die europäischen Werte, in Amerika oder Arabien …

Homer

Odysseus verhöhnt den Kyklopen

Homer *(8. Jh. v. Chr.) ist der älteste namentlich bekannte griechische Dichter und einer der Väter der europäischen Literatur. In seiner* Odyssee *gestaltet er mit Odysseus den beispielhaften mutigen, unerschrockenen Helden.*

»Ich bin Odysseus, Laertes' Sohn, der ich mit meinen allfältigen Listen die Menschen beschäftige, und es reicht die Kunde von mir bis zum Himmel.« (...)

Doch als das Schiff soweit entfernt war, wie weit ein Rufender reicht mit der Stimme, da rief ich den Kyklopen an mit höhnenden Worten: »Kyklop! nicht eines kraftlosen Mannes Gefährten hast du in der gewölbten Höhle verzehren sollen mit überlegener Gewalttat! So sollten freilich deine schlimmen Werke über dich kommen, Schrecklicher! da du die Gäste nicht gescheut hast in deinem Haus, daß du sie äßest. Darum hat es dich Zeus wie auch die anderen Götter büßen lassen.«
So sprach ich. Doch der ergrimmte darauf noch mehr im Herzen, riß ab die Kuppe von einem großen Berge, schleuderte sie, und nieder schlug sie vorn vor dem Schiff mit dem dunklen Bug. Da wallte das Meer auf unter dem herniederfahrenden Felsen, und zurück zum Lande trug es die rückbrandende Woge, die Flutwelle aus dem Meer, und versetzte es, daß es an das trockene Land gelangte. Ich aber ergriff mit den Händen eine gar lange Stange, stieß es querab und trieb die Gefährten und hieß sie sich in die Riemen legen, damit wir dem Unheil entrinnen könnten, indem ich ihnen mit dem Kopf zunickte. Sie aber fielen nach vorne aus und ruderten. Doch als wir über die Salzflut fahrend nun doppelt so weit abgekommen, da wollte ich den Kyklopen anreden. Jedoch die Gefährten um mich her suchten, der eine hier, der andere dort, mich mit schmeichelnden Worten zurückzuhalten:
»Schrecklicher! warum willst du den wilden Mann reizen, der schon jetzt, sein Geschoß auf das Meer hin werfend, das Schiff zum festen

Land zurückgetrieben, und wir meinten schon, daß wir dort verderben würden. Doch hört er erst, wie irgendeiner einen Laut ertönen läßt oder redet, so wird er auch schon unsere Köpfe und die Balken des Schiffs zerschmettert haben, mit einem scharfkantigen Blocke werfend, denn so weit schleudert er!«

So sprachen sie. Doch beredeten sie nicht meinen großherzigen Mut, sondern zurückgewendet sprach ich zu ihm noch einmal mit ergrimmtem Mute:

»Kyklop! wofern dich einer der sterblichen Menschen befragen wird nach deines Auges unwürdiger Blendung, so sage, daß Odysseus, der Städtezerstörer, dich blind gemacht hat, der Sohn des Laertes, der auf Ithaka die Häuser hat.«

So sprach ich. Er aber brüllte auf und erwiderte mir mit der Rede:

»Nein doch! ereilen mich wahrhaftig doch altgesagte Göttersprüche! War hier am Orte einst ein Seher-Mann, tüchtig und groß: Telemos, Sohn des Eurymos, der ausgezeichnet war in Wahrsagung und wahrgesagt hat den Kyklopen bis ins Alter. Der sagte mir, daß dieses alles sich künftighin erfüllen würde: daß ich von des Odysseus Händen verlustig gehen würde des Gesichts. Doch habe ich immer angenommen, es werde herkommen ein Mann, ein großer und schöner, angetan mit großer Stärke. Jetzt aber ist es ein Geringer und Nichtiger und Schwächlicher, der mich am Auge blind gemacht hat, nachdem er mich mit Wein bezwungen. Doch auf! hierher, Odysseus! daß ich dir Bewirtung vorsetze und den ruhmvollen Erderschütterer bewege, dir ein Heimgeleit zu geben. Denn dessen Sohn bin ich, und mein Vater rühmt er sich zu sein. Er wird auch, wenn er will, mich heilen, und keiner sonst, weder von den seligen Göttern noch von den sterblichen Menschen!«

So sprach er. Aber ich antwortete und sagte zu ihm:

»Wenn ich dich doch so gewiß der Seele und des Lebens verlustig machen und in das Haus des Hades schicken könnte, wie nie dein Auge heilen wird auch nicht der Erderschütterer!«

So sprach ich. Der aber betete sogleich zu dem Herrn Poseidon, die Arme zu dem bestirnten Himmel streckend:

»Höre, Poseidon! Erdbeweger, mit der schwarzen Mähne! Bin ich wahrhaftig dein und rühmst du dich, daß du mein Vater bist: gib, daß

Odysseus, der Städtezerstörer, nicht heimgelange, des Laertes Sohn, der auf Ithaka die Häuser hat! Doch ist sein Teil, daß er die Seinen sieht und in sein wohlgebautes Haus und in sein väterliches Land gelangt: spät komme er heim auf schlimme Weise, nachdem er verloren alle die Gefährten, auf einem fremden Schiff, und finde Leiden in seinem Hause!«

Marcus Tullius Cicero

Über die menschlichen Pflichten

Marcus Tullius Cicero *(106 v. Chr. – 43 v. Chr.) hat mit seinem letzten philosophischen Werk* De officiis (Vom pflichtgemäßen Handeln) *eine Begründung des tugendhaften Handelns vorgelegt, die er in Anknüpfung an frühere stoische Philosophen entwickelt.*

Es kann dir zwar, mein Sohn, bei einem Lehrer wie Cratipp, den du jetzt schon ein Jahr gehört hast, und in einer Stadt wie Athen, weder an Unterricht in der Philosophie noch an Anleitung zu ihrer Ausübung fehlen. Niemand ist besser im Stande, dir die Grundsätze derselben beizubringen, als der erste; kein Ort geschickter, dir Beispiele von derselben zu geben, als die letztere. Allein mir selbst ist die Verbindung beiderlei Sprachen und Schriftsteller, der griechischen und lateinischen, nicht nur zum Studio der Philosophie, sondern auch zur Übung der Beredsamkeit so nützlich gewesen, daß ich glaube, dir ein ähnliches Verfahren anraten zu müssen, um zu gleicher Fertigkeit des Vortrages in beiden Sprachen zu gelangen.

Zu dieser Absicht, dünkt mich, sind meine Schriften unsern Landsleuten nicht wenig beförderlich gewesen; und viele nicht nur von denen, die mit der Sprache und den nicht seine eignen Pflichten habe, in deren Beobachtung allein die wahre Ehre des Menschen, so wie in ihrer Vernachlässigung seine Schande liegt. Um deswillen kommt auch diese Untersuchung in den Lehrgebäuden aller Philosophen vor. – In der Tat, wer würde es wohl wagen, diesen Namen zu führen, ohne Regeln des menschlichen Verhaltens gegeben zu haben? – Indessen gibt es gewisse Lehrgebäude, in welchen die Begriffe, von dem letzten Endzwecke des Menschen, alle Moral untergraben. Denn wer sein höchstes Gut so bestimmt, daß es mir der Tugend in keinem notwendigen Zusammenhang steht, und also den Wert aller Handlungen nach den äußeren Vorteilen, die sie verschaffen, nicht nach ihrer innern Güte abmißt, der kann, wenn er seinen Grundsätzen getreu bleibt, und nicht die beßre Natur über die Theorie zuweilen die Oberhand bekommt, weder der Gerechtigkeit noch der Freigebigkeit, noch der Freundschaft ergeben sein. Wenigstens kann er gewiß nicht tapfer sein, wenn er den Schmerz für das größte Übel hält, noch mäßig, wenn er das höchste Gut in das sinnliche Vergnügen setzt. Dies ist so einleuchtend, daß es keines Beweises bedarf; indessen habe ich es doch an einem anderen Orte weitläufiger abgehandelt. In diesen Lehrgebäuden also, wenn sie mit sich selbst übereinstimmend wären, sollte von den Pflichten gänzlich geschwiegen werden. Nur diejenigen Philosophen können aus Gründen, im Zusammenhang mit ihren Lehrsätzen und der Natur gemäß, über dieselben Vorschriften geben, die das moralisch Gute für das einzige oder doch für das vornehmste Gut halten. Die Stoiker, Peripatetiker und Akademiker sind es also, für welche diese Untersuchung eigentlich gehört. Denn Pyrrhons, Aristons und Herills Meinungen sind schon längst allgemein verworfen; obgleich auch diese berechtigt wären von den Pflichten zu reden, wenn sie nicht durch Leugnung alles Unterschiedes der äußern Dinge auch alle Wahl unter denselben unmöglich gemacht und also keinen Weg übrig gelassen hätten, das was Pflicht ist, ausfindig zu machen.

Für jetzt also, und in dieser Materie werde ich den Stoikern folgen: nicht um sie zu übersetzen, sondern um, wie ich es sonst getan habe, aus ihren Quellen so viel und auf die Weise zu schöpfen, als ich nach meinem Urteil für richtig, oder nach meinem Gefühl für gut halte.

Da also in dieser ganzen Abhandlung von den Pflichten die Rede sein wird, so ist es billig, vor allen Dingen zu erklären, was Pflicht sei; ein Umstand, der zu meiner Verwunderung vom Panaetius ausgelassen worden. Denn mit Recht soll jede methodisch angestellte Untersuchung von der Erklärung des Gegenstandes anfangen, um den Leser bestimmt wissen zu lassen, was eigentlich untersucht werden soll.

Die gesamte Lehre von den Pflichten zerfällt in zwei Hauptteile. Die erste ist theoretisch und enthält die Untersuchung vom höchsten Gute, und was damit zusammenhängt; der andere ist praktisch und enthält Vorschriften für die menschlichen Handlungen und Bedürfnisse des menschlichen Lebens. Zu dem ersten Teile gehören folgende Fragen: Sind alle pflichtmäßigen Handlungen vollkommen gute Handlungen? Ist eine Pflicht größer als die andre? und so fort. Der zweite Teil enthält die Bestimmung der verschiedenen Pflichten: – die, ob sie gleich insgesamt aus der Natur des höchsten Gutes folgen, und die Erreichung desselben zur letzten Absicht haben, doch unmittelbar sich weniger darauf, als auf die besonderen Verfassungen des menschlichen Lebens und der Gesellschaft zu beziehen scheinen und deswegen besonders abgehandelt werden können.

Es gibt noch eine andre Einteilung der Pflichten selbst. Die Stoiker machen nämlich einen Unterschied unter der mittlern oder gemeinen und zwischen der ganz vollkommnen Pflicht. Die vollkommene Pflicht nennen sie, was vollkommen recht ist. Die gemeine Pflicht aber nennen sie das Schickliche. Sie erklären beide so: Die vollkommne Pflicht bestehe in Handlungen, die durchaus gut sind, die gemeine Pflicht aber in solchen, die durch vernünftige Gründe gerechtfertigt werden können.

Die Überlegungen nun, nach welchen wir Entschlüsse zu Handlungen fassen, sind, dem Panaetius zufolge, von dreierlei Art. Entweder wird gefragt, ob die Sache, die den Gegenstand der Beratschlagung ausmacht, löblich oder tadelnswert, moralisch gut oder böse sei – und hier gibt es oft Gründe auf beiden Seiten; oder es wird untersucht, ob sie zu den Bedürfnissen, Bequemlichkeiten oder den Vergnügungen des Lebens – ob sie zu Ehre, Reichtum, Macht etwas beitrage oder nicht, mit einem Worte, ob sie nützlich oder unnützlich sei; oder endlich wird die Beratschlagung angestellt über den Fall des Widerspruchs, der sich zuweilen zwischen dem moralisch Guten und dem Nützlichen zu finden scheint. Wenn nämlich auf der einen Seite die Aussicht auf einen Vorteil uns anlockt, auf der andern die Schändlichkeit der Handlung uns abschreckt: so entsteht Streit und Unruhe im Gemüte, die nicht anders als durch Überlegung und durch Abwägung der beiderseitigen Gründe gehoben werden kann.

Bei dieser Einteilung sind zwei Glieder ausgelassen worden (ein Fehler gegen die erste logische Regel von den Einteilungen, welche verlangt, das Ganze, welches man teilt, völlig zu erschöpfen). Denn ernstlich wird in Absicht der moralischen Güte der Handlungen nicht bloß überlegt, was gut oder böse, sondern auch, wenn zwischen zwei erlaubten Handlungen zu wählen ist, welche die bessere sei. Auf gleiche Weise ist zuweilen zwischen zwei nützlichen Sachen das Nützlichere zu bestimmen. Es ergeben sich also fünf Teile der Untersuchung, deren Panaetius nur drei angegeben hat. Zuerst muß von der moralischen Güte der Handlungen, und zwar an sich, und nach ihren Graden, zweitens von dem Nützlichen, auch auf doppelte Art, an sich und vergleichungsweise, endlich von der Entscheidung des Streits zwischen beiden gehandelt werden.

Und nun der Schluß des Briefes:

Um alles ins kurze zusammenzufassen: so wie ich zuvor behauptete, kein wahrer Vorteil könne mit der Pflicht streiten, so setz' ich jetzt hinzu, jede sinnliche Lust kann und muß oft mit der Pflicht streiten. Daher ist in meinen Augen Epikur selbst nicht so sehr zu tadeln als Calliphon und Dinomachus, die allem Streite dadurch ein Ende zu machen hofften, wenn sie das höchste Gut aus Tugend und Vergnügen zusammensetzten; eine Verbindung, die ebenso unnatürlich ist als die zwischen Tier und Mensch. Die Tugend willigt in keine solche Vereinigung; sie verschmäht sie, sie weist sie mit Unwillen zurück. – Überdies kann das höchste Gut, das höchste Übel nur eins sein; es darf also nicht aus mehrern, noch weniger aus ungleichartigen Dingen zusammengesetzt werden.
Doch diese Materie ist zu wichtig, um hier nur im Vorbeigehen abgehandelt zu werden. Jetzt zur Sache, wovon die Rede war. – Zur Beurteilung derjenigen Fälle, wo ein scheinbarer Vorteil mit der Pflicht streitet, habe ich oben hinlängliche Anweisung gegeben. Will man aber auch die sinnliche Lust zu dem Scheinnutzen rechnen, so hat diese alsdann mit der Tugend gar nichts gemein. Doch die Lust kann nicht mit Recht den Namen des Nutzens bekommen. Sie ist höch-

stens – wenn der Nutzen die Speise sein soll, welche uns nährt – nur die Würze, welche diese Speise schmackhafter macht.
Hier, mein Sohn, hast du ein Geschenk von deinem Vater – nach meinem Urteile ein schätzbares Geschenk. Doch du magst ihm nun einen Wert beilegen, welchen du willst: so wirst du doch gewiß diesen drei Büchern als Fremden, welche an dich empfohlen sind, neben den Schriften des Cratippus, einen Platz bei dir erlauben. Und so wie du zuweilen auch mein Zuhörer sein würdest, wenn ich nach Athen gekommen wäre, woran mich nur die deutlich unverkennbare Stimme meines Vaterlandes hindern konnte, die mich mitten auf dem Wege zu dir zurückrief, so widme nun diesem Werke, welches gleichsam meine mündlichen Reden an dich überbringt, alle die Zeit, welche du von allen deinen andern Arbeiten erübrigen kannst, und die größtenteils von deinem eigenen Willen abhängt.
Sehe ich, daß du an diesem Teile der Wissenschaft Vergnügen findest, so werde ich mich nächstens, wie ich hoffe, mündlich, und in der Entfernung mehrmalen schriftlich, davon mit dir unterhalten.
Lebe wohl, mein teurer Sohn, und sei meiner zärtlichen Liebe versichert, die nur dadurch noch vermehrt werden kann, wenn du an solchen Werken und Wahrheiten Geschmack findest.

Martin Luther

Rede auf dem Reichstag zu Worms

Martin Luther *(1483–1546), der mit der öffentlichen Anbringung seiner berühmten Thesen in Wittenberg ein erhebliches persönliches Risiko einging, hat in der deutschen Sprache ein geflügeltes Wort geschaffen, das für Zivilcourage in allen Lebenslagen steht: »Hier stehe ich und kann nicht anders.«*

Allerdurchlauchtigster Großmächtigster Kaiser, Durchlauchtigste Fürsten, Gnädigste und Gnädige Herren! Auf den Termin und Bedenkzeit, mir des gestrigen Abends angestellt und ernennt, erschein ich als der Gehorsame und bitt durch die Barmherzigkeit Gottes, Euer Kaiserliche Majestät und Gnaden geruhen, als ich hoff, diese Sachen der Gerechtigkeit und Wahrheit gnädiglich anzuhören. Und so ich von wegen meiner Unerfahrung jemand entweder seine gebührenden Titel nit geben würd oder aber mit einigen Gebärden und Weise wider die höflichen Sitten handeln, mit solches gnädiglich zu verzeihen als einem, der nicht an fürstlichen Höfen erzogen, sondern in Mönchswinkeln aufkommen und erwachsen, welcher ich von mir nichts anders anzeigen kann, denn daß ich bisher mit solcher Einfalt des Gemüts geschrieben und gelehrt habe, daß ich auch auf Erden nichts anders denn Gottes Ehre und die unentgänzte Unterweisung der Christgläubigen gesucht habe.

Allergnädigster Kaiser, Gnädigste und Gnädige Kurfürsten, Fürsten und Herren! Auf die zwei Artikel, gestern von Euer Kaiserlichen Majestät und Euern Gnaden vorgelegt, als nämlich: ob ich die erzählten Büchlein und in meinem Namen ausgegangen für die meinen bekennte und dieselben zu vertreten beharren wollt oder aber dieselben widerrufen, darauf ich meine bereite und klare Antwort geben hab auf den ersten Artikel, darauf ich nochmals besteh und ewiglich bestehen will, als nämlich: daß dieselben Bücher mein sind und daß sie in meinem Namen an den Tag geben sind, es hätt sich denn mittlerzeit begeben, daß durch meiner Mißgünstigen entweder Betrug oder aber unfügliche Weisheit etwas darin verändert oder verkehrlich ausgezogen wäre. Denn ich bekenne mich zu nichts anderm, denn das mein allein oder aber von mir allein geschrieben ist ohne alle aller andern Sorgfältigkeit, Auslegung und Deutung.

Weil ich aber auf den andern Artikel Antwort geben soll, bitte Euer Kaiserliche Majestät und Gnaden ich untertäniglich, sie wollen ein fleißiges Aufachten haben, daß meine Bücher nicht einerlei Art sind. Denn es sind etliche, in welchen ich die Güte des Glaubens und der Sitten so evangelisch und schlechtlich gehandelt hab, daß sie auch meine Widerwärtigen müssen bekennen für nutzbar und unschädlich und allenthalben würdig, daß sie von christlichen Leuten gelesen werden. Es macht auch die Bulle, wiewohl sonst an sich grimmig und grausam, etliche meiner Bücher unschädlich, wiewohl sie auch dieselben durch ein widernatürlich Urteil verdammet. Wenn ich nun dieselben anhöbe zu widerrufen, was täte ich anders, denn daß ich allein unter allen Menschen die Wahrheit verdammte, welche die Freunde und Feinde zugleich bekennen, und ich allein dem gemeinen und einträchtigen Bekenntnis entgegen wäre?

Die andere Art meiner Bücher ist, so wider das Papsttum und der Päpstischen Vornehmen und Handlung geht, als wider die, so mit ihren allerbösesten Lehren und Exempeln die christliche Welt mit beiden Übeln des Geistes und Leibes verheert, verwüstet und verderbt haben. Denn dies mag niemand weder verneinen noch verhehlen, weil die Erfahrung aller Menschen und die Klage allermänniglich Zeugen sind, daß durch die Gesetze des Papstes und Lehre der Menschen die Gewissen der Christgläubigen aufs allerjämmerlichste gefangen, beschwert, gemartert und gepeinigt sind, auch die Güter und Habe befor in dieser hochrühmlichen deutschen Nation durch unglaubliche Tyrannei verschlungen und erschöpft und nochmals ohn Ende verschlungen werden … Wenn ich nun dieselben auch widerrufen würde, so würde ich nichts anderes tun denn diese Tyrannei stärken und einem so großen unchristlichen Wesen nicht allein die Fenster, sondern die Türen auftun, die weiter und freier toben und schaden wird, denn sie sich bisher je hat dürfen unterstehen, und würde durch das Zeugnis dieses meines Widerspruchs das Reich ihrer allerfrechsten und allerunsträflichsten Bosheit dem armen, elenden Volk aufs allerunleidlichste werden und dennoch bestätigt und befestigt werden, zuvor wenn man sagen würde, daß dies aus Macht und Geschäft Euer Kaiserlichen Majestät und des ganzen Römischen Reichs geschehen sei. Mein lieber Gott, wie ein groß Schanddeckel der Bosheit und Tyrannei würde ich sein!

Die dritte Art ist der Bücher, welche ich wider etliche sonderliche und ungemeine Personen geschrieben hab, als nämlich wider die, so sich unterwunden haben, die römische Tyrannei zu beschützen und den göttlichen Dienst, so ich gelernt, zu vertilgen; wider dieselben bekenne ich mich, heftiger gewest zu sein, denn dem christlichen Wesen und Stand geziemt. Denn ich mach mich nicht zu einem Heiligen, ich disputiere auch nicht von meinem Leben, sondern von der Lehre Christi. Ich kann dieselben Bücher aber auch nicht widerrufen darum, daß aus demselben meinem Widerspruch erfolgen würde, daß ihr tyrannisch, grimmig und wüterlich Regiment durch meinen Schutz, Handhabung und Rückhaltung regieren und herrschen würde und das Volk Gottes ungütlich und unbarmherziglich handeln würde und viel geschwinder, denn sie bisher regiert und geherrscht haben.

Aber dieweil ich ein Mensch und nicht Gott bin, so mag ich meine Büchlein durch keine andere Handhabung erhalten, denn mein Herr Jesus Christus seine eigene Lehr unterhalten hat, welcher, als er vor Annas nach seiner Lehr gefragt und vom Diener an einem Backen geschlagen war, sagt' er: »Hab ich übel geredet, so gib mir Zeugnis von dem Übel!« Weil der Herr selbst, der da gewußt hat, daß er nicht könnte irren, sich dennoch nit geweigert hat, anzuhören Zeugnis wider seine Lehre auch von dem allerschnödesten Knecht, wieviel mehr ich Hefe, die nichts anders vermag denn irren, soll begehren und erwarten, ob mir jemand Zeugnis wollt geben wider meine Lehre! Derhalben ich bitt durch die Barmherzigkeit Gottes, Euer Kaiserliche Majestät und Gnaden oder alle andere von den Höchsten oder Niedersten wollen mir das Zeugnis geben, die Irrtümer erweisen, mich mit evangelischen und prophetischen Schriften überwinden. Denn ich will auf allerbreiteste und willigste sein, so ich des unterwiesen werde, alle Irrtümer zu widerrufen, und der allererste sein, der meine Bücher in das Feuer werfen will.

Aus welchem allen, ich meine, offenbar werde, daß ich genugsam bedacht, bewogen und ermessen hab die Gefahr, Besorglichkeit, Zwietracht, Aufruhr und Empörung, von wegen meiner Lehr in der Welt erwachsen, davon ich gestern ernstlich und festiglich bin erinnert worden

(…)

Und hiermit befehle Euer Kaiserlichen Majestät und Gnaden ich mich untertäniglich, in Demut bittend, sie wollen nit gestatten, mich gegen sie durch meiner Abgünstigen Übelmeinung verunglimpfen und in Ungnaden bringen.

Weil denn Eure Kaiserliche Majestät und Eure Gnaden eine schlichte Antwort begehren, so will ich eine Antwort ohne Hörner und Zähne geben diesermaßen: Es sei denn, daß ich durch Zeugnisse der Schrift oder einleuchtende Gründe überwunden werde – denn ich glaube weder dem Papst noch den Konzilien allein, dieweil es am Tag ist, daß sie öfters geirrt und sich selbst widersprochen haben –, so bin ich überwunden durch die heiligen Schriften, so von mir angeführt und mein Gewissen ist gefangen in Gottes Wort. Derhalben kann und will ich nichts widerrufen, dieweil wider das Gewissen zu handeln beschwerlich, unheilsam und gefährlich ist. Ich kann nicht anders. Hier stehe ich. Gott helf mir! Amen!

Friedrich Schiller
WILHELM TELL

Friedrich Schiller *(1759–1805) hat mit* Wilhelm Tell *ein Drama geschaffen, das zum Sinnbild des gerechten Kampfes gegen tyrannische Willkür geworden ist. Interessanterweise ist es in dieser Szene die Ehefrau, die ihren Mann mit klaren Argumenten zu der Entscheidung führt, aktiv zu werden.*

Akt I, Szene 2

(Stauffacher setzt sich kummervoll auf eine Bank unter der Linde. So findet ihn Gertrud, seine Frau, die sich neben ihn stellt und ihn eine Zeitlang schweigend betrachtet)

GERTRUD. So ernst, mein Freund? Ich kenne dich nicht mehr.
Schon viele Tage seh ichs schweigend an,
Wie finstrer Trübsinn deine Stirne furcht.
Auf deinem Herzen drückt ein still Gebresten,
Vertrau es mir, ich bin dein treues Weib,
Und meine Hälfte fordr' ich deines Grams.
(Stauffacher reicht ihr die Hand und schweigt)
Was kann dein Herz beklemmen, sag es mir.
Gesegnet ist dein Fleiß, dein Glücksstand blüht,
Voll sind die Scheunen, und der Rinder Scharen,
Der glatten Pferde wohlgenährte Zucht

Ist von den Bergen glücklich heimgebracht
Zur Winterung in den bequemen Ställen.
– Da steht dein Haus, reich, wie ein Edelsitz,
Von schönem Stammholz ist es neu gezimmert
Und nach dem Richtmaß ordentlich gefügt,
Von vielen Fenstern glänzt es wohnlich, hell,
Mit bunten Wappenschildern ists bemalt,
Und weisen Sprüchen, die der Wandersmann
Verweilend liest und ihren Sinn bewundert.
STAUFFACHER. Wohl steht das Haus gezimmert und gefügt,
Doch ach – es wankt der Grund, auf den wir bauten.
GERTRUD. Mein Werner, sage, wie verstehst du das?
STAUFFACHER. Vor dieser Linde saß ich jüngst wie heut,
Das schön Vollbrachte freudig überdenkend,
Da kam daher von Küßnacht, seiner Burg,
Der Vogt mit seinen Reisigen geritten.
Vor diesem Hause hielt er wundernd an,
Doch ich erhub mich schnell, und unterwürfig,
Wie sichs gebührt, trat ich dem Herrn entgegen,
Der uns des Kaiser richterliche Macht
Vorstellt im Lande. Wessen ist dies Haus?
Fragt' er bösmeinend, denn er wußt es wohl.
Doch schnell besonnen ich entgegn ihm so:
Dies Haus, Herr Vogt, ist meines Herrn des Kaisers,
Und Eures und mein Lehen – da versetzt er:
»Ich bin Regent im Land an Kaisers Statt
Und will nicht, daß der Bauer Häuser baue
Auf seine eigne Hand, und also frei
Hinleb, als ob er Herr wär in dem Lande,
Ich werd mich unterstehn, Euch das zu wehren.«
Dies sagend ritt er trutziglich von dannen,
Ich aber blieb mit kummervoller Seele,
Das Wort bedenkend, das der Böse sprach.
GERTRUD. Mein lieber Herr und Ehewirt! Magst du
Ein redlich Wort von deinem Weib vernehmen?

Des edeln Ibergs Tochter rühm ich mich,
Des vielerfahrnen Manns. Wir Schwestern saßen,
Die Wolle spinnend, in den langen Nächten,
Wenn bei dem Vater sich des Volkes Häupter
Versammelten, die Pergamente lasen
Der alten Kaiser, und des Landes Wohl
Bedachten in vernünftigem Gespräch.
Aufmerkend hört ich da manch kluges Wort,
Was der Verständge denkt, der Gute wünscht,
Und still im Herzen hab ich mirs bewahrt.
So höre denn und acht auf meine Rede,
Denn was dich preßte, sieh, das wußt ich längst.
– Dir grollt der Landvogt, möchte gern dir schaden,
Denn du bist ihm ein Hindernis, daß sich
Der Schwyzer nicht dem neuen Fürstenhaus
Will unterwerfen, sondern treu und fest
Beim Reich beharren, wie die würdigen
Altvordern es gehalten und getan. –
Ists nicht so, Werner? Sag es, wenn ich lüge!
STAUFFACHER. So ists, das ist des Geßlers Groll auf mich.
GERTRUD. Er ist dir neidisch, weil du glücklich wohnst,
Ein freier Mann auf deinem eignen Erb,
– Denn er hat keins. Vom Kaiser selbst und Reich
Trägst du dies Haus zu Lehn, du darfst es zeigen,
So gut der Reichsfürst seine Länder zeigt,
Denn über dir erkennst du keinen Herrn
Als nur den Höchsten in der Christenheit –
Er ist jüngrer Sohn nur seines Hauses,
Nichts nennt er sein als seinen Rittermantel,
Drum sieht er jedes Biedermannes Glück
Mit scheelen Augen giftger Mißgunst an,
Dir hat er längst den Untergang geschworen –
Noch stehst du unversehrt – Willst du erwarten,
Bis er die böse Lust an die gebüßt?
Der kluge Mann baut vor.

STAUFFACHER. Was ist zu tun!
GERTRUD *(tritt näher).* So höre meinen Rat! Du weißt, wie hier
Zu Schwyz sich alle Redlichen beklagen
Ob dieses Landvogts Geiz und Wüterei.
So zweif'le nicht, daß sie dort drüben auch
In Unterwalden und im Urner Land
Des Dranges müd sind und des harten Jochs –
Denn wie der Geßler hier, so schafft es frech
Der Landenberger drüben überm See –
Es kommt kein Fischerkahn zu uns herüber,
Der nicht ein neues Unheil und Gewalt –
Beginnen von den Vögten uns verkündet.
Drum tät es gut, daß eurer etliche,
Die's redlich meinen, still zu Rate gingen,
Wie man des Drucks sich möcht erledigen,
So acht ich wohl, Gott würd euch nicht verlassen
Und der gerechten Sache gnädig sein –
Hast du in Uri keinen Gastfreund, sprich,
Dem du dein Herz magst redlich offenbaren?
STAUFFACHER. Der wackern Männer kenn ich viele dort,
Und angesehen große Herrenleute,
Die mir geheim sind und gar wohl vertraut.
(Er steht auf)
Frau, welchen Sturm gefährlicher Gedanken
Weckst du mir in der stillen Brust! Mein Innerstes
Kehrst du ans Licht des Tages mir entgegen,
Und was ich mir zu denken still verbot,
Du sprichsts mit leichter Zunge kecklich aus.
– Hast du auch wohl bedacht, was du mir rätst?
Die wilde Zwietracht und den Klang der Waffen
Rufst du in dieses friedgewohnte Tal –
Wir wagten es, ein schwaches Volk der Hirten,
In Kampf zu gehen mit dem Herrn der Welt?
Der gute Schein nur ists, worauf sie warten,
Um loszulassen auf dies arme Land

Die wilden Horden ihrer Kriegsmacht,
Darin zu schalten mit des Siegers Rechten
Und unterm Schein gerechter Züchtigung
Die alten Freiheitsbriefe zu vertilgen.
GERTRUD. Ihr seid *auch* Männer, wisset eure Axt
Zu führen, und dem Mutigen hilft Gott!
STAUFFACHER. O Weib! Ein furchtbar wütend Schrecknis ist
Der Krieg, die Herde schlägt er und den Hirten.
GERTRUD. Ertragen muß man, was der Himmel sendet,
Unbilliges erträgt kein edles Herz.
STAUFFACHER. Dies Haus erfreut dich, das wir neu erbauten.
Der Krieg, der ungeheure, brennt es nieder.
GERTRUD. Wüßt ich mein Herz an zeitlich Gut gefesselt,
Den Brand wärf ich hinein mit eigner Hand.
STAUFFACHER. Du glaubst an Menschlichkeit! Es schont der Krieg
Auch nicht das zarte Kindlein in der Wiege.
GERTRUD. Die Unschuld hat im Himmel einen Freund!
– Sieh vorwärts, Werner, und nicht hinter dich.
STAUFFACHER. Wir Männer können tapfer fechtend sterben,
Welch Schicksal aber wird das eure sein?
GERTRUD. Die letzte Wahl steht auch dem Schwächsten offen,
Ein Sprung von dieser Brücke macht mich frei.
STAUFFACHER *(stürzt in ihre Arme).*
Wer solch ein Herz an seinen Busen drückt,
Der kann für Herd und Hof mit Freuden fechten,
Und keines Königs Heermacht fürchtet er –
Nach Uri fahr ich stehnden Fußes gleich,
Dort lebt ein Gastfreund mir, Herr Walter Fürst,
Der über diese Zeiten denkt wie ich.
Auch find ich dort den edeln Bannerherrn.
Von Attinghaus – obgleich von hohem Stamm
Liebt er das Volk und ehrt die alten Sitten.
Mit ihnen beiden pfleg ich Rats, wie man
Der Landesfeinde mutig sich erwehrt –
Leb wohl – und weil ich fern bin, führe du

Mit klugem Sinn das Regiment des Hauses –
Dem Pilger, der zum Gotteshause wallt,
Dem frommen Mönch, der für sein Kloster sammelt,
Gib reichlich und entlaß ihn wohl gepflegt.
Stauffachers Haus verbirgt sich nicht. Zu äußerst
Am offnen Heerweg stehts, ein wirtlich Dach
Für alle Wandrer, die des Weges fahren.

Émile Zola
DIE AFFÄRE DREYFUS

Émile Zola *(1840–1902), berühmt als Autor unzähliger naturalistischer Romane, ist ebenso berühmt geworden durch seine Verteidigung des jüdischen Offiziers Alfred Dreyfus, der unschuldig wegen vermeintlicher Spionage verurteilt worden war. Die Dreyfus-Affäre, die Zola mit dem nachfolgenden Artikel loszutreten wagte, erschütterte das Selbstverständnis der Französischen Republik.*

Herr Präsident,
in dankbarem Gedenken des wohlwollenden Empfangs, den Sie mir einmal gewährt haben, erlaube ich mir, in der Besorgnis um Ihren verdienten Ruhm, zu sagen, dass Ihr bisher so glücklicher Stern von dem schmählichsten, von dem unauslöschlichsten Schandfleck bedroht ist.

Sie sind heil und gesund aus den niedrigen Verleumdungen hervorgegangen, Sie haben die Herzen erobert. Sie sind umstrahlt von dem Glanz des patriotischen Festes, das für Frankreich das russische Bündnis gewesen ist. Sie sehen dem großartigen Triumph unserer allgemeinen Ausstellung entgegen, welche die Krönung unseres großen Jahrhunderts der Arbeit, der Wahrheit und der Freiheit sein wird. Aber welch eine Befleckung Ihres Namens – ich hätte fast gesagt Ihrer Regierungszeit – ist diese abscheuliche Affäre Dreyfus! Ein Kriegsgericht hat es gerade gewagt, auf Befehl einen Esterhazy freizusprechen, und das ist die äußerste Schändung aller Wahrheit, aller Gerechtigkeit. Nun ist es geschehen, Frankreich hat auf seiner Wange diesen Schandfleck, die Geschichte wird schreiben, dass ein solches Verbrechen gegen die Gesellschaft unter Ihrer Präsidentschaft begangen werden konnte.

Da Sie es gewagt haben, werde ich es auch wagen. Ich werde die Wahrheit sagen, denn ich habe versprochen, sie zu sagen, wenn die Justiz, die regelrecht angerufen wurde, sie nicht ganz und vollständig zum Vorschein brächte. Es ist meine Pflicht zu sprechen, ich will nicht Komplice sein. Meine Nächte würden gestört sein von dem Geist des Unschuldigen, der dort unten unter den furchtbarsten Qualen für ein Verbrechen büßt, das er nicht begangen hat.

Für Sie, Herr Präsident, schreie ich diese Wahrheit in die Welt – mit der ganzen Gewalt der Empörung eines ehrlichen Mannes. Im Interesse Ihrer Ehre bin ich überzeugt, dass Sie nichts davon wissen. Vor wem soll ich den Haufen schuldiger Übeltäter anklagen, wenn nicht vor Ihnen, der ersten Autorität des Landes? Zuerst die Wahrheit über den Prozess und über Dreyfus' Verurteilung.

Ein verhängnisvoller Mensch hat alles angestiftet, alles getan; es ist der Oberleutnant du Paty de Clam, damals noch Major. Er verkörpert die ganze Affäre Dreyfus. Man wird sie erst kennen, nachdem eine ehrliche Untersuchung mit aller Klarheit seine Handlungen und seine Verantwortlichkeiten festgestellt hat. Er erscheint als der nebelhafteste, als der komplizierteste Geist, den Vorstellungen von romantischen Anzettelungen erfüllen, der die Dinge im Stile von Schundromanen sieht. Es gibt bei ihm gestohlene Dokumente, anonyme Briefe, Begegnungen an verlassenen Plätzen, geheimnisvolle Frauen, die mitten in der Nacht mit niederschmetternden Schuldbeweisen hausieren. (…) Man wird niemals glauben, welchen Proben er den unglücklichen Drefyus unterworfen hat, welche Fallen er ihm stellte. Seine verrückten Untersuchungsmethoden, seine ungeheuerlichen Phantasien, das alle war der Ausbruch eines irrsinnigen Triebes zu foltern.

Oh, diese erste Affäre! Sie ist ein Alpdruck für denjenigen, der sie in ihren wahren Einzelheiten kennt. Der Major du Paty de Clam verhaftet

Dreyfus und hält ihn in geheimer Haft. Er begibt sich zu Madame Dreyfus, terrorisiert sie und sagt ihr, dass ihr Mann verloren ist, wenn sie redet. Zu derselben Zeit war der Unglückliche tobsüchtig vor Verzweiflung und heulte seine Unschuld hinaus. So ist die Untersuchung geführt worden – wie nach der Chronik des 15. Jahrhunderts; in der Stille des vollständigen Geheimnisses, unter Anwendung barbarischer Mittel und das alles auf der Grundlage der kindischen Beschuldigung, die das blöde Bordereau liefert, das nicht nur ein gemeiner Verrat, sondern auch der schamloseste Schwindel ist, denn diese berühmten Geheimnisse, die verraten wurden, waren fast alle ohne Wert. Ich betone es, weil wir hier das Ei haben, aus dem später das ganze Verbrechen erwächst, die schreckliche Rechtsverweigerung, unter der Frankreich leidet. Ich möchte sichtbar und fühlbar machen, wie dieser Justizirrtum möglich war, wie er aus den Umtrieben des Majors du Paty de Clam entstand, wie der General Mercier, die Generale de Boisdeffre und Gonse sich haben in die Irre führen lassen und allmählich mitverantwortlich wurden an diesem Irrtum, den sie dann wie eine heilige Wahrheit, eine unbestreitbare Wahrheit uns aufzwingen zu müssen glaubten. (...)

Das also ist die einfache Wahrheit, Herr Präsident, und sie ist furchtbar. Sie wird eine Befleckung Ihrer Präsidentschaft bleiben. Ich ahne sehr wohl, dass Sie keinerlei Möglichkeit der Einwirkung in dieser Affäre haben, denn Sie sind der Gefangene der Verfassung und Ihrer Umgebung. Sie haben nichtsdestoweniger eine menschliche Pflicht, an die Sie denken und die Sie erfüllen werden. Ich zweifle übrigens keineswegs an dem Triumph der Sache, und ich wiederhole es noch einmal mit einer ganz unerschütterlichen Gewissheit: die Wahrheit ist auf dem Wege und nichts wird sie aufhalten. Heute erst beginnt die Affäre, weil heute erst völlig klar geworden ist, wer sich im Gegensatz befindet: auf der einen Seite die Schuldigen, die sich der Gerechtigkeit in den Weg stellen, auf der anderen Seite die Vorkämpfer der Gerechtigkeit, die ihr Leben für den Sieg ihrer Sache einsetzen. Wenn man die Wahrheit eingräbt, so entwickelt sie eine solche Sprengkraft, dass sie an dem Tage, da sie durchbricht, alles zerstört. Man wird noch erfahren, ob man nicht gerade jetzt die Voraussetzungen für den kommenden, in der ganzen Welt widerhallenden Zusammenbruch geschaffen hat.

Aber dieser Brief ist lang, Herr Präsident, und es ist Zeit ihn abzuschließen.

Ich klage den Oberstleutnant du Paty de Clam an, der teuflische Urheber des Justizirrtums – ich will glauben, der unbewusste – gewesen zu sein, und in der Folge sein verhängnisvolles Werk drei Jahre lang durch die absonderlichsten und sträflichsten Machenschaften verteidigt zu haben.

Ich klage den General Mercier an, sich zum Mitschuldigen an einer der größten Ungerechtigkeiten des Jahrhunderts gemacht zu haben – wenn auch vielleicht nur aus Geistesschwäche.

Ich klage den General Billot an, die sicheren Beweise der Unschuld des Hauptmanns Dreyfus in Händen gehabt zu haben. Indem er diese Beweise unterdrückte, machte er sich der Verbrechen gegen die Menschheit und gegen die Gerechtigkeit aus politischer Berechnung schuldig, um den bloßgestellten Generalstab zu retten.

Ich klage den General de Boisdeffre und den General Gonse an, sich zu Mitschuldigen desselben Verbrechens gemacht zu haben. Der eine ohne Zweifel aus leidenschaftlichem klerikalem Eifer, der andere im Gehorsam gegenüber dem Korpsgeist, der ihm das Kriegsministerium wie ein unangreifbares Heiligtum erscheinen lässt.

Ich klage den General de Pellieux und den Major Ravary an, eine verbrecherische Untersuchung angestellt zu haben. Ich verstehe darunter eine Untersuchung der ungeheuerlichsten Parteilichkeit, von der wir in dem Bericht des Majors Ravary das unvergängliche Denkmal naiver Unverfrorenheit besitzen.

Ich klage die drei Schriftsachverständigen Belhomme, Varinard und Couard an, lügnerische und betrügerische Gutachten geliefert zu haben, wenn sie nicht durch eine ärztliche Untersuchung für augen- und geisteskrank erklärt werden sollten.

Ich klage das Kriegsministerium an, in der Presse, insbesondere in den Zeitungen ›L'Eclair‹ und ›L'Echo de Paris‹, eine ungeheuerliche Propaganda unternommen zu haben, um die öffentliche Meinung irrezuführen und seinen schuldhaften Irrtum zu verdecken.

Schließlich klage ich das erste Kriegsgericht an, das Recht verletzt zu haben, indem es einen Angeklagten auf Grund eines Dokuments verurteilte, das vor ihm geheim gehalten wurde, und ich klage das zweite Kriegsgericht an, diese Ungesetzlichkeit auf Befehl gedeckt zu haben, indem es seinerseits das Rechtsverbrechen beging, wissentlich einen Schuldigen freizusprechen.

Indem ich diese Anklagen erhebe, bin ich mir bewusst, dass ich mich der Verfolgung auf Grund der Artikel 30 und 31 des Pressegesetzes vom 20. Juli 1881 aussetze, das die Vergehen der üblen Nachrede betrifft. Das nehme ich absichtlich auf mich. Was die Leute, die ich anklage, angeht, so kenne ich sie nicht, ich habe sie niemals gesehen, ich habe ihnen gegenüber weder Rachegefühle noch Hass. Sie sind für mich nur Einheiten, Schädlinge der Gesellschaft. Und die Tat, die ich vollbringe, ist nur ein revolutionäres Mittel, um den Durchbruch der Wahrheit und der Gerechtigkeit zu beschleunigen.

Ich habe nur eine Leidenschaft, die der Aufklärung im Namen der Menschheit, die so viel gelitten hat und die ein Recht auf Glück besitzt. Mein glühender Protest ist nur der Schrei meiner Seele. Wage man es, mich vor das Assisengericht zu bringen, und möge die Erörterung in der Öffentlichkeit stattfinden.

Ich warte!

Genehmigen Sie, Herr Präsident, die Versicherung meines tiefen Respekts

Émile Zola

Eugène Ionesco
Ein Opfer der Pflicht

Eugène Ionesco *(1909–1994) ist einer der führenden Vertreter des absurden Theaters in Europa. In seiner Auseinandersetzung mit totalitären Regimen zeigt er in drastischen Szenen auf, wohin die sklavische Befolgung der Vorschriften führen kann.*

An jenem Abend hörte ich um sieben Uhr ein heftiges Klopfen an der Türe der Concierge, gegenüber von unserer Türe, denn wir wohnen im

Erdgeschoß, und nach einer Weile wieder ein Klopfen, diesmal schwächer, bei uns. Ich öffnete. Es war der Polizist, in Zivil. Ohne ihn je gesehen zu haben, erkannte ich ihn sofort an seinem übertrieben freundlichen Gehabe. Er trug eine Aktentasche unter dem Arm, einen hellbraunen Überzieher, keinen Hut. Er wirkte sehr schüchtern. »Entschuldigen Sie«, sagte er, »ich wollte die Concierge um eine Auskunft bitten, die Concierge ist nicht da, wissen Sie, wo sie ist, ob sie bald zurückkommt? Entschuldigen Sie, entschuldigen Sie bitte, ich hätte nicht an Ihre Türe geklopft, wenn die Concierge da gewesen wäre, ich hätte nicht gewagt, Sie zu stören, und übrigens gehe ich gleich wieder!«

Madeleine kam hinzu, sah den Polizisten, sagte: »Was für ein wohlerzogener junger Mann!« Dann zu mir: »Frag ihn, was er wissen will. Vielleicht kannst du ihm Auskunft geben!«

»Es ist mir sehr unangenehm, Sie zu stören«, sagte der Polizist, »es ist ganz einfach ...«

»Laß ihn doch hereinkommen«, drängte mich Madeleine.

»Wollen Sie bitte hereinkommen!« sagte ich zum Polizisten.

»Es dauert nur fünf Minuten«, antwortete dieser und sah auf seine Armbanduhr. »Ich könnte nicht ...« (»Er hat eine goldene Uhr«, bemerkte Madeleine schweigend, ich konnte ihre Gedanken erraten) – »aber wenn Sie darauf bestehen ... ich komme herein, unter der Bedingung, daß Sie mich gleich wieder gehen lassen!«

»Selbstverständlich«, beruhigte ihn Madeleine, »kommen Sie herein und wärmen Sie sich wenigstens einen Augenblick.«

Der junge Mann trat ein, öffnete seinen Überzieher. Er hatte einen ganz neuen braunen Anzug. Er hatte auch sehr schöne Schuhe. Blondes Haar. »Es tut mir leid, Ihnen Ihre Zeit zu stehlen«, sagte er, »ich wollte nur wissen, ob die Mieter, die vor Ihnen hier wohnten, Malloud mit d am Schluß oder Malloux mit x geheißen haben. Das ist alles.«

»Malloud mit d«, sagte ich.

»Das habe ich mir gedacht«, sagte der Polizist. Er ging geradewegs in den Salon, setzte sich an einen Tisch, stellte die Tasche ab, öffnete sie, nahm ein Perlmutteretui heraus, zündete sich eine Zigarette an, ohne uns welche anzubieten, steckte das Etui wieder in die Tasche, schlug die Beine übereinander. »Sie haben die Mallouds also gekannt«, sagte er und hob die Augen zu Madeleine, dann zu mir, denn wir standen zu beiden Seiten seines Stuhles.

»Nein, ich habe sie nicht gekannt«, antwortete ich.

»Woher wissen Sie dann, daß ihr Name am Schluß ein d hat?«

Diese Frage verwirrte mich sehr. Von wem hatte ich dieses Detail erfahren? Hatte ich die Mallouds nun gekannt oder nicht? Ich strengte krampfhaft mein Gedächtnis an. Ich konnte mich nicht erinnern.

»Würden Sie mir vielleicht eine Tasse Kaffee geben?« sagte der Polizist und wippte mit seinem Stuhl.

»Selbstverständlich«, sagte Madeleine. »Ich mache Ihnen welchen. Aber Vorsicht, schaukeln Sie nicht, Sie könnten fallen.«

»Machen Sie sich keine Sorgen, Madeleine! ... So heißt sie doch?« sagte er und sah mich mit zweideutigem Lächeln an. »Machen Sie sich keine Sorgen, Madeleine, ich bin es gewohnt.«

Madeleine verließ das Zimmer, wir hörten eine Zeitlang das Geräusch der Kaffeemühle, das immer schwächer wurde, dann nichts mehr. Madeleine war verschwunden. Der Polizist hielt mir ein Photo vor.

»Versuch dein Gedächtnis aufzufrischen. Ist das Malloud?«

Es war das Bild eines etwa fünfzigjährigen Mannes, sein Bart war seit mehreren Tagen nicht mehr rasiert, und auf der Brust trug er ein Schild mit einer fünfstelligen Zahl. Ich betrachtete das Photo eine Zeitlang.

»Wissen Sie, Herr Inspektor, das kann ich nicht sagen. So, mit diesem Bart, ohne Krawatte, mit zerschlagenem, geschwollenen Gesicht, wie soll ich ihn da erkennen? Mir scheint immerhin, ja mir scheint doch, daß er es sein könnte ... er muß es sein ...«

»Seit wann kennst du ihn?« fragte der Polizist. »Und was hat er dir erzählt?«

Ich ließ mich in einen Sessel fallen, ich nahm meinen Kopf in meine Hände. Ich schloß die Augen und versuchte, mich zu erinnern.

»Der Strand!« hörte ich die Stimme des Polizisten.

Ich durcheilte in Gedanken alle Strände der Erde in einem Augenblick. Keine Spur von Montbéliard.

»Stimmt«, bemerkte der Polizist, ohne die Worte auszusprechen, »er trug auch den Beinamen Montbéliard. Such anderswo! ...«

Ich schloß wieder die Augen und durcheilte alle Orte am Wasser, alle Berge. Auf einem steilen, völlig verlassenen Gipfel steht plötzlich der Polizist neben mir.

»Da, jetzt sind wir mitten drin in meinen Erinnerungen!«

»Kein Wunder«, sagte er, »und der Mann?«

Ich öffnete die Augen wieder. Der Polizist war immer noch da auf dem Stuhl, schaukelte, rauchte.

»Sie haben es doch gesehen, Sie waren hinter mir, ich habe ihn überall gesucht, ich habe ihn nicht gefunden; Sie haben mich überwacht, ich habe nicht gemogelt! … Der Name Montbéliard sagt mir etwas, aber was nur?«

»Das ist eine andere Geschichte. Wir dürfen vor allem die Spur nicht verlieren. Ich werde dich führen.«

In diesem Augenblick trat durch die Glastüre aus dem Hinterzimmer, struppig, mit wirrem Haar, ganz zerdrückten Kleidern, vom Schlaf noch verquollenen Augen, Nicolas ein, den ich ganz vergessen hatte.

Der Polizist fuhr auf. Ängstlich, mit weitaufgerissenen Augen starrte er Nicolas an.

»Nur weiter«, sagte Nicolas und gestikulierte in seiner gewohnten Art, »lassen Sie sich durch mich nicht stören.« Und er setzte sich abseits auf das rote Sofa. Das beruhigte den Polizisten. Er lächelte wieder, klappte seine Tasche auf und zu, zerknüllte ein Blatt Papier und warf es zu Boden. Ich machte eine Bewegung.

»Laß nur«, sagte er, »du brauchst es nicht aufzuheben, es liegt sehr gut dort.« Dann forschte er mich in seiner stummen Sprache aus:

»Dein Gedächtnis hat Lücken!«

Nicolas hüstelte in seiner Ecke.

»Entschuldigung!« sagte er.

»Macht nichts!« sagte der Polizist mit einem freundlichen Augenzwinkern, einem Salonzwinkern zu Nicolas. Dann wandte er sich zu mir und reichte mir eine riesige Brotrinde.

»Iß!«

»Ich habe keinen Hunger.«

»Iß, das wird dir dein Gedächtnis zurückbringen.«

Ich mußte wohl oder übel das Brot nehmen. Langsam, mit angeekelter Miene führte ich diese Nahrung zum Munde.
»Schneller«, sagten mir die kalten, unendlich feindseligen Augen des Polizisten, »ich habe keine Zeit zu verlieren, los, schneller! ...«
Ich biß in die runzelige Rinde. Es war Baumrinde, Eiche wahrscheinlich.
»Das ist gut«, sagten mir die Augen des Polizisten, »es ist sehr gesund!«
»Es ist so hart!« jammerte ich.
»Los, mach keine Geschichten, schnell, kau!«
Von seinem Platz aus dirigierte er mit den Blicken das Kauen und ließ unbarmherzig meine Kinnbacken arbeiten. Die Zähne taten mir weh, brachen ab, mein Zahnfleisch blutete.
»Schneller, los, beeil dich, kau, kau, schluck!«
Mein Gaumen, meine Zunge waren aufgerissen.
»Schnell, schnell. Noch ein Stück. Los, kau, schluck!«
Ich biß von neuem in die Rinde, steckte sie ganz in den Mund.
»Schluck!«
»Ich versuche es. Ich kann nicht.«
»Du kannst nicht! Jeder kann, man muß nur wollen!«
»Ich schlucke es in kleinen Brocken.«
»Gut, aber schneller«, befahlen seine Augen.
Ich schwitzte. Kalter Schweiß. Mir drehte sich der Magen um.
Seine Stimme wurde wieder laut, und wie sie kreischte, mir in den Ohren dröhnte! »Paß auf, erbrich dich nicht, das nützt gar nichts, ich lasse es dich noch einmal schlucken! Vor allem hör zu, was ich dir sage, halt dir nicht die Ohren zu!«
Es ging nicht hinunter. Dabei machte ich verzweifelte Anstrengungen. Es blieb mir im Mund, im Hals stecken, dieses Holz, dieses Eisen. Grausame Pein. Erstickt konnte ich nicht mehr schreien.
»Schneller, schneller, sage ich dir, mach schon, schluck sofort, alles!« ... Und er tauchte seinen Daumen in Öl, steckte ihn mir in den Hals und drückte es hinunter.
Plötzlich stand Nicolas auf, ging drohend auf den Polizisten zu. Erschreckt, mit zitternder Stimme sagte dieser (ich höre ihn noch):

»Ich tue nur meine Pflicht. Ich bin nicht da, um ihn zu ärgern. Aber ich muß doch wissen, wo sich Malloud mit d versteckt. Was Ihren Freund angeht, ich achte ihn sehr.«

Nicolas gab sich nicht damit zufrieden. Er lachte dem Polizisten verächtlich ins Gesicht:

»Merken Sie nicht, daß Sie verrückt sind?«

Aufs höchste entrüstet, erschrocken, verwirrt setzte sich der Inspektor, stand wieder auf und warf den Stuhl um, der zusammenbrach:

»Ich?«

»Es tut nicht mehr weh«, rief ich aus, »ich habe alles heruntergeschluckt.« Man schenkte mir keine Beachtung.

»Ja, Sie, ganz richtig!« wiederholte Nicolas.

»Oh!« sagte der Polizist und brach in Tränen aus. »Ich wollte Ihren Freund nicht ärgern, das schwöre ich Ihnen. Er hat mich gezwungen, hier hereinzukommen!«

»Ich bin Ihnen nicht deswegen böse.«

Nie hätte ich geglaubt, daß Nicolas eines solchen Hasses fähig sein könnte. Der Polizist riß die Augen weit auf, in denen sich der Schrekken der ganzen Erde entflammte.

Armer Kerl! Sein Gesicht hingegen war bleich, seine Züge verstört.

»Warum nur, warum denn nur, mein Gott?« vermochte er herauszubringen.

»Ich bin zwanzig Jahre alt«, fügte er mühsam hinzu.

»Das ist mir gleich!« entschied Nicolas nachdrücklich, »ich bin fünfundvierzig.«

»Mehr als das Doppelte«, rechnete ich in Gedanken.

Nicolas zog ein riesiges Messer hervor. Der Polizist faltete die Hände. Er klapperte mit den Zähnen. Dabei funktionierte die Heizung doch wunderbar. Nicolas schwang die Waffe. Der Polizist gab schwache Töne von sich und roch schlecht.

»Es ist nicht fein, in die Hose zu machen«, sagte ich ganz laut, ohne über die Situation nachzudenken.

Mit wildem Blick, verzerrtem Mund, hochrotem Nacken (Vorsicht, Nicolas, nicht daß dich der Schlag trifft! ... Aber Nicolas, du hättest sein Vater sein können!) stieß Nicolas sein Messer dreimal in das Herz dieses armen Polizisten, der sich blutüberströmt am Boden wälzte, ein Opfer der Pflicht.

Sophie und Hans Scholl
DIE WEISSE ROSE

Sophie Scholl *(1921–1943) und* **Hans Scholl** *(1918–1943) waren Mitglieder der Widerstandsgruppe* Weiße Rose *und wagten es durch kühne Aktionen, offen gegen das Naziregime zu opponieren und zum Widerstand aufzurufen. Das Todesurteil gegen sie wurde am 22. Februar 1943 vollstreckt.*

Flugblatt

»Salus publica suprema lex«

Alle idealen Staatsformen sind Utopien. Ein Staat kann nicht rein theoretisch konstruiert werden, sondern er muß ebenso wachsen, reifen wie der einzelne Mensch. Aber es ist nicht zu vergessen, daß am Anfang einer jeden Kultur die Vorform des Staates vorhanden war. Die Familie ist so alt wie die Menschen selbst, und aus diesem anfänglichen Zusammensein hat sich der vernunftbegabte Mensch einen Staat geschaffen, dessen Grund die Gerechtigkeit und dessen höchstes Gesetz das Wohl Aller sein soll. Der Staat soll eine Analogie der göttlichen Ordnung darstellen, und die höchste aller Utopien, die civitas Dei, ist das Vorbild, dem er sich letzten Endes nähern soll. Wir wollen hier nicht urteilen über die verschiedenen möglichen Staatsformen, die Demokratie, konstitutionelle Monarchie, das Königtum usw. Nur eines will eindeutig und klar herausgehoben werden: jeder einzelne Mensch hat einen Anspruch auf einen brauchbaren und gerechten Staat, der die Freiheit des einzelnen als auch das Wohl der Gesamtheit sichert. Denn der Mensch soll nach Gottes Willen frei und unabhängig im Zusammenleben und Zusammenwirken der staatlichen Gemeinschaft sein natürliches Ziel, sein irdisches Glück in Selbständigkeit und Selbsttätigkeit zu erreichen suchen.

Unser heutiger ›Staat‹ aber ist die Diktatur des Bösen. »Das wissen wir schon lange«, höre ich Dich einwenden, »und wir haben es nicht nötig, daß uns dies hier noch einmal vorgehalten wird.« Aber, frage ich Dich, wenn Ihr das wißt, warum regt Ihr Euch nicht, warum duldet Ihr, daß diese Gewalthaber Schritt für Schritt offen und im verborgenen eine Domäne Eures Rechts nach der anderen rauben, bis eines Tages nichts, aber auch gar nichts übrigbleiben wird als ein mechanisiertes Staatsgetriebe, kommandiert von Verbrechern und Säufern? Ist Euer Geist schon so sehr der Vergewaltigung unterlegen, daß Ihr vergeßt, daß es nicht nur Euer Recht, sondern Eure *sittliche Pflicht* ist, dieses System zu beseitigen? Wenn aber ein Mensch nicht mehr die Kraft aufbringt, sein Recht zu fordern, dann muß er mit absoluter Notwendigkeit untergehen. Wir würden es verdienen, in alle Welt verstreut zu werden wie der Staub vor dem Winde, wenn wir uns in dieser zwölften Stunde nicht aufrafften und endlich den Mut aufbrächten, der uns seither gefehlt hat. Verbergt nicht Eure Feigheit unter dem Mantel der Klugheit. Denn mit jedem Tag, da Ihr noch zögert, da Ihr dieser Ausgeburt der Hölle nicht widersteht, wächst Eure Schuld gleich einer parabolischen Kurve höher und immer höher.

Viele, vielleicht die meisten Leser dieser Blätter sind sich darüber nicht klar, wie sie einen Widerstand ausüben sollen. Sie sehen keine Möglichkeiten. Wir wollen versuchen, ihnen zu zeigen, daß ein jeder in der Lage ist, etwas beizutragen zum Sturz dieses Systems. Nicht durch individualistische Gegnerschaft, in der Art verbitterter Einsiedler, wird es möglich werden, den Boden für einen Sturz dieser ›Regierung‹ reif zu machen oder gar den Umsturz möglichst bald herbeizuführen, sondern nur durch die Zusammenarbeit vieler überzeugter, tatkräftiger Menschen, Menschen, die sich einig sind, mit welchen Mitteln sie ihr Ziel erreichen können. Wir haben keine reiche Auswahl an solchen Mitteln, nur ein einziges steht uns zur Verfügung – der *passive Widerstand.*

(...)

Jedes Wort, das aus Hitlers Munde kommt, ist Lüge. Wenn er Frieden sagt, meint er den Krieg, und wenn er in frevelhaftester Weise den Namen des Allmächtigen nennt, meint er die Macht des Bösen, den gefallenen Engel, den Satan. Sein Mund ist der stinkende Rachen der Hölle, und seine Macht ist im Grunde verworfen. Wohl muß man mit rationalen Mitteln den Kampf wider den nationalsozialistischen Terrorstaat führen; wer aber heute noch an der realen Existenz der dämonischen Mächte zweifelt, hat den metaphysischen Hintergrund dieses Krieges bei weitem nicht begriffen. Hinter dem Konkreten, hinter dem sinnlich Wahrnehmbaren, hinter allen sachlichen, logischen Überlegungen steht das Irrationale, d. i. der Kampf wider den Dämon, wider den Boten des Antichrists. Überall und zu allen Zeiten haben die Dämonen im Dunkeln gelauert auf die Stunde, da der Mensch schwach wird, da er seine ihm von Gott auf Freiheit gegründete Stellung im ordo eigenmächtig verläßt, da er dem Druck des Bösen nachgibt, sich von den Mächten höherer Ordnung loslöst und so, nachdem er den ersten Schritt freiwillig getan, zum zweiten und dritten und immer mehr getrieben wird mit rasend steigender Geschwindigkeit – überall und zu allen Zeiten der höchsten Not sind Menschen aufgestanden, Propheten, Heilige, die ihre Freiheit gewahrt hatten, die auf den Einzigen Gott hinwiesen und mit seiner Hilfe das Volk zur Umkehr mahnten. Wohl ist der Mensch frei, aber er ist wehrlos wider das Böse ohne den wahren Gott, er ist wie ein Schiff ohne Ruder, dem Sturme preisgegeben, wie ein Säugling ohne Mutter, wie eine Wolke, die sich auflöst.

Gibt es, so frage ich Dich, der Du ein Christ bist, gibt es in diesem Ringen um die Erhaltung Deiner höchsten Güter ein Zögern, ein Spiel mit Intrigen, ein Hinausschieben der Entscheidung in der Hoffnung, daß ein anderer die Waffen erhebt, um Dich zu verteidigen? Hat Dir nicht Gott selbst die Kraft und den Mut gegeben zu kämpfen? Wir *müssen* das Böse dort angreifen, wo es am mächtigsten ist, und es ist am mächtigsten in der Macht Hitlers.

»Ich wandte mich und sah an alles Unrecht, das geschah unter der Sonne; und siehe, da waren Tränen derer, so Unrecht litten und hatten keinen Tröster; und die ihnen Unrecht taten, waren so mächtig, daß sie keinen Tröster haben konnten.

Da lobte ich die Toten, die schon gestorben waren, mehr denn die Lebendigen, die noch das Leben hatten …« (Sprüche)

Novalis: »Wahrhafte Anarchie ist das Zeugungselement der Religion. Aus der Vernichtung alles Positiven hebt sie ihr glorreiches Haupt als neue Weltstifterin empor ... Wenn Europa wieder erwachen wollte, wenn ein Staat der Staaten, eine politische Wissenschaftslehre uns bevorstände! Sollte etwa die Hierarchie ... das Prinzip des Staatenvereins sein? ... Es wird so lange Blut über Europa strömen, bis die Nationen ihren fürchterlichen Wahnsinn gewahr werden, der sie im Kreis herumtreibt, und von heiliger Musik getroffen und besänftigt zu ehemaligen Altären in bunter Vermischung treten, Werke des Friedens vornehmen und ein großes Friedensfest auf den rauchenden Walstätten mit heißen Tränen gefeiert wird. Nur die Religion kann Europa wieder aufwecken und das Völkerrecht sichern und die Christenheit mit neuer Herrlichkeit sichtbar auf Erden in ihr friedenstiftendes Amt installieren.«

(...)

Zu Ihrer Beruhigung möchten wir noch hinzufügen, daß die Adressen der Leser der Weißen Rose nirgendwo schriftlich niedergelegt sind. Die Adressen sind willkürlich Adreßbüchern entnommen.

Wir schweigen nicht, wir sind Euer böses Gewissen; die Weiße Rose läßt Euch keine Ruhe!!

Bitte vervielfältigen und weitersenden!

Boris Vian

Le déserteur

Boris Vian *(1920–1959) ist eine der schillernden Figuren der unmittelbaren Nachkriegszeit. Mit seinen literarischen und politischen Texten, Chansons und eigener Jazzmusik wurde er für die Generation der sechziger und siebziger Jahre zum Symbol für freches und mutiges Engagement. Sein Lied an den Staatspräsidenten wurde für alle Kriegsgegner zu einem »Klassiker«.*

Monsieur le Président
Je vous fais une lettre
Que vous lirez peut-être
Si vous avez le temps
Je viens de recevoir
Mes papiers militaires
Pour partir à la guerre
Avant mercredi soir
Monsieur le Président
Je ne veux pas la faire
Je ne suis pas sur terre
Pour tuer des pauvres gens
C'est pas pour vous fâcher
Il faut que je vous dise
Ma décision est prise
Je m'en vais déserter

Depuis que je suis né
J'ai vu mourir mon père
J'ai vu partir mes frères
Et pleurer mes enfants
Ma mère a tant souffert
Elle est dedans sa tombe
Et se moque des bombes
Et se moque des vers
Quand j'étais prisonnier
On m'a volé ma femme
On m'a volé mon âme
Et tout mon cher passé
Demain de bon matin
Je fermerai ma porte
Au nez des années mortes
J'irai sur les chemins

Je mendierai ma vie
Sur les routes de France
De Bretagne en Provence
Et je dirai aux gens:
Refusez d'obéir
Refusez de la faire
N'allez pas à la guerre
Refusez de partir
S'il faut donner son sang
Allez donner le vôtre
Vous êtes bon apôtre
Monsieur le Président
Si vous me poursuivez
Prévenez vos gendarmes
Que je n'aurai pas d'armes
Et qu'ils pourront tirer

Die letzten beiden Verse lauteten ursprünglich:

Que je tiendrai une arme
Et que je sais tirer

Leszek Wałęsa

GESPRÄCHE

Leszek Wałęsa *(* 1943) ist einer der bedeutenden Symbolfiguren für die friedliche Revolution in Mittel- und Osteuropa. Ohne die Zivilcourage der polnischen Werftarbeiter hätte der Systemwechsel vom Sowjetregime zur Selbstbestimmung der Völker Europas nicht stattfinden können. Von 1990 bis 1995 war er Staatspräsident und organisierte den politischen Wandel Polens. In den Gesprächen mit Jule Gatter-Klenk berichtet er von seinen Gefühlen während der entscheidenden Phase des Streiks.*

Machtproben

Ich rechne damit, daß uns unsere politischen Gegner jetzt ernst nehmen werden. Wir wollen nicht um jeden Preis streiken, aber wir können uns auch nicht die Streikwaffe aus der Hand nehmen lassen.

Die Polen sind ratlos. Sie verstehen die Welt nicht mehr. Im Fernsehen werden plötzlich Interviews mit einfachen Arbeitern ausgestrahlt, die in aller Offenheit über ihre Alltagsprobleme reden, so als hätte es in Polen eine Zensur nie gegeben. Der Vertreter der Gewerkschaftsorganisation, an deren Existenz noch vor Wochen niemand so recht glauben mochte, redet nun in öffentlichen Sportstadien vor einem Massenpublikum.

In Tageszeitungen erscheinen Artikel, im Radio werden Reportagen gesendet, in Betriebsschaukästen Fotos gezeigt, deren Veröffentlichung noch bis vor zwei Monaten die Verantwortlichen ihren Arbeitsplatz gekostet hätte. Die ›Solidarität‹ ist dabei, sich ihren Platz in der Gesellschaft zu erobern.

Anfangs erscheint die Registrierung der neuen Gewerkschaft unproblematisch. Walesa ist krank und kann es sich erstmals leisten, ein paar Tage mit halber Kraft zu arbeiten. »Ich glaube nicht, daß es viele Probleme geben wird. Aber da mußt du schon die Regierung fragen. Vielleicht lassen sie uns unter Treibhausbedingungen einige Zeit vegetieren. Ob wir Erfolg haben, das wird sich in einem halben Jahr, einem Jahr zeigen.« Er lacht: »So eine Treibhausluft wäre für meine Erkältung nicht schlecht. Ich bin müde und habe Halsschmerzen. Meine Stimme klingt wie die von diesem amerikanischen Sänger, diesem Armstrong, oder wie er heißt. Vielleicht etwas dünner, aber genauso rauh.«

Ende September berichtet die deutsche Presseagentur aus Warschau: »Mindestens tausend Menschen bereiteten der Danziger Gewerkschaftsdelegation, die im Warschauer Wojewodschaftsgericht die Registrierung ihres neuen, unabhängigen Gewerkschaftsbundes beantragte, einen triumphalen Empfang. Als der mit Spruchbändern verzierte Bus mit Streikführer Lech Walesa und den übrigen rund 35 Delegierten vor dem Gerichtsgebäude vorfuhr, warfen die Menschen Walesa Blumensträuße zu. Vor und im Gerichtsgebäude herrschte ein unbeschreibliches Gedränge. Die meisten Leute hatten schon über eine Stunde gewartet.

Walesa, dem zwei kräftige Leibwächter eine Gasse bahnten, hob mit beiden Händen Blumen in den polnischen Nationalfarben hoch, ging über die große Treppe, immer wieder von Beifall begleitet, in den ersten Stock und verschwand hinter der Tür von Saal 203.«

Zu dieser Zeit gehören zur ›Solidarität‹ bereits über 30 Regionalverbände, zu denen sich Organisationen einzelner Betriebe zusammengeschlossen haben. Doch die Entscheidung über die offizielle Eintragung der ›Solidarität‹ in das Vereinsregister wird nicht zu dem von vielen erwarteten Triumph; sie führt statt dessen zu einer neuen Machtprobe zwischen Regierung und Gewerkschaft. In zwei Wochen, so ein Richter, würden die Antragsteller Bescheid erhalten; zu jenem Zeitpunkt betrachteten die Beteiligten die Arbeit des Wojewodschaftsgerichts nur noch als eine Formalität. 14 Tage später werden sie enttäuscht. Walesa und seine Gefolgsleute sitzen erneut im Saal 203. Der Vorsitzende Richter verkündet:

»Das Wojewodschaftsgericht von Warschau beschließt wie folgt:

Die unabhängige, selbstverwaltete Gewerkschaft ›Solidarität‹ wird registriert.« Die nachfolgenden Worte des Richters gehen im allgemeinen Beifall unter; doch gerade sie sind es, die manche Illusionen zerschlagen: »Ich bitte noch einmal um Ruhe und Aufmerksamkeit, zu der uns die Anwesenheit im Gerichtssaal verpflichtet. Ich verstehe Ihre Emotionen, doch bitte nur außerhalb des Gerichtes.« Den Zwischenruf einer ›Solidarität‹-Mitarbeiterin: »Wir werden schon ruhig sein!« ignoriert der Vorsitzende. Er fährt fort: »Das Gericht hat den Paragraphen 1 des Statuts um folgenden Zusatz erweitert: Die Gewerkschaft beabsichtigt nicht, die Rolle einer politischen Partei anzunehmen. Sie anerkennt das Eigentum aller an den Produktionsmitteln als Grundlage des sozialistischen Gesellschaftssystems in Polen. Sie erkennt die führende Rolle der Vereinigten Polnischen Arbeiterpartei im Staat an und stellt die internationalen Bündnisse der Volksrepublik Polen nicht in Frage.«

Eine allgemeine Ernüchterung greift Platz. Leszek schäumt: »Das Gericht hat einseitig Veränderungen in unserem Statut vorgenommen. Den Absatz über das Streikrecht haben sie gestrichen und statt dessen eine Ergänzung hinzugefügt, die den Charakter einer politischen Meinungsäußerung hat. Diese Veränderungen wurden gegen den Willen der von uns bevollmächtigten Vertreter vorgenommen. Die gerichtliche Änderung unseres Statuts ist eine einseitige Verletzung unserer Vereinbarungen von Danzig; sie erschwert in höchstem Maß den Dialog mit dem Volk.«

»Und nun?«, frage ich.

»Was meinst du damit? Wir werden uns das nicht gefallen lassen. Wir gehen davon aus, daß es unsere Gewerkschaft gibt, daß sie eine juristische Person ist, egal, was die Richter sagen. Wenn die den Krach provozieren wollen, werden wir uns wehren. Für die daraus entstehenden innenpolitischen Spannungen ist die Regierung verantwortlich.«

Auf eben diesen Punkt werden sich in den nächsten Wochen die Auseinandersetzungen zwischen Regierung und ›Solidarität‹ zuspitzen, auf Fragen wie: wer schuld daran sei, daß die Verhandlungen über eine offizielle Eintragung nicht vorankämen; wer für die Warnstreiks verantwortlich sei; ob die Verhaftung von ›Solidarität‹-Mitarbeitern eine Provokation oder eine rechtmäßige polizeiliche Maßnahme darstelle. Beide Seiten werden sich gegenseitig einer Verschärfung der Lage bezichtigen, beide Seiten werden sich ihre besten Absichten bescheinigen. Offenbar gibt es hier wie dort Kräfte, für die die Vereinbarungen von Danzig der Anfang vom Ende eines sozialistischen Polen sind und die deshalb versuchen, die Zusammenarbeit zwischen Regierung und ›Solidarität‹ mit allen Mitteln zu torpedieren. Walesas Linie für die kommenden Auseinandersetzungen ist klar: Er will in jedem Fall verhindern, daß auch nur ein Schritt zum Abbau der ›Solidarität‹ ungestraft erfolgen kann.

Leszek, der inzwischen wie der ›Fliegende Holländer‹ das ganze Land durchquert, wird nicht müde, zu wiederholen:

»Die Forderungen der Richter haben weder etwas mit Rechtsprechung noch Gerechtigkeit zu tun. Es geht hier um Politik. Sie wollen die Freiheit der Gewerkschaft unterdrücken. Das heißt für uns, daß das Gericht weder Autorität noch Unabhängigkeit besitzt. Eine solche Einmischung werden wir nicht dulden. Wir wollen in unseren Angelegenheiten selbst entscheiden. Das haben wir immer gesagt, danach werden wir jetzt handeln.«

Walesa in Krakau:
»In dieser Stadt schwöre ich, daß ich alles tun werde, wozu ihr mich verpflichtet habt, und daß ich nie unsere gemeinsame Sache vernachlässigen werde. Wir müssen aber berücksichtigen, daß wir uns an eine bestimmte Ordnung zu halten haben, um alles durchsetzen zu können.«

Selbstverwirklichung und Solidarität

Mit fünfzehn Jahren äußerte sich meine Selbstverwirklichung vor allem in Äußerlichkeiten. Zwar hatte ich mein Selbst noch nicht gefunden, doch um es zu verwirklichen, musste ich mich auf jeden Fall von allen Erwachsenen unterscheiden. Also ließ ich mir die Haare bis auf die Schultern wachsen, um meine Individualität gegen die Konformitätszwänge der Erziehung zu behaupten, und statt Anzug und Schlips trug ich Parka und Jeans – wie alle meine Freunde und Schulkameraden. »Ihr seht ja aus wie Soldaten einer Armee«, spottete mein Vater. Obwohl ich zutiefst verletzt war, konnte ich ihm nicht widersprechen. Aber wie hätte ich mich sonst verwirklichen sollen, ohne mich mit meinesgleichen zu solidarisieren?

»Ich bin. Aber ich habe mich nicht. Also werden wir erst.« Diese drei Sätze aus Blochs »Tübinger Einleitung in die Philosophie« skizzieren den anthropologischen Grund jeder Selbstverwirklichung: die natürliche Unvollkommenheit des Menschen. Anders als die meisten Tiere, die mit einem mehr oder weniger fertigen Programm geboren werden, kommt der Mensch als ziemlich unfertiges Wesen zur Welt. Doch sobald er sich seiner selbst bewusst wird, sieht er sich vor die schwierige Aufgabe gestellt, ein Selbst zu verwirklichen, das im Dunkel seines eigenen Innern verborgen liegt.

»Erkenne dich selbst!«, lautet darum die Mahnung des delphischen Orakels, dessen Echo im Verlauf der Jahrhunderte immer wieder im Abendland ertönt. Selbstverwirklichung im modernen Sinn aber, als Entfaltung und Ausschöpfung persönlicher Möglichkeiten, als Streben nach Echtheit und Selbstbestimmung, nach Authentizität und Autonomie, ist eine Erfindung der europäischen Neuzeit: Durch Selbstverwirklichung unterscheiden sich nach Hegel Herr und Knecht. Den Grund dafür fügt Kierkegaard hinzu: »Der Mensch ist umso mehr selbst, je mehr er Freiheit und Selbsterkenntnis verwirklichen kann.« Im einmaligen, selbst entfalteten Individuum also gelangt die abendländische Idee des Menschen erst zur Wirklichkeit. »Werde, der du bist!«, lautet darum die große Lebenslosung, die Nietzsche im »Zarathustra« dem neuen Menschen mit auf den Weg gibt. Diese Suche nach sich selbst wird zum fast alles bestimmenden Thema der europäischen Literatur – jeder Entwicklungsroman, von Kellers »Grünem Heinrich« bis zu Hesses »Glasperlenspiel«, ist davon ein Zeugnis, aber auch Alarcóns »Skandal« oder Dostojewskis »Brüder Karamasow«, die in ein und derselben Familie drei radikal verschiedene Formen der Selbstverwirklichung verkörpern. Und spätestens mit Ibsens »Nora«, die das Bedürfnis nach Freiheit und Selbstbestimmung dazu treibt, ihr »Puppenheim« zu verlassen, machen sich auch die Frauen dieses Kontinents auf den Weg zum eigenen Ich, und mit Nora all die großen und kleinen »Nanas« und »Lulus« der Literatur – Wegbereiterinnen der Frauenemanzipation, die im 20. Jahrhundert in Simone de Beauvoir ihre bedeutendste Ikone findet.

»Ich gehöre mir selbst«, intoniert Lucio Dalla das Credo des *homo europaeicus,* »und will meine Individualität frei ausleben.« Was aber heißt »Selbstverwirklichung« überhaupt, fragt der polnische Philosoph Kolakowski, um damit ein Lebenskonzept, das seit den sechziger Jahren zum Religionsersatz zu werden droht, auf den Prüfstand zu stellen. »Der Mensch«, so die Begründung seiner Skepsis, »kann sich selbst vielfältig verwirklichen – einer hat das Potenzial, um heiliger Franz zu werden, ein anderer hat das Potenzial, Hitler zu werden.« Diese Nachtseite der Selbsterkenntnis und -verwirklichung klingt bereits in der griechischen Tragödie an: Als Ödipus sein wahres Ich begreift, sticht er sich die Augen aus.

Doch auch ohne in solche Abgründe der Seele hinabzusteigen, stößt das Bedürfnis nach Selbstverwirklichung an natürliche Grenzen – zumindest im alten Europa. Die Erweiterung individueller Freiheiten läuft ja nicht nur Gefahr, schlafende Dämone im eigenen Ich zu wekken, sie geht auch einher mit dem Verlust sozialer Geborgenheit. Der Mensch aber ist nicht zur Einsamkeit geboren, laut Aristoteles ist er vielmehr ein *»zoon politikon«,* ein soziales Wesen, das auf die emotionale Nähe zu seinen Mitmenschen angewiesen ist, um psychisch zu überleben. Beethoven ist dafür der sterbende Beweis: Das Gefühl des Ausgeschlossenseins verfolgt ihn buchstäblich bis ins Grab. Sein Testament verdeutlicht auf erschütternde Weise, dass der *homo europaeicus,* wie die Schopenhauer'schen »Stachelschweine«, neben einer Individual-Seele, die sich im Bedürfnis nach dem Anders-Sein zeigt, auch eine Kollektiv-Seele besitzt, die sich nach nichts so sehr sehnt wie nach dem Gleich-Sein mit den Artgenossen.

»Schlimmer ist wohl nur der Jüngste Tag!«, schreibt deshalb Wladimir Wyssotzkij aus der Verbannung an seine Freunde. »Ein Brief wird meine letzte Rettung sein.« Solidarität ist nach abendländischem Verständnis mehr als nur ein hehres Ideal – sie ist eine Notwendigkeit des Menschen, sein Urbedürfnis nach Gemeinschaft. Ideengeschichtlich wurzelt sie sowohl im antiken Freundschaftsideal wie in der christlichen Nächstenliebe: In Jesu Tod am Kreuz, mit der der Fleisch gewordene Gott die Menschheit erlöst, hat sie ihr zeitlos ergreifendes Sinnbild gefunden. Im modernen Sinn einer politisch-sozialen Brüderlichkeit wird der Begriff jedoch erst im 18. Jahrhundert gebräuchlich, fast zeitgleich mit dem Begriff der Selbstverwirklichung, um mit der Französischen Revolution zu einer der drei Leitideen der europäischen Zivilisation aufzusteigen. Pestalozzi erhebt die »Bildung von Gemeingeist« am Vorabend der industriellen Revolution darum zur vornehmsten Aufgabe der Erziehung, bevor im Zeichen des Klassenkampfes Karl Marx zu dem Schluss gelangt, dass individuelle Selbstverwirklichung durch kollektive Solidarität überhaupt erst möglich wird.

»Aus der Einsamkeit befreit nicht die Welt«, greift hundert Jahre später Karl Jaspers diesen Gedanken wieder auf, »sondern das Selbstsein, das sich dem Anderen verbindet.« Anders als in der philosophischen Psychologie reichen in der europäischen Literatur die Versuche, die Spannung zwischen individueller Selbstverwirklichung und den Erfordernissen der Gesellschaft aufzuheben, bis in die Klassik zurück. Wählt Racines »Bérénice« im Konflikt zwischen Liebe und Pflicht den Weg der Entsagung, reift in Corneilles »Cinna« die Erkenntnis heran, dass eine sittliche Handlung zum tragenden Pfeiler der Gesellschaft werden kann. Unter dem Einfluss der Franzosen wächst auch Addisons »Cato« über sich hinaus, wenn er seine egoistischen Wünsche den Interessen des Gemeinwesens unterordnet. Diese Grundspannung hallt bis ins 20. Jahrhundert nach. Andersen Nexøs »Pelle, der Eroberer« versucht sein persönliches Glück mit dem Schicksal der dänischen Arbeiterklasse zu verknüpfen, während Hans Castorp, Patriziersohn wie sein Autor Thomas Mann, sich der Gesellschaft verweigert, indem er Zuflucht auf dem »Zauberberg« nimmt. Diese Verweigerung ist seine eigentliche Krankheit – weshalb sein Privat-Aufklärer Settembrini ihn immerzu drängt, das Sanatorium zu verlassen und in die Welt der Tätigen zurückzukehren.

Nein, die Aufhebung von Selbstverwirklichung und Solidarität im Kommunismus, wie Marx sie sich erträumte, gelingt wohl nur im sozialistischen Realismus – zum Beispiel, wenn Boris Wladimirski »Rosen für Stalin« streut. Die europäische Wirklichkeit jedoch sieht anders aus. Zwar hat die Solidarität russischer Proletarier die Überwindung der Klassenherrschaft ermöglicht, doch soll der Traum vom Arbeiter- und Bauernparadies, als das sich der real existierende Sozialismus tarnt, nur zwei Generationen später an der Solidarität Danziger Werftarbeiter und Leipziger Bürgerrechtler scheitern, die mit der Losung »Wir sind das Volk!« ihr Recht auf Selbstverwirklichung in Freiheit gegen die zwangsverordnete Solidarität der kommunistischen Machthaber einklagen und damit den Eisernen Vorhang durchbrechen.

»Gut zu sein und doch zu leben«, lässt Bertold Brecht seine gescheiterte Heldin Shen Te in »Der gute Mensch von Sezuan« bekennen, »zerriss mich wie ein Blitz in zwei Hälften.« Und trotzdem: Mag die wechselseitige Vollendung von Individuum und Gesellschaft auf Dauer vielleicht nur im Kitsch säkularer Heiligenlegenden gelingen, bleibt uns im real existierenden Kapitalismus des Nach-Wende-Europas nichts anderes übrig, als uns immer wieder aufs Neue an ihr zu versuchen, um sowohl unseren individuellen wie auch kollektiven Seelenbedürfnissen gerecht zu werden – selbst auf die Gefahr hin, dass die grell geschminkte Charity-Lady im Rausch ihrer eigenen Selbstverwirklichung sich mit den Armen dieser Welt nur deshalb solidarisiert, um möglichst laut darüber zu reden. »Verehrtes Publikum, jetzt kein Verdruss: Wir wissen wohl, das ist kein guter Schluss«, bekommt noch einmal Brecht das Wort. »Wir stehen selbst enttäuscht und sehn betroffen / Den Vorhang zu und alle Fragen offen.«

Sophokles

KÖNIG OIDIPUS

Sophokles *(496 v. Chr. – 406 v. Chr.) ist mit Aischylos und Euripides einer der drei großen Tragödienautoren der griechischen Antike. Sein Werk* König Ödipus *erzählt das tragische Ende des Königs von Theben, der unwissend seinen Vater erschlägt und seine Mutter heiratet, ohne von der Blutschande zu wissen. Als er volle Erkenntnis seiner Taten erlangt, blendet er sich selbst.*

OIDIPUS. Weh mir, es ist erfüllt! Klar, klar ist alles!
Dich Himmelslicht seh zum letzten Mal!
Mich zeugte, der's nicht durfte, mich umarmte,
Die's nicht gedurft, ich schlug, den ich nicht sollte!
Er eilt in den Palast, gefolgt von seinen Dienern; Bote und Hirte ab.

CHOR. Weh! Menschengeschlechter ihr!
Ach, wie muß ich so ganz für nichts
Euer Leben doch achten!
Wer, wer von den Menschen trägt
Mehr Glückseligkeit denn davon,
Als so viel ihm ein Wahn gewährt,
Wahn, der bald dann versunken?
Wer dein Beispiel vor Augen hat
Und dein schrecklich Verhängnis, deins,
Armer Oidipus, nie mehr preist
Der Menschengeschicke.

Er, er über alles Maß
Traf ja zielend dem Glück ins Herz,
War in allem der Herr des Segens.
Krumm klauiges Mädchentier,
Rätselsängerin trieb er fort.
Zeus, und vor alle Tode stand
Wie ein Turm er dem Lande.

Seitdem heißest du König und
Warst auch herrlich geehrt im Land,
Herrschtest als der Thebanerstadt
Groß mächtiger König.

Doch jetzt! Von wem kann man hören größer Leid?
Wer wohnt tief so in Schuld und in wilder Not,
In jähem Wechsel seines Glücks?
O weh! Edles Haupt des Oidipus,
Daß im selben Port, der als Sohn dich barg,
Dir als Vater ehelich dann gefiel zu ruhn!
Wie denn nur, wie nur konnte dich
Deines Erzeugers Saatgefild
Schweigend so lang, Ärmster, dich ertragen?

Nur ungern deckt auf, die alles sieht, die Zeit
Die Ehe, die Nichtehe, längst verdammt,
Wo Zeuger und Erzeugter eins.
O weh! Sprosse du des Laios,
Hätt ich, hätt ich dich doch nie gesehn!
Jammern muß ich, jammern im Übermaß des Leids.
Aber es bleibt mir doch bestehn:
Atmete auf mein Herz, warst du's!
Schlummert ich ein, du nur bist's gewesen.

Ein Diener kommt aus dem Palast gestürzt.

DIENER. Ihr hohen Häupter Thebens, wenn ihr noch
Ein Herz habt für das alte Haus des Laios,
Was müßt ihr hören, was mit Augen schaun,
Was müßt ihr jetzt beklagen, was bejammern!
O, keiner von der Erde Strömen wäscht
Die Greuel weg, die dieses Haus umschließt,
Und immer neue drängt's hinaus ans Licht!
O neues Leid von eigener Hand! Nichts rührt
Uns tiefer doch als selbst geschaffenes Leid!

CHORFÜHRER. Noch mehr der Greuel? Uns genügte schon
Der Jammer, den wir schaudernd miterlebt.
DIENER. Rasch ist das Wort gesagt und rasch gehört:
Tot ist Iokastes königliches Haupt.
CHORFÜHRER. O Unglückselige! Sprich, wie ihr's geschah.
DIENER. Sie starb durch eigene Hand. Euch blieb das Schlimmste
Von dem, was dort geschah, erspart: der Anblick.
Doch wie es mir noch vor dem Auge steht,
Der Armen letzte Not, ihr sollt sie hören.
Als sie in wilder Hast ins Haus geeilt,
Mit beiden Händen sich das Haar zerraufend,
Stürmt in die eheliche Kammer sie,
Und schließt, kaum drinnen, sich die Türe ab.
Den toten Gatten hören wir sie rufen,
Den Liebesbund beschwört sie, dessen Sproß
Den Vater mordete, und der die Mutter
Dem eignen Sohn zur Gattin hinterließ,
Um ein verflucht Geschlecht mit ihr zu zeugen.
Dem Lager flucht sie, wo den Gatten sie
Dem Gatten zeugte, Kinder mit dem Kind.
Wie sie dann umgekommen, weiß ich nicht;
Denn abgelenkt ward unser Blick: laut schreiend
Kommt Oidipus hereingestürzt, und wir
Verfolgen ihn mit unserm Blick, wie er
Sein Schwert verlang und also nach der Frau,
Nein nicht der Frau, dem Doppelmutterschoß
Von ihm und seinen eignen Kindern ruft.
Wir alle schweigen, die wir um ihn stehn.
Aufbrüllend stürmt er an die Doppeltür,
Als werde ihm der Weg gezeigt, und krachend
Brechen die Riegel, der stürmt ins Gemach –
Da sehen wir die Königin erhängt
An einem Stricke hängend überm Bett.
Bei diesem Anblick schreit der König auf,
Des Seiles Schlinge löst er ab, so daß

Der Leichnam nieder auf die Erde sinkt.
Und nun – entsetzlich war es anzuschaun –
Die goldnen Spangen, die der Königin
Das Kleid zusammenhielten, reißt er ab,
Holt aus und stößt sie sich in beide Augen
Und ruft: »Sie sollen nichts von dem mehr sehn,
Was ich erlitt und was ich Böses tat.
Nacht decke, was ich niemals sehen durfte,
Und ungesehen bleib, was gern ich sah.«
So schreiend, stößt er noch und noch ins Auge
Mit aufgerissenen Lidern sich; es strömt
Das Blut herab, nicht spärlich rinnend nur,
Ein Schauer schwarzen Blutes netzt sein Antlitz.
So sind nun beide, Mann und Weib, gefällt.
Gemeinsam schlang sie ein Verderben weg.

Alexander Pope

ERKENNE DICH SELBST

Alexander Pope *(1688–1744) ordnet den Leitspruch »Erkenne dich selbst!« in das Denken der Aufklärung ein. Trotz aller wissenschaftlichen Erkenntnisse soll der Mensch, so sein Plädoyer, die Bedingungen seines Daseins nicht vergessen.*

Erkenne dich selbst, denk nicht, du könntest Gott verstehn!
Der Menschheit Forschung soll sich um den Menschen drehn.
Ein Mittelding ist dieses Wesen von Natur,
von düstrer Weisheit und von roher Größe nur,
Mit zu viel Wissen, um ein Skeptiker zu sein,
zum Stolz der Stoa wiederum zu schwach und klein,
steht er dazwischen, fragt sich zweifelnd: Ist er nun
ein Gott, ist er ein Vieh? Soll er jetzt handeln, ruhn,
hat Geist er oder Leib als höher anzusehn?

Geboren nur, um zu sterben, nur denkend, irrzugehn;
und sein Verstand ist immer trübe und beschränkt,
ganz gleich, ob er zu viel, ob er zu wenig denkt:
ein Chaos von Gedanken, wirre Leidenschaft;
belehrt und auch getäuscht allein durch eigne Kraft;
erschaffen ward er, halb zu steigen, halb zu fallen;
ein Großherr aller Dinge und ein Raub von allen;
der Wahrheitsrichter, der dem Irrtum stets verfällt;
die Krone und der Spott, das Rätsel dieser Welt!

Geh, Wundersamer! Folge der Erkenntnis Licht.
Miss Erdumfang, Gezeitenstand und Luftgewicht.
Schreib den Planeten ihre Bahnen vor im All,
berechne neu die Zeit und lenk den Sonnenball.
Mit Platon hoch zur Feuersphär' empor dich schwinge
zum Ursprung guter, schöner und vollkommner Dinge.
Beschreite auch der Schüler Platons wirre Kreise,
und drehst du durch, so nenn das göttlich sein und weise –
wie morgenländ'sche Priester, die im Kreise rennen,
den Kopf sich schwindlig drehn und sich dann Sonne nennen.
So geh und lehre Gott, wie zu regieren ist –
geh in dich dann und sieh, was für ein Narr du bist!

Johann Heinrich Pestalozzi

GEMEINGEIST UND GEMEINKRAFT

Johann Heinrich Pestalozzi *(1746–1827) ist bis heute ein fester Bezugspunkt moderner ganzheitlicher Pädagogik. Die Entfaltung des Individuums in seiner Besonderheit steht für ihn keineswegs im Gegensatz zur Entwicklung des Gemeinsinns.*

Ein schwatzender Gaukler klagte, es sei so wenig Gemeingeist unter den Menschen.

Ein Bauer, der ihn hörte, antwortete ihm: »Ich fordere von meinem Zugvieh keinen Gemeingeist, ich fordere von ihm nur Gemeinkraft.« Dieses Wort ist im Munde eines Mannes, der mit Vieh umgeht und das Vieh braucht, ganz passend, aber für das Menschengeschlecht ist es bei weitem nicht auf gleiche Weise anwendbar. Gemeinkraft ohne Gemeingeist ist für das Menschengeschlecht keine Menschenkraft, sie ist für dasselbe eine reine, völlig vom menschlichen Geist und vom menschlichen Herzen entblößte Tierkraft; aber wenn man denkt, was es braucht, ein Volk zu *der* menschlichen Kraft zu erheben, die nicht bloß Spielerei des Gemeingeists, sondern wahrer Gemeingeist ist, so muß man in Rücksicht auf die Kunstführung der Völker, die man Politik nennt, auch das Wort anwenden, das uns in religiöser Hinsicht gegeben ist: *Der Geist ist zwar geneigt, aber das Fleisch ist schwach.* Wir können es uns nicht verhehlen; der Geist und Sinn unserer Zeit ist in der Bildung der Gemeinkraft der Völker weit, sehr weit mehr vorgeschritten als in der Bildung seines Gemeingeists.

Ludwig van Beethoven
Das Heiligenstädter Testament

Ludwig van Beethoven *(1770–1827) hat mit seinen Kompositionen eines der Glanzstücke europäischer Musik geschaffen, die weltweit Bewunderer gefunden hat. Seine zunehmende Taubheit schloss ihn am Ende seines Lebens vom sozialen Leben weitgehend aus.*

Für meine Brüder Karl und Johann.
O ihr Menschen, die ihr mich für feindselig, störrisch oder misanthropisch haltet oder erklärt, wie unrecht tut ihr mir; ihr wißt nicht die geheime Ursache von dem, was euch so scheinet. Mein Herz und mein Sinn waren von Kindheit an für das zarte Gefühl des Wohlwollens; selbst große Handlungen zu verrichten, dazu war ich immer aufgelegt, aber bedenket nur, daß seit sechs Jahren ein heilloser Zustand mich

befallen, durch unvernünftige Ärzte verschlimmert, von Jahr zu Jahr in der Hoffnung, gebessert zu werden, betrogen, endlich zu dem Überblick eines dauernden Übels (dessen Heilung vielleicht Jahre dauern oder gar unmöglich ist) gezwungen, mit einem feurigen, lebhaften Temperamente geboren, selbst empfänglich für die Zerstreuungen der Gesellschaft mußte ich früh mich absondern, einsam mein Leben zubringen. Wollte ich auch zuweilen mich einmal über das alles hinwegsetzen, o wie hart wurde ich durch die doppelte traurige Erfahrung meines schlechten Gehörs dann zurückgestoßen, und doch war's mir noch nicht möglich, den Menschen zu sagen: Sprecht lauter, schreit, denn ich bin taub. Ach, wie wär es möglich, daß ich dann die Schwäche eines Sinnes angeben sollte, der bei mir in einem vollkommenen Grade als bei andern sein sollte, einen Sinn, den ich einst in der größten Vollkommenheit besaß, in einer Vollkommenheit, wie ihn wenige von meinem Fache gewiß haben noch gehabt haben – o, ich kann es nicht. Drum verzeiht, wenn ihr mich da zurückweichen sehen werdet, wo ich mich gerne unter euch mischte. Doppelt wehe tut mir mein Unglück, indem ich dabei verkannt werden muß. Für mich darf Erholung in menschlicher Gesellschaft, feiner Unterredungen, wechselseitige Ergießungen nicht statt haben; ganz allein, fast nur so viel, als es die höchste Notwendigkeit fordert, darf ich mich in Gesellschaft einlassen. Wie ein Verbannter muß ich leben; nahe ich mich einer Gesellschaft, so befällt mich eine heiße Ängstlichkeit, indem ich befürchte, in Gefahr gesetzt zu werden, meinen Zustand merken zu lassen. So war es denn auch dieses halbe Jahr, was ich auf dem Lande zubrachte; von meinem vernünftigen Ärzte aufgefordert, so viel wie möglich mein Gehör zu schonen, kam er fast meiner jetzigen natürlichen Disposition entgegen, obschon, vom Triebe der Gesellschaft manchmal hingerissen, ich mich dazu verleiten ließ. Aber welche Demütigung, wenn jemand neben mir stand und von weitem eine Flöte hörte und ich nichts hörte, oder jemand den Hirten singen hörte und ich auch nichts hörte; solche Ereignisse brachten mich nahe an Verzweiflung, es fehlte wenig und ich endigte selbst mein Leben, – nur sie, die Kunst, sie hielt mich zurück. Ach, es dünkte mir unmöglich, die Welt eher zu verlassen, bis ich das alles hervorgebracht, wozu ich mich aufgelegt fühlte, und so fristete ich dieses elende Leben – wahrhaft elend, einen so reizbaren Körper, daß eine etwas schnelle Veränderung mich aus dem besten Zustande in den schlechtesten versetzen kann, – Geduld – so heißt es; sie muß ich nun zur Führerin wählen; ich hab es – dauernd, hoffe ich, soll mein Entschluß sein, auszuharren, bis es den unerbittlichen Parzen gefällt, den Faden zu brechen. Vielleicht geht's besser, vielleicht nicht, ich bin gefaßt – schon in meinem 28. Jahre gezwungen, Philosoph zu werden, es ist nicht leicht für den Künstler, schwerer als für irgend jemand. Gottheit, du siehst herab auf mein Inneres, du kannst es, du weißt, daß Menschenliebe und Neigung zum Wohltun darin hausen. O Menschen, wenn ihr einst dieses leset, so denkt, daß ihr mir unrecht getan, und der Unglückliche, er tröste sich, einen seinesgleichen zu finden, der trotz allen Hindernissen der Natur doch noch alles getan, was in seinem Vermögen stand, um in die Reihe würdiger Künstler und Menschen aufgenommen zu werden.

Arthur Schopenhauer

Parerga und Paralipomena

Arthur Schopenhauer *(1788–1860) ist als Philosoph des Pessimismus bekannt geworden. Der Mensch, so seine Überzeugung, ist vom Willen angetrieben, in seinem Dasein zur Vollkommenheit zu gelangen. Die Unmöglichkeit, diesen Willen zu erfüllen, verursacht das menschliche Leiden. Schopenhauers Bild der Gesellschaft als Gruppe von Stachelschweinen illustriert seine skeptische Haltung.*

Eine Gesellschaft Stachelschweine drängte sich, an einem kalten Wintertage, recht nahe zusammen, um, durch die gegenseitige Wärme, sich vor dem Erfrieren zu schützen. Jedoch bald empfanden sie die gegenseitigen Stacheln; welches sie dann wieder von einander entfernte. Wenn nun das Bedürfniß der Erwärmung sie wieder näher brachte, wiederholte sich jenes zweite Uebel; so daß sie zwischen beiden Leiden hin und hergeworfen wurden, bis sie eine mäßige Entfernung von einander herausgefunden hatten, in der sie es am besten aushalten konnten. – So treibt das Bedürfniß der Gesellschaft, aus der Leere und Monotonie des eigenen Innern entsprungen, die Menschen zu einander; aber ihrer vielen widerwärtigen Eigenschaften und unerträglichen Fehler stoßen sie wieder von einander ab. Die mittlere Entfernung, die sie endlich herausfinden, und bei welcher ein Beisammenseyn bestehn kann, ist die Höflichkeit und feine Sitte. Dem, der sich nicht in dieser Entfernung hält, ruft man in England zu: *keep your distance!* [Wahren Sie den Abstand!] – Vermöge derselben wird zwar das Bedürfniß gegenseitiger Erwärmung nur unvollkommen befriedigt, dafür aber der Stich der Stacheln nicht empfunden. – Wer jedoch viel eigene, innere Wärme hat bleibt lieber aus der Gesellschaft weg, um keine Beschwerde zu geben, noch zu empfangen.

Henrik Ibsen

NORA

Henrik Ibsen *(1828–1906) zog in seinen Dramen gegen die Verlogenheit der bürgerlichen Moral zu Felde.* Nora oder ein Puppenheim *ist die Geschichte einer jungen Frau, die als unbekümmerte und allzeit fröhliche Person in die Ehe eintritt. Mit den Jahren reift sie trotz der freundlichen Entmündigung ihres Mannes zur nachdenklichen Selbständigkeit heran. Sie verlässt ihre Familie, nicht wegen eines anderen Mannes, sondern um zu sich selbst zu finden. Der Schluss des Stücks löste bei den ersten Aufführungen empörte Reaktionen aus.*

Nora *(tritt in ihrem Alltagskleide ein).* Ja, Torvald, jetzt hab' ich mich umgekleidet.

Helmer. Aber warum? Jetzt, so spät –?

Nora. Heute nacht schlaf' ich nicht.

Helmer. Aber, liebe Nora –

Nora. *(sieht auf ihre Uhr).* So spät ist es noch nicht. Setz' dich hierher,

Torvald; wir beide haben viel miteinander zu reden. *(Sie setzt sich an die eine Seite des Tisches.)*

Helmer. Nora, – was soll das heißen? Dies kalte, starre Gesicht –

Nora. Setz' dich. Es wird lange dauern, denn ich habe über vieles mit dir zu sprechen.

Helmer *(setzt sich ihr gegenüber an den Tisch).* Nora, du ängstigst mich –. Ich versteh' dich gar nicht.

Nora. Das ist es eben. Du verstehst mich nicht. Und ich habe dich auch nicht verstanden – bis heute abend. Nein, unterbrich mich nicht. Höre nur, was ich sage. – Es ist eine Abrechnung, Torvald.

Helmer. Wie meinst du das?

Nora *(nach kurzem Schweigen).* Fällt dir, wie wir hier sitzen, nicht eines auf?

Helmer. Was könnte das sein?

Nora. Wir sind nun acht Jahre verheiratet. Fällt es dir nicht auf, daß wir beide, du und ich, Mann und Frau, heute zum erstenmal ernst miteinander reden?

Helmer. Ja, ernst, – was willst du damit sagen?

Nora. In acht Jahren des Zusammenlebens – ja, noch länger – vom ersten Tage unserer Bekanntschaft an haben wir niemals ein ernstes Wort über ernste Dinge gewechselt.

Helmer. Sollt' ich dich denn immer wieder in Sorgen einweihen, die du mir doch nicht tragen helfen konntest?

Nora. Von Sorgen rede ich nicht. Ich sage: noch niemals haben wir irgendeine Sache ernstlich miteinander besprochen.

Helmer. Aber, liebste Nora, wäre dir denn das erwünscht gewesen?

Nora. Da sind wir bei der Sache. Du hast mich nie verstanden. – Es ist mir viel Unrecht zugefügt worden, Torvald. Erst von Papa und dann von dir.

Helmer. Wie? Von uns beiden, – von uns, die dich inniger geliebt haben als alle anderen Menschen?

Nora *(schüttelt den Kopf).* Ihr habt mich nie geliebt. Es machte euch nur Spaß, in mich verliebt zu sein.

Helmer. Aber, Nora, was sind das für Worte!

Nora. Ja, so ist es, Torvald, Als ich noch zu Hause bei Papa war, teilte er mir alle seine Ansichten mit und so hatte ich eben dieselben Ansichten; hatte ich einmal andere, so verheimlichte ich sie; denn eigene Meinungen – die wären ihm unangenehm gewesen. Er nannte mich sein Püppchen und spielte mit mir, wie ich mit meinen Puppen spielte. Dann kam ich zu dir ins Haus –

Helmer. Was für einen Ausdruck brauchst du da für unsere Ehe!

Nora *(ungestört).* Ich meine, dann ging ich aus Papas Händen in die deinen über. Du richtest alles nach deinem Geschmack ein, und so bekam ich denselben Geschmack wie du; oder ich tat nur so; ich weiß nicht recht; – ich glaub', es war beides, bald das eine und bald das andere. Wenn ich jetzt zurückblicke, so kommt es mir zum Bewußtsein, daß ich hier wie ein armer Mensch gelebt habe – von der Hand in den Mund. Ich lebte davon, daß ich dir Kunststücke vormachte, Torvald. Aber du wolltest es ja so. Du und Papa, ihr begingt eine große Sünde gegen mich. Ihr seid schuld, daß nichts aus mir wurde.

Helmer. Wie unvernünftig und undankbar du bist! Bist du denn hier nicht glücklich gewesen?

Nora. Nein, glücklich bin ich nie gewesen. Ich glaubte es, aber ich war es nie.

Helmer. Nicht glücklich! Nicht –

Nora. Nein; nur lustig. Und du warst immer so freundlich zu mir. Aber unser Heim war nichts andres als eine Spielstube. Zu Hause, bei Papa, wurde ich wie eine kleine Puppe behandelt, hier wie eine große. Und die Kinder wiederum waren meine Puppen. Ich war recht vergnügt, wenn du mit mir spieltest, so wie die Kinder vergnügt waren, wenn ich mit ihnen spielte. Das war unsere Ehe, Torvald.

Helmer. Es ist etwas Wahres an dem, was du sagst, – so übertrieben und überspannt es auch ist. Aber von jetzt an soll's anders werden. Die Zeit des Spiels ist vorbei; jetzt kommt die Erziehung.

Nora. Wessen Erziehung? Die meine oder die der Kinder?

Helmer. Die deine und die der Kinder, meine liebe Nora.

Nora. Ach, Torvald, du bist nicht der Mann, der mich zu einer passenden Frau für dich erziehen könnte.

Helmer. Und das sprichst du aus?

Nora. Und ich – wie bin ich darauf vorbereitet, Kinder zu erziehen?

Helmer. Nora!

Nora. Sagtest du nicht selbst vorhin – die Aufgabe wagtest du mir nicht anzuvertrauen?

Helmer. In der Aufregung! Wie kannst du darauf Gewicht legen!

Nora. Nein, du hattest vollkommen recht. Der Aufgabe bin ich nicht gewachsen. Ich muß mich selbst zu erziehen suchen. Dabei kannst du mir nicht helfen. Ich muß mich allein damit befassen. Und darum verlaß ich dich jetzt.

Helmer *(springt auf).* Was sagst du?

Nora. Ich muß auf eigenen Füßen stehen, um mich selbst und das rechte Verhältnis zu meiner Umgebung zu finden. Und deshalb kann ich nicht bei dir bleiben.

Helmer. Nora, Nora!

Nora. Ich verlasse jetzt sofort deine Wohnung. Christine wird mich wohl für heute nacht aufnehmen –

Helmer. Du bist wahnsinnig! Das erlaub' ich dir nicht! Ich verbiete es dir!

Nora. Es wird dir nichts nützen, mir jetzt noch etwas zu verbieten. Was mir gehört, nehm' ich mit. Von dir will ich nichts, weder jetzt noch später.

Helmer. Aber das ist doch Wahnwitz!

Nora. Morgen reise ich nach Hause, – ich meine, nach meinem Geburtsort. Dort wird es mir leichter werden, auf diese oder jene Weise meinen Lebensunterhalt zu verdienen.

Helmer. O du verblendetes, unerfahrenes Ding!

Nora. Ich muß versuchen, Erfahrung zu sammeln, Torvald.

Helmer. Dein Hauswesen, Mann und Kinder zu verlassen! Bedenkst du nicht, was die Leute sagen werden?!

Nora. Darauf kann ich keine Rücksicht nehmen. Ich weiß nur, daß es für mich notwendig ist.

Helmer. O, es ist empörend. So setzt du dich über deine heiligsten Pflichten hinweg!

Nora. Was hältst du für meine heiligsten Pflichten?

Helmer. Das muß ich dir erst sagen? Die Pflichten gegen deinen Mann und deine Kinder.

Nora. Ich habe andere, ebenso heilige Pflichten.
Helmer. Die hast du nicht. – Welche denn?
Nora. Die Pflichten gegen mich selbst.
Helmer. Vor allem bis du Gattin und Mutter.
Nora. Das glaub' ich nicht mehr. Vor allem bin ich ein Mensch, glaube ich, ebenso wie du, – oder wenigstens will ich versuchen, einer zu werden. Ich weiß wohl, daß die meisten Menschen dir recht geben werden, Torvald, und daß etwas derart in den Büchern steht. Aber ich kann mich nicht mehr damit abfinden, was die allgemeine Meinung sagt und was in den Büchern steht. Ich muß selbst über die Dinge nachdenken und mir darüber klar zu werden suchen.

Thomas Mann
DER ZAUBERBERG

Thomas Mann *(1875–1955) hat mit den* Buddenbrooks *(1901) einen ersten Erfolgsroman geschaffen, der ihm den Nobelpreis für Literatur einbrachte. Im Kontext des Ersten Weltkriegs entsteht der zweite berühmte Roman,* Der Zauberberg. *Der Held Hans Castorp schwankt zwischen Rückzug in eine künstliche Welt, die dem Individuum Platz zur Entfaltung gewährt, und dem Engagement in einer zerrissenen und konfliktreichen Welt.*

»Man kann dasselbe«, fuhr er fort, indem er wieder näher an Hans Castorp herantrat und die Stimme beinahe zum Flüstern dämpfte, »man kann dasselbe von den Pflichten nicht sagen, die Ihnen die Natur auferlegt, Ingenieur! Das ist es, worauf ich hinauswollte, woran ich Sie mahnen wollte. Sie wissen, wie sehr ich Ihren Beruf bewundere, aber da er ein praktischer, kein geistiger Beruf ist, so können Sie ihm, anders als ich, nur in der Welt drunten nachkommen. Nur im Tiefland können Sie Europäer sein, das Leiden auf Ihre Art aktiv bekämpfen, den Fortschritt fördern, die Zeit nutzen. Ich habe Ihnen von der mir zugefallenen Aufgabe nur erzählt, um Sie zu erinnern, um Sie zu sich zu bringen, um Ihre Begriffe richtigzustellen, die sich offenbar unter atmosphärischen Einflüssen zu verwirren beginnen. Ich dringe in Sie: Halten Sie auf sich! Seien Sie stolz und verlieren Sie sich nicht an das Fremde! Meiden Sie diesen Sumpf, dies Eiland der Kirke, auf dem ungestraft zu hausen Sie nicht Odysseus genug sind. Sie werden auf allen vieren gehen, Sie neigen sich schon auf Ihre vorderen Extremitäten, bald werden Sie zu grunzen beginnen, – hüten Sie sich!«

Der Humanist hatte bei seinen leisen Ermahnungen den Kopf eindringlich geschüttelt. Er schwieg mit niedergeschlagenen Augen und zusammengezogenen Brauen. Es war unmöglich, ihm scherzhaft und ausweichend zu antworten, wie Hans Castorp es zu tun gewohnt war und wie er es auch jetzt einen Augenblick als Möglichkeit erwog. Auch er stand mit gesenkten Lidern. Dann hob er die Schultern und sagte ebenso leise:

»Was soll ich tun?«

»Was ich Ihnen sagte?«

»Das heißt: abreisen?«

Herr Settembrini schwieg.

»Wollen Sie sagen, daß ich nach Hause reisen soll?«

»Das habe ich Ihnen gleich am ersten Abend geraten, Ingenieur.«

»Ja, und damals war ich frei, es zu tun, obgleich ich es unvernünftig fand, die Flinte ins Korn zu werfen, nur weil die hiesige Luft mir ein bißchen zusetzte. Seitdem hat sich diese Untersuchung ergeben, nach der Hofrat Behrens mir klipp und klar gesagt hat, es lohnte die Heimreise nicht, in kurzem müßte ich doch wieder antreten, und wenn ich's da unten so weitertriebe, so ginge mir, was hast du was kannst du, der ganze Lungenlappen zum Teufel.«

»Ich weiß, jetzt haben Sie Ihren Ausweis in der Tasche.«

»Ja, das sagen Sie so ironisch … mit der richtigen Ironie natürlich, die keinen Augenblick mißverständlich ist, sondern ein gerades und klassisches Mittel der Redekunst, – Sie sehen, ich merke mir Ihre Worte. Aber können Sie es denn verantworten, mir auf diese Photographie hin und nach dem Ergebnis der Durchleuchtung und nach der Diagnose des Hofrates die Heimreise anzuraten?«

Herr Settembrini zögerte einen Augenblick. Dann richtete er sich auf,

schlug auch die Augen auf, die er fest und schwarz auf Hans Castorp richtete, und erwiderte mit einer Betonung, die des theatralischen und effekthaften Einschlagens nicht entbehrte:
»Ja, Ingenieur. Ich will es verantworten.«

Karl Jaspers
Solidarität

Karl Jaspers *(1883–1969) ist ein herausragender Vertreter der Existenzphilosophie. Sein Interesse gilt besonders den Bedingungen des menschlichen Daseins, der Individualität im Verhältnis zu anderen und im Verhältnis zu Grenzsituationen.*

Wo Menschen wie Staub durcheinander gewirbelt werden, ist Wirklichkeit mit Gewißheit dort, wo Freunde echte Freunde sind in der faktischen Kommunikation ihres Offenbarwerdens und der Solidarität persönlicher Treue.
Aus der Einsamkeit bereit nicht die Welt, sondern das Selbstsein, das sich dem Anderen verbindet. Unsichtbare Wirklichkeit des Wesentlichen ist diese *Zusammengehörigkeit der Selbstseienden.* Da es kein objektives Kriterium des verläßlichen Selbstseins gibt, könnte dieses nicht direkt zu Machtgruppen gesammelt werden. Es gibt, wie man gesagt hat, »keinen Trust der anständigen Leute«. Das ist ihre Schwäche; denn ihre Stärke kann nur in der Unsichtbarkeit bestehen. Es gibt die in keinem Vertrag zu fixierende Bindung, welche stärker ist als nationale, staatliche, parteiliche und soziale Gemeinschaft oder als die Rasse. Nie unmittelbar, wird sie erst in ihren Folgen sichtbar.
Das Beste, was heute geschenkt werden kann, ist diese *Nähe selbstseiender Menschen.* Sie sind sich die Garantie, daß ein Sein ist. In der Welt sind die Gestalten, die als Wirklichkeit mich berührt haben, nicht die Vorübergehenden, die nur gesellig waren, sondern die mir Bleibenden, welche mich zu mir brachten. Wir haben kein Pantheon mehr, aber den Raum der Erinnerung wahrer Menschen, denen wir

danken, was wir sind. Es sind uns nicht zuerst entscheidend die nur historisch bekannten Großen, sondern diese in dem Maße, in welchem sie gleichsam wiedererkannt wurden in denen, die uns als Lebende wirklich waren. Diese sind für uns jeweils im sicheren Wissen ihrer Nähe, bleiben ohne Anspruch nach außen, ohne Vergötterung und Propaganda. Sie kommen nicht schon vor unter dem, was öffentlich allgemein und gültig ist, und tragen doch den rechten Gang der Dinge.

Wahrer Adel ist nicht in einem isolierten Wesen. Er ist in der Verbundenheit der eigenständigen Menschen. Sie kennen die Verpflichtung, stets auszuschauen nacheinander, sich zu fördern, wo sie sich begegnen, und bereit zu sein zur Kommunikation, wartend ohne Zudringlichkeit. Ohne Verabredung kennen sie eine Treue des Zusammenhaltens, die stärker ist als Verabredung. Diese Solidarität erstreckt sich noch auf den Feind, wenn Selbstsein mit Selbstsein zu echter Gegnerschaft kommt. Es verwirklicht sich, was etwa in politischen Parteien quer durch alle Trennungen die Solidarität der Besten sein könnte, die sich spürt, auch wenn es nicht zum Ausdruck kommt, weil kein Anlaß ist oder weil die Möglichkeit durch Situationen verbaut ist.

Die Solidarität dieser Menschen hat sich zu *scheiden* von den überall geschehenden faktischen Bevorzugungen aus Sympathie und Antipathie; von der eigentümlichen Anziehungskraft, die alle Mediokrität aufeinander ausübt, weil sie sich wohlfühlt im Ausbleiben hoher Ansprüche; von dem lahmen aber stetig und still wirkenden Zusammenhalten der Vielen gegen die Wenigen. Während alle diese sich sicher fühlen durch die Masse, in der sie sich begegnen und daraus sie ihr Recht ableiten, ist die Solidarität der Selbstseienden zwar unendlich gewisser in der persönlichen Verläßlichkeit bis in die unobjektivierbaren Ausläufer des Verhaltens, aber unsicher in der Welt durch die Schwäche ihrer geringen Zahl und die Ungewißheit des Sichtreffens. Die anderen haben Dutzende von Menschen zu Freunden, die keine sind, diese sind wohl glücklich, wenn sie Einen haben.

Adel der selbstseienden Geister ist *zerstreut* in der Welt. Wer in ihn eintritt, erwählt sich nicht durch Beurteilung, sondern durch Verwirklichung seines eigenen Seins. Die Einheit dieser Zerstreutheit ist wie die unsichtbare Kirche eines *corpus mysticum* in der anonymen Kette der Freunde, von der hier und dort ein Glied durch Objektivität seines Tuns anderem, vielleicht fernem Selbstsein sichtbar wird. In diesem *gestaltlosen Geisterreich* finden sich jeweils Einzelne, die sich in gegenwärtiger Nähe entzünden durch die Strenge ihrer Kommunikation. Sie sind jeweils der Ursprung des höchsten Aufschwungs, der jetzt in der Welt möglich ist. Nur sie gestalten eigentlich Menschen.

Simone de Beauvoir
DAS ANDERE GESCHLECHT

Simone de Beauvoir *(1908–1986) ist vermutlich die international bekannteste Stimme des europäischen Feminismus.* Das andere Geschlecht *erschien 1949 und löste breite Debatten über die Unterdrückung der Frauen in der Gesellschaft aus.*

»Nein, die Frau ist nicht unsere Schwester. In unserer Bequemlichkeit und Verderbtheit haben wir aus ihr ein besonderes, unbekanntes Wesen gemacht, das keine weitere Waffe als ihr Geschlecht besitzt. Das bedeutet nicht nur einen ständigen Krieg, sondern auch eine Waffe in einem unguten Krieg, – sie betet an oder haßt, sie ist aber kein aufrichtiger Kamerad, sie ist ein Wesen, das zu Tausenden Korpsgeist, Freimaurergeist besitzt – mit dem ewigen Mißtrauen einer kleinen Sklavin.«

Auch viele Männer würden diese Worte von Jules Laforgue unterschreiben. Viele meinen, zwischen den beiden Geschlechtern gebe es immer Zank und Kabalen und sie brächten es nie zu einer Brüderlichkeit. Tatsache ist, daß heute weder Männer noch Frauen sich gegenseitig zufriedenstellen. Es handelt sich jedoch um die Frage, ob ein ursprünglicher Fluch sie dazu verdammt, sich gegenseitig zu zerreißen, oder ob die Konflikte, die sie gegeneinander einstellen, nur einen vorübergehenden Augenblick in der Menschheitsgeschichte darstellen.

Wie wir gesehen haben, zwingt trotz aller Legenden kein physiologisches Schicksal dem Mann oder der Frau als solchen eine ewige Feindschaft auf. Selbst die berühmte Gottesanbeterin verschlingt ihr Männchen nur aus Nahrungsmangel und im Interesse der Gattung: Dieser unterliegen alle Individuen von oben bis unten in der Stufenleiter der Tiere. Im übrigen ist die Menschheit etwas anderes als eine Gattung, sie ist ein geschichtliches Werden. Sie bestimmt sich durch die Art, wie sie mit ihrer natürlichen Faktizität fertig wird. Selbst mit dem bösesten Willen der Welt läßt sich zwischen Mann und Weib keine Rivalität eigentlich physiologischer Ordnung feststellen. Ihre Feindschaft läßt sich daher auch eher auf das Zwischengebiet zwischen Biologie und Physiologie, nämlich die Psychoanalyse, verlegen. Die Frau, so heißt es, beneidet den Mann um seinen Penis und möchte ihn kastrieren. Aber der kindliche Wunsch nach dem Penis wird im Leben der erwachsenen Frau nur bedeutungsvoll, wenn sie ihr Frauentum als eine Verstümmelung empfindet. Dann wünscht sie sich das männliche Organ anzueignen, insoweit es alle Privilegien des Mannseins verkörpert. Man nimmt gern an, daß ihr Traum von der Kastration eine symbolische Bedeutung besitzt: Sie will dem Mann seine Transzendenz rauben, so denkt man. Ihr Wunsch ist, wie wir gesehen haben, viel doppelsinniger: Auf widerspruchsvolle Weise will sie diese Transzendenz *haben,* was voraussetzt, daß sie sie gleichzeitig achtet und leugnet, daß sie sich gleichzeitig auf sie werfen und sie für sich behalten will. Das heißt, das Drama spielt sich nicht auf einer sexuellen Ebene ab. Im übrigen ist uns die Sexualität nie als schicksalsbestimmend erschienen, so, als liefere sie den Schlüssel menschlichen Verhaltens, sondern als der Ausdruck der Totalität einer Situation, zu deren Bestimmung sie beiträgt. Der Kampf der Geschlechter leitet sich nicht unmittelbar aus der Anatomie von Mann und Frau ab. Wenn man ihn heranzieht, nimmt man in Wirklichkeit für ausgemacht an, daß sich im überzeitlichen Himmel der Ideen ein Kampf zwischen unbestimmten Wesenheiten, dem Ewigweiblichen und dem Ewigmännlichen, abspielt. Und man übersieht, daß dieser titanische Kampf auf Erden je nach den verschiedenen historischen Augenblicken zwei ganz verschiedene Formen annimmt.

Die Frau, die in der Immanenz eingeschlossen ist, versucht, auch den

Mann in dieses Gefängnis hineinzuziehen. Auf diese Weise fällt dieses mit der Welt zusammen und sie leidet nicht mehr darunter, daß sie in ihm eingeschlossen ist: Die Mutter, die Gattin, die Liebende sind Kerkermeisterinnen. Die Gesellschaft, die von Männern in Rechtsordnungen gebracht wurde, erklärt die Frau für minderwertig: Sie kann diese Minderwertigkeit nur beseitigen, wenn sie die männliche Überlegenheit zerstört. Sie sucht den Mann zu verstümmeln, zu beherrschen, sie widerspricht ihm, leugnet seine Wirklichkeit und seine Werte. Doch dadurch verteidigt sie sich nur. Weder eine unveränderliche Wesenheit noch eine schuldhafte Wahl haben sie zur Immanenz, zur Minderwertigkeit bestimmt. Sie sind ihr auferlegt worden. Jede Unterdrückung schafft einen Kriegszustand. Unser Fall hier bildet keine Ausnahme. Der Existierende, den man unwesentlich betrachtet, muß unfehlbar seine Selbstherrlichkeit wiederherstellen wollen.

Heute nimmt der Kampf eine andere Gestalt an. Statt den Mann in ihrem Gefängnis mit einschließen zu wollen, versucht die Frau, aus diesem herauszukommen. Sie sucht nicht mehr, ihn in die Region der Immanenz hineinzuziehen, sondern selbst in das Licht der Transzendenz emporzutauchen. Nunmehr schafft die Haltung der Männer einen neuen Konflikt: Nur widerwillig *entläßt* der Mann die Frau. Er möchte gern das eigenherrliche Subjekt, der absolut Überlegene, der Wesentliche bleiben. Er weigert sich, seine Gefährtin konkret für ebenbürtig zu halten. Sie beantwortet sein Mißtrauen mit einer aggressiven Haltung. Es handelt sich nicht mehr um einen Krieg zwischen Individuen, die jedes in seiner Sphäre eingeschlossen sind: Eine ganze Kaste stellt Ansprüche, geht zum Angriff über und wird von der privilegierten Kaste in Schach gehalten. Es sind zwei Transzendenzen, die aufeinanderprallen. Statt sich gegenseitig anzuerkennen, will jede Freiheit die andere beherrschen.

Dieser Unterschied in der Haltung macht sich auf der sexuellen wie auf der geistigen Ebene bemerkbar. Indem sich die *feminine* Frau zur passiven Beute macht, versucht sie, auch den Mann zu ihrer körperlichen Passivität zu nötigen. Sie verlegt sich darauf, ihm Fallen zu stellen, ihn durch die Begierde in Fesseln zu schlagen, die sie dadurch erregt, daß sie sich gefügig zu einer Sache macht. Die *emanzipierte* Frau dagegen möchte aktiv zupacken und verweigert die Passivität, die der Mann ihr auferlegen will. (...) Die *moderne* Frau akzeptiert (...) die männlichen Werte, sie ist darauf aus, analog wie der Mann zu denken, zu handeln, zu arbeiten, schöpferisch tätig zu sein. Statt daß sie die Männer herunterzuziehen sucht, betont sie, daß sie ihnen gleichkommt. In dem Maße, wie sich dieser ihr Widerspruch in konkreten Verhaltensweisen ausdrückt, ist er berechtigt. Und man muß hierbei die Anmaßung der Männer tadeln. Zu ihrer Entschuldigung muß man jedoch sagen, daß die Frauen gern mal verschiedene Karten setzen. (...) Sie spielen auf zwei Tischen, sie verlangen gleichzeitig alte Rücksichtnahme und neue Wertschätzung, sie setzen auf ihre alte Magie und auf ihre jungen Rechte. Es ist verständlich, daß der Mann sich ärgerlich zur Wehr setzt. (...)

Es gibt amerikanische Soziologen, die heute in allem Ernst die Theorie vom *low-class gain,* d. h. von den *Vorteilen der niederen Klassen,* lehren. Auch in Frankreich hat man oft – wenn auch auf weniger wissenschaftliche Weise – verkündet, daß die Arbeiter in einer glücklichen Lage seien, daß sie nicht zu *repräsentieren* brauchten, und mehr noch die Landstreicher, die sich in Lumpen kleiden und auf dem Trottoir schlafen können, Vergnügungen, die dem Grafen de Beaumont und den armen Herren de Wendel versagt sind. Ähnlich den sorglosen Wanzenträgern, die fröhlich ihr Ungeziefer kratzen, ähnlich den vergnügten Negern, die unter Peitschenhieben lachen, und jenen fröhlichen Arabern in Tunis, die mit einem Lächeln auf den Lippen ihre verhungerten Kinde begraben, genießt die Frau jenes unvergleichliche Vorrecht, die Verantwortungslosigkeit. Ohne Mühen, ohne Last, ohne Sorgen hat sie offenbar *das bessere Teil erwählt.* Verwirrend ist nur, daß sie, die in einer verbohrten Perversität – die zweifellos mit der Erbsünde zusammenhängt – Jahrhunderte hindurch und über Länder hinweg das bessere Teil erwählt haben, in einem fort ihren Wohltätern zurufen: Es ist zu viel! Ich bin mit eurem Anteil zufrieden! Aber die herrlichen Kapitalisten, die edelmütigen Kolonisatoren, die großartigen Männer bleiben hartnäckig dabei: »Behaltet euer besseres Teil, behaltet es!«

In der Tat finden die Männer in ihrer Gefährtin einen besseren Komplicen, als der Unterdrücker üblicherweise im Opfer seiner Unterdrükkung findet. Daher halten sie sich böswillig zu der Erklärung berechtigt, sie habe das Schicksal *gewollt,* das sie ihr auferlegt haben. Wie wir gesehen haben, hat es in Wirklichkeit ihre ganze Erziehung darauf abgesehen, ihr die Wege der Auflehnung und des Abenteuers zu versperren. Die ganze Gesellschaft – bei ihren verehrlichen Eltern angefangen – lügt sie an, wenn sie den hohen Wert der Liebe, der Ergebenheit, der Selbsthingabe predigen und ihr dabei verheimlichen, daß weder der Geliebte noch der Ehemann, noch die Kinder geneigt sind, eine solch drückende Last zu ertragen. Sie akzeptieren fröhlich diese Lügen, weil sie sie dazu anhalten, ihrer Bequemlichkeit nachzugeben. Und darin liegt das schlimmste Verbrechen, das gegen sie begangen wird. Von Kindheit an und ihr ganzes Leben lang verwöhnt, verdirbt man sie, indem man ihr als ihre Berufung jene Selbstaufgabe hinstellt, die jeden Existierenden versucht, der sich vor seiner Freiheit ängstigt. Wenn man das Kind zur Faulheit verleitet, indem man es den ganzen Tag belustigt, ohne ihm Gelegenheit zu ernsthaftem Lernen zu geben, ohne ihm dessen Nützlichkeit darzutun, wird man ihm, wenn es herangewachsen ist, nicht sagen können, es habe sich für die Unfähigkeit und Ignoranz entschieden: So erzieht man aber die Frau, ohne sie je die Notwendigkeit zu lehren, selbst ihre Existenz auf sich zu nehmen. Sie läßt sich gern dahin treiben, daß sie mit der Protektion, der Liebe, der Hilfe, der Leitung anderer rechnet. Sie läßt sich von der Hoffnung faszinieren, sie könne, ohne etwas zu *tun,* ihr Wesen realisieren. Sie handelt verkehrt, wenn sie der Versuchung nachgibt. Dem Mann steht es jedoch in keiner Weise an, ihr Vorwürfe zu machen, da er selbst sie in Versuchung geführt hat. Wenn ein Konflikt zwischen ihnen ausbricht, macht jedes die andere Partei für die Situation verantwortlich. *Sie* wirft ihm vor, er habe sie geschaffen: Man hat mich nicht gelehrt, vernünftig zu überlegen, meinen Lebensunterhalt selbst zu verdienen ... *Er* wirft ihr vor, die Situation akzeptiert zu haben: Du verstehst nichts, du bist unfähig ... Jedes Geschlecht glaubt sich zu rechtfertigen, wenn es die Offensive ergreift: Doch die Fehler des einen entschuldigen die Gegenseite nicht. (...)

Leszek Kolakowski
SELBSTVERWIRKLICHUNG

Leszek Kolakowski *(*1927) musste die Universität Warschau 1968 verlassen und lehrt heute als Philosoph an der Universität Oxford. In seinen humorvollen Anekdoten und Märchen erörtert er philosophische, teils paradoxe Fragen.*

Was heißt »Selbstverwirklichung«? Der Mensch kann sich selbst vielfältig verwirklichen – einer hat das Potenzial, um heiliger Franz zu werden, anderer hat das Potenzial, Hitler zu werden. Sollen wir denn sagen, dass unsere Aufgabe darin besteht, jedem Menschen sein Potenzial verwirklichen zu lassen, unabhängig davon, welches Potenzial es ist? Erziehung des Menschen in der Zivilisation beruht nicht darauf, dass er alles spontan ausdrückt, was ihm gefällt, sondern dass er ein wirksamer, werter Teilnehmer dieser Zivilisation ist, wo die Menschen dazu bereit sind, einander zu helfen, wo sie das Gefühl der Zugehörigkeit zur Gemeinschaft haben, und wo sie den Zusammenhang mit der historischen Tradition ihrer Zivilisation sehen. Die Menschen sollten nicht nur unbeschränkt Bedürfnisse ihrer Instinkte ausdrücken, sondern sollten sich verpflichtet fühlen, die Aufgaben der Gesellschaft, in der sie leben, zu erfüllen. (…) Es scheint, dass die Lebensart, in der jeder Einzelne nur daran interessiert ist, seine eigenen Wünsche zu erfüllen, und in der das Gefühl, den sozialen und kulturellen Verpflichtungen zu folgen, an Bedeutung verliert, jene Mentalität bildet, die Entwicklung totalitärer Ideologien begünstigt. Die Freiheit sollte nur dann verteidigt werden, wenn wir glauben, dass sie die Sache der Gemeinschaft ist, die gemeinschaftlich verteidigt werden muss, und deren Gefahren man gemeinschaftlich sich entgegenzustellen hat. Allerdings könnte man sich auch einen guttätigen Totalitarismus vorstellen, eine Art Huxleyschen Antiutopie. Das ist nicht außerhalb der Möglichkeiten unserer Zivilisation.

Lucio Dalla

PIAZZA GRANDE

*Lucio Dalla (*1943) ist ein prominenter Vertreter der 68er-Generation, der mit seinen Liedern und engagierten Texten für Jahrzehnte die europäischen Jugendlichen begeisterte. Individuelle Freiheit und Selbstbestimmung ist die Kernbotschaft.* Piazza Grande *ist gleichzeitig eine Hymne an seine Heimatstadt Bologna.*

Santi che pagano il mio pranzo non ce n'è
sulle panchine in Piazza Grande,
ma quando ho fame di mercanti come me
qui non ce n'è.

Dormo sull'erba, ho molti amici intorno a me,
gli innamorati in Piazza Grande,
dei loro guai dei loro amori tutto so,
sbagliati e no.

A modo mio
avrei bisogno di carezze anch'io.
A modo mio
avrei bisogno di sognare anch'io.

Una famiglia vera e propria non ce l'ho
e la mia casa è Piazza Grande,
a chi mi crede prendo amore e amore do,
quanto ne ho.

Con me di donne generose non ce n'è,
rubo l'amore in Piazza Grande,
e meno male che briganti come me
qui non ce n'è.

A modo mio
avrei bisogno di carezze anch'io.
Avrei bisogno di pregare Dio.

Ma la mia vita non la cambierò mai mai,
a modo mio
quel che sono l'ho voluto io

Lenzuola bianche per coprirci non ne ho
sotto le stelle in Piazza Grande,
e se la vita non ha sogni io li ho
e te li do.

E se non ci sarà più gente come me
voglio morire in Piazza Grande,
tra i gatti che non han padrone come me
attorno a me

Gleichheit und Elite

Alle Menschen sind gleich. Das habe ich in der Schule gelernt, und etwas anderes zu behaupten wäre politisch nicht korrekt. Und trotzdem, manchmal überkommen mich Zweifel. Zum Beispiel, wenn ich öffentliche Verkehrsmittel benutze. Der Glatzkopf in der Bomberjacke da, der gerade eine Türkin anpöbelt ... Die Blondine mit dem Barbie-Gesicht, die fortwährend ihre Fingernägel poliert und offenbar nicht bis drei zählen kann ... Der Penner, der schon am Vormittag sturztrunken in seiner Ecke schnarcht ... Haben die wirklich alle dasselbe Recht wie ich, den Ministerpräsidenten dieses Landes zu wählen? Und während ich mich frage, ob tatsächlich alle Menschen gleich sind, sehne ich mich klammheimlich in Zeiten zurück, als solche Gestalten noch unter Vormundschaft standen.

Zum Beispiel in der abendländischen Antike. In der griechischen Polis, steht bei Aristoteles zu lesen, bedeutet Demokratie Gleichheit nur für einige Wenige – allein die freien Bürger kommen in ihren Genuss. Diese Bevorzugung einer bestimmten Klasse stellt erst das Christentum in Frage, das zwar nicht juristisch oder politisch, doch theologisch jegliche Standesunterschiede zwischen den Menschen radikal einebnet: Als Gottes Kinder sind die Menschenkinder vor Gott dem Vater alle gleich – egal, ob Mann oder Frau, reich oder arm, Penner oder Barbie-Püppchen. Damit ist das europäische Gleichheitsprinzip etabliert, das die Naturrechtslehrer der Neuzeit wieder aufgreifen, um es jedoch neu und anders zu begründen: Die Menschen sind nicht nur vor Gott, sondern auch durch Geburt untereinander gleich. Denn so verschieden sie auch immer sein mögen, sind sie doch in der alles entscheidenden Hinsicht identisch: in ihrem Menschsein. Darum, lehrt Grotius, würden die Grundsätze der Gerechtigkeit sogar dann gelten, wenn Gott gar nicht existierte. Diese natürliche Gleichheit der Menschen ist aber nicht unproblematisch. Für Thomas Hobbes ist sie die natürliche Quelle jedweder Feindschaft. *»Homo homini lupus«* – »der Mensch ist dem Menschen ein Wolf«, weil alle Menschen dieselben Interessen verfolgen und so zwangsläufig miteinander in Konflikt geraten müssen.

Alle Menschen werden gleich geboren – doch woher stammt dann die Ungleichheit, die doch offensichtlich zwischen ihnen herrscht, nicht nur in öffentlichen Verkehrsmitteln, sondern überall auf der Welt? Auf diese Preisfrage der Akademie von Dijon 1753 gibt Rousseau eine folgenträchtige Antwort. Alle Ungleichheit, so seine These, wurzelt in der Eigentumsbildung: Sobald Menschen anfangen, Besitztümer anzuhäufen, verlieren sie ihre angeborene natürliche Gleichheit. Um diese wiederherzustellen, müssen sie einen »Gesellschaftsvertrag« schließen, zum Ausgleich ihrer Interessen. Politische Praxis wird diese Theorie in Europa mit der Französischen Revolution und der Erklärung der Menschenrechte, die das Gleichheitsprinzip erstmals in den Rang der unveräußerlichen Grundrechte erhebt. Damit sind alle Menschen, so unterschiedlich sie tatsächlich sein mögen, als Rechtspersonen gleich vor dem Gesetz.

Doch die republikanische Verfassung garantiert nicht nur das Gleichheitsprinzip, sie bekennt sich auch zum Recht auf Eigentum. Damit aber, so ihre europäischen Kritiker im 19. Jahrhundert, schützt sie eben das Prinzip, das der Gleichheit selbst zuwider läuft. Proudhon erklärt darum jede Form von Eigentum zu Diebstahl, und die Proletarier aller Abendländer vereinen sich in der Utopie, dass mit der Abschaffung von privatem Besitz zugleich das Ende aller Ungleichheit verwirklicht wird, in der klassenlosen Gesellschaft, in der jeder Mensch dem Menschen ein Gleicher ist. Diesen Traum teilt der Papst zwar nicht – nach katholischer Lehre fängt das wahre Paradies ja erst im Jenseits an –, doch die ungleiche Verteilung der Güter ächtet auch Johannes Paul II. als ernste »Bedrohung der Menschenrechte«.

»Der höchste denkbare Grad der Gleichheit, der Kommunismus«, konstatiert der Historiker Treitschke, »ist, weil er die Unterdrückung aller natürlichen Neigungen voraussetzt, der höchste denkbare Grad der Knechtschaft.« In diesem Verdikt kommt eine kontinentale Skepsis zur Sprache, die keinerlei politische Korrektheit beanspruchen kann: Gleichheit ist nur ein Gewinn, wenn man »von unten nach oben« denkt; umgekehrt betrachtet, bedeutet sie vor allem Verzicht. Jede Gemeinschaft von Gleichen setzt ja die Ein- und Unterordnung ihrer Mitglieder voraus. »Wo die Gleichheit unangefochten bleibt«, so

George Bernard Shaw, »da bleibt die Unterordnung auch unangefochten.« Doch ist eine solche Nivellierung, zu der das Gleichheitsprinzip an seinem logischen Ende führt, im Sinne seiner europäischen Erfinder?

Vermutlich nicht. Zwar wendet sich der Gleichheitsgrundsatz gegen angeborene oder tradierte Privilegien einzelner Menschen oder Gruppierungen, indem er Gleichheit vor dem Gesetz herstellt, doch diese Stoßrichtung ist keineswegs identisch mit der Aufkündigung jeder Form von Elite. Im Gegenteil. Der Begriff bildet sich in Europa zusammen mit der bürgerlichen Gesellschaft im 18. Jahrhundert heraus und steht selbst in Opposition zu aristokratischen oder ständischen Gesellschaftsordnungen. Denn Elite kennzeichnet eine Form von Auslese, die sich weder durch Geburt oder Überlieferung begründet, sondern allein durch persönliche Qualifikation, sprich: Leistung. Konkreten Ausdruck findet sie in Napoleons »Elitetruppen«, in denen nur das Leistungsprinzip über die Karriere eines Soldaten entscheidet: »Jeder Korporal«, lautet Napoleons Devise, »hat seinen Marschallsstab im Tornister.«

Die »Herrschaft der Besten« ist bereits seit Plato eine regelmäßig wiederkehrende Idee der abendländischen Gesellschaftstheorie. Doch erst als sich im 19. Jahrhundert eine echte Massengesellschaft in Europa formiert, wird sie zur großen Konkurrentin der Gleichheits-Ideologie. Je mehr der *homo europaeicus* in der Masse unterzugehen droht, umso stärker regt sich offenbar in ihm das Bedürfnis, sich in seiner Besonderheit zu behaupten. Davon zeugt nicht nur der Anarchismus, der plötzlich im ganzen Abendland grassiert – Godwin und Stirner, Proudhon und Bakunin sind seine Propheten –, sondern auch der frühe Sozialismus, etwa wenn die Saint-Simonisten von der »Herrschaft der Eliten« träumen. In immer neuen Varianten mutiert das kontinentale Elite-Virus: in Nietzsches Raunen vom »Übermenschen« genauso wie in Darwins Deutung der Evolution als fortwährende Zuchtwahl oder im Rückzug ganzer Dichterscharen in den »Elfenbeinturm«, von Alfred de Vigny bis Stefan George. Dabei erfüllen aber noch die selbstherrlichsten Eliten eine gesellschaftliche Funktion, als dynamisch-revolutionäre Kräfte. Georges Sorel hat sie, beeinflusst von Gobineaus

These einer vermeintlichen Überlegenheit der arischen Rasse, in seiner Theorie der »schöpferischen Minderheiten« skizziert. Mit fatalen Folgen: Sowohl Mussolini als auch Lenin haben sich auf sie berufen – der eine, um das Führerprinzip der Faschisten, der andere, um das Kaderprinzip der Kommunisten zu rechtfertigen.

Eliten können, keine Frage, genauso irren wie Otto Normaleuropäer auch. Doch wenn sie es tun, dann umso gründlicher, und manchmal müssen zahllose Menschen für diese Irrtümer mit dem Leben bezahlen, wie die Geschichte von Faschismus und Kommunismus zeigt. Doch ist damit die Idee der Elite in Europa tabu? Der Spanier Ortega y Gasset legt heftigen Widerspruch ein: Ohne die Führung von Bildungs- und Geisteseliten strebe der Massenmensch unweigerlich auf eine der beiden Katastrophen zu. Wie aber lässt sich diese These mit dem Gleichheitsprinzip vereinen? Robert Havemann weist einen Ausweg: »Menschsein ist eine dialektische Einheit von Gleichheit und Ungleichheit.« Darin ist der Sozialist mit dem bürgerlichen Rechtsstaat eins. Dieser garantiert die Gleichheit aller Bürger vor dem Gesetz. Doch wenn der Staat sich verpflichtet, alle Bürger gleich zu behandeln, heißt das nicht, dass die Bürger sich auch untereinander gleich behandeln. Aufgabe des Staats ist es nur, für alle Bürger gleiche Ausgangsbedingungen herzustellen – Chancengleichheit für die individuelle Entfaltung von Ungleichheit. In diesem Wettbewerb können und sollen sich Eliten bilden: erstens, weil die Gesellschaft sie braucht, zweitens weil die Selbstverwirklichung zu den Freiheitsrechten des Einzelnen gehört. Die Spielregeln in diesem Wettbewerb hat vor fast hundert Jahren schon Pareto aufgestellt: Der »Primus inter pares«, der »Erste unter Gleichen«, qualifiziert sich, wie der napoleonische Korporal, allein durch seine Leistung, in der Politik oder Wirtschaft nicht anders als im Sport oder im Wettbewerb um eine schöne Frau.

Ist damit die Quadratur des Kreises geglückt? In der europäischen Theorie vielleicht. Doch in der europäischen Praxis bleibt die Idee des »Primus inter pares« ein Ideal, das manchmal mehr, meistens aber weniger Wirklichkeit wird. Bereits Kaiser Augustus, der mit diesem Begriff seine Unterordnung unter die republikanischen Institutionen dokumentieren wollte, regierte de facto als unumschränkter Herrscher.

Fabula docet: Ob im römischen Imperium oder in der Straßenbahn – wo immer Menschen einander begegnen, behandeln sie sich *nicht* wie ihresgleichen. »Alle Tiere sind gleich«, heißt es in darum in der »Farm der Tiere«, »aber einige Tiere sind gleicher als die anderen.«
Soweit die Ideologie der Schweine in Orwells berühmtem Roman. Doch wer will schon ein Schwein sein?

Thomas Hobbes

DIE NATÜRLICHE GLEICHHEIT DER MENSCHEN

Thomas Hobbes *(1588–1679) ist vor allem durch seine Kurzformel* homo homini lupus est (Der Mensch ist dem Menschen ein Wolf) *berühmt geworden. Seiner Überzeugung nach tendieren die Menschen von Natur aus zum Kriegszustand. Nur durch eine starke Staatsgewalt können sie zum friedlichen Miteinander gezwungen werden.*

Die Menschen sind von Natur aus gleich, sowohl in ihren körperlichen als auch in den geistigen Anlagen. Es mag wohl jemand erwiesenermaßen stärker sein als ein anderer oder schneller in seinen Gedankengängen, wenn man jedoch alles zusammen bedenkt, so ist der Unterschied zwischen den einzelnen Menschen nicht so erheblich, daß irgend jemand Veranlassung hätte, sich einen Anspruch daraus herzuleiten, den ein anderer nicht mit dem gleichen Recht geltend machen könnte. Man nehme nur die Körperstärke: Selbst der Schwächste ist stark genug, auch den Stärksten zu vernichten; er braucht sich nur einer List zu bedienen oder sich zu verbinden mit anderen, die in derselben Gefahr sind wie er.

Im Bereich der geistigen Fähigkeiten scheint mir die Gleichheit noch offensichtlicher zu sein – eine Ausnahme bilden nur Künstler, die sich des Wortes bedienen, vor allem die Wissenschaften, die nämlich verlangen, daß man allgemeingültige Regeln abzuleiten in der Lage ist, eine Fähigkeit, die nur wenige und dann nur begrenzt auf einzelne Denkbereiche besitzen, denn sie ist nicht angeboren und kann auch nicht – wie die Klugheit – durch einfaches Schlußfolgern erworben werden. Denn Klugheit ist nichts als Erfahrung, und diese wird allen in gleicher Weise zuteil, wenn sie nur irgendeiner Sache die gleiche Aufmerksamkeit schenken. Es lebt nur jeder in dem Irrglauben, die eigene Weisheit sei größer als die aller übrigen, und so allein mag meine Behauptung unglaubhaft scheinen. Nur ganz wenige ist er bereit, anzuerkennen – sei es ihres Ruhmes wegen, sei es, weil ihre Ansichten mit den seinen übereinstimmen. Denn so ist die Natur des Menschen: er mag zwar zugestehen, daß es geistreichere, redegewandtere oder gebildetere Menschen geben mag als ihn selbst, er wird aber schwerlich glauben wollen, daß es viele gibt, die ihm an Weisheit gleichkommen. Seinen eigenen Verstand nämlich sieht er ganz aus der Nähe, den der anderen dagegen nur von fern. Allein, dies ist eher ein Beweis für die Gleichheit der Menschen als für ihre Ungleichheit. Denn von der gerechten Verteilung einer Sache zeugt im allgemeinen nichts offenkundiger, als daß ein jeder mit seinem Anteil zufrieden ist.

Dieser Gleichheit der Fähigkeiten entspringen die gleichen Hoffnungen, ein Ziel zu erreichen. So werden zwei Menschen zu Feinden, wenn beide zu erlangen versuchen, was nur einem von ihnen zukommen kann. Um ihr Ziel zu erreichen (welches fast immer ihrer Selbsterhaltung dient, nur selten allein der größeren Befriedigung ihrer Bedürfnisse), trachten sie danach, den anderen zu vernichten oder ihn sich untertan zu machen. Hier öffnet sich das Feld für einen Angreifer, der nichts mehr zu fürchten hat als die Macht eines einzelnen. Derjenige nämlich, der ein gutes Stück Land bepflanzt, besät oder gar besitzt, wird fürchten müssen, daß andere mit vereinten Kräften kommen, um ihn nicht nur seines Brotes, sondern auch seines Lebens oder seiner Freiheit zu berauben. Und der Angreifer selbst ist wieder durch andere gefährdet.

Die Folge dieses wechselseitigen Argwohns ist, daß sich ein jeder um seiner Sicherheit willen bemüht, dem anderen zuvorzukommen. So wird er sich so lange gewaltsam oder hinterrücks des anderen zu bemächtigen suchen, bis ihn keine größere Macht mehr gefährden kann. Das verlangt nur seine Selbsterhaltung und wird deshalb allgemein gebilligt. Schon weil es einige geben mag, die bestrebt sind, aus Machtgier und Eitelkeit mehr an sich zu reißen, als zu ihrer Sicherheit notwendig wäre. Die aber, die glücklich wären, sich in schmalen Grenzen zu begnügen, würden schnell untergehen, wenn sie sich – ein jeder für sich – verteidigen würden und nicht danach trachteten, durch Eroberungen ihre Macht zu vergrößern. Folglich muß dem Menschen die Auswirkung seiner Macht über andere, zu der ihn sein Selbsterhaltungstrieb zwing, erlaubt sein.

Das Zusammenleben ist den Menschen also kein Vergnügen, sondern schafft ihnen im Gegenteil viel Kummer, solange es keine übergeordnete Macht gibt, die sie alle im Zaum hält. Ein jeder ist darauf bedacht, daß die anderen ihn genauso schätzen wie er sich selbst. Auf jedes Zeichen der Verachtung oder Geringschätzung hin ist er daher bestrebt, sich höhere Achtung zu erzwingen – bei den einen, indem er ihnen Schaden zufügt, bei den anderen durch das statuierte Exempel. Er wird dabei so weit gehen, wie er es wagen darf – was dort, wo es keine Ordnungsgewalt gibt, zur wechselseitigen Vernichtung führt.

So sehen wir drei Hauptursachen des Streites in der menschlichen Natur begründet:

Wettstreben, Argwohn und Ruhmsucht.

Dem Wettstreben geht es um Gewinn, dem Argwohn um Sicherheit, der Ruhmsucht um Ansehen. Die erste Leidenschaft scheut keine Gewalt, sich Weib, Kind und Vieh eines anderen zu unterwerfen, ebensowenig die zweite, das Geraubte zu verteidigen, oder die dritte, sich zu rächen für Belanglosigkeiten wie ein Wort, ein Lächeln, einen Widerspruch oder irgendein anderes Zeichen der Geringschätzung, das entweder ihm selbst oder aber seinen Kindern oder Freunden, seinem Vaterland, seinem Gewerbe oder seinem Namen entgegengebracht wird. Und hieraus folgt, daß Krieg herrscht, solange die Menschen miteinander leben ohne eine oberste Gewalt, die in der Lage ist, die Ordnung zu bewahren. Und es ist ein Krieg, den jeder einzelne gegen jeden führt. Der Krieg zeigt sich nämlich nicht nur in der Schlacht oder in kriegerischen Auseinandersetzungen. Es kann vielmehr eine ganze Zeitspanne, in der die Absicht, Gewalt anzuwenden, unverhüllt ist, ebenso Krieg sein.

Arthur de Gobineau

Die Bedeutung der Rasse im Leben der Völker

Arthur de Gobineau *(1816–1882) ist einer der bekanntesten Rassentheoretiker des 19. Jahrhunderts. Kulturelle und zivilisatorische Unter-*

schiede führt er auf rassische Eigenarten zurück. Sein Werk wurde, wie das anderer Rassentheoretiker, Grundlage für die totalitären Elitenprogramme des Faschismus.

Was ist nun eigentlich dieses lateinische Element? Da eine Antwort darauf ziemlich schwer zu geben ist, indem sie auf jeden Fall zahllose Rücksichten, Einschränkungen und Vorbehalte umfassen und vor allem offenbare Widersprüche zusammenreimen müßte, so ist es von vornherein klar, daß es sich hier nicht um etwas dem germanischen Element Entsprechendes handeln kann. Dieses letztere, was zunächst die körperliche Eigenart betrifft, ist äußerst leicht zu kennzeichnen: Hoher Wuchs, richtiges Ebenmaß der Glieder, Schönheit der Körperverhältnisse, höchste Kraft und Rüstigkeit, blondes, braungoldenes oder rötliches Haar, blaue oder graue Augen, große Fruchtbarkeit, dies sind so die Hauptmerkmale. Man findet sie auch heutzutage noch an einzelnen rassenrein gebliebenen Menschen und zwar nicht nur in England und Skandinavien, nicht nur im Umkreis der Ostseeküste und in einigen Teilen Deutschlands; nein, auch in Frankreich, in verschiedenen Gegenden Italiens, in Sizilien, wohin die Normannen sie gebracht haben, im nördlichen Spanien, wo sie als westgotisches Erbe fortleben. Die Gesichtszüge sind gerade, edel, ein wenig trocken, äußerst fein geschnitten und von erstaunlicher Bestimmtheit, ohne Weichheit, aber mitunter nicht ohne Zartheit und Anmut, viel häufiger aber gebieterisch und kühn. Man hat vor noch nicht fünf oder sechs Jahren an einer Straßenkreuzung in Rom Bruchstücke von Bildwerken aufgefunden, die zwei gefangene Barbaren darstellen. Der eine von ihnen trägt die wohlbekannten Züge eines Kelten oder eines Slawen. Im anderen erkennt man sofort einen Anführer, und er ist ein echter Germane, ein Markomanne, Guade oder Sueve. Man kann nichts Schöneres und vor allem nichts Würdigeres sehen. Dieses Stück ist heute der Ruhm des Museums Torlonia.

Erkundigt man sich nach den sittlichen Merkmalen? Nun, dieser Mensch, den ich soeben beschrieb, hat in Europa die Idee des persönlichen Rechtes eingeführt, das seinen Urahnen in Skythien, Indien, Persien wohl bekannt war, wofür aber das klassische Altertum nicht mehr den mindesten Sinn hatte. Diesen grundlegenden Begriff hat er zum Quell und Ausgangspunkt der abendländischen Gesittung gemacht. Er vertritt die Ansicht, weder die Gesellschaft, noch der Fürst, noch die Mehrheit der Bürger dürfen in allen Dingen über die Unabhängigkeit eines gegebenen Einzelmenschen den Sieg davontragen, wenn ihre Gewalt nicht mißbräuchlich und dadurch entehrt werden soll.

Der Religion allein – eine weitere in dieser Form gleichfalls ganz neue Idee – räumt er das Vorrecht einer unbeschränkten Herrschaft ein. Endlich ist sein Blick durchdringender, sein Ehrgeiz weiter, vielseitiger und in ganz anderem Maße schöpferisch als selbst der römische. Mit Hilfe von Transportmitteln und Fahrzeugen, die kaum denen der Caesaren ebenbürtig sind, vollbringt er all seine Entdeckungs- und Eroberungsfahrten bis in die fernsten Fernen. Er dringt weit über das kaspische Gebiet hinaus. Er wagt sich mit Plan-Carpin, Rubruquis, Mandeville, Marco-Polo in jene Länder Innerasiens vor, deren Schrecknisse, Greifen und Arimaspen, Griechenland und Rom in scheuer Ehrfurcht gemieden hatten. Und ohne in seiner Wißbegier, in seinem Forscher- und Entdeckertriebe je zu erlahmen, landet er in Island, in Groenland, am Nordkap, an den Ufern des Weißen Meeres und erreicht die geheimnisvollen Küsten des großen westlichen Landes. Endlich entlehnt er den Arabern den Kompaß und umschifft auf elenden Viermastern das Kap der Stürme, erkennt die Gestade, die Länder und Inseln des indischen Ozeans wieder und zerreißt mit kühner Hand all die Hüllen und Schleier, die dem mittelmäßigen Römergeiste die halbe Welt auf ewig verborgen hatten.

Ohne die Dazwischenkunft dieses neuen Menschen hätte der menschliche Geist niemals weder den geringsten Grund noch die mindeste Möglichkeit gehabt, jene Richtung einzuschlagen, die den eigentümlichen Charakter des christlichen Zeitalters begründet hat. Das Christentum selber würde sich für alle Folgezeit nicht mehr von seiner Erschlaffung erholt haben, auf die zu Konstantins Zeiten die Kirchenväter mit Ekel und Besorgnis hinzuweisen pflegten. In den ungebrochnen Naturen dieser Germanen erstanden ihm jedoch kraftvolle Seelen, dazu ausgerüstet, ihm eine neue bessere Kirche aufzurichten. Und da sich Tertullian so laut und heftig über die römische Verderbtheit beklagte, die selbst in die kirchlichen Belange eingedrungen war, was war denn also – wir fragen noch einmal – und was leistete denn diese lateinische Rasse, von der heutzutage so viel geredet wird? Man weiß des bestimmtesten, daß sie vom ersten Jahrhundert unsrer Zeitrechnung an nicht einmal mehr tauglich befunden wurde, die Person des Herrschers zu bewachen. Caesar hatte sich unlängst eine Leibwache aus germanischen Belgiern zugelegt und ihr noch eine Abteilung germanischer Reiter beigefügt, die er aus den Scharen des Ariovist ausgehoben. Tiberius umgab sich gleichfalls mit Germanen. Nero hegte nur zu Germanen einiges Vertrauen. Commodus wäre bei seinem Tode fast durch die blinde Treue seiner Germanen an der gesamten Bevölkerung Roms gerächt worden. Und von diesem Zeitpunkt an wurde alles, was im Kaiserreiche Waffen trug, und je länger desto mehr auch Heerführer und schließlich sogar die Kaiser selber – alles wurde germanisch. Was an Lateinern, an Römern, wie man sie nannte, noch herumlief, das waren Senatoren, Großkapitalisten, wohlhabende Bürger, vor allem aber Freigelassene, Söhne von Freigelassenen, dann die verschiedenen Schichten des Pöbels.

Vilfredo Pareto

DAS SOZIALE SYSTEM

Vilfredo Pareto *(1848–1923) war Ökonom und Soziologe. In seinen Gesellschaftsanalysen widmete er sich besonders den »funktionalen Eliten«, also den in einem bestimmten Handlungsbereich jeweils Besten. Die Geschichte der Menschheit hat er als »Friedhof der Aristokratien« bezeichnet, weil in seiner Sicht historischer Wandel durch sich gegenseitig ablösende Eliten bedingt ist.*

§ 2025. *Soziale Heterogenität und Zirkulation zwischen den verschiedenen Teilen der Gesellschaft.* – Mehrmals sind wir bereits auf die Betrachtung der sozialen Heterogenität gestoßen, und wir werden uns jetzt damit noch mehr befassen müssen, da wir uns den Bedingungen des gesellschaftlichen Gleichgewichts zuwenden. Um einen klaren Weg vor uns zu haben, müssen wir uns hier eingehender damit befassen. Die Heterogenität der Gesellschaft und die Zirkulation zwischen ihren verschiedenen Teilen könnte man getrennt voneinander untersuchen, aber da die entsprechenden Phänomene in der Realität miteinander verknüpft sind, wird es nützlich sein, sie gemeinsam zu betrachten, um Wiederholungen zu vermeiden. Ob es gewissen Theoretikern gefällt oder nicht, so ist es dennoch eine Tatsache, daß die Menschen physisch, moralisch und intellektuell verschieden sind, daß die menschliche Gesellschaft nicht homogen ist. Wir wollen hier reale Phänomene untersuchen, also müssen wir dieser Tatsache Rechnung tragen. Und wir müssen auch der anderen Tatsache Rechnung tragen, daß die sozialen Klassen nicht vollständig voneinander separiert sind, nicht einmal in den Ländern, wo es Kasten gibt, und daß in den modernen zivilisierten Nationen eine intensive Zirkulation zwischen den verschiedenen Klassen vor sich geht. Es ist unmöglich, in seiner ganzen Breite den Gesichtspunkt der Verschiedenartigkeit der zahlreichen sozialen Gruppen und der verschiedenen Weisen, auf die sie sich vermischen, zu untersuchen. Deshalb muß man wie gewöhnlich sich mit dem Geringeren, das erreichbar ist, begnügen und das Problem vereinfachen, um es derart leichter behandeln zu können. Es ist der erste Schritt auf einem Wege, den andere weiter verfolgen werden können. Wir werden das Problem ausschließlich in Beziehung zu dem gesellschaftlichen Gleichgewicht betrachten und dafür Sorge tragen, die Anzahl der Gruppen und die Zirkulationsweisen so weit als möglich zu reduzieren, indem wir Phänomene zusammen behandeln, die sich in irgendeiner Art als analog erweisen.

§ 2026. *Die Eliten der Bevölkerung und ihre Zirkulation.* – Beginnen wir damit, eine so präzise theoretische Definition des Phänomens als möglich zu liefern, und dann werden wir sehen, welche praktischen Betrachtungen wir daran in erster Annäherung knüpfen können. Lassen wir für den Augenblick einmal vollständig die Erwägung der guten oder schlechten, nützlichen oder schädlichen, lobens- oder tadelnswerten Natur der verschiedenen Charaktere der Menschen beiseite und achten wir einzig und allein darauf, welchen geringen, mittleren oder hohen Grad sie darin besitzen oder präziser ausgedrückt, welchen Index man jedem Menschen unter Berücksichtigung des Intensitätsgrades seines Charakters verleihen kann.

§ 2027. Unterstellen wir also einmal, daß man in jedem Zweig menschlicher Aktivität jedem Individuum einen Index zuspräche, der seine Kapazität ungefähr in der Art und Weise ausdrückt, wie man die Zensuren bei den Examen der verschiedenen Fächer in der Schule verteilt. Dem überragenden Anwalt wird man beispielsweise eine 10 zubilligen, demjenigen, dem es nicht gelingt, auch nur einen einzigen Klienten zu bekommen, eine 1, um eine Null demjenigen vorzubehalten, der ein richtiger Idiot ist. Dem Mann, der recht oder schlecht Millionen zu verdienen wußte, werden wir eine 10 geben, demjenigen, der Zehntausende verdient, eine 6, dem, der sich gerade noch über Wasser hält, eine 1 und dem Bewohner des Armenhauses eine Null. Der politisierenden Frau, die sich wie die *Aspasia* des Perikles, die *Maintenon* Ludwigs XIV. oder die *Pompadour* Ludwigs XV. der Liebe eines mächtigen Mannes zu vergewissern wußte und an seiner Leitung der Staatsgeschäfte Teil hat, werden wir eine hohe Bewertungsziffer wie etwa 8 oder 9 zubilligen; der Dirne, die lediglich die Sinne solcher Männer befriedigt und nicht den geringsten Einfluß auf die Staatsgeschäfte ausübt, werden wir eine Null geben. Dem tüchtigen Schmarotzer, der die Leute hereinzulegen und doch durch die Paragraphen des Strafgesetzbuches zu schlüpfen weiß, werden wir, entsprechend der Anzahl von Einfaltspinseln, die ihm ins Netz gingen, und den Geldsummen, die er ihnen aus der Nase zu ziehen wußte, eine 8, 9 oder 10 zubilligen; dem armen Gelegenheitsdieb, der im Restaurant ein Silberbesteck stiehlt und bei seiner Flucht direkt der Polizei in die Arme läuft, werden wir eine 1 geben. Einem Dichter wie *Carducci* werden wir, je nach unserem Geschmack, eine 8 oder 9 zubilligen; einem Verseschmied, der durch das Rezitieren seiner Sonette die Leute in die Flucht jagt, eine Null. Für Schachspieler können wir einen präziseren Index gewinnen, wenn wir darauf achten, wie viele und welche Partien sie gewonnen haben. Und so weiter für alle Zweige menschlicher Aktivität.

§ 2028. Wohlgemerkt, wir sprechen von einem tatsächlichen, nicht einem potentiellen Zustand. Wenn in der Englischprüfung jemand kommt und sagt: »Wenn ich wollte, könnte ich ausgezeichnet Englisch, ich kann es jedoch nicht, weil ich es nicht lernen wollte«, wird der Prüfer ihm antworten: »Der Grund, warum Sie es nicht können, interessiert mich nicht. Sie können es nicht, und ich geben Ihnen darum eine Null.« Oder wenn gesagt wird: »Dieser Mann stiehlt nicht, er verstünde sich zwar darauf, aber er tut es nicht, weil er ein Ehrenmann ist«, werden wir zur Antwort geben: »Ausgezeichnet, wir loben ihn dafür, aber als Dieb geben wir ihm eine Null.«

§ 2031. So wollen wir also diejenigen zu einer Klasse zusammenfassen, die den höchsten Index in dem betreffenden Zweig ihrer Aktivität aufweisen, und wollen ihr den Namen »ausgewählte Klasse« geben.

Pierre-Joseph Proudhon

EIGENTUM IST DIEBSTAHL

Pierre-Joseph Proudhon *(1809–1865) gehörte zu den frühen sozialistischen Denkern, die sich gegen die sozialen Ungerechtigkeiten, die mit der Industrialisierung einhergingen, zur Wehr setzte. Er gründete eine Volksbank, die zinslose Kredite vergab. Aufgrund seines politischen Engagements wurde er mehrfach verhaftet.*

Weil das Eigentum sich durch Besitzergreifung und Ausbeutung manifestiert, weil es zum Zwecke hat, das Monopol durch die unbeschränkte und erbliche Herrschaft zu befestigen und zu erweitern, weil es, vermöge der Rente ohne Arbeit erntet, und vermöge der Hypothek ohne Bürgschaft riskiert, weil es widerspenstig wider die Gesellschaft, weil sein Gesetz die Willkür ist, und es durch die Gerechtigkeit zugrunde gehen muß, so ist *das Eigentum die Religion der Gewalt.*

Je nachdem es mit bewaffneter Hand zugreift, oder Ausschließung und Monopol anwendet, erzeugt es zwei Arten von Sklaverei: einmal das antike Proletariat, die Folge der ursprünglichen Eroberung, oder der gewaltsamen Teilung Adams, der Menschheit, in Kain und Abel, in Patrizier und Plebejer; sodann das moderne Proletariat, die arbeitende Klasse der Ökonomen, herbeigeführt durch die Entwicklung der ökonomischen Phasen, die sich sämtlich in der Hauptsache in der Bestätigung des Monopols durch die Herrschaft, die Erbschaft und die Rente zusammenfassen lassen.

Nun konnte aber das Eigentum, d. h. in seinem einfachsten Ausdrucke das Recht der Gewalt, nicht lange seine ursprüngliche Roheit bewahren; vom ersten Tage an legte es sein Gesicht in Falten, verstellte es sich, versteckte es sich in einer Menge von Vermummungen. Und das ging so weit, daß der Name Eigentümer, der anfänglich mit Räuber und Spitzbube gleichbedeutend war, auf die Dauer, durch die allmähliche Umwandlung des Eigentums, und vermöge einer im religiösen Stil so häufigen Antizipierung der Zukunft, gerade das Gegenteil von Spitzbube und Räuber bedeutet.

Räuberei war ihre ganze Beschäftigung, das einzige Existenzmittel des Adels im Mittelalter; ihr verdankt England alle seine Kolonien. Man kennt den Haß der Wilden gegen die Arbeit. Die Ehre besteht in ihren Augen nicht darin, zu arbeiten, sondern zu nehmen. (...)

Heutzutage wird der Dieb, der bewaffnete Starke der Bibel, gleich Wölfen und Hyänen verfolgt. Die Polizei hat sein edles Gewerbe getötet; nach dem Gesetzbuch ist er, je nach seiner Spezialität und Qualität, Leibes- und Ehrenstrafen ausgesetzt, vom Gefängnis bis zum Schafott. Das Recht der Eroberung, welches Voltaire besang, wird nicht mehr geduldet; die Nationen sind in dieser Beziehung außerordentlich empfindlich geworden. Eine einzelne Besitzergreifung außerhalb einer Bewilligung oder der Mitwirkung des Staates, sieht man gar nicht mehr.

Man stiehlt durch Gaunerei, Vertrauensmißbrauch, Lotterie und Spiel (...)

Heutzutage noch wird es in jedem Lande von den Bauern im großen und kleinen Handel sehr geschätzt, wenn man ein Geschäft zu machen versteht, d.h. seine Leute zu betrügen weiß. Die erste Tugend der Hausfrau besteht darin, diejenigen bestehlen zu können, die ihr verkaufen, oder die sie beschäftigt; indem die beständig vom Lohn und vom Preis Abzüge macht; und wenn wir alle nicht Söhne von untreuen, so sind wir wenigstens alle Söhne von veruntreuenden Frauen.

(…)

Alle unsere Steuern, alle unsere Zollgesetze haben den Diebstahl zum Ausgangspunkt. Man stiehlt durch Wucher.

Diese ehemals in der Kirche so verhaßte Art, die noch in unserer Zeit so streng bestraft wird, unterscheidet sich durchaus nicht vom Darlehen auf Zins, einer der wirksamsten Triebfedern der Produktion, und bildet den Übergang von den verbotenen zu den erlaubten Diebstählen. Auch gibt sie durch ihre zweideutige Natur Veranlassung zu einer Masse von Widersprüchen in den Gesetzen und der Moral; Widersprüche, die von den Juristen, Finanz- und Handelsleuten sehr geschickt ausgebeutet werden. So erleidet der Wucherer, der zu 10 Prozent auf Hypothek leiht, eine bedeutende Geldstrafe, wenn er erwischt wird. Der Bankier, der dieselben Zinsen erhebt, freilich nicht für ein Darlehen, sondern für eine Kommission, ist durch königliches Privilegium geschützt. (…)

Heutzutage sind die Kapitalisten, die ihr Geld entweder beim Staat oder im Handel zu einem fortlaufenden Zins, 3, 4, 5 Prozent als Bankiers und Wucherer anlegen, die Blüte der Gesellschaft. Es ist beständig dasselbe System; die Mäßigung im Diebstahl macht unsere Tugend aus.

Man stiehlt durch die Rente, die Pacht, die Miete.

Die Rente in ihrem Prinzip und ihrer Bestimmung nach ist das agrarische Gesetz, vermöge dessen alle Menschen sichere und unvertreibbare Eigentümer des Bodens werden sollen; ihr Inhalt stellt den Teil der Ernte dar, der sich über den Lohn des Produzenten hinaus ergibt und der der Gemeinschaft gehört. Während der Periode der Organisation wird diese Rente im Namen der Gesellschaft dem Eigentümer bezahlt. Aber der Eigentümer tut mehr, als die Rente in Empfang zu nehmen, er verzehrt sie allein; er gibt der Gemeinschaft nichts heraus, er teilt nicht mit seinen Genossen, er verzehrt das Produkt der Gesamtarbeit, ohne etwas hinzuzutun. Es findet also Diebstahl statt, gesetzlicher Diebstahl, wenn man will, aber immer wirklicher Diebstahl.

Es findet Diebstahl im Handel und in der Industrie statt, jedesmal wenn der Unternehmer dem Arbeiter etwas vom Lohne zurückbehält, oder eine Vergütung über das hinaus erhält, was ihm gehört.

In der Welt des Eigentums fließt der Überschuß der Arbeit, der wesentlich kollektiv ist, wie die Rente, völlig dem Eigentümer zu; wo ist nun der Unterschied zwischen dieser verkappten Aneignung und der betrügerischen Usurpation eines Gemeingutes?

Die Folge dieser Usurpation ist, daß der Arbeiter, dessen Anteil am Gesamtprodukt unaufhörlich vom Unternehmer konfisziert wird, beständig in Schuld bleibt; daß der Handel, der Tausch zwischen wesentlich gleichen Werten nur noch die Kunst ist, für 3 Fr. zu kaufen, was 6 Fr. wert ist, und für 6 Fr. zu verkaufen, was nur 3 Fr. wert ist; und daß die politische Ökonomie, welche diese Ordnung verteidigt und lobpreist, die Theorie des Diebstahls ist, wie das Eigentum, dessen Ansehen einen solchen Zustand erhält, die Religion der Gewalt ist.

(...)

Indem der Sozialismus von der Verneinung zur Bejahung übergeht, stellt er dem Prinzip des Eigentums das der Assoziation entgegen und verspricht voll Selbstvertrauen, die soziale Ökonomie von Grund auf umzugestalten, d. h. ein neues Recht, eine neue Politik, und Einrichtungen und Sitten einzuführen, die den alten Formen diamentral entgegengesetzt sein sollen. Die Ökonomen neigen zur Heiligsprechung des Egoismus, die Sozialisten zur Schwärmerei für den Kommunismus.

(...)

So ist die Gesellschaft von ihrem Anfang an in zwei große Parteien gespalten: die eine hält an der Überlieferung und ist wesentlich hierarchisch, sie heißt bald Königtum oder Demokratie, bald Philosophie oder Religion, mit einem Worte »Eigentum«; die andere, in jeder Krise der Zivilisation neu auftauchend, gibt sich vorzüglich als anarchisch und atheistisch zu erkennen, d. h. als abtrünnig von jeder menschlichen und göttlichen Autorität und ist eben der Sozialismus. Nun hat aber die moderne Kritik gezeigt, daß in einem Konflikt dieser Art die Wahrheit nicht in der Ausschließung einer der beiden Gegensätze beruht, sondern allein in der Versöhnung beider, jeder Antagonismus findet seine Lösung, welche die Gegensätze in Einklang bringt, indem sie dieselben »aufhebt«.

Stefan George

Gedichte

Stefan George *(1868–1933) stand in regem Kontakt zu Dichtern aus anderen europäischen Ländern. Sein hohes Verständnis von der Bestimmung der wahren Dichter ging einher mit dem Leben in einem gleich gesinnten, elitären Freundeskreis.*

Wie ein erwachen war zu andrem werden
Als wir vergangenheit in uns gebändigt
Und als das leben lächelnd uns gehändigt
Was lang uns einzig ziel erschien auf erden.

Auf einmal alle stunden so nur galten:
Ein mühevolles werben um die hohe
Die uns vereinte – die in ihrer lohe
Gestalten um uns tilgte und gewalten.

Des sehers wort ist wenigen gemeinsam:
Schon als die ersten kühnen wünsche kamen
In einem seltnen reiche ernst und einsam
Erfand er für die dinge eigne namen –

Die hier erdonnerten von ungeheuern
Befehlen oder lispelten wie bitten
Die wie Paktolen in rubinenfeuern
Und bald wie linde frühlingsbäche glitten

An deren kraft und klang er sich ergezte
Sie waren wenn er sich im höchsten schwunge
Der welt entfliehend unter träume sezte
Des tempels saitenspiel und heilge zunge.

Nur sie – und nicht der sanften lehre lallen
Das mütterliche – hat er sich erlesen

Als er im rausch von mai und nachtigallen
Sann über erster sehnsucht fabelwesen

Als er zum lenker seiner lebensfrühe
Im beten rief ob die verheissung löge.
Erflehend dass aus zagen busens mühe
Das denkbild sich zur sonne heben möge.

José Ortega y Gasset

DER AUFSTAND DER MASSEN

José Ortega y Gasset *(1883–1955) engagierte sich mit seinem Werk und seinem politischen Handeln für die enge Anbindung Spaniens an Europa. Seine Analyse der modernen demokratischen Gesellschaft mündet in die Auffassung, es ermangele Europa an einer geistigen Elite. Der Massenmensch habe die Oberhand gewonnen.*

Es beginnt die Analyse des Massenmenschen

Wie ist dieser Massenmensch, der heute das öffentliche Leben, das politische und das nichtpolitische, beherrscht? Warum ist er, wie er ist, das heißt, wie ist er entstanden?

Es ist ratsam, beide Fragen miteinander zu beantworten, denn sie beleuchten sich gegenseitig. Der Mensch, der sich heute an die Spitze des europäischen Lebens stellen möchte, ist sehr verschieden von jenem, der im 19. Jahrhundert die Führung hatte; aber seine Entstehung und Entwicklung fallen in das 19. Jahrhundert. (...)

Das 19. Jahrhundert war seinem Wesen nach revolutionär. Allerdings ist sein Rebellentum weniger auf der Walstatt der Barrikadenkämpfe zu suchen, die nur anekdotische Schnörkel sind, als in der grundstürzenden Neuheit der Existenzbedingungen, in die es den Durchschnittsmenschen versetzt. Es stellte das öffentliche Leben auf den Kopf. Revolution ist nicht Auflehnung gegen die bestehende Ordnung, sondern Aufrichtung einer neuen, welche die überlieferte stürzt. Es ist darum

keine übertriebene Behauptung, daß der Mensch, den das 19. Jahrhundert schuf, für die Zwecke des öffentlichen Lebens eine Sonderstellung in der ganzen Menschheit einnimmt. Gewiß unterscheidet sich ein Repräsentant des 18. von einem typischen Vertreter des 17. und 16. Jahrhunderts; aber sie alle sind untereinander verwandt, ähnlich, selbst gleich in wesentlichen Zügen, wenn man ihnen den neuen Menschen gegenüberstellt. Für das »Volk« aller Zeiten bedeutete »Leben« vor allem Begrenzung, Verpflichtung, Abhängigkeit, mit einem Wort, Druck. Wenn man will, sage man Bedrückung, unter der Bedingung, daß darunter Bedrückung nicht nur durch Recht und Gesellschaft, sondern auch durch die Natur verstanden sei. Denn an dieser gebrach es niemals, bis vor hundert Jahren der Aufschwung der wissenschaftlichen Technik, der physikalischen und der organisatorischen, begann, die praktisch unbegrenzt ist. Vorher war auch für den Reichen und Mächtigen die Welt ein Name für Armut, Kampf, Gefahr.
Die Welt, die den neuen Menschen von Geburt an umgibt, zwingt ihn zu keinem Verzicht in irgendeiner Beziehung; sie stellt ihm kein Verbot, keine Hemmung entgegen; im Gegenteil, sie reizt seine Gelüste, die prinzipiell ins Ungemessene wachsen können. Denn es kommt dazu – und das ist belangvoll –, daß diese Welt des 19. und beginnenden 20. Jahrhunderts nicht bloß die Weite und Vollkommenheit hat, die sie tatsächlich besitzt, sondern ihren Bewohnern überdies die feste Überzeugung beibringt, daß sie morgen noch reicher, vollkommener und weiter sein wird, als erfreute sie sich eines unerschöpflichen Wachstums aus eigener Kraft. Noch heute, trotz einiger Vorzeichen, die eine kleine Bresche in diesen runden Glauben zu schlagen beginnen, noch heute zweifeln sehr wenige Menschen daran, daß in fünf Jahren die Automobile noch viel bequemer und billiger sein werden als jetzt. Man glaubt daran wie an den nächsten Sonnenaufgang. Das Gleichnis trifft. Denn der gewöhnliche Mensch, der sich in dieser technisch und gesellschaftlich so vollkommenen Welt vorfindet, glaubt in der Tat, daß die Natur sie hervorgebracht hat, und denkt niemals an die genialen Anstrengungen ausgezeichneter Männer, durch die sie geschaffen wurde. Noch weniger wird er zugeben, daß auch der Fortbestand dieser Errungenschaften von gewissen seltenen Tugenden des Menschen abhängt,

deren geringster Ausfall den herrlichen Bau sehr rasch ins Wanken bringen würde.

Das veranlaßt uns, in dem psychischen Diagramm des Massenmenschen die ersten beiden Linien einzutragen: die ungehemmte Ausdehnung seiner Lebenswünsche und darum seiner Person; und die grundsätzliche Undankbarkeit gegen alles, was sein reibungsloses Dasein ermöglicht hat. Man kennt die beiden Züge aus der Psychologie des verwöhnten Kindes und wird in der Tat kaum fehlgehen, wenn man diese als Bezugssystem bei der Untersuchung der Massenseele benutzt. Erbe einer langen, genialen Vergangenheit – genial durch Erleuchtungen und Bemühungen –, ist das neue Volk von seiner Umwelt verwöhnt worden. Jemanden verwöhnen heißt, seine Wünsche nicht beschneiden, ihm den Eindruck geben, daß er alles darf und zu nichts verpflichtet ist. Ein Mensch, der unter solchen Bedingungen aufwächst, hat seine eigenen Grenzen nicht erfahren. Weil ihm jeder Druck von außen, jeder Zusammenprall mit anderen Wesen erspart blieb, glaubt er schließlich, er sei allein auf der Welt, und lernt nicht, mit anderen zu rechnen, vor allem nicht, mit ihnen als Überlegenen zu rechnen. Die Erfahrung fremder Überlegenheit hätte ihm nur jemand verschaffen können, der, stärker als er selbst, ihn gezwungen hätte, sich zu bescheiden, sich Einhalt zu tun. So wäre er auf die wesentliche Einsicht gestoßen: hier ende ich und beginnt ein anderer, der mir über ist. Den Durchschnittsmenschen anderer Zeiten lehrte seine Umwelt täglich diese elementare Weisheit, denn sie war so primitiv organisiert, daß Katastrophen häufig hereinbrachen und nichts sicher, reichlich und beständig war. Die Lebenslandschaft der neuen Massen dagegen bietet tausend Möglichkeiten und Sicherheit obendrein, und alles fix und fertig, zu ihrer Verfügung, unabhängig von einer vorherigen Bemühung ihrerseits, wie die Sonne am Himmel steht, ohne daß wir sie auf die Schulter gehoben hätten. Kein Mensch dankt dem anderen für die Luft, die er atmet; denn die Luft hat niemand gemacht. Sie gehört zu der Gesamtheit dessen, was »da ist«, wovon wir sagen, daß es »natürlich« ist, weil es nie mangelt. Die verwöhnten Massen nun sind harmlos genug, zu glauben, daß diese materielle und soziale Organisation, die ihnen zur Verfügung steht wie die Luft, desselben Ursprungs ist, da sie, scheinbar, auch nie versagt und fast so vollkommen ist wie Naturdinge.

Meine Behauptung ist also diese: Eben die Vollkommenheit der Organisation, die das 19. Jahrhundert gewissen Lebensordnungen gegeben hat, ist Ursache davon, daß die Massen, denen sie zugute kommt, sie nicht als Organisation, sondern als Natur betrachten. So läßt sich der absurde Seelenzustand, den sie verraten, zugleich erklären und beschreiben: nichts beschäftigt sie so sehr wie ihr Wohlbefinden, und zugleich arbeiten sie den Ursachen dieses Wohlbefindens entgegen. Da sie in den Vorteilen der Zivilisation nicht wunderwürdige Erfindungen und Schöpfungen erblicken, die nur mit großer Mühe und Umsicht erhalten werden können, glauben sie, ihre Rolle beschränke sich darauf, sie mit lauter Stimme zu fordern, als wären sie angeborene Rechte. Bei Hungerrevolten pflegen die Volksmassen Brot zu suchen, und zu dem Zweck zerstören sie die Bäckereien. Das kann als Gleichnis für die Art und Weise dienen, wie sich in größeren und verwickelteren Verhältnissen die heutigen Massen gegenüber der Zivilisation aufführen, die sie ernährt.

George Orwell

DIE SIEBEN GEBOTE

George Orwell *(1903–1950) hat mit seinem 1945 erschienenen Roman* Farm der Tiere *eine allegorische Geschichte der Oktoberrevolution und der entstehenden Sowjetunion geschaffen. Mit dem Anspruch kommunistischer Gleichheit gestartet, endet die Tierherrschaft bald in einer neuen Klassengesellschaft. Bis 1989 war dieses Buch in den Ostblockstaaten verboten.*

1. Alles, was auf zwei Beinen steht, ist ein Feind.
2. Alles, was auf vier Beinen geht oder Flügel hat, ist ein Freund.
3. Kein Tier soll Kleider tragen.
4. Kein Tier soll in einem Bett schlafen.

5. Kein Tier soll Alkohol trinken.
6. Kein Tier soll ein anderes Tier töten.
7. Alle Tiere sind gleich

(...)

Jahre zogen ins Land. Die Jahreszeiten kamen und gingen, die kurzen Tierleben verflossen. Es kam eine Zeit, da erinnerte sich niemand mehr an die alten Tage vor der Rebellion, außer Kleeblatt, Benjamin, Moses, dem Raben und einer Anzahl an Schweinen.

(...)

Kleeblatt war jetzt eine alte, korpulente Stute mit steifen Gelenken und einer Neigung zu Triefaugen. Sie war schon zwei Jahre über die Altersgrenze hinaus, doch tatsächlich in den Ruhestand getreten war noch kein Tier. Das Thema, eine Ecke der Weide für die ausgedienten Tiere zu reservieren, war schon lange fallengelassen worden. Napoleon war jetzt ein ausgewachsener Drei-Zentner-Keiler. Schwatzwutz war so fett, daß er kaum noch aus den Augen gucken konnte. Nur der alte Benjamin war noch so ziemlich derselbe, bloß ein bißchen grauer um die Schnute und seit Boxers Tod mürrischer und wortkarger denn je.

Es gab jetzt mehr Tiere auf der Farm, obwohl der Zuwachs nicht ganz so groß war, wie man in früheren Jahren erwartet hatte. Viele Tiere waren geboren worden, denen die Rebellion nur eine mündlich überlieferte, trübe Tradition bedeutete, und es waren andere gekauft worden, die vor ihrer Ankunft noch niemals etwas davon gehört hatten. Die Farm besaß jetzt außer Kleeblatt noch drei Pferde. Es waren prächtige, hochgewachsene Tiere, willige Arbeiter und gute Genossen, aber strohdumm. Keines von ihnen vermochte das Alphabet über den Buchstaben B hinaus zu erlernen. Sie akzeptieren alles, was ihnen über die Rebellion und die Prinzipien des Animalismus erzählt wurde, besonders wenn es von Kleeblatt stammte, vor der sie einen fast kindlichen Respekt empfanden; doch es fragte sich noch, ob sie auch sehr viel davon begriffen.

Die Farm war jetzt wohlhabender und besser organisiert: sie war um zwei Felder vergrößert worden, die man Mr. Pilkington abgekauft hatte. Die Windmühle war endlich mit Erfolg fertiggestellt worden, und die Farm verfügte über eine eigene Dreschmaschine, einen Heuaufzug, und überdies waren ihr auch noch weitere Gebäude hinzugefügt worden. Whymper hatte sich einen Dogcart zugelegt. Die Windmühle indes war schließlich doch nicht zur Stromerzeugung genutzt worden. Sie wurde zum Kornmahlen benutzt und warf einen netten Profit ab. Die Tiere arbeiteten hart am Bau einer weiteren Windmühle; nach ihrer Fertigstellung, so hieß es, würden die Dynamos installiert werden. Doch von dem Luxus, von dem Schneeball die Tiere einst zu träumen gelehrt hatte, von den Ställen mit elektrischem Licht und fließend warm und kalt Wasser und von der Drei-Tage-Woche war nicht mehr die Rede. Napoleon hatte solche Ideen als dem Geiste des Animalismus zuwiderlaufend angeprangert. Das wahre Glück, sagte er, liege in harter Arbeit und kargem Leben.

Irgendwie hatte es den Anschein, als sei die Farm reicher geworden, ohne doch die Tiere selbst reicher zu machen – ausgenommen natürlich die Schweine und Hunde. Das lag vielleicht zum Teil daran, daß es so viele Schweine und so viele Hunde gab. Es war nun etwa nicht so, daß diese Tier nicht gearbeitet hätten, nur taten sie das eben auf ihre Weise. Es steckte, wie Schwatzwutz nie müde wurde zu erklären, unendlich viel Arbeit in der Überwachung und Organisation der Farm. Und vieles von dieser Arbeit begriffen die anderen Tiere nicht, weil sie zu dumm dazu waren. So erzählte ihnen Schwatzwutz zum Beispiel, daß die Schweine täglich ungeheure Mühen an geheimnisvolle ›Akten‹, ›Rapporte‹, ›Protokolle‹ und ›Memoranda‹ genannte Dinge wenden mußten. Das waren dann große Bogen Papier, die eng beschrieben werden mußten und die, sobald dies geschehen war, im Ofen verbrannt wurden. Dies war für das Wohlergehen der Farm von höchster Wichtigkeit, sagte Schwatzwutz. Aber dennoch, weder die Schweine noch die Hunde produzierten durch ihre eigene Arbeit irgendwelches Futter; und es waren ihrer sehr viele, und ihr Appetit war immer ausgezeichnet.

Den übrigen erschien ihr Leben so, wie es schon immer gewesen war. Sie waren für gewöhnlich hungrig, sie schliefen auf Stroh, sie tranken aus dem Teich, sie rackerten sich auf den Feldern ab; winters wurden sie von der Kälte geplagt und sommers von den Fliegen. Manchmal zermarterten sich die älteren unter ihnen die getrübte Erinnerung und versuchten herauszufinden, ob die Dinge in den ersten Tagen der Rebellion, kurz nach Jones' Vertreibung, besser oder schlechter gestanden hätten als jetzt. Sie konnten sich nicht erinnern. Es gab nichts, womit sie ihr augenblickliches Leben vergleichen konnten: sie hatten keine Anhaltspunkte außer Schwatzwutz' Zahlenkolonnen, die unwandelbar dartaten, daß alles immer besser und besser wurde. Die Tiere standen vor einem unlösbaren Problem; sie hatten jetzt ohnehin wenig Zeit, um über solche Dinge nachzudenken. Nur der alte Benjamin behauptete, sich an jede Einzelheit seines langen Lebens zu erinnern und zu wissen, daß die Dinge weder jemals viel besser oder schlechter gewesen wären noch jemals viel besser oder schlechter werden könnten – Hunger, Mühsal und Enttäuschung seien nun einmal, so sagte er, das unabänderliche Gesetz des Lebens.

Und trotzdem gaben die Tiere die Hoffnung nie auf. Mehr noch, sie verloren nie, nicht einmal für einen Augenblick, ihr Gefühl, daß es eine Ehre und ein Privileg war, der Farm der Tiere anzugehören. Sie waren noch immer die einzige Farm in der gesamten Grafschaft – in ganz England! –, die Tieren gehörte und von ihnen geleitet wurde. Nicht eines unter ihnen, nicht einmal das Jüngste, nicht einmal die Neulinge, die man von zehn oder zwanzig Meilen entfernten Farmen gekauft hatte, hörten je auf, darüber zu staunen. Und wenn sie das Gewehr krachen hörten und die grüne Flagge an der Spitze des Fahnenmastes flattern sahen, schwollen ihre Herzen vor unvergänglichem Stolz, und das Gespräch neigte sich stets den alten Tagen zu, der Vertreibung von Jones, dem Aufschreiben der Sieben Gebote, den großen Schlachten, in denen die menschlichen Eindringlinge geschlagen worden waren. Keiner der alten Träume war aufgegeben worden. Man glaubte noch immer an die Republik der Tiere, die Major vorausgesagt hatte, an die Zeit, wo keines Menschen Fuß Englands grüne Fluren mehr betreten werde. Eines Tages würde sie kommen: womöglich nicht so bald, womöglich nicht zu Lebzeiten irgendeines jetzt lebenden Tieres, aber kommen würde sie. Sogar die Melodie von ›Tiere Englands‹ wurde vielleicht insgeheim hier und dort gesummt: Tatsache war jedenfalls, daß sie jedes Tier auf der Farm kannte, obwohl es nicht eines gewagt haben würde, sie laut zu singen. Es mochte sein, daß ihr

Leben hart war und daß sich nicht alle ihre Hoffnungen erfüllt hatten; aber sie waren sich dessen bewußt, daß sie nicht so wie andere Tiere waren. Wenn sie darbten, dann nicht deswegen, weil sie tyrannische Menschen ernähren mußten; wenn sie hart arbeiteten, dann arbeiteten sie wenigstens für sich selber. Kein Geschöpf unter ihnen ging auf zwei Beinen. Kein Geschöpf nannte ein anderes seinen ›Herrn‹. Alle Tiere waren gleich.

Eines Tages im Frühsommer befahl Schwatzwutz den Schafen, ihm zu folgen, und er führte sie hinaus auf ein Stück Brachland am anderen Ende der Farm, das von jungen Birken überwachsen stand. Die Schafe verbrachten den ganzen Tag dort und weideten sich unter Schwatzwutz' Aufsicht an den Blättern. Er selbst kehrte am Abend zum Farmhaus zurück, den Schafen jedoch riet er, angesichts des warmen Wetters, dort zu bleiben, wo sie waren. Es endete damit, daß sie eine volle Woche dort blieben, während der die anderen Tiere sie nicht zu Gesicht bekamen. Schwatzwutz war die meiste Zeit bei ihnen. Er lehre sie, so sagte er, ein neues Lied zu singen, wozu es der Ungestörtheit bedürfe.

Es war just nach der Rückkehr der Schafe, an einem lauen Abend, als die Tiere ihre Arbeit beendet hatten und sich auf dem Rückweg zur Farm befanden, da ertönte vom Hof das entsetzte Wiehern eines Pferdes. Verblüfft blieben die Tiere stehen. Es war Kleeblatts Stimme. Abermals wieherte sie, und alle Tiere galoppierten los und stürmten in den Hof. Dann sahen sie, was Kleeblatt gesehen hatte.

Es war ein Schwein, das auf den Hinterbeinen lief. Ja, es war Schwatzwutz. Ein wenig unbeholfen, als wäre es ihm noch ungewohnt, seinen ansehnlichen Wanst in dieser Position aufrechtzuerhalten, doch mit perfekter Balance, so schlenderte er über den Hof. Und einen Augenblick später kam aus der Tür des Farmhauses eine lange Reihe von Schweinen, die allesamt auf den Hinterbeinen liefen. Einige machten es besser als andere, ein paar schwankten sogar ein Spürchen und sahen so aus, als hätten sie sich gerne auf einen Stock gestützt, doch jedes von ihnen schaffte es, einmal erfolgreich den Hof zu umrunden. Und schließlich erscholl ungeheures Hundegebell und ein schrilles Krähen des schwarzen Junghahns, und heraus trat Napoleon persönlich, in majestätisch aufrechter Haltung, und verschoß nach allen Seiten hochmütige Blicke, und seine Hunde umsprangen ihn.

In seiner Schweinshaxe hielt er eine Peitsche.

Es herrschte tödliches Schweigen. Verblüfft, entsetzt, dicht aneinandergedrängt beobachteten die Tiere, wie die lange Schweinereihe langsam um den Hof herummarschierte. Es war so, als wäre die Welt auf den Kopf gestellt. Dann kam ein Augenblick, als der erste Schock abgeklungen war und in dem sie trotz allem – trotz ihres Entsetzens vor den Hunden und trotz der in langen Jahren erworbenen Gewohnheit, sich nie zu beschweren, nie zu kritisieren, egal was geschah – vielleicht ein Wort des Protestes geäußert hätten. Doch gerade in diesem Augenblick brachen alle Schafe wie auf ein Signal hin in das ungeheure Geblöke aus –

»Vierbeiner gut, Zweibeiner *besser!* Vierbeiner gut, Zweibeiner *besser!* Vierbeiner gut, Zweibeiner *besser!*«

Und so ging es fünf Minuten lang pausenlos weiter. Und als die Schafe sich beruhigt hatten, war die Chance zum Protest verpaßt, denn die Schweine waren zurück ins Farmhaus marschiert.

Benjamin fühlte, wie ihn eine Nase an der Schulter stupste. Er sah sich um. Es war Kleeblatt. Ihre alten Augen blickten trüber denn je. Wortlos zupfte sie ihn sanft an der Mähne und führte ihn zum Ende der großen Scheune, wo die Sieben Gebote angeschrieben standen. Sie verharrten dort eine oder zwei Minuten lang und schauten auf die geteerte Wand mit den weißen Buchstaben.

»Mein Augenlicht läßt nach«, sagte sie schließlich. »Selbst als ich noch jung war, habe ich nicht lesen können, was da geschrieben stand. Aber mir scheint, daß diese Wand irgendwie anders aussieht. Sind die Sieben Gebote noch dieselben wie einst, Benjamin?«

Dies eine Mal fand sich Benjamin dazu bereit, mit seiner Regel zu brechen, und er las vor, was auf der Wand geschrieben stand. Jetzt war da bloß noch ein einziges Gebot. Es lautete:

Aller Tiere sind gleich
aber manche sind gleicher

Danach erschien es nicht weiter befremdlich, als am nächsten Tag die Schweine, die die Farmarbeit beaufsichtigten, Peitschen in den Haxen trugen. Es erschien auch nicht weiter befremdlich zu erfahren, daß sich die Schweine einen Rundfunkempfänger gekauft hatten, Schritte zum Anschluß eines Telefons unternahmen und auf die Zeitschriften *John Bull, Tit-Bits* und den *Daily Mirror* abonniert waren. Es erschien nicht weiter befremdlich, als man Napoleon mit einer Pfeife im Maul im Farmhausgarten schlendern sah – nein, nicht einmal, als die Schweine Mr. Jones' Garderobe aus dem Kleiderschrank holten und sie anlegten; Napoleon präsentierte sich in einer schwarzen Joppe, gelbbraunen Breeches und Ledergamaschen, wohingegen sich seine Lieblingssau in einem moirierten Seidenkleid sehen ließ, das Mrs. Jones an Sonntagen zu tragen gepflegt hatte.

Robert Havemann

Gleichheit und Eliten

Robert Havemann *(1910–1982) war Mitbegründer der antifaschistischen Widerstandsgruppe »Europäische Union«. Nach 1945 wurde er zunächst Mitarbeiter des KGB und der Stasi der DDR. Ab 1963 wurde er zu einem harten Kritiker des DDR-Regimes und erhielt deswegen Berufsverbot.*

Es ist die soziale Ungleichheit, die zur Aussonderung der »Eliten« führt, die sich anmaßen, geistiger Vormund der unmündigen Masse zu sein. Anderseits aber bringt diese soziale Ungleichheit auch eine traurige Form der Gleichheit der Menschen zustande, nämlich der Gleichheit in Unwissenheit und Unbildung. Sie erzeugt die Vermassung, die geistige Nivellierung, Uniformierung und Primitivierung großer Massen von Menschen. Mit Verachtung und Hochmut blicken die »Elite«-Menschen auf die breiten Volksmassen herab, deren saurer Arbeit sie doch ihr exklusives Dasein erst verdanken. In einer Welt der sozialen Gleichheit aber, die allen Menschen die gleichen Möglichkeiten zur Entwicklung ihrer geistigen Potenzen bietet, wird eine heute kaum vorstellbare Variabilität des Menschen zutagetreten. In einer hochentwickelten freien Gesellschaft werden keineswegs alle Menschen intellektuell gleich sein.

Erst mit der Auflösung der hierarchischen Struktur wird auch die existentielle Bedrohung des Individuums aufgehoben, diese Bedrohung durch die anonyme Gewalt der staatlichen Ordnung, von der das Individuum seinerseits Schutz sucht, indem es alle Individualität verbirgt und in der Anonymität der Masse untertaucht. In einer zukünftigen freien Gesellschaft werden die Menschen sich nicht mehr vor der Entfaltung ihrer Individualität zu fürchten haben. In den hierarchischen Ordnungen leben wir unter den Gesetzen des Kasernenhofes, dessen erster Grundsatz lautet: Nicht auffallen! Wenn wir aber den Offizieren die Epauletten abgenommen und uns von der Fron des gesellschaftlichen Drills befreit haben, wird eine uneingeschränkte Formung der menschlichen *Persönlichkeit* möglich sein. Ich denke dabei weniger an »Persönlichkeiten«, in deren Munde das Wort »Persönlichkeit« oft den Beigeschmack der Rechtfertigung persönlicher Willkür hat. Auch der Personenkult hat etwas mit der Elite-Theorie zu tun. Persönlichkeit aber, die sich keine Vorrechte einer Elite anmaßt, ist vollentfaltete Individualität, ist maximale Verschiedenheit aller Menschen, nun auch gerade in den Eigenschaften, die uns vom Tier unterscheiden. Dies ist eine merkwürdige Dialektik unseres Lebens: Aus der sozialen Ungleichheit gehen Vermassung, Uniformierung – Gleichheit – der Menschen hervor. Soziale Gleichheit aber ergibt das vielfarbige Spektrum aller Möglichkeiten des Menschen, die freientwickelte Individualität, die ganze Einmaligkeit jedes Menschen, die menschliche Ungleichheit also als Negation der Negation unserer ursprünglichen tierhaften Ungleichheit.

Menschsein ist eine dialektische Einheit von Gleichheit und Ungleichheit. Sie bedeutet auch, daß in uns allen die ganze Welt ist, aber daß doch kein Einzelner sie in ihrer Gänze erfassen kann. Die Welt ist unendlich mannigfaltig und reich in ihren Bezirken und Bereichen, ob es die Wissenschaften sind oder die Künste. Ein einzelnes Menschenwesen kann das nicht alles fassen. Aber die Menschheit als Ganzes faßt es und bringt es hervor in einem unerschöpflichen Reichtum. Dies eben erfordert größte Variabilität, größte Verschiedenheit der Menschen.

Gegen die wissenschaftlichen Resultate, die ich Ihnen dargelegt habe, werden oft Einwendungen erhoben. Es sind meist die Einwendungen von Laien. Ein häufiger Einwand beruft sich auf die Geisteskranken, und zwar auf jene, die nicht etwa infolge einer Verletzung, sondern die von Geburt an geisteskrank sind. Wenn es Menschen gibt, die angeboren geistesschwach sind, warum soll es dann nicht auch Menschen geben mit verschiedener angeborener Geistesstärke? Wenn sich das Versagen des Gehirns bei bestimmten Menschen als angeboren oder sogar als erblich erweist, warum kann dann nicht ebenso eine besondere und außerordentliche Leistungsfähigkeit, ja die ganze Leistungsskala der verschiedenen Gehirne erblich und angeboren sein? Aber dieser Einwand erweist sich als nicht stichhaltig, Selbstverständlich sind die Gehirne verschiedener Menschen biologisch nicht absolut gleich. Sowohl von der erblichen Anlage her wie auch infolge von Störungen der embryonalen Entwicklung sind die Gehirne der Menschen von Geburt an verschieden. Wenn ein Organ in seiner Entwicklung sehr stark gestört und beschädigt wird, dann kann es unter Umständen sogar ungenügend funktionsfähig sein. Das kann auch bei der Entwicklung des Gehirns geschehen, was dann zu angeborener Geistesschwäche führt. Wie ist es aber, wenn die Entwicklung des Gehirns zwar beeinträchtigt wird, aber ohne daß es zum Verlust der Funktionsfähigkeit kommt? Es kann dann wohl geschehen, daß die Gesamtzahl der Ganglienzellen größer oder kleiner oder andere die Kapazität des Gehirns begrenzenden Maße günstiger oder ungünstiger ausfallen. Aber in allen diesen Fällen wird es gar keine Rolle spielen, wie groß die biologische Kapazität des Gehirns tatsächlich ist. Auf jeden Fall muß ja das Gehirn, schon um die einfachsten Leistungen des Individuums in der Gesellschaft zu ermöglichen, biologisch weit überdimensioniert sein. Diese biologische Überdimensionierung ist bei jedem Menschen vorhanden, selbst bei Geisteskranken (von ganz seltenen Fällen abgesehen). Dabei spielt es natürlich – bei normaler Funktion des Organs – keine Rolle, ob diese Überdimensionierung, sagen wir, hundertfach oder zweihundertfach ist. Wir sind überhaupt nur dann »normale« denkfähige menschliche Wesen, wenn in unserem Gehirn keine biologischen Grenzen für die Entfaltung des Denkens gesetzt sind. Daher kommt es auch, daß dieses Organ bei jedem Menschen zu großen Leistungen gebracht werden kann, wenn ihm nur entsprechende Aufgaben gestellt werden. Auch andere Organe unseres Körpers können durch Training in ihrer Leistung stark beeinflußt werden. Das Herz, die Muskulatur, alle unsere Organe können durch Training zu hoher Leistung gebracht werden. Allerdings ist der Zuwachs an Leistung durch noch so intensives Training bei eben diesen Organen ganz gering, verglichen mit dem Zuwachs an Leistung, der beim Gehirn durch Training erreicht werden kann. Schon dies allein demonstriert die außerordentliche Besonderheit dieses Organs. Im Bereich des Bewußtseins ist beim Gehirn überhaupt alles erst durch Training hervorgerufen.

Dieses Training ist ein komplizierter Vorgang, über den wir noch wenig wissen. Vorläufig vollzieht sich das Training menschlicher Gehirne noch nach rein empirischen Verfahren. Schon aus diesem Grunde wird selbst bei biologisch »schwächeren« Gehirnen die biologische Grenze der Leistungskapazität niemals auch nur annähernd erreicht. Eine geistige Elite, die biologisch determiniert ist, gibt es also ebensowenig wie eine biologisch geistig minderwertige Schicht. Was sich als Elite dünkt, das waren die Angehörigen der herrschenden Klasse, die sich alle Kenntnisse verschaffen konnten und mit dem materiellen auch über den geistigen Reichtum verfügten.

Mit dem Hochmut der Elite treten Europäer oft gegenüber Völkern auf, die in primitiven Verhältnissen leben, so in den ehemaligen Kolonien. Es ist nichts als rassistischer Dünkel, der leider immer noch das Verhältnis zwischen Europäern und Afrikanern vorherrschend bestimmt. Zweifellos sind die Europäer im allgemeinen die Gebildeten und die Afrikaner die Ungebildeten, wobei jeder weiß, daß es äußerst ungebildete Weiße und hochgebildete Schwarze gibt. Aber die verbreitete Meinung vieler Europäer, sie seien den Afrikanern von Natur geistig überlegen, sie seien die von Natur Besseren, spricht nur für ihre geistige Blindheit. Ich habe das zu meiner größten eigenen Verwunderung an einem ungewöhnlichen Beispiel erlebt, als ich in Afrika war. Ich lernte in Gabon einen Arzt kennen. Er war ein österreichischer Jude, der, von den Nazis vertrieben, aus Österreich ausgewandert und nun seit vielen Jahren als Kreisarzt im französischen Kolonialdienst tätig war. Mit diesem Mann machte ich auf seiner kleinen Regierungsschaluppe eine wunderbare Fahrt auf einem der weitverzweigten Urwaldströme, wobei wir die Siedlungen am Flußufer besuchten, wo er ärztlich nach dem Rechten zu sehen hatte. Dieser Arzt hielt wenig von seinen schwarzen Patienten. Er meinte, die »Neger« seien dumm und faul von Natur, unfähig zur Entwicklung einer höheren Kultur, bestenfalls als primitives Arbeitsvieh geeignet. Dieser jüdische Emigrant, selbst ein Opfer der Rassenverfolgung, huldigte dem gleichen Rassenwahn wie seine Unterdrücker. In wenigen Jahren war er der Ideologie der Kolonialherren erlegen.

Papst Johannes Paul II.
Die ungleiche Verteilung der Güter

Papst Johannes Paul II. *(Karol Wojtyła, 1920–2005) hat während seines Pontifikats weltweite Wirkung entfaltet. Beim Fall des Eisernen Vorhangs und beim gesellschaftlichen Umschwung in Polen hat er eine entscheidende Rolle gespielt.*

Es gibt anscheinend in der heutigen Welt zwei hauptsächliche Bedrohungen, die beide die Menschenrechte im Bereich der internationalen Beziehungen und im Innern der einzelnen Staaten oder Gesellschaften betreffen.
Die erste Art einer systematischen Bedrohung der Menschenrechte hängt, ganz allgemein gesprochen, mit der Verteilung der materiellen Güter zusammen, die sowohl innerhalb der einzelnen Gesellschaften als auch auf Weltebene oft ungerecht ist. Es ist bekannt, daß diese Güter dem Menschen nicht nur als Reichtum der Natur gegeben sind, sondern ihm in noch größerem Maße zur Verfügung stehen als Ergebnis seiner vielfältigen Aktivität, angefangen bei der einfachsten Handarbeit bis zu den kompliziertesten Formen industrieller Produktion sowie den Forschungen und Studien in höchst qualifizierten Spezialbereichen. Verschiedene Formen der Ungleichheit im Besitz von materi-

ellen Gütern und in ihrer Nutzung erklären sich oft aus verschiedenen Ursachen und Umständen geschichtlicher und kultureller Art. Wenn solche Umstände auch die moralische Verantwortung der Zeitgenossen verringern können, so schließen sie doch nicht aus, daß jene Situationen der Ungleichheit das Zeichen der Ungerechtigkeit und des sozialen Schadens an sich tragen.

Wir müssen uns deshalb bewußt werden, daß die ökonomischen Spannungen, die in den einzelnen Ländern oder zwischen den Staaten oder sogar zwischen ganzen Kontinenten bestehen, in sich selbst wesentliche Elemente enthalten, die die Menschenrechte einschränken oder verletzen; so zum Beispiel die Ausbeutung der Arbeiter und vielfältiger Mißbrauch der Menschenwürde. Daraus folgt, daß das grundlegende Kriterium für einen Vergleich zwischen den sozialen, ökonomischen und politischen Systemen nicht das der beherrschenden Macht ist und sein darf, sondern des menschlichen Wertes sein kann und muß, das heißt das Maß, in dem jedes von ihnen wirklich imstande ist, die verschiedenen Formen einer Ausbeutung des Menschen möglichst zu verringern, zu mildern und zu beseitigen und dem Menschen durch seine Arbeit nicht nur die gerechte Verteilung der unerläßlichen materiellen Güte zu sichern, sondern auch eine seiner Würde entsprechende Teilnahme am ganzen Produktionsprozeß und am gesellschaftlichen Leben selbst, das sich in Verbindung mit diesem Prozeß bildet. Wir dürfen nicht vergessen, daß der Mensch, wie sehr er auch zum Überleben von den Vorräten der materiellen Welt abhängt, doch nicht ihr Sklave sein darf, sondern ihr Herr. Die Worte aus dem Buch Genesis: »Bevölkert die Erde, unterwerft sie euch« (Gen 1, 28) bilden in einem gewissen Sinn eine erstrangige, wesentliche Leitlinie für das Gebiet der Ökonomie und der Arbeitspolitik.

Gewiß haben in diesem Bereich die ganze Menschheit und die einzelnen Nationen im letzten Jahrhundert einen beachtlichen Fortschritt gemacht. Aber immer wieder gibt es auf diesem Gebiet systematische Bedrohungen und Verletzungen der Menschenrechte. Als Unruheherde bestehen oft weiterhin die schrecklichen Ungleichheiten zwischen Menschen und Gruppen in übertriebenem Reichtum auf der einen Seite und der zahlenmäßigen Mehrheit der Armen oder sogar der Verelendeten auf der anderen Seite, die ohne Nahrung, ohne Arbeitsplatz und Schule, in großer Zahl zu Hunger und Krankheit verurteilt sind. Eine gewisse Besorgnis ruft aber auch hervor, daß manchmal die Arbeit radikal vom Eigentum getrennt ist und der Mensch seiner Arbeitsstätte gleichgültig gegenübersteht, weil ihn nur ein Arbeitsvertrag mit ihr verbindet ohne die Überzeugung, zugunsten eines eigenen Wertes oder für sich selbst tätig zu sein.

Fortschritt und Skepsis

In meiner Kindheit war der Fortschritt noch in Ordnung. Zu meiner Erstkommunion bekam ich ein knitterfreies Nyltesthemd, das meine Mutter für immer vom Bügeln befreite, mein Vater kaufte sich alle paar Jahre ein neues Auto, das immer noch etwas größer und schöner und schneller war als das letzte, und der Tag schien nicht fern, dass man morgens nur noch eine Tablette schlucken musste, um vierundzwanzig Stunden satt zu sein. Doch dann kam die Ölkrise und mit ihr der Schock des ersten autofreien Sonntags. Nyltesthemden erzeugten plötzlich Allergien, von Tabletten wurde man krank, und mit dem Super-Gau von Tschernobyl verdüsterte sich ein für alle Mal der zuvor so hoffnungsblaue Himmel: Würde der Fortschritt uns am Ende alle ins Verderben stürzen?

Was im kurzen, kleinen Leben eines Menschen wie eine epochale Wende erscheint, erweist sich im Durchgang der Geschichte als ein ewiges europäisches Hin und Her. Der Fortschritt hört nicht irgendwann auf, und die Skepsis fängt nicht irgendwann an. Fortschritt und Skepsis sind vielmehr ein Zwillingspaar der abendländischen Kultur; sie gehören im Dunkel der Jahrhunderte so untrennbar zusammen wie Hänsel und Gretel im finsteren, düsteren Wald.

Ist die Geschichte ein Aufstieg vom Schlechteren zum Besseren? Oder ein Abstieg vom Besseren zum Schlechteren? Die geschichtsoptimistische Idee des Fortschritts findet sich in der europäischen Philosophie erstmals angelegt bei Xenophanes, wenn er den Ursprung der Künste in den Mythen deutet. Damals habe Gott, so seine Vermutung, den Sterblichen nicht alles Verborgene enthüllt, sodass diese fortan gezwungen seien, im Lauf der Zeit selber das Bessere für ihre Zwecke aufzuspüren. Diesen Prozess der Entdeckung beschreibt Lukrez in seiner Naturphilosophie. Darin finden sich bereits die drei Keimlinge des modernen Fortschrittsgedankens: wachsende Erfahrung des Geistes, Erschließung der Natur sowie fortschreitende Ausbildung der Künste. Doch auch die skeptische Gegensicht der Dinge artikuliert sich schon in der abendländischen Antike. Skepsis als grundsätzlicher Zweifel möglicher Erkenntnis meldet sich ausgerechnet bei demselben Xenophanes zu Wort, der mit seiner Deutung der Mythen die Entdeckung der Wahrheit den Menschen zur Aufgabe macht. Statt Wahrheit für seine Theorie zu beanspruchen, leugnet er, dass »irgendein Mensch etwas über die Götter weiß und über all das, worüber ich rede«. Angesichts dieser Unsicherheit kann Geschichte ebenso gut als Abstieg vom Besseren zum Schlechteren gedeutet werden, eine Idee, die fortan wie ein Schatten den Fortschrittsgedanken begleitet: Das »Goldene Zeitalter« der Ahnen, das Hesiod preist, werden die Sterblichen nie wieder erreichen.

Mit dem Christentum bekommt der abendländische Glaube an den Fortschritt jedoch neuen Auftrieb. Sowohl die Kirchenväter als auch die Scholastiker interpretieren die menschliche Existenz als ein Fortschreiten auf Gott zu, in Erwartung des tausendjährigen Reichs nach der Wiederkunft Christi. Dabei zeigen sich allerdings Unterschiede, nicht zuletzt zwischen den Konfessionen, die sich im 16. Jahrhundert in Europa herausbilden. Während Erasmus sich in seinem »Handbüchlein des christlichen Soldaten« seines Glaubens so wenig sicher ist, dass er »wenig Freude an festen Behauptungen« hat, ist sein Widersacher Luther voller Zuversicht: »Wenn ich wüsste, dass morgen der jüngste Tag wäre, würde ich heute noch ein Apfelbäumchen pflanzen.« Gleichgültig, ob dieses Leitmotiv des Fortschrittsglaubens tatsächlich von Luther stammt oder ihm nur zugesprochen wird – in dieser Heilsgewissheit machen sich Scharen protestantischer Nachfahren auf ihren persönlichen Heilsweg, allen voran John Bunyan, dessen »Pilgerreise« schnurstracks in die »Stadt Gottes« führt, vorbei an dem »Sumpf der Verzagtheit« und der »Burg des Zweifels«.

Die neuzeitliche Fortschrittsidee vom stetigen Aufstieg des Schlechteren zum Besseren nimmt im 17. und 18. Jahrhundert zunehmend paneuropäische Gestalt an. Unter dem Eindruck bahnbrechender Entdeckungen und Erfindungen setzt sie sich über die Zweifel hinweg, die noch einen Montaigne plagen. Schießpulver, Kompass, Buchdruckerkunst eröffnen neue Horizonte. In dem Seefahrer Kolumbus erblickt Giordano Bruno den Held der neuen Zeit, der die »Hallen der Wahrheit« eröffnet. Fortschritt heißt, so Francis Bacon, solche Wege zu beschreiten, die die Alten weder gekannt noch ausprobiert haben. Und während in der »Querelle des anciens et des modernes« darüber gestritten wird, ob die antiken Vorbilder in Architektur und Kunst je erreicht oder gar übertroffen werden können, treibt Descartes den Teufel mit dem Belzebub aus. Mit seiner Methode, den Zweifel immer weiter zuzuspitzen, zerstört er den »Zweifel aller Skeptiker«, um Wissenschaft als Herrschaft des Menschen über die Natur neu zu etablieren.

Psychologische Voraussetzung des Fortschrittsglaubens ist eine optimistische Weltsicht. Mit Leibniz findet sie eine philosophische Begründung, die in ganz Europa Schule macht. Da Gott allmächtig, allweise und allgütig ist, muss die Welt, die er erschaffen hat, »die beste aller möglichen Welten« sein. Dieses Gottvertrauen stößt vor allem in England auf Widerhall: *»Whatever is, is right«,* erklärt Pope im »Essay on Man«, um selbst die Unvollkommenheit der Welt als Beitrag zu ihrer Vollkommenheit zu deuten. Solch grenzenloser Optimismus aber bleibt nicht ohne Widerspruch. In Frankreich, wo Bayle bereits die Vermutung wagte, die göttliche Schöpfungskraft habe im Lauf der Jahrhunderte womöglich nachgelassen, wird er zum Gespött. Nach dem Erdbeben von Lissabon hält Voltaire dem philosophischen »Alles ist gut«-Gerede die tatsächlichen Übel der Welt entgegen, um in seinem »Candide« Leibniz und Pope mit Scherz, Satire und Ironie ad absurdum zu führen.

Doch die Übel dieser Welt bedeuten nicht das Ende der abendländischen Fortschrittsidee. Im Gegenteil: Was nicht ist, kann noch werden – so der optimistische Glaube der Aufklärung. Kant setzt an die Stelle der christlichen Teleologie die schrittweise Entdeckung eines in der Natur verborgenen Planes. In der »Universalgeschichte« werden bei Schiller darum alle Menschen Brüder in dem Bestreben, ihre »Fertigkeiten, Kunsttriebe, Erfahrungen« zu perfektionieren, um »Riesenwerke des Fleißes« zu schaffen. In diesem Sinn versucht Condorcet mit mathematischer Präzision den Beweis zu erbringen, dass der Mensch einer unendlichen Vervollkommnung seiner intellektuellen und moralischen Anlagen fähig ist. Aber ist er es wirklich? Rousseau meldet Zweifel an: »In dem Maß, in dem unsere Wissenschaft und Künste zur Vollkommenheit fortschritten, sind unsere Seelen verderbt worden.«

An die Stelle von Aufklärungsoptimismus tritt romantischer Kulturpessimismus: Der *homo europaeicus* begreift sich plötzlich als ein »verdorbenes Tier«. Mit dieser Fortschrittskritik ahnt Rousseau eine Tendenz voraus, die bis in unsere Gegenwart wirkt: die zunehmende Kluft zwischen moralischer und technischer Entwicklung. »Ist es ein Fortschritt«, fragt Stanisław Jerzy Lec, »wenn ein Kannibale Messer und Gabel benutzt?« Das 19. Jahrhundert versteht unter Fortschritt weniger die sittliche Vervollkommnung des Menschen als die Perfektionierung von Wissenschaft und Technik. Naturbeherrschung wird zur Grundlage allen Fortschritts: Technik gut, alles gut. Diese Devise gilt in Europa nicht nur für die kapitalistische Industriegesellschaft, sondern auch für die kommunistische Gesellschaftslehre. Interpretiert Hegel Geschichte noch als »Fortschritt im Bewusstsein der Freiheit«, stellt sein geistiger Ziehsohn Marx den Fortschritt vom Kopf auf die Füße, um ihn als Überwindung gesellschaftlicher Widersprüche zu definieren. Doch mag der Fortschritt auch mit wissenschaftlicher Akribie beweisbar sein, er kommt immer zu spät. Wie weit der abendländische Weg bis zum klassenlosen Paradies ist, zeigt die Kritik aus dem hohen Norden, wo Fortschrittsskepsis in gleich dreifacher Weise zur Sprache gelangt: in Bangs »Stuk« als Kulturpessimismus, in Ibsens »Stützen der Gesellschaft« als Entlarvung bürgerlicher Wohlanständigkeit und in Strindbergs »Rotem Zimmer« als naturalistisches Spiegelbild der konkreten Wirklichkeit: »Aktiengesellschaften brachen zusammen«, so Strindberg in seiner Autobiografie über den Roman, »alte Firmen lösten sich auf; Wechselfälschungen, Fluchtversuche, Selbstmorde verkündeten das Ende der guten Zeit.«

Wird der fortschrittsgläubige Europäer also, wie Kafka zu Beginn des 20. Jahrhunderts fürchtet, sein eigener Totengräber? Für Bloch regiert das Prinzip »Hoffnung«, allen gesellschaftlichen Widersprüchen zum Trotz, doch in der zweiten Jahrhunderthälfte wird dieses Prinzip gründlich in Frage gestellt. Die Studien des »Club of Rome« zeigen in den sechziger Jahren die »Grenzen des Wachstums« auf, die die Ölkrise bestätigt. Dank Wissenschaft und Technik nehmen die Lebensbedingungen in weiten Teilen des Kontinents zwar paradiesische Züge an; gleichzeitig aber erweisen sich vermeintliche Erlösungstechnologien wie die Atomkraft als tickende Zeitbomben, wie um die skeptische These von Horkheimer und Adorno zu bestätigen, wonach der Fortschritt die »Tendenz zur Selbstvernichtung« von Anfang an in sich trägt. Die Menschen sehnen sich, so Lundkvist, darum nach einem »Traum«, aber wohin soll er sie führen, wenn der Fortschritt, wie bei Beckett, ein Fortschreiten des Menschen von sich selbst bedeutet? Umberto Eco malt die »Schrecken der Endzeit« an die Wand – in einer Spaßgesellschaft, die sich in Wahrheit als eine Verzweiflungsgesellschaft entpuppt: »Lasst uns fressen und saufen, denn morgen sind wir tot.«

Und ich? Angesichts dieser Apokalypse sehne ich mich beinahe nach dem Goldenen Zeitalter der Nyltesthemden zurück, da uns Autos und Tabletten glücklich machten. Und suche Trost bei Edith Piaf. *»Je ne regrette rien«,* zwitscherte der Spatz von Paris am Vorabend jenes bis heute vermiedenen Untergangs des Abendlandes, »ich bereue nichts ...«

Hesiod
WERKE UND TAGE

Hesiod *(um 700 v. Chr.) ist der erste namentlich bekannte griechische Dichter. In seinem Werk gibt er zum ersten Mal eine Vorstellung des so genannten »goldenen Zeitalters«, ein Idealbild, das sich als literarischer Topos durch die europäische Literatur zieht.*

Golden war das Geschlecht der schwachen Menschen, das anfangs schufen die Ewigen, die im Olymp die Paläste bewohnen. Dieses geschah, da Kronos den Himmel als König beherrschte.
Gleich wie Götter lebten sie unbelasteten Sinnes, unbehelligt und frei von Mühsal und Leid. Nicht ergriff sie elendes Alter; stets die gleichen an Händen und Füßen, freuten sie sich an Gelagen, fern von jeglichem Übel. Wie vom Schlafe gebannt, so starben sie. Alles, was gut ist, fiel ihnen zu. Es trugen die nahrungsspendenden Fluren ganz von allein einen üppigen, vollen Ertrag nach Belieben
gingen sie ruhig der Arbeit nach mit Gütern in Fülle, Freunde der seligen Götter, reich gesegnet an Herden. Doch seit dieses Geschlecht die Erde im Schoße verborgen,
wirken sie fort als Dämonen nach Zeus', des Erhabenen, Willen,
gute Geister auf Erden, Beschützer der sterblichen Menschen
(die da achten auf Recht und zugleich auf schändliche Taten,
während, in Nebel gehüllt, sie die Welt allenthalben durchschweifen,)
Segen verbreitend; sie haben dies Königsvorrecht zu eigen.
Aber ein zweites Geschlecht, ein silbernes, weitaus geringer,
schufen sodann, die hoch im Olymp die Paläste bewohnen,
weder an Aussehn noch an Gesinnung dem goldnen vergleichbar.

Xenophanes
FRAGMENTE

Xenophanes *(um 570 v. Chr. – 480 v. Chr.) wendet sich gegen die Vergleichbarkeit von Menschen und Göttern, wie sie von Hesiod und Homer suggeriert wurde. Die Menschen sind zwar aufgerufen, nach fortschreitender Erkenntnis zu streben, absolutes Wissen aber erlangen nur die Götter.*

18. Wahrlich nicht von Anfang an haben die Götter den Sterblichen alles enthüllt, sondern allmählich finden sie suchend das Bessere.

34. Und das Genaue freilich erblickte kein Mensch und es wird auch nie jemand sein, der es weiß (erblickt hat) in bezug auf die Götter und alle Dinge, die ich nur immer erwähne; denn selbst wenn es einem im höchsten Maße gelänge, ein Vollendetes auszusprechen, so hat er selbst kein Wissen davon: Schein (meinen) haftet an allem.

Lukrez
NICHTS WIRD ZU NICHTS

Lukrez *(Titus Lucretius Carus, 99 v. Chr. – 55 v. Chr.) knüpft an die Lehre Epikurs an und beschreibt in* Von der Natur (De rerum natura) *Mensch und Natur als rein materielle Wesen. Auch wenn die Seele sterblich ist, kann der Mensch doch dank seiner intellektuellen und künstlerischen Fähigkeiten auf dem Weg der Erkenntnis fortschreiten.*

Nichts kann je aus dem Nichts entstehen durch göttliche Schöpfung.
Denn nur darum beherrschet die Furcht die Sterblichen alle,
Weil sie am Himmel und hier auf Erden gar vieles geschehen
Sehen, von dem sie den Grund durchaus nicht zu fassen vermögen.
Darum schreiben sie solches Geschehen wohl der göttlichen Macht zu.
Haben wir also gesehen, daß Nichts aus dem Nichts wird geschaffen,

Dann wird richtiger auch die Folgerung draus sich ergeben,
Woraus füglich ein jegliches Ding zu entstehen im Stand ist
Und wie alles sich bildet auch ohne die Hilfe der Götter.
Gäb' es Entstehung aus Nichts, dann könnt' aus allem ja alles
Ohne weiteres entstehen und nichts bedürfte des Samens.
So könnt' erstlich der Mensch aus dem Meer auftauchen, der Fische
Schuppiges Volk aus der Erde, die Vögel dem Himmel entfliegen,
Herdengetier und anderes Vieh wie die wilden Geschöpfe
Füllten beliebig entstanden das Fruchtland an wie das Ödland.
Auch auf den Bäumen erwüchsen nicht immer dieselben Früchte,
Sondern das änderte sich, kurz, alles erzeugte da alles.
Hätte fürwahr nicht jegliches Ding ureigene Keime,
Wie nur könnte für alles ein sicherer Ursprung bestehen?
Doch weil jegliches jetzt aus bestimmten Samen sich bildet,
Tritt es nur noch dort an den Tag und dringt zu den Räumen des Lichtes,
Wo sich der Mutterstoff und die Urelemente befinden.
Dadurch wird es unmöglich, daß alles aus allem entstehe,
Weil in besonderen Stoffen für jedes gesondert die Kraft ruht.
Weshalb sehen wir ferner im Lenze die Rosen erblühen,
Sommerhitze das Korn und den Herbst die Trauben uns spenden?
Doch wohl, weil zu der richtigen Zeit sich die Samen der Dinge
Gatten und alles, was dann aus ihnen sich bildet, zu Tag tritt,
Wenn auch die Witterung hilft und die lebensspendende Erde
Sicher das zarte Gewächs in die Räume des Lichtes emporführt.
Kämen aus Nichts sie hervor, dann würden sie plötzlich entstehen
Ohne bestimmten Termin auch in anderen Zeiten des Jahres.
Denn dann gäb' es ja keine befruchtenden Urelemente,
Welche mißgünstige Zeit an der Zeugung könnte verhindern.
Auch für das Wachstum wären befruchtende Zeiten nicht nötig,
Wenn aus dem Nichts hervor die Dinge zu wachsen vermöchten.
Denn dann würden sofort aus Säuglingen Jünglinge werden
Und mit urplötzlichem Schuß entwüchsen Bäume dem Boden.
Aber dergleichen entsteht doch nicht: man sieht es ja deutlich;
Wie es sich schickt, wächst jedes gemach aus besonderem Keime.

Und so wahrt es die eigene Art auch im weiteren Wachsen.
Also man sieht: aus besonderem Stoff mehrt jedes und nährt sich.
Hierzu kommt, daß ohne geregelten Regen im Jahre
Keinerlei labende Frucht uns die Erde vermöchte zu spenden;
Fehlt dann das Futter, so könnten natürlich hinfort die Geschöpfe
Weder die Art fortpflanzen noch selbst ihr Leben nur fristen.
Drum ist's glaublicher, daß gar vielerlei Stoffelemente
Vielerlei Dingen gemeinsam sind, wie die Lettern den Wörtern,
Als daß irgend ein Wesen der Urelemente beraubt sei.
Schließlich warum hat Mutter Natur nicht Riesen erschaffen,
Die wohl über das Meer mit den Füßen zu schreiten vermöchten,
Die mit den riesigen Händen die mächtigen Berge zerspellten
Und Jahrhunderte lang ihr leibliches Leben erstreckten,
Läge nicht für die Entstehung der Wesen jedwedem bestimmter
Urstoff vor, aus dem sich ergibt, was wirklich entstehn kann?
Also: Nichts entsteht aus dem Nichts. Dies ist nicht zu leugnen.
Denn es bedarf doch des Samens ein jegliches Ding zur Entstehung,
Wenn es hervorgehn soll in des Luftreichs dünne Gefilde.
Endlich sehen wir doch, wie bebautes Gelände den Vorzug
Hat vor dem wüsten und bessere Frucht dort erntet der Pflüger.
Siehe, der Erdenschoß birgt offenbar Urelemente,
Die wir zum Licht befördern, sooft wir die fruchtbaren Schollen
Wenden und pflügend die Schar den Boden der Erde durchfurchet.
Wären sie nicht, dann wären umsonst all' unsere Mühen;
Denn dann sähe man alles von selbst viel besser gedeihen.
Dazu kommt, daß Mutter Natur in die Urelemente
Wiederum alles zerstreut und Nichts in das Nichts wird vernichtet.
Denn wär' irgend ein Wesen in allen Teilen zerstörbar,
Würd' es den Augen entschwinden im Nu, sobald es der Tod trifft.
Denn dann braucht es ja keiner Gewalt, die Teile desselben
Auseinanderzuscheiden und ihre Verbände zu lösen.
Doch nun ist ja ein jedes aus ewigem Samen entsprossen:
Darum scheint die Natur die Vernichtung keines der Wesen
Zuzulassen, solang nicht von außen zerstörend die Kraft wirkt
Oder ins Leere sich schleichend von innen die Bindungen lockert.

Weiter, wenn etwa die Zeit, was sie alt und entkräftet dahinrafft,
Völlig vernichtend träfe und gänzlich verzehrte den Urstoff,
Woher führte denn Venus die Gattungen lebender Wesen
Wieder zum Licht und woher verschaffte die Bildnerin Erde
Jedem nach seinem Geschlechte das Futter zu Nahrung und Wachstum?
Woher füllten das Meer die von fernher strömenden Flüsse
Wie auch die eigenen Quellen? Wie nährte der Äther die Sterne?
Müßte doch längst, was immer aus sterblichem Körper besteht,
In der unendlichen Zeit und Vergangenheit alles erschöpft sein.
Wenn nun in jener Zeit und den längst vergangenen Tagen
Jene Stoffe bestanden, aus denen die Welt ist erschaffen,
Müssen sie sicher besitzen ein unzerstörbares Wesen.
Also kann in das Nichts auch das Einzelne nimmer zerfallen.
Endlich müßte der nämlichen Kraft und der nämlichen Ursach'
Überall alles erliegen, sofern nicht der ewige Urstoff
Hielte den ganzen Verband bald mehr bald minder vernestelt.
Denn schon die bloße Berührung genügte den Tod zu bewirken,
Weil ja die ewigen Körper dann mangelten, deren Verbindung
Jegliche Kraft erst müßte zuvor auflösend zerstören.
Aber da untereinander die Klammern der Urelemente
Völlig verschieden sie binden und ewiglich dauert der Urstoff,
Hält sich der Dinge Bestand solang, bis die einzelne Bindung
Einer genügenden Kraft, um jene zu sprengen, begegnet.
Nichts wird also zu Nichts, doch löst sich hinwiederum alles,
Wenn es zur Trennung kommt, in des Urstoffs Grundelemente.
Endlich die Regengüsse verschwinden zwar, wenn sie der Vater
Äther zum Mutterschoße der Erde befruchtend hinabschickt,
Aber emporsteigt schimmernd die Frucht, und das Laub an den Bäumen
Grünt, und sie wachsen empor, bald senkt sich der Ast vor den Früchten.
Hiervon nähren sich wieder der Menschen und Tiere Geschlechter,
Hiervon sehen wir fröhlich die Kinder gedeihen in den Städten,
Und in dem Laubwald hört man der jungen Vögel Gezwitscher,

Hiervon strecken ermüdet die feisten, gemästeten Rinder
Nieder den Leib in das üppige Gras, und aus strotzenden Eutern
Fließt ihr schneeweiß milchiger Saft. Hier tränkt nun das Jungvieh,
Und von der Milch wie berauscht, die den zarten Kälbchen
zu Kopf steigt,
Spielen sie schwankenden Schrittes wie toll durch
das sprossende Gras hin.
Also von dem, was man sieht, geht nichts vollständig zugrunde.
Denn die Natur schafft eins aus dem andern und duldet kein Werden,
Wenn nichts des einen Geburt mit dem Tode des andern verknüpft
wird.

Michel de Montaigne
ESSAIS

Michel de Montaigne *(1533–1592) hat mit seinen* Essais *eines der vielseitigsten Bücher des Humanismus hinterlassen. Im Dialog mit den antiken Autoren diskutiert er in einem dialogischen Stil die Grenzen menschlicher Erkenntnis und die Bedingungen des Lebens. Er plädiert für eine skeptische Grundhaltung, die eigene kulturelle Normen nicht als universell gültig auffassen sollte. Im folgenden Textstück reflektiert er über die Sitten in vermeintlich unzivilisierten Ländern.*

Von den Menschenfressern

Nun finde ich, um wieder auf meinen Gegenstand zu kommen, daß es nach dem, was man mir davon berichtet hat, an diesem Volke nichts Barbarisches oder Wildes gibt, es sei denn, daß jedermann das Barbarei nennt, was nicht seiner Gewohnheit entspricht; wie wir denn in der Tat keinen Prüfstein der Wahrheit und der Vernunft haben als das Beispiel und Vorbild der Meinungen und Bräuche des Landes, in dem wir leben. Hier herrscht stets die vollkommene Religion, die vollkommene Staatsordnung, die vollkommene und unübertreffliche Gepflogenheit in allen Dingen. Jene sind Wilde, so wie wir die Früchte wild

nennen, welche die Natur von selbst und nach ihrem gewohnten Gang hervorgebracht hat: wo wir doch in Wahrheit diejenigen, die wir durch unsere Eingriffe verfälscht und der gemeinen Ordnung abspenstig gemacht haben, wild nennen sollten.
In jenen sind die wahren, tauglicheren und ursprünglicheren Kräfte und Eigenschaften lebendig und mächtig, die wir in diesen verunstaltet haben, nur um sie dem Vergnügen unseres verdorbenen Geschmacks anzubequemen. Und dennoch findet sich eine sogar für unsern Gaumen vorzügliche Schmackhaftigkeit und Feinheit in vielen Früchten jenes Landes, die ohne Zucht den unsern ebenbürtig sind. Es ziemt sich nicht, daß die Kunstfertigkeit unserer großen und mächtigen Mutter Natur die Ehre streitig mache. Wir haben die Schönheit und den Reichtum ihrer Werke mit unsern Erfindungen dermaßen überladen, daß wir sie ganz erstickt haben. Und doch bleibt es wahr, daß sie überall, wo sie in ihrer Reinheit erstrahlt, unsere eiteln und nichtigen Unterfangen bodenlos beschämt,

Et veniunt ederae sponte sua melius,
Surgit et in solis formosior arbutus antris,
Et volucres nulla dulcius arte canunt.

All unsere Bemühungen reichen nicht einmal hin, das Nest des geringsten Vögelchens nachzuahmen, seine Bauart, seine Schönheit und seine Tauglichkeit zum Gebrauche, ja nicht das Gewebe einer armseligen Spinne. Alle Dinge, sagt Plato, sind durch die Natur, das Glück oder die Kunstfertigkeit erzeugt; die größten und schönsten durch eines der beiden ersten; die geringeren und unvollkommeneren durch die letztere.
Diese Völker scheinen mir also in diesem Sinne barbarisch, daß sie nur sehr wenig Zuschliff von Menschengeist erfahren haben und ihrer ursprünglichen Unbefangenheit noch sehr nahe sind. Sie folgen noch den natürlichen Gesetzen, noch kaum durch die unsern verderbt; und dies in einer Reinheit, um derentwillen es mich zuweilen verdrießt, daß die Kunde davon nicht früher zu uns gelangt ist, zu einer Zeit, da es noch Menschen gab, die besser als wir darüber zu urteilen

gewußt hätten. Es tut mir leid, daß Lykurg und Plato diese Kenntnis nicht hatten; denn mir scheint das, was wir am Beispiel dieser Völker sehen, nicht nur alle Schilderungen zu übertreffen, mit denen die Dichtkunst das Goldene Zeitalter ausgeschmückt hat, und alle Erfindungen, um einen glücklichen Zustand der Menschheit auszumalen, sondern selbst den Begriff und das Wunschbild der Philosophie. Sie vermochten sich keine so reine und einfache Natürlichkeit zu erdenken, wie wir sie in der Erfahrung sehen; noch konnten sie glauben, daß unsere Gesellschaft mit so wenig menschlicher Zurichtung und Verkittung bestehen könne. Dies ist eine Nation, würde ich zu Platon sagen, in der es keinerlei Art von Handelsgeschäften gibt; keine Kenntnis der Schrift; keine Zähl- und Rechenkunst; keine Begriffe für Würdenträger oder staatliche Obrigkeit; keinen Zustand der Dienstbarkeit, des Reichtums oder der Armut; keine Verträge; keine Erbfolgen; keine Güterteilungen; keine anderen Beschäftigungen als Zeitvertreib; keine Rücksicht auf Verwandtschaft als auf die allen gemeinsame; keine Bekleidung; keinen Ackerbau; kein Metall; keinen Gebrauch des Weins oder des Getreides. Unerhört sogar die Worte, welche die Lüge, den Verrat, die Verstellung, den Geiz, den Neid, die Verleumdung, die Verzeihung bezeichnen.

Apologie des Raimund Sebundus

Wenn ich mit meiner Katze spiele, wer weiß, ob sie sich nicht mehr noch die Zeit mit mir vertreibt, als ich mir mit ihr? Dieser Mangel, der die Geselligkeit zwischen ihnen und uns hindert, warum läge er nicht ebensowohl an uns wie an ihnen? Es wäre noch zu erraten, wessen Fehler es ist, daß wir uns nicht verstehen: denn wir verstehen sie ebensowenig, wie sie uns. Aus eben diesem gleichen Grunde können sie uns für vernunftloses Vieh halten, wie wir sie. Groß Wunder ist es nicht, daß wir sie nicht verstehen; wir verstehen auch nicht die Basken und die Troglodyten. Wir müssen auf die Gleichheit achten, die unter uns ist. Wir haben einige ungefähre Begriffe von ihren Empfindungen: so auch die Tiere von den unsern, und etwa im gleichen Maße. Sie schmeicheln uns, sie drohen uns und rufen uns herbei; ebenso wir sie.

Im übrigen entdecken wir sehr offensichtlich, daß sie sich untereinander voll und ganz verständigen und sich einander mitteilen, nicht nur die von einerlei Gattung, sondern auch die von verschiedenen. Und warum nicht, ganz ebensogut, wie unsere Stummen sich mit Zeichen untereinander zanken und Geschichten erzählen? Ich habe deren gesehen, die darin so behend und geschickt waren, daß ihnen wirklich nichts fehlte, sich vollendet verständlich zu machen; die Verliebten zürnen, versöhnen sich, bitten einander, danken einander, geben einander Stelldichein und, kurzum, sagen sich alles mit den Augen:

E'l silentio ancor suole
Haver prieghi e parole.

Und mit den Händen? wir fordern, wir versprechen, rufen, verabschieden, drohen, bitten, flehen, verneinen, verweigern, fragen, bewundern, zählen, bekennen, bereuen, fürchten, schämen uns, bezweifeln, belehren, befehlen, hetzen, ermuntern, beteuern, bezeugen, klagen an, verurteilen, verzeihen, beschimpfen, verschmähen, trotzen, grollen, schmeicheln, spenden Beifall, segnen, demütigen, verspotten, versöhnen, empfehlen, lobpreisen, jubeln, frohlocken, bemitleiden, betrüben uns, grämen uns, verzweifeln, staunen, schreien und schweigen; und was nicht? mit einem Reichtum und einer Mannigfaltigkeit, die der Zunge in nichts nachsteht. Mit dem Kopfe: wir laden ein, weisen fort, gestehen, leugnen, bestreiten, bewillkommnen, ehren, huldigen, verachten, ersuchen, entlassen, schäkern, wehklagen, ermuntern, schelten, geben klein bei, bieten Trotz, vermahnen, drohen, versichern, erkundigen. Was mit den Augenbrauen? was mit den Schultern? Da ist keine Bewegung, die nicht spräche, und eine Sprache, die ohne Grammatik und Wörterbuch und allgemein verständlich ist: woraus hervorgeht, daß angesichts der Vielfalt und der unterschiedlichen Gebräuche der andern diese hier weit eher als die dem Menschen eigentümliche gelten sollte. Wir stehen weder über noch unter den übrigen Geschöpfen: alles, was unter dem Himmel ist, sagt der Weise, hat einerlei Gesetz und einerlei Los,

Indupedita suis fatalibus omnia vinclis.

Es gibt einigen Unterschied, es gibt Grade und Stufen, doch im Angesicht einer und derselben Natur:

res quaeque suo ritu procedit, et omnes
Foedere naturae cetro discrimina servant.

Man muß den Menschen in die Schranken dieser Ordnung weisen und zwingen. Der arme Tor hat nicht das Zeug, sie in seinem Handeln zu überschreiten; er ist mit gleichen Banden an sie geknüpft, wie die andern Geschöpfe seiner Art, und in sehr mittelmäßigem Range, ohne jede Vorzugsstellung, ohne wahre und wesentliche Auszeichnung. Jene, die er sich nach Ermessen und Laune beilegt, ist ein Unwesen und ein Unding; wenn dem so ist, daß er allein unter allen Tieren diese Freiheit der Einbildung und diese Zuchtlosigkeit des Denkens besitzt, die ihm vorstellt, was ist, was nicht ist, und was er will, das Falsche und das Wahre, so ist das ein Vorzug, der ihn sehr teuer zu stehen kommt und dessen er sich sehr wenig zu brüsten hat, denn daraus entspringt der Hauptquell der Übel, die ihn plagen: Sünde, Krankheit, Unschlüssigkeit, Kummer, Verzweiflung.

John Bunyan
Die Pilgerreise

John Bunyan *(1628–1688) wurde wegen seines strengen Glaubensverständnisses, das sich nicht der anglikanischen Kirche unterstellen wollte, für viele Jahre inhaftiert. Im Gefängnis verfasste er seine Werke. In der* Pilgerreise *inszeniert er in Form eines allegorischen Traums den Weg des Menschen zu seinem Seelenheil, einen Weg, auf dem er von bösen und leichtfertigen Mächten auf Abwege gebracht wird. Andererseits sind hilfreiche Geister zugegen, die seine Anstrengung belohnen.*

So wanderten die Pilger weiter und erzählten sich, was sie unterwegs gesehen hatten, und der Weg wurde ihnen leicht, der sonst zweifellos langweilig gewesen wäre, denn sie gingen durch eine Wildnis. Am Ende dieser Einöde sah Treu jemanden kommen und fragte: »Wer ist denn dort?«

Christ wandte sich um und antwortete: »Das ist mein guter Freund Evangelist.«

»Ja, und auch mein Freund«, versetzte Treu, »denn er war es, der mich zur engen Pforte hinwies.«

Bald hatte sie Evangelist erreicht und grüßte sie: »Friede sei mit euch, meine Lieben!«

»Willkommen, teurer Evangelist!« rief Christ. »Dein Anblick erinnert mich an deine unermüdliche Arbeit für mein ewiges Heil!«

»Tausendmal willkommen!« rief Treu; »wie gut tu uns armen Pilgern deine Begleitung!«

»Wie ist es euch in dieser Zeit ergangen, meine Freunde? Was ist euch alles begegnet, und wie habt ihr euch verhalten?« fragte Evangelist.

Sie erzählten ihm alles, was ihnen widerfahren war und unter welchen Gefahren sie diese Gegend erreicht hatten.

»Ich freue mich sehr«, sprach Evangelist, »nicht, daß ihr so viele Prüfungen zu bestehen hattet, sondern daß ihr als Sieger hervorgegangen seid und daß ihr, ungeachtet mancher Schwachheit, euren Weg bis auf diesen Tag fortgesetzt habt. Ja, ich freue mich sehr um meinet- und um euretwillen. Ich habe gesät, und ihr habt geschnitten, und es kommt der Tag, zu welchem beide, der da sät und der da schneidet, sich miteinander freuen werden, wenn ihr ausharrt; denn zu seiner Zeit werdet ihr ernten, so ihr nicht müde werdet. Die Krone wartet auf euch, die unverwelkliche Krone des Lebens; so laufet nun also, daß ihr sie ergreift! Manche betreten die Bahn der Krone wegen, und nachdem sie eine Weile gelaufen sind, kommt ein anderer ihnen zuvor und nimmt sie ihnen weg. Haltet darum, was ihr habt, damit niemand eure Krone nehme! Noch seid ihr in Reichweite von Satans Pfeilen; noch habt ihr nicht bis aufs Blut widerstanden in dem Kämpfen wider die Sünde. Laßt das Himmelreich euch immer vor Augen sein und haltet fest im Glauben an die unsichtbaren Dinge! Laßt nichts von alldem, was von dieser Welt ist, bei euch Eingang finden! Vor allem aber wacht über euer eigenes Herz und seine Begierden, denn es ist das Herz ein betrügerisches und verzagtes Ding. Macht euer Angesicht wie einen Kieselstein; denn alle Gewalt im Himmel und auf Erden steht euch zur Seite.«

Christ dankte für diese Ermunterung, bat Evangelist aber, ihnen für den weiteren Weg behilflich zu sein, zumal er ja ein Prophet sei und wisse, was ihnen bevorstehe. Als auch Treu in diese Bitte einstimmte, sprach Evangelist:

»Meine Söhne, ihr wißt aus dem Wort der Wahrheit des Evangeliums, daß ihr durch viel Trübsale in das Reich Gottes eingehen müßt und daß Bande und Trübsale allerorten euer warten. Darum dürft ihr nicht erwarten, daß ihr auf eurer Pilgerschaft lange davon verschont bleiben werdet. Bereits habt ihr die Wahrheit dieser Zeugnisse erfahren, und es wird sogleich noch mehr folgen. Ihr seid beinahe aus dieser Wildnis heraus und werdet nun in eine Stadt kommen, wo die Feinde euch sehr bedrängen und euch nach dem Leben trachten werden, und einer von euch wird das Bekenntnis, an dem ihr haltet, mit seinem Blut besiegeln; aber seid getreu bis in den Tod, und der König wird euch die Krone des Lebens geben. Welcher von euch beiden auch immer hier stirbt, sei es auch eines gewaltsamen Todes und vielleicht unter furchtbaren Qualen, dem ist doch das bessere Los zugefallen als seinem Gefährten, denn er darf früher in die himmlische Stadt eingehen und entgeht vielen Gefahren, die dem anderen bevorstehen. Wenn ihr nun in die Stadt kommt und sich an euch erfüllt, was ich euch zuvor gesagt habe, so gedenket eures Freundes! Seid tapfer und befehlet Gott eure Seelen als dem treuen Schöpfer in guten Werken!«

Voltaire

GEDICHT ÜBER DIE KATASTROPHE VON LISSABON

oder

Prüfung jenes Grundsatzes »Alles ist gut«

Voltaire *(François-Marie Arouet, 1694–1778) hatte lange Zeit den Fortschritt der Zivilisation gepriesen und die Aufklärung als Weg in eine bessere Zukunft verstanden. Das verheerende Erdbeben von Lissabon 1755 erschütterte seinen Optimismus zutiefst.*

Ihr Unglücklichen seid, Land, du bist zu beklagen!
Du entsetzliche Ansammlung, ach, aller Plagen!
Schmerz, der sinnlos doch ist, aber ewig nicht ruht!
Philosophen, getäuscht, sagen: »Alles ist gut.«
Kommt, das Unglück bedenkt! Aschenhaufen und Scherben,
Trümmer, Bruchstücke, Not, grauenvolles Verderben!
Frauen, Kinder gehäuft, eins auf's andre fiel nieder.
Marmor brach. Unter ihm liegen nun ihre Glieder.
Unglück, Tausende sind's, die die Erde verschluckt,
deren blutiger Leib, schon zerrissen, noch zuckt,
die begraben vom Haus – Beistand kann keiner spenden –
jammervoll ihrer Qual Schreckenszeiten beenden.
Beim ersterbenden Schrei, wenn die Stimme erstickt,
wenn man furchtsam auf Rauch oder Aschenspiel blickt,
sagt ihr, Gott sei zwar frei und gut, doch er verletze,
weil sie zwingen auch ihn, nie die ew'gen Gesetze.
Sagt ihr auch beim Anblick der geopferten Massen,
ihr Tod sei als der Preis des Rächers aufzufassen?
Welcher Tat, welcher Schuld sind sich Kinder bewußt,
die verblutend zerquetscht sind an der Mutterbrust?
Lissabon, hattest du denn an Lastern so viel?
Schwimmen London, Paris nicht in Genüssen und Spiel?
Als Lissabon versank, tanzt' Paris noch dazu.
Geister, die Ihr nicht wankt, Ihr Betrachter voll Ruh',
die Ihr Schiffbrüche sterbender Brüder bedenkt,

auf der Unwetter Grund friedlich Forschungen lenkt,
fühlt den feindlichen Schlag solchen Schicksals einst Ihr,
werdet Ihr, menschlich, doch auch so weinen wie wir.

Wenn die Erde sich auftut, den Abgrund ermächtigt,
klage ich ohne Schuld, sind die Schreie berechtigt.
Drohen Schicksale uns, grausigste noch von allen,
rast das Böse, umgibt's uns mit tödlichen Fallen;
wenn wir Angriffe der Elemente ertragen,
die ihr teilt unsre Leiden, erlaubt uns die Klagen!
(...)

Als bescheidener Teil in dem großen Gesamt
bin als Lebendes ich doch zum Leben verdammt.
Unterm selben Gesetz finden Fühlende sich,
alle leben im Leid, und sie sterben wie ich.
Geier, auf ihre ängstliche Beute versessen,
ihre blutigen Glieder mit Lust gierig fressen.
Alles scheint ihnen gut, doch die Geier verschlingen
Adlerschnäbel, die scharf in die Geier eindringen.
Stolze Adler erreichet tötend menschliches Blei.
Menschen liegen im Staub unter Kriegesgeschrei
auf den Haufen im Blut, sterben von vielen Hieben,
sind den Vögeln zum Fraß, graus'ge Nahrung geblieben.
Jammernd gehen sie all' in der ganzen Weltrunde,
alles zu Qualen gebor'n, eins durch's andre zugrunde.
Wird aus Unglück im Chaos von euch nicht zuletzt
ein allgemeines Glück doch zusammengesetzt?
Welch ein Glück! Wie erbärmlich, wie sterblich und schwach!
Ihr ruft »Alles ist gut« – kläglich klingt es – uns nach.
Lügen straft euch die Welt. Euer Herz hat bewegt
Fehler eueres Geist's hundertmal widerlegt.

Lebewesen und Stoff, Menschen – alles im Krieg.
Übel herrscht auf dem Erdball, und es hat den Sieg.

Sein geheimes Prinzip, uns ist es nicht bekannt.
Ist mit »Schöpfer des Heils« der des Übels benannt?
(...)

Gott straft – unschuldig ist ja ein Mensch doch wohl kaum –
oder herrscht absolut über Wesen und Raum,
gleichgültig, ohn' Mitleid, ohne Zornesergüsse,
folgt dem ewigen Strom seiner ersten Beschlüsse;
oder erhebt sich der Stoff, der formlos und blind
Fehler auch enthält, die wie er *notwendig* sind;
oder prüft uns Gott nur, ist der tödliche Ort
Durchgang zu einer Welt, wo wir ewig sind dort.
Hier erdulden wir nur Leid, das sich doch bald wendet.
Unser Scheiden ist gut, das das Elend beendet.
Wer ist, der nach dem Durchgang so voller Pein
einen Anspruch erhebt, Glücks noch würdig zu sein?

Zittern muß man gewiß, wie auch immer man wählt.
Es gibt nichts, was man weiß. Furcht uns überall quält.
Man befragt die Natur, doch sie antwortet nicht.
Nötig wäre ein Gott, der zu Menschen auch spricht.
Ihm nur steht es doch zu, recht sein Werk zu erklären,
Schwachen Trost zu verleih'n und die Weisen zu lehren.
Ohne ihn ist der Mensch, zweifelnd, irrend, verlassen,
sucht zur Stütze vergebens ein Schilfrohr zu fassen.
Leibniz lehrt es uns nicht, jene Knoten zu finden,
die die Ordnung der Welt, der bestmöglichen, binden
an ein ewiges Chaos, die wirklichen Leiden
und das Unglück verwirrt mit den eitleren Freuden;
auch lehrt er nicht den Grund, daß doch jeder von beiden,
wer nun schuldlos, wer schuldig, vergeht in dem Leiden.
Mir für »Alles ist gut« an Verständnis gebricht's.
Wie Gelehrte bin ich, ach, ich weiß nämlich nichts.
(...)

Was vermag nun der größte Geist, uns je entsprossen?
Nichts: Des Schicksals Register ist uns verschlossen.
Sich selbst fremd bleibt der Mensch, unbekannt man sich stets,
Wer, was bin ich? Woher kam ich? Wohin geht's?
Dieser Haufen aus Dreck, die Atome so viel
Sind nur Fraß für den Tod und dem Schicksal ein Spiel,
doch Atome, die denken, die denkend anleiten,
mit den Augen zu messen die himmlischen Weiten.
Unser Sein werfen wir an Unendlichkeitsbrust,
können uns niemals seh'n, nie erkennen bewußt.

Im Theater voll Irrtum und Stolz, dieser Weit,
gibt's an Unglück so viel, Reden von Glück man hält.
Alles strebt nach dem Wohlsein und ächzt und genießt:
Sterben nur für die Wiedergeburt, das verdrießt.
Ja, in Tagen des Leids, manchmal wenn wir dann wähnen,
im Vergnügen zu sein, trocknen auch unsre Tränen.
Das Vergnügen entflieht und vergeht wie ein Schatten.
Maßlos ist der Verlust und der Schmerz, den wir hatten.
Die Vergangenheit: traurig Erinnern, so matt;
und die Gegenwart schlecht, wenn sie Zukunft nicht hat,
falls die Grabesnacht denkend' Wesen zerstört.

»Gut wird einst alles sein« als Hoffnung man hört.
»Alles ist heute gut« Illusion und Unfug.
Gott allein hat Vernunft, Schulweisheit ist Betrug.
(...)

Friedrich Schiller

Universalgeschichte

Friedrich Schiller *(1759–1805) hielt wenige Wochen vor Ausbruch der Französischen Revolution seine akademische Antrittsvorlesung in Jena zum Thema »Was heißt und zu welchem Ende studiert man Universalgeschichte?«. In einem großartigen Gemälde entwirft er den zivilisatorischen Fortschritt Europas.*

Die Entdeckungen, welche unsre europäischen Seefahrer in fernen Meeren und auf entlegenen Küsten gemacht haben, geben uns ein ebenso lehrreiches als unterhaltendes Schauspiel. Sie zeigen uns Völkerschaften, die auf den mannigfaltigsten Stufen der Bildung um uns herum gelagert sind, wie Kinder verschiednen Alters um einen Erwachsenen herumstehen und durch ihr Beispiel ihm in Erinnerung bringen, was er selbst vormals gewesen und wovon er ausgegangen ist. Eine weise Hand scheint uns diese rohen Völkerstämme bis auf den Zeitpunkt aufgespart zu haben, wo wir in unsrer eignen Kultur weit genug würden fortgeschritten sein, um von dieser Entdeckung eine nützliche Anwendung auf uns selbst zu machen und den verlornen Anfang unsers Geschlechts aus diesem Spiegel wiederherzustellen. Wie beschämend und traurig aber ist das Bild, das uns diese Völker von unserer Kindheit geben! und doch ist es nicht einmal die erste Stufe mehr, auf der wir sie erblicken. Der Mensch fing noch verächtlicher an. Wir finden jene doch schon als Völker, als politische Körper: aber der Mensch mußte sich erst durch eine außerordentliche Anstrengung zur politischen Gesellschaft erheben.

Was erzählen uns die Reisebeschreiber nun von diesen Wilden? Manche fanden sie ohne Bekanntschaft mit den unentbehrlichsten Künsten, ohne das Eisen, ohne den Pflug, einige sogar ohne den Besitz des Feuers. Manche rangen noch mit wilden Tieren um Speise und Wohnung, bei vielen hatte sich die Sprache noch kaum von tierischen Tönen zu verständlichen Zeichen erhoben. Hier war nicht einmal das so einfache Band der *Ehe,* dort noch keine Kenntnis des *Eigentums;* hier konnte die schlaffe Seele noch nicht einmal eine Erfahrung festhalten, die sie doch täglich wiederholte; sorglos sah man den Wilden das Lager hingeben, worauf er heute schlief, weil ihm nicht einfiel, daß er morgen wieder schlafen würde. Krieg hingegen war bei allen und das Fleisch des überwundenen Feindes nicht selten der Preis des Siegers. Bei andern, die, mit mehrern Gemächlichkeiten des Lebens vertraut, schon eine höhere Stufe der Bildung erstiegen hatten, zeigten Knechtschaft und Despotismus ein schauderhaftes Bild. Dort sah man einen Despoten Afrikas seine Untertanen für einen Schluck Branntwein verhandeln: – hier wurden sie auf seinem Grab abgeschlachtet, ihm in der Unterwelt zu dienen. Dort wirft sich die fromme Einfalt vor einem lächerlichen Fetisch und hier vor einem grauenvollen Scheusal nieder; in seinen Göttern malt sich der Mensch. So tief ihn dort Sklaverei, Dummheit und Aberglauben niederbeugen, so elend ist er hier durch das andre Extrem gesetzloser Freiheit. Immer zum Angriff und zur Verteidigung gerüstet, von jedem Geräusch aufgescheucht, reckt der Wilde sein scheues Ohr in die Wüste; *Feind* heißt ihm alles, was neu ist, und wehe dem Fremdling, den das Ungewitter an seine Küste schleudert! Kein wirtlicher Herd wird ihm rauchen, kein süßes Gastrecht ihn erfreuen. Aber selbst da, wo sich der Mensch von einer feindseligen Einsamkeit zur Gesellschaft, von der Not zum Wohlleben, von der Furcht zu der Freude erhebt – wie abenteuerlich und ungeheuer zeigt er sich unsern Augen! Sein roher Geschmack sucht Fröhlichkeit in der Betäubung, Schönheit in der Verzerrung, Ruhm in der Übertreibung; Entsetzen erweckt uns selbst seine Tugend, und das, was er seine Glückseligkeit nennt, kann uns nur Ekel oder Mitleid erregen.

So waren *wir.* Nicht viel besser fanden uns Cäsar und Tacitus vor achtzehnhundert Jahren.

Was sind wir jetzt? – Lassen Sie mich einen Augenblick bei dem Zeitalter stillestehen, worin wir leben, bei der gegenwärtigen Gestalt der Welt, die wir bewohnen.

Der menschliche Fleiß hat sie angebaut und den widerstrebenden Boden durch sein Beharren und seine Geschicklichkeit überwunden. Dort hat er dem Meere Land abgewonnen, hier dem dürren Lande Ströme gegeben. Zonen und Jahrszeiten hat der Mensch durcheinandergemengt und die weichlichen Gewächse des Orients zu seinem rauheren

Himmel abgehärtet. Wie er Europa nach Westindien und dem Südmeere trug, hat er Asien in Europa auferstehen lassen. Ein heitrer Himmel lacht jetzt über Germaniens Wäldern, welche die starke Menschenhand zerriß und dem Sonnenstrahl auftat, und in den Wellen des Rheins spiegeln sich Asiens Reben. An seinen Ufern erheben sich volkreiche Städte, die Genuß und Arbeit in munterm Leben durchschwärmen. Hier finden wir den Menschen in seines Erwerbes friedlichem Besitz sicher unter einer Million, ihn, dem sonst ein einziger Nachbar den Schlummer raubte. Die Gleichheit, die er durch seinen Eintritt in die Gesellschaft verlor, hat er wiedergewonnen durch weise Gesetze. Von dem blinden Zwange des Zufalls und der Not hat er sich unter die sanftere Herrschaft der Verträge geflüchtet und die Freiheit des Raubtiers hingegeben, um die edlere Freiheit des Menschen zu retten. Wohltätig haben sich seine Sorgen getrennt, seine Tätigkeiten verteilt. Jetzt nötigt ihn das gebieterische Bedürfnis nicht mehr an die Pflugschar, jetzt fordert ihn kein Feind mehr von dem Pflug auf das Schlachtfeld, Vaterland und Herd zu verteidigen. Mit dem Arme des Landmanns füllt er seine Scheunen, mit den Waffen des Kriegers schützt er sein Gebiet. Das Gesetz wacht über sein Eigentum – und ihm bleibt das unschätzbare Recht, sich selbst seine Pflicht auszulesen.

Wie viele Schöpfungen der Kunst, wie viele Wunder des Fleißes, welches Licht in allen Feldern des Wissens, seitdem der Mensch in der traurigen Selbstverteidigung seine Kräfte nicht mehr unnütz verzehrt, seitdem es in seine Willkür gestellt worden, sich mit der Not abzufinden, der er nie ganz entfliehen soll; seitdem er das kostbare Vorrecht errungen hat, über seine Fähigkeit frei zu gebieten und dem Ruf seines Genius zu folgen! Welche rege Tätigkeit überall, seitdem die vervielfältigten Begierden dem Erfindungsgeist neue Flügel gaben und dem Fleiß neue Räume auftaten! – Die Schranken sind durchbrochen, welche Staaten und Nationen in feindseligem Egoismus absonderten. Alle denkenden Köpfe verknüpft jetzt ein weltbürgerliches Band, und alles Licht seines Jahrhunderts kann nunmehr den Geist eines neuern Galilei und Erasmus bescheinen.

Franz Kafka

EIN TRAUM

Franz Kafka *(1883–1924) hat mit der Figur K. einen sehr markanten literarischen Typ ins Leben gerufen, der in vielen seiner Werke bedrückende, traumhafte Erfahrungen macht. Im Mittelpunkt seines Werks stehen die Entfremdung, die übermächtige Bürokratie und das oft vergebliche Streben des Menschen.*

Josef K. träumte:
Es war ein schöner Tag und K. wollte spazieren gehen. Kaum aber hatte er zwei Schritte gemacht, war er schon auf dem Friedhof. Es waren dort sehr künstliche, unpraktisch gewundene Wege, aber er glitt über einen solchen Weg wie auf einem reißenden Wasser in unerschütterlich schwebender Haltung. Schon von der Ferne faßte er einen frisch aufgeworfenen Grabhügel ins Auge, bei dem er Halt machen wollte. Dieser Grabhügel übte fast eine Verlockung auf ihn aus und er glaubte, gar nicht eilig genug hinkommen zu können. Manchmal aber sah er den Grabhügel kaum, er wurde ihm verdeckt durch Fahnen, deren Tücher sich wanden und mit großer Kraft aneinanderschlugen; man sah die Fahnenträger nicht, aber es war, als herrschte dort viel Jubel.

Während er den Blick noch in die Ferne gerichtet hatte, sah er plötzlich den gleichen Grabhügel neben sich am Weg, ja fast schon hinter sich. Er sprang eilig ins Gras. Da der Weg unter seinem abspringenden Fuß weiter raste, schwankte er und fiel gerade vor dem Grabhügel ins Knie. Zwei Männer standen hinter dem Grab und hielten zwischen sich einen Grabstein in der Luft; kaum war K. erschienen, stießen sie den Stein in die Erde und er stand wie festgemauert. Sofort trat aus einem Gebüsch ein dritter Mann hervor, den K. gleich als einen Künstler erkannte. Er war nur mit Hosen und einem schlecht zugeknöpften Hemd bekleidet; auf dem Kopf hatte er eine Samtkappe; in der Hand hielt er einen gewöhnlichen Bleistift, mit dem er schon beim Näherkommen Figuren in der Luft beschrieb.

Mit diesem Bleistift setzte er nun oben auf dem Stein an; der Stein war sehr hoch, er mußte sich gar nicht bücken, wohl aber mußte er sich vorbeugen, denn der Grabhügel, auf den er nicht treten wollte, trennten ihn von dem Stein. Er stand also auf den Fußspitzen und stützte sich mit der linken Hand auf die Fläche des Steines. Durch eine besonders geschickte Hantierung gelang es ihm, mit dem gewöhnlichen Bleistift Goldbuchstaben zu erzielen; er schrieb: »Hier ruht –« Jeder Buchstabe erschien rein und schön, tief geritzt und in vollkommenem Gold. Als er die zwei Worte geschrieben hatte, sah er nach K. zurück; K., der sehr begierig auf das Fortschreiten der Inschrift war, kümmerte sich kaum um den Mann, sondern blickte nur auf den Stein. Tatsächlich setzte der Mann zum Weiterschreiben an, aber er konnte nicht, es bestand irgendein Hindernis, er ließ den Bleistift sinken und drehte sich wieder nach K. um. Nun sah auch K. den Künstler an und merkte, daß dieser in großer Verlegenheit war, aber die Ursache dessen nicht sagen konnte. Alle seine frühere Lebhaftigkeit war verschwunden. Auch K. geriet dadurch in Verlegenheit; sie wechselten hilflose Blicke; es lag ein häßliches Mißverständnis vor, das keiner auflösen konnte. Zur Unzeit begann nun auch eine kleine Glocke von der Grabkapelle zu läuten, aber der Künstler fuchtelte mit der erhobenen Hand und sie hörte auf. Nach einem Weilchen begann sie wieder; diesmal ganz leise und, ohne besondere Aufforderung, gleich abbrechend; es war, als wolle sie nur ihren Klang prüfen. K. war untröstlich über die Lage des Künstlers, er begann zu weinen und schluchzte lange in die vorgehaltenen Hände. Der Künstler wartete, bis K. sich beruhigt hatte, und entschloß sich dann, da er keinen andern Ausweg fand, dennoch zum Weiterschreiben. Der erste kleine Strich, den er machte, war für K. eine Erlösung, der Künstler brachte ihn aber offenbar nur mit dem äußersten Widerstreben zustande; die Schrift war auch nicht mehr so schön, vor allem schien es an Gold zu fehlen, blaß und unsicher zog sich der Strich hin, nur sehr groß wurde der Buchstabe. Es war ein J, fast war es schon beendet, da stampfte der Künstler wütend mit einem Fuß in den Grabhügel hinein, daß die Erde ringsum in die Höhe flog. Endlich verstand ihn K.; ihn abzubitten war keine Zeit mehr; mit allen Fingern grub er in die Erde, die fast keinen Widerstand leistete; alles schien vorbereitet; nur zum Schein war eine dünne

Erdkruste aufgerichtet; gleich hinter ihr öffnete sich mit abschüssigen Wänden ein großes Loch, in das K., von einer sanften Strömung auf den Rücken gedreht, versank. Während er aber unten, den Kopf im Genick noch aufgerichtet, schon von der undurchdringlichen Tiefe aufgenommen wurde, jagte oben sein Name mit mächtigen Zierarten über den Stein.

Entzückt von diesem Anblick erwachte er.

Umberto Eco
DIE WELTLICHE OBSESSION DER NEUEN APOKALYPSE

Umberto Eco *(* 1932) hat in zahlreichen Essays die Gesellschaft des 20. Jahrhunderts kritisch und ironisch in ihren Widersprüchen beleuchtet. Berühmt wurde er zudem durch seine erfolgreichen historischen Romane.*

Wir erleben (und sei's auch nur in der zerstreuten Weise, an die uns die Massenmedien gewöhnt haben) unsere Schrecken der Endzeit; und wir könnten sogar sagen, wir erleben sie im Geiste des »Laßt uns fressen und saufen, denn morgen sind wir tot« *(bibamus, edamus, cras moriemur),* indem wir das Ende der Ideologien und der Solidarität im Strudel eines unverantwortlichen Konsumismus feiern. So daß ein jeder mit dem Gespenst der Apokalypse spielt und es gleichzeitig exorziert, ja es um so mehr exorziert, je mehr er es unbewußt fürchtet, und es in Form von brutalen Spektakeln auf die Bildschirme projiziert in der Hoffnung, es dadurch unwirklich gemacht zu haben. Aber die Stärke der Gespenster liegt gerade in ihrer Unwirklichkeit.

Ich wage nun die Behauptung, daß der Gedanke an ein Ende der Zeiten heute typischer für die Welt der Nichtgläubigen als für die der Christen ist. Oder besser gesagt, die christliche Welt macht es sich zum Gegenstand des Nachdenkens, aber sie verhält sich so, als ließe es sich in eine Dimension projizieren, die nicht mit Kalendern zu messen ist; die Welt der Nichtgläubigen tut so, als ignoriere sie es, aber sie ist zutiefst von ihm besessen. Und das ist kein Paradox, denn es wiederholt nur, was im ersten Jahrtausend geschehen ist.

Ich will mich hier nicht mit exegetischen Fragen aufhalten, die Sie besser kennen als ich, aber ich möchte die Leser daran erinnern, daß die Vorstellung von einem Ende der Zeiten auf eine der ambivalentesten Passagen der Offenbarung des Johannes zurückgeht: auf das Kapitel 20. Es ließ das folgende »Szenario« erkennen: Mit der Menschwerdung Gottes und der Erlösung wurde Satan gefesselt und gefangengesetzt, aber *nach tausend Jahren* wird er zurückkehren, und dann wird es zum Endkampf zwischen den Kräften des Guten und denen des Bösen kommen, welcher gekrönt sein wird von der Wiederkunft Christi und dem Jüngsten Gericht. Gewiß spricht Johannes von tausend Jahren. Aber schon einige Kirchenväter hatten geschrieben, daß man, wenn tausend Jahre für den Herrn wie ein Tag sind oder ein Tag wie tausend Jahre, wie es im Zweiten Petrusbrief heißt, die Rechnung nicht wörtlich verstehen dürfe, und Augustinus entschied sich in seiner Auslegung der Stelle für den »geistigen« Sinn. Sowohl das Millenium wie die Stadt Gottes sind keine historischen, sondern mystische Ereignisse, und das Armageddon ist nicht von dieser Welt. Gewiß wird nicht geleugnet, daß die Geschichte sich eines Tages erfüllen kann, wenn Christus herniedersteigt, zu richten die Lebendigen und die Toten, aber das, worauf der Akzent gelegt wird, ist nicht das *Ende* der Zeiten, sondern ihr *Voranschreiten,* beherrscht von der regulativen Idee (nicht dem historischen Verfallsdatum) der Wiederkunft Christi, der Parusie.

Mit diesem Schachzug hat nicht allein Augustinus, sondern die Patristik in ihrer Gesamtheit der Welt die Idee der Geschichte als Vorwärtsbewegung oder Fortschritt beschert, eine Idee, die der heidnischen Welt fremd war. Noch Hegel und Marx stehen in ihrer Schuld, so wie Teilhard de Chardin sie fortsetzen wird. Das Christentum hat die *Geschichte* erfunden, und es ist tatsächlich der moderne Antichrist, der sie als Krankheit denunziert. Allenfalls hat der laizistische Historismus diese Geschichte als eine immer weiter vollendbare verstanden, in der das Morgen stets und unweigerlich das Heute verbessert, ja in deren Verlauf sich Gott selbst erschafft und sich gewissermaßen selber erzieht und bereichert. Aber das ist nicht die Ideologie der ganzen laizistischen Welt, die es durchaus verstanden hat, auch die Rückschritte und Verirrungen der Geschichte zu sehen. Es gibt jedoch immer dann eine ursprünglich christliche Sicht der Geschichte, wenn dieser Weg im Zeichen der *Hoffnung* beschritten wird. So daß auch, wer die Geschichte und ihre Irrtümer durchaus beurteilen kann, im tiefsten Grunde christlich ist sowohl wenn er mit Mounier von tragischem Optimismus spricht, als auch wenn er mit Gramsci von Pessimismus der Vernunft und Optimismus des Willens spricht.

Ich denke, zu verzweifeltem Millenarismus kommt es immer dann, wenn das Ende der Zeiten als unvermeidlich angesehen wird und jede Hoffnung abdankt, um einer Feier des Endes der Geschichte zu weichen oder dem Aufruf zu einer Rückkehr zu einer zeitlosen, archaischen *Tradition,* die kein Willensakt und keine, ich sage nicht rationale, sondern bloß vernünftige Reflexion jemals zu bereichern vermag. Hieraus entsteht jene gnostische Häresie (auch in ihren laizistischen Formen), für die Welt und Geschichte die Frucht eines Irrtums sind und nur wenige Auserwählte, so sie beide zerstören, schließlich Gott selbst erlösen können; hieraus entstehen die verschiedenen Formen des Übermenschentums, für das nur die Adepten einer privilegierten Rasse oder Sekte auf der elenden Bühne der Welt und der Geschichte ihre flammenden Holocauste zelebrieren können.

Nur wenn man einen Sinn für die Richtung der Geschichte hat (auch wenn man nicht an die Wiederkunft Christi glaubt), kann man die irdische Wirklichkeit lieben und – mit Nächstenliebe – glauben, daß noch Platz für die Hoffnung ist.

Gibt es einen Begriff von Hoffnung (und von unserer Verantwortung für das Morgen), der Gläubigen und Nichtgläubigen gemeinsam sein könnte? Worauf könnte er sich gründen? Welche kritische Funktion könnte ein Nachdenken über das Ende haben, das nicht Desinteresse an der Zukunft, sondern unablässige Auseinandersetzung mit den Fehlern der Vergangenheit impliziert?

Wenn es diese Hoffnung nicht gibt, wäre es gerechtfertigt, daß wir, auch ohne ans Ende zu denken, sein Nahen hinnehmen, uns vor die

Mattscheibe setzen (im Schutze unserer elektronischen Befestigungen) und warten, daß uns jemand *unterhält,* während die Dinge laufen, wie sie laufen. Und zum Teufel mit denen, die nach uns kommen.

Aurelio Peccei und Manfred Siebker
DIE GRENZEN DES WACHSTUMS

Der **Club of Rome** *(gegründet 1970) ist ein Zusammenschluss von europäischen Wissenschaftlern, Humanisten, Industriellen, Pädagogen und Beamten. Die private Initiative geht davon aus, dass die Menschheit vor völlig neuen und für ihr Fortbestehen wesentlichen Herausforderungen steht. Mit der Studie* Die Grenzen des Wachstums *hat der Club of Rome weltweite Aufmerksamkeit gefunden und eine breite Debatte ausgelöst.*

Seit Jahrtausenden hat der Mensch den Status der bloßen Existenzfristung zu überwinden gesucht, und während dieser ganzen Zeit haben ihm technische Errungenschaften, wie grob und unsystematisch auch immer, in feindlicher Umwelt zu überleben geholfen. Das Feuer, das Rad, der Pflug, rudimentäre metallurgische Kenntnisse – diese und andere überaus folgenreiche Erfindungen führten zur seßhaften Landwirtschaft, zur Gründung von Städten und zur Entwicklung der verschiedensten Gewerbe. Aber erst nach einer tiefen geistigen Krise löste sich ein Teil der Menschheit, Europa, von den Wundern transzendenter Weltordnungen und wandte seine ganze Neugier statt dessen den Naturgesetzen zu.

Zum Wissensdurst trat bald genug das nunmehr ungehemmte Verlangen, das Mögliche zu verwirklichen. Diese brisante Verbindung, die wir Technologie nennen (und die trotz ihres Namens so ungriechisch ist), war der Motor der industriellen Revolution, einer kritischen Epoche in der Geschichte der Menschheit. Sie bewirkte jene wahre Explosion an Aktivität, Häßlichkeit und Reichtum, die uns an die Schwelle der Welt führte, wie wir sie jetzt in den sogenannten entwickelten Ländern kennen und die in den Vereinigten Staaten ihre extreme Ausformung erreicht hat. Die Naturwissenschaften, endlich von der Gesellschaft anerkannt, bahnten einer Vielzahl mechanischer, chemischer und elektrischer Industrien den Weg, deren Produkte heute alltäglich sind und die die Grundlage der gegenwärtigen materialistischen Konsum- und Verschwendungsgesellschaft bilden, welche sich im westlich beeinflußten Teil der Erde etabliert hat.

Zur selben Zeit hat die in den übrigen Regionen lebende Mehrheit der Menschen, obzwar mit in den Strudel der Veränderungen hineingerissen, aus der Vorherrschaft der technokratischen Nationen – deren Gaben sich oft genug als vergiftet erwiesen – im allgemeinen nur geringen Nutzen gezogen, meist aber darunter gelitten.

Zu unseren Lebzeiten hat die wissenschaftliche Forschung spektakuläre Fortschritte gemacht. Dank der ungeheuren Ausgaben, die in allen industrialisierten Ländern dafür aufgewendet werden, ist ein reicher und ständig expandierender Fundus an Wissen entstanden, der die technische Weiterentwicklung speist – mit ungeheuren, aber nur vage erkannten Konsequenzen für die Zukunft unserer Gesellschaft. Wissenschaft und Technik haben unerhörte Erfolge erzielt, die wir anerkennen müssen: Wohlstand und wirtschaftliches Wachstum haben einen auf unserem Planeten nie dagewesenen Stand erreicht; unsere Nahrung wurde reich und vielfältig; unser Leben verlängerte sich, und Millionen von Menschen wurden Gesundheit und Muße geschenkt. So gesehen könnte unsere Ära vergangenen Generationen als goldenes Zeitalter erscheinen.

Doch Wissenschaft und Technik haben trotz aller Vorteile, die sie uns brachten, entscheidend zur Komplexität der heutigen Situation beigetragen, zu dem außerordentlichen Bevölkerungswachstum, das wir jetzt erleben, zur Umweltverschmutzung und den anderen unangenehmen Nebenwirkungen der Industrialisierung. Wir haben in der Tat kein Verlangen, zu dem vor ein paar Jahrhunderten herrschenden Zustand zurückzukehren, als Hunger und Krankheiten das Bevölkerungswachstum drosselten; aber wir haben noch nicht gelernt, die gegenwärtige Situation unter Kontrolle zu bringen. Und da uns ein klares Bild der erhofften Zukunft fehlt, wissen wir nicht genau, in welche Richtung wir die ungeheure Kraft lenken sollen, die in Wissenschaft und Technik steckt – eine Kraft, der das Potential zu Fortschritt oder Zerstörung innewohnt.

An diesem Punkt, da der Mensch dem Sieg in seinem Bergaufkampf gegen Armut, Krankheit und Sklavenarbeit so nahe ist, haben sich Desillusionierung und Zweifel eingeschlichen. Wir beginnen zu erkennen, daß in unserer technisierten Gesellschaft jeder Fortschritt den Menschen nicht nur stärker, sondern auch anfälliger macht, daß jede neue Macht, die wir über die Natur gewinnen, auch eine Macht über den Menschen zu sein scheint. Wissenschaft und Technik haben uns außer Gesundheit und Wohlstand auch die Gefahr thermonuklearer Einäscherung gebracht und neben der Hoffnung auf Überwindung des Krebses den Alptraum skrupelloser Manipulation der menschlichen Erbmasse. Bevölkerungszuwachs und Landflucht hatten neue Formen von Armut und Unfreiheit in schmutzigen, kulturell oft sterilen Städten, in Lärm und Erniedrigung zur Folge. Elektrizität und Motorkraft haben die Last körperlicher Arbeit verringert, zugleich aber nahm die Befriedigung ab, die aus dieser Arbeit erwächst. Das Automobil brachte Bewegungsfreiheit, es führte aber auch zu einem Maschinenfetischismus und verstopfte und verpestete die Städte. Die unerwünschten Nebenwirkungen der Technik (oder besser Technikvergötzung) sind unübersehbar und stellen eine Gefahr für unsere natürliche Umwelt dar, die irreversibel werden könnte; der einzelne wird der Gesellschaft zunehmend entfremdet und verweigert sich der Autorität; die Kriminalität steigt an; der Glaube wird schwächer, nicht nur an die Religion, die den Menschen jahrhundertelang aufrechterhielt, sondern auch an die politischen Prozesse und die Wirksamkeit sozialer Reform. Und alle diese Schwierigkeiten scheinen mit steigendem Wohlstand noch zuzunehmen.

Obwohl nach wie vor versichert wird, daß es wünschenswert sei, Produktion und Verbrauch zu steigern, breitet sich in den reichsten Nationen das Gefühl aus, daß das Leben an Qualität verliert – und die Grundlagen des gesamten Systems werden in Frage gestellt. Noch größere Sorgen macht die Lage in den schwächer entwickelten Regionen der Welt. Dort sind die Gegensätze noch schärfer: zwischen den Erwartungen, geweckt von den Wundern der modernen Technik, und dem kümmerlichen Anteil (falls überhaupt), den diese Menschen vom anderswo so glänzend erscheinenden Fortschritt aufsammeln können. So haben sich im Gefolge der wissenschaftlichen und technischen Entwicklung unerträgliche psychische, politische, soziale und wirtschaftliche Unterschiede herausgebildet, welche die Besitzenden und die Habenichtse der Welt in Frontstellung gegeneinander bringen. Jede weitere Verschärfung dieses Zustands würde politische Explosionen unvermeidlich werden lassen.

Die tiefere Ursache dafür ist, daß dem Menschen seine neu erworbenen Fähigkeiten so zu Kopf gestiegen sind, daß er groben Mißbrauch damit treibt. Geblendet von dem Trugbild endlosen Fortschritts und Wachstums hat er geistige, ethische und sonstige immaterielle Werte über Bord geworfen und seine besten Energien geschäftig darauf konzentriert, eine synthetische Welt für sein materielles Wohlergehen zu erschaffen.

Artur Lundkvist

GIB UNS EINEN TRAUM

Artur Lundkvist *(1906–1991) beginnt sein bedeutendes literarisches Werk als modernistischer Dichter. Obwohl seine Werke eine politische Dimension und ein starkes Engagement für den Weltfrieden zeigen, wurde er nie direkt politisch aktiv.*

Wir arbeiten irgendwo tief drunten, wie in einer Grube.
Unsere Augen sind voll Ruß. Unsere Hände
umklammern Brechstangen und starke
Hammerstiele.

Gib uns einen lichten Traum, der uns wie eine Schwester
begleiten und an unserer Seite im Dunkel sein
kann, der uns lebendige Worte zuflüstern und
seine kühle Hand auf unsere Stirn legen kann.

Gib uns einen Traum vom Sonnenschein dort weit weg
irgendwo, vom Wind dort, der wie Blumen
und Erde nach dem Regen riecht, von Bäumen,
die hoch mit üppigen Kronen wachsen, vom
Zuhause dort, von den Glücklichen darin, vom
Lachen ihrer Kinder am Morgen, wenn sie sich
waschen, und am Abend, wenn die letzten
Bälle unter den Sternen tanzen.

Gib uns einen lichten Traum – und unsere Hände werden
weiter Brechstangen und starke Hammerstiele
umklammern. Wir arbeiten irgendwo tief unten
in einem Sarg. Wir brauchen einen lichten
Traum.

Samuel Beckett
Wie verfahren?

Samuel Beckett *(1906–1989) ist einer der Begründer des absurden Theaters* (Warten auf Godot). *Hauptthema seines in englischer und französischer Sprache geschriebenen Werks ist die Entfremdung des Menschen, die sowohl thematisch als auch sprachlich zum Ausdruck kommt. 1969 erhielt Beckett den Nobelpreis der Literatur.*

Wo nun? Wann nun? Wer nun? Ohne es mich zu fragen. Ich sagen. Ohne es zu glauben. So was Fragen, Hypothesen nennen. Fortschreiten, so was schreiten nennen, so was fort nennen. Sollte ich eines Tages, nun mal los, einfach dageblieben sein, wo, statt, einer alten Gewohnheit folgend, auszugehen, um Tag und Nacht möglichst weit von mir zu verbringen, es war nicht weit. Vielleicht hat dies so begonnen. Ich werde mir keine Fragen mehr stellen. Man meint, sich nur auszuruhen, um danach besser handeln zu können, oder ohne Hintergedanken, und siehe da, nach kurzer Zeit ist es einem unmöglich, jemals wieder etwas zu tun. Nicht so wichtig, wie es dazu kam. Es, es sagen, ohne zu wissen was. Vielleicht tat ich nichts anderes, als eine alte Tatsache billigen. Ich tat jedoch nichts. Ich scheine zu sprechen, es ist nicht ich, über mich, es ist nicht über mich. Diese wenigen allgemeinen Bemerkungen, um zu beginnen. Was tun, was werde ich tun, was soll ich tun, in meiner Lage, wie verfahren? Mittels reiner Aporie oder aber mittels Affirmationen und Negationen, die von Fall zu Fall, oder früher oder später, entkräftet werden. Allgemein gesagt. Es muss noch andere Ausflüchte geben. Andernfalls wäre es zum Verzweifeln. Aber es ist zum Verzweifeln. Es ist festzustellen, bevor ich noch weiter fortschreite, noch weiter fort, dass ich Aporie sage, ohne zu wissen, was es bedeutet. Kann man anders als unbewusst zweiflerisch sein? Ich weiß nicht. Die Jas und Neins sind etwas anderes, sie werden mir in dem Maße, wie ich vorankomme, wieder einfallen, ebenso wie die Art, darauf zu scheißen, früher oder später, wie ein Vogel, ohne auch nur eines zu vergessen. Das sagt man so. Es scheint eine Tatsache zu sein, wenn man in meiner Lage noch von Tatsachen sprechen kann, dass ich nicht nur über Dinge zu sprechen habe, über die ich nicht sprechen kann, sondern auch, was noch interessanter ist, dass ich, was noch interessanter ist, dass ich, ich weiß nicht mehr, das macht nichts. Ich bin jedoch genötigt, zu sprechen. Ich werde nie schweigen. Nie.

Ich werde nicht allein sein, im Anfang. Ich bin es natürlich. Allein. Das ist schnell gesagt. Es muss schnell gesagt werden. Kann man es überhaupt wissen, in solcher Finsternis? Ich werde Gesellschaft haben. Um zu beginnen. Ein paar Puppen. Ich werde sie fallen lassen, später. Wenn ich kann. Und die Dinge, wie muss ich mich den Dingen gegenüber verhalten? Zunächst einmal, sind sie nötig? Welche Frage. Ich mache mir jedoch kein Hehl daraus, dass mit ihnen zu rechnen ist. Es ist das Beste, in dieser Beziehung nichts festzusetzen, von vornherein. Wenn sich aus dem einen oder anderen Grunde ein Ding zeigt, es in Betracht ziehen. Wo Leute sind, sagt man, sind Dinge. Soll das heißen, dass man, wenn man jene gelten lässt, auch diese gelten lassen muss? Es wird sich zeigen. Zu vermeiden, ich weiß nicht warum, ist der systematische Geist. Leute mit Dingen, Leute ohne Dinge, Dinge ohne Leute, nicht so wichtig, ich rechne damit, dies alles in kurzer Zeit abtun zu können. Ich weiß noch nicht, wie. Das Einfachste wäre, nicht zu beginnen. Ich bin jedoch genötigt zu beginnen. Das heißt, dass ich genötigt bin weiterzumachen. Ich werde schließlich vielleicht von wer weiß was umgeben sein, auf einem wahren Rummelplatz. Unablässiges Kommen und Gehen, Jahrmarktstrubel. Nur keine Bange, ach was.

Freiheit und Verantwortung

Während der Schulzeit bekam ich die interessantesten Geschichten im Religionsunterricht zu hören. Zum Beispiel von einem Mann namens Lot. Als einziger Gerechter wurde er von der Verwüstung verschont, mit der Gott den Sündenpfuhl Sodom bestrafte. Doch kaum hatte Lot sich mit seinen Töchtern ins Gebirge gerettet, stellten diese voller Entsetzen fest, dass weit und breit kein Mann da war, um ihnen beizuwohnen – außer ihrem Vater. Also gaben sie ihm Wein zu trinken und legten sich in der Nacht zu ihm. Und die Natur nahm ihren Lauf. Ohne gewahr zu werden, was er tat, befriedigte Lot im Rausch die Wünsche seiner Töchter. Große Preisfrage meines Religionslehrers: War er darum ohne Schuld?

Die Frage nach Lots Schuld impliziert die Frage nach seiner Freiheit. Nur wenn Lot frei war, so das abendländische Rechtsverständnis, kann er schuldig gesprochen werden, denn Schuld setzt die Freiheit der eigenen Entscheidung voraus. Wann aber ist die gegeben? Bei Homer gilt der Mensch nur dann als frei, wenn er ohne Einfluss äußerer Gewalt allein aus innerem Antrieb sich entscheidet. Frei ist er, ergänzt darum Plato, insofern er sein Schicksal selber wählt. Bedingung dafür aber ist, dass er sich nicht nur von fremden Zwängen, sondern auch von eigenen Leidenschaften befreit, um sich als das »Wesen der Wahl« zu erweisen, als das er sich laut Aristoteles vor allen anderen Lebewesen auszeichnet.

Freiheit ist also die Vollmacht, aus sich selbst heraus zu handeln. Doch ist der Mensch Herr seiner selbst? »Gedenke«, mahnt Epiktet, »dass du Darsteller eines Stückes bist, das der Spielleiter bestimmt.« Dieser Spielleiter wird vom Christentum mit unerhörten Befugnissen ausgestattet: Anders als die Götter des Olymps ist der Gott der Christen allwissend und allmächtig. Damit spitzt sich die abendländische Frage nach der Freiheit dramatisch zu. Kann der Mensch angesichts eines solchen Gottes überhaupt selbst entscheiden, was er will? Oder ist er nur eine Marionette, die den Willen des allwissenden und allmächtigen Spielleiters ausführt?

Die Antworten der europäischen Kirchenväter fallen unterschiedlich aus. Nach Augustinus ist der Mensch lediglich darin frei, gegen Gottes Willen zu verstoßen: Freiheit ist die Fähigkeit zu sündigen. Thomas von Aquin dagegen betrachtet Gott nicht nur als strengen Gesetzgeber, sondern auch als Quelle der Freiheit. Durch die Erlösung von der Erbsünde hat Christus die Menschen frei gemacht, sich an Gott zu binden. Doch schon Philon von Alexandrien bemerkte, dass der Mensch ein Doppelwesen ist. Als vernunftbegabtes Wesen bekam er von Gott die Freiheit geschenkt, sich für das Gute zu entscheiden, als Wesen aus Fleisch und Blut aber unterliegt er den Zwängen der Natur. Freiheit, so Luther, ist darum nur als innere Freiheit im Glauben möglich, nicht aber in der konkreten Wirklichkeit. »Ein Christenmensch«, fasst er diesen Widerspruch zusammen, »ist ein freier Herr über alle Dinge und niemandem untertan – ein Christenmensch ist ein dienstbarer Knecht unter alle Dinge und jedermann untertan.«

Diesseits solcher theologischen Spitzfindigkeiten setzt mit der Renaissance in ganz Europa eine säkulare Bewegung ein, die die ungehemmte Entfaltung der Freiheit zum Lebensideal erhebt. »Tu, was dir gefällt!«, lautet die einzige Ordensregel der überaus weltlichen Abtei von Thélème, die Rabelais als Losung der neuen Zeit ausgibt. In Spanien hallt sie in Esproncedas »Lied des Piraten« wider. Freiheit wird zur Vogelfreiheit des Freibeuters: »Denn mein Gott ist die Freiheit, mein Gesetz sind Kraft und Wind.« Ähnlich radikal, wenn auch mit philosophischen Argumenten, räumt Thomas Hobbes mit allen metaphysischen Begründungen der Freiheit auf, wenn er sie schlicht als Abwesenheit von physischen Zwängen definiert. Damit eröffnet er die naturrechtliche Diskussion des Begriffs. Jeder Mensch, so John Locke, befindet sich von Natur aus in einem »Zustand vollkommener Freiheit«. Diese Freiheit kennt nur eine Grenze: Sie hört auf, wo die Freiheit des anderen beginnt, weil alle Menschen Geschöpfe ein und desselben Gottes sind. Aus diesem Grund aber gilt das Recht auf Freiheit für alle Menschen, gleichgültig welcher Rasse, Herkunft oder Hautfarbe. Sklaverei ist darum ein Verstoß gegen die europäische Deutung des Naturrechts. In diesem Sinn hat bereits 1516 Las Casas gegen die Zwangsarbeit der Ureinwohner Südamerikas plädiert – eine egalitäre

Interpretation von Freiheit, die im Zeitalter der Aufklärung Diderot in der »Enzyklopädie« aufgreift, um gegen die »Negersklaverei« in Nordamerika zu protestieren.

»Der Mensch ist frei geboren«, erklärt Rousseau, »doch überall liegt er in Ketten.« Während die Französische Revolution sich anschickt, diesen Widerspruch politisch zu überwinden, macht Kant sich ans Werk, ihn philosophisch aufzulösen. In Auseinandersetzung mit Hume, der die Bindung des Menschen durch Kausalgesetze in Frage stellt, unterscheidet er die negative Freiheit, sprich: »Unabhängigkeit von den bestimmenden Ursachen der Sinnenwelt«, von der positiven »Autonomie der reinen praktischen Vernunft«, die es dem Menschen ermöglicht, sich selber Gesetze zu geben. Die Fähigkeit zur Selbstgesetzgebung als Wesensmerkmal der Freiheit überträgt Hegel vom einzelnen Menschen auf den Staat, um diesen zum »Reich der verwirklichten Freiheit« zu erklären. Durch das Recht definiert und schützt der Staat den Handlungsspielraum, der jedem Bürger zu seiner Selbstverwirklichung offen steht. Von kontinentaler Bedeutung ist dabei die Freiheit im wirtschaftlichen Handeln, für die liberale europäische Ökonomen wie Ricardo in der Tradition Adam Smiths den größtmöglichen Spielraum fordern. Wenn jeder Bürger, so die Grundannahme, Gelegenheit habe, sein Eigeninteresse zu verfolgen, führe der freie Wettbewerb, wie von einer »unsichtbaren Hand« geleitet, nicht nur zur Glücksbefriedigung des Einzelnen, sondern auch zur Harmonie des Gemeinwesens. An dieses Wirken einer »unsichtbaren Hand« glauben Marx und Engels angesichts der »Lage der arbeitenden Klasse in England« keine Sekunde. Freiheit begreifen sie als Austritt des Menschen aus der Knechtschaft durch Arbeit – eine Vision, die in der klassenlosen Gesellschaft verwirklicht werden soll. »Nur einmal frei sein!«, ruft Tschechow aus dem »Krankensaal Nr. 6«, um der europäischen Sehnsucht Ausdruck zu verleihen. Doch im real existierenden Sozialismus soll sich diese Sehnsucht nicht erfüllen. Im Gegenteil: Wer hier Freiheit begehrt, kommt hinter Schloss und Riegel. Wie Václav Havel, der in seiner Zelle Freiheit nur noch als innere Freiheit erfährt, in den Briefen an seine Frau: »... und das Ende dieser Meditationen besteht schließlich in einer besonderen inneren Freude darin, dass ich dort bin, wo ich sein soll, dass ich nicht vor mir selbst ausgewichen bin, keine Hintertür benutzt habe ...«

»Auf alle leeren Seiten / Stein Blut Papier oder Asche / Schreib ich deinen Namen«, preist Paul Éluard die Freiheit als vielleicht höchstes Gut der europäischen Geistesgeschichte. Doch dieselbe Freiheit stellt Sartre radikal in Frage. Freiheit, so seine irritierende These, ist kein Segen, sondern ein Fluch. Denn der Mensch hat sich die Freiheit nicht ausgesucht, vielmehr ist er zur Freiheit »verdammt«: Er kann gar nicht anders, als frei zu sein. Dabei heißt Freiheit nicht: tun und lassen, was man will, wie in Rabelais' Abtei von Thélème oder Pippi Langstrumpfs Villa Kunterbunt. Freiheit bedeutet vielmehr, für die Konsequenzen seines Handelns einzustehen, bis zum bitteren Ende. Darum trägt der zur Freiheit verdammte Mensch »das ganze Gewicht der Welt« auf seinen Schultern.

»Erlaubt ist, was gefällt«, behauptet Goethes »Tasso«, um sogleich in die Schranken gewiesen zu werden: »Erlaubt ist, was sich ziemt.« In dieser knappen Wechselrede klingt die Kehrseite der Freiheit an, die wir Europäer meinen: Verantwortung. Der Begriff stammt aus der Gerichtsbarkeit und bedeutet, Antwort geben, im Sinne von Rechenschaft. Im Deutschen ist er erstmals im 15. Jahrhundert belegt, seinen Siegeszug aber erfährt er im 18. Jahrhundert, wo er Eingang ins Englische und Französische findet: Im Zeitalter der Aufklärung wird Verantwortung zum kontinentalen Inbegriff personaler Autonomie. Als verantwortlich gilt der Mensch, insofern er frei ist, zwischen Handlungsalternativen zu wählen. Dabei gibt es drei Instanzen, vor denen er sich zu verantworten hat: in der Theologie vor Gott, in der Jurisprudenz vor dem Richter, in der Ethik vor dem Gewissen.

Eine entscheidende Etappe im abendländischen Verständnis persönlicher Verantwortung markiert die Philosophie Kierkegaards: In der Selbstwahl wird der *homo europaeicus* zu seiner eigenen Aufgabe, »unter einer ewigen Verantwortung« für sich und seine Existenz. Dabei kann er der Rechtfertigung vor Gott vielleicht entgehen, indem er ihn leugnet, auch der Rechtfertigung vor Gericht, falls es ihm gelingt, dieses zu täuschen. Nicht entgehen aber kann er der Rechtfertigung vor der inneren Instanz, dem eigenen Gewissen. Das ist das Drama Raskolnikows in Dostojewskis »Schuld und Sühne«, das Nietzsche philosophisch auf den Punkt bringt. In der »Umwertung aller Werte« ist der freie Mensch, der sich mit der Tötung Gottes von der überkommenen Moral emanzipiert, nur sich selber verantwortlich. »Wir aber sind frei: was wisst ihr von der Qual der Verantwortlichkeit gegen sich selber!« Im 20. Jahrhundert wird Verantwortung europaweit zum Schlüsselbegriff der ethischen und politischen Diskussion. Heidegger definiert sie als Antwort auf den »Ruf des Gewissens«. Konträr dazu schlägt Max Weber vor, die Gesinnungsethik durch eine Verantwortungsethik abzulösen. Diese bemisst sich nicht nach der Absicht des Handelnden, sondern nach den Folgen seiner Entscheidung. Sartre geht über beide Ansätze hinaus, indem er sogar das Schicksal in die Verantwortung des Menschen stellt. Es gibt keinen Zufall; jede Situation, in die der Mensch gerät, ist *seine* Situation, weil sie das Abbild seiner freien Selbstwahl ist: Statt sich auf sie einzulassen, hätte er sich ihr durch seine Entscheidung ja auch entziehen können – und sei es durch Selbstmord. In gesellschaftlicher Dimension hingegen wird es immer schwieriger, Verantwortung zuzuordnen: Je komplexer die Situation, desto unsicherer die Zuordnung, welche Person bzw. Institution für welche Phänomene verantwortlich ist. Doch ist umgekehrt der Mensch nicht allein deswegen schon für die Folgen seines Handelns verantwortlich, wenn er trotz zunehmender Komplexität unbekümmert fortfährt zu handeln, gleichsam ins Blaue hinein? Vor diesem Horizont fordert Hans Jonas die Erweiterung des Verantwortungsbegriffs: im Sinne einer Ethik, die die Zukunft zur neuen Instanz erklärt, vor der sich der Handelnde rechtfertigen muss.

Damit kehrt mein Religionslehrer auf die Bühne der europäischen Ethik zurück: War Lot frei von Schuld? Keineswegs, wurde mir in der Schule beschieden. Aufgrund des getrunkenen Weins sei ihm die Blutschande an seinen Töchtern zwar nicht als Sünde anzurechnen, wohl aber die Tatsache, dass er sich durch den Weingenuss freiwillig in einen Rausch begeben habe, in dem er nicht mehr Herr seiner selbst gewesen sei, mit unabsehbaren Folgen. Dafür muss Lot sich verantworten – nicht anders als heute seine fortschrittsberauschten Söhne, die Genforscher und Reaktorbetreiber unserer Tage: der eine vor Gott und dem Jüngsten Gericht, die anderen vor dem Tribunal der Zukunft.

Bartolomé de Las Casas
Traktat über die Indiosklaverei

Bartolomé de Las Casas *(1484–1566) ist der erste europäische Verfechter der Sklavenbefreiung. Er nahm als Dominikanermönch an Eroberungen und Missionierungen in Amerika teil. Ohne sein Engagement wäre die Ausrottung der Indios noch vollständiger gewesen. Die auf seine Initiative hin in Spanien erlassenen Schutzgesetze für Indianer kamen jedoch nie zur konsequenten Anwendung.*

Vorrede an die erhabenen Herrn
des Königlichen Indienrats

Hochmögende Herren, da Ew. Hoheiten mir befahlen, schriftlich zu äußern, was ich über das Thema der versklavten und von Spaniern in Westindien als Sklaven gehaltenen Indios dachte und meinte, schien mir, es sei für Ew. Hoheiten angesichts ihrer vielfältigen Inanspruchnahme angenehmer, wenn ich meine Meinung zusammengefaßt in dem folgenden Hauptschluß mitsamt den daraus sich ergebenden Korollarien böte.

Hauptschluß

Alle Indios, die im Westindien des Ozeanischen Meeres von seiner Entdeckung an bis heute zu Sklaven gemacht wurden, sind unrechtmäßig versklavt worden, und die Spanier besitzen die heute noch lebenden zumeist schlechten Gewissens, auch wenn diese Sklaven zu denen gehören, die sie von den Indios haben.

Der erste Teil dieses Hauptschlusses beweist sich ganz allgemein durch folgenden Vernunftgrund: Weil der geringste und noch am wenigsten schändliche und ungerechte Grund, den die Spanier haben konnten, um die Indios zu Sklaven zu machen, darin bestand, ungerechte Kriege gegen sie zu führen, deshalb konnten sie wegen dieses Grundes, eben ungerechter Kriege, auch nicht einen einzigen gerechterweise zum Sklaven machen. Daher sind alle Sklaven, die in Westindien von seiner Entdeckung an bis heute gemacht wurden, unrechtmäßig versklavt worden.

Der Untersatz dieser Beweisführung ist offensichtlich: nämlich die

Voraussetzung, daß die Spanier bis heute niemals und nirgendwo in Westindien einen gerechten Krieg gegen die Indios geführt haben. Ich beweise dies folgendermaßen: weil es niemals gerechten Grund oder Begründung oder auch fürstliche Bevollmächtigung dafür gab. Dies aber sind die beiden Gründe, die einen Krieg rechtfertigen können, nämlich: gerechter Grund und fürstliche Vollmacht.
(...)
Alles, was ich gesagt habe, ist wahr, und alle Scheußlichkeiten, die die Spanier bei der unrechtmäßigen Versklavung begingen, können hier insgesamt oder doch zum größten Teil nachgewiesen werden. Die Archive Ew. Hoheiten sind voll von Berichten über manche *residencias,* Prozeßakten [über die probanzas], Meldungen, Beschwerden und Briefen, die samt und sonders diese Wahrheit laut hinausschreien. Und da die Indios niemanden haben, der sich ihrer annähme, und da sie so weit fort, so niedergeschlagen und hilflos sind, daß sie Hilfe zur Erlangung ihres Rechts nicht haben noch erhoffen, befehlen doch Ew. Hoheiten Eurem Staatsanwalt, als etwas, was für die Gewissensentlastung Seiner Majestät und Ew. Hoheiten so wichtig ist, hier, wie durchaus möglich, eingehenden Beweis zu führen, und befehlen, ihnen gerichtlich Hilfe zu schaffen, damit nicht alle, die noch leben, zugrunde gehen, wie die vielen in unrechtmäßiger Gefangenschaft zugrunde gegangen sind.
Wenn nun diese Arten, die Indios zu Sklaven zu machen, wirklich und wahrhaftig so ungerecht, böse, ruchlos, scheußlich und von ausgemachter Schlechtigkeit sind und wenn durch sie, wie für mich feststeht, mehr als vier Millionen Seelen versklavt wurden, dann wurden die Indios auf diese schrecklichen Arten noch unrechtmäßiger und tyrannischer und scheußlicher versklavt als durch die Kriege, selbst wenn diese ungerecht waren. Denn wenn durch die Kriege jene, die in ihnen zu Sklaven gemacht wurden, unrechtmäßig und tyrannisch versklavt worden sind und wenn kein einziger versklavt werden durfte, dann folgt daraus, daß in ganz Westindien, von seiner Entdeckung bis heute, kein einziger Indio gerechterweise und nach natürlichem und göttlichem Recht zum Sklaven gemacht wurde. Und so ist der erste Teil des Hauptschlusses bewiesen.

François Rabelais
GARGANTUA UND PANTAGRUEL

François Rabelais *(1494–1553) kannte aus eigener Erfahrung die strenge Erziehung im Kloster und das scholastische Denken, dem zufolge die Moral nur durch Kontrolle und Strafe bewahrt werden kann. Mit seinem satirischen Roman* Gargantua und Pantagruel *greift er humorvoll die scheinbaren Gewissheiten des Mittelalters an. In der literarisch frei erfundenen Abtei von Thélème zeichnet Rabelais das Idealbild eines humanistischen Menschenverständnisses, dem zufolge Bildung und Klugheit zur Regulierung des eigenen Verhaltens ausreichen. Freiheit und Selbstverantwortung gehen Hand in Hand.*

Wie die Lebensweise der Thelemiten geregelt war

Eine bestimmte Lebensweise war ihnen durch Gesetze, Statuten oder Regeln nicht vorgeschrieben, sie ordneten sie ganz nach ihrem Willen und Belieben: standen auf, wann sie wollten, aßen und tranken, wann sie Appetit hatten, und arbeiteten oder schliefen, je nachdem sie die Lust dazu ankam. Niemals weckte sie jemand, ebensowenig wie jemand sie zum Essen oder Trinken oder sonstwozu nötigte. So hatte Gargantua es bestimmt. Ihre ganze Ordensregel bestand aus einem einzigen Paragraphen, der lautete:

TU, WAS DIR GEFÄLLT!

Denn freie Menschen von edler Geburt, guten Kenntnissen und in achtbarer Gesellschaft aufgewachsen, tragen von Natur einen Trieb und Stachel in sich, tugendhaft zu handeln und das Laster zu fliehen, welchen Trieb man Ehre nennt; wenn aber Gewalt und Zwang sie niederdrücken und knechten, so wird dieser freie und edle Hang zur Tugend in die Begierde verwandelt werden, das Joch der Dienstbarkeit abzuschütteln und zu zerbrechen. Denn immer treibt es uns, das Verbotene zu tun, und wir streben nach dem, was uns vorenthalten wird. Diese Freiheit feuerte sie zu löblichem Wetteifern an, nur immer das zu tun, was den anderen angenehm war. Sagte einer oder eine: Laßt uns trinken, so tranken sie alle; sagte er: Laßt uns spielen, so spielten sie alle; sagte er: Laßt uns spazierengehen, so gingen sie alle spazieren.

Wollte einer mit dem Falken jagen oder pirschen, so bestiegen die Frauen sogleich ihre schönen Zelter, an der Hand das Jagdpferd und auf der zierlich behandschuhten Faust einen Sperber oder Falken, während die Männer die anderen Vögel trugen. Alle waren so wohlerzogen, daß es nicht einen unter ihnen gab, der nicht zu lesen, zu schreiben, zu singen, einige Musikinstrumente zu spielen, fünf oder sechs Sprachen zu sprechen und darin etwas Zierliches in Prosa oder Versen aufzusetzen verstanden hätte. Nie gab es tapferere, galantere, zu Fuß und Roß gerechtere, kräftigere, feurigere, waffenfähigere Kavaliere; nie züchtigere, liebenswürdigere, weniger launenhafte, in allen Handarbeiten geübtere, zu allen Beschäftigungen, die ehrbaren und freien Frauen anstehen, geschicktere Damen als die, welche hier versammelt waren. Daher kam's denn auch, daß, wenn einer oder der andere von ihnen, weil seine Familie es wünschte, oder sei's aus einem andern Grunde, die Abtei verließ, er sicherlich eine der Frauen, der er sein Herz geschenkt hatte, mit sich nahm und heiratete. Und hatten sie zu Thelema in Lieb' und Freundschaft miteinander gelebt, so setzten sie dies in der Ehe erst recht fort und lebten bis an das Ende ihrer Tage wie an dem ihrer Vermählung.

David Hume

FREIHEIT UND DETERMINATION

David Hume *(1711–1776) ist eine der innovativen Stimmen der Aufklärung. In seiner* Untersuchung über den menschlichen Verstand *diskutiert er die Bedingungen des menschlichen Handels. Die Grenzen zwischen der Willensfreiheit und der bloßen Abhängigkeit von äußeren Einflüssen sind schwieriger zu ziehen, als es scheint. Hume war ein enger Freund von Adam Smith und beeinflusste das Werk von Immanuel Kant.*

Wenn wir eine Handlung ausgeführt haben, geben wir zwar zu, daß wir von bestimmten Gesichtspunkten und Motiven beeinflußt wurden, aber wir können uns schwer davon überzeugen, daß wir von einer Notwendigkeit geleitet wurden, und daß es uns ganz unmöglich gewesen wäre, anders zu handeln. Die Vorstellung der Notwendigkeit scheint etwas von Macht und Gewalt und Zwang in sich zu schließen, und von dergleichen haben wir kein Bewußtsein. Wenige sind eben imstande, einen Unterschied zu machen zwischen der Freiheit der Spontaneität, wie der Schulausdruck lautet, und der Freiheit der Indifferenz zwischen derjenigen, die zur Gewalt in Gegensatz steht, und derjenigen, die eine Verneinung der Notwendigkeit und Ursächlichkeit bedeutet. Das Wort wird meistens in ersterem Sinne gebraucht; und da uns nur an dieser Art von Freiheit gelegen ist, so haben sich unsere Gedanken hauptsächlich mit ihr beschäftigt und sie fast immer mit der anderen verwechselt.

Es gibt ein trügerisches Gefühl oder erfahrungsgemäßes Bewußtsein von einer Freiheit der Indifferenz, das als Beweis für deren wirkliche Existenz benutzt wird. Die Notwendigkeit einer jeden Tätigkeit der Materie oder des Geistes ist nicht eigentlich eine Eigenschaft des Trägers der Tätigkeit, sondern sie gehört vielmehr dem denkenden oder intelligenten Wesen an, das die Handlung betrachtet; sie besteht in der Nötigung seines Denkens, ihr Vorhandensein aus vorhergehenden Dingen zu erschließen. Umgekehrt ist Freiheit oder Zufall nichts anderes, als das Fehlen dieser Nötigung, eine gewisse fühlbare Ungebundenheit, von der Vorstellung des einen Dinges zu der des anderen überzugehen, oder nicht. Nun finden wir, daß wir zwar beim Nachdenken über menschliche Handlungen selten eine solche Ungebundenheit oder Indifferenz verspüren, daß wir uns aber bei der eigenen Ausführung der Handlungen sehr häufig ähnlicher Gefühle bewußt werden. Und da alle ähnlichen oder verwandten Dinge leicht miteinander verwechselt werden, so hat man daraus einen demonstrativen oder sogar intuitiven Beweis für die menschliche Freiheit gemacht. Wir fühlen, daß unsere Handlungen in den meisten Fällen von unserem Willen abhängen, und bilden uns nun ein, wir fühlten, daß der Wille selbst von nichts abhängig sei. Wird die Freiheit des Willens geleugnet, so werden wir dadurch angereizt, den Versuch zu machen; und dabei fühlen wir, daß der Wille in jeder beliebigen Richtung leicht beweglich ist, daß er auch in der Richtung, in der er tatsächlich nicht wirkte, ein Abbild seiner selbst aus sich hervorgehen läßt. Und nun reden wir uns ein, daß diese leise Bewegung oder dieses Bild des Willens leicht zum wirklichen Willen hätte werden können, weil wir, falls dies geleugnet werden sollte, bei einem zweiten Versuch finden, daß dies tatsächlich möglich ist.

Aber dies ist alles vergebliche Mühe. Mögen wir die willkürlichsten und ungewöhnlichsten Handlungen begehen; solange wir dies tun, getrieben einzig von dem Wunsch, unsere Freiheit zu zeigen, können wir uns niemals von den Banden der Notwendigkeit befreien. Wir können uns einbilden, die Freiheit in uns zu fühlen, aber ein Zuschauer wird wohl aus unseren Motiven und unserem Charakter auf unsere Handlungen schließen; und selbst wo er dies nicht kann, nimmt er im allgemeinen an, daß er es könnte, wenn ihm jede Besonderheit unserer Lebensumstände, unser Temperament und die geheimsten Wurzeln unseres Charakters und unserer Gesinnung vollkommen bekannt wären. Dies aber ist nach obiger Lehre das eigentliche Wesen der Notwendigkeit. (...)

Durch die Lehre von der Freiheit oder der Zufälligkeit des menschlichen Wollens aber wird dieser Zusammenhang auf nichts reduziert. Ihr zufolge sind also die Menschen nicht verantwortlicher für Handlungen, die beabsichtigt und vorbedacht sind, als für solche, die ganz zufällig und unbedacht geschehen. Handlungen sind ihrem eigentlichen Wesen nach etwas Vorübergehendes und Vergängliches. Wenn sie nicht aus einer Ursache entspringen, die in dem Charakter oder Temperament der sie vollbringenden Person liegt, so haften sie derselben gar nicht eigentlich an, und können demgemäß, wenn sie gut sind, ihnen nicht zur Ehre, und ebenso wenn sie schlecht sind, ihnen nicht zur Schande gereichen. Die Tat als solche mag immerhin tadelnswert sein, sie mag allen sittlichen und religiösen Vorschriften zuwiderlaufen, aber die Person ist nicht dafür verantwortlich. Da die Tat nicht aus etwas hervorging, das dauernd oder beständig in ihr ist, und da sie auch nichts dergleichen hinterläßt, so ist es unmöglich, daß die Person deswegen Gegenstand der Strafe oder Rache werde. Nach der Freiheitshypothese ist also ein Mensch, nachdem er die scheußlichsten Verbrechen begangen hat, ebenso rein wie im ersten Augenblick seiner Geburt. Sein Charakter ist ja bei seinen Handlungen gar nicht mit im Spiel; dieselben entspringen nicht aus ihm, und ihre Schlechtigkeit kann demnach niemals als Beweis seiner eigenen Verworfenheit dienen. Nur wenn das Prinzip der Notwendigkeit Geltung hat, gewinnt ein Mensch durch seine Handlungen Wert oder Unwert, mag dies auch der allgemeinen Meinung noch so sehr zuwiderlaufen.

Aber so wenig konsequent sind die Menschen, daß sie zwar immer wieder behaupten, Notwendigkeit zerstöre allen Wert oder Unwert unserer Handlungen sowohl den Menschen als auch den höheren Mächten gegenüber, dennoch aber fortfahren, in ihren Urteilen über Wert und Unwert menschlicher Handlungen das Prinzip der Notwendigkeit ihrem Denken zugrunde zu legen. Menschen werden nicht getadelt für die schlechten Handlungen, die sie unwissend und zufällig begehen, mögen ihre Folgen sein, welche sie wollen. Warum? Doch nur weil die Ursachen dieser Handlungen vorübergehend sind und mit ihnen zugleich aufhören. Die Menschen werden weniger getadelt für solche üble Handlungen, die sie übereilt und ohne Vorbedacht begehen, als für solche, die aus Nachdenken und Überlegung hervorgehen. Weshalb? Doch nur, weil ein hitziges Temperament zwar eine konstante Ursache im Geiste ist, aber doch nur für Augenblicke wirkt und nicht ein Verderb des ganzen Charakters ist. Ferner sühnt Reue alle Verbrechen, besonders wenn sie von augenfälliger Besserung des Lebens und Betragens begleitet wird. Wie kann man dies anders sich verständlich machen, als aus der Annahme, daß Taten einen Menschen nur deshalb zum Verbrecher stempeln, weil sie Beweise verbrecherischer Affekte oder irgendwelcher verbrecherischer Faktoren im Geiste des Menschen sind. Wenn diese Faktoren verschwinden und demnach die Verbrechen aufhören, solche Beweise zu sein, so hören sie auch zugleich auf, verbrecherisch zu sein. Nach der *Freiheits-* oder *Zufallstheorie* aber waren sie niemals solche Beweise und folglich auch niemals verbrecherisch.

Adam Smith
UNTERSUCHUNG DER NATUR UND URSACHEN VON NATIONALREICHTHÜMERN

Adam Smith *(1723–1790) ist der Begründer der klassischen Volkswirtschaftslehre. Nach ausführlichen Studien in Schottland und England lernte er in Frankreich die wichtigsten Aufklärer kennen. Seine Interessen galten dem Verhältnis des Individuums zur Gesellschaft. Mit der Theorie des »freien Markte« hat er den Liberalismus mitbegründet, der noch heute die Wirtschaftspolitik Europas prägt.*

Privateigentum als Grundlage wachsenden allgemeinen Wohlstandes
So machen also ihr Privatinteresse und ihre Leidenschaften die Individuen von selbst dazu geneigt, ihr Kapital so zu beschäftigen, wo es für gewöhnlich der Gesellschaft den meisten Vorteil bringt. Sollten sie aber um deswillen zuviel in solche Beschäftigungen stecken, so würde sie doch bald das Sinken des Profits bei ihnen und sein Steigen bei allen anderen Beschäftigungen geneigt machen, diese fehlerhafte Verteilung zu ändern. Ohne alle Einmischung des Gesetzes bewegen also schon Privatinteresse und Leidenschaften die Menschen naturgemäß, das Kapital der Gesellschaft auf die verschiedenen Beschäftigungen möglichst in dem Verhältnisse zu verteilen, welches dem Interesse der ganzen Gesellschaft am angemessensten ist. …
So kommt es, daß jedes System, das entweder durch außerordentliche Begünstigung einer einzelnen Art von Gewerbefleiß eine größeren Anteil von dem Gesellschaftskapitale zuwenden will, als ihm von selbst zufließen würde, oder das durch außerordentliche Beschränkungen einer einzelnen Art von Gewerbfleiß einen Teil des Kapitals gewaltsam entzieht, der sonst darauf verwendet worden wäre, in der Tat dem Hauptzwecke selbst entgegenwirkt, den es erreichen will. Es hemmt den Fortschritt der Gesellschaft zu wirklichem Wohlstand und wirklicher Größe, statt ihn zu beschleunigen, und vermindert den wirklichen Wert des jährlichen Produktes seines Bodens und seiner Arbeit, statt ihn zu vermehren.
Räumt man also alle Begünstigungs- oder Beschränkungssysteme völ-

lig aus dem Wege, so stellt sich das klare und einfache System der natürlichen Freiheit von selbst her. Jeder Mensch hat, so lange er nicht die Gesetze der Gerechtigkeit verletzt, vollkommene Freiheit, sein eigenes Interesse auf seine eigene Weise zu verfolgen, und sowohl seinen Gewerbefleiß wie sein Kapital mit dem Gewerbefleiß und den Kapitalien anderer Menschen oder anderer Klassen von Menschen in Konkurrenz zu bringen. Das Staatsoberhaupt wird dadurch gänzlich einer Pflicht entbunden, bei deren Ausübung es immer unzähligen Täuschungen ausgesetzt sein muß, und zu deren richtiger Erfüllung keine menschliche Weisheit und Kenntnis hinreicht, der Pflicht nämlich, den Gewerbfleiß der Privatleute zu überwachen und ihn auf die dem Interesse der Gesellschaft zuträglichste Beschäftigung hinzuleiten. Nach dem System der natürlichen Freiheit hat das Staatsoberhaupt nur drei Pflichten zu beobachten, drei Pflichten freilich, die höchst wichtig, aber die auch ganz einfach und für den gemeinen Menschenverstand faßlich sind: erstens die Pflicht, die Gesellschaft gegen die Gewalttätigkeiten und Angriffe anderer unabhängiger Gesellschaften zu schützen, zweitens die Pflicht, jedes einzelne Glied der Gesellschaft gegen die Ungerechtigkeit oder Unterdrückung jedes anderen Gliedes derselben so viel als möglich zu schützen, d. h. die Pflicht, eine genaue Rechtspflege aufrecht zu erhalten, drittens die Pflicht, gewisse öffentliche Werke und Anstalten zu errichten und zu unterhalten, deren Errichtung und Unterhaltung niemals in dem Interesse eines Privatmannes oder einer kleinen Zahl von Privatleuten liegen kann, weil der Profit daraus niemals einem Privatmanne oder einer kleinen Zahl von Privatleuten die Auslagen ersetzen würde, obgleich er in einer großen Gesellschaft oft mehr als die Auslagen ersetzen würde.

José de Espronceda

Lied des Piraten

José de Espronceda *(1808–1842) ist einer der herausragenden Vertreter der Romantik. Freiheit wird in seinem Werk als absoluter Wert gegen po-*

litische und geistige Unterdrückung gesetzt. Die pathetische Geste des Piraten ist ein Aufschrei gegen den Materialismus des aufkommenden Bürgertums.

Auf der Breitseit zehn Kanonen,
günst'ger Wind, geblähte Segel
fliegt sie übers Meer dahin,
eine schnell Brigg.
Ist wohl ein Piratenschiff,
El Temido wird's genannt,
für seinen Wagemut bekannt,
weit und breit auf allen Meern.

Auf dem Meere glänzt der Mond,
in den Segeln seufzt der Wind,
hebt mit seinem sanften Wehn
Wogen, blau und silbern.
Und der Piratenkapitän
steht am Heck und singt sein Lied,
sieht Asien hier, Europa dort,
Istanbul voraus.

»Segle fort, mein schnelles Schiff,
ohne Furcht.
Nicht ein feindlich Boot,
nicht Flaute und kein Sturm
bringen dich von deinem Kurs,
besiegen deine Kraft.

Zwanzig Prisen,
wohl gemacht,
haben's England
schon gegeben.
Und es legten
ihre Fahnen

hundert Länder
mir zu Füßen.

Denn mein Schiff ist mein Schatz,
denn mein Gott ist die Freiheit,
mein Gesetz sind Kraft und Wind,
mein einzig Vaterland: das Meer.

(...)

Bin zum Tode schon verurteilt,
doch ich lache nur.
Wenn das Glück mich nicht verläßt,
werd ich meinen Richter hängen,
häng ihn von der Rah herab –
wer weiß, vielleicht auf seinem Schiff.

Dann am End,
was ist das Leben?
Für verloren
gab ich's schon,
als das schwere Joch
des Sklaven
wie ein Held
ich von mir warf.

(...)

Denn mein Schiff ist mein Schatz,
denn mein Gott ist die Freiheit,
mein Gesetz sind Kraft und Wind,
mein einzig Vaterland: das Meer.«

Fjodor M. Dostojewski
SCHULD UND SÜHNE

Fjodor M. Dostojewski *(1821–1881) wurde wegen seines politischen Engagements für das hungernde Volk zunächst zum Tode verurteilt, dann begnadigt und nach Sibirien verbannt. Später reiste er durch Europa und lebte lange Zeit in Baden-Baden. Seine Romane haben auf die europäische Literatur des 20. Jahrhunderts großen Einfluß gehabt. In seinem späteren Werk wird er zum überzeugten Christen.* Schuld und Sühne *ist einer seiner großen realistischen Romane. Der verarmte Student Raskolnikow lebt in dem Wahn, dass es herausragenden Menschen im Namen des allgemeinen Fortschritts erlaubt ist, »unnützes« Leben zu vernichten. Er ermordet eine alte Wucherin und meint damit abstrakt gesehen ein gutes Werk zu tun. Mord und Flucht gelingen, aber die Tat lastet so auf ihm, dass er physisch zusammenbricht und Fieberträume hat. Nur über Geständnis und Strafe kann er wieder zu einem Mitglied der Gemeinschaft werden.*

Und er wurde sich mit einer Art von Ekel bewußt, wie schwach, körperlich schwach, er geworden war.
»Das mußte ich doch vorher wissen«, dachte er mit bitterem Lächeln. »Und wie habe ich nur, wenn ich mich kannte und ahnte, in welcher Verfassung ich nach der Tat sein würde, es wagen können, ein Beil zu nehmen und mich mit Blut zu besudeln! Es war meine Pflicht, das im voraus zu wissen ... Ach, und ich habe es ja auch im voraus gewußt!« flüsterte er in Verzweiflung.
Zuweilen blieb er hartnäckig an einem Gedanken haften. »Nein, jene Menschen waren aus anderem Stoff geschaffen wie ich. Ein wahrer Herrscher, dem alles erlaubt ist, zerstört Toulon, richtet in Paris ein Blutbad an, vergißt eine Armee in Ägypten, opfert eine halbe Million Menschen in dem Feldzug gegen Rußland und setzt sich in Wilna durch ein Wortspiel darüber hinweg; und ein solcher Mann wird noch nach seinem Tod wie ein Abgott verehrt; man sieht also auch alles, was er getan hat, für erlaubt an. Nein, solche Menschen sind offenbar nicht von Fleisch und Blut, sondern von Erz!«
Ein plötzlicher Nebengedanke brachte ihn fast zum Lachen.

»Napoleon, die Pyramiden, Waterloo – und ein verhutzelte, häßliche, alte Registratorwitwe, eine Wucherin mit einer roten Truhe unter dem Bett – na, wie soll jemand dieses Mischfutter verdauen, zum Beispiel Porfiri Petrowitsch …! Wie sollten sie es auch verdauen …! Ihr ästhetisches Gefühl sträubt sich ja dagegen. ›Wie wird denn ein Napoleon‹, würden sie sagen, ›unter das Bett eines alten Weibes kriechen!‹ Ach, Unsinn!« Mitunter fühlte er, daß er wie im Fieber phantasiere; er geriet in einen krankhaft erregten Zustand.

»Die Alte, die ist dabei ganz gleichgültig!« dachte er in seinem fieberheißen, oft unterbrochenen Gedankengang. »Die Tötung der Alten war vielleicht ein Fehler; aber darunter handelt es sich jetzt nicht! Die Tötung der Alten war nur eine krankhafte Verirrung von mir …, ich wollte so schnell wie möglich über die Hindernisse hinwegschreiten … Ich habe nicht einen Menschen getötet; ein falsches Prinzip habe ich getötet! Das falsche Prinzip habe ich zwar getötet, aber über die Hindernisse bin ich doch nicht hinweggeschritten; ich bin auf dieser Seite geblieben … Nur zu töten habe ich verstanden! Und auch das habe ich nicht verstanden, wie sich jetzt herausstellt … Das falsche Prinzip hätte ich getötet? Warum hat eigentlich vorhin der dumme Rasumichin so auf die Sozialisten geschimpft? Das ist ja ein fleißiges, betriebsames Völkchen; sie beschäftigen sich mit dem ›allgemeinen Glück‹. Nein, *einmal* lebe ich nur, und nie bekomme ich ein zweites Leben wieder; auf das ›allgemeine Glück‹ zu warten, habe ich keine Lust. Ich will auch für mich selbst leben; sonst ist es schon das beste, gar nicht zu leben. Wie stimmt aber dazu das Verschenken des Geldes? Ich hatte einfach keine Lust, an einer hungernden Mutter vorüberzugehen und meinen Rubel in der Tasche festzuhalten, in Erwartung des ›allgemeinen Glückes‹. ›Wir tragen‹, so sagen diese Menschen, ›Bausteine zu dem Gebäude des allgemeinen Glückes zusammen und empfinden davon eine innere Befriedigung.‹ Haha! Warum seid ihr denn an mir vorübergegangen, ohne mir zu helfen? Ich lebe ja doch nur einmal und will doch auch … Ach was! Vom ästhetischen Standpunkt aus bin ich eine Laus und mehr nicht«, fügte er auf einmal hinzu und lachte dabei wie ein Irrsinniger. »Ja, ich bin wirklich eine Laus«, fuhr er fort, indem er sich in grimmiger Selbstverhöhnung an diesen Gedanken anklammerte, in ihm herumwühlte, mit ihm spielte und sich an ihm vergnügte, »und zwar erstens schon allein deshalb, weil ich jetzt darüber philosophiere, daß ich eine Laus bin; zweitens, weil ich einen ganzen Monat lang die allgütige Vorsehung belästigt habe, indem ich sie als Zeugin dafür anrief, daß ich die Tat nicht um meines eigenen, persönlichen Vorteils willen unternähme, sondern im Hinblick auf ein herrliches, schönes Ziel, haha! Drittens, weil ich mir vorgenommen hatte, bei der Ausführung der Tat auf rechnerischer Grundlage möglichste Gerechtigkeit in Maß und Gewicht zur Anwendung zu bringen: von allen Läusen suchte ich die allernutzloseste aus und beschloß, ihr nach der Tötung nur gerade so viel wegzunehmen, als ich zu meinem ersten Schritt nötig hätte; nicht mehr und nicht weniger (das übrige mochte dann also auf Grund des Testaments dem Kloster zufallen, haha!). Und schließlich bin ich deshalb eine Laus«, fügte er zähneknirschend hinzu, »weil ich selbst vielleicht noch garstiger und ekelhafter bin als die getötete Laus und schon im voraus ahnte, daß ich mir dies sagen würde, nachdem ich sie würde getötet haben! Ist das nicht die entsetzlichste Lage, die sich denken läßt? Wie gemein, wie unwürdig das alles ist ...! Oh, jetzt verstehe ich den ›Propheten‹, mit dem Säbel in der Hand, hoch zu Roß: Allah befiehlt, und du, zitternde Kreatur, gehorche! Er ist in seinem Recht, ganz in seinem Recht, der ›Prophet‹, wenn er irgendwo quer über die Straße eine tüchtige Batterie aufstellt und nun losschießt auf Gerechte und Ungerechte, ohne sich auch nur zu einer Erklärung herabzulassen! Gehorche, zitternde Kreatur, und erdreiste dich nicht, Wünsche zu hegen; denn das steht dir nicht zu ...! Oh, nie kann ich es dieser Alten verzeihen, daß sie die Ursache meiner Leiden geworden ist!«

Seine Haare waren feucht von Schweiß, die bebenden Lippen glühend und ausgetrocknet; den starren Blick hielt er auf die Decke des Zimmers geheftet.

Max Weber

Gesinnungsethik und Verantwortungsethik

Max Weber *(1864–1920) ist einer der Mitbegründer der modernen Soziologie. Bekannt geworden ist er vor allem mit seinen Schriften* Protestantische Ethik und der Geist des Kapitalismus. *Im Mittelpunkt seines Interesses steht der Mensch als gesellschaftlich handelndes Individuum. 1919 hielt er vor Studenten in München einen ausführlichen Vortrag zum Thema* Politik als Beruf, *aus dem der nachfolgende Text stammt.*

Wir müssen uns klarmachen, daß alles ethisch orientierte Handeln unter *zwei* voneinander grundverschiedenen, unaustragbar gegensätzlichen Maximen stehen kann: es kann »gesinnungsethisch« oder »verantwortungsethisch« orientiert sein. Nicht daß Gesinnungsethik mit Verantwortungslosigkeit und Verantwortungsethik mit Gesinnungslosigkeit identisch wäre. Davon ist natürlich keine Rede. Aber es ist ein abgrundtiefer Gegensatz, ob man unter der gesinnungsethischen Maxime handelt – religiös geredet –: »Der Christ tut recht und stellt den Erfolg Gott anheim«, *oder* unter der verantwortungsethischen: daß man für die (voraussehbaren) *Folgen* seines Handels aufzukommen hat. Man mag einem überzeugten gesinnungsethischen Syndikalisten noch so überzeugend darlegen, daß die Folgen seines Tuns die Steigerung der Chancen der Reaktion, gesteigerte Bedrückung seiner Klasse, Hemmung ihres Aufstiegs sein werden – und es wird auf ihn gar keinen Eindruck machen. Wenn die Folgen einer aus reiner Gesinnung fließenden Handlung übel sind, so gilt ihm nicht der Handelnde, sondern die Welt dafür verantwortlich, die Dummheit der anderen Menschen oder – der Wille des Gottes, der sie so schuf. Der Verantwortungsethiker dagegen rechnet mit eben jenen durchschnittlichen Defekten der Menschen – er hat, wie Fichte richtig gesagt hat, gar kein Recht, ihre Güte und Vollkommenheit vorauszusetzen, er fühlt sich nicht in der Lage, die Folgen eigenen Tuns, soweit er sie voraussehen konnte, auf andere abzuwälzen. Er wird sagen: diese Folgen werden meinem Tun zugerechnet. »Verantwortlich« fühlt sich der Gesinnungsethiker nur dafür, daß die Flamme der reinen Gesinnung, die Flamme z. B. des Protestes gegen die Ungerechtigkeit der sozialen Ordnung, nicht erlischt. Sie stets neu anzufachen, ist der Zweck seiner, vom möglichen Erfolg her beurteilt, ganz irrationalen Taten, die nur exemplarischen Wert haben können und sollen.

Aber auch damit ist das Problem noch nicht zu Ende. Keine Ethik der Welt kommt um die Tatsache herum, daß die Erreichung »guter« Zwecke in zahlreichen Fällen daran gebunden ist, daß man sittlich bedenkliche oder mindestens gefährliche Mittel und die Möglichkeit oder auch die Wahrscheinlichkeit übler Nebenerfolge mit in den Kauf nimmt, und keine Ethik der Welt kann ergeben: wann und in welchem Umfang der ethisch gute Zweck die ethisch gefährlichen Mittel und Nebenerfolge »heiligt«.

Für die Politik ist das entscheidende Mittel: die Gewaltsamkeit, und wie groß die Tragweite der Spannung zwischen Mittel und Zweck, ethisch angesehen, ist, kann man daraus entnehmen, daß, wie jedermann weiß, sich die revolutionären Sozialisten (Zimmerwalder Richtung) schon während des Krieges zu dem Prinzip bekannten, welches man dahin prägnant formulieren könnte: »Wenn wir vor der Wahl stehen, entweder noch einige Jahre Krieg und dann Revolution oder jetzt Friede und keine Revolution, so wählen wir: noch einige Jahre Krieg!« Auf die weitere Frage: »Was kann diese Revolution mit sich bringen?«, würde jeder wissenschaftlich geschulte Sozialist geantwortet haben: daß von einem Übergang zu einer Wirtschaft, die man sozialistisch nennen könne in *seinem* Sinne, keine Rede sei, sondern daß eben wieder eine Bourgeoisiewirtschaft entstehen würde, die nur die feudalen Elemente und dynastischen Reste abgestreift haben könnte. – Für dieses bescheidene Resultat also: »noch einige Jahre Krieg«! Man wird doch wohl sagen dürfen, daß man hier auch bei sehr handfest sozialistischer Überzeugung den Zweck ablehnen könne, der derartige Mittel erfordert. Beim Bolschewismus und Spartakismus, überhaupt bei jeder Art von revolutionärem Sozialismus, liegt aber die Sache genau ebenso, und es ist natürlich höchst lächerlich, wenn von dieser Seite die »Gewaltpolitiker« des alten Regimes wegen der Anwendung des gleichen Mittels *sittlich* verworfen werden – so durchaus berechtigt die Ablehnung ihrer *Ziele* sein mag.

Hier, an diesem Problem, der Heiligung der Mittel durch den Zweck, scheint nun auch die Gesinnungsethik überhaupt scheitern zu müssen. Und in der Tat hat sie logischerweise nur die Möglichkeit: *jedes* Handeln, welches sittlich gefährliche Mittel anwendet, zu *verwerfen.* Logischerweise. In der Welt der Realitäten machen wir freilich stets erneut die Erfahrung, daß der Gesinnungsethiker plötzlich umschlägt in den chiliastischen Propheten, daß z. B. diejenigen, die soeben »Liebe gegen Gewalt« gepredigt haben, im nächsten Augenblick zur Gewalt aufrufen – zur *letzten* Gewalt, die dann den Zustand der Vernichtung *aller* Gewaltsamkeit bringen würde, ebenso wie unsere Militärs den Soldaten bei jeder Offensive sagten: es sei die letzte, sie werde den Sieg und dann den Frieden bringen. Der Gesinnungsethiker erträgt die ethische Irrationalität der Welt nicht. Er ist kosmisch-ethischer »Rationalist«. Jeder, der Dostojewski kennt, erinnert sich der Szene mit dem Großinquisitor, wo das Problem treffend auseinandergelegt ist. Es ist nicht möglich, Gesinnungsethik und Verantwortungsethik unter einen Hut zu bringen oder ethisch zu dekretieren: welcher Zweck *welches* Mittel heiligen solle, wenn man diesem Prinzip überhaupt irgendwelche Konzessionen macht.

Der von mir der zweifellosen Lauterkeit seiner Gesinnung nach persönlich hochgeschätzte, als Politiker freilich unbedingt abgelehnte Kollege F. W. Foerster glaubt, in seinem Buche um die Schwierigkeit herumzukommen durch die einfache These: aus Gutem kann nur Gutes, aus Bösem nur Böses folgen. Dann existierte freilich diese ganze Problematik nicht. Aber es ist doch erstaunlich, daß 2500 Jahre nach den Upanishaden eine solche These noch das Licht der Welt erblicken konnte. Nicht nur der ganze Verlauf der Weltgeschichte, sondern jede rückhaltlose Prüfung der Alltagserfahrung sagt ja das Gegenteil. Die Entwicklung aller Religionen der Erde beruht darauf, daß das Gegenteil wahr ist. Das uralte Problem der Theodizee ist ja die Frage: Wie kommt es, daß eine Macht, die als zugleich allmächtig und gütig hingestellt wird, eine derartig irrationale Welt des unverdienten Leidens, des ungestraften Unrechts und der unverbesserlichen Dummheit hat erschaffen können. Entweder ist sie das eine nicht oder das andere nicht, oder es regieren gänzlich andere Ausgleichs- und Vergeltungsprinzipien das Leben, solche, die wir metaphysisch deuten können, oder auch solche, die unserer Deutung für immer entzogen sind. Dies Problem: die Erfahrung von der Irrationalität der Welt war ja die treibende Kraft aller Religionsentwicklung. Die indische Karmanlehre und der persische Dualismus, die Erbsünde, die Prädestination und der Deus absonditus sind alle aus dieser Erfahrung herausgewachsen. Auch die alten Christen wußten sehr genau, daß die Welt von Dämonen regiert sei und daß, wer mit der Politik, das heißt: mit Macht und Gewaltsamkeit als Mitteln, sich einläßt, mit diabolischen Mächten einen Pakt schließt, und daß für sein Handeln es *nicht* wahr ist, daß aus Gutem nur Gutes, aus Bösem nur Böses kommen könne, sondern oft das Gegenteil. Wer das nicht sieht, ist in der Tat politisch ein Kind.

Paul Éluard

FREIHEIT

Paul Éluard *(1895–1952) gehört mit seinem dichterischen Werk zum Surrealismus. Nachdem er sich politisch für die kommunistische Partei engagiert hatte, ging er während der deutschen Besatzung in Frankreich in den Untergrund. Aus dieser Zeit stammt seine Gedichtsammlung* Dichtung und Wahrheit *(1942) und das hier ausgewählte Gedicht.*

Auf meine Schulhefte
Auf mein Pult und die Bäume
Auf den Sand auf den Schnee
Schreib ich deinen Namen

Auf alle zerlesenen Seiten
Auf alle leeren Seiten
Stein Blut Papier oder Asche
Schreib ich deinen Namen

Auf die Heiligenbilder
Auf die Waffen der Krieger

Auf die Königskronen
Schreib ich deinen Namen

Auf den Dschungel und die Wüste
Auf die Nester die Ginsterbüsche
Auf das Echo meiner Kindheit
Schreib ich deinen Namen

Auf das Wunder der Nächte
Auf das Weißbrot der Tage
Auf die verlobten Gezeiten
Schreib ich deinen Namen

Auf alle Fetzen Himmelblau
Auf den schimmligen Sonnenteich
Auf den frischen Mondsee
Schreib ich deinen Namen

Auf die Felder am Horizont
Auf die Schwingen der Vögel
Und auf die Schattenmühle
Schreib ich deinen Namen.

Hans Jonas

Das Prinzip Verantwortung

Hans Jonas *(1903–1993) hat mit seinem Hauptwerk* Das Prinzip Verantwortung *auf die neue Situation reagiert, die sich für den Menschen im Zeitalter scheinbar unbegrenzter technischer Möglichkeiten ergebe. Er plädiert für ein neues Verständnis von Verantwortung, die auch an nachfolgende Generationen und die allgemeinen Lebensbedingungen der Menschheit zu denken hat.*

Was heißt »unverantwortlich handeln«?
Der Glücksspieler, der im Kasino sein Vermögen aufs Spiel setzt, handelt leichtsinnig; wenn es nicht seines, sondern eines Andern ist, dann verbrecherisch; aber wenn er Familienvater ist, dann unverantwortlich auch bei unstreitigem Eigentum und einerlei, ob er verliert oder gewinnt. Das Beispiel sagt: Nur wer Verantwortungen hat, kann unverantwortlich handeln. Die hier verleugnete Verantwortung ist umfassendster und andauernder Art. Der waghalsige Fahrer ist leichtsinnig für sich, aber unverantwortlich, wenn er damit auch Passagiere gefährdet: durch ihre Aufnahme hat er auf Zeit und auf *eine* Sachwaltung beschränkt eine Verantwortung übernommen, die er sonst für diese Personen und für ihr sonstiges Wohlergehen nicht trägt. Gedankenlosigkeit, andernfalls unschuldig und manchmal liebenswert, wird hier Schuld in sich, auch wenn alles gut gehen sollte. In beiden Beispielen besteht ein definierbares, nicht-reziprokes *Verhältnis* der Verantwortung. Das Wohlergehen, das Interesse, das Schicksal Anderer ist, durch Umstände oder Vereinbarung, in meine Hut gekommen, was heißt, daß meine Kontrolle *darüber* zugleich meine Verpflichtung *dafür* einschließt. Die Ausübung der Macht ohne die Beobachtung der Pflicht ist dann »unverantwortlich«, das heißt ein Bruch des Treueverhältnisses der Verantwortung. Eine deutliche Unebenbürtigkeit der Macht oder Befugnis gehört zu diesem Verhältnis. Der Kapitän ist Meister des Schiffes und seiner Insassen und trägt die Verantwortung dafür; der Millionär unter den Passagieren, der zufällig Hauptaktionär der Schiffahrtsgesellschaft ist und den Kapitän anstellen oder entlassen kann, hat im ganzen größere Macht, aber nicht innerhalb der Situation. Der Kapitän würde unverantwortlich handeln, wenn er dem Gewaltigen gehorchend gegen sein besseres Urteil handeln würde, zum Beispiel um einen Geschwindigkeitsrekord zu schlagen, obwohl er im anderen Verhältnis (dem des Angestellten) eben ihm »verantwortlich« ist und für seine gehorsame Unverantwortlichkeit von ihm belohnt, für seine ungehorsame Verantwortlichkeit bestraft werden kann. Im gegenwärtigen Verhältnis ist er der Überlegene und kann darum die Verantwortung haben.

Jean-Paul Sartre

Existentielle Freiheit und Verantwortung

Jean-Paul Sartre *(1905–1980) geht in der Gewichtung der Verantwortung bei der Betrachtung der menschlichen Freiheit einen entscheidenden Weg weiter als andere Denker seiner Zeit: Der Mensch ist zur Freiheit verdammt. In dem Maße, wie der Mensch sein eigenes Leben als »Entwurf« bestimmen kann, ist er auch für die gesellschaftlichen Folgen seines Tuns verantwortlich.*

Die wesentliche Folgerung aus unseren vorhergehenden Darlegungen ist, daß der Mensch, der verurteilt ist, frei zu sein, das ganze Gewicht der Welt auf seinen Schultern trägt; er ist, was seine Seinsweise betrifft, verantwortlich für die Welt und für sich selbst. Wir nehmen das Wort »Verantwortlichkeit« in dem banalen Sinne eines »Bewußtseins, der unbestreitbare Urheber eines Ereignisses oder eines Gegenstandes (zu) sein«. In diesem Sinne ist die Verantwortlichkeit des Für-sich drükkend, denn es ist ja das, wodurch es geschieht, daß es eine Welt *gibt;* und da es auch das ist, was *sich veranlaßt, zu sein* (welches auch die Situation sein mag, in der es sich befindet), muß das Für-sich diese Situation samt ihrem gegebenenfalls unerträglichen Feindseligkeitskoeffizienten im ganzen übernehmen, es wird sie mit dem stolzen Bewußtsein übernehmen, ihr Urheber zu sein, denn die schlimmsten Unannehmlichkeiten und die schlimmsten Drohungen, die meine Person möglicherweise erreichen, haben Sinn nur infolge meines Entwurfs; und sie erscheinen auf dem Hintergrund des Sicheinsetzens, das ich bin. Es ist also unsinnig, sich beklagen zu wollen, denn nichts Fremdes hat über das entschieden, was wir fühlen, was wir erleben oder was wir sind. Diese absolute Verantwortlichkeit wird übrigens nicht entgegengenommen: sie ergibt sich einfach zwangsläufig aus den Folgen meiner Freiheit. Was mir zustößt, stößt mir durch mich zu, und ich kann weder darüber bekümmert sein noch mich dagegen auflehnen, noch mich hineinschicken. Außerdem ist alles, was mir zustößt, *meins;* darunter muß man zunächst verstehen, daß ich immer, insofern ich Mensch bin, auf der Höhe dessen bin, das mir zustößt, denn was einem

Menschen durch andere Menschen und durch sich selbst zustößt, kann nur menschlich sein. Die gräßlichsten Situationen des Krieges, die schlimmsten Folterungen schaffen keinen unmenschlichen Sachverhalt; es gibt keine unmenschliche Situation; nur durch die Furcht, die Flucht, den Rückgriff auf magische Verhaltensweisen würde ich über Unmenschliches *entscheiden,* aber eine solche Entscheidung ist menschlich und ich würde die ganze Verantwortung dafür tragen. Außerdem aber ist die Situation die *meinige,* weil sie das Bild meiner freien Selbstwahl ist, und alles, was sie mir darstellt, ist dadurch *meins,* daß es mich darstellt und symbolisiert. Bin ich es nicht, der über den Feindseligkeitscharakter der Dinge und bis in ihre Unberechenbarkeit hinein dadurch entscheidet, daß ich mich entscheide? Also gibt es in einem Leben keine *bösen Zufälle;* ein gesellschaftlicher Vorgang, der sich plötzlich ereignet und mich in Mitleidenschaft zieht, kommt nicht von außen; wenn ich in einem Kriege einberufen werde, ist dieser Krieg *mein* Krieg, weil ich jederzeit mich ihm hätte entziehen können, durch Selbstmord oder Fahnenflucht: diese äußersten Möglichkeiten sind diejenigen, die uns immer gegenwärtig sein müssen, wenn es darum geht, eine Situation ins Auge zu fassen.

Toleranz und Prinzipientreue

Im Prinzip bin ich ein toleranter Mensch. Da ich jedoch mit einer Türkin verheiratet bin, wird meine Toleranz öfter auf die Probe gestellt, als mir lieb ist. Täglich muss ich befremdliche Dinge ertragen: befremdliche Gerüche aus der Küche, befremdliche Geräusche aus dem Radio, befremdliche Rituale an Fest- und Feiertagen. Als zum Beispiel meine Tochter geboren wurde, murmelte meine Schwiegermutter im Kreißsaal die Suren des Korans. Obwohl ich selbst an keinen Gott glaube, hätte ich ein Ave-Maria wesentlich passender gefunden! Doch wann immer ich meine Angehörigen daran erinnere, dass wir hier nicht im Morgen-, sondern im Abendland leben, hält mir meine Frau entgegen, dass Toleranz doch die größte aller europäischen Tugenden sei. »Oder bist du etwa ein Nazi?«

Wo meine Frau Recht hat, da hat sie Recht! Der Wortwurzel nach bedeutet Toleranz das Ertragen eines physischen Übels. Toleranz heißt also, fremde Meinungen, Glaubensinhalte und Lebensformen zu erdulden, auch wenn sie eigenen Gewohnheiten und Überzeugungen zuwiderlaufen. Dieses Ertragen hat in Europa tatsächlich Tradition. Offenheit für das Fremde zeichnet sowohl die griechische als auch die römische Antike aus. In der »Ilias« ist *»xenos«,* der Fremde, zugleich der Gastfreund, der unter dem Schutz des Zeus steht; ihn aufzunehmen ist darum Pflicht. Ähnlich die Römer. In Notlagen rufen sie regelmäßig Fremde zu Hilfe – nicht nur beim Raub der Sabinerinnen. Sie machen Fremde zu ihren Königen, und während ihr Weltreich sich immer weiter ausbreitet, nimmt ihre Religion sogar fremde Götter in das Pantheon auf.

Das bedeutet nicht, dass Toleranz in der abendländischen Antike keine Grenzen kennt – davon zeugt nicht nur das Schicksal des Sokrates, sondern auch die Verfolgung der ersten Christen. Doch bereits im Jahr 313 räumt das »Edikt von Mailand« der neuen Glaubensgemeinschaft die freie Ausübung ihrer Religion ein. Diese Toleranz lebt im Denken christlicher Kirchenväter und Philosophen der nachfolgenden Jahrhunderte fort. Augustinus erhebt sie als erster zum Imperativ und empfiehlt sie gegenüber Juden, Sündern und Prostituierten. Nikolaus von Kues wirbt sogar für ein friedliches Nebeneinander verschiedener religiöser Anschauungen, solange nur die wichtigsten Glaubensgrundsätze gewahrt bleiben, eine Forderung, die Thomas Morus mit den Zielen der Religion selbst begründet. Häretiker, so Erasmus, sollen deshalb nur dann bestraft werden, wenn sie das Gemeinwesen selbst gefährden. Doch kann Toleranz auch für Nicht-Christen gelten? In den »Heptaplomores« bringt Bodin Vertreter mehrerer Religionen erstmals miteinander ins Gespräch: Juden, Christen, Anhänger der natürlichen Religion, Synkretisten und Muslime, bevor Lessing mit der »Ringparabel« die Gleichberechtigung der großen Glaubensgemeinschaften in ein ewig gültiges Gleichnis fasst: »Der rechte Ring war nicht erweislich; fast so unerweislich als uns itzt – der rechte Glaube.«

Die europäische Aufklärung überträgt den Toleranzgedanken von der Religion auf politische und juristische Bereiche. Bereits Spinoza plädiert für das Recht auf freie Meinungsäußerung. Unterstützung findet er bei John Locke, der 1689 in seinem »Brief über die Toleranz« mit einem ebenso einfachen wie zwingenden Argument für Gedankenfreiheit eintritt: Da man keinen Menschen dazu nötigen kann, etwas Bestimmtes zu glauben, ist es unsinnig, es überhaupt zu versuchen. Lockes Argumentation findet nicht nur Eingang in die »Enzyklopädie« von Diderot und d'Alembert, sondern auch in die Erklärung der Menschenrechte, die jedem Bürger Gewissens- und Religionsfreiheit garantiert. Diese Freiheiten gelten bis heute europaweit und wirken in nahezu alle Lebensbereiche hinein: In der aufgeklärten abendländischen Gesellschaft wird Toleranz nicht mehr nur in Fragen von Glauben und Politik postuliert, sondern auch in ganz alltäglichen oder privaten Dingen, von der Mode bis hin zu sexuellen Neigungen. Ja, sie wurde so allgegenwärtig, dass Herbert Marcuse 1965 den Begriff der »repressiven Toleranz« erfinden konnte, um sie als pseudoliberale List des Kapitalismus zu deuten, mit der dieser die Mechanismen der Unterdrückung perfektioniert.

Doch sind Prinzipien darum überflüssig?

Prinzipien haben einen schlechten Ruf. »Sag niemals nie!«, rät auf dem ganzen Kontinent der Volksmund, und mit der Figur des »Misanthrope« hat Molière dem Prinzipienreiter, der an seinen eigenen Grundsätzen verreckt, ein Mahnmal zur paneuropäischen Abschreckung gesetzt. Dabei hat die Prinzipientreue eine ebenso lange abendländische Tradition wie Toleranz. Auch sie wurzelt in der Antike. Sowohl der lateinische als auch der griechische Begriff bedeutet »Anfang« und »Herrschaft«. »Man muss«, erklärt Aristoteles, »im Blick auf ein herrschendes Prinzip leben und sein Verhalten nach der Energie dieses Prinzips richten.« Das mit gutem Grund, wie Plato in der Analyse des Begehrens zeigt. Was immer man begehrt – der eigentliche Zweck ist etwas Höheres, das man »hinter« dem Gegenstand sucht: hinter der Medizin die Gesundheit, hinter dem Brot die Sättigung.

Was aber ist das erste Prinzip, das sich am äußersten Ursprung befindet, dasjenige, das nur um seiner selbst willen begehrenswert ist? Dieses erste Prinzip ist das Gute an sich, ist Gott. Doch wo sein Name ins Spiel kommt, ist es um die Toleranz bald geschehen – in Europa nicht anders als sonst auf der Welt. Derselbe Augustinus, der Nachsicht für reuige Sünder und Prostituierte empfiehlt, rechtfertigt die Anwendung von Gewalt, wenn ein Gläubiger vom Glauben selbst abfällt. Ähnlich rigoros fordert Thomas von Aquin für Häretiker den Ausschluss aus der Kirche und in manchen Fällen sogar den Tod – eine Theorie, die in der Rechtsprechung Friedrichs II. längst mittelalterliche Praxis ist. Denselben Glaubenseifer legen aber auch die protestantischen Reformatoren an den Tag: Luther plädiert mit seiner ganzen Wortgewalt für die Verfolgung der Juden und Täufer. Und Calvin ächtet Toleranz als »Sanftmut des Geistes«, um die Verbrennung des spanischen Antitrinitariers Miguel Serveto zu rechtfertigen.

»Weil du aber lau bist«, spricht der Herr, »weder heiß noch kalt, will ich dich ausspeien aus meinem Mund.« In Nietzsche finden die Glaubenseiferer beider Konfessionen ihren säkularen Nachfolger. Für Toleranz hat er nur biblische Verachtung übrig. »Die Toleranz gegen sich selbst gestattet mehrere Überzeugungen: diese selbst leben verträglich beisammen, – sie hüten sich, wie alle Welt heute, sich zu compromittieren. Womit compromittirt man sich heute? Wenn man Consequenz hat. Wenn man in gerader Linie geht. Wenn man weniger als fünfdeutig ist. Wenn man echt ist ...« Damit markiert Nietzsche den wunden Punkt der Toleranz. Wo sie zum Prinzip erhoben wird, schwinden die Prinzipien schnell dahin, und Überzeugungen lösen sich in Beliebigkeit auf. Daran kranken heute nicht zuletzt die großen europäischen Glaubenskirchen. Die Menschen suchen das »Echte«, doch stattdessen bekommen sie laue »Fünfdeutigkeiten«. Das hat niemand besser erkannt als Papst Johannes Paul II. Während sein Schweizer Kritiker Hans Küng im Bemühen, die Gemeinsamkeiten statt Unterschieden der Weltreligionen zu profilieren, an den Grundfesten des katholischen Glaubens rüttelt, verteidigt der Pole Karol Wojtyła diese in seinen Enzykliken mit solcher »Consequenz«, dass die eine Hälfte der Menschheit ihn dafür als neuen Großinquisitor hasst und die andere ihn als neuen Messias verehrt.

»Ich mag verdammen, was du sagst«, so Voltaire, »aber ich werde mein Leben dafür einsetzen, dass du es sagen darfst.« Wie viel Toleranz ist möglich, um die freie Entfaltung des Einzelnen zu sichern? Und wie viele Prinzipien sind nötig, um nicht im Sumpf der Indifferenz zu versinken? Die abendländische Demarkationslinie hat bereits John Locke gezogen: Toleranz hört auf, wo die Duldung von Intoleranz beginnt. »Null Toleranz für Intoleranz!«, lautet die moderne Fassung dieser Formel, die ausgerechnet ein Autor, der sich als »Unpolitischer« bezeichnet, ins Politische wendet. »Toleranz«, schreibt Thomas Mann, »wird zum Verbrechen, wenn sie dem Bösen gilt.« Was aber ist das Böse? Wenn islamische Mullahs einen englischen Schriftsteller indischer Herkunft namens Rushdie mit der Fatwa belegen und so zu seiner Ermordung aufrufen? Oder wenn eine dänische Zeitung, frei nach Kurt Tucholskys Devise »Satire darf alles!« den Propheten Mohammed als Selbstmordattentäter karikiert?

Angesichts so übergroßer Fragen kehre ich lieber an den heimischen Herd zurück, wo sich bereits im Allerkleinsten der vermeintliche »Kampf der Kulturen« in Wahrheit als »Kampf der Unkulturen« erweist. Wenn ich meine Frau nötige, auf all die Dinge zu verzichten, die mich womöglich befremden, verwandle ich unsere Ehe in ein »Dogville« der Assimilation, wie Lars von Trier es im Kino vorführt. Statt mich über befremdliche Gerüche, Geräusche oder Rituale aufzuregen, die mir aus der türkischen Kultur zu Hause begegnen, sollte ich also lieber meine eigene Kultur so ernst nehmen, wie sie es verdient: Indem ich das Fremde nicht nur erdulde, sondern akzeptiere und respektiere, ja, vielleicht sogar am Ende lieben lerne wie meine Frau – doch ohne darum meine eigenen Überzeugungen aufzugeben. Damit der »Kampf der Kulturen« diesen Namen wirklich verdient: als ein Wettbewerb von Ideen und Lebensformen, in dem wir, so Lessing, »um die Wette leben«, ja unsere Freiheitsprinzipien mit derselben Entschlossenheit behaupten, wie die Apostel der Intoleranz die Prinzipien der Unfreiheit, doch in dem jeder seine Identität bewahren darf, solange er dieses Recht nicht nur für sich reklamiert, sondern auch für jeden anderen. Nur ein Traum? Vielleicht. Aber ein schöner. Und ein sehr europäischer dazu.

Homer

Odyssee

Homer *(8. Jh. v. Chr.) hat mit seinen beiden großen epischen Gedichten* Ilias *und* Odyssee *prägenden Einfluss auf die epische Dichtung in den europäischen Literaturen gehabt. Die Reise des Odysseus ist mit vielen Episoden zum allgemeinen Bildungsgut geworden. Im 6. Gesang arrangiert die Göttin Athene ein Treffen zwischen Odysseus und der schönen Nausikaa, die ihn im Land der Phaiaken als Gast willkommen heißt.*

Aber das Mädchen mit weißen Armen, Nausikaa, sagte: »Fremder
Mann, du scheinst mir nicht böse und scheinst mir nicht töricht.
Zeus verteilt ja den Menschen das Glück, der Olympier selber,
Ganz wie er will, einem jeden, dem Schurken wie auch dem Edlen.
Dir wohl auch gab er das Deine; da mußt du es eben ertragen.
Jetzt aber kamst du in unsere Stadt und in unsere Heimat;
Fehlen wird es da nicht an Kleidern und allem, was sonst noch
Braucht so ein leiderprobter Schützling, der uns begegnet.
Zeigen werd ich die Stadt und den Namen der Leute dir nennen.
Diese Stadt hier und dieses Land bewohnen Phaiaken.
Ich bin des hochbeherzten Alkinoos Tochter, in dessen
Händen und Macht aber liegt der Phaiaken Kraft und Stärke.«
Sprachs und gab nun Befehl den Mädchen mit herrlichen Flechten:
»Bleibt mir stehen, ihr Mägde! Was flieht ihr, weil ihr den Mann seht?
Meint ihr wohl gar, er sei aus den Scharen feindlicher Menschen?
Jener Sterbliche wird nicht und lebt nicht und lebte er lange,
Der in das Land der Phaiakischen Männer käme und Feindschaft
Brächte; denn dafür sind sie zu lieb den unsterblichen Göttern.
Einsam wohnen wir, mitten im wellenwogenden Meere,
Ganz am Ende, kein anderer Sterblicher kann sich uns nähern.
Der da, ein unglückselig Verschlagner ist dennoch gekommen,
Hieher zu uns; wir müssen ihn pflegen; (…)
Wenig und lieb doch ist unsere Spende.
Also, Mägde, wohlan! Gebt Essen und Trinken dem Fremdling,
Badet ihn auch im Fluß in windgeschützter Umgebung!«

Also sprach sie. Sie blieben und gaben einander Befehle,
Führten Odysseus weg in windgeschützte Umgebung,
Wie es befohlen des hochbeherzten Alkinoos Tochter.
Neben ihn legten sie dann einen Mantel, Kleider und Leibrock,
Gaben ihm auch noch den goldenen Krug mit flüssigem Öle,
Forderten alsdann ihn auf, in der Strömung des Flusses zu baden.
Jetzt sprach endlich die Mägde an der hehre Odysseus:
»Mägde, tretet so weit von mir weg, ich möchte doch selber
Säubern die Schultern von salzigen Krusten und möchte mich selber
Rundum salben mit Öl; seit langem weiß ja mein Körper
Nichts mehr von Fett. Vor euch aber bade ich nicht; denn ich scheue
Nackt vor euch mich zu zeigen, ihr Mädchen mit herrlichen Flechten.«

Plato

Die Verteidigungsrede des Sokrates

Plato *(427 v. Chr.–347 v. Chr.) hat mit der* Verteidigungsrede des Sokrates *eine der wenigen überlieferten Wiedergaben des Prozesses gegen Sokrates verfasst. Sokrates war des Frevels gegen die Götter und der Verderbnis der Jugend angeklagt worden. Das Urteil – Tod durch den Schierlingsbecher – wurde mit knapper Mehrheit gefällt.*

Was für einen Eindruck meine Ankläger auf euch gemacht haben, ihr Athener, weiß ich nicht; was mich betrifft, so habe ich jedenfalls bei ihren Worten beinahe meiner selbst vergessen. So überzeugend klang, was sie sagten. Und doch haben sie sozusagen kein wahres Wort gesprochen. Am meisten aber wunderte ich mich bei dem vielen, das sie dahergelogen haben, über eines: über die Stelle, ihr müßtet euch hüten, von mir getäuscht zu werden, weil ich ein höchst gewandter Redner sei. Daß sie sich davor nicht scheuten, von mir sogleich dadurch widerlegt zu werden, daß ich mich jetzt gar nicht als großer Redner erweise, das schien mir das Dreisteste von allem, was sie sagten, falls sie nicht etwa den einen guten Redner nennen, der die Wahrheit sagt. Denn wenn sie

das damit meinen, dann muß ich freilich zugeben, ein Redner zu sein, wenn auch nicht einer nach ihrer Art. Sie haben also, behaupte ich, so gut wie kein wahres Wort gesagt; von mir aber sollt ihr die ganze Wahrheit hören. Allerdings werden es, bei Zeus, keine schön gesetzten Worte sein, Athener, wie ihr sie von diesen da gehört habt, herausgeputzt mit feinen Ausdrücken und Redensarten. Ihr werdet schlichte Worte zu hören bekommen, wie sie mir gerade einfallen. Denn ich vertraue darauf, daß das, was ich sage, gerecht ist. Keiner von euch soll etwas anderes erwarten. Es würde sich nicht gut machen, ihr Männer, wenn ich in meinem Alter vor euch hinträte wie ein junger Mensch, der gedrechselte Reden erdichtet. Eines aber, ihr Athener, bitte ich mir aus und ersuche euch sehr darum: wundert euch nicht und gebt nicht euren Unwillen kund, denn ihr mich meine Verteidigung mit den gleichen Worten führen hört, die ich auf dem Markt, bei den Tischen der Geldwechsler, wo viele von euch mich gehört haben, oder anderswo zu gebrauchen pflege. Denn es verhält sich so: Im Alter von mehr als siebzig Jahren stehe ich heute zum ersten Mal vor Gericht; die hier übliche Redeweise ist mir also völlig unbekannt. Stände ich als ein Ausländer hier, dann würdet ihr es mir gewiß nachsehen, wenn ich in der Sprache und auf die Art redete, in der ich auferzogen wäre. So bitte ich euch nun (wie mir scheint, billigerweise), daß ihr mich auf meine Weise sprechen laßt – vielleicht ist sie schlechter, vielleicht aber auch besser – und daß ihre eure Aufmerksamkeit einzig darauf lenkt, ob das, was ich sage, gerecht ist oder nicht. Denn darin zeigt sich die Tüchtigkeit des Richters, die des Redners aber darin, daß er die Wahrheit sagt. (...)
Gehen wir denn zum Anfang zurück, und fragen wir, was das für eine Beschuldigung sei, aus der die Verleumdung entsprungen ist, auf die sich auch Meletos bei der Abfassung seiner Klageschrift stützte. Wohlan: was warfen mir meine Verleumder vor? Gehen wir so vor, wie wenn eine richtige Anklage eingereicht und beschworen worden wäre, deren Text, wenn ich ihn verlesen müßte, etwas so lautete: *Sokrates tut Unrecht und treibt törichte Dinge; denn er forscht nach dem, was unter der Erde und am Himmel ist; die schlechtere Sache machte er zur besseren, und zudem unterrichtet er noch andere in diesen Dingen.*
So etwa lautet die Anklage, und so saht ihr es auch selber in der

Komödie des Aristophanes: Dort brachte man einen Sokrates auf die Bühne, der behauptete, er könne in der Luft gehen, und noch viel anderes possenhaftes Zeug redete, von dem ich nichts, weder im ganzen noch im einzelnen, verstehe. Ich sage das nicht etwa, weil ich derartige Kenntnisse für gering achte, wenn einer wirklich etwas davon versteht, und nicht, damit ich nur nicht selbst von Meletos mit so schweren Anschuldigungen verfolgt werde, sondern weil ich, ihr Athener, mit solchen Dingen wirklich nichts zu tun habe. Die meisten von euch kann ich dafür als Zeugen aufrufen, und ich bitte euch, es einander zu sagen und euch gegenseitig aufzuklären, ihr alle, die ihr mich jeweils habt reden hören, und derer sind viele unter euch. Sagt jetzt einander, ob einer unter euch mich jemals, wenig oder viel, über solche Dinge hat sprechen hören. Daraus mögt ihr dann ersehen, daß es sich mit dem übrigen so verhält, was die große Menge von mir behauptet.

Damit ist es also nichts, und auch damit nicht, wenn ihr etwa von irgend jemandem gehört habt, daß ich versuche, Menschen zu erziehen, und Geld dafür nehme – auch das ist nicht wahr. Allerdings dünkt mich auch das etwas Schönes, wenn einer imstande ist, Menschen zu erziehen, wie der Leontiner Gorgias oder Prodikos von Keos oder Hippias aus Elis. Denn diese alle, ihr Männer, können in diese oder jene Stadt gehen und dort die Jünglinge, die doch bei jedem ihrer Mitbürger, bei wem sie nur wollten, kostenlos in die Schule gehen könnten, durch Überredung dazu bringen, daß sie den Umgang mit jenen Mitbürgern aufgeben, um sich ihnen anzuschließen, daß sie Geld dafür bezahlen und ihnen auch noch Dank dafür wissen. Noch einen anderen gelehrten Mann kenne ich, einen aus Paros, der sich gegenwärtig hier aufhält, wie ich erfahren konnte. Ich traf nämlich zufällig einen Bekannten, der den Sophisten schon mehr Geld gegeben hat als alle anderen zusammen, Kallias, den Sohn des Hipponikos. Diesen fragte ich – er ist nämlich Vater von zwei Söhnen: »Mein lieber Kallias«, sagte ich, »wenn deine beiden Söhne Fohlen oder Kälber wären, dann fänden wir für sie gewiß einen Aufseher, den wir anwerben würden und der dann erreichen könnte, daß sie sich ihrer eigenen Natur nach recht und tüchtig entwickeln. Das wäre wohl ein Bereiter oder ein Bauer. Da sie nun aber Menschen sind, was willst du ihnen für einen Aufseher geben? Wer versteht sich darauf, die

menschliche und bürgerliche Tüchtigkeit zu entwickeln? Da du Söhne hast, wirst du dir das gewiß schon überlegt haben. Gibt es so einen«, fragte ich, »oder nicht?« – »Jawohl, es gibt einen«, gab er zur Antwort. »Wen denn», fragte ich, »woher kommt er, und was nimmt er für seinen Unterricht?« – »Er heißt Euenos, Sokrates«, erwiderte er, »kommt aus Paros und lehrt um fünf Minen.« – Da pries ich den Euenos glücklich, wenn er tatsächlich diese Kunst besitzt und sie so gewissenhaft und geschickt zu lehren weiß. Ich wenigstens würde mich preisen und brüsten, wenn ich das verstünde: aber ich verstehe es eben nicht, ihr Athener.
Vielleicht könnte nun einer von euch entgegnen: »Aber, Sokrates, womit beschäftigst du dich denn? Wie sind diese Beschuldigungen gegen dich entstanden? Wenn du nichts anderes tätest als die anderen Menschen auch, dann wäre gewiß dieses Gerücht nicht entstanden, und man würde, lebtest du wie andere Leute, nicht so von dir reden. Sage uns doch, was es ist, damit wir nicht voreilig über dich urteilen.«
Dieser Einwand scheint mir gerechtfertigt, und ich will versuchen, euch darzulegen, was mir diesen schlechten Ruf und diese falsche Anklage eingetragen hat. So höret denn. Vielleicht werden einige von euch glauben, ich scherze. Ich sage aber die volle Wahrheit. Ich habe diesen Ruf, ihr Athener, infolge deiner bestimmten Weisheit bekommen. Was für eine Weisheit ist das denn? Wahrscheinlich ist es ein Wissen menschlicher Art; denn das besitze ich in der Tat. Die aber, die ich eben erwähnt habe, besitzen wohl übermenschliche Weisheit, oder ich weiß nicht, was ich sagen soll. Ich verfüge über solche Weisheit ja nicht, und wer sie mir trotzdem zuschreibt, der lügt und versucht, mich zu verleumden.
Erhebt jetzt keinen Lärm, Athener, auch wenn ihr den Eindruck habt, daß ich prahle. Denn was ich euch jetzt sage, kommt nicht aus mir. Ich kann mich dafür auf jemanden berufen, der völlig glaubwürdig ist. Als Zeugen für meine Weisheit, wenn es denn eine ist, kann ich euch den delphischen Gott stellen.
Ihr kanntet ja alle den Chairephon. Er war mein Freund von Jugend an und ein Freund auch der meisten von euch und der Demokratie, ging kürzlich mit in die Verbannung und kehrte mit euch auch wieder zurück. Ihr wißt ja, was für ein Mann er war und wie ungestüm er sich für eine Sache einsetzen konnte. Das tat er auch, als er nach Delphi

kam. Er erkühnte sich, dem Orakel folgende Frage zu stellen – aber jetzt keine Protestrufe, ihr Männer, was ich auch sagen werde! Er fragte also, ob jemand weiser sei als ich. Die Pythia antwortete, daß niemand weiser sei. Diese Antwort wird euch sein Bruder bezeugen können; denn Chairephon selber ist ja gestorben.

Überlegt nun, weshalb ich euch das sage; ich möchte euch erklären, woher die schlechte Meinung über mich entstanden ist. Als ich den Orakelspruch gehört hatte, überlegte ich folgendermaßen hin und her: »Was meint wohl der Gott, und was ist der Sinn seines rätselhaften Ausspruchs? Denn ich bin mir doch weder im Großen noch im Kleinen einer besonderen Weisheit bewußt. Was meint er denn, wenn er behauptet, ich sei der Weiseste? Er lügt doch nicht; denn das ist ihm nicht erlaubt.« Und lange Zeit war ich im unklaren, was er meine. Dann aber stellte ich, wenn auch sehr ungern, folgende Untersuchungen an: Ich ging zu einem der Männer, die als weise gelten, in der Meinung, daß ich, wenn überhaupt irgendwo, dort die Weissagung widerlegen und dann zum Orakel sagen könne: »Dieser da ist weiser als ich; du aber hast *mich* als den Weisesten bezeichnet.« Diesen Mann prüfte ich nun genau, seinen Namen brauche ich nicht zu nennen; es war einer unserer Staatsmänner. Ich machte dabei diese Erfahrung, ihr Athener: In der Unterredung mit ihm bekam ich den Eindruck, er werde wohl von vielen Menschen und am meisten von sich selbst für weise gehalten, er sei es aber nicht; und ich suchte ihm dann klarzumachen, daß er zwar meine, weise zu sein, daß er es aber nicht sei; damit machte ich mich bei ihm und bei vielen Anwesenden verhaßt. Beim Weggehen aber sagte ich zu mir: »Verglichen mit diesem Menschen, bin ich doch weiser. Wahrscheinlich weiß ja keiner von uns beiden etwas Rechtes; aber der glaubt, etwas zu wissen, obwohl er es nicht weiß; ich dagegen weiß zwar auch nichts, glaube aber auch nicht, etwas zu wissen. Um diesen kleinen Unterschied bin ich also offenbar weiser, daß ich eben das, was ich nicht weiß, auch nicht zu wissen vermeine.« Von da ging ich zu einem anderen, den man für noch weiser hält als jenen. Ich bekam dort genau denselben Eindruck und machte mich auch bei diesem und dann noch bei vielen anderen unbeliebt.

(…)

Infolge dieser Prüfungen, ihr Athener, sind mir zahlreiche Feindschaften entstanden, und zwar sehr schlimme und heftige, denen viele Verleumdungen entsprangen und auch dieser falsche Ruf, ich sei ein Weiser; denn jedesmal meinen die Zuhörer, daß ich in den Dingen, worin ich die anderen widerlege, selbst weise sei. In der Tat, ihr Männer, scheint aber nur Gott weise zu sein, und mit seinem Orakelspruch will er sagen, daß die menschliche Weisheit wenig oder nichts wert ist. Offenbar nennt er Sokrates in diesem Sinne und bedient sich meines Namens, um ein Beispiel zu geben, als wolle er sagen: »Der ist der weiseste von euch, ihr Menschen, der wie Sokrates erkannt hat, daß er, was die Weisheit betrifft, tatsächlich nichts wert sei.» So gehe ich auch jetzt noch umher und prüfe und erforsche dem Gotte gemäß, wen ich unter den Bürgern der Stadt und den Ausländern für weise halte; und wenn ich dann den Eindruck bekomme, daß er es doch nicht sei, dann helfe ich dem Gott und überführe ihn, daß er nicht weise ist. Und infolge dieser Tätigkeit blieb mir keine Zeit mehr, um in der Öffentlichkeit oder zu Hause etwas Rechtes zu leisten, sondern ich lebe wegen dieser Dienstbarkeit bei dem Gotte in unendlicher Armut.

Dazu kommt nun, daß junge Leute, vor allem Söhne der Reichen, die am besten Zeit dazu haben, mich aus freien Stücken begleiten und mir gerne zuhören, wenn ich die Leute prüfe, und daß sie mich von sich aus sogar nachahmen und versuchen, selbst andere auf die Probe zu stellen; offenbar finden sie dann eine Menge Leute, die zwar meinen, etwas zu wissen, in Wirklichkeit aber wenig oder nichts wissen. Die Leute, die von ihnen geprüft worden sind, zürnen dann mir und nicht sich selbst und sagen, Sokrates sei ein ganz unausstehlicher Mensch und verderbe die Jugend. Wenn sie dann jemand fragt, was er denn tue und was er lehre, haben sie nichts vorzubringen und wissen nichts; damit es aber nicht den Anschein hat, als ob sie in Verlegenheit seien, sagen sie das, was man gegen alle Philosophierenden zur Hand hat: *Er beschäftigt sich mit den Dingen am Himmel und unter der Erde. Er glaubt nicht an die Götter. Die schwächere Sache macht er zur stärkeren.* Die Wahrheit dürfen sie ja nicht sagen, nämlich, daß sie überführt worden sind, sich zwar den Anschein zu geben, als wüßten sie etwas, während sie eben doch nichts wissen. Weil sie nun, wie ich glaube, ehrgeizig, energisch und auch zahlreich sind, und weil sie eindringlich und überzeugend von mir zu reden wissen, haben sie euch mit ihren hartnäckigen, heftigen Verleumdungen schon lange die Ohren gefüllt. Von diesen sind nun Meletos, Anytos und Lykon gegen mich vorgegangen: Meletos, weil er sich im Namen der Dichter gekränkt fühlte, Anytos im Namen der Handwerker und Politiker und Lykon für die Redner. Ich müßte mich darum, wie ich schon anfangs sagte, wundern, wenn es mir gelänge, diese falsche Meinung über mich zu beseitigen, nachdem sie einmal so mächtig geworden ist. Das, ihr Athener, ist die Wahrheit; ich habe euch nicht das geringste verschwiegen oder unterdrückt. Und doch bin ich fast gewiß, daß ich mich gerade dadurch verhaßt mache, und eben dies ist ein Beweis dafür, daß ich die Wahrheit sage, daß darauf die Verleumdungen gegen mich beruhen und daß das die Ursachen dafür sind. Und wenn ihr das – jetzt oder später – prüft, so werdet ihr es finden, wie ich sagte.

DAS MAILÄNDER EDIKT

Das Mailänder Toleranzdelikt *(313) wurde von Kaiser Konstantin I. (Kaiser des Westens) und Licinius (Kaiser des Ostens) gemeinsam erlassen und heißt deshalb auch »Zwei-Kaiser-Edikt«. Es ist ein wichtiger Meilenstein auf dem Weg zur Koexistenz der verschiedenen Religionen und der Anerkennung des Christentums.*

In der Erkenntnis, daß die Religionsfreiheit nicht verwehrt werden dürfe, daß es vielmehr einem jedem gemäß seiner Gesinnung und seinem Willen verstattet sein solle, nach eigener Wahl sich religiös zu betätigen, haben wir bereits früher Befehl erlassen, daß es auch den Christen unbenommen sei, den Glauben beizubehalten, den sie selbst erwählt und im Kulte bekunden. Da aber in jenem Reskripte, worin ihnen diese Freiheit zugestanden wurde, viele und verschiedenartige Bedingungen ausdrücklich beigefügt erschienen, so ließen sich vielleicht manche von ihnen nach kurzer Zeit von solcher Beobachtung abdrängen. Da wir, ich, Constantinus Augustus, und ich, Licinius Augustus, durch glückliche Fügung nach Mailand gekommen und all das, was dem Volke zu Nutz und Vorteile gereiche, erwogen haben, so haben wir unter den übrigen Verfügungen, die dem Interesse der Allgemeinheit dienen sollten, oder vielmehr zuvörderst, den Erlaß jener Verordnungen beschlossen, die sich auf die Achtung und Ehrung des Göttlichen beziehen, um den Christen und allen Menschen freie Wahl zu geben, der Religion zu folgen, welcher immer sie wollten. Es geschah dies in der Absicht, daß jede Gottheit und jede himmlische Macht, die es je gibt, uns und allen, die unter unserer Herrschaft leben, gnädig sein möge.

In gesunder und durchaus richtiger Erwägung haben wir so diesen Beschluß gefaßt, daß keinem Menschen die Freiheit versagt werden solle, Brauch und Kult der Christen zu befolgen und zu erwählen, daß vielmehr jedem die Freiheit gegeben werde, sein Herz jener Religion zuzuwenden, die er selbst für die ihm entsprechende erachtet, auf daß uns die Gottheit in allem die gewohnte Fürsorge und Huld schenken möge. Demzufolge geben wir in einem Reskripte als unsern Willen kund, daß die Bedingungen hinsichtlich der Christen unserm früheren Schreiben an deine Ergebenheit [d. i. der Statthalter in Bithynien] beigefügt waren, völlig aufgehoben und alles beseitigt werde, was als gänzlich verkehrt und unserer Milde widersprechend erschien, und daß fernab ein jeglicher aus denen, die eben diese Wahl getroffen, nämlich die Religion der Christen zu bekennen, dies frei und ohne weiteres ohne irgendwelche Belästigung üben solle. Und wir haben beschlossen, diese Maßnahmen deiner Sorgsamkeit in vollem Umfange kundzutun, damit du wissest, daß wir eben den Christen ungehinderte und uneingeschränkte Freiheit in Ausübung ihrer Religion verliehen. Da du nun siehst, daß den Christen dieses Recht in uneingeschränktem Maße von uns eingeräumt wurde, so wird das deine Sorgsamkeit dahin verstehen, daß damit auch andern Erlaubnis gegeben sei, die religiösen Bräuche ihrer eigenen Wahl zu beobachten. Ist es doch offensichtlich der Ruhe unserer Zeit angemessen, daß jeder Freiheit habe, gemäß seinem Willen eine Gottheit zu erwählen und sie zu verehren. Dies haben wir verfügt, damit es nicht den Anschein erwecke, als würde

irgendein Kult oder irgendeine Religion durch uns Hintansetzung erfahren.
Bezüglich der Christen bestimmen wir weiterhin, daß jene Stätten, an denen sie ehedem zusammenzukommen pflegten und über die dereinst in dem früheren Schreiben an deine Ergebenheit eine bestimmte Verfügung getroffen ward, von denen, die sie nachweislich von unserer Kammer oder von anderer Seite käuflich erworben, unentgeltlich und ohne Rückforderung des Kaufpreises, ohne Zögern und Zaudern, an die Christen zurückerstattet werden. Auch wer solche Stätten geschenkweise erhalten, soll sie so schnell als möglich denselben Christen zurückgeben. Jene aber, die von unserer Hochherzigkeit irgendeine Vergütung hierfür erbitten, mögen sich, ob sie nun auf dem Wege des Kaufes oder der Schenkung Eigentümer geworden, an den örtlichen Statthalter wenden, damit auch sie die Fürsorge unserer Milde erfahren. (...) Bei alldem sollst du deine Aufmerksamkeit nach besten Kräften der genannten Körperschaft der Christen zuwenden, damit unser Befehl schleunigst durchgeführt und so durch unsere Milde auch nach dieser Richtung für die allgemeine und öffentliche Ruhe gesorgt werde. Auf diese Weise möge uns, wie oben gesagt, das göttliche Wohlwollen, das wir schon bei vielen Gelegenheiten erfahren, für alle Zeit fest erhalten bleiben! Damit aber der Inhalt dieses von uns in Hochherzigkeit erlassenen Gesetzes zur Kenntnis aller gelange, ist es notwendig, daß dieses unser Schreiben auf deine Anordnung überall angeschlagen und allen kundgegeben werde und so die Verfügung, in der diese unsere Hochherzigkeit sich ausspricht, niemand verborgen bleibe.

Nikolaus von Kues

DER FRIEDE IM GLAUBEN

Nikolaus von Kues *(1401–1464) machte als noch sehr junger Mann eine große Karriere in der katholischen Kirche. Er engagierte sich für eine volksnahe Bildung und die Verbreitung der Glaubenssätze in den Volkssprachen. Mit seinem Engagement für mehr Toleranz versuchte er noch vor der*

Reformation die christliche Kirche zu modernisieren. In dem von ihm gegründeten Cusanusstift in seiner Heimatstadt Bernkastel-Kues ist seine bedeutende Bibliothek erhalten geblieben.

Die Rechtfertigung durch Glauben und die Vielheit der Riten in einer universalen Gemeinschaft der Glaubenden

Tartar: »Ich habe hier vieles gehört, das mir bisher unbekannt war. Die Tartaren, viele und einfache Leute, die den einen Gott, so gut sie das vermögen, verehren, sind über die Mannigfaltigkeit der Riten bei den andern verwundert, die doch mit ihnen ein und denselben Gott verehren. Sie lachen darüber, daß manche Christen, alle Araber und Juden beschnitten sind, daß andere auf der Stirn Brandmale tragen und wieder andere sich taufen lassen. Bei der Ehe herrscht ebenfalls große Verschiedenheit; der eine hat nur eine Frau, ein anderer eine eigentliche Ehefrau, aber mehrere Konkubinen, wieder ein anderer ist auch gesetzlich mit mehreren verheiratet.

Bei den Opfern ist der Ritus vollends so verschieden, daß man ihn gar nicht beschreiben kann. Zu dieser Mannigfaltigkeit gehört das Opfer der Christen, bei dem sie Brot und Wein darbringen und sagen, es sei der Leib und das Blut Christi, und dieses Opfer essen und trinken sie nach der Darbringung. Das scheint besonders verabscheuungswürdig. Sie verschlingen nämlich, den sie verehren. Wie unter diesen Umständen, die auch noch nach Art und Zeit variieren, eine Einigung zustande kommen könne, begreife ich nicht. Ohne diese aber wird die Verfolgung nicht aufhören. Die Verschiedenheit zeugt nämlich Spaltung und Feindschaften, Haß und Kriege.

Da begann Paulus, der Völkerlehrer im Auftrag des Wortes, und sprach:

Paulus: »Es muß gezeigt werden, daß ›nicht auf Grund von Werken‹ (Röm 3, 20), sondern ›aus dem Glauben‹ (Röm 1, 17) das Heil der Seele gewährt wird. Denn ›Abraham‹, der Vater des Glaubens aller Glaubenden – seien sie Christen, Araber oder Juden – ›glaubte Gott und dieser Glaube wurde ihm als Gerechtigkeit angerechnet‹ (Röm 4, 3 u. ö.); die Seele des Gerechten aber wird das ewige Leben erben. Wird das zugegeben, dann verwirren jene Verschiedenheiten der Riten nicht; denn als sinnliche Zeichen der Glaubenswahrheit sind sie (die Riten) eingesetzt und rezipiert. Die Zeichen nehmen die Veränderung an, nicht das, das bezeichnet wird.«

Tartar: »Erkläre bitte, wie der Glaube Heil bringt.«

(...)

Paulus: »Ohne Glaube ist es unmöglich, Gott zu gefallen (Hebr. 11, 6). Es muß jedoch ein gestalteter Glaube sein; denn ohne Werke ist er tot.«

Tartar: »Welche Werke sind dies?«

Paulus: »Wenn man Gott glaubt, hält man seine Gebote. Denn wie kann man glauben, daß Gott Gott ist, wenn man nicht das zu erfüllen trachtet, was Er vorschreibt?«

Tartar: »Es gebührt sich, die Gebote Gottes zu erfüllen. Doch die Juden sagen, sie hätten diese Gebote durch Moses, die Araber: (sie hätten) sie durch Mohammed und die Christen: durch Jesus. Vielleicht verehren auch andere Völkerschaften solche als ihre Propheten, durch deren Hände sie die göttlichen Vorschriften erhalten zu haben behaupten. Wie also können wir da zur Einmütigkeit gelangen?«

Paulus: »Die göttlichen Gebote sind sehr kurz und allen wohlbekannt. Sie sind allen Nationen gemeinsam. Ja, das Licht, das uns sie zeigt, ist der Vernunft-Seele anerschaffen. Denn ins uns spricht Gott, daß wir Ihn, von dem wir das Sein empfingen, lieben und dem andern nur das tun sollen, von dem wir wollten, daß es uns geschehe. Die Liebe ist also die Vollendung des Gesetzes Gottes und alle Gesetze werden auf sie zurückgeführt (vgl. Gal 5, 14).«

Tartar: »Ich bezweifle nicht, daß sowohl der Glaube als auch das Gebot der Liebe, von denen du sprachst, von den Tartaren angenommen wird. Doch hinsichtlich der Riten hege ich großen Zweifel. Denn ich weiß nicht, ob sie die Beschneidung annehmen, die sie verlachen.«

Paulus: »Zur Wahrnehmung der Errettung trägt es nichts bei, die Beschneidung anzunehmen. Die Beschneidung bringt nicht das Heil; dieses geschieht ohne sie. Doch wer glaubt, daß die Beschneidung für die Erlangung des Heils nicht notwendig ist, sie aber an sich geschehen läßt, um Abraham und seinen Nachfolgern auch darin ähnlicher zu sein, ein solcher wird wegen der Beschneidung nicht verurteilt, wenn er den besagten Glauben hat. So wurde Christus beschnitten und viele unter den Christen nach ihm; so auch heute noch die äthiopischen Jakobiten und andere; sie lassen sich nicht beschneiden, als sei dies ein zum Heil notwendiges Sakrament. Doch wie der Friede unter den Gläubigen bewahrt werden kann, wenn die einen sich beschneiden lassen, die andern nicht, ist eine ernstere Frage. Wenn daher der größere Teil der Welt ohne Beschneidung ist, halte ich es angesichts der Tatsache, daß sie nicht notwendig ist, für angebracht, daß sich der kleinere Teil dem größeren, dem er im Glauben geeint wird, zur Wahrung des Friedens angleicht.

Ja sogar, wenn der größere Teil sich um des Friedens willen dem kleineren anpaßte und die Beschneidung übernähme, hielt ich es für gut, dies zu tun, damit so durch gegenseitige Gemeinsamkeiten Friede gefestigt werde. Wenn nämlich die anderen Nationen von den Christen den Glauben und die Christen um des Friedens willen von diesen die Beschneidung annähmen, würde der Friede besser und gefestigt. Ich halte jedoch die Verwirklichung dieser Gedanken für schwierig. Es sollte darum genügen, den Frieden im Glauben und im Gesetz der Liebe zu festigen, indem man die Riten allseits anerkennt.«

Thomas Morus
Utopia

Thomas Morus *(1477–1535) war zeit seines Lebens ein treuer Diener der katholischen Kirche. Er verweigerte den Eid auf die neue englische Verfassung, die den König (und nicht den Papst) zum Oberhaupt der neuen anglikanischen Kirche machte, und wurde deshalb zum Tode verurteilt und enthauptet. Mit seiner Schrift* Utopia, *die eine ideale Gesellschaft als Gegenentwurf zur realen Situation entwirft, erlangte er dauerhaften Weltruhm.*

Die Insel der Utopier dehnt sich in der Mitte (da ist sie am breitesten) auf zweihundert Meilen aus und wird auf lange Strecken nicht viel schmäler; nach den beiden Enden hin nimmt die Breite allmählich ab.

Diese Enden, gewissermaßen durch einen Kreisbogen von fünfhundert Meilen Umfang umschrieben, geben der ganzen Insel die Gestalt des zunehmenden Mondes. Zwischen dessen Hörnern bildet das Meer eine ungefähr elf Meilen breite Bucht; diese gewaltige Wasserfläche, rings von Land umgeben und so vor Winden geschützt, mehr stagnierend nach Art eines ungeheueren Sees als stürmisch bewegt, macht fast die ganze innere Ausbuchtung des Landes zu einem Hafen und trägt die Schiffe zum großen Nutzen der Bewohner nach allen Himmelsrichtungen. Die Einfahrt ist auf der einen Seite durch Untiefen, auf der anderen durch Felsenklippen gefährdet. In der Mitte erhebt sich ein einzelnes Felsenriff, das aber ungefährlich ist; darauf steht ein Turm mit einer Besatzung; die übrigen Klippen sind nicht sichtbar und bilden so eine heimtückische Gefahr. Die Fahrstraßen sind den Utopiern allein bekannt, und so kommt es nicht leicht vor, daß ein Ausländer in diese Bucht ohne Lotsen aus Utopia eindringt; könnten sie doch selber kaum ungefährdet einlaufen, wenn nicht gewisse Seezeichen vom Strande aus der Fahrt die Richtung wiesen. Durch einfache Verschiebung dieser Marken würden sie mühelos jede noch so große feindliche Flotte ins Verderben locken. Auch auf der anderen Seite gibt es gut besuchte Häfen. Aber überall ist der Zugang zum Lande durch Natur oder Kunst so stark befestigt, daß selbst gewaltige Truppenmassen von wenigen Verteidigern abgewiesen werden können.

(...)

Doch nunmehr wird es an der Zeit sein, die soziale Ordnung der bürgerlichen Gesellschaft, ihre inneren wirtschaftlichen Wechselbeziehungen und die Art der Güterverteilung darzulegen. Die Bürgerschaft also setzt sich zusammen aus Familienverbänden, die Familienverbände beruhen meist auf Verwandtschaftsverhältnissen. Die Frauen nämlich, sobald sie körperlich ausgereift sind, werden verheiratet und ziehen in die Wohnungen ihrer Männer; dagegen die männlichen Söhne, Enkel usw. bleiben im Familienverbande und stehen unter der Gewalt des ältesten Familienhauptes, falls dieses nicht geistig altersschwach geworden ist; dann tritt nämlich der Nächstälteste an seine Stelle.

Damit aber die Zahl der Bürger nicht abnehmen und nicht über eine gewisse Grenze anwachsen kann, ist vorgesehen, daß keinem Familienverbande – von denen jede Stadt sechstausend umfaßt, ohne den zugehörigen Landbezirk – weniger als zehn und mehr als sechzehn Erwachsene angehören dürfen (die Zahl der unmündigen Kinder läßt sich ja nicht im voraus begrenzen). Diese Bestimmung ist leicht innezuhalten, indem man den Überschuß der überfüllten Großfamilien in weniger köpfereiche Familien versetzt. Wächst aber einmal die Kopfzahl einer ganzen Stadt über Gebühr an, so gleicht man den Menschenmangel anderer Städte des Reiches damit aus. Sollte aber etwa die Menschenmasse des ganzen Inselreiches mehr als billig anschwellen, dann werden Bürger aus jeder Stadt aufgeboten, die auf dem nächstgelegenen Festland überall da, wo die Eingeborenen Überfluß an Ackerland haben und die Bodenkultur brachliegt, eine Kolonie gründen, die ihren heimischen Gesetzen entspricht. Die Eingeborenen des Landes werden hinzugezogen, wenn sie mit ihnen in Gemeinschaft leben wollen. Mit denen, die wollen, verbinden sie sich zu gleicher Lebensweise und gleichen Sitten und verschmelzen dann leicht mit ihnen, und das dient zu beider Völker Bestem: erreichen sie doch dank ihrer Einrichtungen, daß dieselbe Bodenfläche für beide reichlich Raum bietet, die vorher dem einen knapp und unzureichend erschien. Wer sich dagegen weigert, nach ihren Gesetzen zu leben, den vertreiben sie aus den Grenzen, die sie sich selber stecken. Gegen die Widerstrebenden führen sie Krieg. Denn sie halten es für einen sehr gerechten Grund zum Kriege, wenn irgendein Volk ein Stück Boden selbst nicht nutzt, sondern gleichsam zwecklos und leer besetzt hält, sich aber doch weigert, die Nutzung und den Besitz anderen zu überlassen, die nach dem Willen der Natur von dort ihre Nahrung ziehen sollten. Falls aber einmal irgendein Unglücksfall einige von ihren Städten so stark entvölkern sollte, daß der Verlust aus anderen Gegenden des Inselreiches nicht ausgeglichen werden kann, ohne die gesetzliche Volkszahl der einzelnen Städte zu vermindern (was seit Menschengedenken nur zweimal im Gefolge von heftig wütenden Seuchen vorgekommen sein soll), so wird durch Rückwanderung aus der Kolonie für Ergänzung gesorgt. Sie lassen nämlich lieber die Kolonie zugrunde gehen als irgendeine von den Städten des Inselreiches Schaden nehmen.

Die religiösen Anschauungen sind nicht nur über die ganze Insel hin, sondern auch in den einzelnen Städten verschieden, indem die einen die Sonne, andere den Mond, die einen diesen, die anderen jenen Planeten als Gottheit verehren. Es gibt Gläubige, denen irgendein Mensch, der in der Vorzeit durch Tugend oder Ruhm geglänzt hat, nicht nur als ein Gott, sondern sogar als die höchste Gottheit gilt. Aber der größte und weitaus vernünftigste Teil des Volkes glaubt an nichts von alledem, sondern nur an ein einziges, unbekanntes, ewiges, unendliches, unbegreifliches göttliches Wesen, das die Fassungskraft des menschlichen Geistes übersteigt und durch dieses gesamte Weltall ergossen ist, als wirkende Kraft, nicht als materielle Masse; ihn nennen sie Vater. Ihm allein, sagen sie, dient Ursprung, Wachstum, Fortschritt, Wandel und Ausgang aller Dinge zum Wohlgefallen, und keinem anderen außer ihm erweisen sie göttliche Ehren.

Baruch de Spinoza
THEOLOGISCH-POLITISCHER TRAKTAT

Baruch de Spinoza *(1632–1677) wurde als rationalistischer Philosoph und Kirchenkritiker bekannt. In dem* Tractatus theologico-politicus *legte er seine Auffassungen vom Glauben und vom Staatswesen nieder. Er war sich der Brisanz seiner Ideen zur Religionsfreiheit und Politik bewusst und veröffentlichte daher das Werk 1670 anonym. Das Werk wurde wenig später (1674) verboten.*

Es wird gezeigt,
daß es in einem freien Staate jedem erlaubt ist,
zu denken, was er will, und zu sagen, was er denkt

Wenn es ebenso leicht wäre, die Geister wie die Zungen zu beherrschen, so würde jeder in Sicherheit regieren, und eine Gewaltherrschaft könnte es nicht geben. Denn dann würde jeder einzelne nach dem Sinne der Regierenden leben und bloß nach ihrem Entscheid sein Urteil über Wahr und Falsch, Gut und Böse, Gerecht und Ungerecht richten.

Wie ich aber schon im Anfang des 17. Kapitels bemerkt habe, ist es ganz unmöglich, daß der Geist unbedingt dem Rechte eines anderen verfällt; denn niemand kann sein natürliches Recht oder seine Fähigkeit, frei zu schließen und über alles zu urteilen, auf einen anderen übertragen noch kann er zu einer solchen Übertragung gezwungen werden. Darum also wird eine Regierung als Gewaltherrschaft angesehen, wenn sie sich auf die Geister ausdehnt, und die höchste Majestät scheint den Untertanen ein Unrecht zuzufügen und sich ihr Recht anzumaßen, wenn sie vorschreiben will, was jeder als wahr annehmen und was er als falsch verwerfen soll und ferner welche Ansichten den Sinn jedes einzelnen mit Ehrfurcht gegen Gott erfüllen sollen. Das gehört zum Recht jedes einzelnen, das niemand, auch wenn er wollte, aufgeben kann.

Ich gebe zu, daß das Urteil auf mannigfache und beinahe unglaubliche Weisen voreingenommen werden kann, so zwar, daß einer nicht unmittelbar unter der Herrschaft eines anderen zu stehen braucht und doch so von seinem Wink abhängig ist, daß man mit Recht von ihm sagen kann, er unterstehe dem Recht dieses anderen. Soviel auch die Geschicklichkeit hierin zu leisten vermag, noch nie ist es doch so weit gekommen, daß die Menschen sich irgendwann einmal die Erfahrung gemacht hätten, daß jeder an seinem Sinne genug hat und daß die Ansichten so verschieden sind wie der Geschmack. Auch Moses, der nicht auf hinterlistige Weise, sondern durch göttliche Fähigkeiten das Urteil seines Volkes aufs stärkste beeinflußte, weil man ihn für einen Mann Gottes hielt und alle seine Worte und Taten einer göttlichen Eingebung zuschrieb, auch er konnte gleichwohl nicht der üblen Nachrede und den mißgünstigen Auslegungen entgehen. Noch viel weniger können es die übrigen Monarchen. Wäre es überhaupt irgendwie denkbar, so doch am ehesten bei einer monarchischen Regierung, keinesfalls aber bei einer demokratischen, die in den Händen aller oder doch eines großen Teiles des Volkes gleichmäßig liegt. Der Grund hierfür ist wohl allen klar.

Mögen also die höchsten Gewalten auch noch so sehr ein Recht auf alles besitzen und als Ausleger des Rechts und der Frömmigkeit gelten, so werden sie es doch nie dahin bringen, daß die Menschen darauf verzichten, nach ihrem Sinne über die Dinge zu urteilen und sich dabei bald diesem, bald jenem Affekt hinzugeben. Allerdings ist es wahr, daß sie das Recht haben, jeden, der nicht unbedingt in allem mit ihnen übereinstimmt, als Feind zu betrachten, aber es handelt sich hier ja nicht um ihr Recht, sondern um die Frage, was vorteilhaft ist. Ich gebe zu, daß sie das Recht haben, in der gewalttätigsten Weise zu regieren und die Bürger aus den geringfügigsten Gründen hinrichten zu lassen; aber es wird niemand behaupten, daß dies dem Urteil der gesunden Vernunft gemäß sei. Ja, weil es nicht ohne große Gefahr für den ganzen Staat geschehen kann, dürfen wir sogar behaupten, daß sie die unumschränkte Macht zu diesem und ähnlichem und damit auch das unumschränkte Recht nicht besitzen; denn wie ich gezeigt habe, wird das Recht der höchsten Gewalten durch ihre Macht bestimmt.

Wenn also niemand die Freiheit, nach Willkür zu urteilen und zu denken, aufgeben kann, sondern ein jeder nach dem höchsten Recht der Natur Herr seiner Gedanken ist, so kann der Erfolg nur ein sehr unglücklicher sein, wenn man in einem Staat versuchen will zu bewirken, daß die Menschen, so verschieden und entgegengesetzt auch ihre Gedanken sind, bloß nach der Vorschrift der höchsten Gewalten reden. Denn auch die Klügsten, vom Volk ganz abgesehen, wissen nicht immer zu schweigen. Es ist ein allgemein menschlicher Fehler, anderen seine Absichten anzuvertrauen, auch wenn Schweigen am Platze wäre. Darum wird diejenige Regierung die gewalttätigste sein, unter der einem jeden die Freiheit, zu sagen und zu lehren, was er denkt, verweigert wird, und diejenige dagegen gemäßigt, die diese Freiheit jedem zugesteht.

Dabei können wir jedoch keineswegs leugnen, daß die Majestät mit Worten so gut wie durch die Tat verletzt werden kann. Wenn es also unmöglich ist, diese Freiheit den Untertanen ganz zu nehmen, so wird es doch das Allerverderblichste sein, sie ihnen schlechthin einzuräumen. Darum obliegt es mir zu untersuchen, wie weit jedem diese Freiheit, unbeschadet des Friedens im Staat und des Rechts der höchsten Gewalten, zugestanden werden kann und darf. Dies ist, wie ich im Anfang des 16. Kapitels bemerkt habe, meine Hauptabsicht gewesen.

Aus den oben dargelegten Grundlagen des Staates folgt ganz offenbar, daß der letzte Zweck des Staates nicht ist zu herrschen noch die Menschen in Furcht zu halten oder sie fremder Gewalt zu unterwerfen, sondern vielmehr den einzelnen von der Furcht zu befreien, damit er so sicher als möglich leben und sein natürliches Recht zu sein und zu wirken ohne Schaden für sich und andere vollkommen behaupten kann. Es ist nicht der Zweck des Staates, die Menschen aus vernünftigen Wesen zu Tieren oder Automaten zu machen, sondern vielmehr zu bewirken, daß ihr Geist und ihr Körper ungefährdet seine Kräfte entfalten kann, daß sie selbst frei ihre Vernunft gebrauchen, und daß sie nicht mit Zorn, Haß und Hinterlist sich bekämpfen noch feindselig gegeneinander gesinnt sind. Der Zweck des Staates ist in Wahrheit die Freiheit.

(...)

Hiermit habe ich gezeigt: 1. Es ist unmöglich, den Menschen die Freiheit zu nehmen, zu sagen, was sie denken. 2. Diese Freiheit kann unbeschadet des Rechts und der Autorität der höchsten Gewalten jedem zugestanden werden, und jeder kann diese Freiheit unbeschadet jenes Rechts bewahren, sofern er sich daraus nicht die Erlaubnis nimmt, etwas im Staat als Recht einzuführen oder den anerkannten Gesetzen entgegenzuhandeln. 3. Jeder kann diese Freiheit besitzen, unbeschadet des Friedens im Staat, und es wird kein Mißstand sich daraus ergeben, der nicht leicht abzustellen wäre. 4. Auch unbeschadet der Frömmigkeit kann jeder diese Freiheit besitzen. 5. Gesetze über spekulative Dinge sind völlig nutzlos. 6. Ich habe gezeigt, daß diese Freiheit nicht nur ohne Schaden für den Frieden des Staates, die Frömmigkeit und das Recht der höchsten Gewalten zugestanden werden kann, sondern daß sie vielmehr zugestanden werden muß, um all dies zu erhalten.

John Locke

Ein Brief über Toleranz

John Locke *(1632–1704) ist nicht nur als Staatstheoretiker und Vorkämpfer für ein demokratisches Regierungssystem, sondern auch als Verfechter eines toleranten Religionsverständnisses bekannt geworden. Bei seiner*

Argumentation bezieht er sich auf die Lehre Jesu, die Anwendung von Gewalt zur Erzwingung religiöser Überzeugungen untersagt.

Geehrter Herr,
Da es Euch gefällig ist, Euch zu erkundigen, was ich über die wechselseitige Duldung der Christen verschiedenen religiösen Bekenntnisses denke, so muß ich Euch freimütig antworten, daß ich Duldung für das hauptsächlichste Kennzeichen der wahren Kirche erachte. Mögen einige auch viel Rühmens machen von den altertümlichen Stätten und Namen oder von dem Gepränge ihres äußeren Gottesdienstes; andere von der Reformation ihrer Lehre; alle von der Orthodoxie ihres Glaubens – denn jeder ist in seinen eigenen Augen orthodox – so sind doch diese Dinge und alle anderen dieser Natur viel eher kennzeichnend für Menschen, die für Macht und Herrschaft übereinander streiten, als für die Kirche Christi. Mag jemand einen noch so begründeten Anspruch auf alle diese Dinge haben, aber wenn er der Mildtätigkeit, der Sanftmut und des guten Willens überhaupt gegen alle Menschen, selbst wenn sie nicht Christen sind, bar ist, so ist er gewiß weit davon entfernt, selber ein guter Christ zu sein. »Die Könige der Völker herrschen über sie«, sagt unser Heiland zu seinen Jüngern, »Ihr aber nicht also« (Luk 22, 25). Etwas ganz anderes ist das Geschäft der wahren Religion. Sie ist nicht gestiftet, um einen äußeren Pomp zu errichten, nicht zur Erlangung einer geistlichen Herrschaft, nicht zur Ausübung gewaltsamen Zwanges, sondern zur Regelung des Lebens der Menschen im Einklange mit den Gesetzen von Tugend und Frömmigkeit. Wer immer sich unter den Banner Christi stellen will, der muß an erster Stelle und vor allen Dingen Krieg führen gegen seine eignen Begierden und Laster. Vergebens maßt man sich ohne Heiligkeit des Lebens, Reinheit der Sitten, Güte und sanftmütige Gesinnung den Namen eines Christen an. »Stehe jeder vom Unrecht ab, der den Namen des Herrn nennt« (2. Tim. 2, 19). »Wenn Du bekehrt bist, so stärke Deine Brüder«, sagte unser Herr zu Petrus (Luk. 22, 32). Wer sich um sein eignes Heil nicht kümmert, wird mich wahrhaftig schwerlich davon überzeugen, daß er um das meine äußerst besorgt ist. Denn es ist unmöglich, daß diejenigen sich aufrichtig und von Herzen der

Aufgabe widmen, andere zu Christen zu machen, die die christliche Religion nicht wirklich in ihr eignes Herz aufgenommen haben. Wenn man dem Evangelium und den Aposteln Glauben schenken darf, so kann niemand ein Christ sein ohne Barmherzigkeit und ohne jenen Glauben, der werktätig ist nicht durch Gewalt sondern durch Liebe. Nun appelliere ich an das Gewissen derer, die andere unter dem Vorwande der Religion verfolgen, martern, zu Grunde richten und töten, ob sie es aus Freundschaft und Güte gegen sie tun oder nicht. Und wahrhaftig: dann erst und nicht früher werde ich es glauben, wenn ich sehe, daß diese feurigen Eiferer ihre Freunde und Vertrauten in derselben Weise für die offenkundigen Sünden bestrafen, die diese gegen die Vorschriften des Evangeliums begehen; wenn ich sehe, daß sie mit Feuer und Schwert diejenigen Mitglieder ihrer eignen Glaubensgemeinschaft verfolgen, die mit greulichen Lastern befleckt und bei fehlender Besserung in der Gefahr ewiger Verdammnis sind, und wenn ich sehe, daß sie so ihre Liebe und ihre Begierde zur Rettung von deren Seelen durch Verhängung von Martern und Anwendung von Grausamkeiten an den Tag legen. Denn wenn es, wie sie behaupten, aus einem Grundsatze der Barmherzigkeit und der Liebe zu den Seelen der Menschen geschieht, daß sie sie ihres Guten berauben, durch körperliche Strafen verkrüppeln, in gesundheitswidrigen Gefängnissen martern und hungern lassen und ihnen schließlich selbst das Leben nehmen – ich sage, wenn dies alles bloß geschieht, um Menschen zu Christen zu machen, warum dulden sie denn daß »Hurerei, Betrug, Bosheit und dergleichen Abscheulichkeiten«, die gemäß dem Apostel (Röm 1) offenkundig nach heidnischer Verderbnis schmecken, sich so sehr vordrängen und in ihren Gemeinden und ihrem Volke im Überfluß vorhanden sind? Diese und ähnliche Dinge sind sicher der Ehre Gottes, der Reinheit der Kirche und dem Heil der Seelen mehr zuwider als irgendein Gewissensbedenken gegen kirchliche Entscheidungen oder eine Absonderung vom öffentlichen Gottesdienst, wenn diese nur mit einem schuldfreien Leben gepaart sind. Warum übergeht denn dieser brennende Eifer für Gott, für die Kirche und für das Seelenheil – brennend, ich meine es wörtlich, mit Feuer und Scheiterhaufen – jene moralischen Laster und Schlechtigkeiten ohne jede

Sühne, von denen doch alle Menschen anerkennen, daß sie dem Bekenntnis des Christentums gerade entgegengesetzt sind? Und warum spannt er alle seine Nerven auf die Einführung von Zeremonien oder auf die Feststellung von Meinungen, die größtenteils spitzfindige und verwickelte Dinge betreffen, jenseits der Fassungskraft des gewöhnlichen Verstandes? Welche der über diese Dinge streitenden Parteien recht hat, welche von ihnen der Ketzerei oder des Schismas schuldig ist, die die herrscht oder die die leidet – das wird dann endlich offenbar sein, wenn es zum Gericht über die Ursache ihrer Absonderung kommt. Dann wird sicherlich nicht derjenige der Häresie schuldig gesprochen werden, der Christus nachfolgt, seine Lehre beherzigt und sein Joch auf sich nimmt, wenn er auch Vater und Mutter verläßt, sich von den öffentlichen Versammlungen und den Zeremonien seines Landes fernhält oder wen immer oder was immer er sonst noch verlassen mag.

(...)

Die Duldung derer, die von andern in Religionssachen abweichen, ist mit dem Evangelium Jesu Christi und der unverfälschten menschlichen Vernunft so sehr in Übereinstimmung, daß es ungeheuerlich scheint, wenn Menschen so blind sind, ihre Notwendigkeit und Vorzüglichkeit bei so hellem Lichte nicht zu gewahren.

Denis Diderot

INTOLERANZ

Artikel aus der Enzyklopädie

Denis Diderot *(1713–1784) hat mit seinem immensen Buchprojekt der* Encyclopédie, *die alles der Menschheit verfügbare Wissen in einem großen Nachschlagewerk allgemein zugänglich machen wollte, das größte Denkmal der europäischen Aufklärung geschaffen. Aber die von unzähligen Gelehrten unter Leitung von Diderot verfassten Artikel der Enzyklopädie stehen auch für die Grundsätze aufgeklärten Denkens.*

Mit dem Wort *Intoleranz* bezeichnet man gemeinhin die wilde Leidenschaft, zu hassen und zu verfolgen, wer sich im Irrtum befindet. Aber um nicht zwei gänzlich verschiedene Sachen zu vermengen, muß man zwei Arten von *Intoleranz* unterscheiden: die kirchliche und die bürgerliche.

Die kirchliche *Intoleranz* besteht darin, jede andere Religion als die eigene für falsch zu halten und dies allen deutlich zu zeigen, ohne sich von irgendwelcher Angst oder menschlichen Rücksichtnahme davon abhalten zu lassen, selbst wenn man dabei sein Leben riskiert. In unserem Artikel geht es nicht um dieses Heldentum, das in allen Jahrhunderten der Kirchengeschichte so viele Märtyrer geschaffen hat.

Die bürgerliche *Intoleranz* besteht darin, jeden Umgang mit denen, die über Gott und Gottesdienst anders denken als wir, abzubrechen und sie mit allen Arten von Grausamkeit zu verfolgen.

Schon einige einzelne Sätze aus der Bibel, aus Kirchenvätern und Konzilsbeschlüssen würden für den Nachweis genügen, daß ein *Intoleranter* im letzteren Sinne ein schlechter Mensch, ein schlechter Christ, ein gefährlicher Untertan, ein schlechter Politiker und schließlich ein schlechter Bürger ist. (...)

Es ist gottlos, die Religion den widerwärtigen Anschuldigungen von Tyrannei, Härte, Ungerechtigkeit und Gesellschaftsfeindlichkeit auszusetzen; selbst wenn das in der Absicht geschieht, alle die Unglücklichen, die sich von ihr entfernt haben, wieder zu ihr zurückzubringen.

Wie der Geist nur das annehmen kann, was ihm wahr erscheint, kann das Herz nur dem in Liebe anhangen, was ihm gut erscheint. Gewalt macht den Schwachen zum Heuchler, den Mutigen zum Märtyrer. Der Schwache und der Mutige jedoch werden die Ungerechtigkeit der Verfolgung spüren und sich darüber empören. Unterweisung, Überzeugung und Gebet sind die einzigen rechtmäßigen Mittel zur Ausbreitung der Religion.

Jedes {andere} Mittel, das Haß, Empörung oder Verachtung erzeugt, ist nicht von Gott.

Jedes Mittel, das die Leidenschaft weckt und sich nach den eigenen Interessen richtet, ist gottlos.

Jedes Mittel, das die natürlichen Bindungen löst und den Vater den Kindern, den Bruder dem Bruder und die Schwester der Schwester entfremdet, ist gottlos.

Jedes Mittel, das die Menschen zu Aufständen treibt, die Völker bewaffnet und die Erde mit Blut tränkt, ist gottlos.

Es ist gottlos, dem Gewissen, der allgemeinen Richtschnur allen Handelns, Gesetze auferlegen zu wollen. Es braucht Aufklärung, nicht Zwang.

Menschen, die sich in gutem Glauben irren, sind zu bedauern, nie aber zu bestrafen.

Foltern darf man weder Leute, die in gutem Glauben irren, noch Leute, die es in schlechter Absicht tun; man muß sie Gottes Richtspruch überlassen.

Bricht man mit dem, den man gottlos nennt, so wird man auch mit dem brechen, den man geizig, schamlos, ehrsüchtig, jähzornig oder lasterhaft nennt. Man wird dieses Abbrechen der Beziehungen auch den andern empfehlen, so daß drei oder vier *Intolerante* ausreichen, die ganze Gesellschaft zu zerreißen. (…)

Welches ist der richtige Weg der Menschlichkeit: wo der Verfolger geht, der schlägt, oder wo der Verfolgte geht, der klagt?

Wenn ein ungläubiger Fürst ein unbestreitbares Recht auf den Gehorsam seiner Untertanen hat, so hat ein Untertan, der nicht dem richtigen Glauben anhängt, ein unbestreitbares Recht auf den Schutz seines Fürsten. Das ist die Verpflichtung auf Gegenseitigkeit.

Wenn der Fürst sagt, daß ein Untertan, der dem falschen Glauben anhängt, sein Leben verwirkt hat, wäre da nicht zu befürchten, daß der Untertan sagt, der ungläubige Fürst hätte seine Herrschaft verwirkt?

Ihr Intoleranten, ihr Blutmenschen: schaut auf die Folgen eurer Grundsätze und erschauert! Ihr Menschen, die ich liebe, was auch immer eure Gedanken sind: für euch habe ich diese Sätze gesammelt, und ich beschwöre euch, sie zu überdenken. Überdenkt sie – und ihr werdet von einem grausamen System lassen, das weder der Aufrichtigkeit des Geistes noch der Güte des Herzens entspricht. (…)

Gotthold Ephraim Lessing

NATHAN DER WEISE: DIE RINGPARABEL

Gotthold Ephraim Lessing *(1729–1781) hat mit seinen Dramen nicht nur zur deutschen Literatur, sondern auch zur europäischen Aufklärung wichtige Beiträge geleistet. Die Ringparabel aus dem Drama* Nathan der Weise *ist eine der bekanntesten Bearbeitungen der Toleranzidee. Die drei großen monotheistischen Religionen Judaismus, Christentum und Islam stehen als prinzipiell gleichwertig nebeneinander und sind zu gegenseitigem Respekt verpflichtet.*

SALADIN (So ist das Feld hier rein!) – Ich komm' dir doch
Nicht zu geschwind zurück? Du bist zu Rande
Mit deiner Überlegung. – Nun so rede!
Es hört uns keine Seele.
NATHAN Möcht' auch doch
Die ganze Welt uns hören.
SALADIN So gewiß
Ist Nathan seiner Sache? Ha! das nenn'
Ich einen Weisen! Nie die Wahrheit zu
Verhehlen! für sie alles auf das Spiel
Zu setzen! Leib und Leben! Gut und Blut!
NATHAN Ja! ja! wann's nötig ist und nutzt.
SALADIN Von nun
An darf ich hoffen, einen meiner Titel,
Verbesserer der Welt und des Gesetzes,
Mit Recht zu führen.
NATHAN Traun, ein schöner Titel!
Doch, Sultan, eh' ich mich dir ganz vertraue,
Erlaubst du wohl, dir ein Geschichtchen zu
Erzählen?
SALADIN Warum das nicht? Ich bin stets
Ein Freund gewesen von Geschichtchen, gut
Erzählt.
NATHAN Ja, *gut* erzählen, das ist nun

Wohl eben meine Sache nicht.
SALADIN Schon wieder
So stolz bescheiden? – Mach'? erzähl', erzähle!
(...)
NATHAN Vor grauen Jahren lebt' ein Mann in Osten,
Der einen Ring von unschätzbarem Wert
Aus lieber Hand besaß. Der Stein war ein
Opal, der hundert schöne Farben spielte,
Und hatte die gemeine Kraft, vor Gott
Und Menschen angenehm zu machen, wer
In dieser Zuversicht ihn trug. Was Wunder,
Daß ihn der Mann in Osten darum nie
Vom Finger ließ; und die Verfügung traf,
Auf ewig ihn bei seinem Hause zu
Erhalten? Nämlich so. Er ließ den Ring
Von seinen Söhnen dem geliebtesten;
Und setzte fest, daß dieser wiederum
Den Ring von seinen Söhnen dem vermache,
Der ihm der liebste sei; und stets der liebste,
Ohn' Ansehn der Geburt, in Kraft allein
Des Rings, das Haupt, der Fürst des Hauses werde. –
Versteh mich, Sultan.
SALADIN Ich versteh' dich. Weiter!
NATHAN So kam nun dieser Ring, von Sohn zu Sohn,
Auf einen Vater endlich von drei Söhnen;
Die alle drei ihm gleich gehorsam waren,
Die alle drei er folglich gleich zu lieben
Sich nicht entbrechen konnte. Nur von Zeit
Zu Zeit schien ihm bald der, bald dieser, bald
Der dritte, – sowie jeder sich mit ihm
Allein befand, und sein ergießend Herz
Die andern zwei nicht teilten, – würdiger
Des Ringes; den er denn auch einem jeden
Die fromme Schwachheit hatte, zu versprechen.
Das ging nun so, solang es ging. – Allein

Es kam zum Sterben, und der gute Vater
Kömmt in Verlegenheit. Es schmerzt ihn, zwei
Von seinen Söhnen, die sich auf sein Wort
Verlassen, so zu kränken. – Was zu tun? –
Er sendet in geheim zu einem Künstler,
Bei dem er, nach dem Muster seines Ringes,
Zwei andere bestellt, und weder Kosten
Noch Mühe sparen heißt, sie jenem gleich,
Vollkommen gleich zu machen. Das gelingt
Dem Künstler. Da er ihm die Ringe bringt,
Kann selbst der Vater seinen Musterring
Nicht unterscheiden. Froh und freudig ruft
Er seine Söhne, jeden insbesondre;
Gibt jedem insbesondre seinen Segen, –
Und seinen Ring, – und stirbt. – Du hörst doch, Sultan?
SALADIN *(der sich betroffen von ihm gewandt)*
Ich hör', ich höre! – Komm mit deinem Märchen
Nur bald zu Ende. – Wird's?
NATHAN Ich bin zu Ende.
Denn was noch folgt, versteht sich ja von selbst. –
Kaum war der Vater tot, so kömmt ein jeder
Mit seinem Ring, und jeder will der Fürst
Des Hauses sein. Man untersucht, man zankt,
Man klagt. Umsonst; der rechte Ring war nicht
Erweislich; –
(nach einer Pause, in welcher er des Sultans Antwort erwartet)
Fast so unerweislich, als
Uns itzt – der rechte Glaube.
SALADIN Wie? das soll
Die Antwort sein auf meine Frage? …
NATHAN Soll
Mich bloß entschuldigen, wenn ich die Ringe
Mir nicht getrau' zu unterscheiden, die
Der Vater in der Absicht machen ließ,
Damit sie nicht zu unterscheiden wären.

SALADIN Die Ringe! – Spiele nicht mit mir! – Ich dächte,
Daß die Religionen, die ich dir
Genannt, doch wohl zu unterscheiden wären.
Bis auf die Kleidung, bis auf Speis' und Trank!
NATHAN Und nur von seiten ihrer Gründe nicht. –
Denn gründen alle sich nicht auf Geschichte?
Geschrieben oder überliefert! – Und
Geschichte muß doch wohl allein auf Treu'
Und Glauben angenommen werden? – Nicht? –
Nun, wessen Treu' und Glauben zieht man denn
Am wenigsten in Zweifel? Doch der Seinen?
Doch deren Blut wir sind? doch deren, die
Von Kindheit an uns Proben ihrer Liebe
Gegeben? die uns nie getäuscht, als wo
Getäuscht zu werden uns heilsamer war? –
Wie kann ich meinen Vätern weniger
Als du den deinen glauben? Oder umgekehrt. –
Kann ich von dir verlangen, daß du deine
Vorfahren Lügen strafst, um meinen nicht
Zu widersprechen? Oder umgekehrt.
Das nämliche gilt von den Christen. Nicht? –
SALADIN (Bei dem Lebendigen! Der Mann hat recht.
Ich muß verstummen.)
NATHAN Laß auf unsre Ring'
Uns wieder kommen. Wie gesagt: die Söhne
Verklagten sich; und jedes schwur dem Richter,
Unmittelbar aus seines Vaters Hand
Den Ring zu haben. – Wie auch wahr! – Nachdem
Er von ihm lange das Versprechen schon
Gehabt, des Ringes Vorrecht einmal zu
Genießen. – Wie nicht minder wahr! – Der Vater,
Beteurte jeder, könne gegen ihn
Nicht falsch gewesen sein; und eh' er dieses
Von ihm, von einem solchen lieben Vater,
Argwohnen lass': eh' müss' er seine Brüder,

So gern er sonst von ihnen nur das Beste
Bereit zu glauben sei, des falschen Spiels
Bezeihen; und er wolle die Verräter
Schon auszufinden wissen; sich schon rächen.
SALADIN Und nun, der Richter? – Mich verlangt zu hören,
Was du den Richter sagen lässest. Sprich!
NATHAN Der Richter sprach: Wenn ihr mir nun den Vater
Nicht bald zur Stelle schafft, so weis' ich euch
Von meinem Stuhle. Denkt ihr, daß ich Rätsel
Zu lösen da bin? Oder harret ihr,
Bis daß der rechte Ring den Mund eröffne? –
Doch halt! Ich höre ja, der rechte Ring
Besitzt die Wunderkraft beliebt zu machen;
Vor Gott und Menschen angenehm. Das muß
Entscheiden! Denn die falschen Ringe werden
Doch das nicht können! – Nun; wen lieben zwei
Von Euch am meisten? – Macht, sagt an! Ihr schweigt?
Die Ringe wirken nur zurück? und nicht
Nach außen? Jeder liebt sich selber nur
Am meisten? – O, so seid ihr alle drei
Betrogene Betrüger! Eure Ringe
Sind alle drei nicht echt. Der echte Ring
Vermutlich ging verloren. Den Verlust
Zu bergen, zu ersetzen, ließ der Vater
Die drei für einen machen.
SALADIN Herrlich! herrlich!
NATHAN Und also, fuhr der Richter fort, wenn ihr
Nicht meinen Rat, statt meines Spruches, wollt:
Geht nur! – Mein Rat ist aber der: ihr nehmt
Die Sache völlig wie sie liegt. Hat von
Euch jeder seinen Ring von seinem Vater:
So glaube jeder sicher seinen Ring
Den echten. – Möglich; daß der Vater nun
Die Tyrannei des *einen* Rings nicht länger
In seinem Hause dulden wollen! – Und gewiß;

Daß er euch alle drei geliebt, und gleich
Geliebt: indem er zwei nicht drücken mögen,
Um einen zu begünstigen. – Wohlan!
Es eifre jeder seiner unbestochnen
Von Vorurteilen freien Liebe nach!
Es strebe von euch jeder um die Wette,
Die Kraft des Steins in seinem Ring' an Tag
Zu legen! komme dieser Kraft mit Sanftmut,
Mit herzlicher Verträglichkeit, mit Wohltun,
Mit innigster Ergebenheit in Gott
Zu Hilf'! Und wenn sich dann der Steine Kräfte
Bei euern Kindes-Kindeskindern äußern:
So lad' ich über tausend tausend Jahre
Sie wiederum vor diesen Stuhl. Da wird
Ein weisrer Mann auf diesem Stuhle sitzen
Als ich; und sprechen. Geht! – So sagte der
Bescheidne Richter.
SALADIN Gott! Gott!
NATHAN Saladin,
Wenn du dich fühlest, dieser weisere
Versprochne Mann zu sein: …
SALADIN *(der auf ihn zustürzt und seine Hand ergreift, die er bis zu Ende nicht wieder fahren läßt)* Ich Staub? Ich Nichts?
O Gott!
NATHAN Was ist dir, Sultan?
SALADIN Nathan, lieber Nathan! –
Die tausend tausend Jahre deines Richters
Sind noch nicht um. – Sein Richterstuhl ist nicht
Der meine. – Geh! – Geh! – Aber sei mein Freund.
NATHAN Und weiter hätte Saladin mir nichts
Zu sagen?
SALADIN Nichts.
NATHAN Nichts?
SALADIN Gar nichts. – Und warum?
NATHAN Ich hätte noch Gelegenheit gewünscht,

Dir eine Bitte vorzutragen.
SALADIN Braucht's
Gelegenheit zu einer Bitte? – Rede!
NATHAN Ich komm' von einer weiten Reis', auf welcher
Ich Schulden eingetrieben. – Fast hab' ich
Des baren Gelds zuviel. – Die Zeit beginnt
Bedenklich wiederum zu werden; – und
Ich weiß nicht recht, wo sicher damit hin. –
Da dacht' ich, ob nicht du vielleicht, – weil doch
Ein naher Krieg des Geldes immer mehr
Erfordert, – etwas brauchen könntest.
SALADIN *(ihm steif in die Augen sehend)* Nathan! –
Ich will nicht fragen, ob Al-Hafi schon
Bei dir gewesen; – will nicht untersuchen,
Ob dich nicht sonst ein Argwohn treibt, mir dieses
Erbieten freierdings zu tun: …
NATHAN Ein Argwohn?
SALADIN Ich bin ihn wert. – Verzeih mir! – Denn was hilft's?
Ich muß dir nur gestehen, – daß ich im
Begriffe war –
NATHAN Doch nicht, das Nämliche
An mich zu suchen?
SALADIN Allerdings.
NATHAN So wär'
Uns beiden ja geholfen! – Daß ich aber
Dir alle meine Barschaft nicht kann schicken,
Das macht der junge Tempelherr. Du kennst
Ihn ja. Ihm hab' ich eine große Post
Vorher noch zu bezahlen.
SALADIN Tempelherr?
Du wirst doch meine schlimmsten Feinde nicht
Mit deinem Geld auch unterstützen wollen?
NATHAN Ich spreche von dem einen nur, dem du
Das Leben spartest …
SALADIN Ah! woran erinnerst

Du mich! – Hab' ich doch diesen Jüngling ganz
Vergessen! – Kennst du ihn? – Wo ist er?
NATHAN Wie?
So weißt du nicht, wie viel von deiner Gnade
Für ihn, durch ihn auf mich geflossen? Er,
Er mit Gefahr des neu erhaltnen Lebens,
Hat meine Tochter aus dem Feuer gerettet.
SALADIN Er? Hat er das? – Ha! darnach sah er aus.
Das hätte traun mein Bruder auch getan,
Dem er so ähnelt! – Ist er denn noch hier?
So bring' ihn her! – Ich habe meiner Schwester
Von diesem ihren Bruder, den sie nicht
Gekannt, so viel erzählet, daß ich sie
Sein Ebenbild doch noch muß sehen lassen! –
Geh, hol' ihn! – Wie aus *einer* guten Tat,
Gebar sie auch schon bloße Leidenschaft,
Doch so viel andre gute Taten fließen!
Geh, hol' ihn!

Kurt Tucholsky

WAS DARF DIE SATIRE?

Kurt Tucholsky *(1890–1935) verbindet in seinem Werk großartigen Humor mit harten politischen Aussagen zur Situation der deutschen Gesellschaft. Die meisten seiner kurzen und pointierten Texte publizierte er unter den Pseudonymen Ignaz Wrobel oder Kaspar Hauser. In den Jahren der Weimarer Republik war er eine der markanten Stimmen, die für Meinungsfreiheit und Toleranz eintraten. Nach der Machtübernahme der Nazis wurde er ausgebürgert. Im schwedischen Exil beging er Selbstmord.*

Frau Vockerat: »Aber man muß doch seine Freude haben können an der Kunst.«

Johannes: »Man kann viel mehr haben an der Kunst als seine Freude.«
Gerhart Hauptmann

Wenn einer bei uns einen guten politischen Witz macht, dann sitzt halb Deutschland auf dem Sofa und nimmt übel.
Satire scheint eine durchaus negative Sache. Sie sagt: »Nein!« Eine Satire, die zur Zeichnung einer Kriegsanleihe auffordert, ist keine. Die Satire beißt, lacht, pfeift und trommelt die große, bunte Landsknechttrommel gegen alles, was stockt und träge ist.
Satire ist eine durchaus positive Sache. Nirgends verrät sich der Charakterlose schneller als hier, nirgends zeigt sich fixer, was ein gewissenloser Hanswurst ist, einer, der heute den angreift und morgen den.
Der Satiriker ist ein gekränkter Idealist: er will die Welt gut haben, sie ist schlecht, und nun rennt er gegen das Schlechte an.
Die Satire eines charaktervollen Künstlers, der um des Guten willen kämpft, verdient also nicht diese bürgerliche Nichtachtung und das empörte Frauchen, mit dem hierzulande diese Kunst abgetan wird.
Vor allem macht der Deutsche einen Fehler: er verwechselt das Dargestellte mit dem Darstellenden. Wenn ich die Folgen der Trunksucht aufzeigen will, also dieses Laster bekämpfe, so kann ich das nicht mit frommen Bibelsprüchen, sondern ich werde es am wirksamsten durch die packende Darstellung eines Mannes tun, der hoffnungslos betrunken ist. Ich hebe den Vorhang auf, der schonend über die Fäulnis gebreitet war, und sage: »Seht!« – In Deutschland nennt man dergleichen ›Kraßheit‹. Aber Trunksucht ist ein böses Ding, sie schädigt das Volk, und nur schonungslose Wahrheit kann da helfen. Und so ist das damals mit dem Weberelend gewesen, und mit der Prostitution ist es noch heute so.
Der Einfluß Krähwinkels hat die deutsche Satire in ihren so dürftigen Grenzen gehalten. Große Themen scheiden nahezu völlig aus. Der einzige ›Simplicissimus‹ hat damals, als er noch die große, rote Bulldogge rechtens im Wappen führte, an all die deutschen Heiligtümer zu rühren gewagt: an den prügelnden Unteroffizier, an den stockflecki-

gen Bürokraten, an den Rohrstockpauker und an das Straßenmädchen, an den fettherzigen Unternehmer und an den näselnden Offizier. Nun kann man gewiß über all diese Themen denken wie man mag, und es ist jedem unbenommen, einen Angriff für ungerechtfertigt und einen anderen für übertrieben zu halten, aber die Berechtigung eines ehrlichen Mannes, die Zeit zu peitschen, darf nicht mit dicken Worten zunichte gemacht werden.

Übertreibt die Satire? Die Satire muß übertreiben und ist ihrem tiefsten Wesen nach ungerecht. Sie bläst die Wahrheit auf, damit sie deutlicher wird, und sie kann nicht anders arbeiten als nach dem Bibelwort: Es leiden die Gerechten mit den Ungerechten.

Aber nun sitzt zutiefst im Deutschen die leidige Angewohnheit, nicht in Individuen, sondern in Ständen, in Korporationen zu denken und aufzutreten, und wehe, wenn du einer dieser zu nahe trittst. Warum sind unsere Witzblätter, unsere Lustspiele, unsere Komödien und unsere Filme so mager? Weil keiner wagt, dem dicken Kraken an den Leib zu gehen, der das ganze Land bedrückt und dahockt: fett, faul und lebenstötend.

Nicht einmal dem Landesfeind gegenüber hat sich die deutsche Satire herausgetraut. Wir sollten gewiß nicht den scheußlichen unter den französischen Kriegskarikaturen nacheifern, aber welche Kraft lag in denen, welch elementare Wut, welcher Wurf und welche Wirkung! Freilich: sie scheuten vor gar nichts zurück. Daneben hingen unsere bescheidenen Rechentafeln über U-Boot-Zahlen, taten niemandem etwas zuleide und wurden von keinem Menschen gelesen.

Wir sollten nicht so kleinlich sein. Wir alle – Volksschullehrer und Kaufleute und Professoren und Redakteure und Musiker und Ärzte und Beamte und Frauen und Volksbeauftragte – wir alle haben Fehler und komische Seiten und kleine und große Schwächen. Und wir müssen nun nicht immer gleich aufbegehren (›Schlächtermeister, wahret eure heiligsten Güter!‹), wenn einer wirklich einmal einen guten Witz über uns reißt. Boshaft kann er sein, aber ehrlich soll er sein. Das ist kein rechter Mann und kein rechter Stand, der nicht einen ordentlichen Puff vertragen kann. Er mag sich mit denselben Mitteln dagegen wehren, er mag widerschlagen – aber er wende nicht verletzt,

empört, gekränkt das Haupt. Es wehte bei uns im öffentlichen Leben ein reinerer Wind, wenn nicht alle übel nähmen.
So aber schwillt ständischer Dünkel zum Größenwahn an. Der deutsche Satiriker tanzt zwischen Berufsständen, Klassen, Konfessionen und Lokaleinrichtungen einen ständigen Eiertanz. Das ist gewiß recht graziös, aber auf die Dauer etwas ermüdend. Die echte Satire ist blutreinigend: und wer gesundes Blut hat, der hat auch einen reinen Teint.
Was darf die Satire?
Alles.

José Saramago

Brief an Salman Rushdie

José Saramago *(* 1922) hat dem vom Tode bedrohten britischen Schriftsteller Salman Rushdie auf sehr persönliche Art seine Solidarität bezeugt. Der portugiesische Nobelpreisträger kleidet die alptraumartige Situation, in der sich Rushdie befindet, in eine nur scheinbar simple Erzählung.*

Sie werden bemerkt haben, daß ich bisher, wobei ich es nun auf diese Weise tue, noch nicht angespielt habe auf die üblichen, allzu bekannten Themen wie Gedanken- und Meinungsfreiheit, die heilige Achtung vor dem Leben, Güte und Toleranz, Vergebung von übler Nachrede und das Verzeihen von Missetaten, auf Themen wie Verantwortung und Schuld und darauf schließlich, daß wir uns all dessen mehr oder weniger bewußt sind, nicht zu vergessen die gesellschaftliche Notwendigkeit einiger allgemeiner ethischer Werte, die es nicht nur dank einer bestimmten Obrigkeit gibt, sei sie nun himmlisch oder irdischer Natur.
Ich vermute, lieber Rushdie, daß Sie es schon leid sind, derartige Reden zu lesen oder zu hören, und deshalb werde ich Ihnen eine kleine volkstümliche Geschichte erzählen, eine kurze, erbauliche Fabel aus meiner Kindheit, die ich in all diesen Jahren im Gedächtnis behalten habe. Ich hätte nicht gedacht, daß ich sie eines Tages verwenden könn-

te und obendrein zu einem so ernsten, unerwarteten Anlaß wie diesem, in einem Brief an Sie, der, da es ein offener Brief ist, von jedem gelesen werden kann, und nur Gott weiß, wie mich die Leser beurteilen werden, die ihrerseits andere Vorstellungen davon haben mögen, wie man seine Achtung angesichts einer Situation wie der Ihren zum Ausdruck bringt.

Aber kommen wir zu der Geschichte (aus Geschichten ist das Brot gemacht, das wir essen), und die bösen Zungen sollen schweigen. Es war einmal ein Mann, der jeden Tag seine Frau schlug. Sie konnte noch so umsichtig sein, sich noch so unterwürfig geben, ihm in allem gehorchen, ihm all seine Wünsche von den Augen ablesen, nie die Stimme heben, nicht einmal um zu sagen, »das ist mein Mund«, ihr Mann fand doch immer einen Anlaß, um, wie wir sagen, ihr das Fell zu gerben. Einmal jedoch war die arme Frau so vorsichtig gewesen, hatte ihre Umsicht derart weit getrieben, daß der Mann die Stunde nahen sah, in der sie zu Bett gehen würde, ohne daß er ihr die tägliche Strafe verabreicht hatte.

Ich habe vergessen, Ihnen zu sagen, lieber Rushdie, daß sich dies in einem Dorf auf dem Land zutrug, und daß es im Sommer war und heiß. Unser Mann hatte sich so daran gewöhnt, Anlässe zu finden, wenn Gründe fehlten, daß er sogleich einen Ausweg fand. Er sagte zu seiner Frau: »Es ist sehr heiß, es wäre besser, wenn wir hinter dem Haus im Freien schliefen.« Die Frau ließ sich nicht zweimal bitten, und im Handumdrehen hatte sie das Bett im kleinen Garten gerichtet, und schön war es dort unter dem wunderbaren Baldachin voller Sterne, die ganze prachtvolle Milchstraße.

Der Mann legte sich hin, die Frau legte sich hin, verwundert, daß sie einen Tag ohne Schläge verbracht hatte, als ihr Mann sie plötzlich fragte: »Frau, was ist das?« Und sie mit aller Unschuld dieser Welt: »Was denn?« Und er: »Diese ganzen Sterne am Himmel, von einem Ende zum anderen.« »Aber Mann, weißt du denn nicht, daß das die Straße von Santiago ist.« Straße von Santiago nennen wir in diesen iberischen und so überaus christlichen Breiten die Milchstraße. Kaum hatte sie dies ausgesprochen, rief der Mann: »Aha, du Luder, da hast du mir also das Bett unter der Straße gerichtet und setzt mich der Gefahr aus, daß ein Auto auf mich herunterfallen kann?« Kaum hatte er dies gesagt, verabreichte er ihr erbarmungslos die Tracht Prügel, der sie beinahe entkommen wäre.

Die Moral dieser Geschichte brauche ich Ihnen, lieber Rushdie, nicht zu erklären. Vor zehn Jahren schrieb ich in einem Roman, der noch im Umlauf ist: »Wenn das Heilige Offizium es so will, sind alle guten Gründe schlecht und alle schlechten Gründe gut, und wenn es an diesen oder jenen mangelt, dann gibt es die Qualen von Wasser und Feuer, von Folterbock und Foltergalgen, um sie aus dem Nichts und der Verschwiegenheit hervorzulocken.« So ist das. Wir waren nie in Gottes Hand, aber in der Hand der Macht sind wir immer.

Ich weiß nicht, ob wir uns eines Tages begegnen werden oder ob Sie zu ewiger Abgeschiedenheit verdammt sind. Sowohl die sogenannte internationale Gemeinschaft als auch die Meinung, die wir für öffentlich halten, denen Sie im Grunde die ganze Zeit nur lästig sind, weil Sie noch leben, tun ihr Möglichstes, um Sie zu vergessen, und machen sich derweil Sorgen um die Widrigkeiten auf unserem Planeten und wie Abhilfe zu schaffen sei. Nur ungern denke ich daran, Ihnen vielleicht in einem Jahr wieder einen Brief schreiben zu müssen, aber ich fürchte, so wird es sein, denn so umfassend ist die Verrücktheit dieser beschissenen Welt, in der wir leben.

Ich umarme Sie

José Saramago

Hans Küng
Unfehlbar?

Hans Küng *(* 1928), Professor der Theologie an der Universität Tübingen, ist einer der bekanntesten Kritiker der katholischen Kirche. 1979 wurde ihm die kirchliche Lehrerlaubnis entzogen, nachdem er Grundsätze der Glaubenslehre infrage gestellt hatte, vor allem die Unfehlbarkeit des Papstes. Seine Kritik führt zur entscheidenden Frage, wieweit Toleranz gegenüber abweichenden Meinungen in Glaubensfragen gehen kann.*

Unfehlbares Lehramt?

Die Irrtümer des kirchlichen Lehramtes

Die Behauptung einer »Unfehlbarkeit« des Lehramtes in der katholischen Kirche war für die Nichtchristen und Christen außerhalb schon immer eine unannehmbare Sache. In neuester Zeit ist sie jedoch in einem erstaunlichen Ausmaß auch innerhalb der katholischen Kirche eine zumindest fragwürdige Sache geworden. Deshalb soll hier die heute unter Theologen wie Laien manchmal mehr geahnte als ausgesprochene, aber immer stärker auch ventilierte und diskutierte Frage zu einer theologisch durchdachten und auf eine bestimmte Antwort zielende *Anfrage* ausgeformt werden.

Woher die Frage sich aufdrängt, ist leicht verständlich: Die Irrtümer des kirchlichen Lehramtes sind zahlreich und schwerwiegend; sie können heute, da man die offene Diskussion nicht mehr verbieten kann, auch von konservativeren Theologen und Kirchenführern nicht mehr in Abrede gestellt werden. Gleichsam klassische und heute weithin zugegeben Irrtümer des kirchlichen Lehramtes sind: die Exkommunikation des ökumenischen Patriarchen von Konstantinopel Photius und der griechischen Kirche, welche die nun bald tausendjährige Kirchenspaltung mit der Ostkirche formell machte; das Verbot des Zinsnehmens zu Beginn der Neuzeit, wo das kirchliche Lehramt nach mannigfachen Kompromissen viel zu spät seine Auffassung änderte; die Galilei-Verurteilung und entsprechende Maßnahmen, die wesentlich für die heute noch nicht überwundene Entfremdung von Kirche und Naturwissenschaften verantwortlich sind; die Verurteilung neuer Gottesdienstformen im Ritenstreit, die ein Hauptgrund ist für das weitgehende Scheitern der katholischen Mission der Neuzeit in Indien, China und Japan; die Aufrechterhaltung der mittelalterlichen Welt-Macht des Papstes bis hin zum Ersten Vatikanischen Konzil mit allen weltlichen und geistlichen Mitteln der Exkommunikation, was das Papsttum als geistlichen Dienst weithin unglaubwürdig machte; schließlich zu Beginn unseres Jahrhunderts die zahlreichen Verurteilungen der neuen historisch-kritischen Exegese bezüglich der Autorschaft der biblischen Bücher, der Quellenforschung im Alten und Neuen Testament, der Historizität und der literarischen Gattungen, des Comma Joanneum, der Vulgata; aber auch die Verurteilungen auf dogmatischem Gebiet, besonders im Zusammenhang mit dem »Modernismus« (Entwicklungstheorie, Verständnis der Dogmenentwicklung) und in allerneuester Zeit im Zusammenhang mit Pius' XII. Enzyklika »Humani generis« und der entsprechenden kirchlichen Disziplinarmaßnahmen usw.

Die Irrtümer des kirchlichen Lehramtes waren in jedem Jahrhundert zahlreich und unbestreitbar; eine genaue Durchforstung des Index der verbotenen Bücher wäre hier als Beleg besonders aufschlußreich. Und doch hatte das kirchliche Lehramt immer wieder Mühe, diese Irrtümer offen und ehrlich zuzugeben. Meist korrigierte man nur »implizit«, verdeckt, ohne allen Freimut und insbesondere ohne offenes Schuldbekenntnis. Man fürchtete, die Einsicht in die zugestandene Fehlbarkeit bestimmter wichtiger Entscheidungen könnte die Aussicht auf die beanspruchte Unfehlbarkeit bestimmter anderer wichtiger Entscheidungen verdecken oder gar endgültig verhindern. Und die Apologetik katholischer Theologen verstand es lange Zeit trefflich, im Dienste des kirchlichen Lehramtes die Infragestellung der Unfehlbarkeit abzuwehren mit dem im Grunde einfachen Rezept: entweder war es kein Irrtum, oder – wenn man schließlich und endlich einen Irrtum nicht mehr bestreiten, umdeuten, verharmlosen und verniedlichen konnte – dann war es keine unfehlbare Entscheidung gewesen. Auf diese Weise half die Theologie der Hierarchie, und in diesem Sinne förderte die Hierarchie die Theologie. Als ein lange zurückliegendes Beispiel für solche oft peinlich wirkenden theologischen Manöver sei nur der auch auf dem Ersten Vatikanum diskutierte Fall des Papstes Honorius zitiert, der von einem ökumenischen Konzil und mehreren nachfolgenden Päpsten als Häretiker verurteilt worden war. Als nicht weit zurückliegendes Beispiel jedoch für eine irrige Stellungnahme des kirchlichen Lehramtes, bei der solche theologische Manöver nicht mehr möglich sind, sei die neueste lehramtliche Entscheidung über die Unsittlichkeit der Geburtenregelung angeführt. Bei diesem für das Problem der Unfehlbarkeit außerordentlich aufschlußreichen allerneuesten Testfall wollen wir mit unserer Analyse einsetzen.

Bewahrung und Erneuerung

Die letzte Revolution, die in Europa stattfand, erlebte ich vor dem Fernseher. Es war am 19. August 1989. Ein paar hundert DDR-Bürger stürmten in Ungarn durch einen Grenzzaun, der sich wie durch ein Wunder plötzlich auftat. Mit offenem Mund starrte ich auf den Bildschirm, um zu begreifen, was da passierte: In dem Moment, als dieser wacklige Zaun, eine Karikatur des Eisernen Vorhangs, sich vor unser aller Augen öffnete, ging eine ganze Epoche zu Ende, und mit ihr ein System, das zahllose Menschen auf dem Gewissen hatte. Doch statt zu jubeln, beschlich mich ein seltsam zwiespältiges Gefühl: Noch während ich mich darüber freute, dass diese Massenflucht das Tor zu einer neuen Zeit aufstieß, fragte ich mich zugleich, ob nicht besser alles so geblieben wäre, wie es jahrzehntelang gewesen war.

So einmalig das Ereignis damals war, so alltäglich war meine Reaktion: In diesen Zwiespalt der Gefühle gerate ich fast immer, wenn ich einen Umbruch erlebe – egal, ob im großen politischen Welttheater oder auf der privaten Kleinkunstbühne. Ich erwarte von der Zukunft das Paradies, doch bin ich gleichzeitig zutiefst überzeugt, dass früher alles besser war. Das Neue erfüllt mich oft mit solcher Neugier, dass ich mir mit Brecht »lieber das schlechte Neue als das gute Alte« wünsche. Doch dann bereitet es mir wieder solche Angst, dass ich mir wie Marcel Proust die Bettdecke über den Kopf ziehen möchte, um nie mehr die Geborgenheit des Schlafzimmers zu verlassen.

Ich fürchte, mit dieser Schizophrenie stehe ich in Europa nicht allein. Nicht nur meine Freunde, Friseure und Verwandten leiden an ihren Symptomen, sondern auch die zahllosen Politiker, Wirtschaftsführer und sonstigen Sterndeuter, die sich in der Öffentlichkeit zur Lage der verschiedenen Nationen äußern. Ihren Grund hat sie vermutlich in der »Vergänglichkeit« des Lebens selbst – ein Lebensgefühl, das seit Jahrtausenden durch das Abendland geistert. Mimnermos besingt es schon in der Antike: Kaum ist etwas so, wie wir es uns dachten, ist es damit auch schon vorbei. Die Zukunft aber ist ein großes Fragezeichen: Wird sie sich zum Besseren oder Schlechteren wenden? Angesichts dieser

Ungewissheit sind wir ständig im Zwiespalt mit uns selbst: zwischen der Hoffnung auf Erneuerung und dem Bedürfnis nach Beständigkeit, zwischen Utopie und Tradition, zwischen Revolution und Bewahrung.

»Eine Weltkarte«, so Oscar Wilde, »in der das Land Utopia nicht verzeichnet ist, verdient keinen Blick, denn sie lässt die eine Küste aus, wo die Menschheit ewig landen wird.« Utopia ist das Land »Nirgendwo« unserer unerfüllten kollektiven Sehnsucht, die uns leitet, solange wir leben, und Ikarus und Daedalus sind seine ersten europäischen Seelenbürger. Erfüllt vom »Geist der Utopie« (Bloch) machen sie sich ans Werk, den Urtraum der Menschheit zu wagen: hinauf zur Sonne zu fliegen, sich zu befreien von aller Erdenschwere.

Mit Plato hält die abendländische Utopie ihren Einzug auf Erden. Sie gilt dem vollkommenen »Staat«, in dem allein die Vernunft regiert – wo Philosophen Könige und Könige Philosophen sind. Doch die Wirklichkeit sieht anders aus. Statt Könige und Philosophen herrschen hier Armut und Not. Die Utopien der frühen europäischen Neuzeit brechen darum radikal mit der Welt, in der sie entstehen. In seinem Roman »Utopia«, der zum Inbegriff einer ganzen Gattung wird, schildert Thomas Morus die Überwindung des feudalen Gegensatzes zwischen Wohlhabenden und Besitzlosen, eine Vision, die Campanella konsequent zu Ende denkt. Sein »Sonnenstaat«, die erste sozialistische Utopie, wird in Südamerika für einen Wimpernschlag der Geschichte Realität, im Jesuitenstaat von Paraguay.

Im Zeichen des kontinentalen Absolutismus richtet sich die utopische Kritik auf ein neues Ziel, die Willkür der Monarchie, um von der brüderlichen Gleichheit der Menschen zu träumen. Mercier denkt dabei schon bis zum »Jahr 2440« voraus. Damit wird erstmals die Zukunft zum Ort der Utopie. Rastlose Arbeit zeichnet seine Bewohner aus: »Der Mensch darf keinen Tag untätig bleiben.« Mit diesem Ethos will Robert Owen im Zeitalter der Industrialisierung die europäische Gesellschaft in einen Garten Eden verwandeln, eine Idee, die er nicht nur beschreibt, sondern in der schottischen Provinz auch zu verwirklichen sucht. Marx und Engels wollen sich mit solchen Inseln der Glückseligen freilich nicht begnügen. Ihr »Manifest der kommunistischen

Partei« soll die ganze Welt revolutionieren. Lenin macht in Russland damit den Anfang.

»You say you want a revolution«, singen die Beatles, *»don't you know that you can count me out.«* Mit der Verwirklichung des Sozialismus geraten die Utopien in kontinentalen Misskredit. Doch die Sowjetunion war kaum geboren, da sahen Čapek und Samjatin bereits den totalitären Staat voraus, in ihren Horrorszenarien »R.U.R« und »Wir«, die später Huxley und Orwell zu ihren negativen Utopien inspirieren sollten. Allerdings betrifft diese Kritik am utopischen Denken nicht nur dessen konkrete Ausgestaltung, sie betrifft auch seinen Wesenskern: die Idee der Grenzüberschreitung. Ikarus verbrannte sich bekanntlich die Flügel auf seinem Weg zur Sonne und stürzte in den Tod. Damit bringt der Mythos bereits in der Antike ein europäisches Unbehagen an der Utopie zum Ausdruck: das Gefühl der Unsicherheit, das der Bruch mit der vertrauten Wirklichkeit provoziert. Sicherheit ist ein menschliches Urbedürfnis, das sich durch jede Veränderung gefährdet sieht. Das beweist nicht zuletzt die verwirklichte Utopie des Kommunismus. Trotzkis Konzept der »permanenten Revolution« ist Stalin ein solcher Alptraum, dass er seinen Rivalen umbringen lässt. Und derselbe Leibniz, der mit der These, in der besten aller möglichen Welten zu leben, den Optimismus zur philosophischen Doktrin erhebt, schlägt für das wirkliche Leben die Einrichtung von Versicherungssystemen vor, zum Schutz vor den Wechselfällen des Schicksals.

Sicherheit ist das verlockende Angebot der Tradition. Bereits die ersten Traditionen der Menschheit stellen sie in Aussicht. Sie betreffen buchstäblich Leib und Seele: Mit der Weitergabe von Erfahrungen in der Nahrungssuche sowie der Überlieferung von sakralem Wissen bieten sie dem Menschen Schutz in seinen elementarsten Lebensbereichen. Aus dieser existentiellen Funktion heraus beziehen auch die großen abendländischen Traditionen ihre Autorität. Irenäus von Lyon erklärt die Kirche zur Bewahrerin des Glaubens, weil die Abfolge der Bischöfe die Überlieferung der wahren Lehre garantiere. In der katholischen Theologie gilt darum seit dem Konzil von Trient die Tradition neben der Heiligen Schrift als zweite Quelle der Offenbarung – ein Dogma, das sich als wesentliches Angriffsziel der Reformation erweist, wenn

Luther gegenüber der Tradition das Prinzip der alleinigen Geltung der Schrift formuliert.

In der europäischen Neuzeit bekommt der Begriff »Tradition« eine zunehmend innerweltliche Bedeutung. Durch die Weitergabe von Wissen und Erfahrung, von Sitten und Bräuchen, Konventionen und Institutionen soll Tradition nicht nur den Glauben sichern, sondern auch das Recht und das Eigentum. Herder erkennt in ihr eine wirkungsmächtige Kraft der Geschichte – um sie im selben Atemzug als »Opium des Geistes« zu diskreditieren, sofern sie den Menschen am Gebrauch seiner Vernunft hindert. Die politische Diskussion des Begriffs wird europaweit geprägt durch die Französische Revolution, die mit der überlieferten politischen Ordnung radikal bricht, zugunsten einer völlig neuen Gesellschaftskonzeption. Angesichts dieser Umbruchsituation plädieren Rechts- und Staatstheoretiker wie Burke, de Maîstre oder Tocqueville für »geschichtliche Kontinuität« und erklären den Verlust von Traditionen zur zentralen Ursache der Unsicherheit ihrer Zeit.

Mit der Gründung der Zeitschrift »Le conservateur« hebt Chateaubriand 1818 den politischen Konservatismus offiziell aus der abendländischen Taufe. Damit ist für ganz Europa die Gegenkraft zu den utopisch-revolutionären Bewegungen des 19. Jahrhunderts benannt. Doch während nach dem Scheitern der Revolution von 1848 große Teile des liberalen europäischen Bürgertums ins konservative Lager wechseln, gerät der Begriff der Tradition zunehmend in kontinentalen Verruf. Hat die Aufklärung Tradition als potenziellen Widerpart zur Vernunft begriffen, erscheint sie nun im Licht technischer und naturwissenschaftlicher Erfolge als mögliches Hemmnis des Fortschritts. *»Il faut être absolument moderne!«*, posaunt der künftige Ingenieur Rimbaud bereits als jugendlicher Dichter in diese schöne neue Welt hinaus, die in zwei Weltkriegen allerdings ihr Desaster erlebt, sodass die Tradition nach diesem kollektiven Trauma zu neuer Geltung gelangt. Wie in allen Umbruchzeiten regt sich in der europäischen Postmoderne wieder verstärkt das Bedürfnis, sich an verlässlichen Mustern und Vorbildern zu orientieren. Im Zeichen eines neuen Wertekonservatismus finden deshalb heute Menschen unterschiedlichster Couleur zusammen, um neue Allianzen zu bilden. Esoteriker und Manager, Fußballtrainer und Müsliesser, Zeltmissionare und Philosophieprofessoren machen sich europaweit für die Revitalisierung alter Werte stark, um mit Hilfe der Vergangenheit ihre Zukunftsängste zu meistern.

Und meine Zukunftsängste vor dem Fernseher? Wie komme ich aus dem Zwiespalt meiner Gefühle heraus? Zwischen der utopischen Lust auf Veränderung und der Sehnsucht nach vertrauten Traditionen? Zwischen dem Bedürfnis nach Bewahrung und dem Bedürfnis nach Erneuerung? Der Entwicklungsbiologe Felix von Cube gibt darauf eine ebenso verblüffende wie typisch europäische Antwort: Sicherheitsstreben und Neugier sind zwei Seiten einer dialektischen Medaille – ja, die Neugier selbst ist nichts anderes als der Motor des Sicherheitsstrebens, indem sie Unsicherheit in Sicherheit verwandelt. Weil wir Sicherheit brauchen, so seine Theorie, nisten wir uns im Vertrauten ein. Weil diese Sicherheit aber eng ist, spähen wir neugierig über das Vertraute hinaus, tasten uns vor auf unbekanntes Terrain – nicht, um uns der Gefahr auszusetzen, sondern um den Radius unseres gesicherten Lebenskreises auszuweiten.

Dichtung oder Wahrheit? Wer weiß. Auf jeden Fall ein Modell, das dem Risiko der Veränderung einen Sinn gibt: ob im privaten Kleinkram oder auf der politischen Bühne des neuen Europa.

Mimnermos
Vergänglichkeit

Mimnermos *(um 600 v. Chr.) hat Liebes- und Klagegedichte hinterlassen, von seinem übrigen Werk ist nur wenig überliefert. Im Mittelpunkt seiner elegischen Dichtung stehen die Flüchtigkeit aller menschlichen Bestrebungen und die Kürze des Lebens.*

Wie die Frühlingsblätter, die in der blumigen Jahrzeit
Schnell entsprießen, sobald wärmer die Sonne sie lockt,
So blühn wenige Zeit wir in der Blüte der Jugend
Fröhlich, und kannten da Böses und Gutes noch nicht.
Aber es stehen die Kerzen uns schwarz zur Seite; die eine
Sendet das Alter uns bald, bald uns die andre den Tod.
Einen Tag nur dauert der Jugend Blüte; die Sonne
Steigt und sinket; mit ihr sank auch die Blüte dahin.
Und ist diese vorbei, die Zeit der genießenden Jahre,
Ach, da wünsche man sich lieber als Leben den Tod!
Denn da treffen die Seele gar viele Beschwerden: den einen
Häuslicher Kummer, es müht Armut den trauernden Geist;
Jener wünschet sich Kinder,
und wenn er am meisten sie wünschet,
Muß er zur Erd' hinab in der Geschiedenen Reich;
Diesen naget und frißt die mutauszehrende Krankheit:
Jedem Sterblichen schickt Zeus der Übel genug!

Ovid
Metamorphosen: Dädalus

Ovid *(Publius Ovidius Naso, 43 v. Chr.–17 n. Chr.) verarbeitet in seinen* Metamorphosen *zahlreiche antike Sagen, die durch sein Werk sehr große Verbreitung finden.*

Dädalus haßt indessen die kerkernde Kreta, wohin ihn Lange verbannt das Geschick, und, gelockt von der Liebe der Heimat, War er umschlossen vom Meer. So werde denn Land und Gewässer, Rief er, gesperrt; doch öffnet der Himmel sich: dort sei die Laufbahn! Alles beherrsch' auch Minos, die Luft beherrschet er doch nicht!
Sprach's: und wendet den Geist auf unerspähete Künste, Und schafft neue Natur. Denn in Ordnung leget er Federn, Wo zu der kleinsten hinab die kürzere folget der längern; Daß ein wachsender Flügel erscheint. So hebt sich dem Landmann Eine Syring' allmählich mit sanft aufstufenden Röhren. Lein nun bindet sie mitten, und Wachs an der unteren Spule. Also gefügt, empfahn sie die leise gebogene Krümmung, Daß sie genau nachahmen die Fittiche. Aber der Knabe Ikarus stand, und fühlt' unwissend die eigne Gefahr an; Bald, mit lächelndem Antlitz, erhascht er die hüpfende Flaume, Welche das Lüftchen bewegt; bald knetet' er weich mit den Fingern Gelbliches Wachs, und störte mit kindlichem Spiele des Vaters Wundergeschäft.
Nachdem er die letzte Hand der Erfindung Angelegt, da erhob auf wägende Schwingen der Künstler Selbst den eigenen Leib, und schwebt in bewegeten Lüften.
Dann wird gerüstet der Sohn: Ich warne dich, Ikarus, sprach er, Flieg' auf der mittelsten Bahn; daß nicht, wenn gesenkter du hinfährst, Wasser die Fittiche laste; wenn steigender, Glut dich versenge. Schwebe von beiden entfernt. Nicht Helice, oder Bootes Schaue mir rechts, noch links das gezogene Schwert des Orion. Hinter mir eile den Weg. – Zugleich die Gebote des Fluges Lehrt er, und fügt an die Schultern die ungewohnte Beschwingung.

Während er schafft und ermahnt, wird naß die Wange des Greises; Und es erbebt dem Vater die Hand. Noch küßt er das Söhnlein, Das nie wieder dem Kusse sich beut; und mit Schwingen sich hebend, Fliegt er voran, voll Angst um den Folgenden: so wie ein Vogel Hoch aus dem Nest entführet die schwächliche Brut in die Lüfte. Und er ermahnt den Begleiter und lehrt ihm schädliche Künste; Selbst die seinigen regt er und schaut auf die Flügel des Sohnes. Mancher, indem er Fische mit schwankendem Rohre sich angelt, Oder gelehnt auf den

Stecken ein Hirt, auf die Sterze der Pflüger, Sahe die beiden erstaunt, und wähnete, Himmlische wären's, Welche die Luft durcheilten. Und schon die junonische Samos War zur Linken vorbei, auch Delos geflohen, und Paros; Rechts Lebynthos vorbei und die honigreiche Kalymne: Als sich der Knabe begann des verwegenden Fluges zu freuen, Und den Führer verließ, und, gereizt von Begierde des Himmels, Höhere Bahn sich erkor. Die Gewalt der näheren Sonne Weichte das duftende Wachs, das der Fittiche Spulen gefüget: Bald war geschmolzen das Wachs; und er schwingt die nackenden Arme; Auch nicht fängt er ein Lüftchen, entblößt der rudernden Flügel; Und sein Gesicht, wie umsonst des Vaters Namen er ausrief, Taucht in die bläuliche Flut, die hinfort von jenem genannt wird. Aber der Vater voll Grams, nicht Vater noch: Ikarus, ruft er; Ikarus, ruft er, wo bist du? wo soll ich dich suchen, du trauter Ikarus? ruft er laut, und erblickt in den Wogen die Federn. Und er verwünscht die eignen Erfindungen; dann in das Grabmal Bringt er den Leib: und es trägt des Bestatteten Namen das Eiland.

Irenäus von Lyon
GOTTES HEILSPLAN

Irenäus von Lyon *(um 135–202) war der zweite Bischof von Lyon und wird noch heute als Heiliger verehrt. Als einer der ersten Kirchenväter und einflussreichen Theologen des noch jungen Christentums war er darum bemüht, die Kontinuität des neuen Denkens aufzuzeigen und seine eigene theologische Lehre in diese Kontinuität zu stellen.*

III., 1, 1. Durch niemand anderen als durch die, von denen das Evangelium bis auf uns gelangt ist, haben wir etwas über Gottes Heilsplan erfahren. Darum sollte, was sie zuerst gepredigt und dann nach dem Willen Gottes uns schriftlich überliefert haben, auch das Fundament und die Grundsäule unseres Glaubens werden. Frevelhaft wäre wohl, zu behaupten, sie hätten gepredigt, bevor sie vollkommene Kenntnis dessen erlangten, was sie künden. Gerade das anzunehmen erfrechen sich aber alle, die es wagen, die Apostel verbessern zu wollen. Nicht eher sind diese ausgezogen, allen die frohe Botschaft zu bringen, bis an die Grenzen der Erde, und den himmlischen Frieden allen Menschen zu verkünden, als bis unser Herr von den Toten auferstanden war und sie alle die Kraft des Heiligen Geistes empfangen hatten. Denn dieser war dann über sie gekommen. Dadurch nur empfingen sie die Fülle von allem und die vollkommene Erkenntnis, und so besitzt auch jeder einzelne von ihnen das Evangelium Gottes …

Sie alle aber lehren uns EINEN Gott als Schöpfer des Himmels und der Erde, wie Ihn Gesetz und Propheten verkündet hatten, und EINEN Christus als den Sohn Gottes. Wenn also jemand ihnen nicht glaubt, dann verachtet er die Mitgenossen des Herrn, verachtet auch Ihn, Christus, den Herrn, und verachtet Ihn, den Vater, und ist durch sich selbst gerichtet, weil er dem eigenen Heil hartnäckig widerstrebt. Aber so tun eben alle Häretiker …

(…)

III., 3, 1. Die von den Aposteln in der ganzen Welt verkündete Überlieferung kann jeder in jeder Kirche erfahren, wenn er die Wahrheit erfahren will. Und wir könnten die von den Aposteln eingesetzten Bischöfe der einzelnen Kirchen alle aufzählen und ihre Nachfolger bis auf unsere Tage. Alle diese haben von den Wahngebilden der Häretiker nichts gehört. Und doch: Wenn die Apostel irgendwelche verborgenen Geheimnisse gekannt hätten, die etwa in besonderem, geheimzuhaltendem Unterricht nur den Auserwählten weiterzugeben gewesen wären, den Vollkommenen, den Reinen – dann hätten sie wohl solche Geheimnisse am ehesten jenen übermittelt, denen sie sogar ihre Kirche anvertrauten, den Bischöfen. Ganz vollkommen und untadelig in allem sollten nach ihrem Wunsch gerade diese sein, denen sie ihren Lehrstuhl übergaben und die sie als ihre Nachfolger zurückließen. Denn vom guten oder schlechten Verhalten gerade dieser Männer hing sehr viel für das Wohl und Heil der Ihrigen ab!

(…)

III., 3, 3. Nachdem also die seligen Apostel die Kirche gegründet und gefestigt hatten, übertrugen sie zur Verwaltung der Kirche das römische Bischofsamt dem Livius. Paulus selbst nennt diesen Livius in einem Brief an Timotheus. Auf Livius folgt Anaclet, nach diesem als dritter erhielt Klemens das Bischofsamt; dieser Klemens hatte noch die Apostel selbst gesehen und mit ihnen persönlich Umgang gehabt, noch mit eigenen Ohren ihre Predigten vernommen, ihren Lehren gelauscht. Überhaupt lebten damals noch viele, denen die Unterweisungen der Apostel selbst noch zuteil geworden waren. Als in jenen Tagen unter den Brüdern in Korinth ein nicht unwesentlicher Kirchenstreit ausgebrochen war, griff die römische Kirche unter diesem Klemens ein: Sie sandte ein sehr nachdrückliches Schreiben an die Korinther, ermahnte sie eindringlich zum Frieden, frischte ihren Glauben auf und umschrieb genau die allein echte Überlieferung, so wie sie dieselbe unmittelbar von den Aposteln empfangen hatte. Sie wiederholte, es gibt einen allmächtigen Gott, nur EINEN, der Himmel und Erde erschaffen hat, der den Menschen gebildet, die Sintflut geschickt, den Abraham berufen hat, der das Volk aus Ägypten geführt, zu Moses gesprochen, das Gesetz gegeben, die Propheten ausgesandt, dem Teufel aber und den gefallenen Engeln das ewige Feuer bereitet hat. Auch daß dieser selbe Einig-Einzige-Ewige-Gott es ist, der als Vater unseres Herrn Jesus Christus von den Kirchen verkündet wird, und daß dies als die echte apostolische Überlieferung aufzufassen ist, kann jeder, der es nachlesen will, aus jenem selben Brief entnehmen. Und dieser Brief ist älter als alles, was sich die neuen Falsch- und Fabellehrer über den Weltenschöpfer und Demiurgen und über noch einen anderen Gott, der darüberstehe, so fleißig zusammengelogen haben.

Auf den eben genannten Klemens folgte denn Evaristos, nach diesem kam Alexander, als sechster seit den Aposteln wurde dann Sixtus auf den Bischofsstuhl Roms berufen, sodann Telesphorus, glorreich als Märtyrer, dann Hyginus, dann Pius und schließlich Anicetus. Und nachdem Soter diesem Anicetus gefolgt war, hat jetzt – als zwölfter seit den Aposteln – Eleutherius (175–189) den römischen Bischofsstuhl bestiegen. In dieser Reihenfolge ist die apostolische Überlieferung der Kirche bis auf uns gekommen. Der Beweis muß also als vollkommen geschlossen anerkannt werden, daß es genau derselbe lebenspendende Glaube ist, den die Kirche unmittelbar von den Aposteln empfing, bis jetzt bewahrte, um uns die volle Wahrheit zu überliefern.

Tommaso Campanella

DER SONNENSTAAT

Tommaso Campanella *(1568–1639) entwirft in seinem* Sonnenstaat *einen perfekten, stabilen und für alle Menschen Glück bringenden Staat. Kein Privateigentum und keine Arbeitspflicht für alle, keine Privilegien und Ämterverteilung nach Kompetenz – dies sind einige der wichtigsten Eigenschaften seiner Utopie. Die Prinzipien dieses Gemeinwesens werden dem Hausvater vom Seemann, der diese Inselwelt kennen gelernt hat, erläutert.*

Hausvater: Sage mir bitte: Die Obrigkeit, die Ämter, ihre Funktionen, die Erziehung und Lebensweise – ist dies alles republikanisch, monarchisch oder aristokratisch.

Seemann: Die Bürger des Sonnenstaates waren aus Indien, ihrer ursprünglichen Heimat, geflüchtet, um dort nicht den Magiern, Räubern und Tyrannen, die das Land verwüstet hatten, in die Hände zu fallen, und hatten beschlossen, ein philosophisches Leben in der Gemeinschaft zu führen. Obwohl Weibergemeinschaft bei den anderen Bewohnern des Landes nicht vorkommt, ist sie bei den Bürgern des Sonnenstaates üblich, und zwar auf folgende Art und Weise: alles ist Gemeingut, die Verteilung aber ist Sache der Obrigkeit. Die Wissenschaften, die Ehrenstellen und Lebensgenüsse sind in der Art gemeinschaftlich, daß sich keiner vor den anderen etwas aneignen kann.
Sie behaupten, das Eigentum habe bei uns nur entstehen und sich behaupten können, weil wir eigene Wohnstätten, eigene Frauen und eigene Kinder haben. Daraus entspringt die Selbstsucht: Wer nämlich seinem Sohn zu Reichtum und Ansehen verhelfen und ihm viele Güter hinterlassen will, vergreift sich zu diesem Zwecke am Gemeinbesitz, und wer nichts fürchtet, wird auf diese Weise reich und angesehen.

Wer aber schwächlich, arm und von geringer Herkunft ist, wird geizig, hinterlistig und verlogen. Haben wir jedoch die Selbstsucht aufgegeben (denn die Selbstsucht ist gegenstandslos geworden, wenn es kein Eigentum mehr gibt), so bleibt in uns einzig die Liebe zum Gemeinwesen zurück.

Hausvater: Aber niemand will schließlich arbeiten, wenn er damit rechnen kann, daß andere für ihn und seinen Lebensunterhalt arbeiten – was schon Aristoteles gegen Platon vorbrachte.

Seemann: Ich verstehe mich schlecht auf einen gelehrten Disput, aber ich versichere dir, daß sie von einer solchen Vaterlandsliebe erfüllt sind, wie du es dir kaum vorstellen kannst, ja sie lieben ihr Vaterland noch viel mehr als die Römer; lehrt uns denn nicht die Geschichte, daß sich die Römer um so selbstloser dem Vaterland hingaben, je mehr sie das Eigentum verachteten? Die Bürger des Sonnenstaates aber haben ihr Eigentum sogar von sich geworfen. Wenn unsere Fratres, Mönche und Kleriker weniger von Liebe zu ihren Verwandten und Freunden, weniger von Ehrgeiz nach immer höheren Ämtern beherrscht würden, wären sie, glaube ich, bei weitem frommeren Sinnes, hingen weniger am Eigentum und empfänden mehr Liebe für alle, wie dies zur Zeit der Apostel geschah und wie es noch jetzt bei sehr vielen der Fall ist.

Edmund Burke
Betrachtungen über die französische Revolution

Edmund Burke *(1729–1797) hat sich intensiv mit der Französischen Revolution von 1789 auseinander gesetzt. Sein Plädoyer gegen revolutionäre Umstürze und für eine langsame Entwicklung der traditionell gewachsenen Regierungsformen ist einer der wichtigsten Texte der konservativen politischen Philosophie in Europa.*

Wünsche für die ungestörte Dauer der britischen Staatsverfassung

Mag es indessen damit beschaffen sein, wie es will, mein vorzüglichster Wunsch ist, daß meine Landsleute, anstatt bei ihren Nachbarn Modelle zur Verbesserung der britischen Konstitution zu suchen, ihnen lieber diese Konstitution als ein Muster zur Nachahmung vorstellen möchten. In ihr besitzen sie ein unschätzbares Kleinod. Wenn sie hie und da Ursachen zur Besorgnis, Ursachen zur Beschwerde haben, so liegen sie nicht in ihrer Konstitution, sondern in ihnen. Der Konstitution haben wir die glückliche Lage, worin wir uns befinden, zu verdanken; aber dem Ganzen der Konstitution, nicht einem einzelnen Teil derselben: wir haben sie ebensogut dem, was wir bei unseren Revisionen und Reformen stehenließen, als dem, was wir änderten oder hinzufügten, zu verdanken. Wenn sich unsere Nation begnügt, das, was sie besitzt, gegen alle Unfälle zu verteidigen, so wird sie hinreichende Beschäftigung für wahren Patriotismus und wahren Freiheitsgeist finden. Ich erkläre mich deshalb nicht gegen alle Veränderungen! Aber ich wünschte zu erhalten, selbst da noch, wo ich zu ändern genötigt wäre. Ich möchte nur dann zu meinen Arzneien schreiten, wenn große Übel mich aufforderten. Ich möchte die Ausbesserungen so genau als es nur möglich wäre, im Stil des alten Gebäudes vornehmen. Eine überlegte Langsamkeit, eine immerwache Vorsicht, eine Schüchternheit aus Grundsätzen, nicht aus Temperament – das waren die herrschenden Eigenschaften unserer Väter, die sie in ihren kühnsten und entscheidendsten Schritten nicht verließen. Da das Licht, welches die französischen Staatsverbesserer in so reichem Maße zu besitzen glauben, sie nicht erleuchtete, so war ein lebhaftes Gefühl der Unwissenheit und Beschränktheit des Menschen ihr beständiger Begleiter. Er, der ihren Kräften Schranken setzte, belohnte sie dafür, daß sie in allem, was sie taten, dieser Schranken eingedenk waren. Laßt uns Nachahmer ihrer Weisheit sein, wenn wir die Erbschaft, die uns diese Weisheit bereitete, erhalten und verdienen wollen. Laßt uns hinzusetzen, was uns ersprießlich dünkt, aber laßt uns vor allen Dingen bewahren, was wir von ihnen empfingen. – So halten wir uns unbeweglich an den festen Boden der britischen Konstitution, Bewunderer allenfalls, aber niemals Gefährten bei den verzweifelten Flügen der tollkühnen Luftschiffer von Frankreich.

Louis-Sébastien Mercier

Das Jahr 2440

Ein Traum aller Träume

Louis-Sébastien Mercier *(1740–1814) hat sich als derjenige Schriftsteller einen Namen gemacht, der zum ersten Mal das sagenhafte Utopia nicht in der Ferne des Raums (z. B. auf einer Insel), sondern in der Zukunft verortet hat. Damit wurde es prinzipiell denkbar, dass durch menschliches Handeln dieser als Ideal zu verstehende Zustand wirklich erreicht werden könnte. Während der Revolution war er gemäßigter Abgeordneter und entging nur knapp der Hinrichtung.*

Zueignungsschreiben an das Jahr 2440

Heiliges und verehrungswürdiges Jahr!

Du sollst die Glückseligkeit wieder auf die Erde herbeiführen. Ach, ich habe dich nur im Traume gesehen! Wenn du einstens aus dem Schoße der Ewigkeit hervorspringen wirst, so werden diejenigen, die deine Sonne sehen werden, meine Asche und die Asche von dreißig Geschlechtern, die hintereinander verloschen und in dem tiefen Abgrund des Todes verschwunden sind, mit Füßen treten. Die Könige, die auf dem Throne sitzen, werden nicht mehr sein; ihre Nachkommenschaft wird nicht mehr sein; und du, du wirst sowohl diese verblichenen Monarchen als auch die Schriftsteller, die ihrer Macht unterworfen waren, richten. Die Namen der Menschenfreunde, der Beschützer der Menschlichkeit, werden in Ehren glänzen, ihr Ruhm wird unbefleckt und strahlenreich sein. Aber dieser niedrige Pöbel von Königen, die in jedem Verstande das menschliche Geschlecht gequält haben, werden, noch tiefer in der Vergessenheit als im Lande der Toten versenkt, der Schande bloß unter der Begünstigung des Nichts entgehen.

Der Gedanke überlebt den Menschen, und dies ist sein glorreichster Anteil! Der Gedanke erhebt sich aus seinem Grabe und nimmt einen dauerhaften, unsterblichen Leib an; und indessen, daß die Donner des Despotismus fallen und verlöschen, macht sich die Feder eines Schriftstellers in dem Zwischenraume der Zeit Platz und spricht die Herren der Welt los oder bestraft sie.

Ich habe mich der Herrschaft bedient, die ich bei meiner Geburt empfing; ich habe vor dem Richterstuhle meiner einsamen Vernunft die Gesetze, die Mißbräuche, die Gewohnheit des Landes gefordert, worin ich unbekannt und im dunkeln lebte. Ich habe den tugendhaften Haß gekannt, den das empfindende Wesen dem Unterdrücker schuldig ist; ich habe die Tyrannen verabscheut, ich habe sie gedemütigt, ich habe sie nach allen meinen Kräften, die in meiner Gewalt waren, bekämpft. Aber, heiliges und ehrwürdiges Jahr, ich mag, durch dein Anschaun begeistert, meine Gedanken noch so sehr erheben und entflammen, – in deinen Augen werden sie doch noch vielleicht Gedanken der Knechtschaft sein. Vergib! Der Geist meines Jahrhunderts drückt und umgibt mich; die Fühllosigkeit herrscht; die Ruhe meines Vaterlandes gleicht der Stille in Gräbern. Wie viele gefärbte Leichname sehe ich um mich her, welche reden, gehen, und bei denen das wirksame Principium des Lebens niemals den kleinsten Keim getrieben! Schon hat sogar die Stimme der Weltweisheit matt und mutlos von ihrer Kraft verloren; sie schreit mitten unter den Menschen wie im Schoße einer ungeheuren Wüste.

O könnte ich die Zeit meines Daseins in zwei Hälften teilen, wie schnell wollte ich im Augenblick ins Grab steigen! Wie wollte ich mit Freuden meine traurigen, meine unglücklichen Zeitgenossen aus dem Gesicht verlieren, um mitten in den heitern Tagen wieder zu erwachen, die du unter dem glücklichen Himmel wirst anbrechen lassen, wo der Mensch seinen Mut, seine Freiheit, seine Unabhängigkeit und seine Tugenden wieder errungen haben wird. Warum kann ich dich, so sehr verlangtes Jahr, das meine Wünsche rufen, doch nicht anders als im Traume sehen! Eile herbei, komm und zeige uns das Glück der Welt! Aber was sage ich? Befreit von dem Blendwerk eines schmeichelhaften Traumes fürchte ich, ach, ich fürchte vielmehr, daß deine Sonne eines Tages über einem ungeheuren Haufen von Asche und Ruinen traurig erscheinen möge.

Johann Gottfried Herder
Ideen zur Philosophie der Menschengeschichte

Johann Gottfried Herder *(1744–1803) hat in seinen philosophischen und historischen Schriften die Auffassung von der Menschheitsgeschichte entscheidend beeinflusst. Er vertritt eine genetische Vorstellung der Geschichte von Nationen, die aus einer gemeinsamen Sprache und Kultur erwachsen und unabhängig von politischer Staatenbildung Bestand haben.*

Ganz anders ist's mit Staaten, die, aus ihrer Wurzel erwachsen, auf sich selbst ruhen; sie können überwältigt werden, aber die Nation dauert. So ist's mit Sina; man weiß, was den Überwindern daselbst die Einführung einer bloßen Sitte, des mongolischen Haarscherens, für Mühe gekostet habe. So mit den Brahmanen und Israeliten, die bloß ihr Cerimoniengeist von allen Völkern der Erde auf ewig sondert. So widerstand Ägypten lange der Vermischung mit andern Völkern; und wie schwer wurde's, die Phönicier auszurotten, bloß weil sie an dieser Stelle ein gewurzeltes Volk waren! Wäre es dem Cyrus gelungen, ein Reich, wie Yao, Krischna, Moses, zu gründen, es lebte noch, obgleich zerstümmelt, in allen seinen Gliedern.
Hieraus ergibt sich, warum die alten Staatsverfassungen so sehr auf Bildung der Sitten durch die Erziehung sahen, da von dieser Triebfeder ihre ganze innere Stärke abhing. Neuere Reiche sind auf Geld oder mechanische Staatskünste, jene waren auf die ganze Denkart der Nation von Kindheit auf gebaut; und da es für die Kindheit keine wirksamere Triebfeder als Religion gibt, so waren die meisten alten, insonderheit asiatischen Staaten mehr oder minder theokratisch. Ich weiß, wie sehr man diesen Namen hasse, dem man größtenteils alles Übel zuschreibt, das je die Menschheit gedrückt hat; auch werde ich keinem seiner Mißbräuche das Wort reden. Aber das ist zugleich wahr, daß diese Regierungsform der Kindheit unseres Geschlechts nicht nur angemessen, sondern auch notwendig gewesen, sonst hätte sie sich gewiß nicht so weit erstreckt und so lange erhalten. Von Ägypten bis Sina, ja beinah in allen Ländern der Erde hat sie geherrscht, so daß Griechen-

land das erste Land war, das seine Gesetzgebung allmählich von der Religion trennte. Und da eine jede Religion politisch um soviel mehr wirkt, je mehr die Gegenstände derselben, ihre Götter und Helden, mit allen ihren Taten Einheimische waren, so sehen wir, daß jede alte, festgewurzelte Nation sogar ihre Kosmogonie und Mythologie dem Lande zugeeignet hatte, das sie bewohnte. Die einzigen Israeliten zeichnen sich auch darin von allen ihren Nachbarn aus, daß sie weder die Schöpfung der Welt noch des Menschen ihrem Lande zudichten. Ihr Gesetzgeber war ein aufgeklärter Fremdling, der das Land ihres künftigen Besitzes nicht erreichte; ihre Vorfahren hatten anderswo gelebt, ihr Gesetz war außerhalb des Landes gegeben. Wahrscheinlich trug dies nachher mit dazu bei, daß die Juden, wie beinah keine der alten Nationen, sich auch außer ihrem Lande so wohl behalfen. Der Brahmane, der Sinese kann außer seinem Lande nicht leben; und da der mosaische Jude eigentlich nur ein Geschöpf Palästinas ist, so dürfte es außer Palästina keinen Juden mehr geben.

Endlich sehen wir aus dem ganzen Erdstrich, den wir durchwandert haben, wie *hinfällig alles Menschenwerk, ja wie drückend auch die beste Einrichtung in wenigen Geschlechtern werde.* Die Pflanze blüht und blüht ab; eure Väter starben und verwesen; euer Tempel zerfällt; dein Orakelzelt, deine Gesetztafeln sind nicht mehr; das ewige Band der Menschen, die Sprache selbst veraltet; wie? und *eine* Menschenverfassung, *eine* politische oder Religionseinrichtung, die doch nur auf diese Stücke gebaut sein kann, sie sollte, sie wollte ewig dauern? So würden dem Flügel der Zeit Ketten angelegt und der rollende Erdball zu einer trägen Eisscholle über dem Abgrunde. Wie wäre es uns, wenn wir noch jetzt den König Salomo seine 22 000 Ochsen und 120 000 Schafe an *einem* Fest opfern sähen, oder die Königin aus Saba ihn zu ernenn Gastmahl in Rätseln besuchte? Was würden wir von aller Ägypterweisheit sagen, wenn der Ochs Apis und die heilige Katze und der heilige Bock uns im prächtigsten Tempel gezeigt würden? Ebenso also ist's mit den drückenden Gebräuchen der Brahmanen, dem Aberglauben der Parsen, den leeren Anmaßungen der Juden, dem ungereimten Stolz der Sinesen und was sich sonst irgendwo auf uralte Mencheneinrichtungen vor dreitausend Jahren stützen möge. Zoroasters Lehre möge ein ruhmwürdiger Versuch gewesen sein, die

Übel der Welt zu erklären und seine Genossen zu allen Werken des Lichts aufzumuntern: was ist diese Theodizee jetzt, auch nur in den Augen eines Mahomedaners? Die Seelenwanderung der Brahamen möge als ein jugendlicher Traum der menschlichen Einbildungskraft gelten, der unsterbliche Seelen im Kreise der Sichtbarkeit versorgen will und an diesen gutgemeinten Wahn moralische Begriffe knüpft; was ist sie aber als ein vernunftloses heiliges Gesetz mit ihren tausend Anhängen von Gebräuchen und Satzungen worden? Die Tradition ist eine an sich vortreffliche, unserm Geschlecht unentbehrliche Naturordnung; sobald sie aber sowohl in praktischen Staatsanstalten als im Unterricht alle Denkkraft fesselt, allen Fortgang der Menschenvernunft und Verbesserung nach neuen Umständen und Zeiten hindert, so ist sie das wahre Opium des Geistes sowohl für Staaten als Sekten und einzelne Menschen. Das große Asien, die Mutter aller Aufklärung unserer bewohnten Erde, hat von diesem süßen Gift viel gekostet und andern zu kosten gegeben. Große Staaten und Sekten in ihm schlafen, wie nach der Fabel der heilige Johannes in seinem Grabe schläft; er atmet sanft, aber seit fast zweitausend Jahren ist er gestorben und harrt schlummernd, bis sein Erwecker kommt.

Robert Owen

Über ein neues Gesellschaftssystem

Robert Owen *(1771–1858) hat nicht nur eine frühe Form des sozialistischen Gemeinwesens erdacht, sondern auch versucht, diese Theorie in Schottland und in einer nordamerikanischen Kolonie* (New Harmony) *in die Realität umzusetzen. In Schottland hatte er großen Erfolg. Die Arbeitsbedingungen wurden besser, die Produktivität stieg, aus allen Ländern Europas kamen Herrscher und Unternehmer, um das neue Phänomen zu verstehen. In Amerika scheiterte sein Projekt hingegen.*

Die Welt wird nunmehr seit 6000 Jahren durch ein System von individueller Belohnung und Bestrafung, von Ehrgeiz und unterschiedlichen Interessen regiert; von einem System, das aus der Vorstellung des menschlichen Geistes entstand, daß jedes Individuum seinen Charakter selbst bildet, daß es frei handelt und verantwortlich für die Kraft ist, die es und sein Verhalten geformt hat.

Es ist das Ziel der folgenden Seiten, zu beweisen, daß dieses System auf einem Irrtum beruht; daß es notwendigerweise die Menschheit zur Unvernunft verurteilt und sie darin festhält; daß es der menschlichen Rasse lediglich Elend gebracht hat und daß es nun der direkte oder indirekte Anlaß zu allen Übeln ist, welche die Menschen beklagen: daß von diesem Irrtum, auf dem es beruht, tatsächlich *das ganze Übel auf der Erde* herrührt. Es soll ebenfalls gezeigt werden, daß eine Epoche herangereift ist, in der es ohne Gefahr oder Schwierigkeiten möglich ist, an seiner Stelle ein System gesellschaftlicher Arrangements einzuführen, das auf Prinzipien von höchster Klarheit, deren unsere Natur fähig ist, beruht, und welches bald nach seiner Einführung die Existenz allen Übels in der Gesellschaft verhindern wird, ausgenommen solche, die durch Unfall, Krankheit oder Tod ausgelöst werden.

1. Kapitel

Der Mensch ist nicht für die Kraft verantwortlich, die ihn erschafft.

Daß der Charakter vom Individuum geformt wird, und daß somit das Individuum für seine Bildung verantwortlich ist, war eine früh entstandene Vorstellung, die in das menschliche Denken eingedrungen ist, bevor man irgendein exaktes, aus der Erfahrung gewonnenes Wissen besaß. (…) Bei der Aufzählung der von der praktischen Anwendung der Theorie von dem freien Handeln und der Verantwortlichkeit des Menschen geschaffenen unvermeidlichen Resultate können wir nicht die Verwüstung, das Blutvergießen und die Rachsucht als Kriegsfolgen übersehen. Um in Kürze diesem Teil des Themas gerecht zu werden, wäre es notwendig, eine Geschichte der Schmerzen und Leiden wiederzugeben, die jedes menschliche Wesen, das geboren wurde, erlitten hat, ob es nun reich oder arm, Tyrann oder Sklave, Unterdrücker oder Unterdrückter war. Aus diesem Grunde wird die Welt, solange sie nicht die Leiden und das Unglück überblickt, die dieser Irrtum über alle Klassen der Menschheit gebracht hat, für alle Zeiten unwissend bleiben. Die menschliche Rasse, beschenkt mit überlegener

Kraft, muß fortexistierten – erniedrigt unter die tierische Schöpfung –, ihre geistige und physische Qual und Pein wird kein Ende nehmen. Unwissenheit und Armut, geistige Dunkelheit und allumfassender Kampf müssen für immer ihr Schicksal bleiben.

Laßt uns doch gleich diese Ursache allen Übels auf der Erde beseitigen und laßt uns für die Zukunft nur einen Nutzen daraus ziehen: Laßt uns eine unvoreingenommene Geschichte der vergangenen Taten der Menschheit zusammentragen, und laßt sie uns unseren Kindern durch alle nachfolgenden Generationen übermitteln, damit sie die schreckliche geistige und physische Entwürdigung, der ihre Vorfahren durch einen einzigen geistigen Irrtum unterworfen waren, kennenlernen. Von Kindheit an frei von diesem Irrtum gebildet, werden sie entdecken, daß in der Geschichte der menschlichen Natur in jener Periode, in der die Auffassung vom freien Handeln und von Verantwortlichkeit vorherrschte, praktisch ein System von Bestrafungen, Belohnungen, Zwietracht, unterschiedlichen Interessen, kontinuierlicher Kriegsführung und Elend für alle hervorgebracht wurde. Sie werden verstehen, daß das Aufgeben dieser Auffassungen der Beginn einer neuen Ära war, in der durch das Wissen um den Einfluß der Umstände auf die menschliche Natur ein System geschaffen wurde, das in der Praxis die Vereinigung und die Zusammenarbeit aller zum Vorteil eines jeden schuf; in dem wissenschaftliche Einrichtungen geschaffen wurden, um die Fertigkeiten und die Fähigkeiten jedes Kindes zu entwickeln und jedem die höchste geistige Vervollkommnung und Überfluß an allen Dingen, die für sein Glück notwendig sind, zu sichern. Dies soll geschehen, und die ganze Welt wird langsam ein neues Gesicht bekommen; alte Gewohnheiten, Laster, Schwierigkeiten, Leiden und Unglück werden verschwinden, und die Menschheit, vom Irrtum befreit, der bisher jedem Versuch, ihre Bedingungen zu verbessern, im Wege stand, wird vorwärtsstreben auf dem Wege zum wirklichen und ununterbrochenen Fortschritt.

(...)

Mein Wunsch ist es nun, in diese Staaten ein neues soziales System einzuführen und dadurch der ganzen Welt eine in der Praxis gebildete, vollständige und neue Kombination von Umständen vorzustellen. Diese Umstände haben alle eine unmittelbare sittliche, geistige und vorteilhafte Tendenz, die völlig ausreicht, um die wichtigsten Verbesserungen in der Gesellschaft zu erreichen. Dieses System wurde lediglich aus den unserer Natur entsprechenden Tatsachen abgeleitet, die ich vorhin erklärt habe.

Mit diesen neuen gesellschaftlichen Arrangements wird ein weit vollkommeneres System von Freiheit und Gleichheit eingeführt, als jemals irgendwo existiert hat oder als erreichbar angesehen wurde. Es wird darin keinerlei privilegierte Gedanken oder Glauben geben. Jeder wird die volle Freiheit haben, die unverfälschten Eindrücke, welche die ihn umgebenden Umstände in seinem Denken hinterlassen haben, darzustellen. Jeder wird seine eigenen Erwägungen offen darlegen, und so wird es für Betrug oder Unaufrichtigkeit kein Motiv mehr geben.

Jeder wird in großen Zügen in dem ganzen wirklichen Wissen, das die Erfahrung bisher gebracht hat, unterwiesen werden. Dies wird im Einklang mit unserer Natur auf der Grundlage einer Methode erreicht werden, die die Gleichheit der geistigen Fähigkeiten vollkommener sichert und alle weit über das hinausgehen läßt, was sie heute unter dem geistigen Despotismus erreichen können. Durch diese Arrangements wird der allgemeine Verstand der Gesellschaft befähigt, innerhalb eines Jahres größere Fortschritte zu machen, als bisher in einem Jahrhundert erreichbar waren. Die unzähligen und unberechenbaren Übel und Absurditäten, die aus der Ungleichheit des Reichtums entstanden, werden erfolgreich überwunden und für alle Zukunft vermieden werden. Durch Arrangements, die ebenso einfach und wünschenswert wie vorteilhaft für jeden sein werden, werden alle immer einen vollen Vorrat des Besten für die menschliche Natur besitzen, soweit unsere vorliegende Erfahrung über diese Dinge unser Wissen lenken kann.

Die entwürdigenden und verderblichen Praktiken, in denen wir heute ausgebildet werden, nämlich billig zu kaufen und teuer zu verkaufen, werden völlig unnötig werden. Solange dieses Prinzip die Geschäfte der Menschen bestimmt, kann von der Menschheit nichts wirklich Großes oder Edles erwartet werden.

THE NEW-HARMONY GAZETTE
22. November 1826–14. März 1827

Karl Marx / Friedrich Engels
Manifest der kommunistischen Partei

Karl Marx *(1818–1883) und* **Friedrich Engels** *(1820–1895) haben gemeinsam das* Kommunistische Manifest *verfasst und 1848 in London veröffentlicht, zur selben Zeit, als in Paris (und später in vielen anderen Ländern Europas) die Revolution von 1848 ausbrach. Es ist der wichtigste Text der internationalen kommunistischen Bewegung.*

Die Bourgeoisie, wo sie zur Herrschaft gekommen, hat alle feudalen, patriarchalischen, idyllischen Verhältnisse zerstört. Sie hat die buntscheckigen Feudalbande, die den Menschen an seinen natürlichen Vorgesetzten knüpften, unbarmherzig zerrissen und kein anderes Band zwischen Mensch und Mensch übriggelassen als das nackte Interesse, als die gefühllose »bare Zahlung«. Sie hat die heiligen Schauer der frommen Schwärmerei, der ritterlichen Begeisterung, der spießbürgerlichen Wehmut in dem eiskalten Wasser egoistischer Berechnung ertränkt. Sie hat die persönliche Würde in den Tauschwert aufgelöst und an die Stelle der zahllosen verbrieften und wohlerworbenen Freiheiten die eine gewissenlose Handelsfreiheit gesetzt. Sie hat, mit einem Wort, an die Stelle der mit religiösen und politischen Illusionen verhüllten Ausbeutung die offene, unverschämte, direkte, dürre Ausbeutung gesetzt. (...)

Die Bourgeoisie kann nicht existieren, ohne die Produktionsinstrumente, also die Produktionsverhältnisse, also sämtliche gesellschaftlichen Verhältnisse fortwährend zu revolutionieren. Unveränderte Beibehaltung der alten Produktionsweise war dagegen die erste Existenzbedingung aller früheren industriellen Klassen. Die fortwährende Umwälzung der Produktion, die ununterbrochene Erschütterung aller gesellschaftlichen Zustände, die ewige Unsicherheit und Bewegung zeichnet die Bourgeoisepoche vor allen anderen aus. Alle festen eingerosteten Verhältnisse mit ihrem Gefolge von altehrwürdigen Vorstellungen und Anschauungen werden aufgelöst, alle neugebildeten veralten, ehe sie verknöchern können. Alles Ständische und Stehende verdampft, alles Heilige wird entweiht, und die Menschen sind

endlich gezwungen, ihre Lebensstellung, ihre gegenseitigen Beziehungen mit nüchternen Augen anzusehen.
Das Bedürfnis nach einem stets ausgedehnteren Absatz für ihre Produkte jagt die Bourgeoisie über die ganze Erdkugel. Überall muß sie sich einnisten, überall anbauen, überall Verbindungen herstellen.
(...)
Die bürgerlichen Produktions- und Verkehrsverhältnisse, die bürgerlichen Eigentumsverhältnisse, die moderne bürgerliche Gesellschaft, die so gewaltige Produktions- und Verkehrsmittel hervorgezaubert hat, gleicht dem Hexenmeister, der die unterirdischen Gewalten nicht mehr zu beherrschen vermag, die er heraufbeschwor. Seit Dezennien ist die Geschichte der Industrie und des Handels nur die Geschichte der Empörung der modernen Produktivkräfte gegen die modernen Produktionsverhältnisse, gegen die Eigentumsverhältnisse, welche die Lebensbedingungen der Bourgeoisie und ihrer Herrschaft sind. Es genügt, die Handelskrisen zu nennen, welch in ihrer periodischen Wiederkehr immer drohender die Existenz der ganzen bürgerlichen Gesellschaft in Frage stellen. In den Handelskrisen wird ein großer Teil nicht nur der erzeugten Produkte, sondern der bereits geschaffenen Produktivkräfte regelmäßig vernichtet. In den Krisen bricht eine gesellschaftliche Epidemie aus, welche allen früheren Epochen als ein Widersinn erschienen wäre – die Epidemie der Überproduktion. Die Gesellschaft findet sich plötzlich in einen Zustand momentaner Barbarei zurückversetzt; eine Hungersnot, ein allgemeiner Vernichtungskrieg scheinen ihr alle Lebensmittel abgeschnitten zu haben; die Industrie, der Handel scheinen vernichtet, und warum? Weil sie zuviel Zivilisation, zuviel Lebensmittel, zuviel Industrie, zuviel Handel besitzt. Die Produktivkräfte, die ihr zur Verfügung stehen, dienen nicht mehr zur Beförderung der bürgerlichen Eigentumsverhältnisse; im Gegenteil, sie sind zu gewaltig für diese Verhältnisse geworden; sie werden von ihnen gehemmt; und sobald sie dies Hemmnis überwinden, bringen sie die ganze bürgerliche Gesellschaft in Unordnung, gefährden sie die Existenz des bürgerlichen Eigentums. Die bürgerlichen Verhältnisse sind zu eng geworden, um den von ihnen erzeugten Reichtum zu fassen. – Wodurch überwindet die Bourgeoisie die

Krisen? Einerseits durch die erzwungene Vernichtung einer Masse von Produktivkräften; anderseits durch die Eroberung neuer Märkte und die gründlichere Ausbeutung alter Märkte. Wodurch also? Dadurch, daß sie allseitigere und gewaltigere Krisen vorbereitet und die Mittel, den Krisen vorzubeugen, vermindert.

Die Waffen, womit die Bourgeoisie den Feudalismus zu Boden geschlagen hat, richten sich jetzt gegen die Bourgeoisie selbst.

Aber die Bourgeoisie hat sich nur die Waffen geschmiedet, die ihr den Tod bringen; sie hat auch die Männer gezeugt, die diese Waffen führen werden – die modernen Arbeiter, die *Proletarier.*

Arthur Rimbaud
EINE ZEIT IN DER HÖLLE

Arthur Rimbaud *(1854–1891) ist einer der bemerkenswertesten Vertreter des europäischen Symbolismus. Mit 15 Jahren begann er sein schmales, aber sehr reiches und dichtes Werk zu verfassen, und mit nur 19 Jahren entschloss er sich, nicht mehr zu dichten. Sein Werk ist von der Erfahrung des Deutsch-Französischen Krieges 1870/71 beeinflusst. Seine Suche nach einer neuen poetischen Sprache ist die Antwort auf ein radikal neues Zeitalter. 1873 erschien* Eine Zeit in der Hölle.

Ja, die neue Stunde ist zum mindesten sehr ernst.

Denn ich kann sagen, daß der Sieg mir sicher ist: Das Zähneknirschen, das Zischen des Feuers, die verpesteten Seufzer, alles beruhigt sich. Alle unreinen Erinnerungen verblassen. Die letzten schmerzlichen Regungen weichen von mir, – alles, um das ich die Bettler, die Räuber, die Freunde des Todes, die Nachzügler aller Art beneidete. – Verdammte, wenn ich mich rächte!

Ich muß unbedingt ein Mensch von heute sein.

Keine frommen Gesänge mehr: Den Vorsprung, den ich gewonnen habe, bewahren. Harte Nacht! Das getrocknete Blut raucht auf meinem Gesicht, und ich habe nichts hinter mir als dieses schreckliche

Gebüsch! … Der geistige Kampf ist ebenso brutal wie die Männerschlacht, aber die Vision der Gerechtigkeit ist die Lust Gottes allein. Doch ich bin erst am Vorabend. Ich bin bereit alles aufzunehmen, was an Kraft und wahrer Zärtlichkeit auf mich einströmt. Und, zur Stunde des Sonnenaufgangs, gewappnet mit inbrünstiger Geduld, werde ich einziehen in die glanzvollen Städte.
Was sprach ich von Freundeshand! Ein schöner Gewinn ist, daß ich der alten lügnerischen Liebschaften lachen und jene verlogenen Pärchen mit Schande treffen kann, – ich habe die Hölle der Frauen dort unten gesehen, – und es wird mir erlaubt sein, *die Wahrheit zu besitzen in einer Seele und in einem Körper.*

Wladimir Iljitsch Lenin

STAAT UND REVOLUTION

Wladimir Iljitsch Lenin *(1870–1924) ist einer der Väter der russischen Oktoberrevolution von 1917, die für Europa über Jahrzehnte schwerwiegende Folgen hatte. Er radikalisiert das marxsche Denken und setzt es in konkretes politisches Handeln um. Mit dem Begriff »Diktatur des Proletariats« und dem Führungsanspruch der Kommunistischen Partei hat er den kommunistischen Diktaturen den Weg bereitet.*

Demokratie für eine verschwindende Minderheit, Demokratie für die Reichen – das ist der Demokratismus der kapitalistischen Gesellschaft. Betrachtet man den Mechanismus der kapitalistischen Demokratie genauer, so erblickt man überall, in den »geringfügigen«, angeblich »geringfügigen«, Einzelheiten des Wahlrechts (Ansässigkeitszensus, Ausschließung der Frauen usw.) wie in der Technik der Vertretungskörperschaften, in den tatsächlichen Behinderungen des Versammlungsrechts (die öffentlichen Gebäude sind nicht für »Bettler« da!) wie in der rein kapitalistischen Organisation der Tagespresse usw. usw. – überall, wo man hinblickt, Beschränkungen auf Beschränkungen der Demokratie. Diese Beschränkungen, Ausnahmen, Behinderungen für die Armen erscheinen gering, besonders demjenigen, der selbst nie Not gekannt hat und mit den unterdrückten Klassen in ihrem Massenleben nicht in Berührung gekommen ist (und das trifft für neun von zehn, wenn nicht gar für neunundneunzig von hundert Publizisten und Politikern zu) – aber zusammengenommen bewirken diese Beschränkungen die Ausschließung, die Verdrängung der Habenichtse von der Politik, von der aktiven Beteiligung an der Demokratie.

Marx hat dieses *Wesen* der kapitalistischen Demokratie glänzend erfaßt, als er in seiner Analyse der Erfahrungen der Kommune sagt: den Unterdrückten wird in mehreren Jahren einmal gestattet, darüber zu entscheiden, welcher Vertreter der unterdrückenden Klasse sie im Parlament ver- und zertreten soll!

Aber von dieser kapitalistischen, unvermeidlich engen, die Armen im stillen zurückstoßenden und daher durch und durch heuchlerischen und lügenhaften Demokratie führt die weitere Entwicklung nicht einfach, gerade und glatt, »zu einer immer größeren Demokratie«, wie die liberalen Professoren und kleinbürgerlichen Opportunisten es darzustellen belieben. Nein. Die weitere Entwicklung, d.h. die Entwicklung zum Kommunismus, geht über die Diktatur des Proletariats und kann auch gar nicht anders gehen, denn niemand außer dem Proletariat ist imstande, den *Widerstand* der kapitalistischen Ausbeuter zu *brechen,* und einen anderen Weg gibt es nicht.

Die Diktatur des Proletariats aber, d.h. die Organisation der Vorhut der Unterdrückten zur herrschenden Klasse zwecks Niederhaltung der Ausbeuter, kann nicht einfach nur eine Erweiterung der Demokratie bringen. *Zugleich* mit der ungeheuren Erweiterung der Demokratie, die zum *erstenmal* eine Demokratie für die Armen, für das Volk wird und nicht eine Demokratie für die Reichen, bringt die Diktatur des Proletariats eine Reihe Ausnahmen von der Freiheit gegenüber den Unterdrückern, den Ausbeutern, den Kapitalisten. Dies müssen wir niederhalten, um die Menschheit von der Lohnsklaverei zu befreien, ihr Widerstand muß mit Gewalt gebrochen werden, und es ist klar, daß dort, wo es Unterdrückung, wo es Gewalt gibt, keine Freiheit, keine Demokratie ist.

Engels hat das ausgezeichnet in seinem Brief an Bebel zum Ausdruck gebracht, wo er, wie der Leser sich entsinnen wird, sagte: »Solange das Proletariat den Staat noch gebraucht, gebraucht es ihn nicht im Interesse der Freiheit, sondern der Niederhaltung seiner Gegner, und sobald von der Freiheit die Rede sein kann, hört der Staat als solcher auf zu bestehen.«

Demokratie für die riesige Mehrheit des Volkes und gewaltsame Niederhaltung der Ausbeuter, der Unterdrücker des Volkes, d.h. ihre Ausschließung von der Demokratie – das ist die Modifizierung der Demokratie beim Übergang vom Kapitalismus zum Kommunismus.

Erst in der kommunistischen Gesellschaft, wo der Widerstand der Kapitalisten bereits endgültig gebrochen ist, wo die Kapitalisten verschwunden sind, wo es keine Klassen mehr gibt (d.h., wo es keinen Unterschied mehr gibt zwischen den Mitgliedern der Gesellschaft in ihrem Verhältnis zu den gesellschaftlichen Produktionsmitteln) – *erst da* »hört der Staate auf zu bestehen« und *»kann von Freiheit die Rede sein«*. Erst da ist eine wirklich vollständige Demokratie, eine Demokratie wirklich ohne irgendwelche Ausnahmen möglich, erst da wird sie verwirklicht werden. Und erst da beginnt die Demokratie *abzusterben,* aus dem einfachen Grunde, weil die von der kapitalistischen Sklaverei, von den ungezählten Greueln, Brutalitäten, Widersinnigkeiten, Gemeinheiten der kapitalistischen Ausbeutung befreiten Menschen sich allmählich *gewöhnen* werden, die elementarsten, von alters her bekannten und seit Jahrtausenden in allen Vorschriften wiederholten Regeln des Zusammenlebens einzuhalten, einzuhalten ohne Gewalt, ohne Zwang, ohne Unterordnung, *ohne den besonderen Zwangsapparat,* der Staat heißt.

Der Ausdruck »der Staat *stirbt ab«* ist sehr treffend gewählt, denn er verweist sowohl auf das Allmähliche wie auf das Elementare des Prozesses. Nur die Gewöhnung kann und wird zweifellos eine solche Wirkung ausüben, denn wir beobachten rings um uns millionenmal, wie leicht sich Menschen an die Einhaltung der für sie notwendigen Regeln des gesellschaftlichen Zusammenlebens gewöhnen, wenn es keine Ausbeutung gibt, wenn nichts vorhanden ist, was sie empört, zu Protest und Aufstand herausfordert, die Notwendigkeit einer *Niederhaltung* schafft.

Also: in der kapitalistischen Gesellschaft haben wir eine beschnittene, dürftige, falsche Demokratie, eine Demokratie nur für die Reichen, für eine Minderheit. Die Diktatur des Proletariats, die Periode des Übergangs zum Kommunismus, wird zum erstenmal eine Demokratie für das Volk, für die Mehrheit schaffen, neben der notwendigen Niederhaltung der Minderheit, der Ausbeuter. Einzig und allein der Kommunismus ist imstande, eine wahrhaft vollständige Demokratie zu bieten, und je vollständiger diese sein wird, um so schneller wird sie unnötig werden, von selbst absterben.

Mit anderen Worten: im Kapitalismus haben wir den Staat im eigentlichen Sinne des Wortes, eine besondere Maschine zur Unterdrückung einer Klasse durch eine andere, und zwar der Mehrheit durch eine Minderheit. Natürlich erfordert der Erfolg eines solchen Geschäfts, wie die systematische Unterdrückung der Mehrheit der Ausgebeuteten durch die Minderheit der Ausbeuter, die größte Grausamkeit, eine bestialische Unterdrückung, Meere von Blut, die die Menschheit im Zustand der Sklaverei, der Leibeigenschaft, der Lohnarbeit durchwatet.

Weiter. Beim Übergang von Kapitalismus zum Kommunismus ist die Unterdrückung *noch* notwendig, aber bereits die Unterdrückung der Minderheit der Ausbeuter durch die Mehrheit der Ausgebeuteten. Ein besonderer Apparat, eine besondere Unterdrückungsmaschine, ein »Staat« ist *noch* notwendig, aber es ist bereits ein Übergangsstaat, kein Staat im eigentlichen Sinne mehr, denn die Niederhaltung der Minderheit der Ausbeuter durch die Mehrheit der Lohnsklaven von *gestern* ist eine verhältnismäßig so leichte, einfache und natürliche Sache, daß sie viel weniger Blut kosten wird als die Unterdrückung von Aufständen der Sklaven, Leibeigenen, Lohnarbeiter, daß sie der Menschheit viel billiger zu stehen kommen wird. Sie ist auch vereinbar mit der Ausdehnung der Demokratie auf eine so überwältigende Mehrheit der Bevölkerung, daß das Bedürfnis nach einer *besonderen Maschine* zur Unterdrückung zu verschwinden beginnt. Die Ausbeuter sind natürlich nicht imstande, das Volk niederzuhalten ohne eine sehr komplizierte Maschine zur Erfüllung dieser Aufgabe, das *Volk* dagegen vermag die Ausbeuter mit einer sehr einfachen »Maschine«, nahezu ohne »Maschine«, ohne einen besonderen Apparat niederzuhalten, durch die einfache *Organisation der bewaffneten Massen* (von der Art der Arbeiter- und Soldatenräte, wie vorauseilend bemerkt sei).

Schließlich schafft nur der Kommunismus den Zustand, unter dem der Staat völlig unnötig wird, denn es ist *niemand* da, der niedergehalten werden müßte, »niemand« im Sinne einer *Klasse,* im Sinne des systematischen Kampfes gegen einen bestimmten Teil der Bevölkerung. Wir sind keine Utopisten und leugnen durchaus nicht die Möglichkeit und Unvermeidlichkeit von Ausschreitungen *einzelner Personen* sowie die Notwendigkeit gegen *solche* Ausschreitungen vorzugehen. Aber erstens bedarf es hierfür keiner besonderen Maschine, keines besonderen Unterdrückungsapparates. Das wird das bewaffnete Volk selbst ebenso einfach und leicht bewerkstelligen, wie eine beliebige Ansammlung zivilisierter Menschen sogar in der heutigen Gesellschaft raufende Menschen auseinanderbringt oder die Vergewaltigung einer Frau verhindert. Zweitens wissen wir, daß die soziale Grundursache der Ausschreitungen, die eine Verletzung der Regeln des gesellschaftlichen Zusammenlebens bedeuten, die Ausbeutung der Massen, ihre Not und ihr Elend sind. Mit der Beseitigung dieser Hauptursache werden die Ausschreitungen unvermeidlich *»abzusterben«* beginnen. Wir wissen nicht, wie rasch und in welcher Aufeinanderfolge es geschehen wird, aber wir wissen, daß sie absterben werden. Mit dem Absterben der Ausschreitungen wird auch der Staat *absterben.*

Friede und Selbstbehauptung

Zu meiner Schande sei's gesagt: Ich war schon ein Weichei, bevor es den Begriff überhaupt gab. Doch immerhin war ich bereit, an mir zu arbeiten. Also beschloss ich irgendwann in meinem Studium, boxen zu lernen, als Vorbereitung auf das »wirkliche« Leben, in dem ich mich, so meine Überzeugung, ohne solches Training nicht würde behaupten können. Doch bereits mein erstes Sparring wurde zum Desaster. Mein Gegner prügelte so heftig auf mich ein, dass mir Hören und Sehen verging, und es dauerte eine Ewigkeit, bis mir ein Konter gelang. Kaum aber landete ich meinen ersten und einzigen Treffer, hatte ich nichts Eiligeres zu tun, als die Arme fallen zu lassen und mich bei meinem Gegner zu entschuldigen: »Das war wirklich nicht meine Absicht!« Und *bumms* – traf mich seine Faust mitten im Gesicht.

Heute, nachdem ich meine Gehirnerschütterung einigermaßen überwunden habe, kann ich zu meiner Rechtfertigung sagen, dass mein damaliges Verhalten nicht nur Ausdruck persönlicher Verwirrung war, sondern auch das Resultat eines Konflikts, der seit zweieinhalbtausend Jahren in der abendländischen Ideengeschichte schwelt. Ihm verdankt sich mein Bedürfnis nach Wehrertüchtigung ebenso sehr wie mein folgenschwerer pazifistischer Reflex.

»Der Krieg«, erklärt Heraklit, »ist der Vater aller Dinge.« Den frühеuropäischen Beleg dazu liefert Homer. In der »Odyssee« wie in der ganzen vorhellenistischen Welt ist Friede nur die Ausnahme von der Regel: eine hin und wieder von den Göttern bewilligte Unterbrechung des kriegerischen Normalzustandes, in dem es das natürliche Interesse eines jeden ist, sich wehrhaft zu zeigen. Ja, sogar die Götter selbst sind ständig untereinander im Streit und bekriegen sich. Doch müssen die Menschen widerspruchslos hinnehmen, was die Götter ihnen auferlegen bzw. vorexerzieren? Den ersten abendländischen Einspruch gegen die Selbstverständlichkeit des Krieges erhebt Aristoteles, wenn er mit einem politischen Argument für das Primat des Friedens plädiert: Da die Ziele der Polis, so sein Argument, sich nur im Frieden verwirklichen lassen, darf Krieg nicht der Normalzustand sein, sondern nur ein Mittel zur Verteidigung des Gemeinwesens.

Mit der *»pax romana«* wird Aristoteles' Theorie im Römischen Reich erstmals europäische Wirklichkeit. Dieser Friede ist allerdings nur eine mit Gewalt durchgesetzte Aufhebung des Kriegszustands: Jeder, der sich unter die Herrschaft des Kaisers begibt, ist fortan sicher vor Angreifern von außen. Doch der Preis solcher Schutzherrschaft, die Vergil als neue Weltordnung preist, ist hoch. Er verlangt die bedingungslose Unterwerfung der Schutzsuchenden.

Mit dem Christentum meldet sich eine völlig anders geartete Friedensidee in Europa zu Wort. Statt politisch ist sie religiös motiviert. Der neue Gott hat nichts mehr gemein mit den streitbaren Göttern des Olymps. Er ist ein »Gott des Friedens«, und sein Sohn, den er zur Welt herabschickt, um die Menschen zu erlösen, ist der »Friedensfürst«. Jeder, der an ihn glaubt, unterliegt darum einer persönlichen Friedenspflicht, die jeder Form von Gewalt entsagt: »Wenn dich einer auf die rechte Wange schlägt, dann halt ihm auch die andere hin.« Diese Botschaft des Neuen Testaments entwickelt Augustinus zu einer Friedensphilosophie, die eine allumfassende kosmologische Ordnung begründet: Friede soll herrschen – in jedem einzelnen Menschen, im Verhältnis der Menschen untereinander und in der Gemeinschaft der Menschen mit Gott.

Im »Heiligen Römischen Reich deutscher Nation« tritt an die Stelle der *»pax romana«* die *»pax christiana«*. Die Einheit der Christenheit, so lehren die Konzilien der frühen Neuzeit, sichert fortan den Frieden des Abendlandes. Doch wie gefährdet dieser Friede ist, zeigt nicht nur Erasmus von Rotterdam mit seiner »Klage des Friedens« – die Wirklichkeit übertrifft bald schon seine schlimmsten Befürchtungen. Nach der Reformation führen die Christen dreißig Jahre lang auf dem ganzen Kontinent unter- und gegeneinander Krieg, im Namen desselben Gottes, den sie als »Friedensfürst« anbeten, um ihre Glaubensvorstellungen durchzusetzen, egal, mit wie viel Gewalt.

Während der Westfälische Friede von 1648 die zerstrittenen Konfessionen noch einmal auf die längst verlorene Einheit der europäischen Christenheit verpflichten will, schwört Hobbes solchen Illusionen rigoros ab und erklärt den Krieg »jeder gegen jeden« zum natürlichen Zustand der Menschheit, der allein durch staatliche Zwangsmaßnahmen unter Kontrolle gebracht werden kann. Erst die Aufklärung meldet wieder Zweifel an der Unvermeidlichkeit des Krieges an, wenn Kant dessen moralische Ächtung mit der Skizze einer allgemeinen Rechts- und Friedensordnung verknüpft. Den »ewigen Frieden« kann er damit, wie die Geschichte zeigt, zwar nicht bewirken, doch mit der Verpflichtung der Politik auf Kriegsverhinderung als oberstes Ziel schafft er eine Grundlage, aus der im 20. Jahrhundert das moderne Völkerrecht mit Völkerbund und Kriegsverbot entstehen soll, mit dessen Hilfe im Nürnberger Prozess 1946 die Nazis für ihre Verbrechen zur Rechenschaft gezogen werden.

Der Wille zum Frieden ist aber nicht nur Sache der europäischen Staaten. Kontinentale Wirkung entfaltet er in umso höherem Maß, je mehr Menschen ihn zum persönlichen Lebensprinzip erheben. Im 17. Jahrhundert sind es vor allem die Mitglieder der Friedenskirchen, die Mennoniten und Quäker, die sich zur Gewaltlosigkeit bekennen. Ihr Vordenker William Penn träumt bereits hundert Jahre vor Kant von einem europäischen »Staatenhaus«. Bürgerrechtsähnliche Bewegungen für den Frieden entstehen aber erst im 19. Jahrhundert, um 1891 unter dem Dach des Internationalen Friedensbüros in Bern zusammenzufinden. Vater und Mutter dieses bürgerlichen Pazifismus sind Henri Dunant, der Begründer des Roten Kreuzes, und die österreichische Schriftstellerin Bertha von Suttner, die 1905 für ihre Streitschrift »Die Waffen nieder!« mit dem Friedensnobelpreis ausgezeichnet wird. Ihre Nachfahren erheben überall im Europa des 20. Jahrhunderts ihre Stimmen: ob als Romanautoren wie Henri Barbusse, Erich Maria Remarque oder Astrid Lindgren, als Wissenschaftler wie Albert Einstein, Albert Schweitzer oder Bertrand Russell, als politische Publizisten wie Jean Jaurès oder Carl von Ossietzky – oder als Pop-Sänger wie Donovan. Sie alle verfolgen dasselbe Ziel, das die DDR-Bürgerrechtler Havemann und Eppelmann 1982 in ihrem Berliner Appell formulieren: »Frieden schaffen ohne Waffen«.

Doch welchen Preis verlangt das europäische Bekenntnis zum Frieden? Bedeutet es das Ende meiner Möglichkeiten, mich selbst, meine Rechte und meine Werte zu verteidigen? Bin ich, »um des lieben Friedens willen«, dazu verdammt, jedem meine Wange hinzuhalten?

Gewalt ist nicht Gewalt, und der Wille zum Frieden ist nur im radikalen Pazifismus identisch mit dem Verzicht auf Selbstbehauptung. Schon Cicero erklärt im Namen der abendländischen Antike Notwehr als »angeborenes Recht«, das sogar die Verletzung fremder Rechtsgüter erlaubt, falls die Bedrohung nicht anders abgewendet werden kann. »Das Recht braucht dem Unrecht nicht zu weichen.« Dieser Grundsatz gilt nicht nur in der römischen, sondern auch in der germanischen Rechtskultur: »Not hat kein Gebot.« Ausnahmen von der Friedenspflicht kennt darum sogar die christliche Lehre. Thomas von Aquin betont zwar den Zusammenhang zwischen Frieden und Nächstenliebe, noch stärker aber setzt er die Friedensidee in Beziehung zur Gerechtigkeit. Dabei unterscheidet er zwischen *»vera pax«* und *»pax apparens«,* zwischen wahrem und scheinbarem Frieden. Dieser ist ein fauler Zauber und rechtfertigt im Falle eines Falles sogar Widerstand gegen die Obrigkeit, bis hin zum Tyrannenmord. »Es gibt also Zeiten«, folgert Pascal, »wo der Friede gerecht ist, und andere, wo er ungerecht ist.« Die Begründung liefert Thomasius nach. Die Bewahrung des eigenen Wohlergehens ist nicht nur das gute Recht eines jeden Menschen, sondern eine ihm von Gott auferlegte Pflicht. Notwehr stößt erst dann an ihre logische Grenze, wenn sie andere Menschen in Notstand versetzt. Dieses Notrecht des Einzelnen weitet Grotius auf den Staat aus. So wie er dem Einzelnen im Notfall das Recht auf Mundraub zugesteht, leitet er für den Staat das Recht zur Kriegsführung ab.

Clausewitz definiert Krieg als »Akt der Gewalt, um den Gegner zur Erfüllung unseres Willens zu zwingen«. Doch wann tritt nach europäischem Verständnis der Notfall ein, der solche Gewalt legitimiert? Nur dann, wenn Leib und Leben des Einzelnen bzw. die Existenz des Staates gefährdet sind? Oder auch, wenn eine individuelle bzw. kollektive Lebens*form* bedroht wird? Darf deren Erhalt genauso offensiv behauptet werden wie der Erhalt des Lebens selbst – wenn's sein muss, mit Gewalt?

»Warum, wofür ist überhaupt Krieg?«, fragt Anne Frank in ihrem

Tagebuch. Während Papst Johannes XXIII. die Hände faltet, um für den »Frieden auf Erden« zu beten, liest der Jesuitenschüler Heiner Geisler den Pazifisten Europas die Leviten: Diese hätten sich durch ihre Weigerung, Hitler entschlossen entgegenzutreten, mitschuldig gemacht an den Vernichtungslagern, in denen Anne Frank zu Tode kam.

Der heilige Thomas von Aquin lässt grüßen: Wo hört der »wahre« Friede auf? Und wo fängt der »scheinbare« Friede an? Wann ist die gewaltsame Intervention zum Schutz von Menschenrechten legitim? Vielleicht im Kosovo-Konflikt? Oder auch im Irak?

Irritiert reibe ich mir die Nase. Manchmal schmerzt sie noch immer.

Vergil

POLLIO

Vergil *(Publius Vergilius Maro, 70 v. Chr. – 19 v. Chr.) ist einer der großen Autoren des römischen Altertums. Er gehörte zum Kreis der Dichter, die von Maecenas gefördert wurden. Octavian (der spätere Kaiser Augustus) war wie Horaz, Properz und weitere namhafte Dichter eng mit ihm befreundet. Seine Hauptwerke sind die* Aeneis *und die* 10 Hirtengedichte (Bucolica). *In der vierten Idylle zeichnet er ein befriedetes Reich, das von Wohlstand und Glück geprägt sein wird. Die Christen sahen später in diesem Text eine prophetische Ankündigung des irdischen Lebens von Jesus Christus.*

Etwas Höheres laßt, sizilische Musen, uns singen;
Denn nicht jeden erfreut Gesträuch und Sumpftamariske.
Singen wir Wald des Gebirges, der Wald ist würdig des Konsuls.

Schon das äußerste Alter erschien des kumäischen Liedes;
Groß von neuem beginnt ursprüngliche Folge der Zeiten.
Schon kehrt wieder Asträa, es kehrt die saturnische Herrschaft,
Schon ein neues Geschlecht entsteigt dem erhabenen Himmel.
Sei nur dem kommenden Knaben, mit dem sich das eiserne Alter
Schließet, und rings aufblüht ein goldnes Geschlecht auf dem Erdkreis,
Sei, keusche Lucina, ihm hold: schon herrscht dein Apollo.

Dir wird sogar dies Heil des Äons, dir Konsul, beginnen,
Pollio, daß allmählich die großen Monde hervorgehn.
Deiner Macht, wenn etwa noch Spuren sind unserer Greuel,
Werden sie schwindend befrein vom ewigen Schrecken die Länder.
Jener wird göttliches Leben empfahn und schauen mit Göttern
Untermischt die Heroen, und selbst erscheinen mit jenen,
Und in Frieden beherrschen durch Vatertugend den Erdkreis.
Aber zuerst wird, Knabe, dir kunstlos kleine Geschenke,
Efeuranken mit Bakkar gemischt, und mit üppig gewundner

Bärenklau ringsher Kolokasien spenden das Erdreich.
Selbst wird jetzo die Geiß mit milchgeschwollenem Euter
Heimgehn und nicht fürchten das Rind den gewaltigen Löwen.
Auch wird selber die Wiege mit lieblichen Blumen die aufblühn,
Sterben wird Schlangengezücht und die täuschende Pflanze des Giftes
Sterben, und rings sich erheben Assyriens edles Amomum.

Aber sobald nun Heldengesang und Taten des Vaters
Du zu lesen vermagst, und was Tugend sei, zu erkennen;
Wird mit sanfter Ähr' die Flur sich allmählich vergolden,
Auch am wildernden Dorn wird rot abhangen die Traube,
Ja hartstämmigen Eichen enttrieft dann tauiger Honig.
Wenig indes sind Spuren veralteten Truges noch übrig,
Die zu versuchen das Meer im Gebälk, die schirmende Mauern
Städten zu bau'n und zu spalten das Land mit der Furche gebieten.
Dann ist ein anderer Tiphys, es fährt eine andere Argo
Auserkor'ne Heroen; ja dann sind andere Kriege;
Auch wird wieder gen Troja gesandt ein großer Achilles
Wenn zum Manne dich nun das gekräftigte Alter gereift hat,
Weicht aus der Wog' auch selbst der Pilot, das befrachtete Seeschiff
Tauscht nicht mehr; es erwächst ein jegliches jeglichem Lande.
Weder den Karst erduldet die Flur, noch die Hippe der Weinberg;
Schon auch löset die Stiere vom Joch der stämmige Pflüger.
Nicht mehr lernet die Wolle den Lug vielartiger Färbung:
Nein, selbst hüllt auf der Aue der Widder sich bald in des Purpurs
Liebliche Röte das Vlies und bald in feurigen Safran;
Und freiwillig umglüht Scharlach die weidenden Lämmer.

Also entrollt, Jahrhunderte, fort: zu ihrem Gewebe
Sprachen die Parzen das Wort, standhaft, einträchtiglich waltend.
Nimm, o nimm (schon nahet der Tag) die erhabenen Ehren,
Teures Göttergeschlecht, des Jupiters herrlicher Nachwuchs!
Schau mit gewölbeter Last das hochher schauernde Weltall,
Länder rings und Räume des Meers und Tiefen des Himmels,
Schau, wie alles sich freut des kommenden Weltjahrhunderts!

Wäre so weit mir gesteckt des Daseins äußerstes Grenzziel,
Und ein Geist, der genüge, von deinen Taten zu reden:
Nicht vorgehn an Gesang soll mir der Thrazier Orpheus,
Linus nicht; und helfe dem Orpheus Kalliopea
Mütterlich, helf' auch dem Linus sein schöner Vater Apollo.
Wenn selbst Pan mich besteht vor Arkadias' Richter im Wettstreit,
Selbst soll Pan sich besiegt vor Arkadias Richter erklären.
Auf, holdseliges Kind, und erkenn' am Lächeln die Mutter;
Vieles ertrug die Mutter in zehn langwierigen Monden.
Auf, holdseliges Kind! Wen nicht anlachten die Eltern,
Würdigte weder des Tisches der Gott noch die Göttin des Lagers.

Aurelius Augustinus

Es besteht der Friede

Aurelius Augustinus *(354–430), einflussreichster Kirchenvater des frühen Christentums, entwickelt eine differenzierte Friedensphilosophie, die alle Aspekte des menschlichen Lebens einschließt.*

Es besteht der Friede des Leibes – in dem geordneten Zusammenwirken der Teile,
der Friede der vernunftlosen Seele (des Gefühls) – in der geordneten Ruhe der Triebe,
der Friede der vernünftigen Seele (des Geistes) – in der geordneten Übereinstimmung zwischen Erkennen und Handeln,
der Friede zwischen Leib und Seele – in dem wohlgeordneten Leben und Wohlergehen des betreffenden Lebewesens,
der Friede zwischen dem sterblichen Menschen und Gott – in dem geordneten, im Glauben betätigten Gehorsam gegen das ewige Gesetz,
der Friede unter den Menschen – in der geordneten Eintracht, und zwar
der Friede im Hause – in der geordneten Eintracht der Familienangehörigen beim Befehlen und Gehorchen,

der Friede im Staat – in der geordneten Eintracht der Bürger beim Befehlen und Gehorchen,
der Friede des himmlischen Staates – in der allervollkommensten Ordnung und Eintracht der Gemeinschaft im Genießen Gottes und im gegenseitigen Genießen in Gott,
der Friede endlich aller Dinge – in der Ruhe der Ordnung.
Unter Ordnung aber verstehen wir die gleichen und ungleichen Dinge in einer Verteilung, durch die einem jeglichen sein Ort angewiesen ist.

Thomas von Aquin

ÜBER DAS ERLAUBTSEIN DES KRIEGES

Thomas von Aquin *(um 1225–1274) ist der wichtigste Philosoph der Scholastik, die im Hochmittelalter ein umfassendes Denkgebäude entwickelt hat. Seine Lehre war für Generationen von Theologen der Hauptbezugspunkt. In vielen seiner Gedanken baut er direkt auf Augustinus auf. Er bemüht sich, die Realität des Krieges mit der christlichen Friedensbotschaft in Einklang zu bringen.*

1. Strafe wird nur für eine Sünde verhängt. Den Kriegführenden aber wird vom Herrn Strafe angedroht; nach Mt 26,52: »Jeder, der das Schwert ergreift, wird durch das Schwert umkommen.« Also ist jeder Krieg unerlaubt.
2. Was immer dem göttlichen Gebot widerspricht, ist Sünde. Kriegführen aber widerspricht dem göttlichen Gebot; denn Mt 5,39 heißt es: »Ich aber sage euch: widersteht dem Bösen nicht«; und Röm 12,19 heißt es: »Verteidigt euch nicht selbst, Geliebteste; sondern gebt dem Zorne [Gottes] Raum.« Also ist Kriegführen immer Sünde.
3. Nichts widerspricht dem Akt der Tugend als die Sünde. Krieg aber widerspricht dem Frieden. Also ist Krieg immer Sünde.
4. Jede Übung für eine erlaubte Sache ist auch selbst erlaubt, wie es offenbar ist bei den wissenschaftlichen Übungen. Die Kriegsübungen aber, die auf den Turnieren stattfinden, sind von der Kirche verboten;

denn jene, die bei diesen Waffenproben zu Tode kommen, erhalten kein kirchliches Begräbnis. Also scheint Krieg schlechthin Sünde zu sein.

Anderseits sagt Augustinus: »Wenn die christliche Ordnung die Kriege grundsätzlich als Schuld erklärte, so würde denen, die das Heil suchen, im Evangelium eher der Rat gegeben, die Waffen abzulegen und jeden Kriegsdienst zu verweigern. Es wurde ihnen aber gesagt: ›Verübt gegen niemanden Erpressung; seid zufrieden mit eurem Solde‹ [Lk 3,14]. Denen so geboten wurde, sich mit dem eigenen Solde zufriedenzugeben, denen wurde nicht verboten, Kriegsdienst zu leisten.«

Antwort: Zu einem gerechten Krieg sind drei Dinge erforderlich: Erstens die Vollmacht des Fürsten, auf dessen Befehl hin der Krieg zu führen ist. Denn es ist nicht Sache der Privatperson, einen Krieg zu veranlassen; weil sie ihr Recht vor dem Gericht des Vorgesetzten verfechten kann. Ebenfalls weil es nicht Sache der Privatperson ist, die Menge zusammenzurufen, wie das im Krieg notwendig ist. Da aber die Sorge für die öffentliche Ordnung den Fürsten anvertraut ist, ist es auch ihre Sache, die öffentliche Ordnung der ihnen unterstehenden Stadt oder des Königreiches oder einer Provinz zu schützen. Und wie sie diese erlaubterweise mit dem Schwert gegen die inneren Unruhestifter verteidigen, indem sie die Übeltäter bestrafen – gemäß Röm 13,4: »Nicht umsonst trägt sie [die Obrigkeit] das Schwert; ist sie doch Gottes Dienerin, Vollstreckerin des Zorngerichtes für den, der Schlechtes tut« –, so ist es auch ihre Aufgabe, mit dem Schwert des Krieges die öffentliche Ordnung gegen äußere Feinde zu schützen. (…)

Zweitens ist ein gerechter Grund verlangt. Es müssen nämlich diejenigen, die mit Krieg überzogen werden, dies einer Schuld wegen verdienen. (…)

Drittens wird verlangt, daß die Kriegführenden die rechte Absicht haben, nämlich entweder das Gute zu mehren oder das Böse zu meiden. Deshalb sagt Augustinus: »Bei den wahren Verehrern Gottes haben auch die Kriege Friedenscharakter bekommen, insofern sie nicht aus Gier oder Grausamkeit, sondern aus Eifer für den Frieden geführt werden, um die Bösen in die Schranken zu weisen und die Guten zu unterstützen.« Es kann aber vorkommen, daß der Krieg wegen einer verkehrten Absicht unerlaubt wird, obwohl die Vollmacht dessen, der ihn erklärt, rechtmäßig ist und ein gerechter Grund vorliegt. (...)

Zu 1. Wie Augustinus sagt, »›ergreift das Schwert‹, wer ohne jede Anweisung oder Ermächtigung einer höheren und rechtmäßigen Macht die Waffen ergreift, um fremdes Blut zu vergießen«. Wer aber als Privatperson vom Fürsten oder Richter ermächtigt oder als öffentlicher Amtsträger aus Eifer für die Gerechtigkeit, gewissermaßen von Gott Selbst bevollmächtigt, das Schwert gebraucht, ergreift nicht selbst das Schwert, sondern gebraucht nur das, was ihm von einem anderen anvertraut wurde. Deshalb verdient er keine Strafe. – Doch werden auch die, die in sündhafter Weise das Schwert gebrauchen, nicht immer durch das Schwert getötet. Vielmehr gehen sie durch ihr eigenes Schert für immer zugrunde, weil sie für die Sünde des Schwertes ewig bestraft werden, wenn sie nicht Buße tun.
Zu 2. Solche Gebote sind nach Augustinus immer zu beobachten in der Bereitschaft des Herzens, so nämlich, daß der Mensch immer bereit ist, auf Widerstand oder Selbstverteidigung zu verzichten, wenn es not tut. Zuweilen aber muß man anders handeln um des Gemeinwohles willen und auch um des Wohles derer willen, mit denen man kämpft. (...)
Zu 3. Auch diejenigen, die einen gerechten Krieg führen, wollen den Frieden. Deshalb sind sie nur dem schlechten Frieden entgegen, den der Herr »nicht auf die Erde bringen wollte« (Mt 10,34). Deshalb sagt Augustinus: »Der Friede wird nicht angestrebt, um Krieg führen zu können; sondern es wird Krieg geführt, um den Frieden zu erlangen. Also sollst du auch im Kriege zum Frieden wirken, auf daß du diejenigen, die du bekämpfst, durch den Sieg zur Wohltat des Friedens führst.«
Zu 4. Die Einübungen der Menschen zu kriegerischen Unternehmungen sind nicht allgemein verboten, sondern nur die ungeordneten und gefährlichen Übungen, aus denen Tötung und Plünderungen folgen.

Erasmus von Rotterdam
Klage des Friedens

Erasmus von Rotterdam *(1469–1536) stellt die Problematik des Krieges als eine soziale Spannung zwischen den praktisch Arbeitenden, die allgemeinen Wohlstand schaffen, und den nur um ihren Ruhm besorgten Machthabern dar. Sogar Siege in kriegerischen Auseinandersetzungen, so seine These, sind letztlich ökonomisch wertlos.*

Der Friede spricht: Was ist gebrechlicher, was ist kürzer als das menschliche Leben! Wie vielen Krankheiten, wie vielen Unfällen ist es ausgesetzt? Wiewohl es mehr Übel in sich birgt, als es zu tragen vermag, so beschwören sich dennoch die unsinnigen Menschen den größten Teil davon selbst herauf. Eine so große Blindheit hat sich der menschlichen Gemüter bemächtigt, daß sie nichts von alledem wahrnehmen. So werden sie Hals über Kopf getrieben, alle Bande der Natur und Christi, alle Bündnisse zu zerreißen, zu zerschneiden und zu zerschlagen. Sie streiten überall und ohne Unterlaß, die Unruhen finden weder Maß noch Ende. Es geraten Volk mit Volk, Stadt mit Stadt, Partei mit Partei, Fürst mit Fürst aneinander; und wegen der Torheit und des Ehrgeizes zweier Menschlein, die doch in wenigen Tagen vergehen, kehrt man bei allen menschlichen Dingen das Oberste zuunterst.
Würde das einfache Volk so handeln, könnte man es mit seiner Unwissenheit erklären. Wären es junge Leute, würde man es mit der Unerfahrenheit der Jugend entschuldigen. Wären es Gottlose, so würde die Beschaffenheit ihrer Person die Schrecklichkeit der Tat ein wenig mildern. Nun sehen wir aber, daß ganz besonders diejenigen die Saat des Krieges ausstreuen, deren Rat und Mäßigung es zukäme, die Unruhen des Volkes beizulegen. Jenes verachtete und niedrige Volk gründet ausgezeichnete Städte, verwaltet sie gemeinnützig und macht sie durch die Art der Verwaltung wohlhabend. In diese brechen nun die Machthaber ein und nehmen wie Drohnen heimlich hinweg, was fremder Fleiß schuf; und was die Mehrzahl zusammentrug, wird von wenigen verschwendet, was rechtmäßig aufgebaut worden, zerstören sie aufs grausamste.

Aber ich höre schon, was die zu ihrem eigenen Unheil so erfinderischen Menschen zur Entschuldigung vorbringen. Sie beklagen sich, dazu gezwungen und gegen ihren Willen in den Krieg hineingezogen zu werden. Aber tue jene Larve ab, entferne den angenommenen Schein, gehe in dich; dann wirst du finden, daß dich Zorn, Ehrgeiz und Torheit, nicht Notwendigkeit dazu verleiten; es sei denn, daß du es für erforderlich hältst, deinen Wünschen überall Geltung zu verschaffen. Vor dem Volke magst du prunken, Gott läßt sich nicht durch Verstellung täuschen.

Inzwischen veranstaltet man feierliche Dankfeste, erbittet den Frieden unter großem Lärm und ruft mit überlautem Geschrei: Wir bitten dich, erhöre uns, gibt uns den Frieden. Antwortet Gott ihnen dann nicht mit vollem Recht: Was verspottet ihr mich? Ihr bittet, das von euch zu wenden, was ihr euch selbst mit Willen zugefügt habt, dessen Urheber ihr selbst seid. (…)

Hast du Lust oder Neigung zum Krieg? Sieh zuerst an, was für eine Sache der Frieden und was für eine Sache der Krieg ist; was jener für gute, dieser für schädliche Dinge mit sich bringt, und berechne, ob es nützlich sei, den Frieden mit dem Krieg zu vertauschen. Wenn es etwas Wunderbares ist, daß ein Königreich überall mit den besten Gütern gesegnet ist – wohlgegründete Städte, gut bebaute Felder, beste Gesetze, ehrenwerteste Künste, höchste Sittlichkeit –, so überlege dir wohl: dieses Glück muß ich mir zerstören, wenn ich Krieg führe. Hast du hingegen jemals zerstörte Städte, verheerte Dörfer, verbrannte Kirchen, verwüstete Felder und dieses jammervolle Schauspiel, so wie es wirklich ist, gesehen, dann bedenke, daß das die Frucht des Krieges ist. Ist die Nichtachtung der Gesetze das schädlichste Gift für den Staat: unter den Waffen schweigen die Gesetze … Wenn der Quell allen Unheils Gottlosigkeit und Mißachtung der Religion ist, so wird er durch die Stürme des Krieges wahrhaftig noch in den Schatten gestellt. (…)

Aber stelle dir wirklich einmal die Sache als die gerechteste und den Ausgang des Krieges als den günstigsten vor, berechne sämtliche Übelstände, welche der Sieg brachte, und dann siehe, ob es wirklich etwas so Großes war, zu siegen! Kaum jemals wurde ein Sieg ohne Blutvergießen errungen. Jetzt hast du deine Leute mit Menschenblut befleckt. Rechne dazu den Zerfall der Sitten und der öffentlichen Ordnung, der durch keinen Gewinn aufzuwiegen ist. Du leerst deinen Staatsschatz, schindest dein Volk, beschwerst die Guten und stachelst die Schlechten zu Übeltaten auf. Und ist dann der Krieg beendet, so sind doch seine Nachwirkungen noch immer nicht beseitigt.

Die Künste verkümmern und der Handel der Kaufleute stockt. Um den Feind einzuschließen, mußt du dich erst einmal selber aus so viel Gebieten ausschließen lassen. Vor dem Krieg waren alle benachbarten Länder dein, denn der Friede macht alle Dinge durch den gegenseitigen Handel zu gemeinsamem Besitz. Betrachte, was du angerichtet hast; jetzt gehört dir kaum, was doch vollkommen in deinem Machtbereich liegt. Wieviel Kriegsmaschinen und Zeltlager benötigst du, um ein Städtchen zu zerstören! Eine künstliche Stadt mußt du aufbauen, willst du eine wirkliche vernichten; mit geringerem Aufwand hätte eine andere richtige Stadt erbaut werden können. Um den Feind am Verlassen seiner Stadt zu hindern, schläfst du unter freiem Himmel, fern von deinem Vaterland. Man hätte mit weniger Unkosten neue Mauern errichten mögen, als die erbauten durch Belagerungsmaschinen zu zerstören. Dabei will ich nicht berechnen, wieviel Geld in die Taschen der Eintreiber und Einnehmer wie der Hauptleute fließt, welches wahrlich nicht der geringste Teil ist. Wenn du dann die einzelnen Ausgaben einmal Punkt um Punkt überprüfst und nicht bemerkst, daß du mit dem zehnten Teil der Unkosten den Frieden hättest erkaufen können, dann will ich mich geduldig in alle Welt jagen lassen.

(…)

Der größte Teil des Volkes haßt den Krieg und bittet um Frieden. Nur einige wenige, deren gottloses Glück aus dem Unglück der Allgemeinheit herrührt, wünschen den Krieg. Entscheidet selbst, ob es gleichgültig ist oder nicht, daß deren Schlechtigkeit mehr gelten soll als der Wille aller frommen Menschen! Ihr seht bisher, daß nichts mit Bündnissen ausgerichtet wurde, daß weder Heirat und Verschwägerung noch Gewalt und Rachsucht geholfen haben. Zeigt nun dieser Gefahr gegenüber, was Versöhnlichkeit und Wohltaten vermögen! Ein Krieg sät den anderen, Vergeltung zeugt Vergeltung. Möge nunmehr eine Freundschaft die andere gebären und eine Wohltat die andere hervorlocken! Derjenige soll für königlicher gehalten werden, der mehr von seinem Rechtsanspruch abläßt.

Hugo Grotius
VOM RECHT DES KRIEGES

Hugo Grotius *(1583–1645) ist einer der bekanntesten Theoretiker des Naturrechts und damit einer der Väter des europäischen Rechtsstaates. Er leitet das Recht zur Kriegsführung als* Ultima Ratio *aus den Prinzipien des geordneten Zusammenlebens ab. Einige seiner Auffassungen haben Eingang ins heute gültige Völkerrecht gefunden.*

Kein Staat ist so kräftig, daß er nicht irgendeinmal der Hilfe anderer bedarf, sei es zu friedlichen Zwecken, sei es zur Verteidigung gegen die vereinten Angriffe mehrerer auswärtiger Nationen. Man sieht deshalb, daß auch die mächtigsten Völker und Könige auf Bündnisse bedacht sind, deren verbindliche Kraft allerdings von denen ganz zerstört wird, welche das Recht auf das innere Gebiet der Staaten beschränken. Es ist schon durch und durch wahr, daß alles unsicher wird, wenn einmal vom Recht abgegangen wird. (...)
Der Satz, daß alles Recht im Kriege aufhöre, ist so weit von der Wahrheit entfernt, daß ein Krieg sogar nur der Rechtsverfolgung wegen angefangen und ein begonnener nur nach dem Maße des Rechts der Treue geführt werden darf. Demosthenes sagt richtig, daß der Krieg gegen die eintrete, welche sich durch Richterspruch nichts gebieten lassen. Denn die Richtersprüche genügen gegen die Schwächeren; gegen die gleich Starken aber oder die, die sich dafür halten, greift man zum Krieg. Damit er aber gerecht bleibe, ist er nicht mit geringerer Gewissenhaftigkeit als der Richterspruch zu vollstrecken (...)
Nach dem Naturrecht, zu dem auch das Völkerrecht gehört, ergibt sich also zur Genüge, daß nicht alle Kriege mißbilligt werden können. (...)

Wir kommen zu den Gründen, welche den Krieg rechtfertigen. Denn es gibt auch andere Gründe, die ihre Wurzel nur im Nutzen haben und mitunter von den aus dem Recht abgeleiteten Gründen unterschieden werden. (...) So viele Gründe es für die gerichtlichen Klagen gibt, ebenso viele Gründe gibt es zum Kriege. Wo es an rechtlichen Entscheidungen fehlt, bricht der Krieg aus. Die Klagen sind aber zulässig sowohl wegen eines Schadens, der noch nicht geschehen, als wegen eines, der bereits geschehen ist. Das erste findet z. B. statt, wenn eine Bürgschaft gegen Beleidigung verlangt wird oder wegen Gefahr einer Schädigung; auch bei dem Interdikt, daß keine Gewalt geschehe. Ist der Schaden geschehen, so geht die Klage auf Schadenersatz oder auf Strafe. (...)

Meistenteils werden drei gerechte Gründe zum Kriege angenommen: die Verteidigung, die Wiedererlangung des Genommenen und die Bestrafung. (...)

In keinem Falle aber ist es zulässig, wie einige behaupten, daß nach dem Völkerrecht ein Krieg begonnen werden dürfe, um das Anwachsen einer Macht, welche später schädlich werden könnte, zu hindern. Ich gebe zu, daß bei Beratung des Krieges auch dies zu berücksichtigen ist, aber nicht als eine Frage des Rechts, sondern der Zweckmäßigkeit; so daß, wenn der Krieg aus anderen Gründen gerecht ist, er deshalb auch als klug unternommen gelten muß. Ein anderes behaupten auch die dafür genannten Autoritäten nicht. Aber daß die Möglichkeit, Gewalt zu erleiden, schon das Recht, Gewalt zu gebrauchen, gebe, ist ohne allen gerechten Grund. Das menschliche Leben ist so, daß eine vollkommene Sicherheit niemals vorhanden ist. Gegen ungewisse Übel muß der Schutz bei der göttlichen Vorsehung oder durch unschädliche Bürgschaften gesucht werden, aber nicht durch Gewalt.

Es ist nicht richtig, wenn man sagt, die Verteidigung sei auch denen erlaubt, welche den Krieg verdient haben, weil man sich selten begnüge, die Rache nur so weit zu treiben, als das Unrecht gegangen ist.

Blaise Pascal

ÜBER DIE RELIGION

Blaise Pascal *(1623–1662) greift in seinen Gedanken* Über die Religion *viele brennende Fragen seiner Epoche und grundlegende Widersprüche des menschlichen Lebens auf. Auch wenn die Botschaft des Christentums »Frieden« heißt, so gibt es in seiner Sicht Gründe, um der Wahrheit Willen den Zustand des Krieges herbeizuführen.*

Wie der Friede in den Staaten nur der Erhaltung und Sicherung des Besitzes der Bevölkerung dient, dient der Friede in der Kirche nur der Erhaltung und Sicherung der Wahrheit, die ihr Besitz ist und ihr Schatz, wo ihr Herz ist. Und wie es gegen den Sinn des Friedens verstoßen würde, wenn man fremde Völker in den Staat eindringen und plündern ließe und sich ihnen nicht entgegenstellte, nur weil man die Ruhe nicht stören will – denn der Frieden ist nur so lange gerecht und nützlich, als er der Sicherung der Güter dient, und er wird ungerecht und verderblich, wenn er sie verkommen läßt, so daß der Krieg, der sie verteidigen kann, sowohl gerecht als notwendig wird –, so gilt das gleiche auch für die Kirche, wenn die Wahrheit durch die Feinde des Glaubens beleidigt ist und man sie aus dem Herzen der Gläubigen reißen will, um dort die Irrheit herrschen zu lassen. Hieße das, wenn man alsdann friedlich bleiben würde, der Kirche dienen oder sie verraten? Hieße das, sie verteidigen oder sie zerstören? Ist nicht deutlich, daß, ebenso wie es ein Verbrechen ist, den Frieden zu stören, wo die Wahrheit regiert, es ein Verbrechen ist, im Frieden zu bleiben, wenn man die Wahrheit zerstört? Es gibt also Zeiten, wo der Frieden gerecht ist, und andere, wo er unrecht ist. Es steht geschrieben, es gibt Zeiten des Friedens und Zeiten des Krieges, und das Anliegen der Wahrheit ist es, das hier entscheidet. Es gibt aber keine Zeiten der Wahrheit und keine Zeiten des Irrtums, und im Gegensatz hierzu heißt es in der Schrift, daß die Wahrheit Gottes ewig sein wird. Und deshalb sagt Jesus Christus auch, der gesagt hat, daß er den Frieden bringen will, daß er gekommen ist, den Krieg zu bringen. Er sagt aber nicht, daß er gekommen ist, die Wahrheit und die Lüge zu bringen. Die Wahrheit ist demnach die erste Richtschnur und das letzte Ziel der Dinge.

William Penn

ÜBER DEN EUROPÄISCHEN FRIEDEN UND SEINE WOHLTATEN

William Penn *(1644–1718) war ein bedeutender Vertreter der Quäker und Mitbegründer der amerikanischen Kolonie Pennsylvania, wo er ein für damalige Zeiten revolutionäres Regierungsmodell mit religiöser Toleranz und Gleichberechtigung für die Indianerstämme einführte. In seiner 1693 erschienenen Schrift über den Frieden in Europa versucht er die Konsequenzen aus den Kriegen des 17. Jahrhunderts zu ziehen und ein stabiles politisches Projekt des vereinten Europas aufzubauen.*

In meinem ersten Abschnitt habe ich die Erwünschtheit des Friedens gezeigt, im folgenden die wahrsten Mittel, ihn zu erreichen, nämlich Justiz, nicht Krieg, und in meinem letzten, daß diese Justiz eine Frucht der Regierung ist, sowie Regierung das Ergebnis der Gesellschaft, die zuerst aus einer vernünftigen Zielsetzung der Menschen hinsichtlich des Friedens entstand. Nun sollen die souveränen Fürsten von Europa, die diese Gesellschaft darstellen oder einen den Verpflichtungen der Gesellschaft vorausgehenden Zustand menschlicher Unabhängigkeit, aus dem gleichen Grunde, der die Menschen zuerst zu einer menschlichen Gesellschaft zusammenschloß, nämlich aus Liebe zum Frieden und zur Ordnung, übereinkommen, durch ihre Bevollmächtigten in einem gemeinsamen Reichstag oder Staatenhaus oder Parlament sich zu treffen und da Rechtsbestimmungen festzusetzen für die souveränen Fürsten, die sie wechselseitig halten müßten. Und zwar sollten sie sich jährlich treffen oder mindestens alle zwei oder drei Jahre, oder wie es sich durch den Bedarfsfall ergibt. Und heißen sollte diese Versammlung: Souveräner Reichstag, Parlament oder Staatenhaus von Europa. Vor diese souveräne Versammlung sollten alle Streitfragen, die zwischen einem Souverän und dem andern anhängig sind und nicht schon vor Beginn der Tagung durch persönliche Gesandtschaften beigelegt werden können, gebracht werden. Und wenn eine der Hoheiten, die dieses Staatenhaus bilden, sich weigern sollte, ihr Begehr und Fordern ihm zu unterwerfen oder den Urteilsspruch abzuwarten und auszuführen; wenn sie statt dessen bei den Waffen Hilfe suchen oder die Ausführung über die Zeit, die in den Beschlüssen festgelegt wurde, hinausschieben sollte, so sollen alle anderen Hoheiten, zusammengeschlossen zu einer einheitlichen Macht, die Unterwerfung unter den Spruch und seine Erfüllung erzwingen – mit Entschädigung für die benachteiligte Partei und Kostenzahlung an die Mächte, denen die Unterwerfung oblag. Sicherlich würde Europa dann in aller Ruhe den so sehr begehrten und benötigten Frieden für seine gequälten Bewohner besitzen, da kein Staat die Macht dazu hätte und folglich auch nicht den Willen bezeigen könnte, das Endresultat in Frage zu stellen. Und die Folge müßte sein, daß der Friede in Europa bewerkstelligt und fortdauernd erhalten wäre.

Ich komme nun zu meinem letzten Abschnitt, indem ich einige von den zahlreichen *wirklichen Wohltaten* aufzeigen werde, die aus diesem Vorschlag für den jetzigen und zukünftigen Frieden von Europa hervorwachsen.

Unter ihnen steht gewiß nicht an letzter Stelle, daß er das Vergießen so vielen menschlichen und christlichen Blutes verhütet! Denn gegenüber einer Sache, die Gott so anstößig ist und den Menschen so furchtbar und quälend, empfiehlt sich unser Notbehelf trotz aller Einwände. Denn was kann ein Mensch für sein Leben in Tausch geben als allein seine Seele? Und wenn auch die Häupter der Regierungen selten in persönlicher Gefahr sind, so ist es doch eine ihnen obliegende Pflicht, pfleglich mit dem Leben ihrer Untertanen umzugehen. Ohne allen Zweifel schulden sie Gott Rechenschaft für das Blut, das in ihrem Dienst vergossen wurde …

Dazu ein anderer *offenkundiger Nutzen,* der durch dieses Friedensmittel der Christenheit zufließt. Das Ansehen des Christentums müßte sich bis zu einem gewissen Grade in den Augen der Ungläubigen wieder erholen, nachdem es durch die blutigen ungerechten Kriege der

Christen nicht bloß gegen sie, sondern auch untereinander so sehr gelitten hat. Denn zur Schande dieses heiligen Glaubens haben die Christen, die sich im Namen ihres Erlösers brüsten, lange Zeit sein Ansehen und seine Würde ihren weltlichen Leidenschaften geopfert, sooft sie von den Trieben des Ehrgeizes oder der Rache dazu gedrängt wurden. Sie sind nicht immer im Recht gewesen; noch war Recht der Anlaß zum Kriege. Und nicht allein Christen gegen Christen, sondern Christen einer Konfession haben ihre Hand in das Blut ihrer Mitchristen getaucht, wobei sie, so sehr sie konnten, den gütigen und gnädigen Gott um Hilfe und Beistand anflehten, daß er auf ihrer Seite sei bei der Vernichtung ihrer Brüder. Und doch hat ihr Heiland ihnen gesagt, daß er gekommen sei, um das Leben der Menschen zu retten, nicht um es zu vernichten, um unter ihnen Frieden zu stiften und einzupflanzen …

Der *dritte Vorteil* unseres Planes besteht darin, daß er Geld spart, und zwar gleichermaßen für die Fürsten wie das Volk. Und auf diese Weise beugt er auch jenen Mißhelligkeiten und Mißverständnissen zwischen beiden vor, die gewöhnlich den allverzehrenden Ausgaben eines Krieges folgen. Andererseits befähigt mein Vorschlag beide zu öffentlichen Maßnahmen zugunsten von Wissenschaft und Bildung, Wohltätigkeit, Gewerbepflege – der Tugend einer Regierung und der Zierde der Länder.

Carl von Clausewitz
Was ist der Krieg?

Carl von Clausewitz *(1780–1831) geriet während den napoleonischen Kriegen in französische Kriegsgefangenschaft und nahm später selbst an Schlachten gegen Napoleon teil. Sein Name ist zum Synonym für die moderne Kriegswissenschaft geworden. Die begrifflichen Klärungen von »Strategie« und »Taktik« haben in den allgemeinen Sprachgebrauch Eingang gefunden. Im Zeitalter des Imperialismus genoss sein Hauptwerk* Vom Kriege *hohes Ansehen.*

Wir wollen hier nicht erst in eine schwerfällige publizistische Definition des Krieges hineinsteigen, sondern uns an das Element desselben halten, an den Zweikampf. Der Krieg ist nichts als ein erweiterter Zweikampf. Wollen wir uns der Unzahl der einzelnen Zweikämpfe, aus denen er besteht, als Einheit denken, so tun wir besser, uns zwei Ringende vorzustellen. Jeder sucht den anderen durch physische Gewalt zur Erfüllung seines Willens zu zwingen; sein nächster Zweck ist, den Gegner niederzuwerfen und dadurch zu jedem ferneren Widerstand unfähig zu machen.

Der Krieg ist also ein Akt der Gewalt, um den Gegner zur Erfüllung unseres Willens zu zwingen.

So ist der Krieg, so der Feldherr, der ihn führt, so die Theorie, die ihn regelt. Aber der Krieg ist kein Zeitvertreib, keine bloße Lust am Wagen und Gelingen, kein Werk zu einer freien Begeisterung; er ist ein ernstes Mittel für einen ernsten Zweck. Alles, was er von jenem Farbenspiel des Glückes an sich trägt, was er von den Schwingungen der Leidenschaften, des Mutes, der Phantasie, der Begeisterung in sich aufnimmt, sind nur Eigentümlichkeiten dieses Mittels.

So sehen wir also, daß der Krieg nicht bloß ein politischer Akt, sondern ein wahres politisches Instrument ist, eine Fortsetzung des politischen Verkehrs, ein Durchführen desselben mit anderen Mitteln. Was dem Kriege nun noch eigentümlich bleibt, bezieht sich bloß auf die eigentümliche Natur seiner Mittel. Daß die Richtungen und Absichten der Politik mit diesen Mitteln nicht in Widerspruch treten, das kann die Kriegskunst im allgemeinen und der Feldherr in jedem einzelnen Falle fordern, und dieser Anspruch ist wahrlich nicht gering; aber wie stark er auch in einzelnen Fällen auf die politischen Absichten zurückwirkt, so muß dies doch immer nur als eine Modifikation derselben gedacht werden, denn die politische Absicht ist der Zweck, der Krieg das Mittel, und niemals kann das Mittel ohne Zweck gedacht werden.

Bertha von Suttner

Die Waffen nieder!

Bertha von Suttner *(1843–1914) entstammte einer Familie, in der Kriegführung als ehrenvolle und anstrebenswerte Tätigkeit angesehen wurde. Sie erlebte mehrere innereuropäische Kriege, Tod und Leiden infolge der kriegerischen Konflikte. In einer bewegenden autobiografischen Erzählung zeichnet sie ihren Weg zur engagierten Pazifistin nach. 1905 erhielt sie den Friedensnobelpreis.*

»Martha fürchtet sich, den einzigen Sohn der Gefahr auszusetzen«, bemerkte Tante Marie, welche diesem Gespräche beiwohnte; »sie vergißt aber, daß, wenn es einem bestimmt ist, zu sterben, ihn dieses Los ebensogut im Bett, als im Krieg ereilt.«

»Also, wenn in einem Krieg hunderttausend Mann zu Grunde gegangen sind, so wären dieselben auch im Frieden verunglückt.«

Tante Marie war um eine Antwort nicht verlegen.

»Diesen Hunderttausend war dann eben bestimmt, im Kriege zu sterben!«

»Wenn aber die Menschen so gescheit wären, keinen solchen mehr zu beginnen?« warf ich ein.

»Das ist aber eine Unmöglichkeit«, rief mein Vater, und damit war das Gespräch wieder auf eine Kontroverse gebracht, welche er und ich des öfteren – und zwar stets in denselben Gleisen – zu führen pflegten. Auf der einen Seite die gleichen Behauptungen und Gründe, auf der anderen die gleichen Gegenbehauptungen und Gegengründe. Es gibt nichts, worauf die Fabel der Hydra so gut paßt, wie auf das Ungetüm: stehende Meinung. Kaum hat man ihm so einen Argumentenkopf abgeschlagen und macht sich daran, den zweiten folgen zu lassen, so ist der erste schon wieder nachgewachsen.

Da hatte mein Vater so ein paar Lieblingsbeweise zugunsten des Krieges, die nicht umzubringen waren.

1. Kriege sind von Gott – dem Herrn der Heerscharen, – selber eingesetzt, siehe die Heilige Schrift.

2. Es hat immer welche gegeben, folglich wird es auch immer welche geben.
3. Die Menschheit würde sich ohne diese gelegentliche Dezimierung zu stark vermehren.
4. Der dauernde Friede erschlafft, verweichlicht, hat – wie stehendes Sumpfwasser – Fäulnis, nämlich den Verfall der Sitten zur Folge.
5. Zur Betätigung der Selbstaufopferung, des Heidenmuts, kurz zur Charakterstählung sind Kriege das beste Mittel.
6. Die Menschen werden immer streiten, volle Übereinstimmung in allen Ansprüchen ist unmöglich, – verschiedene Interessen müssen stets aneinanderstoßen, folglich ewiger Friede ein Widersinn.

Keiner dieser Sätze, namentlich keins der darin enthaltenen »folglich« läßt sich stichhaltig behaupten, wenn man ihm zu Leibe rückt. Aber jeder dient dem Verteidiger als Verschanzung, wenn er die andern fallen lassen mußte. Und während die neue Verschanzung fällt, hat sich die alte wieder aufgerichtet.
Zum Beispiel wenn der Kriegskämpe, in die Enge getrieben, nicht mehr imstande ist, Nr. 4 aufrecht zu erhalten und zugeben muß, daß der Friedenszustand menschenwürdiger, beglückender, kulturfördernder sei als der Krieg, so sagt er:
Nun ja, ein Übel ist der Krieg schon, aber unvermeidlich, denn Nr. 1 und 2.
Zeigt man nun, *daß* er vermieden werden könnte, durch Staatenbund, durch Schiedsgerichte usw., so heißt es:
Nun ja, man könnte wohl, aber *soll* nicht, denn Nr. 5.
Jetzt wirft der Friedensanwalt diesen Einwand um und beweist, daß im Gegenteile der Krieg den Menschen verroht und entmenschlicht –
Nun ja, das schon, aber Nr. 3.
Dieses Argument, wenn von den Verherrlichern des Krieges angeführt, ist schon das allerunaufrichtigste. Eher dient es jenen, die den Krieg verabscheuen und die für die grausige Erscheinung doch einen *Grund,* ein die Natur sozusagen entschuldigendes Moment auffinden wollen, aber wer im Innern den Krieg liebt und ihn erhalten hilft, der tut es sicher nicht im Hinblick auf das Wohlbefinden entfernter Geschlech-

ter. Die gewalttätige Dezimierung der gegenwärtigen Menschheit durch Totschlag, künstliche Seuchenbildung und Verarmung wird gewiß nicht veranstaltet, um von der künftigen die Gefahr etwaigen Mangelleidens abzulenken; wenn menschliches Eingreifen nötig wäre, um zum allgemeinen Wohle Übervölkerung zu verhüten, so gäbe es wohl direktere Mittel hierzu, als Kriegführung. Das Argument ist also nur eine Finte, welche aber meist mit Erfolg angewendet wird, weil sie verblüfft. Das Ding klingt so gelehrt und eigentlich sehr menschenfreundlich, – man denke nur: unsere lieben in einigen Tausend Jahren lebenden Nachkommen, denen müssen wir doch genügend Ellenbogenraum schaffen! – Dieses bringt viele Friedensverteidiger in Verlegenheit. Über solche naturwissenschaftliche und sozialökonomische Fragen sind die wenigsten Leute unterrichtet; die wenigsten wissen wohl, daß das Gleichgewicht von Sterblichkeit und Fruchtbarkeit von selber sich herstellt; daß die Natur über ihre Lebewesen nicht die vernichtenden Gefahren bringt, um deren Überzahl zu verhüten, sondern umgekehrt: daß sie die Fruchtbarkeit derer erhöht, die großen Gefahren ausgesetzt sind. *Nach* einem Kriege z. B. steigt die Zahl der Geburten, und so wird der Verlust wieder ersetzt; nach langem Frieden und bei Wohlstande fällt diese Zahl, – und so tritt die Überbevölkerung, – dieses Wahngespenst, – überhaupt nicht ein.

Das alles aber hat man nicht klar vor Augen, man fühlt nur instinktiv, daß das berühmte Nr. 3 nicht richtig sein kann und keinesfalls vom anderen ehrlich gemeint ist. Da begnügt man sich, das alte Sprichwort anzuführen: »Es ist schon dafür gesorgt, daß die Bäume nicht in den Himmel wachsen« und dann – nicht jenes Resultat haben die Machthaber im Auge …

– Zugegeben – aber Nr. 1.

Und so nimmt der Streit kein Ende. Der Kriegerische behält immer recht; sein Räsonnement bewegt sich in einem Kreise, wo man ihm stets nachlaufen, ihn aber nie erreichen kann. Der Krieg ist ein schreckliches Übel, aber er muß sein. – Er muß zwar nicht sein, aber er ist ein hohes Gut. Diesen Mangel an Folgerichtigkeit, an logischer Ehrlichkeit, lassen sich alle jene zuschulden kommen, welche aus *uneingestandenen* Gründen – oder auch ohne Gründe, bloß instinktiv – eine Sache vertreten und

hier *alle* ihnen je zu Ohren gekommenen Phrasen und Gemeinplätze benutzen, welche zur Verteidigung der betreffenden Sache in Umlauf gesetzt worden sind. Daß diese Argumente von den verschiedensten Standpunkten ausgehen, daß sie daher einander nicht nur nicht unterstützen, sondern mitunter geradezu aufheben, das ist jener einerlei. Nicht will diese oder jene Schlüsse dem eigenen Nachdenken entsprungen und der eigenen Überzeugung gemäß sind, sind sie zu ihrer aufgestellten Behauptung gelangt, sondern nur um diese letztere zu stützen, gebrauchen sie auswahllos die von anderen Leuten durchdachten Folgerungen.
Das alles konnte ich mir zwar damals, wenn ich mit meinem Vater über das Thema Krieg und Frieden tritt, nicht so ganz klar machen; erst später habe ich mir angewöhnt, den Verrichtungen des Geistes im eigenen und im Kopfe anderer beobachtend nachzuspüren. Ich erinnere mich nur, daß ich immer höchst ermüdet und abgespannt aus diesen Diskussionen hervorging, und jetzt weiß ich, daß diese Ermüdung von dem »Im-Kreis-nachlaufen« kam, zu welchem mich meines Vaters Streitweise zwang. Der Schluß war dann jedesmal ein seinerseits mit mitleidigem Achselzucken gesprochenes »Das verstehst du nicht«, welches – da es sich um militärische Dinge handelte – im Munde eines alten Generals, einer jungen Frau gegenüber, gewiß sehr gerechtfertigt klang.

Anne Frank
Aus einem Brief

Anne Frank *(1929–1945) ist durch ihr Tagebuch und ihren Tod im KZ Bergen-Belsen zum Sinnbild des unschuldigen Opfers des nationalsozialistischen Regimes geworden. Generationen von europäischen Schülern haben durch ihre bewegende Chronik einen unmittelbaren Einblick in das Grauen unter der Nazi-Diktatur bekommen.*

Liebe Kitty!
Erst kurz die Neuigkeiten der Woche! Die Politik hat Urlaub, es ist nichts, aber auch gar nichts geschehen. So allmählich glaube ich auch,

daß die Invasion kommt. Sie können die Russen doch nicht alles allein erledigen lassen! Übrigens, die tun zur Zeit auch nichts …
Du kannst Dir sicher denken, wie oft hier verzweifelt gefragt wird: »Wofür, oh, wofür nützt nun dieser Krieg? Warum können die Menschen nicht friedlich miteinander leben? Warum muß alles verwüstet werden?« Diese Frage ist verständlich, aber eine entscheidende Antwort hat bis jetzt noch niemand gefunden. Ja, warum bauen sie in England immer größere Flugzeuge, immer schwerere Bomben und gleichzeitig Einheitshäuser für den Wiederaufbau? Warum gibt man jeden Tag Millionen für den Krieg aus und keinen Cent für die Heilkunde, für die Künstler, für die Armen? Warum müssen die Leute hungern, wenn in anderen Teilen der Welt die überflüssige Nahrung wegfault? Warum sind die Menschen so verrückt? Ich glaube nicht, daß der Krieg nur von den Großen, von den Regierenden und Kapitalisten gemacht wird. Nein, der kleine Mann ist ebenso dafür. Sonst hätten sich die Völker doch schon längst dagegen erhoben!

Astrid Lindgren

Niemals Gewalt

Astrid Lindgren *(1907–2002) ist vor allem durch ihre Kinderbücher* (Wir Kinder von Bullerbü, Pippi Langstrumpf, Kalle Blomquist) *bekannt geworden. Die Rede* Niemals Gewalt *hielt sie anlässlich der Verleihung des Friedenspreises des deutschen Buchhandels in der Paulskirche.*

Müssen wir uns nach diesen Jahrtausenden ständiger Kriege nicht fragen, ob der Mensch nicht vielleicht schon in seiner Anlage fehlerhaft ist? Und sind wir unserer Aggressionen wegen zum Untergang verurteilt? Wir alle *wollen* ja den Frieden. Gibt es denn da keine Möglichkeit, uns zu ändern, ehe es zu spät ist? Könnten wir es nicht vielleicht lernen, auf Gewalt zu verzichten? Könnten wir nicht versuchen, eine ganz neue Art Mensch zu werden? Wie aber sollte das geschehen, und wo sollte man anfangen?

Ich glaube, wir müssen von Grund auf beginnen. Bei den Kindern. Sie, meine Freunde, haben Ihren Friedenspreis einer Kinderbuchautorin verliehen, und da werden Sie kaum weite politische Ausblicke oder Vorschläge zur Lösung internationaler Probleme erwarten. Ich möchte zu Ihnen über die Kinder sprechen. Über meine Sorge um sie und meine Hoffnungen für sie. Die jetzt Kinder sind, werden ja einst die Geschäfte unserer Welt übernehmen, sofern dann noch etwas von ihr übrig ist. Sie sind es, die über Krieg und Frieden bestimmen werden und darüber, in was für einer Gesellschaft sie leben wollen. In einer, wo die Gewalt nur ständig weiterwächst, oder in einer, wo die Menschen in Frieden und Eintracht miteinander leben. Gibt es auch nur die geringste Hoffnung darauf, daß die heutigen Kinder dereinst eine friedlichere Welt aufbauen werden, als wir es vermocht haben? Und warum ist uns dies trotz allen guten Willens so schlecht gelungen? …

Freie und un-autoritäre Erziehung bedeutet *nicht,* daß man die Kinder sich selber überläßt, daß sie tun und lassen dürfen, was sie wollen. Es bedeutet *nicht,* daß sie ohne Normen aufwachsen sollen, was sie selber übrigens gar nicht wünschen. Verhaltensnormen brauchen wir alle, Kinder und Erwachsene, und durch das *Beispiel* ihrer Eltern lernen die Kinder mehr als durch irgendwelche anderen Methoden. Ganz gewiß sollen Kinder Achtung vor ihren Eltern haben, aber ganz gewiß sollen auch Eltern Achtung vor ihren Kindern haben, und niemals dürfen sie ihre natürliche Überlegenheit mißbrauchen. Liebevolle Achtung voreinander, das möchte man allen Eltern und allen Kindern wünschen.

Jenen aber, die jetzt so vernehmlich nach härterer Zucht und strafferen Zügeln rufen, möchte ich das erzählen, was mir einmal eine alte Dame berichtet hat. Sie war eine junge Mutter zu der Zeit, als man noch an diesen Bibelspruch glaubte, dieses »Wer die Rute schont, verdirbt den Knaben«. Im Grunde ihres Herzens glaubte sie wohl gar nicht daran, aber eines Tages hatte ihr kleiner Sohn etwas getan, wofür er ihrer Meinung nach eine Tracht Prügel verdient hatte, die erste in seinem Leben. Sie trug ihm auf, in den Garten zu gehen und selber nach einem Stock zu suchen, den er ihr dann bringen sollte. Der kleine Junge ging und blieb lange fort. Schließlich kam er weinend zurück und sagte: »Ich habe keinen Stock finden können, aber hier hast du einen Stein, den kannst du ja nach mir werfen.« Da aber fing auch die Mutter an zu weinen, denn plötzlich sah sie alles mit den Augen des Kindes. Das Kind mußte gedacht haben, »meine Mutter will mir wirklich weh tun, und das kann sie ja auch mit einem Stein«.

Sie nahm ihren kleinen Sohn in die Arme, und beide weinten eine Weile gemeinsam. Dann legte sie den Stein auf ein Bord in der Küche, und dort blieb er liegen als ständige Mahnung an das Versprechen, das sie sich in dieser Stunde selber gegeben hatte: »NIEMALS GEWALT!«

Ja, aber wenn wir unsere Kinder nun ohne Gewalt und ohne irgendwelche straffen Zügel erziehen, entsteht dadurch schon ein neues Menschengeschlecht, das in ewigem Frieden lebt? Etwas so Einfältiges kann sich wohl nur ein Kinderbuchautor erhoffen! Ich weiß, daß es eine Utopie ist. Und ganz gewiß gibt es in unserer armen, kranken Welt noch sehr viel anderes, das gleichfalls geändert werden muß, soll es Frieden geben. Aber in dieser unserer Gegenwart gibt es – selbst ohne Krieg – so unfaßbar viel Grausamkeit, Gewalt und Unterdrückung auf Erden, und das bleibt den Kindern keineswegs verborgen. Sie sehen und hören und lesen es täglich, und schließlich glauben sie gar, Gewalt sei ein natürlicher Zustand. Müssen wir ihnen dann nicht wenigstens daheim durch unser Beispiel zeigen, daß es eine andere Art zu geben gibt? Vielleicht wäre es gut, wenn wir alle einen kleinen Stein auf das Küchenbord legten als Mahnung für uns und für die Kinder: NIEMALS GEWALT!

Es könnte trotz allem mit der Zeit ein winziger Beitrag sein zum Frieden in der Welt.

Papst Johannes XXIII.

Pacem in terris (Friede auf Erden)

Papst Johannes XXIII. *(Angelo Giuseppe Roncalli, 1881–1963) hat seine Schrift für den Frieden mitten im Kalten Krieg verfasst, als der Rüstungswettlauf zwischen den beiden Supermächten ungebremst war. Seither hat der europäische Kontinent beachtliche Schritte hin zu friedlicher Koexistenz gemacht.*

Infolgedessen befinden sich die Völker beständig in Furcht, als ob ein Sturm sie bedrohte, der jeden Augenblick mit erschreckender Gewalt losbrechen könne. Und das nicht ohne Grund, denn an Waffen fehlt es tatsächlich nicht. Wenn es auch kaum glaublich ist, daß es Menschen gibt, die es wagen möchten, die Verantwortung für die Vernichtung und das Leid auf sich zu nehmen, die ein Krieg im Gefolge hat, so kann man doch nicht leugnen, daß unversehens und unerwartet ein Kriegsbrand entstehen kann. Und wenn auch die ungeheure militärische Rüstung heute die Menschen davon abschrecken dürfte, einen Krieg zu beginnen, so ist dennoch zu fürchten, daß die schon für Kriegszwecke unternommenen Kernwaffen-Experimente, wenn sie nicht aufhören, die verschiedenen Arten des Lebens auf Erden in schwere Gefahr bringen.

Deshalb fordern Gerechtigkeit, gesunde Vernunft und Sinn für die Menschenwürde dringend, daß der allgemeine Rüstungswettlauf aufhört; daß ferner die in verschiedenen Staaten bereits zur Verfügung stehenden Waffen auf beiden Seiten und gleichzeitig vermindert werden; daß Atomwaffen untersagt werden; und daß endlich alle nach Vereinbarung zu einer entsprechenden Abrüstung mit wirksamer gegenseitiger Kontrolle gelangen. (...)

Dennoch müssen alle davon überzeugt sein, daß die Einschränkung der Kriegsrüstungen, ihre wirksame Herabminderung oder gar völlige Beseitigung so gut wie unmöglich sind, wenn man nicht zu einer allumfassenden Abrüstung schreitet, das heißt, wenn sich nicht alle einmütig und aufrichtig Mühe geben, daß die Furcht und die angstvolle Erwartung eines Krieges aus den Herzen gebannt werde. Dies fordert aber, daß an die Stelle des obersten Gesetzes, worauf der Friede sich heute stützt, ein ganz anderes Gesetz gestellt werde, wodurch bestimmt wird, daß der wahre Friede unter den Völkern nicht durch die Gleichheit des militärischen Apparates, sondern nur durch gegenseitiges Vertrauen fest und sicher bestehen kann. Wir meinen, daß dies geschehen kann. Noch mehr: Wir meinen, daß es sich um eine Sache handelt, die nicht nur von den Gesetzen der gesunden Vernunft befohlen wird, sondern auch höchst wünschenswert und überaus segensreich wäre.

Zunächst handelt es sich um eine Sache, die von der Vernunft befohlen ist. Denn wie alle wissen oder wenigstens wissen sollten, müssen die gegenseitigen Beziehungen der Staaten, ebenso wie die der einzelnen Menschen, nicht durch Waffengewalt, sondern nach den Gesetzen der gesunden Vernunft, also nach den Gesetzen der Wahrheit, Gerechtigkeit und der tätigen Solidarität geregelt werden.

Donovan

UNIVERSAL SOLDIER

Donovan Philip Leitch *(*1946) war eng mit den Beatles befreundet und avancierte dank seines internationalen Erfolgs* Universal Soldier *zu einer der Leitfiguren der Hippie- und Studentenbewegung der sechziger und siebziger Jahre. Am Ende des 20. Jahrhunderts feierte er ein beachtliches Comeback im Zusammenhang mit der Rap-Bewegung.*

He's five foot-two, and he's six feet-four,
He fights with missiles and with spears.
He's all of thirty-one, and he's only seventeen,
Been a soldier for a thousand years.

He's a Catholic, a Hindu, an Atheist, a Jain,
A Buddhist and a Baptist and a Jew.
And he knows he shouldn't kill,
And he knows he always will,
Kill you for me my friend and me for you.

And he's fighting for Canada,
He's fighting for France,
He's fighting for the USA,
And he's fighting for the Russians,
And he's fighting for Japan,
And he thinks we'll put an end to war this way.

And he's fighting for Democracy,
He's fighting for the Reds,
He says it's for the peace of all.
He's the one who must decide,
Who's to live and who's to die,
And he never sees the writing on the wall.

But without him,
How would Hitler have condemned him at Dachau?
Without him Caesar would have stood alone,
He's the one who gives his body
As a weapon of the war,
And without him all this killing can't go on.

He's the Universal Soldier and he really is to blame,
His orders come from far away no more,
They come from here and there and you and me,
And brothers can't you see,
This is not the way we put the end to war.

DER BERLINER APPELL
»FRIEDEN SCHAFFEN OHNE WAFFEN«

25.1.1982

Der **Berliner Appell** *von 1982 wurde von zahlreichen Oppositionellen der DDR wie Robert und Katja Havemann, Reiner und Eva-Maria Eppelmann und vielen anderen unterzeichnet. Der Titel des Appells* Frieden schaffen ohne Waffen! *wurde zum Wahlspruch der Friedensbewegung.*

I

Es kann in Europa nur noch einen Krieg geben, den Atomkrieg. Die in Ost und West angehäuften Waffen werden uns nicht schützen, sondern vernichten. Wir werden alle längst gestorben sein, wenn die Soldaten in den Panzern und Raketenbasen und die Generäle und Politiker in den Schutzbunkern, auf deren Schutz wir vertrauten, noch leben und fortfahren zu vernichten, was noch übrig geblieben ist.

2

Darum: Wie wir leben wollen, fort mit den Waffen! Und als erstes: Fort mit den Atomwaffen. Ganz Europa muß zur atomwaffenfreien Zone werden. Wir schlagen vor: Verhandlungen zwischen den Regierungen der beiden deutschen Staaten über die Entfernung aller Atomwaffen aus Deutschland.

3

Das geteilte Deutschland ist zur Aufmarschbasis der beiden großen Atommächte geworden. Wir schlagen vor, diese lebensgefährliche Konfrontation zu beenden. Die Siegermächte des 2. Weltkrieges müssen endlich die Friedensverträge mit den beiden deutschen Staaten schließen, wie es im Potsdamer Abkommen von 1945 beschlossen worden ist. Danach sollten die ehemaligen Alliierten ihre Besatzungstruppen aus Deutschland abziehen und Garantien über die Nichteinmischung in die inneren Angelegenheiten der beiden deutschen Staaten vereinbaren.

4

Wir schlagen vor, in einer Atmosphäre der Toleranz und der Anerkennung des Rechts auf freie Meinungsäußerung die große Aussprache über die Fragen des Friedens zu führen, und jede spontane Bekundung des Friedenswillens in der Öffentlichkeit zu billigen und zu fördern. Wir wenden uns an die Öffentlichkeit und an unsere Regierung, über die folgenden Fragen zu beraten und zu entscheiden.

a) Sollten wir nicht auf die Produktion, den Verkauf und die Einfuhr von sogenanntem Kriegsspielzeug verzichten?

b) Sollten wir nicht anstelle des Wehrkundeunterrichts an unseren Schulen einen Unterricht über Fragen des Friedens einführen?

c) Sollten wir nicht anstelle des jetzigen Wehrersatzdienstes für Kriegsdienstverweigerer einen sozialen Friedensdienst einführen?

d) Sollten wir nicht auf alle Demonstrationen militärischer Machtmittel in der Öffentlichkeit verzichten und unsere staatlichen Feiern statt dessen dazu benutzen, den Friedenswillen des Volkes kundzutun?

e) Sollten wir nicht auf die Übungen zur sogenannten Zivilverteidigung verzichten? Da es im Atomkrieg keine Möglichkeit einer sinnvollen Zivilverteidigung gibt, wird durch diese Übungen nur der Atomkrieg verharmlost. Ist es nicht womöglich eine Art psychologischer Kriegsvorbereitung?

5

Frieden schaffen ohne Waffen – das bedeutet nicht nur: Sicherheit zu schaffen für unser eigenes Überleben. Es bedeutet auch das Ende der sinnlosen Verschwendung von Arbeitskraft und Reichtum unseres Volkes für die Produktion von Kriegswerkzeug und die Ausrüstung riesiger Armeen junger Menschen, die dadurch der produktiven Arbeit entzogen werden. Sollten wir nicht lieber den Hungernden in aller Welt helfen, statt fortzufahren, unseren Tod vorzubereiten?

Selig sind die Sanftmütigen,
Denn sie werden das Erdreich besitzen.
(Jesus von Nazareth in der Bergpredigt)

Das Gleichgewicht des Schreckens hat den Atomkrieg bisher nur dadurch verhindert, daß es ihn immer wieder auf morgen vertagt hat. Vor diesem herannahenden Morgen des Schreckens fürchten sich die Völker. Sie suchen nach neuen Wegen, dem Frieden eine bessere Grundlage zu geben. Auch der »Berliner Appell« ist ein Ausdruck dieses Suchens. Denkt über ihn nach, macht unseren Politikern Vorschläge und diskutiert überall die Frage: Was führt zum Frieden, was zum Krieg?

Bekräftigt Eure Zustimmung zum »Berliner Appell« durch Eure Unterschrift.

Berlin, den 25. Januar 1982

Heimatliebe und Weltoffenheit

Wenn die Zeit der großen Ferien anbrach, entspann sich zwischen meinen Eltern jedes Jahr derselbe Dialog. »Ach«, seufzte mein Vater, »lass uns doch diesmal zu Hause bleiben. Zu Hause ist es am schönsten.« – »Willst du mich umbringen?«, erwiderte meine Mutter. »Man muss doch mal raus! Sonst erstickt man ja!« Natürlich taten wir, was meine Mutter wollte. Doch kaum kamen wir am Urlaubsort an, hätte sie am liebsten gleich wieder die Koffer gepackt, während mein Vater mit jedem Tag weniger Lust zeigte, nach Hause zurückzukehren. Ist es da ein Wunder, dass ich heute in Tübingen lebe, im Zentrum der Weltabgeschiedenheit?

Heimat ist der Ort, in den der Mensch hineingeboren wird, wo er aufwächst und seine ersten Erlebnisse hat. Doch Heimat ist mehr als nur der Ort der individuellen Herkunft; als Gegenteil von Fremde ist er zugleich ein Ort der seelischen Orientierung, der der eigenen Existenz Identität und Sicherheit gibt. Trotzdem wimmelt es in der abendländischen Geschichte von Menschen, die ihre Heimat ohne äußere Not verlassen. Dabei reichen die Gründe für den Aufbruch von Neugier, Abenteurertum und Glückssuche über die Teilnahme an Kriegs-, Kreuz- und Missionszügen bis hin zur Ausdehnung des wirtschaftlichen Handels oder der wissenschaftlichen Forschung.

Die abendländische Grundspannung zwischen Heimweh und Fernweh kennzeichnet bereits den Urvater aller europäischen Reisenden, Odysseus. Stets ist er hin- und hergerissen zwischen der Faszination des Fremden und der Sehnsucht nach der Heimat: Allein die Erinnerung an Ithaka verleiht ihm die Kraft, seine Irrfahrten zu überstehen. Auch Jason erobert das Goldene Vlies in der Fremde, um es als Schatz in die Heimat zurückzubringen, so wie das Ziel der ersten Entdeckungsfahrten, von denen Herodot berichtet, die bereicherte Heimkehr ist. Und wenn Alexander und Trajan ihre Imperien über die Grenzen des Kontinents hinaus ausdehnen, tun sie dies, um ihre Stellung im Zentrum der Macht zu festigen.

Seit dem 8. Jahrhundert wagen sich die Wikinger auf das offene Meer hinaus, auf der Suche nach Grönland erreicht Leif Eriksson um das Jahr 1000 die Küste Nordamerikas. Warum setzen sie sich diesen Gefahren aus? Um ihre Fischgründe zu erweitern? Um sich in der Fremde zu bewähren? Bei den Kreuzzügen des Mittelalters fällt die Antwort leichter. Sie sind religiös motiviert. Iwein und Parzival verkörpern den ritterlichen Wanderer, der zur Suche nach dem Heiligen Gral aufbricht, um als heimatloser Getriebener umherzuirren, bevor die Pilgerfahrt mit Chaucer auf die eigentliche Heimat des abendländischen Christenmenschen zustrebt: das gelobte Land als Abbild des göttlichen Himmelreichs.

Eine theologische Begründung solcher Weltoffenheit liefert in der Renaissance Pico della Mirandola. Der Mensch bekommt von Gott bei der Schöpfung keinen festen Ort zugewiesen: »Du sollst deine Natur ohne Beschränkung … selbst bestimmen. Ich habe dich in die Weltmitte gestellt, damit du umso leichter erkennen kannst, was ringsum in der Welt ist.« Diese gottgegebene Ungebundenheit des Menschen ist nach abendländischem Verständnis der Grund für seine prinzipielle Heimatlosigkeit – und zugleich die Chance, seinen Horizont stetig auszuweiten. Die gesamteuropäische Probe aufs Exempel machen die Portugiesen, die ab 1418 im Auftrag Heinrich des Seefahrers Entdeckungsfahrten im großen Stil unternehmen, vermehrt noch ab Mitte des Jahrhunderts, nachdem die Türken den Landweg nach Indien versperrt haben. Auf der Suche nach dem Seeweg dorthin entdeckt Kolumbus 1492 Amerika.

Unterdessen nimmt auch die individuelle Mobilität im Abendland zu. Junge englische Gentlemen verlassen in Scharen die britische Insel – die »Kavaliersreise« auf den Kontinent wird Teil der aristokratischen Erziehung. Sie sollen in der Fremde Erfahrungen sammeln, die die Heimat ihnen nicht bietet. Doch auch die Not macht der europäischen Erfahrung Beine. Der »Tübinger Vertrag zwischen Herzog Ulrich und Prälaten und Landschaft« von 1514 garantiert das Recht auf »freyen Zug«. Damit steht es jedem frei auszuwandern. Doch ist der Aufbruch in die Fremde auch der Aufbruch ins Glück? Während der Reformationskriege sehnt Paul Gerhardt sich angesichts der Verwüstung Deutschlands schmerzlich nach der »himmlischen Heimat«, und fast zur selben Zeit, da Sir Walter Raleigh nach Guyana aufbricht, um das sagenumwobene Eldorado zu suchen, führt Shakespeare mit »König Lear« das zeitlose Schicksal des verstoßenen, unbehausten Menschen auf der Bühne vor.

Um 1600 gründen Engländer und Holländer Handelskompanien in Indien und im Malaiischen Archipel, um so ihre späteren Kolonialreiche zu begründen. Christliche Missionare dringen bis nach China und Tibet vor. Ihre Berichte von fremden Völkern und Kulturen nähren und mehren die Wissbegier der in Europa Daheimgebliebenen. Ab 1701 geben die Jesuiten ihre »Lettres édifiantes et curieuses« heraus, in denen sie die zunehmende Welterkenntnis einem immer größeren Publikum zugänglich machen. Vitus Bering und Alexander von Humboldt erforschen Asien und Südamerika, während Cook und Forster die Welt umsegeln. Und immer wieder lösen diese Erkundungen das Bedürfnis aus, die ferne Welt mit der Welt daheim zu vergleichen. Die Schilderung fremder Sitten und Gebräuche wird zum Spiegel der eigenen abendländischen Zivilisation: »Gullivers Reisen« von Swift sind dazu der literarische Auftakt.

Doch die Welt ist nicht nur eine unendliche Schatzkammer der europäischen Erfahrung, sie ist auch ein Ort der Bedrohung. Vor diesem Hintergrund wird Heimat in Novalis' »Heinrich von Ofterdingen« zur Zuflucht. In der »Abendstunde eines Einsiedlers« umreißt Pestalozzi die inneren und äußeren Lebenskreise der Heimat – im selben Jahrzehnt, in dem Kant das riesige Reich der reinen Vernunft in seinem Kopf durchmisst, ohne einen einzigen Schritt vor die Tore Königsbergs zu setzen. Im Zuge dieser paneuropäischen Verinnerlichung wird die Reise zunehmend zur Gedankenreise, von Sternes »Sentimental Journey« bis zu Chateaubriands »Voyage en Amérique«. Die neuen Eindrücke dienen weniger der Erfahrung des Fremden als der Selbstreflexion des abendländischen Beobachters, der sich an der Welt erkennt. Diese Entwicklung setzt sich in der Bildungsreise des 19. Jahrhunderts fort. Madame de Staël gibt mit »Corinne« davon ebenso Bericht wie Goethe mit der »Italienischen Reise«. Im Vergleich von Eigenem und Fremden wächst wechselseitig das Wissen von sich und der Welt.

Fernweh macht klug, Heimweh sucht Geborgenheit. Während Darwin mit seiner »Reise um die Welt« die Voraussetzungen für ein neues europäisches Weltbild schafft und Livingstone, Barth und Stanley den afrikanischen Kontinent für das Abendland erschließen, wird mit der Industrialisierung der Verlust der Heimat zum europäischen Massenphänomen. Immer mehr Menschen ziehen vom Land in die Stadt. Doch mit der Heimat verlieren sie zugleich ihre Identität und Sicherheit. Für Charlotte Brontës »Jane Eyre« wird die Reise zur persönlichen Herausforderung, auf Strindbergs Weg »Nach Damaskus« zur fortgesetzten Prüfung, und Phileas Fogg reist dank Jules Verne zwar »In 80 Tagen um die Welt«, doch nur, um in seinen geliebten Londoner Club zurückzukehren, den er in seinem Innern nie verlassen hat. Was aber der Verlust der Heimat dem Europäer wirklich bedeutet, wird deutlich, wenn der Feind sie im Krieg zu verwüsten droht: Dann gewinnt »die Liebe zur Heimat«, so Tolstoi, »überhand über alle anderen Gefühle«.

Mit der Perversion abendländischer Heimatliebe in Gestalt der Blut-und-Boden-Ideologie legen die Nazis ein halbes Jahrhundert später ganz Europa in Schutt und Asche und nehmen so Millionen von Menschen die Heimat. Doch schon nach der Erfahrung des Ersten Weltkriegs hat Max Scheler das Wesen des Menschen durch dessen »existentielle Entbundenheit« bestimmt, als von Natur aus »umweltfrei«. Diese Offenheit ermöglicht dem *homo europaeicus* einerseits, immer wieder neue Erfahrungen zu machen, andererseits ist sie die Ursache seiner Unbehaustheit. Diese erfährt der moderne Nachfolger des Odysseus exemplarisch bei James Joyce: Ulysses ist in seiner Heimatstadt Dublin so heimatlos wie Odysseus auf seinen Irrfahrten an fremden Gestaden. Nach dem Zweiten Weltkrieg erweist sich solcher Heimatverlust in zahllosen europäischen Heimkehrer-Romanen als irreparabler Schaden. Nicht anders als Odysseus stellen auch diese Heimkehrer fest, dass in der Heimat nichts mehr so ist, wie es vor ihrem Aufbruch gewesen war. Die Enttäuschung über diesen Verlust mündet nicht selten in absurdem Zynismus, etwa in Pinters »Heimkehr«, öfter aber in realitätsverklärender Heimatseligkeit: im Kitsch des Heimatfilms oder in der Pflege eines Brauchtums, das längst nicht mehr existiert.

Und heute? Während Artikel 48 des EG-Vertrags den Bürgern Europas das Recht garantiert, sich ungeachtet ihrer Staatsangehörigkeit in allen Mitgliedsländern um Arbeit zu bewerben, und moderne Transport- und Kommunikationsmittel einen grenzenlosen Erfahrungsaustausch rund um den Erdball unterstützen, singt der Engländer Sting von seiner Einsamkeit als »Legal Alien in New York«. Im Zeichen von Flexibilität und Globalisierung entsteht in ganz Europa ein ungeahnter Wettbewerb von Ideen, der es ermöglicht, fremde Erfahrungen in die eigene Wirklichkeit zu integrieren, doch zugleich entsteht überall eine neue, unsentimentale Form von Heimatliteratur, in der sich das Bedürfnis nach einer Geborgenheit ausdrückt, die die abendländischen Menschen offenbar nicht mehr empfinden. Dieser Mangel zeigt auch politische Folgen, vor allem in den Autonomiebestrebungen, in denen heimatbewusste Traditionalisten zusammen mit postmodernen Kritikern der Globalisierung und des Zentralstaats an allen Ecken und Enden Europas größere Rechte für ihre Regionen einfordern: Korsen in Frankreich, Basken und Katalanen in Spanien, Schotten, Iren und Waliser in Großbritannien, Bayern in Deutschland, Veneter in Italien – von der Auflösung der UdSSR zu schweigen.

»Diese ganze Stadt ist Abschied«, schreibt Cees Nooteboom über Lissabon, »hier nimmt Europa Abschied von sich selbst.« Doch wohin geht die Reise, von diesem Ort aus, von dem aus Heinrich der Seefahrer seine Expeditionen über die Weltmeere schickte? Vielleicht in jenes utopische Land Nirgendwo, in dem Heimweh und Fernweh dasselbe meinen – ein Land, in dem die Menschen, so Ernst Bloch, »ohne Entäußerung und Entfremdung« sich im freien Austausch miteinander verwirklichen, ein Land, »das allen in die Kindheit scheint, und worin noch niemand war«.

Ernst Bloch nennt es Heimat. Wird es einmal Europa heißen?

Herodot

HISTORIEN

Herodot *(484 v. Chr. – 425 v. Chr.) ist einer der Begründer der Geschichtsschreibung. In seinen* Historien *berichtet er von den Kriegen zwischen den Persern und Griechenland. Er entfaltet ein großes Tableau aller damals bekannten Völker und Länder. Die Bewegung im Raum über große Entfernungen ist das Grundmotiv der Erzählung. In dem vorliegenden Auszug überschreitet der Perserkönig Dareios eine mächtige Brücke, die zunächst hinter dem Heer abgebrochen werden soll, dann aber als Chance zur Heimkehr erhalten wird.*

Als Dareios mit dem Landheere an den Istros gelangt und das ganze Heer hinübergegangen war, befahl er den Ioniern, die Brücke abzubrechen und sich ihm zu Lande mit der Schiffsmannschaft anzuschließen. Während die Ionier sich schon anschickten, dem Befehl nachzukommen und die Brücke abzubrechen, fragte Koës, Erxandros' Sohn, der Befehlshaber der Mytilener, den König, ob er ihm erlauben wolle, auch seine Meinung zu sagen, und redete ihn dann also an: »Herr, du bist im Begriff, in ein Land zu ziehen, wo man keine Kornfelder und keine Städte zu sehen bekommt. Laß also die Brücke nur ruhig stehen und sie von den Leuten bewachen, die sie über den Strom geschlagen haben; dann können wir, wenn es uns glückt, die Skythen zu finden, über sie wieder abziehen, und wenn wir sie nicht finden können, wenigstens unseren Rückzug mit Sicherheit bewerkstelligen. Denn daß wir von den Skythen besiegt würden, fürchte ich nicht, wohl aber, daß wir sie gar nicht finden und auf unseren Kreuzundquerzügen zu Schaden kommen könnten. Nun könnte man vielleicht meinen, ich spreche so nur um meinetwillen, weil ich gern hier bleiben wolle; aber ich gebe dir diesen Rat nur zu deinem Besten und würde für meine Person unter allen Umständen mit dir geben und nicht hier bleiben.« Dareios nahm auch diesen seinen Rat gnädig auf und erwiderte ihm: »Mein lesbischer Freund, wenn ich gesund wieder nach Hause komme, sollst du mir jederzeit willkommen sein, und ich werde dich für deinen guten Rat königlich belohnen.«

Hierauf schlug er sechzig Knoten in einen Riemen, ließ die Fürsten der Ionier kommen und sagte zu ihnen: »Ionier, den euch früher erteilten Befehl in betreff der Brücke nehme ich hiermit zurück. Hier, diesen Riemen lasse ich euch, und sobald ihr seht, daß ich gegen die Skythen aufbreche, löst alle Tage einen Knoten auf. Wenn ihr mit den Knoten zu Ende seid und ich inzwischen nicht zurückgekommen bin, könnt ihr mit euren Schiffen nach Hause fahren, bis dahin aber müßt ihr, da ich jetzt anderer Ansicht geworden bin, die Brücke bewachen und dafür sorgen, daß sie nicht zerstört wird, sondern in gutem Stande bleibt. Ich aber werde euch dafür sehr dankbar sein.« Nach diesen Worten brach er mit seinem Heere auf.

Ferdinand und Isabella von Kastilien
DER AUFTRAG DES CHRISTOPH KOLUMBUS

Ferdinand *(1452–1516) und* **Isabella** *(1451–1504)* **von Kastilien** *sind auch als »Katholische Könige« bekannt. Unter ihrer Herrschaft wuchs Spanien als nationale Einheit weitgehend zusammen. Mit großer Härte gingen sie gegen nicht taufwillige Juden und Mauren vor und führten die Inquisition wieder ein. Auch die Entsendung von Christoph Kolumbus war nicht nur ökonomisch motiviert, sondern als missionarischer Auftrag definiert. Mit der Entdeckung Amerikas durch Kolumbus begann der Aufstieg Spaniens zur Weltmacht.*

Allen Erlauchten und Hochberühmten Königen und deren Nachfolgern, Blutsverwandten und unseren liebwerten Freunden entbieten Ferdinand und Isabella, von Gottes Gnaden König und Königin von Kastilien usw., Glück und Gesundheit. Dasselbe auch allen erlauchten, achtbaren, edlen und ausgezeichneten Personen, Herzögen, Marquisen, Grafen, Vizegrafen, Baronen, Landherren und sonstigen Herren, den uns befreundeten und wohlgeneigten Personen, den Kapitänen, Schiffseignern aller Schiffe mit zwei oder drei Ruderern und jeden anderen Schiffes, das vertragsmäßig fährt, sowie auch allen unseren Beamten und Untertanen irgendeines Amtes, Grades, Einflusses, Ansehens, Ranges oder Berufes sowie allen und jedem von den Personen, die diesen unseren Brief sehen.

Wir schicken den edlen Mann Christoph Kolumbus mit drei ausgerüsteten Karavellen durch die ozeanischen Meere nach Indien (»ad partes Indie«) zwecks einiger Unterhandlungen zur Verbreitung des göttlichen Wortes und rechtmäßigen Glaubens als auch zum Nutzen und Vorteil unserer selbst. Und wenn wir auch glauben, daß Ihr um unserer Sache und Freundschaft willen ihm Schutz gewähret, wenn er zufällig durch Gewässer, Häfen, Strandgebiete, Ländereien, Städte und verschiedene andere Teile Eurer Königreiche, Fürstentümer, Herrschafts- und Rechtsprechungsgebiete kommen müßte, so bitten wir doch sehr, daß er gute Behandlung für sich und seine Schiffe, Leute, Waffen, Hab und Gut und alles, was er mit sich führt, genießen möge. Daher bitten wir auch inständig, Erlauchteste und Hochberühmte Könige und Eure Nachfolger und alle Personen von Rang und Ruf, den vorbenannten Christoph Kolumbus, wenn er in Eure Gebiete, Küsten, Länder, Städte und Gerichtsbarkeitsbezirke kommt, aufzunehmen mitsamt seinen drei Karavellen und seinem Gefolge, uns zu Gefallen als unseren Abgesandten und ihm nicht nur in Eure Königreiche, Fürstentümer, Städte, Garnisonen, Häfen und Strandgebiete Zugang zu gewähren, sondern ihn auch frei mit seinen Karavellen und anderen Fahrzeugen ziehen zu lassen mitsamt den bei sich geführten Waren und Gütern.

Auch möget Ihr ihm Eure Hilfe, Euren Rat und Beistand angedeihen lassen und ihm durch Eure gütige Erlaubnis es erleichtern, sich und seine erwähnten Schiffe mit allen Lebensnotwendigkeiten auf eigene Rechnung zu versehen, und ihm Führung und Schutzgeleit zur ungehinderten Fortsetzung seines Weges geben.

Durch all dies werdet Ihr uns, wie wir hoffen, große Genugtuung bereiten, und wenn es eintreten sollte, daß Eure Untertanen zu uns übers Meer kommen, so werden wir sie als besonders Empfohlene betrachten, nicht nur weil das bei uns Sitte ist, sondern auch weil wir Euch besonders hochschätzen.

Und Ihr, unsere Beamte und Untertanen, werdet es genauestens erfüllen und keinerlei Strafen auf Euch ziehen, die wir den Zuwider-

handelnden kraft unseres Amtes und Willens näher bezeichnet haben.
Gegeben in der Stadt Granada am 17. April im Jahre des Herrn 1492
Ich der König. Ich die Königin
Im Auftrage des Königs und der Königin
Juan de Coloma.

Aus dem Bordbuch des Kolumbus:
Vorwort
Im Namen unseres Herrn Jesus Christus
Alldieweil Ihr, die christlichsten und hocherhabenen, urmächtigen Fürsten, der König und die Königin von Spanien und den Inseln im Meer, unser Herr und unsere Herrin, in diesem Jahr 1492, nachdem Eure Majestäten den Krieg mit den Mauren beendet hatten, die in Europa herrschten, und nachdem sie ihn in der mächtigen Stadt Granada zum Abschluß brachten, wo in diesem Jahr am zweiten Tag des Monats Januar durch die Gewalt der Waffen ich die königlichen Banner aufgepflanzt sah auf den Türmen der Alhambra (welche die Zitadelle dieser Stadt ist) und ich den König der Mauren erblickte, wie er zu den Toren der Stadt schritt und die königlichen Hände Eurer Majestäten und des Prinzen, meines Herrn, küßte, und alldieweil bald darauf in demselben Monat ich Euren Majestäten Kenntnis gegeben hatte von den Ländern in Indien und von einem Fürsten, den man den ›Großkan‹ nennt, was in unserer Sprache ›König der Könige‹ heißt, welcher ebenso wie seine Vorfahren viele Male nach Rom gesandt hatte, um Lehrer in unserem Heiligen Glauben zu suchen, die ihn darin unterrichten sollten, die ihm aber der Heilige Vater niemals geschickt hatte, so daß viele Menschen verlorengingen durch Götzendienst und Irrlehren.
Und alldieweil Eure Majestäten, als katholische Christen und Fürsten, dem Heiligen Christlichen Glauben treu ergeben, seine Verfechter und Widersacher der Sekte Mohammeds und seiner Irrlehren, beschlossen hatten, mich, Christoph Kolumbus, auszusenden in die Regionen Indiens, wo ich besagte Fürsten, Völker und Länder sehen sollte, ihrer aller Neigungen zu erkunden und die Art, in welcher ihre Bekehrung

zu unserem Heiligen Glauben durchgeführt werden möge, und da sie mir befahlen, nicht auf dem Landwege (wie gewöhnlich) nach dem Orient zu reisen, sondern auf einem Wege westwärts, den bis zu diesem Tage kein Mensch genommen hat –

Haben nunmehr, nachdem alle Juden aus Euren Reichen und Besitzungen vertrieben sind, Eure Majestäten mir in demselben Monat anbefohlen, mich mit einer ausreichenden Flotte in besagte Regionen Indiens zu begeben, wofür sie mir viele Belohnungen gewährten und mich dergestalt ehrten, daß ich mich mit einem Adelstitel belegen darf und Kommandierender Admiral des Weltmeeres sowie Vizekönig und Gouverneur auf Lebenszeit aller Inseln und Festländer bin, die von mir entdeckt und gewonnen werden sollten im Weltmeer, ferner bewilligten, daß mein ältester Sohn mir nachfolgen und meinen Rang fortvererben sollte immerdar –

Worauf ich aus der Stadt Granada abgereist bin am 12. Mai des Jahres 1492, einem Sonntag, und in der Stadt Palos, einem Seehafen, anlangte, wo ich drei Schiffe für die See ausrüstete, die gut geeignet waren für solch ein Unternehmen, und hierauf bin ich dann von diesem Hafen abgefahren, gut versorgt mit viel Proviant und mit zahlreichen Seeleuten an Bord, am dritten Tage des Monats August des genannten Jahres, einem Freitag, eine halbe Stunde von Sonnenaufgang, und ich machte mich auf den Weg nach den Kanarischen Inseln, die Euren Majestäten gehören und die im genannten Ozean liegen, um von dort aus Kurs zu nehmen auf Indien, bis ich es erreiche, um die Briefe Eurer Majestäten den Fürsten zu überreichen, und auf diese Weise die mir gegebenen Befehle auszuführen.

Zu Urkund dessen habe ich den Plan gefaßt, alles genauestens niederzuschreiben auf dieser Reise von Tag zu Tag, was ich tue und sehe und was mir begegnet, so wie es sich nun zeigen wird. Und außer dem, edle Fürsten, was ich jeden Abend über die Ereignisse eines jeden Tages und jeden Tag über die Fortschritte der Fahrt in der Nacht niederschreiben werde, will ich eine neue Seekarte anfertigen, auf der ich die ganze See und alle Länder im Weltmeer nach ihrer richtigen Lage und Peilung einzeichnen werde, und ferner will ich ein Buch verfassen und darin alles so beschreiben, daß ein wahres Bild entsteht bis zu den

Breiten nördlich vom Äquator und den westlichen Längen; doch vor allem ist es von größter Bedeutung, daß ich den Schlaf fliehe und mich unablässig mit der Navigation beschäftige, denn dieses ist nötig. All das wird mir große Mühe machen.

Germaine de Staël
CORINNA ODER ITALIEN

Germaine de Staël *(1766–1817) war eine literarisch und politisch einflussreiche Autorin, die mit den großen Schriftstellern in ganz Europa regen Austausch pflegte. Mit ihren Büchern über Deutschland und Italien hat sie wesentlich zur Kenntnis der neuen romantischen Literatur beigetragen. Der Roman* Corinna oder Italien *geht zurück auf eine ausgedehnte Italienreise, auf der sie von August Wilhelm Schlegel begleitet wurde.*

Reisen ist, was man auch sagen mag, eines der traurigsten Vergnügen des Lebens. Wenn man sich in einer fremden Stadt wohlfühlt, so ist es immer, weil man schon anfängt, dort einheimisch zu werden. Aber unbekannte Länder durchstreifen, eine Sprache reden hören, die man nur notdürftig versteht, menschliche Gestalten sehen, die sich weder an unsre Vergangenheit noch an unsre Zukunft knüpfen: das ist Einsamkeit und Absonderung ohne Ruhe und ohne Würde. Denn diese Hast, diese Eile, um da anzukommen, wo niemand uns erwartet, diese Unruhe, deren einziger Grund Neugier ist, kann uns wenig Achtung für uns selbst einflößen, bis zu dem Augenblick, an dem die neuen Gegenstände schon ein wenig alt werden und um uns her einige sanfte Bande des Gefühls und der Gewohnheit stiften.

Jules Verne

IN 80 TAGEN UM DIE WELT

Jules Verne *(1828–1905) ist bis heute durch seine Science-Fiction-Romane weltbekannt. Das Thema der Reise findet sich schon in seinem ersten Text* Seefahrt und Reise. *Ob zum Mittelpunkt der Erde, in die Tiefen der Ozeane oder rund um die Welt: Reise als Herausforderung und Sehnsucht des Menschen durchzieht als Leitmotiv sein Werk. Mit dem schrulligen Engländer Phileas Fogg, der nach einer atemberaubenden Tour* In 80 Tagen um die Welt *in seinen Club zurückkehrt, als wäre nichts Wesentliches geschehen, hat er einen besonders liebenswerten Reisenden geschaffen.*

Phileas Fogg war Engländer von Kopf bis Fuß, wenn auch nicht ausgesprochen Londoner. Nie hätte er sich an der Börse, in einer Bank oder in irgendeinem Geschäft Londons blicken lassen. Nie hatte ein Schiff an den Docks von London angelegt, das Phileas Fogg zum Reeder gehabt hätte. Er gehörte keinem Verwaltungsrat an, seine Stimme war im Kollegium der Rechtsanwälte nicht zu hören, ebensowenig wie im Temple Court, im Lincoln's Inn oder im Gray's Inn. Nie hatte er bis jetzt plädiert, weder im Chancellor's Court noch am King's Court, weder beim Schatzkammergericht noch bei einem geistlichen. Er war kein Handelsmann und auch kein Landwirt, kein Industrieller. Er war ferner nicht Mitglied der hier folgenden Institute und Gesellschaften: des Königlichen Institutes von Großbritannien, des Instituts von London, der Kunstgesellschaft, des Russell-Instituts, der Literarischen Gesellschaft des Westens, der Gesellschaft der Rechtsanwälte; auch nicht des Instituts der Künste und Wissenschaften, das unmittelbar unter dem Patronat Ihrer huldvollen Königlichen Majestät persönlich steht. Sagen wir es deutlich: Er gehörte überhaupt keiner der unzähligen Gesellschaften der englischen Hauptstadt an, von denen es alle Variationen gibt, angefangen von der Harmonika-Gesellschaft bis zum Entomologischen, die hauptsächlich zum Zwecke der Zerstörung von schädlichen Insekten gegründet wurde …

Phileas Fogg war Mitglied des Reform-Club, und damit gut!

(...)
Seine einzige Zerstreuung bestand aus Zeitungenlesen und Whist spielen. In diesem stummen Spiel, das so treffend zu seiner Art passte, gewann er oft. Doch er packte nie seinen Gewinn ein, sondern ließ ihn wohltätigen Zwecken zugute kommen. Es war daher klar, dass Mr. Fogg einfach aus Freude am Spiel mitmachte, also nicht um zu gewinnen. Spiel, das war für ihn der Kampf gegen eine Schwierigkeit, ein Kampf jedoch ohne Bewegung, ohne Unruhe, ohne Ermüdung; es passte, wie schon vermerkt, zu seinem Charakter.
(...)
»Sie spielen aus, Herr Stuart!«, ließ sich Phileas Fogg wieder vernehmen.
Der ungläubige Stuart war jedoch nicht überzeugt von der Beweisführung, und kaum war diese Partie zu Ende, fing er wieder an: »Ich muss zugeben, Herr Ralph, Sie haben das eben recht hübsch ausgedrückt, dass die Erde kleiner wird! So zum Beispiel die Tatsache, dass man jetzt in drei Monaten rundherum zu reisen vermag ...«
»In nur achtzig Tagen sogar«, warf Philaes Fogg dazwischen.
»Stimmt, meine Herren, in nur achtzig Tagen«, fügte John Sullivan bei, »nämlich seit die Strecke zwischen Rothal und Allahabad auf der ›*Great-Indian Peninsular Railway*‹ eröffnet worden ist!
Hier steht die Berechnung gedruckt im *Morning Chronicle:*
London – Suez über Mont-Cenis und Brindisi, per Eisenbahn und Dampfschiff: 7 Tage
Suez – Bombay, Dampfschiff: 13 Tage
Bombay – Kalkutta, Eisenbahn: 3 Tage
Kalkutta – Hongkong (China), Dampfschiff: 13 Tage
Hongkong – Yokohama (Japan), Dampfschiff: 6 Tage
Yokohama – San Francisco, Dampfer: 22 Tage
San Francisco – New York, Eisenbahn: 7 Tage
New York – London, Dampfer und Eisenbahn: 9 Tage
Total: 80 Tage

»Tatsächlich bloß achtzig Tage!«, rief Andrew Stuart, der aus Unaufmerksamkeit eine Gewinnkarte abgehoben hatte, »aber da müssen auch noch das schlechte Wetter, die Gegenwinde, ein möglicher Schiffbruch, Zugsentgleisungen einberechnet ...«

»Alles inbegriffen«, antwortete ihm Phileas Fogg und spielte weiter, obschon diesmal die Konversation auch vor der Whistpartie nicht Halt machte.

»Auch wenn Hindus oder Indianer die Schienen aufreißen, die Züge anhalten, die Postwagen plündern und die Reisenden skalpieren, auch dann!«, ereiferte sich Andrew Stuart.

»Alles inbegriffen«, wiederholte Phileas Fogg, der nun seine Karten hinlegte und ruhig ansagte: »Zweimal Trumpf mit.«

Andrew Stuart, der diesmal auszugeben hatte, nahm die Karten und sagte: »In der Theorie mögen Sie Recht haben, Herr Fogg; aber in der Praxis ...?«

»Auch in der Praxis, Herr Stuart!«

»Das möchte ich ja sehen!«

»Das hängt bloß von Ihnen ab. Fahren wir zusammen los!«

»Behüte mich der Himmel davor!«, lachte Stuart. »Aber ich wette gerne viertausend Pfund (100 000 Francs), dass eine Reise unter solchen Bedingungen unmöglich ist.«

»Sie ist im Gegenteil sogar sehr wohl möglich«, antwortete Mr. Fogg.

»Nun denn, so beweisen Sie uns das!«

»Was? Dass eine Reise um die Erde in achtzig Tagen möglich ist?«

»Genau das.«

»Das mache ich ohne weiteres.«

»Wann?«

»Jetzt. Sofort.«

»So was Verrücktes!« Stuart begann sich über seinen halsstarrigen Partner zu ärgern. »Los! Spielen wir weiter!«

»Dann geben Sie das Spiel noch mal. Sie haben vergeben.« Phileas Fogg schien völlig ruhig. Andrew Stuart jedoch zitterte vor Aufregung.

Er nahm die Karten auf, legte sie wieder hin:

»Doch, Mr. Fogg, doch, doch! Ich wette die viertausend Pfund!«

»Mein lieber Stuart, beruhigen Sie sich doch!«, bat Fallentin. »Das war doch nur im Spaß gesagt.«

»Wenn ich sage: Ich wette!, so ist das nie im Spaß!«, gab Stuart hitzig zurück.
»Es gilt!«, sagte Mr. Fogg überraschend. Dann wandte er sich an seine Spielgenossen: »Ich habe bei Gebrüder Baring 20 000 Pfund (500 000 Francs) auf meinem Konto. Ich setze sie gern dagegen ein …«
»Zwanzigtausend Pfund!« John Sullivan war ganz aufgeregt.
»Zwanzigtausend Pfund, die Sie verlieren, wenn Sie auf ein unvorhergesehenes Hindernis stoßen!«
»Es gibt nichts Unvorhergesehenes!« Phileas Fogg schien die Ruhe selbst.
(…)
So also war Phileas Fogg siegreich aus diesem Wettkampf hervorgegangen. Innerhalb achtzig Tagen war ihm die Reise um die Erde gelungen! Um diesen Erfolg wahrzunehmen, hatte er sämtliche bekannten Transportmittel benutzen müssen: Dampfer, Eisenbahnen, Wagen, Jachten, Frachtschiffe, Segelschlitten und einen Elefanten. Der exzentrische Gentleman hatte bei diesem Abenteuer seine wundervollen Charaktereigenschaften, Kaltblütigkeit und Pünktlichkeit, aufs Beste anwenden können.
Aber jetzt! Was hatte er eigentlich mit dieser ewigen Unrast gewonnen? Was hatte er von seiner Weltreise heimgebracht?
Nichts, sagen Sie? Tatsächlich: nichts. Das heißt, wenn man die entzückende Frau nicht mit einrechnet, die – und das scheint wohl wieder kaum glaublich – ihn zum glücklichsten der Sterblichen machte!
Seien wir ehrlich: Würden wir nicht auch für weniger eine Reise um die Erde wagen?

Maironis

AM VORABEND DER FREIHEIT

Maironis *(Jonas Mačiulis, 1862–1932) ist einer der bekanntesten Dichter litauischer Sprache. Der Ruf nach Unabhängigkeit und eigener Identität zieht sich durch sein Werk, das im Aufstand gegen die Zarenherrschaft im 19. Jahrhundert großes Gewicht hatte. Der Kampf um Selbstbestimmung im heimischen Umfeld ist eine Konstante der europäischen Geschichte.*

Reih' dich ins Glied, du Volk, so alt!
Europa hatte an dir Halt,
Tataren-Mauer aus Granit!
So steh zu neuem Ruhm bereit,
Du, deren Sprache Eigenheit
Das Echo birgt noch vom Sanskrit!

Reih' dich ins Glied der Völkerschar,
Die in Europa Herrscher war,
Und bring' den Eintrag deines Wesens!
Du brachtest manchen Held hervor –
So zeige, was die Zeit erkor,
Daß deine Söhne noch erlesen.

Du hast Geheimnisse genug
Noch nicht enthüllt. Den Funkenflug
Schlugst du aus deiner Brust mitnichten,
Der nicht in arger Not, Verdruß –
Jedoch mit neuem Genius
Und eher'm Männermut, dem lichten.

Im Krieg verbrannten allerorten
Die Dörfer; doch den Väterworten
Vertraut der Glaube, Gott sein Dank,
Und vieler Hände reichen Gaben,
Bereit, die Hungernden zu laben,
Den Dürstenden Erquickungstrank.

Alexei N. Tolstoi

Heimat

Alexei Nikolajewitsch Tolstoi *(1883–1945) freundete sich nach der Oktoberrevolution nur langsam mit dem Sowjetregime an. Während des*

Zweiten Weltkrieges rechtfertigt er in einigen Schriften Stalins Grausamkeiten, weil die Bedrohung des Landes alle Formen der Abwehr legitimiere. Auch in dem Text Heimat *klingt jenseits der emotionalen Bindung an den Ort der Herkunft stellenweise Kriegspropaganda durch.*

Ein Unglück ist über uns alle gekommen. Der Feind verwüstet unser Land und will alles, was uns seit urdenklichen Zeiten gehört, zu seinem Eigentum machen.

In einer solchen Zeit finden sich alle, Glückliche und auch solche, die nicht vom Glück verfolgt waren, an ihrem Nest ein. Und sogar diejenigen, die sich am liebsten verbergen möchten, wie das Heimchen, das in einer dunklen Spalte sein Liedchen pfeift, bis bessere Zeiten kommen, sogar diese verstehen, daß es für sie in der Vereinzelung keine Rettung mehr gibt.

Unser Nest, die Liebe zur Heimat, hat jetzt die Überhand über alle anderen Gefühle gewonnen. Und alles, was wir um uns sehen, was wir früher vielleicht gar nicht beachtet, nicht besonders geschätzt haben, wie zum Beispiel der nach Roggenbrot duftende Rauch, der aus einer vom Schnee verwehten Hütte aufsteigt, ist uns nun unendlich teuer. Die Gesichter der Menschen, die über Nacht so ernst geworden sind, die Augen der Menschen, die wie die Augen der Menschen ausschauen, die von einem alles beherrschenden Gedanken erfüllt sind, der Klang der russischen Sprache, alles dieses ist nun ganz unser, ganz nahe, und wir, die wir in dieser schlimmen Zeit leben, sind die Hüter und Wächter unserer Heimat.

Alle unsere Gedanken gehören ihr, all unser Zorn und unsere Wut gilt denen, die sie verhöhnen, alles liegt in dem Bereitsein, für sie zu sterben. So wie der Jüngling zu seiner Geliebten spricht: »Laß mich für dich sterben.«

Heimat – das ist das aus der Tiefe der Vergangenheit kommende Volk, das über seine Erde in die ersehnte Zukunft schreitet, in eine Zukunft, an die es glaubt und die es mit seinen Händen für sich und seine Kindesgenerationen aufbaut. Heimat, das ist der ewig absterbende und ewig sich durch Geburt wieder erneuernde Fluß von Menschen, die ihre Sprache, ihre geistige und materielle Kultur weitertragen und von

dem unerschütterlichen Glauben erfüllt sind, daß ihr Platz auf der Erde unzerstörbar und rechtens ist.
Eines Tages werden wahrscheinlich die verschiedenen nationalen Ströme in einem einzigen sturmlosen Meer zusammenfließen, eine einheitliche Menschheit bilden. Für unser Zeitalter ist das aber jenseits dessen, was wir zu träumen wagen. Unsere Zeit ist grimmiger, eiserner Kampf für die eigene Unabhängigkeit, die eigene Freiheit und für das Recht, nach eigenen Gesetzen die eigene Gesellschaft und das eigene Glück zu bauen.

Fernando Pessoa

Der Hüter der Herden

Fernando Pessoa *(1888–1935) hat in seinem dichterischen Werk vor allem über Portugal, das Land der Seefahrer, Entdecker und Eroberer, der Sehnsucht und des Heimwehs geschrieben. Er hat Gedichte in englischer und portugiesischer Sprache verfasst, die er unter verschiedenen Pseudonymen veröffentlichte.*

Dieses Gedicht erschien unter dem Pseudonym Alberto Caeiro

Der Tejo ist schöner als der Fluß meines Dorfes,
aber der Tejo ist dennoch nicht schöner als der Fluß meines Dorfes,
weil der Tejo nicht der Fluß meines Dorfes ist.

Der Tejo trägt große Schiffe
und es schwimmt auf ihm heute noch
für jene, die überall sehen, was nicht vorhanden ist,
Erinnerung an die Karavellen.

Der Tejo entspringt in Spanien
und mündet ins Meer in Portugal.

Das wissen alle.

Aber wenige wissen, welcher Fluß durch mein Dorf fließt
und wohin er fließt
und woher er kommt.
Und deshalb, weil er weniger Leuten gehört,
ist der Fluß meines Dorfes freier und größer.

Über den Tejo geht es hinaus in die Welt.
Jenseits des Tejos liegt Amerika
und das Vermögen der Leute, die es dort finden.
Niemand hat jemals nachgedacht, was wohl
jenseits des Flusses von meinem Dorfe liegt.

Der Fluß meines Dorfes läßt an nichts denken.
Steh man an seinem Ufer, so steht man einzig an seinem
Ufer.

Michel Lentz

DIE HEIMAT

Michel Lentz *(1820–1893) hat den Text der luxemburgischen Nationalhymne verfasst. Wie andere Nationen in Europa, die erst spät zu einer staatlichen Unabhängigkeit kamen, verbindet Luxemburg sein Verständnis von Freiheit mit der Liebe zur Heimat. Der Text wurde in der Vertonung von Jean-Antonine Zinnen im Jahre 1859 zur Hymne ernannt.*

Wo die Alzette durch die Wiesen zieht,
durch die Felsen die Sauer bricht,
wo die Rebe entlang der Mosel duftig
blüht,
der Himmel Wein uns macht,
das ist unser Land, für das wir würden

hier unten alles wagen,
unser Heimatland, das wir so tief
in unseren Herzen tragen.

In seinem dunklen Waldeskranz,
vom Frieden still bewacht,
so ohne Prunk und teurem Glanz,
gemütlich lieb es lacht,
sein Volk froh sich sagen kann,
und es sind keine leeren Träume,
wie wohnt es sich so heimelig drin,
wie ist es so gut zu Haus.

Gesang, Gesang von Berg und Tal,
der Erde, die uns getragen.
Die Liebe hat einen treuen Widerhall
in jeder Brust getragen,
für die Heimat ist keine Weise zu schön,
jedes Wort, das von ihr klingt,
greift uns in die Seele wie Himmelstöne
und das Auge wie Feuer blinkt.

O Du da oben, dem dessen Hand
durch die Welt die Nationen leitet,
behüte du das Luxemburgische Land
vom fremden Joch und Leid.
Du hast uns allen als Kinder schon
den freien Geist ja gegeben.
Laß weiter blinken die Freiheitssonne,
die wir so lange gesehen.

Tadeusz Różewicz

DAS ANTLITZ DES VATERLANDES

Tadeusz Różewicz *(* 1921) kämpfte während der deutschen Besatzung für die Freiheit Polens. Seine Gedichte und Theaterstücke wurden in zahlreiche Sprachen übersetzt. Auf den Bühnen der DDR war er einer der meistgespielten Dramatiker.*

das vaterland das ist das land der kindheit
der ort der geburt
das ist die kleine allernächste
heimat

die stadt das städtchen das dorf
die straße das haus der hof
die erste liebe
der wald am horizont
die gräber

in der kindheit erkennt man
die blumen die kräuter das getreide
die tiere
die felder die wiesen
die wörter …

das vaterland lacht

am anfang ist das vaterland
nah
zum greifen

erst später wächst es
blutet
schmerzt

Cees Nooteboom

DIE FOLGENDE GESCHICHTE

Cees Nooteboom *(* 1933) ist vor allem als Reiseschriftsteller bekannt geworden. Er berichtete 1956 vom Aufstand in Ungarn und später von den Studentenunruhen in Paris 1968. Das Motiv des Reisens findet sich auch in seinen Romanen wieder, deren Helden Wanderer zwischen den Kulturen und Ländern sind.*

Und jetzt sitze ich auf der Außenmauer des Kastells und blicke über die Stadt, den Fluß, die Fläche des Meeres dahinter. Oleander, Frangipani, große Ulmen. Neben mir sitzt ein Mädchen und schreibt. Das Wort Abschied umschwebt mich, und ich kann es nicht fassen. Diese ganze Stadt ist Abschied. Der Rand Europas, das letzte Ufer der ersten Welt, dort, wo der angefressene Kontinent langsam im Meer versinkt, zerfließt, in den großen Nebel hinein, dem der Ozean heute gleicht. Diese Stadt gehört nicht zum Heute, es ist hier früher, weil es später ist. Das banale Jetzt hat noch nicht begonnen, Lissabon zaudert. Das muß es sein, diese Stadt zögert den Abschied hinaus, hier nimmt Europa Abschied von sich selbst.

Nation und Union

Es war der 11. Juli 1982, der Tag des Endspiels um die XII. Fußballweltmeisterschaft. Mittags fragte ich Bruno, den italienischen Kellner meines Stehcafés, in dem ich damals täglich meinen *digestivo* trank, wer am Abend wohl gewinnen würde – Deutschland oder Italien? »Keine Ahnung«, sagte er. »Ich weiß nur: Wenn Deutschland gewinnt, freut sich ganz Deutschland. Gewinnt Italien, freut sich ganz Europa!« Bekanntlich hat Italien damals gewonnen. Doch hat sich wirklich ganz Europa darüber gefreut? Ich glaube kaum. Zumindest in Deutschland hielt sich der Jubel buchstäblich in Grenzen.

In der griechischen Mythologie war Europa weder eine Fußballfangemeinde noch ein Staatengebilde, sondern die hübsche Tochter des Königs Phönix. Als Zeus sie eines Tages beim Blumenpflücken erblickte, war er von ihrer Schönheit so entzückt, dass er sich in einen Stier verwandelte, um sich ihr zu nähern. Ahnungslos setzte Europa sich auf seinen Rücken, doch kaum hatte sie dort Platz genommen, sprang er auf und trug sie über das Meer nach Kreta, wo er sich mit ihr in seiner ursprünglichen Gestalt vereinigte.

Aus der Verbindung gingen drei Söhne hervor. Deren Nachkommen haben sich reichlich vermehrt: Heute gliedert sich Europa in fast fünfzig Nationalstaaten, von denen mehr als die Hälfte inzwischen versucht, zu einer politischen Gemeinschaft zusammenzufinden. Doch dabei kollidieren immer wieder zwei Werte, die einander so fremd und gleichzeitig so zugehörig erscheinen wie das Runde und Eckige im Fußball: Nation und Union.

Der Begriff Nation bezeichnet eine Gemeinschaft von Menschen gleicher Sprache, Tradition und Kultur, die im Bewusstsein ihrer Zusammengehörigkeit ein Staatswesen bilden, mit dem sie sich von anderen Gemeinschaften abgrenzen, um nach außen ihre Selbständigkeit zu behaupten. Erste Anklänge eines solchen Nationalbewusstseins finden sich bereits in der europäischen Antike, wenn griechische Geschichtsschreiber die Menschheit in Griechen und Barbaren aufteilen. Doch bis ins hohe Mittelalter bezieht sich *»natio«* lediglich auf die Abstammung oder den Herkunftsort einzelner Menschen. Erst auf Kirchenkonzilien der frühen Neuzeit wird der Begriff im Abendland mit dem Prinzip der Repräsentation verknüpft, um damit abstimmungsberechtigte Gruppierungen voneinander zu unterscheiden.

Seine heutige politische Bedeutung erlangt der Begriff der Nation im 18. Jahrhundert. »Was ist der dritte Stand?«, fragt Abbé Sieyès am Vorabend der Französischen Revolution, um in seiner Antwort zugleich seine Vorstellung von Nation zu definieren: »Eine vollständige Nation ist der dritte Stand.« Mit dieser Identifizierung von Bürgertum und Nation dient der Begriff zunächst der innenpolitischen Abgrenzung. Außenpolitisch wirksam wird er mit den antinapoleonischen Kriegen, wenn Bevölkerungsgruppen in den von Frankreich besetzten Ländern in seinem Namen Souveränität beanspruchen. Förderung erfährt diese Entwicklung unterschiedlicher Nationalgefühle in der Romantik durch die Entstehung nationaler Sprach-, Geschichts- und Literaturwissenschaften.

Das europäische 19. Jahrhundert ist das Jahrhundert der Nationalstaaten: Staat und Nation verschmelzen fast vollständig zur Einheit. Stehen anfangs demokratische und egalitäre Vorstellungen im Vordergrund, die im souveränen Nationalstaat bzw. in der »freien Republik« verwirklicht werden sollen, gewinnen nach dem Scheitern der bürgerlichen Revolution von 1848 in fast allen Ländern des Kontinents chauvinistische Strömungen an Einfluss: Die Nationalstaaten werden nationalistisch. Im Bewusstsein der eigenen Besonderheit schlägt das Wir-Gefühl, das die Nation im Innersten zusammenhält, von der Hochschätzung des Eigenen in die Geringschätzung des Fremden um – nicht nur zur inneren Festigung der Nation, sondern auch zur Behauptung von Ansprüchen gegenüber dem Ausland. Die so geschürten Konflikte tragen die europäischen Nationalstaaten zunächst in weiter Ferne aus, in der Auseinandersetzung um Kolonien, bevor die nationalen Gegensätze außer Kontrolle geraten und mit dem Ersten Weltkrieg den ganzen Kontinent verwüsten.

So zeigt die Idee der Nation in Europa zwei Gesichter: Als politische Organisationsform unterstützt sie Demokratie und Rechtsstaatlichkeit, als Fanatisierung der Volkssouveränität Terror und Gewalt. Diese

Fratze gibt sie vor allem in ihrer aggressivsten Ausprägung zu erkennen, im Faschismus und Nationalsozialismus. »Der Begriff Europa«, notiert darum Thomas Mann während des Zweiten Weltkriegs, »war uns lieb und teuer, etwas unserem Denken und Wollen Natürliches. Es war das Gegenteil der provinziellen Enge, des bornierenden Egoismus, der nationalistischen Rohheit und Unbildung. Er meinte Freiheit, Geist und Güte.«

Über den Charakter der Europäer hat sich als Erster vermutlich Hippokrates Gedanken gemacht. Aus den Unterschieden des Klimas leitet er »Schwankungen der verschiedensten Art« ab. Eine gesamteuropäische Idee findet sich in der Antike aber noch nicht. Diese nimmt erstmals am Weihnachtstag des Jahres 800 Gestalt an mit der Kaiserkrönung Karls des Großen. Sein *»regnum Europae«* schafft eine zusammenhängende machtpolitische Einheit, aus der das Heilige Römische Reich deutscher Nation hervorgeht, ein Zusammenschluss der christlichen Fürsten unter Führung des »allerchristlichen« französischen Königs.

Auf dem Boden dieser Ordnung träumt König Podiebrad von Böhmen im 15. Jahrhundert bereits von einem europäischen Friedensbündnis. Doch mit den Glaubenskriegen und der Auflösung des Reichs in einen Staatenbund zerfällt die einheitliche Welt- und Heilsordnung des christlichen Abendlandes. Neue Begründungen der europäischen Idee lassen bis zur Aufklärung auf sich warten. Dann aber erfolgen sie im Dutzend. Sie sind vor allem friedenspolitisch motiviert. In seinem Traktat »Vom Völkerrecht« definiert David Hume die »Pflichten zwischen den Nachbarstaaten«, um dem Egoismus der Nationen Einhalt zu gebieten, bevor Kant in seiner Schrift »Zum Ewigen Frieden« einen republikanisch geprägten Verfassungsvertrag für den Zusammenschluss der europäischen Staaten entwirft.

Mit der Niederlage Napoleons wird Europa politisch neu geordnet. Auf dem Wiener Kongress 1814/15 übernehmen die Großmächte dank Metternichs Initiative gemeinsam Verantwortung für den Kontinent. Soll sich die Einheit Europas, die Novalis 1799 mit seinem Aufsatz »Die Christenheit oder Europa« in Verklärung der Vergangenheit heraufbeschworen hat, als konkrete Politik verwirklichen lassen? Der reaktionäre Traum mündet in die revolutionären Bewegungen von

1848. Vorschub dazu leistete Saint-Simon mit seiner Vision eines Europas, dessen Einigung auf sozialer Gerechtigkeit gründet. Während Karl Marx diese Vision radikalisiert, verwandelt die Heilige Allianz sich in das »Europäische Konzert« der fünf Großmächte. Sie lenken die Geschicke des Kontinents, bis die Einigung Deutschlands 1871 durch »Blut und Eisen« die Kräfteverhältnisse neu verteilt. Europa spaltet sich in zwei Blöcke: England, Frankreich und Russland auf der einen, Deutschland und Österreich-Ungarn auf der anderen Seite. Mit dem Ersten Weltkrieg, in dem sich die Gegensätze der beiden Blöcke entzünden, gehen alle Hoffnungen auf ein geeintes und befriedetes Europa zugrunde.

Die Nachkriegszeit steht im Zeichen der nationalen Revanche: Der Versailler Vertrag ist ihr folgenschweres Manifest. Doch zugleich gründet der Österreicher Coudenhove-Kalergi die »Paneuropäische Bewegung«, um für die Annäherung der Nationen zu werben, die auf politischer Ebene Briand und Stresemann mit dem deutsch-französischen Nichtangriffspakt von Locarno 1925 ein Stück weit realisieren. Zur Versöhnung statt Spaltung rufen auch die europäischen Dichter und Denker auf. Während Valéry an die gemeinsamen kulturellen Quellen erinnert, formuliert Ortega y Gasset »Europa als Nationalidee«. Doch die Einheit hält nicht mal im eigenen Land: Spanien entflammt 1936 im Bürgerkrieg – düsteres Präludium zu dem großen Weltenbrand, in dem sich die europäischen Nationalismen wenig später ein zweites Mal entladen.

»Nie wieder!« Dieser Mahnruf wird fortan zum Leitmotiv aller Bemühungen, nationale Gegensätze in Europa zu überwinden. Zur dauerhaften Befriedung des Kontinents entwirft der britische Premier Churchill 1946 die Vision der »Vereinigten Staaten von Europa«. Aber bis dahin ist es ein weiter Weg. Der Schuman-Plan von 1950 ist ein erster Schritt. Mit der Montanunion bereitet er nicht nur den wirtschaftlichen Zusammenschluss der Staaten vor, sondern ist auch Teil der Aussöhnung zwischen Frankreich und Deutschland, sprich: der beiden größten europäischen Staaten, für die bereits Churchill mit seiner Zürcher Rede plädierte. Dieser Vorstoß bleibt nicht ohne Folgen: 1957 werden die Römischen Verträge geschlossen zur Gründung der

Europäischen Wirtschaftsgemeinschaft und Regelung der friedlichen Nutzung der Atomenergie. Doch nationale Gegensätze bleiben weiterhin bestehen, sie zeigen sich in jeder neuen Verhandlungsrunde der einander noch vorsichtig beäugenden Feinde von einst. Der französische Präsident de Gaulle propagiert darum ein »Europa der Vaterländer«, das im Rahmen einer gemeinsamen Union den nationalen Besonderheiten genügend Platz zur Entfaltung einräumen soll. Schützenhilfe bekommt eine solche Union der Nationen von unerwarteter Seite. Jenseits politischer Argumente erklärt der Entwicklungsbiologe Eibl-Eibesfeldt sie zur evolutionären Notwendigkeit: Nur wenn die ethnisch-kulturelle Vielfalt Europas erhalten bleibe, so seine These, könne das Bedürfnis der einzelnen Völkerschaften, ihre jeweilige Identität zu bewahren, befriedigt werden.

Diese Quadratur des Kreises bleibt das gesamteuropäische Ziel bis in die neunziger Jahre. Eine überraschende Wende bringt der Zusammenbruch des Ostblocks und der Sowjetunion. Der zunehmenden Integration des Westens läuft plötzlich eine dramatische Desintegration des Ostens zuwider. Während Gorbatschow dazu aufruft, gemeinsam am »europäischen Haus« zu bauen, explodiert der ehemalige Vielvölkerstaat Jugoslawien. Ratlos schaut das restliche Europa zu. Unter dem Eindruck der Katastrophe vollenden Helmut Kohl und François Mitterrand den Maastricht-Vertrag zur offiziellen Gründung jener Europäischen Union, die sich 2004 nach Osten auf fünfundzwanzig Mitglieder erweitert. Gleichzeitig entsteht der Entwurf einer Europäischen Verfassung, die der Union nicht nur eine juristische Form, sondern auch eine Seele geben will: »zur Verteidigung einer bestimmten Identität«, so der Franco-Bulgare Tzvetan Todorov, »die den Europäern am Herzen liegt«.

Werden die Menschen in Europa die gemeinsame Verfassung akzeptieren? Können die nationalen Identitäten, die den Bürgern der verschiedenen Länder Jahrhunderte lang das Gefühl von Gemeinschaft gaben, einfließen in eine kontinentale Homogenität, die trotz aller Differenzen der einzelnen politischen, sozialen und kulturellen Traditionen den Zusammenschluss zu einer neuen Form von Gemeinschaft ermöglicht? Oder entwickeln die Nationalgefühle auch weiterhin größere Wirkung als die Vision der Union?

Im Sommer 2006 fand in Deutschland die XVIII. Fußballweltmeisterschaft statt. Vier Wochen erlebte die Nation einen Rausch, der buchstäblich keine Grenzen kannte. Vielleicht gelingt es eines Tages, mit diesem überbordenden Wir-Gefühl auch die politische und gesellschaftliche Union Europas zu begeistern. Die Idee, um die es dabei geht, hätte es jedenfalls verdient. Keiner hat sie überzeugender formuliert als der polnische Publizist Stefan Wilkanowicz in seinem Vorschlag für die Präambel der europäischen Verfassung:

Wir Europäer wollen …
im Bewusstsein des Reichtums unseres Erbes, das aus den Errungenschaften des Judaismus, des Christentums, des Islam, der griechischen Philosophie, des römischen Rechts und des Humanismus, der sowohl religiöse als auch nichtreligiöse Quellen hat, schöpft,
im Bewusstsein des Wertes der christlichen Zivilisation, welche die Hauptquelle unserer Identität ist,
im Bewusstsein der häufigen Fälle von Verrat, der an diesen Werten von Christen und Nichtchristen begangen wurde,
eingedenk des Guten und des Bösen, das wir den Bewohnern anderer Kontinente gebracht haben,
im Bedauern der Katastrophen, die durch totalitäre Systeme, die unserer Zivilisation entsprangen, verursacht wurden,
… unsere gemeinsame Zukunft bauen.

Hippokrates
VOM CHARAKTER DER EUROPÄER

Hippokrates *(460 v. Chr. – 375 v. Chr.) ist der berühmteste Arzt des Altertums. Auf ihn geht die rational-empirische Medizin als Wissenschaft zurück. Die Unterschiede zwischen den Völkern erklärt Hippokrates physikalisch mit dem Hinweis auf die prägende Kraft des Klimas.*

Die übrige Bevölkerung in Europa ist in sich verschieden an Wuchs und an Gestalt wegen der Unterschiede des Klimas, weil diese groß und häufig sind und starke Hitze und heftige Winterkälte, viel Regen und andererseits wieder langdauernde Dürre und Winde auftreten. Daraus ergeben sich viele Schwankungen der verschiedensten Art. Darauf reagiert natürlich auch die Zeugung bei der Zusammenballung des Samens, und sie ist verschieden und auch bei demselben Menschen nicht dieselbe in Sommer und Winter und in regnerischer und dürrer Zeit. Darum, meine ich, sind die Gestalten und der Wuchs der Europäer mehr als die der Asiaten in jeder einzelnen Stadt sehr voneinander unterschieden. Denn es ergeben sich mehr Unterschiede in der Zusammenballung des Samens bei häufigen Umschlägen des Klimas, als wenn dieses in sich ähnlich und gleich ist.

Von den Sitten ist dasselbe zu sagen. Wildheit, Unzugänglichkeit, Mut und Zorn zeigt sich in derartigen Naturen. Denn häufige Erschütterungen flößen dem Geist Wildheit ein und bringen Zahmheit und Milde zum Verschwinden. Darum meine ich, daß die Bewohner Europas beherzter sind als die Asiens. Denn im immer Ähnlichen und Gleichen liegt der Grund zur Schlaffheit, im ständig sich Wandelnden aber der Widerstandswille für Körper und Seele. Aus Ruhe und Schlaffheit wächst die Feigheit, aus der Bereitschaft zu Mühsal und Arbeit aber die Tapferkeit.

Darum sind die Bewohner Europas kriegerischer, außerdem aber auch wegen ihrer politischen Einrichtungen, weil sie nicht unter Königsherrschaft stehen wie die Asiaten. Denn wo die Menschen unter Königsherrschaft stehen, sind sie notwendig sehr feige – ich habe ja auch vorher schon davon gesprochen –: die Seelen sind nämlich versklavt und nicht bereit, freiwillig und ohne lange Überlegung Gefahren für eine fremde Herrschaft zu bestehen. Die aber, die sich selbst regieren, sind, da sie für sich selbst und nicht für andere die Gefahren auf sich nehmen, gern dazu bereit und begeben sich in Gefahr. Denn den Preis des Sieges tragen sie selbst dazu. So fördern die politischen Einrichtungen nicht zum wenigsten den Mut. So verhält es sich im großen und ganzen mit Europa und Asien.

Georg von Podiebrad
DAS WELTFRIEDENSMANIFEST

Georg von Podiebrad *(1420–1471) wurde 1458 König von Böhmen. Sein Friedensplan steht im Zusammenhang mit der Bedrohung durch das Osmanische Reich, das über Jahrzehnte an Macht gewonnen und europäische Länder erobert hatte. Die von ihm angestrebte Aussöhnung der europäischen Fürstenhäuser muss also stets vor dem Hintergrund der gemeinsamen Bedrohung gesehen werden. Spätere Vorstellungen einer friedlichen Weltordnung bezogen sich wiederholt auf Podiebrads Plan.*

Im Namen des Herrn Jesu Christi. Wir ABC tun kund jedermann und allen zu ewigem Gedächtnis:
Beim Lesen der Schriften der alten Historiker stellen wir fest, daß die Christenheit, einstmals in höchster Blüte stehend, mit Reichtum an Bevölkerung und Besitztümern gesegnet, sich in Länge und Breite so weit erstreckte, daß sie einhundertsiebzehn überreiche Königreiche umschloß und aus ihren Grenzen so viele Menschen zu entsenden vermochte, daß sie für lange Zeit den größten Teil des Heidentums zusammen mit dem Grabe des Herrn beherrschte. Damals gab es auf der ganzen Welt kein einziges Volk, das es gewagt hätte, die Macht der Christen herauszufordern. Indessen, wie sehr diese jetzt zerrissen, erniedrigt, dürftig geworden, allen ehemaligen Glanzes und einstiger Herrlichkeit entblößt sind, wissen wir alle. So tiefgreifend ist die

seit einiger Zeit in der Christenheit stattgefundene Veränderung, daß, wenn einer der alten Könige, Fürsten oder Herren von den Toten auferstünde und in die christliche Lande käme, er nicht einmal sein eigenes wiedererkennen würde. Es hat nämlich der Verräter Mohammed, als nahezu der ganze Weltkreis bereits der Heiligkeit des christlichen Glaubens teilhaftig geworden war, zunächst einen bedeutungslosen Stamm der Araber verführt. Weil jedoch dann versäumt wurde, seinen ersten Anstrengungen Einhalt zu tun, gewann er schrittweise eine solche Menge dieser Menschen für sich, daß er seiner Macht weite Gebiete Afrikas und Asiens unterwarf und sie zu schimpflichstem Verrat entflammte. Die erzschändlichen Türken endlich, die kürzlich zunächst das hochberühmte Kaiserreich der Griechen und danach zahlreiche Lande und Königreiche der Christenheit unter ihre Herrschaft gebracht haben, schleppen zahllose Seelen aus dem Gebiete der Christen weg, sie machen alles zur Beute, zahlreiche Klöster und prächtige Gotteshäuser haben sie zerstört und dem Verfall preisgegeben; darüberhinaus haben sie noch unzählige andere Schändlichkeiten begangen.

(...)

Indessen, wie schmerzlich das derzeitige Schicksal der Griechen und wie bejammernswert die Niederlage Konstantinopels sowie der anderen Provinzen auch sind, müßte uns, die wir nach Ruhm streben, dennoch die Möglichkeit begrüßenswert sein, die uns der Ehre teilhaftig werden lassen kann, als Verteidiger und Erhalter des christlichen Namens bezeichnet zu werden. Deswegen vom Wunsche beseelt, daß Kriege jeder Art mit Raub, Aufruhr, Mord und Brand, die, wie wir – Gott sei es geklagt – berichten müssen, auch die Christenheit selbst nahezu allseitig erfaßt haben, von denen die Felder verwüstet, die Städte zerstört, die Lande gequält sowie zahllose Königreiche und Fürstentümer in Trübsal gestürzt werden, aufhören, völlig ausgetilgt werden und durch eine löbliche Einigung in den Zustand gegenseitiger Achtung und Brüderlichkeit umgewandelt werden, haben wir uns auf Grund unserer zuverlässigen Kenntnis nach vorausgegangener reiflicher Erwägung unter diesbezüglicher Anrufung der Gnade des Heiligen Geistes nach Beratung und Zustimmung unserer Prälaten, Fürsten, Magnaten, Herren, Doktoren des göttlichen und menschlichen Rechts, entschlossen, zum Zwecke einer fortdauernden unverbrüchlichen Verbundenheit des Friedens, der Brüderlichkeit und Eintracht zur Ehre Gottes und zum Schutze des Glaubens einen Bund zu stiften, der auch für unsere Erben und künftigen Nachfolger verbindlich bleiben soll, wie folgt:

Zum ersten verkünden und geloben wir, getragen von der Kraft des katholischen Glaubens, mit unserem königlichen und fürstlichen Wort, daß wir von dieser Stunde und diesem Tage an in Zukunft eine reine, wahre, getreue gegenseitige Brüderlichkeit zeigen und erweisen werden, und daß wir wegen keinerlei Meinungsverschiedenheiten, Beschwerden oder Streitigkeiten zu den Waffen greifen oder solches wem auch immer in unserem Namen zu tun gestatten werden; wir werden vielmehr einer dem anderen gegen jeden lebenden Menschen beistehen, der uns oder einen von uns durch eine Tat ohne rechtliche Grundlage feindlich anfallen sollte, gemäß Inhalt und Wortsinn der nachfolgend festgelegten Bestimmungen.

Zum zweiten, daß keiner der Unsrigen Hilfe oder Rat geben, sich auch nicht gegen die Person eines anderen verbünden wird, und daß weder wir noch ein anderer die Gefährdung oder den Tod seiner Person herbeiführen, und daß wir uns auch nicht mit jenen verbünden werden, die es unternehmen sollten, solche widerrechtliche Anschläge zu planen, vielmehr werden wir nach bestem Vermögen für die Unversehrtheit seiner Gesundheit, seines Lebens und seiner Ehre einstehen.

(…)

Damit ferner alles Vorstehende und Nachfolgende insgesamt und im einzelnen angelegentlich erfüllt wird, verpflichten wir uns und geloben in obigem Sinne, daß jeder von uns seine Beauftragten, bedeutende und angesehene Männer, versehen mit weitestgehender Vollmacht und unserem Siegel am Sonntag »Reminiscere« des 1464. Jahres nach der Geburt des Herrn in die Stadt Basel in Deutschland kommen lassen wird, welche dort alle während des Zeitraums der folgenden fünf Jahre ununterbrochen tagen sollen und in unserem Namen und dem der anderen Mitglieder oder Beitrittswilligen eine Körperschaft, eine

Einheit, ein richtiges Kollegium bilden, begründen und darstellen sollen. Nach Ablauf dieses fünfjährigen Basler Tagungszeitraums soll die Versammlung für einen unmittelbar anschließenden Fünfjahreszeitraum in der Stadt N in Frankreich und für den dritten Fünfjahreszeitraum in der Stadt N in Italien abgehalten und veranstaltet werden, und dies unter denselben Regeln und Bedingungen, wie es weiter oben bezüglich Basels vereinbart und festgelegt wurde, um danach weiterhin stets von Jahrfünft zu Jahrfünft im Wechsel fortzufahren so lange, bis die Versammlung selbst oder ihre Mehrheit anders beschließen und entscheiden wird. Auch einen eigenen und speziellen Rat soll die Vereinigung selbst haben, dessen Vorsitzender, Vater und Haupt N, dessen Glieder wir, die übrigen Könige und Fürsten der Christenheit sein wollen. Ferner soll das gesamte Kollegium über uns alle und unsere Untertanen sowie jene, die sich anzuschließen wünschen, die freiwillige und streitige Gerichtsbarkeit haben, und die Rechtshoheit des »merum« wie des »mixtum imperium« so ausüben, wie diesbezüglich die Vereinigung oder ihre Mehrheit festlegen wird. Endlich soll sie ein eigenes Wappen und Siegel führen, eine gemeinsame Kasse und ein öffentliches Archiv haben, einen Synikus, einen Fiskal, Beamte und sämtliche sonstigen Rechte, die einem rechtmäßigen und ordnungsgemäßen Kollegium zugehören und zustehen.

Heinrich von Kleist

Katechismus der Deutschen

Heinrich von Kleist *(1777–1811) gehört zu denjenigen Autoren, die durch die napoleonischen Kriege ein starkes politisches Engagement für das eigene Land entwickelten. Die Erhebung des spanischen Volkes gegen die napoleonische Fremdherrschaft und der beginnende Freiheitskampf in Österreich inspirierten ihn nicht nur zum Drama* Die Hermannsschlacht, *sondern auch zum* Katechismus der Deutschen.

ERSTES KAPITEL

Von Deutschland überhaupt

Frage. Sprich, Kind, wer bist du?

Antwort. Ich bin ein Deutscher.

Fr. Ein Deutscher? Du scherzest. Du bist in Meißen geboren, und das Land, dem Meißen angehört, heißt Sachsen!

Antw. In bin in Meißen geboren und das Land, dem Meißen angehört, heißt Sachsen; aber mein Vaterland, das Land, dem Sachsen angehört, ist Deutschland, und dein Sohn, mein Vater, ist ein Deutscher.

Fr. Du träumst! Ich kenne kein Land, dem Sachsen angehört, es müßte denn das rheinische Bundesland sein. Wo find' ich es, dies Deutschland, von dem du sprichst, und wo liegt es?

Antw. Hier, mein Vater. – Verwirre mich nicht.

Fr. Wo?

Antw. Auf der Karte.

Fr. Ja, auf der Karte! – Diese Karte ist vom Jahr 1805. – Weißt du nicht, was geschehn ist, im Jahr 1805, da der Friede von Preßburg abgeschlossen war?

Antw. Napoleon, der korsische Kaiser, hat es, nach dem Frieden, durch eine Gewalttat, zertrümmert.

Fr. Nun? Und gleichwohl wäre es noch vorhanden?

Antw. Gewiß! – Was fragst du mich noch.

Fr. Seit wann?

Antw. Seit Franz der Zweite, der alte Kaiser der Deutschen, wieder aufgestanden ist, um es herzustellen, und der tapfre Feldherr, den er bestellte, das Volk aufgerufen hat, sich an die Heere, die er anführt, zur Befreiung des Landes, anzuschließen.

ZWEITES KAPITEL

Von der Liebe zum Vaterlande

Fr. Du liebst dein Vaterland, nicht wahr, mein Sohn?

Antw. Ja, mein Vater; das tu ich.

Fr. Warum liebst du es?

Antw. Weil es mein Vaterland ist.
Fr. Du meinst, weil Gott es gesegnet hat mit vielen Früchten, weil viele schönen Werke der Kunst es schmücken, weil Helden, Staatsmänner und Weise, deren Namen anzuführen kein Ende ist, es verherrlicht haben?
Antw. Nein, mein Vater; du verführst mich.
Fr. Ich verführe dich?
Antw. – Denn Rom und das ägyptische Delta sind, wie du mich gelehrt hast, mit Früchten und schönen Werken der Kunst, und Allem, was groß und herrlich sein mag, weit mehr gesegnet, als Deutschland. Gleichwohl, wenn deines Sohnes Schicksal wollte, daß er darin leben sollte, würde er sich traurig fühlen, und es nimmermehr so lieb haben, wie jetzt Deutschland.
Fr. Warum also liebst du Deutschland?
Antw. Mein Vater, ich habe es dir schon gesagt!
Fr. Du hättest es mir schon gesagt?
Antw. Weil es mein Vaterland ist.

Henri de Saint-Simon

Das goldene Zeitalter des Menschengeschlechts

Henri de Saint-Simon *(1760–1825) gehört mit der nach ihm benannten Bewegung der Saint-Simonisten zu den Frühsozialisten Europas. Die von ihm konzipierte Gesellschaftsordnung sollte auf nützliche Arbeit, Gleichheit und Wohlstand begründet werden. Zu seiner Utopie gehört die Befriedung nationaler Konflikte.*

Die Uneinigkeit in der öffentlichen Meinung entsteht, weil jeder einzelne die Dinge zu begrenzt sieht und es nicht wagt, den einmal eingenommenen Standpunkt zu verlassen, von dem alles zu betrachten er nicht abzubringen ist.
Die unkomplizierten Geister kennen nur eine Art des Denkens; eine Seite der Dinge können sie nur auf eine Art betrachten. Wenn Men-

schen gleich vornehmer Gesinnung, gleicher Redlichkeit des Urteils, gleicher Liebe für das öffentliche Wohl, gleicher Anhänglichkeit an den König so gegensätzliche Ansichten haben, dann ist das darauf zurückzuführen, daß jeder seinen eigenen Standpunkt hat, den er nicht verlassen will.

Möge man sich doch auf eine höhere Warte stellen, möge man dort verweilen, wohin ich die Geister zu lenken versucht habe, dann werden sich alle Meinungen zu einer einzigen verschmelzen.

Das wird eine glückliche Änderung sein, deren Früchte auch der Staat genießen wird. Wir werden dann alle erhabenen Seelen, alle erleuchteten Geister, Montesquiou wie Raynouard, d'Ambrai wie Lanjuinais, und so viele andere, die heute noch in ihren Meinungen auseinandergehen, während sie in ihrer Gesinnung übereinstimmen – alle diese werden wir dann auf das gleiche Ziel zuschreiten und sich auf dem gemeinsamen Weg gegenseitig Hilfe leisten sehen.

Zweifellos wird eine Zeit kommen, in der alle Völker Europas erkennen werden, daß sie zuerst die Probleme des allgemeinen Interesses lösen müssen, bevor sie sich den nationalen Interessen zuwenden; dann wird damit begonnen, die Übel zu verringern, die Unruhen zu besänftigen, die Kriege aufhören zu lassen. Das ist das Ziel, auf das wir uns ständig zubewegen; das ist das Ziel, auf das uns der Geist der Menschlichkeit zuträgt! Aber wer wird sich wohl der menschlichen Weisheit am würdigsten erweisen: der, der sich dem Ziel mühsam entgegenschleppt, oder der, der ihm entgegeneilt?

Die Phantasie der Dichter hat das Goldene Zeitalter an die Wiege des Menschengeschlechts, in die Unwissenheit und Roheit der Urzeiten verlegt; es ist eher das eiserne Zeitalter, das man dorthin verweisen müßte. Das Goldene Zeitalter des Menschengeschlechts, es ist nicht hinter uns, es steht uns bevor, es liegt in der Vervollkommnung der gesellschaftlichen Ordnung; unsere Väter haben es nicht gesehen, unsere Kinder werden es eines Tages erleben. An uns ist es, ihnen den Weg zu ebnen.

Josef Václav Frič
IM GEFÄNGNIS

Josef Václav Frič *(1829–1890) war ein radikal-demokratischer Politiker und Journalist, der für die Teilnahme an den Kämpfen des Jahres 1848 in Prag ins Gefängnis kam und später emigrierte. Das Jahr 1848 war in vielen Ländern Europas ein Schlüsseljahr beim Kampf um nationale Unabhängigkeit und demokratische Grundrechte.*

Meines bangen Leides Lied erklinge;
es mag sein, daß auf der übermütgen Schwinge
manchmal aus dem Abgrund Schmerz die Seele steigt
in der mutgen Träume eitles Reich:
Weiter schreiten unsre Tage tot und bleich
und der Freiheit Stimme, als wenn sie für immer schweigt.

Windest vor der Mörder Grausamkeit
ewig du im Staub dich, teures Vaterland?
Kann denn keine Wunde und kein Leid,
zugefügt dir von des alten Mörders Hand,
aus dem hundertjährigen Traum dich reißen?
Morgenstern des Ruhms, sankst du für alle Zeit?
Klirrn die Waffen niemals mehr der Taboriten –
schalln die Lieder niemals mehr der Orebiten?

Volk, du schläfst – und mein Fluch ists: *zu leben!* –
Vaterland, du stirbst – doch meine Seele spürt mit Beben,
daß die Stunde des Gerichts anbricht! –

Slawia! Die Zeit verzögert nicht ihr Kreißen,
und das Volk, erkennend seine Stärke nicht,
ist nicht wert, Nation zu heißen!

(In der Einzelhaft auf dem Hradschin im Jahre 1849)

Paul Valéry

DER EUROPÄER

Paul Valéry *(1871–1945) ist als Dichter und Philosoph weit über die Grenzen Frankreichs bekannt geworden. Rilke übersetzte einige seiner Gedichte. Nach den Grauen des Ersten Weltkriegs hat Valéry mehrere Texte zu den Grundwerten Europas geschrieben, in denen er eine kulturelle Annäherung an die Eigenheiten Europas versucht.*

Nur mit starken Vorbehalten und zahllosen Bedenken, wie man sie haben muß, wenn man etwas genau fassen möchte, was sich in Wirklichkeit jedem strengen Umriß entzieht, wage ich es, Ihnen den Versuch einer Begriffsbestimmung vorzulegen. Es ist keine logische Definition, die ich vor Ihnen entwickeln werde, es ist vielmehr eine Betrachtungsweise, ein Gesichtspunkt, wohlverstanden einer unter vielen anderen, die nicht mehr und nicht weniger berechtigt wären.

Ich betrachte also als europäisch die Völker, die im Laufe der Geschichte die drei Einflüsse erfahren haben, von denen ich im folgenden sprechen werde. An erster Stelle nenne ich den Einfluß Roms. Überall, wo das römische Reich seine Herrschaft ausübt, und überall, wo man seine Macht zu spüren bekommen hat, ja überall, wo dieses Reich Gegenstand der Furcht und des Neides war, überall, wo das Gewicht des römisches Schwertes sich fühlbar gemacht hat, wo die majestas seiner Einrichtungen und Gesetze, wo die Pracht und Würde seiner Amtsträger anerkannt, nachgerahmt, ja manchmal absonderlich verzerrt worden sind, überall da ist ein Stück Europa. Rom ist das ewige Vorbild einer durchgebildeten und dauerhaften Macht. Ich kenne die Ursachen für diesen gewaltigen Erfolg nicht. Es ist ja auch ganz zwecklos, sie zu suchen, wie es müßig ist, sich zu fragen, was aus Europa geworden wäre, wäre es nicht römisch gewesen. Was uns wichtig ist, ist allein die Tatsache dieses erstaunlich dauerhaften Eindrucks auf eine solche Vielzahl von Rassen und Generationen, den diese numinose und zugleich rationale Macht ausgeübt hat, diese Macht mit ihrem eigenartigen, juristischen, militärischen, religiösen und formalistischen Geist, die als erste den eroberten Völkern die Wohltaten der Toleranz und einer guten Verwaltung hat zukommen lassen.

An zweiter Stelle kommt das Christentum. Sie wissen, wie es sich allmählich gerade im Raum der römischen Eroberungen ausgebreitet hat. Nimmt man die Neue Welt aus, die nicht christianisiert worden ist, solange sie auch schon von Christen bewohnt sein mag, und nimmt man Rußland aus, das zum allergrößten Teil nichts vom römischen Gesetz und vom Reich Cäsars erfahren hat, dann sieht man, daß sich die Ausbreitung der christlichen Religion noch heute fast genau mit jener des Machtbereiches der kaiserlichen Herrschaft deckt.

Doch damit sind wir noch keine vollendeten Europäer. Zu unserem Bild fehlt noch ein Zug: Es fehlt jene wunderbare Veränderung, der wir nicht etwa das Gefühl für die öffentliche Ordnung, den Kult des Zivilen und der irdischen Gerechtigkeit verdanken, auch nicht die Tiefe unserer Seelen, die absolute Idealität und den Sinn für eine ewige Gerechtigkeit; es fehlt uns vielmehr noch jene feine und zugleich starke Einwirkung, der wir das Beste unserer Intelligenz, den Scharfsinn unseres Wissens verdanken, wie wir ihr auch die Klarheit, Reinheit und Unterscheidung unserer Künste und unserer Literatur verdanken; es ist Griechenland, von dem wir diese Vorzüge bekommen haben. Auch hierbei verdient die Rolle des römischen Imperiums unsere Bewunderung. Es hat erobert, um sich erobern zu lassen. Durchdrungen von Griechenland und durchdrungen vom Christentum, hat es diesen beiden einen unermeßlichen, befriedeten und durchgearbeiteten Akkerboden dargebracht. Es hat den Ort vorbereitet und die Form modelliert, in der christliche Gedanken und griechische Gedanken zusammenfließen und einander so wundervoll durchdringen sollten.

Was wir Griechenland verdanken, unterscheidet uns vielleicht am allertiefsten von der übrigen Menschheit. Wir verdanken ihm die Zucht des Geistes und das außerordentliche Muster der Vollkommenheit in allen Bereichen. Wir verdanken ihm eine Weise zu denken, die alles auf den Menschen bezieht, auf den vollständigen Menschen; der Mensch wird für sich selbst zum Beziehungspunkt, auf den alle Dinge sich schließlich und endlich zuordnen lassen müssen. Er muß alle Teile seines Wesens entwickeln und in einer möglichst klaren und zugleich in die Augen fallenden Harmonie erhalten. Er muß Körper und Geist entwickeln. Den ausschweifenden Träumereien, den unklaren und rein phantastischen Hervorbringungen des Geistes gegenüber verteidigt er sich durch eine ins einzelne gehende Kritik und Analyse seiner Urteile, durch eine vernünftige Einteilung seiner Betätigungen und durch die Regulierung seiner Formen. Diese Zucht ist der Ausgangspunkt der Wissenschaft, unserer Wissenschaft, d.h. des kennzeichnendsten Erzeugnisses, des unbestrittenen und persönlichsten Ruhmes unseres Geistes. Europa ist vor allem die Schöpfung der Wissenschaft. Kunst gab es in allen Ländern, wahre Wissenschaft gab es nur in Europa.

So sehe ich drei Grundbedingungen einer annehmbaren Wesensbestimmung des Europäers, des Menschen, in dem der europäische Geist in seiner Fülle wohnen kann. Überall, wo der Name Cäsar, Cajus, Trajan, Virgil, und überall, wo der Name Moses, Paulus, und überall, wo der Name Aristoteles, Plato und Euklid gleichzeitig Gewicht und Ansehen besaßen, überall da ist Europa. Jede Rasse und jedes Land, die der Reihe nach romanisiert und christianisiert und der geistigen Zucht der Griechen unterworfen worden sind, sind rein europäisch. Es gibt Länder, die nur dem einen oder anderen dieses Einflusses unterworfen sind.

Es gibt also einen ganz bestimmten rassischen, ja selbst sprachlich nationalen Zug, der aus den Ländern West- und Mitteleuropas eine Einheit macht und sie einander angleicht. Die Zahl der Begriffe und der Kategorien des Denkens, die ihnen gemeinsam ist, ist viel größer als die Zahl der Begriffe, die wir mit einem Araber oder einem Chinesen gemein haben. Ich fasse zusammen: Es gibt auf dem Erdball eine Gegend, die, vom Menschen her gesehen, sich zutiefst von allen anderen unterscheidet. In der Ordnung der Macht und in der Ordnung der exakten Erkenntnis wiegt Europa viel schwerer als der übrige Erdball, oder besser gesagt: Es ist nicht Europa, das den Sieg davonträgt, sondern der europäische Geist, zu dessen furchterregenden Schöpfungen Amerika gehört.

Überall, wo der europäische Geist die Vorherrschaft hat, sieht man ein Maximum an Bedürfnissen auftauchen, ein Höchstmaß an Arbeit, ein Höchstmaß an Kapital, an Ertrag, an Ehrgeiz, an Macht, an Herrschaft über Naturerscheinungen, an Beziehungen und Wechselwirkungen.

Die Gesamtzahl dieser Maxima ist Europa bzw. das Bild des Europäers. Andererseits rühren die Bedingungen dieser Gebilde und diese erstaunliche Ungleichheit offensichtlich von den Eigenschaften der Einzelpersonen her, von der Durchschnittsqualität des Homo Europapaeus. Es ist bemerkenswert, daß sich der Europäer nicht nach Rasse und nicht nach Sprache und nicht nach Lebensgewohnheiten bestimmen läßt, sondern nur durch seine Ideale und durch die Spannweite seines Wollens.

Richard Nikolaus Graf von Coudenhove-Kalergi

DAS EUROPÄISCHE MANIFEST

Richard Nikolaus Graf von Coudenhove-Kalergi *(1894–1972) ist der Begründer der Paneuropaunion (1924). Seine Unionsidee war eine Reaktion auf den Ersten Weltkrieg. Eine Voraussetzung zur Befriedung Europas sah er in der Aussöhnung von Frankreich und Deutschland. Während des Dritten Reiches wurde die Paneuropaunion verboten. Die Hymne der europäischen Union, Beethovens Vertonung von Schillers* Ode an die Freude, *geht auf eine Anregung Coudenhoves zurück.*

Europäer! Europäerinnen! Europas Schicksalsstunde schlägt!
In europäischen Fabriken werden täglich Waffen geschmiedet, um europäische Männer zu zerreißen – in europäischen Laboratorien werden täglich Gifte gebraut, um europäische Frauen und Kinder zu vertilgen.
Indessen spielt Europa in unbegreiflichem Leichtsinn mit seinem Schicksal; in unbegreiflicher Blindheit sieht es nicht, was ihm bevorsteht, in unbegreiflicher Untätigkeit läßt es sich willenlos der furchtbarsten Katastrophe entgegentreiben, die je einen Erdteil traf.
Europas Politik steuert einem neuen Kriege zu. Zwei Dutzend neuer Elsaß-Lothringen sind entstanden. Eine Krise löst die andere ab. Täglich kann durch einen Zufall – etwa durch ein Attentat oder durch eine Revolte – der europäische Vernichtungskrieg ausbrechen, der unseren Erdteil in einen Friedhof wandelt.

Dieser Vernichtungskrieg, den die europäische Politik vorbereitet, wird dann Schrecklichkeit den Weltkrieg ebenso weit hinter sich lassen – wie dieser den deutsch-französischen. Sein Element wird die Luft sein – seine Waffe das Gift – sein Ziel die Ausrottung der feindlichen Nation. Der Hauptkampf wird sich gegen die Städte des Hinterlandes richten, gegen Frauen und Kinder. Die besiegten Nationen werden vernichtet – die siegreichen tödlich verwundet aus diesem Massenmorden hervorgehen.

Dieser drohende Krieg bedeutet den gründlichen Untergang Europas, seiner Kultur und Wirtschaft. Andere Erdteile werden an dessen Stelle treten.

Die zweite Gefahr, der ein zersplittertes Europa entgegengeht, ist: die Eroberung durch Rußland.

Rußland verhält sich zu Europa wie einst Mazedonien zu Griechenland. Bei Philipps Regierungsantritt glaubte kein Grieche an eine mazedonische Gefahr; denn Mazedonien befand sich damals in Verwirrung und Anarchie.

Philipps Genie brachte aber Ordnung in dieses Chaos, und nach 20 Jahren war das einige Bauernvolk Mazedoniens stark genug, die zersplitterten Kulturvölker Griechenlands niederzuwerfen.

Unter Führung eines roten oder weißen Diktators könnte Rußland, durch gute Ernten, amerikanisches Kapital und deutsche Organisation, sich schneller wiederaufrichten, als Europa ahnt. Dann werden die zersplitterten und uneinigen Kleinstaaten Europas der einigen russischen Weltmacht gegenüberstehen, deren Gebiet fünfmal so groß ist wie das gesamte europäische.

Weder die Kleinstaaten Osteuropas, Skandinaviens und des Balkans noch das entwaffnete Deutschland wären dann fähig, den russischen Ansturm abzuwehren. Rhein, Alpen, Adria würden zur Grenze Europas: bis auch diese Grenze fällt und Europa Rußlands Westprovinz wird.

Vor dieser Gefahr gibt es nur eine Rettung; den europäischen Zusammenschluß. Für ein einiges Europa gibt es keine russische Gefahr. Denn es hat doppelt so viele Menschen wie Rußland und eine ungleich entwickeltere Industrie. So liegt die Entscheidung über die russische Gefahr nicht bei Rußland – sondern bei Europa.

Die beiden kommenden Jahrzehnte werden der Geschichte das Schauspiel eines Wettlaufs bieten zwischen Europas Einigung und Rußlands Wiederaufrichtung; erholt sich Rußland von seiner Wirtschaftskatastrophe, bevor Europa sich einigt – so muß Europa unrettbar der russischen Hegemonie verfallen; einigt sich Europa, bevor Rußland wiederhergestellt ist – so ist Europa vor der russischen Gefahr gerettet. So liegt die Freiheit Europas in der Hand der Europäer.

Die dritte Lebensgefahr für Europa ist: der wirtschaftliche Ruin.

Nie kann die zersplitterte Wirtschaft der uneinigen Staaten von Europa konkurrenzfähig bleiben gegen die geschlossene Wirtschaft der Vereinigten Staaten von Amerika. Denn die europäischen Zwischenzölle behindern und verteuern jede Produktion. Die europäischen Wirtschaftsparzellen sind also verurteilt, von den außereuropäischen Wirtschaftsimperien Amerikas, Britanniens, Rußlands und Ostasiens künftig ebenso erdrückt zu werden – wie Krämer von Trusts.

Chronische Krisen werden die europäische Wirtschaft untergraben, die Not, das Elend und die Teuerung steigern – bis schließlich das bankrotte Europa amerikanische Wirtschaftskolonie wird. Dieser Zustand wird zur Versklavung der europäischen Arbeiterschaft durch das amerikanische Kapital führen, das sich jeder Kontrolle durch seine europäischen Arbeitnehmer entziehen wird.

Vor dieser Gefahr gibt es nur eine Rettung:

Zusammenschluß des europäischen Kontinentes zu einem Zollverband. Abbau der europäischen Zwischenzölle und Schaffung eines paneuropäischen Wirtschaftsgebietes.

Jeder andere Weg führt zum Ruin.

Das zersplitterte Europa geht somit einer dreifachen Katastrophe entgegen: dem Vernichtungskrieg; der Unterwerfung durch Rußland; dem wirtschaftlichen Ruin. Die einzige Rettung vor diesen drohenden Katastrophen ist: Paneuropa; der Zusammenschluß aller demokratischen Staaten Kontinentaleuropas zu einer internationalen Gruppe, zu einem politischen und wirtschaftlichen Zweckverband.

Die Gefahr des europäischen Vernichtungskrieges kann nur gebannt werden durch einen paneuropäischen Schiedsvertrag;

die Gefahr der russischen Herrschaft kann nur gebannt werden durch ein paneuropäisches Defensivbündnis;

die Gefahr des wirtschaftlichen Ruins kann nur gebannt werden durch eine paneuropäische Zollunion.
Der Schiedsvertrag sichert den Frieden – das Bündnis sichert die Freiheit – die Zollunion sichert die Wirtschaft.
Diese drei Punkte enthalten im wesentlichen das paneuropäische Programm.
Paneuropa umfasst die Halbinsel zwischen Rußland, dem Atlantischen und dem Mittelländischen Meer; dazu Island und die Kolonien der europäischen Staaten. Die große europäische Kolonie, die zwischen Tripolis und Kongo, Marokko und Angola halb Afrika umfaßt, könnte bei rationeller Bewirtschaftung Europa mit Rohstoffen versorgen. (...)
Der Weg zur Verwirklichung Paneuropas ist folgender:
Erstens: Gruppierung der europäischen Staaten nach dem Muster Panamerikas; dies wäre entweder innerhalb des Völkerbundes (nach Deutschlands Beitritt) möglich oder durch Einberufung einer paneuropäischen Konferenz nach dem Muster der panafrikanischen.
Zweitens: Abschluß obligatorischer Schiedsverträge und gegenseitiger Grenzgarantien zwischen den Staaten Europas.
Drittens: Defensivbündnis zum Schutze der gemeinsamen Ostgrenze.
Viertens: Anbahnung einer Zollunion durch periodische Wirtschaftskonferenzen der europäischen Staaten.
Dieses Programm, das nichts Unmögliches enthält, sollte unverzüglich von allen in Angriff genommen werden, die Europas Lage erkennen und ihren Erdteil retten wollen.

Winston Churchill

REDE AM 19. SEPTEMBER 1946 IN ZÜRICH

Winston Churchill *(1874–1965) führte Großbritannien durch den Zweiten Weltkrieg. In seiner Rede vor der »akademischen Jugend« in Zürich 1946 bewies er große Weitsicht und schlug die Schaffung der Vereinigten Staaten von Europa vor. 1953 erhielt er den Nobelpreis für Literatur.*

Wir müssen etwas wie die Vereinigten Staaten von Europa schaffen. Nur so können Hunderte von Millionen schwer arbeitender Menschen wieder die einfachen Freuden und Hoffnungen zurückgewinnen, die das Leben lebenswert machen. Das Verfahren ist einfach. Was wir benötigen ist der Entschluß von Hunderten von Millionen Männern und Frauen, Recht statt Unrecht zu tun und als Lohn Segen statt Fluch zu ernten.

Es war mir eine sehr große Freude, vor zwei Tagen in den Zeitungen zu lesen, daß mein Freund Präsident Truman sein Interesse und seine Sympathie mit diesem großen Plan ausgedrückt hat. Es gibt keinen Grund, warum eine regionale Organisation Europas in irgendeiner Weise im Gegensatz zu der Weltorganisation der Vereinten Nationen stehen sollte. Im Gegenteil, ich glaube, daß die größere Zusammenfassung nur dann überleben kann, wenn sie sich auf zusammenhängende natürliche Gruppen stützt. In der westlichen Hemisphäre gibt es bereits eine solche natürliche Gruppe. Wir Briten haben unser eigenes *Commonwealth of Nations.* Sie schwächen nicht, im Gegenteil, sie stärken die Weltorganisation. Sie sind sogar ihre Hauptstützen. Und warum sollte es keine europäische Gruppe geben, die den irregeleiteten Völkern dieses unruhigen und machtvollen Kontinents das Gefühl eines weitergespannten Patriotismus und einer gemeinsamen Staatszugehörigkeit einflößen könnte, und warum sollte sie nicht bei der Gestaltung des menschlichen Schicksals ihren rechtmäßigen Platz neben anderen großen Gruppen einnehmen? Um dies zu erreichen, bedarf es eines Glaubensaktes, an dem sich Millionen von Familien, die viele Sprachen sprechen, bewußt beteiligen müssen.

Ich spreche jetzt etwas aus, das Sie in Erstaunen setzen wird. Der erste Schritt bei der Neugründung der europäischen Familie muß eine Partnerschaft zwischen Frankreich und Deutschland sein. Nur auf diese Weise kann Frankreich die moralische Führung Europas wiedererlangen. Es gibt kein Wiederaufleben Europas ohne ein geistig großes Frankreich und ein geistig großes Deutschland. Die Struktur der Vereinigten Staaten von Europa, wenn sie gut und echt errichtet wird, muß so sein, daß die materielle Stärke eines einzelnen Staates von weniger großer Bedeutung ist. Kleine Nationen zählen ebensoviel wie große und erwerben sich ihre Ehre durch ihren Beitrag zu der gemeinsamen Sache. Die alten Staaten und Fürstentümer Deutschlands, frei vereint aus Gründen gegenseitiger Zweckmäßigkeit in einem Bundessystem, können alle ihren individuellen Platz in den Vereinigten Staaten von Europa einnehmen.

Ich versuche nicht, ein ausführliches Programm zu entwerfen für Hunderte von Millionen Menschen, die glücklich und frei sein wollen, zufrieden und sicher, die die vier Freiheiten, von denen der große Präsident Roosevelt sprach, genießen und nach den in der Atlantik-Charta verankerten Grundsätzen leben wollen. Ist dies ihr Wunsch, so müssen sie es nur sagen, und gewiß finden sich Mittel und Möglichkeiten, um diesen Wunsch Wirklichkeit werden zu lassen.

Ich muß Sie aber auch warnen. Die Zeit ist vielleicht knapp. Gegenwärtig haben wir eine Atempause. Die Geschütze schweigen. Der Kampf hat aufgehört, aber nicht die Gefahren. Wenn es uns gelingen soll, die Vereinigten Staaten von Europa oder welchen Namen auch immer sie tragen werden, zu errichten, müssen wir jetzt damit beginnen.

Ich möchte jetzt die Ihnen vorliegenden Vorschläge zusammenfassen. Es muß unser ständiges Ziel sein, die Stärke der UNO aufzubauen und zu festigen. Im Rahmen dieses die Welt umfassenden Plans müssen wir die europäische Familie in einer regionalen Struktur neu schaffen, die vielleicht die Vereinigten Staaten von Europa heißen wird. Der erste Schritt ist die Bildung eines Europarats. Wenn zu Anfang auch nicht alle Staaten Europas willens oder in der Lage sind, der Union beizutreten, müssen wir uns dennoch ans Werk machen, diejenigen Staaten, die es wollen und können, zusammenzufassen und zu vereinen. Die Rettung der Massen einer jeden Rasse und eines jeden Landes vor dem Krieg oder der Knechtschaft muß auf festen Grundlagen erfolgen und von der Bereitschaft aller Männer und Frauen geschützt werden, eher zu sterben, als sich der Tyrannei zu beugen. Bei dieser so dringenden Aufgabe müssen Frankreich und Deutschland die Führung zusammen übernehmen. Großbritannien, das Britische *Commonwealth of Nations,* das mächtige Amerika und, ich hoffe, Sowjetrußland – denn dann wäre in der Tat alles gut – müssen die Freunde und Förderer des neuen Europa sein und für sein Recht auf Leben und Glanz eintreten.

Jean Monnet
DER SCHUMANPLAN

Jean Monnet *(1888–1979) ist einer der Gründerväter der Europäischen Gemeinschaften. Gemeinsam mit dem französischen Außenminister Robert Schuman entwickelte er den Plan, die westeuropäische Montanproduktion zusammenzuschließen und somit weiteren Konflikten die Grundlage zu entziehen. Die Vorstellung dieses Plans 1950 ist die Geburtsstunde der Europäischen Gemeinschaft für Kohle und Stahl.*

In Europa hieß die Gefahr noch immer Deutschland, doch diesmal nicht durch sein eigenes Zutun, sondern durch die Schuld der anderen, der Mächte, die es wie ein Spieleinsatz behandelten. Die Amerikaner, so glaubte ich, versuchten, die neue Bundesrepublik in ein westliches politisches und militärisches System zu integrieren, und die Russen würden sich dem mit allen Mitteln widersetzen. Frankreichs Komplexe würden noch wachsen. Gerade im Blick auf Deutschland mußte also ein positiver Schock hervorgerufen werden:
»Die deutsche Lage wird rasch in der nächsten Zukunft zu einem Krebsgeschwür für den Frieden werden, und für Frankreich sogar sofort, wenn man die Entwicklung für die Deutschen nicht auf Hoffnung und Mitarbeit mit den freien Völkern hinlenkt. Man darf nicht versuchen, das deutsche Problem mit den gegenwärtigen Gegebenheiten zu regeln. Man muß die Gegebenheiten ändern, indem man sie unbildet.« (...)
Jede Lösung verlangte zuvor, daß man die Bedingungen änderte: etwa für die Deutschen die Demütigung durch unsere Kontrollen, für die kein Ende abzusehen war, und für die Franzosen die Angst vor einem letztlich unkontrollierten Deutschland. Diese beiden Elemente umfaßten gewiß nicht die ganze damalige Weltgeschichte, aber sie reichten aus, um eine konstruktive Entwicklung in Europa zu blockieren.
Die Dinge waren verwickelt. Man mußte einen Faden herausziehen, der einige Knoten löste, und nach und nach würde auch der Rest in Ordnung kommen. Doch was war der Faden im Gewirr der französisch-deutschen Beziehungen? Es hatte den Anschein, als übertrage der Be-

siegte seine Komplexe auf den Sieger: In Frankreich kehrte das Gefühl der Unterlegenheit wieder und man begann zu verstehen, wie vergeblich die Versuche waren, die deutsche Dynamik einengen zu wollen.
(...)
»Die Fortsetzung des französischen Aufbaus wird unterbrochen, wenn die Frage der deutschen Industrieproduktion und seiner Konkurrenzfähigkeit nicht rasch geregelt wird.
Die Basis für die Überlegenheit, die die französischen Industriellen traditionell Deutschland zugestehen, ist seine Stahlproduktion zu einem Preis, mit dem Frankreich nicht konkurrieren kann. Daraus schließen sie, daß die ganze französische Produktion benachteiligt ist. Deutschland verlangt bereits eine Erhöhung seiner Produktion von elf auf vierzehn Millionen Tonnen. Wir werden uns dagegen sträuben, aber die Amerikaner werden darauf bestehen. Schließlich werden wir unsere Bedenken anmelden, aber nachgeben. Gleichzeitig wird die französische Produktion auf dem gleichen Stand stehenbleiben oder sogar sinken.
Es genügt, diese Fakten anzuführen, um kein Bedürfnis mehr zu verspüren, die Konsequenzen in allen Details auszumalen: Deutschland auf dem Weg der Expansion; deutsches Dumping beim Export; Forderung nach Protektion der französischen Industrien; verzögerter Ausbau des Warenaustauschs; Wiedereinführung der Vorkriegskartelle; vielleicht eine Orientierung der deutschen Expansion nach Osten als Vorspiel für politische Abkommen; Frankreich wieder auf den alten Wegen einer begrenzten und protektionistischen Produktion.«
An der Stelle, an der ich saß, sah ich deutlich die ersten Anzeichen für diesen französischen Rückzug. Die internationalen Termine rückten näher. Am 10. Mai sollte sich Robert Schuman in London mit seinen Kollegen Ernest Bevin und Dean Acheson treffen, um über die Zukunft Deutschlands und die Erhöhung der vorgegebenen Produktionsraten zu diskutieren. Der französische Minister hatte keinerlei konstruktiven Vorschlag vorzubringen, obgleich er sich viel den Kopf zerbrochen und viel bei anderen nachgefragt hatte. Ich für mein Teil begann klar zu sehen: Die Aktion mußte sich auf den Punkt beziehen, wo das Mißverständnis am greifbarsten war, wo sich bereits wieder die

Fehler der Vergangenheit zu häufen begannen. Wenn man bei uns die Furcht vor einer deutschen industriellen Vorherrschaft beseitigen könnte, wäre das größte Hindernis für die Einigung Europas weggeräumt. Eine Lösung, die der französischen Industrie die gleiche Ausgangsbasis wie der deutschen einräumte, während man diese von den aus der Niederlage entstandenen Diskriminierungen befreite, würde die ökonomischen und politischen Bedingungen für eine Entente schaffen, die für Europa unerläßlich war. Darüber hinaus könnte sie sogar das Ferment zu einer europäischen Einheit werden.

EUROPÄISCHE KONVENTION

Das Recht auf Leben und Freiheit

Mit der **Europäischen Konvention zum Schutze der Menschenrechte und Grundfreiheiten** *(1950) reagierte der Europarat auf die* Universelle Erklärung der Menschenrechte *durch die Vereinten Nationen (1948).*

In Erwägung der universellen Erklärung der Menschenrechte, die von der Allgemeinen Versammlung der Vereinten Nationen am 10. Dezember 1948 verkündet wurde; (...)
Vereinbaren die unterzeichneten Regierungen und Mitglieder des Europarates folgendes:

Artikel 1
Die Hohen Vertragschließenden Teile sichern allen ihrer Herrschaftsgewalt unterstehenden Personen die in Abschnitt I dieser Konvention niedergelegten Rechte und Freiheiten zu.

Abschnitt I
Artikel 2
(1) Das Recht jedes Menschen auf das Leben wird gesetzlich geschützt. Abgesehen von der Vollstreckung eines Todesurteils, das von einem Gericht im Falle eines mit der Todesstrafe bedrohten Verbrechens aus-

gesprochen worden ist, darf eine absichtliche Tötung nicht vorgenommen werden.
(2) Die Tötung wird nicht als Verletzung dieses Artikels betrachtet, wenn sie sich aus einer unbedingt erforderlichen Gewaltanwendung ergibt:
a) um die Verteidigung eines Menschen gegenüber rechtswidriger Gewaltanwendung sicherzustellen;
b) um eine ordnungsgemäße Festnahme durchzuführen oder das Entkommen einer ordnungsgemäß festgehaltenen Person zu verhindern;
c) um im Rahmen der Gesetze einen Aufruhr oder einen Aufstand zu unterdrücken.

Artikel 3
Niemand darf der Folter oder unmenschlicher oder erniedrigender Strafe oder Behandlung unterworfen werden. (...)

Artikel 10
(1) Jeder hat Anspruch auf freie Meinungsäußerung. Dieses Recht schließt die Freiheit der Meinung und die Freiheit zum Empfang und zur Mitteilung von Nachrichten oder Ideen ohne Eingriffe öffentlicher Behörden und ohne Rücksicht auf Landesgrenzen ein. (...)

Artikel 11
(1) Alle Menschen haben das Recht, sich friedlich zu versammeln und sich frei mit anderen zusammenzuschließen, einschließlich des Rechts, zum Schutze ihrer Interessen Gewerkschaften zu bilden und diesen beizutreten.
(2) Die Ausübung dieser Rechte darf keinen anderen Einschränkungen unterworfen werden als den vom Gesetz vorgesehenen, die in einer demokratischen Gesellschaft im Interesse der äußeren und inneren Sicherheit, zur Aufrechterhaltung der Ordnung und zur Verbrechensverhütung, zum Schutze der Gesundheit und der Moral oder zum Schutze der Rechte und Freiheit anderer notwendig sind. Dieser Artikel verbietet nicht, daß die Ausübung dieser Rechte für Mitglieder

der Streitkräfte, der Polizei oder der Staatsverwaltung gesetzlichen Einschränkungen unterworfen wird. (...)

Abschnitt II
Artikel 19
Um die Einhaltung der Verpflichtungen, welche die Hohen Vertragschließenden Teile in dieser Konvention übernommen haben, sicherzustellen, werden errichtet:
a) eine Europäische Kommission für Menschenrechte, im folgenden »Kommission« genannt;
b) ein Europäischer Gerichtshof für Menschenrechte, im folgenden »Gerichtshof« genannt.

EUROPÄISCHE WIRTSCHAFTSGEMEINSCHAFT (EWG)

Die **Römischen Verträge** *von 1957 sind ein weiterer Meilenstein auf dem Weg zur politischen Einigung Europas. Die Europäische Wirtschaftsgemeinschaft wird mit den sechs Gründerstaaten Frankreich, Deutschland, Italien, Niederlande, Belgien und Luxemburg aus der Taufe gehoben.*

Seine Majestät der König der Belgier, der Präsident der Bundesrepublik Deutschland, der Präsident der Französischen Republik, der Präsident der Italienischen Republik, Ihre Königliche Hoheit die Großherzogin von Luxemburg, Ihre Majestät die Königin der Niederlande (...) haben beschlossen, eine Europäische Wirtschaftsgemeinschaft zu gründen (...)

Artikel 2
Aufgabe der Gemeinschaft ist es, durch die Errichtung eines Gemeinsamen Markes und die schrittweise Annäherung der Wirtschaftspolitik der Mitgliedstaaten eine harmonische Entwicklung des Wirtschaftslebens innerhalb der Gemeinschaft, eine beständige und ausgewogene Wirtschaftsausweitung, eine größere Stabilität, eine beschleunigte He-

bung der Lebenshaltung und engere Beziehungen zwischen den Staaten zu fördern, die in dieser Gemeinschaft zusammengeschlossen sind.

Artikel 3
Die Tätigkeit der Gemeinschaft im Sinne des Artikels 2 umfaßt nach Maßgabe dieses Vertrages und der darin vorgesehenen Zeitfolge

a) die Abschaffung der Zölle und mengenmäßigen Beschränkungen bei der Ein- und Ausfuhr von Waren sowie aller sonstigen Maßnahmen gleicher Wirkung zwischen den Mitgliedstaaten;
b) die Einführung eines Gemeinsamen Zolltarifs und einer gemeinsamen Handelspolitik gegenüber dritten Ländern;
c) die Beseitigung der Hindernisse für den freien Personen-, Dienstleistungs- und Kapitalverkehr zwischen den Mitgliedstaaten;
d) die Einführung einer gemeinsamen Politik auf dem Gebiet der Landwirtschaft;
e) die Einführung einer gemeinsamen Politik auf dem Gebiet des Verkehrs;
f) die Errichtung eines Systems, das den Wettbewerb innerhalb des Gemeinsamen Marktes vor Verfälschungen schützt;
g) die Anwendung von Verfahren, welche die Koordinierung der Wirtschaftspolitik der Mitgliedstaaten und die Behebung von Störungen im Gleichgewicht ihrer Zahlungsbilanzen ermöglichen;
h) die Angleichung der innerstaatlichen Rechtsvorschriften, soweit dies für das ordnungsgemäße Funktionieren des Gemeinsamen Marktes erforderlich ist;
i) die Schaffung eines Europäischen Sozialfonds, um die Beschäftigungsmöglichkeiten der Arbeitnehmer zu verbessern und zur Hebung ihrer Lebenshaltung beizutragen;
j) die Errichtung einer Europäischen Investitionsbank, um durch Erschließung neuer Hilfsquellen die wirtschaftliche Ausweitung in der Gemeinschaft zu erleichtern;
k) die Assoziierung der überseeischen Länder und Hoheitsgebiete, um den Handelsverkehr zu steigern und die wirtschaftliche und soziale Entwicklung durch gemeinsame Bemühungen zu fördern.

Artikel 4
(1) Die der Gemeinschaft zugewiesenen Aufgaben werden durch folgende Organe wahrgenommen;
– eine Versammlung, – einen Rat, – eine Kommission, – einen Gerichtshof.
Jedes Organ handelt nach Maßgabe der ihm in diesem Vertrag zugewiesenen Befugnisse.
(2) Der Rat und die Kommission werden von einem Wirtschafts- und Sozialausschuß mit beratender Aufgabe unterstützt. (...)

Artikel 8
Der Gemeinsame Markt wird während einer Übergangszeit von zwölf Jahren schrittweise verwirklicht. (...)

Charles de Gaulle
Die Europakonzeption

Charles de Gaulle *(1890–1970), Präsident der Republik Frankreich und Held der Befreiung Frankreichs, machte in seinem Kooperationsangebot an Bundeskanzler Adenauer den Weg für eine weitere Vertiefung der europäischen Einigung frei. 1962 wurde der Élysée-Vertrag, der deutsch-französische Freundschaftsvertrag, vorbereitet. Seine Vorstellung von Europa, das er als unabhängige Macht und als Verbund der Vaterländer sieht, ist bis heute lebendig geblieben.*

Für die geltende Schule jeder politischen Partei heißt die laut verkündete, etablierte Doktrin, daß unser Land zurückzustehen hat. Während bei den Kommunisten die absolute Regel gilt, daß Moskau immer recht hat, verkünden alle alten politischen Gruppen den »Supranationalismus«, das heißt die Unterwerfung Frankreichs unter ein Gesetz, das nicht das seine ist. Daher die Neigung für ein »Europa« als einer Konstruktion, bei der Technokraten, die eine »Exekutive« bilden, und Parlamentarier, die sich selbst mit der Legislative betrauen – wobei beide allemal zum größten Teil aus Ausländern bestehen –, das Schicksal des französischen Volkes zu gestalten hätten. Daher auch die Passion für die atlantische Organisation, die die Sicherheit und damit die Politik unseres Landes dem Ermessen eines anderen überläßt. Und daher die hastige Bereitwilligkeit, unser staatliches Tun der Zustimmung internationaler Institutionen unterzuordnen, in denen hinter dem Schleier kollektiver Beratungen in allen Fragen – politisch, militärisch, wirtschaftlich, technisch, währungspolitisch – die oberste Autorität des Protektors wirksam wird und wo unsere Vertreter, ohne auch nur ein einzigesmal »Wir wollen!« zu sagen, nur »Frankreichs Dossier plädieren«. Daher schließlich die ständige Gereiztheit der Parteiler angesichts meines Vorgehens im Namen einer unabhängigen Nation. (...) Seit jeher, und heute mehr denn je, habe ich gespürt, was doch die Nationen, die es bevölkern, gemeinsam haben. Alle sind sie von derselben weißen Rasse, derselben christlichen Herkunft, derselben Lebensart; seit eh und je einander verbunden durch ungezählte Bande des Denkens, der Kunst, der Wissenschaft, der Politik, des Handels; und so entspricht es ihrer Natur, daß sie ein Ganzes werden, das in dieser Welt seinen Charakter und seine Gestalt findet. Dank dieser Bestimmung Europas regierten es die römischen Kaiser, versuchten Karl der Große, Karl V. und Napoleon es zu sammeln, erhob Hitler den Anspruch, ihm seine erdrückende Herrschaft aufzuzwingen. Wie aber könnte man die Augen vor der Erkenntnis verschließen, daß es keinem von diesen Einigern gelang, die unterworfenen Länder zur Selbstaufgabe zu bewegen? Im Gegenteil, stets erzeugte die willkürliche Zentralisierung den Gegendruck virulenter Nationalitäten. Darum glaube ich, daß heute wir in allen verflossenen Epochen die Einigung Europas nicht im Verschmelzen der Völker liegen, sondern nur das Ergebnis ihrer systematischen Annäherung sein kann, sein muß. Alles drängt sie dazu in unserer Zeit des Massenaustausches, der gemeinsamen Unternehmungen, der Wissenschaft und Technik, die keine Grenzen mehr kennen, in dieser Welt der schnellen Verbindungen und des vervielfachten Reisens. Meine Politik gilt daher der Einrichtung des Konzerts der europäischen Staaten, um so deren Solidarität wachsen zu lassen, indem sie untereinander die mannigfaltigsten Bande knüpfen

und festigen. Nichts verwehrt uns den Gedanken, daß von da aus – vor allem wenn sich die Staaten eines Tages ein und derselben Bedrohung gegenübersehen – die Entwicklung zu ihrer Konföderation führen kann.
Praktisch bedeutet diese Überlegung: die Wirtschaftsgemeinschaft der Sechs in die Tat umzusetzen, deren regelmäßige Abstimmung im politischen Bereich herbeizuführen und dafür zu sorgen, daß gewisse andere, vor allem Großbritannien, das Abendland nicht in ein atlantisches System hineinziehen, das unvereinbar wäre mit jeder Möglichkeit eines europäischen Europa, sondern daß sich diese Zentrifugalen entschließen, durch eine Änderung ihrer Gesinnung, Gewohnheiten und Abnehmer mit dem Kontinent zusammenzugehen; und schließlich wollen wir das Beispiel der Entspannung und dann der Verständigung und Zusammenarbeit mit den Ländern des Ostens geben, aus der einfachen Überlegung über alle Vorurteile der Regime und der Propaganda hinweg sei Frieden und Fortschritt das gemeinsame Bedürfnis und Sehnen der Menschen in jeder der beiden Hälften Europas, das ein Unglück zerriß.

DIE EUROPÄISCHE GEMEINSCHAFT

Vertrag über die Schaffung der Europäischen Nation

Der **Vertrag über die Europäische Union** *von Maastricht (1992) besiegelt den Schritt von der Wirtschaftsgemeinschaft zur Europäischen Union. Neu ist vor allem das Ziel einer Wirtschafts- und Währungsunion sowie die Einführung einer Unionsbürgerschaft.*

Titel I
Gemeinsame Bestimmungen
Artikel A
Durch diesen Vertrag gründen die Hohen Vertragsparteien untereinander eine Europäische Union, im folgenden als »Union« bezeichnet.
Dieser Vertrag stellt eine neue Stufe bei der Verwirklichung einer im-

mer engeren Union der Völker Europas dar, in der die Entscheidungen möglichst bürgernah getroffen werden.
Grundlage der Union sind die Europäischen Gemeinschaften, ergänzt durch die mit diesem Vertrag eingeführten Politiken und Formen der Zusammenarbeit. Aufgabe der Union ist es, die Beziehungen zwischen den Mitgliedstaaten sowie zwischen ihren Völkern kohärent und solidarisch zu gestalten.

Artikel B
Die Union setzt sich folgende Ziele:
– die Förderung eines ausgewogenen und dauerhaften wirtschaftlichen und sozialen Fortschritts, insbesondere durch Schaffung eines Raumes ohne Binnengrenzen, durch Stärkung des wirtschaftlichen und sozialen Zusammenhalts und durch Errichtung einer Wirtschafts- und Währungsunion, die auf längere Sicht auch eine einheitliche Währung nach Maßgabe dieses Vertrags umfaßt;
– die Behauptung ihrer Identität auf internationaler Ebene, insbesondere durch eine Gemeinsame Außen- und Sicherheitspolitik, wozu auf längere Sicht auch die Festlegung einer Gemeinsamen Verteidigungspolitik gehört, die zu gegebener Zeit zu einer gemeinsamen Verteidigung führen könnte;
– die Stärkung des Schutzes der Rechte und Interessen der Angehörigen ihrer Mitgliedstaaten durch Einführung einer Unionsbürgerschaft;
– die Entwicklung einer engen Zusammenarbeit in den Bereichen Justiz und Inneres;
– die volle Wahrung des gemeinschaftlichen Besitzstands und seine Weiterentwicklung, wobei nach dem Verfahren des Artikels N Absatz 2 geprüft wird, inwieweit die durch diesen Vertrag eingeführten Politiken und Formen der Zusammenarbeit mit dem Ziel zu revidieren sind, die Wirksamkeit der Mechanismen und Organe der Gemeinschaft sicherzustellen.

Die Ziele der Union werden nach Maßgabe dieses Vertrags entsprechend den darin enthaltenen Bedingungen und der darin vorgesehenen

Zeitfolge unter Beachtung des Subsidiaritätsprinzips, wie es in Artikel 3 b des Vertrags zur Gründung der Europäischen Gemeinschaft bestimmt ist, verwirklicht.

Artikel C
Die Union verfügt über einen einheitlichen institutionellen Rahmen, der die Kohärenz und Kontinuität der Maßnahmen zur Erreichung ihrer Ziele unter gleichzeitiger Wahrung und Weiterentwicklung des gemeinschaftlichen Besitzstands sicherstellt.
Die Union achtet insbesondere auf die Kohärenz aller von ihr ergriffenen außenpolitischen Maßnahmen im Rahmen ihrer Außen-, Sicherheits-, Wirtschafts- und Entwicklungspolitik. Der Rat und die Kommission sind für diese Kohärenz verantwortlich. Sie stellen jeweils in ihrem Zuständigkeitsbereich die Durchführung der betreffenden Politiken sicher.

Artikel D
(...) Im Europäischen Rat kommen die Staats- und Regierungschefs der Mitgliedstaaten sowie der Präsident der Kommission zusammen. Sie werden von den Ministern für auswärtige Angelegenheiten der Mitgliedstaaten und einem Mitglied der Kommission unterstützt. Der Europäische Rat tritt mindestens zweimal jährlich unter dem Vorsitz des Staats- oder Regierungschefs des Mitgliedstaats zusammen, der im Rat den Vorsitz innehat.
Der Europäische Rat erstattet dem Europäischen Parlament nach jeder Tagung Bericht und legt ihm alljährlich einen schriftlichen Bericht über die Fortschritte der Union vor.

Irenäus Eibl-Eibesfeld

DAS EUROPA DER NATIONEN ALS CHANCE – EINE VISION ALS LETZTE MÖGLICHKEIT

Irenäus Eibl-Eibesfeld *(* 1928) ist Verhaltensforscher und Ethnologe. Seine Studien zu den anthropologischen Ursachen gesellschaftlichen Verhaltens sind umstritten und brachten ihm den Vorwurf des »biologischen Reduktionismus« ein. Auch sein Plädoyer für ein Europa der Nationen argumentiert vorwiegend naturwissenschaftlich.*

Im Laufe der Geschichte vereinigten sich Menschen zu immer größeren Verbänden: zu Stammesgemeinschaften, Völkern und Nationen, die sich gegenwärtig wieder zu größeren Unionen nach Art der Europäischen Union verbünden. Der US-amerikanische Politologe Samuel Huntington von der Harvard-Universität meint, diese Entwicklung würde hier und anderswo weitergehen und schließlich die Zivilisation des europäischen Abendlandes, des Islam, der Hindus, Japans und der Vereinigten Staaten und wohl auch andere umfassen. Zwischen diesen Zivilisationen würden sich bald auch Konflikte entwickeln. Das kann wohl eintreten, muß aber nicht so sein, denn schließlich könnten sich die großen Blöcke auch verbünden in dem Bemühen, ein lebenswertes Dasein und eine Zukunft für alle zu sichern. Gemeinsame Aufgaben festigen Bindungen, so wie das der Kampf gegen gemeinsame Feinde bewirkt.

Aber viele meinen, Stämme, Völker, Nationen hätten immer wieder Kriege gegeneinander geführt, und einen Weltfrieden werde es daher erst nach Aufhebung der Grenzen, bei freiem Handel und Niederlassungsfreiheit für jedermann geben, dann würden sich die Nationen vermischen und auflösen. Sie wären ohnedies ein überholtes Modell, »Weltbürger« sollten wir werden. Ein sicher frommer Wunsch, den die Universalisten auch damit begründen, daß die Unterschiede zwischen uns Menschen nur oberflächlich wären. Außerdem säßen wir allen in einem Boot.

Nun haben wir ja bereits erörtert, daß das Leben nach Diversifikation (= Vielfalt, Veränderung) drängt und natürlich der Mensch diesem

Drang nach Vielfalt unterworfen bleibt. Es bedürfte extrem repressiver Maßnahmen, diesen im Grunde positiven evolutiven Prozeß zu unterdrücken, der sich zunächst in der kulturellen Diversifikation äußert, die Schrittmacher der weiteren Evolution ist. Und zur Metapher des »einen Bootes« bemerke ich, daß dies gottlob noch nicht der Fall ist. Zum Glück befahren wir die stürmische und klippenreiche See noch in getrennten Booten mit unterschiedlich erfahrenen und verantwortlichen Kapitänen. Sich einem einzigen Boot anzuvertrauen, das wäre eine gegenwärtig doch kaum zu verantwortende Hochrisikostrategie. Hinzu kommt, daß die Unterschiede zwischen den verschiedenen morphologischen und physiologischen Anpassungsformen des Menschen – um den belastenden Begriff Rasse zu vermeiden –, auch als geographische Morphotypen bezeichnet, sicher nicht nur hauttief sind.
Da die Meinung vorherrscht, daß jedes Eingestehen von genetisch begründeten Unterschieden, seien es nun solche der Morphologie, Physiologie, Wahrnehmung, Denkweise oder gar in dem, was wir Europäer in sicher eurozentrischer Weise als Intelligenzquotienten messen, einen Rassismus rechtfertigen könnte, das heißt einen Dominanzanspruch der sich höher Einstufenden über die niedriger Bewerteten, gehört es zum guten Ton, Unterschiede zu leugnen und dort, wo das beim besten Willen nicht geht, sie zu trivialisieren oder auf besondere Umweltbedingungen während der Jugendentwicklung zurückzuführen. Alles, nur genetisch begründet dürfen sie nicht sein. Ullica Segerstrâle fragte einen Gegner sozialbiologischer Thesen, was es für ihn bedeuten würde, wenn es sich denn doch herausstellen sollte, daß Rassenunterschiede existieren. »Nun, dann müßte ich ein Rassist werden« (Well, than I had to become a racist), lautete die überraschende Antwort. Diesen Kurzschluß: Wer nicht ist wie wir, ist nicht ebenbürtig und daher weniger wert, und das gibt mir das Recht, auf ihn herabzublicken und ihn zu dominieren, diese wirklich negativ rassistische Konsequenz kann ich nicht nachvollziehen. Ich war viele Jahre zu Gast unter fremden Völkern, beobachtend und miterlebend, und fand sie in vielem uns gleichend, an manchen allerdings auch unterschieden. Die über das verbindende Erbe hinausgehenden Unterschiede fand ich ebenfalls sehr reizvoll und achtenswert. In meinen Augen müßte man

schon wertblind sein, um das anders wahrzunehmen. Ich halte daher auch nichts von dem Bestreben, möglichst alle Unterschiede zwischen den Völkern zu nivellieren. Gelänge es einer Weltdiktatur, eine zwanghafte Amalgamierung durchzusetzen, sie würde sich überdies wohl nicht lange halten, denn eine kulturelle Diversifizierung würde bald wieder eintreten, es sei denn, ein extrem repressives System würde das zu verhindern trachten. Im Weltkonzert der Völker hat jedes seinen Part und seine Chance. Die Statuten der Vereinten Nationen wurden geschaffen, um jedem zahlenmäßig auch noch so kleinen Volk auf der Erde das Recht auf Eigenständigkeit zu bewahren und damit die Vielfalt der Kulturen zu sichern.

Die Nationen Europas bemühen sich heute darum, ihre Konkurrenz auf friedliche, zivilisierte Weise und Achtung der jeweiligen nationalen Besonderheiten auszutragen. (...)

Europa, das sowohl mit seinen sozialen Bewegungen, seinem ökologischen Engagement und vor allem im wissenschaftlich-technischen Bereich das Bild der modernen Welt prägte, könnte, an seine Traditionen anknüpfend, weiter als progressives Modell der übrigen Menschheit von Nutzen sein. Europas Völker werden allerdings nur dann diese Aufgabe erfüllen können, wenn sie sich in ihrer Eigenart erhalten.

Dem ursprünglichen Konzept de Gaulles entsprechend wurde die Europäische Union als ein Europa der Vaterländer konzipiert. Damit sollte auch die ethnisch-kulturelle Vielfalt Europas erhalten bleiben, was auch dem Bedürfnis seiner Völkerschaften entspricht, ihre Identität zu bewahren. Es ist bemerkenswert, daß dies alles nach zwei katastrophalen Weltkriegen gelang. Sicher hat dabei geholfen, daß uns nicht nur die leidvolle Geschichte blutiger Auseinandersetzungen gemeinsam ist, sondern auch ein reiches kulturelles Erbe und eine nahe genetische Verwandtschaft, eine Verbundenheit, die auf dem griechisch-römischen und dem Kulturerbe der Völker des europäischen Nordens und Ostens basiert.

Unser verbindendes Kulturerbe sollte publizistisch mehr gepflegt werden, um ein Gefühl europäischer Solidarität – einen abendländischen Patriotismus gewissermaßen – zu wecken, einen kritischen allerdings, der sich nicht über andere erhebt, sich nicht aggressiv abgrenzt, sondern den Bürgern aus der Geborgenheit der Einbindung in die jeweilige Nation und in Europa jene Sicherheit gibt, die es ihnen ermöglicht, anderen freundlich zu begegnen. Der Hinweis auf die blutigen Bruderkriege zwischen den Nationalstaaten Europas darf nicht fehlen. Aber es ist ein Hinweis auf eine hoffentlich überwundene Geschichte, aus der wir lernen. Wer ihn allerdings nur dogmatisch benützt, um auf die Gefährlichkeit der Nationen hinzuweisen, sät Mißtrauen und Angst und treibt damit Keile zwischen das, was zusammenwachsen soll.

Tzvetan Todorov

DIE VERHINDERTE WELTMACHT

Reflexionen eines Europäers

Tzvetan Todorov *(* 1939), ein in Frankreich lebender, aus Bulgarien stammender Literat, hat mit seinem Essay* Die verhinderte Weltmacht *auf den Ausbruch des Irakkriegs reagiert. Sein Plädoyer für einen bewussteren Umgang mit der kulturellen Einheit Europas ist ein wichtiger Beitrag zur Diskussion um Europas Werte.*

Europäische Werte

Wozu könnte eine europäische Streitmacht gut sein? Zur Verteidigung einer bestimmten Identität, die den Europäern am Herzen liegt.

Der Europäer legt vor allem Wert auf die Vielfalt der Länder, aus denen Europa sich zusammensetzt: Jedes besitzt seine eigene Sprache, seine Bräuche und seine Probleme. Umso auffälliger war es zu beobachten, wie sehr sich die öffentliche Meinung während der Vorbereitung des Irakkriegs in den verschiedenen Ländern glich. Diese Seelenverwandtschaft zeigte sich über die gegensätzlichen Positionen der Regierungen hinweg. Die spanischen und italienischen Bürger waren der gleichen Meinung wie die Deutschen und die Franzosen, und selbst die Zustimmung der Briten zum Krieg war ziemlich schwach. So machte die Krise eine Teilung sichtbar, die bereits seit einiger Zeit existierte:

Welch ein Kontrast zwischen den Meinungsverschiedenheiten der Politiker und der selbstverständlichen Einigkeit der Bürger! Erstere vermitteln in ihren Debatten über die europäischen Institutionen den Eindruck, als wollten sie vor allem kein Stückchen der Macht verlieren, die sie auf nationaler Ebene innehaben. Letztere überqueren heute, vor allem wenn sie jung sind, Grenzen, ohne darauf zu achten, wechseln leichthin von einer Hauptstadt in die nächste und finden es vollkommen natürlich, zwischen einer Finnin und einer Griechin, einem Dänen und einem Österreicher Platz zu nehmen. Die Erasmus-Programme, die europäischen Studenten die Fortsetzung ihrer Studien außerhalb ihres Heimatlandes ermöglichen, haben in den letzten Jahren erheblich zur Entwicklung dieses europäischen Selbstgefühls beigetragen.

Von außen betrachtet vermittelt Europa noch stärker den Eindruck der Einheit. Bulgarien liegt eigentlich mitten im europäischen Kontinent, und dennoch sprach man in meiner Jugend von Europa wie von einem Traumland, das in Venedig und Wien begann. Selbstredend bedeutete »Europa« damals für uns vor allem die Qualität von Fabrikprodukten im Vergleich zu ihren einheimischen Äquivalenten. »Europäische« Rasierklingen rasierten schärfer, als »Europa« importierte Hosen saßen besser, »europäische« Elektrogeräte hielten länger. Doch das war noch nicht alles: Über alle materiellen Vorzüge hinweg genoss »Europa« ein Ansehen und einen Ruf geistiger Überlegenheit, die wir nur schwerlich hätten begründen können, von denen wir jedoch nichtsdestoweniger überzeugt waren.

Die Idee einer gemeinsamen europäischen Mentalität ist nicht neu. Schon Jean-Jacques Rousseau dachte über die Bedingungen eines gedeihlichen internationalen Zusammenlebens nach und sagte dazu, dass »alle Mächte Europas untereinander eine Art System bilden«, nicht so sehr auf Grund der Verträge, die sie verbanden, als vielmehr »durch die Gemeinsamkeit der Interessen, durch die Beziehung zwischen ihren Grundsätzen, durch die Übereinstimmung der Sitten.« Zu Zeiten Rousseaus existierte dieses »System« nur in den Köpfen und wurde von den Tatsachen widerlegt, denn Konflikte zwischen europäischen Staaten waren an der Tagesordnung.

Rosseau kannte bereits die Quelle für die Verwandtschaft der Denkweisen: Sie liegt in einer gemeinsamen Geschichte und Geografie. Die europäischen Länder sind durchweg Erben einer Zivilisation, die sich vor mehr als zweieinhalb Jahrtausenden auf dem Kontinent, zuerst in Griechenland und dann in Rom, herausgebildet hat. Sie alle wurden geprägt von der christlichen Religion, die sich in einer kontinuierlichen Auseinandersetzung mit dem Judaismus und dem Islam befand. Sie profitierten vom technologischen Fortschritt, der mit der Renaissance seinen Aufschwung nahm, und manche von ihnen starteten vom 16. Jahrhundert an in allen Teilen der Welt koloniale Eroberungszüge – bis schließlich vier Jahrhunderte später die ehemaligen Kolonisierten in die alten Metropolen kamen, um dort zu leben. Die Europäer können und wollen diese Faktoren ihrer Vergangenheit nicht vergessen. Sie leben inmitten einer durch menschliche Arbeit geschaffenen Kulturlandschaft, in Städten, deren Entstehung Tausende von Jahren zurückreicht.

DIE EUROPÄISCHE UNION

Vertrag über eine Verfassung für Europa

Der **Vertrag über eine Verfassung für Europa** *(2004) ist von der Mehrzahl der Mitgliedstaaten der EU bereits ratifiziert worden. Der Text war nach umfassenden Beratungen im Verfassungskonvent, an dem alle Mitgliedstaaten und die Kandidatenländer, die Exekutive und Legislative vertreten waren, vorgelegt worden. In Volksabstimmungen in Frankreich und den Niederlanden 2005 sprach sich die Mehrheit der Wahlbeteiligten allerdings gegen diesen Vertragstext aus.*

Präambel

SEINE MAJESTÄT DER KÖNIG DER BELGIER,
DER PRÄSIDENT DER TSCHECHISCHEN REPUBLIK,
IHRE MAJESTÄT DIE KÖNIGIN VON DÄNEMARK,
DER PRÄSIDENT DER BUNDESREPUBLIK DEUTSCHLAND,
DER PRÄSIDENT DER REPUBLIK ESTLAND,

DER PRÄSIDENT DER HELLENISCHEN REPUBLIK,
SEINE MAJESTÄT DER KÖNIG VON SPANIEN,
DER PRÄSIDENT DER FRANZÖSISCHEN REPUBLIK,
DIE PRÄSIDENTIN IRLANDS,
DER PRÄSIDENT DER ITALIENISCHEN REPUBLIK,
DER PRÄSIDENT DER REPUBLIK ZYPERN,
DIE PRÄSIDENTIN DER REPUBLIK LETTLAND,
DER PRÄSIDENT DER REPUBLIK LITAUEN,
SEINE KÖNIGLICHE HOHEIT DER GROSSHERZOG VON LUXEMBURG,
DER PRÄSIDENT DER REPUBLIK UNGARN,
DER PRÄSIDENT MALTAS,
IHRE MAJESTÄT DIE KÖNIGIN DER NIEDERLANDE,
DER BUNDESPRÄSIDENT DER REPUBLIK ÖSTERREICH,
DER PRÄSIDENT DER REPUBLIK POLEN,
DER PRÄSIDENT DER PORTUGIESISCHEN REPUBLIK,
DER PRÄSIDENT DER REPUBLIK SLOWENIEN,
DER PRÄSIDENT DER SLOWAKISCHEN REPUBLIK,
DIE PRÄSIDENTIN DER REPUBLIK FINNLAND,
DIE REGIERUNG DES KÖNIGREICHS SCHWEDEN,
IHRE MAJESTÄT DIE KÖNIGIN DES VEREINIGTEN KÖNIGREICHS GROSSBRITANNIEN UND NORDIRLAND –

SCHÖPFEND aus dem kulturellen, religiösen und humanistischen Erbe Europas, aus dem sich die unverletzlichen und unveräußerlichen Rechte des Menschen sowie Freiheit, Demokratie, Gleichheit und Rechtsstaatlichkeit als universelle Werte entwickelt haben,
IN DER ÜBERZEUGUNG, dass ein nach schmerzlichen Erfahrungen nunmehr geeintes Europa auf dem Weg der Zivilisation, des Fortschritts und des Wohlstands zum Wohl aller seiner Bewohner, auch der Schwächsten und der Ärmsten, weiter voranschreiten will, dass es ein Kontinent bleiben will, der offen ist für Kultur, Wissen und sozialen Fortschritt, dass es Demokratie und Transparenz als Grundlage seines öffentlichen Lebens stärken und auf Frieden, Gerechtigkeit und Solidarität in der Welt hinwirken will,

IN DER GEWISSHEIT, dass die Völker Europas, stolz auf ihre nationale Identität und Geschichte, entschlossen sind, die alten Gegensätze zu überwinden und immer enger vereint ihr Schicksal gemeinsam zu gestalten,
IN DER GEWISSHEIT, dass Europa »in Vielfalt geeint«, ihnen die besten Möglichkeiten bietet, unter Wahrung der Rechte des Einzelnen und im Bewusstsein ihrer Verantwortung gegenüber den künftigen Generationen und der Erde dieses große Unterfangen fortzusetzen, das einen Raum eröffnet, in dem sich die Hoffnung der Menschen entfalten kann,
ENTSCHLOSSEN, das Werk, das im Rahmen der Verträge zur Gründung der Europäischen Gemeinschaften und des Vertrags über die Europäische Union geschaffen wurde, unter Wahrung der Kontinuität des gemeinschaftlichen Besitzstands fortzuführen,
IN WÜRDIGUNG der Leistung der Mitglieder des Europäischen Konvents, die den Entwurf dieser Verfassung im Namen der Bürgerinnen und Bürger und der Staaten Europas erarbeitet haben –
haben zu Bevollmächtigten ernannt:
(es folgen die Namen)
DIESE SIND nach Austausch ihrer in guter und gehöriger Form befundenen Vollmachten wie folgt ÜBEREINGEKOMMEN:

Titel I Definition und Ziele der Union
Artikel I-1: Gründung der Union
(1) Geleitet von dem Willen der Bürgerinnen und Bürger und der Staaten Europas, ihre Zukunft gemeinsam zu gestalten, begründet diese Verfassung die Europäische Union, der die Mitgliedstaaten Zuständigkeiten zur Verwirklichung ihrer gemeinsamen Ziele übertragen. Die Union koordiniert die diesen Zielen dienende Politik der Mitgliedstaaten und übt die ihr von den Mitgliedstaaten übertragenen Zuständigkeiten in gemeinschaftlicher Weise aus.
(2) Die Union steht allen europäischen Staaten offen, die ihre Werte achten und sich verpflichten, sie gemeinsam zu fördern.

Artikel I-2: Die Werte der Union
Die Werte, auf die sich die Union gründet, sind die Achtung der Men-

schenwürde, Freiheit, Demokratie, Gleichheit, Rechtsstaatlichkeit und die Wahrung der Menschenrechte einschließlich der Rechte der Personen, die Minderheiten angehören. Diese Werte sind allen Mitgliedsstaaten in einer Gesellschaft gemeinsam, die sich durch Pluralismus, Nichtdiskrimierung, Toleranz, Gerechtigkeit, Solidarität und die Gleichheit von Frauen und Männern auszeichnet.

Artikel I-3: Die Ziele der Union
(1) Ziel der Union ist es, den Frieden, ihre Werte und das Wohlergehen ihrer Völker zu fördern.
(2) Die Union bietet ihren Bürgerinnen und Bürgern einen Raum der Freiheit, der Sicherheit und des Rechts ohne Binnengrenzen und einen Binnenmarkt mit freiem und unverfälschtem Wettbewerb.
(3) Die Union wirkt auf die nachhaltige Entwicklung Europas auf der Grundlage eines ausgewogenen Wirtschaftswachstums und von Preisstabilität, eine in hohem Maße wettbewerbsfähige soziale Marktwirtschaft, die auf Vollbeschäftigung und sozialen Fortschritt abzielt, sowie ein hohes Maß an Umweltschutz und Verbesserung der Umweltqualität hin. Sie fördert den wissenschaftlichen und technischen Fortschritt.
Sie bekämpft soziale Ausgrenzung und Diskriminierungen und fördert soziale Gerechtigkeit und sozialen Schutz, die Gleichstellung von Frauen und Männern, die Solidarität zwischen den Generationen und den Schutz der Rechte des Kindes.
Sie fördert den wirtschaftlichen, sozialen und territorialen Zusammenhalt und die Solidarität zwischen den Mitgliedstaaten.
Sie wahrt den Reichtum ihrer kulturellen und sprachlichen Vielfalt und sorgt für den Schutz und die Entwicklung des kulturellen Erbes Europas.
(4) In ihren Beziehungen zur übrigen Welt schützt und fördert die Union ihre Werte und Interessen. Sie leistet einen Beitrag zu Frieden, Sicherheit, globaler nachhaltiger Entwicklung, Solidarität und gegenseitiger Achtung unter den Völkern, zu freiem und gerechtem Handel, zur Beseitigung der Armut und zum Schutz der Menschenrechte, insbesondere der Rechte des Kindes, sowie zur strikten Einhaltung und

Weiterentwicklung des Völkerrechts, insbesondere zur Wahrung der Grundsätze der Charta der Vereinten Nationen.
(5) Die Union verfolgt ihre Ziele mit geeigneten Mitteln entsprechend den Zuständigkeiten, die ihr in der Verfassung übertragen sind.

Artikel I-4: Grundfreiheiten und Nichtdiskrimierung
(1) Der freie Personen-, Dienstleistungs-, Waren- und Kapitalverkehr sowie die Niederlassungsfreiheit werden von der Union und innerhalb der Union nach Maßgabe der Verfassung gewährleistet.
(2) Unbeschadet besonderer Bestimmungen der Verfassung ist in ihrem Anwendungsbereich jede Diskriminierung aus Gründen der Staatsangehörigkeit verboten.

Artikel I-5: Beziehungen zwischen der Union und den Mitgliedstaaten
(1) Die Union achtet die Gleichheit der Mitgliedstaaten vor der Verfassung sowie die nationale Identität der Mitgliedstaaten, die in deren grundlegender politischer und verfassungsrechtlicher Struktur einschließlich der regionalen und kommunalen Selbstverwaltung zum Ausdruck kommt. Sie achtet die grundlegenden Funktionen des Staates, insbesondere die Wahrung der territorialen Unversehrtheit, die Aufrechterhaltung der öffentlichen Ordnung und den Schutz der nationalen Sicherheit.
(2) Nach dem Grundsatz der loyalen Zusammenarbeit achten und unterstützen sich die Union und die Mitgliedstaaten gegenseitig bei der Erfüllung der Aufgaben, die sich aus der Verfassung ergeben.
Die Mitgliedstaaten ergreifen alle geeigneten Maßnahmen allgemeiner oder besonderer Art zur Erfüllung der Verpflichtungen, die sich aus der Verfassung oder den Handlungen der Organe der Union ergeben.
Die Mitgliedstaaten unterstützen die Union bei der Erfüllung ihrer Aufgabe und unterlassen alle Maßnahmen, welche die Verwirklichung der Ziele der Union gefährden könnten.

Artikel I-6: Das Unionsrecht
Die Verfassung und das von den Organen der Union in Ausübung der

der Union übertragenen Zuständigkeiten gesetzte Recht haben Vorrang vor dem Recht der Mitgliedstaaten.

Artikel I-7: Rechtspersönlichkeit
Die Union besitzt Rechtspersönlichkeit.

Artikel I-8: Die Symbole der Union
Die Flagge der Union stellt einen Kreis von zwölf goldenen Sternen auf blauem Hintergrund dar.

Die Hymne der Union entstammt der »Ode an die Freude« aus der Neunten Symphonie von Ludwig van Beethoven.
Der Leitspruch der Union lautet: »In Vielfalt geeint«.
Die Währung der Union ist der Euro.
Der Europatag wird in der gesamten Union am 9. Mai gefeiert.

Unser Wertekosmos: ein dynamisches Koordinatensystem für das Projekt Europa

Auf einmal ist sie da: die öffentliche Debatte um die europäischen Werte. Was bislang zu oft ins Hinterzimmer und an Stammtische verbannt wurde, findet nun im Lichte der Fernsehscheinwerfer und auf dem öffentlichen Platz statt. Zu lange haben wir uns weggeduckt, die für jede Gesellschaft wichtige Diskussion um ihr Selbstverständnis vorschnell politisiert, die Fürsprecher von »Multikulti« als Phantasten oder verdächtige Gesellen abgestempelt und die Befürworter einer Leitkultur als ewig Gestrige und heimliche Nationalisten moralisch geächtet. Wir haben es bisher nicht geschafft, die Debatte um uns selbst, um unsere historischen Erfahrungen und um unser Zukunftsprojekt gemeinsam ohne vorschnelle Verkrampfungen zu führen.

Und nun bricht es über uns herein: Die U-Bahn-Attentäter von London waren alle in England geboren, die terroristischen Schläfer an deutschen Universitäten galten als gut integriert, kompetent und unauffällig. Die Revolten in den französischen Vorstädten waren nicht die übliche »Politik der Straße«, wie wir sie aus Frankreich kennen und auch im Frühjahr 2006 wieder erlebt haben; die brennenden Vorstädte waren vielmehr Ausdruck einer Generation von jungen Franzosen, die anders keine Stimme hatten und kein Gehör finden konnten. Die Gewalt an deutschen Schulen war allen nüchtern in die Welt schauenden Bürgern und auch Politikern bekannt – aber erst wenn sie an einigen wenigen Punkten eskaliert und die Presseöffentlichkeit nicht mehr wegzuschauen erlaubt, beginnen wir uns ernsthaft damit zu beschäftigen. Die Liste der Beispiele könnte man für andere europäische Länder fortführen. Unsere Gesellschaften verlieren an innerem Zusammenhalt.

Als ob dies nicht genug wäre, werden wir Europäer von außen gezwungen, Farbe zu bekennen und klare Aussagen über unsere Grundwerte zu treffen: Morddrohungen im Karikaturenstreit, Geiselnahmen im Irakkrieg, das iranische Atomprogramm, Chinas Produktpiraterie, der

angeblich heilige Krieg gegen die teuflischen Werte des Westens – wir können nicht so tun, als reiche die Parole »weiter so« aus, um Europa mutig und mit klarem Kurs in die Zukunft zu führen.
Nehmen wir die Debatte in guter europäischer Tradition auf: im Wettstreit des guten Willens, im Wettbewerb der Argumente und Gegenargumente, in sokratischer Einsicht, dass niemand ein Patentrezept oder die absolute Wahrheit für sich beanspruchen kann.

Wir

Gruppen funktionieren immer dann, wenn es für alle Mitglieder der Gruppe ein ausreichend starkes Zugehörigkeitsgefühl gibt. Solch ein Gefühl, das oft unbewusst und selten ausgesprochen ist, kann durch weithin sicht- oder hörbare Symbole wie Fahnen oder Hymnen, durch geteiltes Wissen, durch allgemein gültige Regeln oder durch gemeinsame Interessen erzeugt und stabilisiert werden. Ganz entscheidend aber sind die nicht sichtbaren, für das Handeln jedes Einzelnen in der Gruppe ausschlaggebenden Orientierungen, jene Werte also, die uns bei unseren Entscheidungen leiten. Wertorientierungen als Voraussetzung für individuelle Entscheidungen und als Bedingung für das Zusammenleben in großen Gruppen sind immer schon vorhanden, sie gehen jedem Einzelnen von uns voraus und prägen unsere Sozialisation, und gleichzeitig trägt jedes Mitglied einer Gesellschaft zur Entwicklung des Wertesystems bei.

Von den Grundwerten einer Gesellschaft zu reden birgt die Gefahr, vorschnell an statische Identitäten zu denken, so als wären die heute in unseren Gesetzen verankerten und in der Gesellschaft gelebten Werte nicht ein Ergebnis langer historischer Prozesse und stetem Wandel unterworfen. Wenn von den Werten Europas gesprochen wird, werden oft Bilder aus der Architektur verwendet: der Sockel, auf dem wir stehen, das Fundament unserer Zivilisation, die Grundmauern des Hauses Europa. Damit wird etwas suggeriert, was einer historischen

Lesart nicht standhält. Wenn man die Jahrhunderte europäischer Zivilisation Revue passieren lässt, wird deutlich, dass die heute für Europäer unmittelbar einleuchtenden Werte langsam und mühsam erkämpft worden sind. Die heute mit universellem Geltungsanspruch auftretenden Menschenrechte sind ein Kind europäischen Denkens und Handelns, aber weder in der Antike noch im Christentum automatisch vorgegeben. Die Gleichberechtigung von Mann und Frau ist ebenso eine Errungenschaft, die wir heute als Grundwert in Europa einfordern und die über Jahrhunderte erkämpft werden musste. Vielleicht sollten wir uns die Werte, die unsere Gesellschaften prägen und leiten, nicht als statischen Sockel, auf dem alles aufbaut, sondern als ein spannungsreiches Koordinatensystem vorstellen, in dem schrittweise mehr und mehr Punkte hinzugekommen sind.

Werte sind keine absoluten Normen, sondern Orientierungsgrößen, mit denen wir uns in unserem Leben bewegen. Die Feststellung, dass eine Gesellschaft gemeinsame Werte hat und braucht, ist keine Beschränkung individueller Freiheit und Entfaltung. Die Möglichkeiten, innerhalb der Wertekoordinaten seine Individualität zu erlangen und zu entfalten, sind unendlich. Die Annahme jedoch, ein Mensch könne völlig ohne Werteorientierung existieren, ist falsch. Und wer innerhalb einer Gesellschaft lebt, deren Werte er nicht fühlt und kennt, kann in dieser Gesellschaft nicht Fuß fassen; er wird bestenfalls in einer Nische leben, meist aber mit dem Gesetz und den Mitbürgern in ernste Konflikte geraten.

Die Selbstvergewisserung der Europäer ist notwendig und legitim. Allerdings sollte die Debatte nicht nur unter dem Vorzeichen der Immigration geführt werden, wie es leider oft geschieht. Migrationen hat es innerhalb Europas immer gegeben – wir alle sind irgendwann einmal Bürger mit Migrationshintergrund gewesen. Eine der Stärken der europäischen Zivilisation ist es gerade, Neues in das eigene Koordinatensystem aufzunehmen, im Disput die eigenen Werte weiter zu entwickeln. Die Wertediskussion sollte nicht als ängstliche Abwehr und Abschottung verstanden werden, sondern als selbstbewusste Standortbestimmung auf dem Weg in die Zukunft. Immer wenn Europa offen war, Neues zu integrieren wusste und selbst an der Auseinandersetzung mit Unbekanntem wuchs, war die europäische Kultur stark und strahlte auf andere Länder und Kontinente aus.

Richtig ist allerdings auch, dass die Wertediskussion unmittelbar mit der Integrationskraft und -fähigkeit von Menschen und Gesellschaften zu tun hat. Deshalb müssen wir sie breit und offen führen, geleitet von ebenjenen europäischen Werten, auf die wir stolz sein können. Dazu gehört das Recht auf eine eigene Stimme, auf Teilhabe am Gemeinwesen, am Zugang zu Bildung, denn nur wer die Chance hat, Zugehörigkeitsgefühle zu entwickeln, kann sich in das Koordinatensystem der Werte einfinden.

Wir und das Andere

»Wir« sagen heißt auch »Anderes« sagen. Jede Selbstbeschreibung ist auch eine Abgrenzung. Sehr oft sind solche Abgrenzungen gleichzeitig Feindbilder, das Eigene ist somit das Gute und das Andere das Böse, das es zu bekämpfen gilt. Dieses Grundmuster gibt es in der Welt leider nur zu oft. Europa ist in der »glücklichen« Lage, solch ein negatives Anderes gar nicht außerhalb suchen zu müssen. Die europäischen Nationen teilen eine historische Erfahrung auf ihrem eigenen Territorium, in ihren eigenen Völkern: die Erfahrung des Totalitarismus, der Unterdrückung, des Krieges und der Barbarei. Viele der heute uns verbindenden Werte sind die Antwort auf dieses feindliche Andere, das in unsere gemeinsame Geschichte eingeschrieben ist. Wenn Europa ein werteorientiertes Projekt ist, dann vor allem aus der Erfahrung heraus, dass Frieden und Freiheit erreicht werden können, aber nicht selbstverständlich und immer bedroht sind.

Wenn wir Europäer von unseren Werten sprechen, brauchen wir also keine äußeren Feindbilder, sondern ein historisches Bewusstsein dessen, was wir schmerzhaft erfahren und gemeinsam erreicht haben.

Die 20 Begriffspaare, die durch dieses Buch leiten, bilden das Koordinatensystem europäischer Werte, innerhalb dessen unendliche Vielfalt, aber keine Beliebigkeit möglich ist. Sie haben Eingang gefunden in unsere Rechtsformen und unsere politischen Systeme. Wenn von den europäischen Werten die Rede ist, werden in der Regel an erster Stelle Menschenwürde, individuelle Freiheit, Rechtsstaatlichkeit, Demokratie, Gleichheit und Toleranz genannt. Und im zweiten Atemzug wird anschließend von den »westlichen Werten« gesprochen – ja, man kann sogar sagen, dass diese eben genannten Begriffe auch Teil der universellen Menschenrechte sind. Was ist daran also spezifisch europäisch? Zunächst sollte man sich doch darüber freuen dürfen, wenn zivilisatorische Errungenschaften und Ideale, die in Europa zuerst gedacht wurden und für die in Europa gekämpft wurde, auf andere Staaten oder die ganze Welt ausstrahlen. Deshalb sind sie nicht weniger europäisch geworden. Was wir heute spontan als »westliche Wertegemeinschaft« bezeichnen, ist ja nicht zufällig in erheblichem Maße von Europa beeinflusst oder ein unmittelbares Ergebnis europäischer Politik. Es ist keineswegs absurd, die USA, Kanada oder Australien zumindest in der jeweiligen Entstehungsphase dessen, was wir dort heute als westlich geprägte Gesellschaften sehen, als Emanationen des europäischen Denkens zu betrachten. Allerdings haben sich diese Gesellschaften über Jahrhunderte anders entwickelt als Europa, so dass die westliche Wertegemeinschaft vielleicht weniger konsistent ist, als man denkt.

Im Unterschied zu anderen westlichen Zivilisationen denkt und handelt Europa im Bewusstsein seiner Geschichte. Dazu gehört, dass es unter Europäern möglich geworden ist, das Leid des jeweils Anderen zu erkennen und vom eigenen Leid zu berichten. Die Fähigkeit, von der eigenen Schuld zu sprechen, und die Möglichkeit, gleichzeitig von der Schuld des Anderen reden zu dürfen, ist eine große Errungenschaft der Europäer in der Auseinandersetzung mit ihrer Geschichte.

Vor allem aber besitzt Europa eine Besonderheit, die man »skeptischen Universalismus« nennen kann. Auch wenn wir die universellen Menschenrechte erfunden haben, ist dieses fortschrittsorientierte Denken doch immer von dem Bewusstsein begleitet gewesen, dass man sich vielleicht irren könnte. Die prinzipielle Annahme, dass man sich trotz bester Argumente und Überzeugungen im Irrtum befinden kann, findet etwa in der Tatsache ihren Ausdruck, dass in der Europäischen Union kein Land sein darf, das die Todesstrafe verhängt.

Auch wenn die europäische Selbstbeschreibung kein feindliches Anderes außerhalb Europas benötigt, stellt sich doch die Frage nach den Grenzen eines so komplexen Gebildes wie Europa. Mit rein geographischen Beschreibungen kommt man nicht sehr weit, da für die Ostgrenze sehr unterschiedliche Konzepte entwickelt worden sind. Die Frage nach den Grenzen Europas muss zivilisatorisch gestellt und in Bezug auf die Werte beantwortet werden. Die Werte, um die es hier geht, sind über Jahrhunderte gewachsen und haben sich schrittweise entfaltet und durchgesetzt. Es ist daher hilfreich, auf historischen Landkarten Indizien dafür zu suchen, in welchen geographischen Räumen sich Lebensformen gebildet haben, die mit Europas Werten einhergehen. Wer auf das Netz mittelalterlicher Städte, auf die Klostergründungen seit der Reform von Cluny, wer auf das Netz früher Universitäten oder barocker Fürstenschlösser schaut und nach den Zentren der Aufklärung sucht, der erhält eine vielschichtige Landkarte nachweisbarer europäischer Zivilisationsschritte. Es ist kein Zufall, dass diese Landkarte weitgehend mit dem Europa übereinstimmt, welches die bald 27 Mitgliedstaaten der Europäischen Union unter Einschluss Norwegens und der Schweiz darstellen. Die zivilisatorische Landkarte kann sich verändern, allerdings nur sehr langsam.

Projekt Europa

Europa ist nicht ein für allemal gegeben, sondern hat im Laufe seiner Geschichte unterschiedliche Formen angenommen. Heute ist Europa mit einem politischen Projekt verbunden, das Europäische Union heißt und von seiner Ausdehnung her ungefähr deckungsgleich ist mit dem Europa, das man unter zivilisatorischen Gesichtspunkten als zusammengehörig bezeichnen kann. Die Besonderheit dieses Projekts besteht darin, dass es gelungen ist, nach Jahrhunderten nationalistischen Denkens dahin zu gelangen, dass ein Krieg zwischen Mitgliedern der Union nicht mehr vorstellbar ist. Das Projekt Europa hat eine zwar langatmige, aber überaus erfolgreiche Verhandlungskultur entwickelt, mit der Interessenkonflikte überwunden werden können und um die uns die ganze Welt beneidet. Die Attraktivität dieses Projekts ist auch einer der Gründe dafür, warum bürgerkriegsähnliche Konflikte innerhalb Europas befriedet werden konnten: Die jüngsten positiven Beispiele sind die Abkommen mit der baskischen ETA und der irischen IRA.

Auch die Debatte um die gemeinsamen Werte kann in diesem Geist des solidarischen Wettstreits, der dialogischen Verhandlung geführt werden. Die Grundwerte Europas finden in den unterschiedlichen Staaten durchaus unterschiedliche Interpretationen – man denke an die Debatte um Stammzellenforschung, Sterbehilfe oder Schwangerschaftsabbrüche. Die Diskussion und der Wettstreit der Ideen und Konzepte findet jedoch, trotz aller Meinungsunterschiede, innerhalb desselben Koordinatensystems statt.

Dennoch durchläuft das Projekt Europa eine schwierige Phase: geringe Akzeptanz bei der Bürgern, Streit um geplante Erweiterungen der Union, mangelnde Leitbilder oder Visionen. »Europa eine Seele geben« wird gefordert. Aber wer kann das tun? Seelen einhauchen können nur Götter. Wahrscheinlich ist es viel einfacher: Europa hat eine Seele, die in jedem Bürger atmet. Wir müssen nur lernen, über diese europäische Seele zu sprechen, uns unserer spezifischen Lebensart bewusst zu werden. Dabei nur rückwärts zu schauen und sich der vergangenen Monumente zu versichern wäre das Ende des europäischen Projekts. Vergewissern wir uns vielmehr der inneren Triebkräfte und Orientierungsgrößen, die Europa angetrieben haben, erkennen wir, dass Europa im Laufe seiner Geschichte immer wieder neu aufgebrochen ist, um seinen Idealen ein Stück näher zu kommen.

Frank Baasner

Danke

Wie hat der französische Moralist La Rochefoucauld gesagt? »Dankbarkeit ist bei den meisten Menschen nichts anderes als ein geheimes Verlangen, noch größere Wohltaten zu empfangen.« Dazu bekennen wir uns gern! In der Hoffnung, auch in Zukunft von ihrem Wissen und ihrer Klugheit zu profitieren, möchten wir uns bei allen bedanken, die zur Entstehung dieses Buchs beigetragen haben. Dies sind insbesondere:

Dr. Sebastian Fitzek: Als Vertreter der U-40-Generation hat er uns geholfen, Anschluss an die Gegenwart zu halten. Ohne ihn wären wir vermutlich im allzu alten Europa stecken geblieben.
Xavier Froidevaux: Er hat sich bei der Erforschung der Quellen als wahrer Maulwurf erwiesen – und manchmal sogar als Trüffelschwein.
Susanne Gehrig: Sie hat uns bei der Textrecherche unterstützt. Und im Universum der europäischen Ideengeschichte immer wieder das schier Unauffindbare gefunden.
Roman Hocke: Als Römer hat er uns die römische Sicht der europäischen Dinge vermittelt, als unser Agent den komplizierten Laden zusammengehalten. Ohne ihn wäre das Projekt ein Dutzend Mal gescheitert.
Prof. Dr. iur. Dres. h.c. Thomas Oppermann: Als Rechtsgelehrter von europäischem Rang hat er uns bei allen juristisch infizierten Themen beraten. Sein Standardwerk »Europarecht« war für uns Fundort und Inspirationsquelle zugleich.
Dr. Thomas Tilcher: Mit seiner ebenso besonnenen wie entschiedenen Art hat er uns auf allen Wegen und Irrwegen begleitet, wie es sich Autoren von ihrem Lektor nur wünschen können.
Stephan Triller: Er hat sich das ganze Unternehmen in einer Weise zu Eigen gemacht, dass er darüber fast zum Co-Autor wurde. Auch wenn er uns mit seinen scheinbar naiven Fragen manchmal zur Weißglut brachte.
Prof. Dr. Jürgen Wertheimer: Er ermöglichte uns ein Seminar zum

Thema des Buches an der Universität Tübingen, um unsere Ideen und Thesen erstmals zu erproben. Außerdem ist er einer der anregendsten Menschen unter der Sonne.

Prof. Dr. Stefanie Würth und Romana Roman Stoubaek M. A.: Sie haben uns zahlreiche Hinweise auf Werke der nordischen Literatur und Philosophie gegeben. Und uns damit einen ganz wesentlichen Teil des europäischen Wertekosmos erschlossen.

Dr. Wolfgang Anonymus: Als Chef eines konkurrierenden Verlags hat er wahrlich europäische Größe bewiesen, indem er uns rein freundschaftlich beriet.

Ob ein Buch gelungen ist, entscheiden immer die Leser. Folgende Testleser haben das Manuskript mit gerunzelter Stirn geprüft, die einen ganz, die anderen in Teilen: Amélie Baasner, Markus Baasner, Andrea Hocke, Julia Hocke, Patrick Hocke, Dr. Ruth Jakoby, Coco Lina Prange, Serpil Prange, Sabrina Rabow, Christian von Zittwitz. Sie haben uns immer wieder ermutigt weiterzumachen – Beschwerden sind darum an ihre Adresse zu richten.

Dass ein Buch seine Leser findet, hängt vor allem vom Verlag ab. Unser letzter Dank gilt darum der engagierten Unterstützung, die wir vom Droemer Verlag erfahren haben, namentlich von Dr. Doris Janhsen, Klaus Kluge und Dr. Hans-Peter Übleis.

Quellennachweise der neueren Autorinnen und Autoren

Douglas Adams: Per Anhalter durch die Galaxis. Hamburg 1981 (Copyright © by Rogner & Bernhard Verlag); Theodor W. Adorno: Minima Moralia. Frankfurt am Main 1951 (Copyright © by Suhrkamp Verlag); Ingeborg Bachmann: Reigen. In: Werke in vier Bänden. Erster Band. München 1978 (Copyright © by R. Piper Verlag); Simone de Beauvoir: Das andere Geschlecht. Reinbek 1951 (Copyright © by Rowohlt Verlag); Samuel Beckett: Wie verfahren? In: Der Namenlose. Frankfurt am Main 1959 (Copyright © by Suhrkamp Verlag); Tania Blixen: Babettes Fest. Frankfurt am Main 1960 (Copyright © by Gyldendal Nordisk Forlag A/S, Kopenhagen, für die deutsche Übersetzung: S. Fischer Verlag); Ernst Bloch: Das Prinzip Hoffnung. Frankfurt am Main 1959 (Copyright © by Suhrkamp Verlag); Niels Bohr: Atomphysik und menschliche Erkenntnis. Braunschweig 1958 (Copyright © by Niels-Bohr-Archiv, Kopenhagen); Albert Camus: Der Mythos von Sisyphos. Ein Versuch über das Absurde. Reinbek 1999 (Copyright © by Rowohlt Verlag); Elias Canetti: Die Blendung. Wien 1935 (1963, Copyright © by Herbert Reichner Verlag); Mihaly Csikszentmihaly: Arbeit als Flow. In: Flow – Das Geheimnis des Glücks. Aus dem Amerikanischen von Annette Charpentier. Stuttgart 1992, 12. Auflage 2005 (Copyright © by Verlag Klett-Cotta); Lucio Dalla: Piazza Grande. In: Liedtexte 1977–1992. Übersetzt und herausgegeben von Peter Burri. Basel 1993 (Copyright © by Lenos Verlag); Umberto Eco: Die weltliche Obsession der neuen Apokalypse. Wien 1998 (Copyright © by Paul Zsolnay Verlag); Albert Einstein: Wie ich die Welt sehe. In: Mein Weltbild. Zürich 1953 (Copyright © by Europa Verlag); Paul Éluard: Freiheit. In: Europa: XX. Jahrhundert. Ein Lesebuch. Moskau 1980 (Copyright © by Verlag Chudožestvennaja Literatura); Anne Frank: Aus einem Brief. In: Anne Frank Tagebuch. Einzig autorisierte Fassung von Otto H. Frank und Mirjam Pressler. Frankfurt am Main 1991 (erschienen im S. Fischer Verlag, Copyright © 1991 by Anne Frank-Fonds, Basel); Viktor E. Frankl: Der Wille zum Sinn. Ausgewählte Vorträge über Logotherapie. Bern 1982 (3., erweiterte Auflage, Copyright © by Verlag Hans Huber); Sigmund Freud: Das Unbehagen in der Kultur. Gesammelte Werke, Band XIV (erschienen im S. Fischer Verlag, Copyright © by Imago Publishing Co., Ltd., London 1948); Max Frisch: Homo faber. Frankfurt am Main 1964 (Copyright © by Suhrkamp Verlag); Charles de Gaulle: Die Europakonzeption. In: Memoiren der Hoffnung. Die Wiedergeburt 1958–1962. Wien 1971 (Copyright © by Molden Verlag); Robert Havemann: Gleichheit und Eliten. In: Über die Ungleichheit der Menschen. Frankfurter Hefte 3/1966; Eugène Ionesco: Ein Opfer der Pflicht. In: Die Nashörner. Erzählungen. Zürich 1960 (Copyright © by Verlag der Arche); Karl Jaspers: Solidarität. In: Die geistige Situation der Zeit. Berlin 1999 (9. Abdruck der im Sommer 1932 bearbeiteten 5. Auflage, Copyright © by Walter de Gruyter); Hans Jonas: Das Prinzip Verantwortung. Frankfurt am Main 1984 (Copyright © by Suhrkamp Verlag); Nikos Kazantzakis: Begegnung mit Sorbas. In: Alexis Sorbas. München 1962 (Copyright © by Verlag Kurt Desch); Janusz Korczak: Wie man ein Kind lieben soll. In: Europa: XX. Jahrhundert. Ein Lesebuch. Moskau 1980 (Copyright

© by Verlag Chudožestvennaja Literatura); Jaan Kross: Das Leben des Balthasar Rüssow. München 1995 (Copyright © by Carl Hanser Verlag); Hans Küng: Unfehlbar? Eine unerledigte Anfrage. Erweiterte Neuausgabe. München 1989 (Copyright © by R. Piper Verlag); Astrid Lindgren: Niemals Gewalt. In: Rede zur Verleihung des Friedenspreises des Deutschen Buchhandels. Copyright © by Verlag Friedrich Oetinger, Hamburg; Artur Lundkvist: Gib uns einen Traum. In: Aber auch diese Sonne ist heimatlos. Schwedische Lyrik der Gegenwart. Darmstadt 1958 (Copyright © by Georg Büchner Verlag); Bronislaw Maj: Ich öffne das Fenster ... In: Panorama der polnischen Literatur des 20. Jahrhunderts. Herausgegeben von Karl Dedecius. Zürich o.J. (Copyright © by Ammann Verlag); Thomas Mann: Der Zauberberg. Berlin 1924 (Copyright © by S. Fischer Verlag); Herbert Marcuse: Der eindimensionale Mensch. Neuwied/Berlin 1967 (Copyright © by Herbert Marcuse, erschienen in deutschsprachiger Übesetzung von Alfred Schmidt, Luchterhand Literaturverlag, München; Jean Monnet: Der Schumanplan. In: Erinnerungen eines Europäers. München/Wien 1978 (Copyright © by Carl Hanser Verlag); Cees Nooteboom: Die folgende Geschichte. Frankfurt am Main 1991 (Copyright © by Suhrkamp Verlag); José Ortega y Gasset: Der Aufstand der Massen. Hamburg 1956 (Copyright © by Rowohlt Verlag); George Orwell: Die Sieben Gebote. In: Farm der Tiere. Zürich 1982 (Copyright © by Diogenes Verlag); Karl R. Popper: Wahrheitssuche. In: Objektive Erkenntnis. Hamburg 1973 (Copyright © by Hoffmann und Campe Verlag); Tadeusz Rózewicz: Das Antlitz des Vaterlandes. In: Lektion der Stille. Herausgegeben von Karl Dedecius. München 1952 (Copyright © by Carl Hanser Verlag); Bertrand Russell: Lob des Müßiggangs. Wien 1957 (Copyright © by Paul Zsolnay Verlag); José Saramago: Brief an Salman Rushdie. In: die tageszeitung (taz). Berlin 31. Januar 1992; Jean-Paul Sartre: Existentielle Freiheit und Verantwortung. In: Das Sein und das Nichts. Versuch einer phänomenologischen Ontologie. Hamburg 1952, 1962, 1991 (Copyright © by Rowohlt Verlag); Albert Schweitzer: Ehrfurcht vor dem Leben. In: Die Lehre der Ehrfurcht vor dem Leben. Berlin 1962 (Copyright © by Union Verlag); Andrzej Szczypiorski: Die schöne Frau Seidenman. Zürich 1988 (Copyright © by Diogenes Verlag); Mutter Teresa: Zur Heiligkeit berufen. In: Beschaulich inmitten der Welt. Einsiedeln o.J. (Copyright © by Johannes Verlag); Tzvetan Todorov: Die verhinderte Weltmacht. Reflexionen eines Europäers. München 2003 (Copyright © by Tzvetan Todorov, erschienen in deutschsprachiger Übersetzung von Hanna Laak, Wilhelm Goldmann Verlag, München); Giuseppe Tomasi di Lampedusa: Der Tod des Fürsten. In: Der Leopard. München 1960 (Copyright © by R. Piper Verlag); Tristan Tzara: Um ein dadaistisches Gedicht zu machen. In: Sieben Dada-Manifeste. Aus dem Französischen von Pierre Gallissaires. Hamburg 1978/1998 (Copyright © by Edition Nautilus); Katri Vala: An der Brust der Erde. In: Europa: XX. Jahrhundert. Ein Lesebuch. Moskau 1980 (Copyright © by Verlag Chudožestvennaja Literatura); Leszek Wałesa: Machtproben. In: Vielleicht auf Knien, aber vorwärts! Gespräche mit Lech Walesa. Von Jule Gatter-Klenk. Königstein/Taunus 1981 (Copyright © by Athenäum Verlag).

Register

Peter Prange
Die Principessa
Historischer Roman
Band 03055

Rom, 1623: in der Stadt der Kardinäle und Kurtisanen gerät die junge Clarissa in den Bann der Kunst. Sie begegnet den beiden berühmtesten Architekten ihrer Zeit: Lorenzo Bernini, Liebling der Frauen und des Papstes, und Francesco Borromini, ein Getriebener auf der Suche nach Vollkommenheit. Die schicksalhafte Liebe zu Clarissa verwandelt die zwei Freunde in erbitterte Feinde.

»Ein erzählerisch prächtig ausgeschmücktes
Geschichtsgemälde.«
stern.de

fi 03055 / 1

Peter Prange
Die Philosophin
Historischer Roman
Band 03054

Paris, 1747. Die junge Sophie begegnet Denis Diderot, dem Philosophen, der ein hochgefährliches Buch plant: eine Enzyklopädie mit dem ganzen Wissen der Menschheit – Sprengstoff für die schwankende Monarchie. Bald erkennt Sophie, dass es dabei um mehr geht als um ein Buch. Es geht um ihr eigenes Leben, ihr Recht auf Freiheit, auf Liebe und Glück.

Der berühmte Bestsellererfolg von Peter Prange.